소송실무자료

| 2020년 최신판 |

미등기 부동산 경매관련 선례·질의회신

편저 : 법률연구회

법률정보센터

목 차

❖ 민사집행 절차 흐름도 ··· 1

제1장 강제경매의 선정

1. 신청방식, 접수, 비용예납 ·· 5
2. 기재사항 ·· 5
   가. 채권자·채무자와 법원의 표시 ··· 5
   [서식 1] 부동산 강제경매신청서 ··· 6
3. 강제경매의 대상 ·· 8
   가. 부동산의 표시 ··· 8
      (1) 토지, 건물 ··· 8
         [판례 1] 부동산경락허가결정에대한재항고 ························· 9
         [판례 2] 소유권이전등기 ··· 9
      (2) 미등기 부동산 ··· 10
      (3) 공유지분에 대한 강제경매 ··· 12
   나. 경매의 이유가 된 일정한 채권과 집행할 수 있는 일정한 집행권원 ········ 12
      (1) 경매의 이유가 된 일정한 채권 ··· 12
         [판례 3] 낙찰불허가 ··· 13
      (2) 집행할 수 있는 일정한 집행권원 ··· 13
   다. 대리인의 표시 ··· 13
4. 첨부서류 ·· 13
   가. 집행정본 ··· 13
   나. 집행개시요건서류 ··· 14
   다. 등기사항증명서 ··· 14
   라. 즉시 채무자명의로 등기할 수 있음을 증명할 서류 ··················· 14
   마. 미등기 부동산 ··· 14
      (1) 미등기 토지 ··· 15
         [판례 4] 등기공무원처분에대한이의기각결정에대한재항고 ········ 16

        [판례 5] 소유권확인등 ·· 16
        [판례 6] 약정금반환 ·· 17
        [판례 7] 구상금등 ·· 18
    (2) 미등기 건물 ·· 19
[예규 1] 미등기부동산의 소유권보존등기 신청인에 관한 업무처리지침 ············ 21
    [판례 8] 등기공무원처분에대한이의 ··· 25
    [판례 9] 소유권확인등 ·· 26
    [판례 10] 약정금반환 ··· 26
    [판례 11] 부동산임의경매각하 ·· 27
    [판례 12] 부동산임의경매신청기각 ·· 27
    [판례 13] 소유권보존등기말소등기 ·· 28
    [판례 14] 결정경정 ··· 29
    [판례 15] 등기공무원처분에대한이의기각결정 ·································· 29
    [판례 16] 등기공무원처분에대한이의 ·· 30
    [판례 17] 부동산임의경매각하 ·· 33
    [판례 18] 부동산강제경매각하결정에대한이의 ·································· 34
  마. 기타의 첨부서류 ··· 34
    (1) 미등기 건물 처분제한등기의 촉탁서에 첨부할 서면 ························· 34
    (2) 등기촉탁 ·· 36
[예규 2] 부동산등에 대한 경매절차 처리지침 ······································ 38
    [별지 1] 기간입찰봉투에 흠이 있는 경우 처리기준 ····························· 58
    [별지 2] 첨부서류 등에 흠이 있는 경우 처리기준 ······························ 60
    [별지 3] 기일입찰표의 유·무효 처리기준 ······································ 61
    [별지 4] 기간입찰표의 유·무효 처리기준 ······································ 63
    [별지 5] 보증서의 무효사유 ··· 65
  바. 미등기 건물의 처분제한등기 ··· 66
[예규 3] 미등기 건물의 처분제한등기에 관한 업무처리지침 ························· 66
[예규 4] 등기신청시 납부할 취득세 및 등록면허세 등에 관한 예규 ·················· 69
[예규 5] 미등기 건물에 대한 가처분등기를 함에 있어서 직권으로
        경료된 소유권보존등기의 말소절차 ··································· 71

[별지 제18호서식] 사용승인서 ··· 72

제2장 관련 선례

■ 미등기 부동산의 양수인 명의로 직접 소유권보존등기를 할 수 있는지 여부 ············· 73
■ 미등기 부동산의 소유권이전등기를 명하는 판결을 받은 자의
  대위신청에 의한 소유권보존등기 ·· 73
■ 미등기 부동산에 관하여 소유권이전등기를 하기로 하는 화해조서를
  얻은 자의 대위신청에 의한 소유권보존등기 ·· 73
■ 소유권보존등기에 필요한 판결에 해당하는 여부등 ·· 74
■ 미등기 부동산을 양수한자의 대위신청에 의한 소유권보존등기 ····························· 74
■ 미등기 부동산과 양수한 자의 대위신청에 의한 소유권보존등기 ··························· 74
■ 미등기 부동산의 소유권이전등기를 명하는 판결을 받은 자의
  대위신청에 의한 소유권보존등기 ·· 75
■ 미등기 부동산을 전전양수한 자의 대위신청에 의한 소유권보존 등기 ··················· 75
■ 미등기 부동산의 소유권이전등기를 명하는 판렬을 받은 자의
  대위신청에 의한 소유권보존등기 (변경) ·· 75
■ 미등기 부동산에 대한 저당권설정등기를 명하는 판결을 받은 자의
  대위신청에 의한 소유권보존등기(변경) ·· 76
■ 미등기 토지의 매수인이 사망하고 그 매도인은 행방불명인
  경우의 소유권이전등기방법 ·· 76
■ 미등기 부동산을 전전양수한 자의 대위신청에 의한 소유권보존 등기 ··················· 76
■ 판결에 의한 대위 보존등기신청과 보존등기명의인의 주소를 증명하는
  서면의 제출(그의 주민등록이 말소된 경우) ··· 77
■ 미등기 공유건물에 대한 소유권보존등기촉탁시 첨부서면 ···································· 77
■ 미등기 군용건축물의 보존등기 ··· 77
■ 미등기건물에 대한 집행법원의 처분제한등기촉탁에 따른 소유권보존등기를
  하는 때 첨부정보로 제공되어야 할 건물의 표시를 증명하는 정보에 건축사
  또는 측량기술자가 작성한 서면도 해당되는지 여부(소극) ···································· 78
■ 미등기 건물에 대한 처분제한의 등기촉탁과 부동산등기법
  제31조의 서면 첨부 등 ·· 78

목 차

- 미등기 토지의 토지대장상 소유명의인을 상대로 한 취득시효완성을 원인으로
  한 소유권이전등기절차 이행판결에 의한 토지소유권보존등기 가능 여부 ·················· 79
- 미등기토지에 관하여 대장상 소유권이전을 받은 자의 소유권이전등기 절차 ············ 79
- 미등기건물처분제한등기촉탁에 따른 보존등기의 명의인과 건축물대장상의
  등록명의인이 상이한 경우, 판결에 따른 소유권이전등기 절차 ······································ 80
- 미등기 건물에 대한 가처분등기를 함에 있어서 직권으로 경료된
  소유권보존등기의 말소절차 ·· 80
- 미등기 건물에 대한 가처분등기를 함에 있어서 직권으로 경료된
  소유권보존등기의 말소절차 ·· 80
- 미등기 건물에 대한 가처분등기를 함에 있어서 직권으로 경료된
  소유권보존등기의 말소절차 ·· 81
- 가옥대장 미등재 건물의 멸실등기신청서에 첨부할 서면 ·· 81
- 미등기 부동산의 양수인 명의로 직접 소유권보존등기를 할 수 있는지 여부 ············ 82
- 미등기 부동산에 대한 강제경매신청등기촉탁이 있는 경우의
  직권 보존등기와 등록세 납부등 ·· 82
- 미등기 부동산의 양수인 명의로 직접 소유권보존등기를 할 수 있는지 여부 ············ 82
- 미등기 부동산의 공유자중 1인의 소유권보존등기신청 가부 ·· 82
- 미등기 부동산을 양수한자의 대위신청에 의한 소유권보존등기 ···································· 83
- 미등기 부동산과 양수한 자의 대위신청에 의한 소유권보존등기 ································ 83
- 대장상 소유자 미복구 토지의 소유권보존등기 ·· 83
- 대장상 소유자 미복구 토지의 소유권보존등기 ·· 84
- 미등기 토지를 수용한 사실을 증명하는 서면에 의한 소유권보존등기(변경) ············ 84
- 미등기 토지를 수용한 경우의 등기절차 (변경)와 공공용지의 취득 및
  손실보상에 관한 특례법에 의한 사업시행자 명의의 소유권보존등기 ························ 84
- 미등기 토지의 분할후의 소유권보존등기와 하천법의 적용을 받지
  않는 하천의 소유권보존등기 ·· 84
- 미등기 귀속재산의 특정 일부를 양수한 경우의 특별조치법에 의한 등기절차 ·········· 85
- 말소된 대장등본에 의한 소유권보존등기신청의 가부와 관공서가 미등기
  부동산의 소유권보존등기를 촉탁함에 있어서 대장등본을 첨부하여야 하는지 여부 ··· 85
- 미등기 부동산을 전전양수한 자의 대위신청에 의한 소유권보존 등기 ························ 85
- 미등기 토지의 매수인이 사망하고 그 매도인은 행방불명인
  경우의 소유권이전등기방법 ·· 86

■ 미등기 부동산의 상속인 1인의 소유권보존등기신청 ······································· 86
■ 미등기 건물의 양수인 명의로 직접 소유권보존등기를 할 수 있는지 여부 ················ 86
■ 미등기토지의 지적공부상 소유자 표시에 오류가 있는 경우 그 상속인의
　소유권보존등기 등 ··· 87
■ 미등기건물에 대한 소유권보존 및 이전등기절차 ··· 87
■ 미등기건물을 분양받은자의 소유권이전등기 및 가처분등기촉탁서의 첨부서면 ·········· 87
■ 미등기부동산에 대한 가처분등기의 촉탁과 부동산등기법 제131조의 첨부서면 ········· 88
■ 미등기 토지에 대하여 국가를 상대로 이전등기를 명하는 판결에 의하여
　원고가 국가를 대위하여 국명의로 보존등기를 신청 할 수 있는지 여부 등 ··············· 88
■ 미등기토지의 소유권보존등기 방법 ·· 89
■ 미등기 군용건축물의 보존등기 ·· 89
■ 미등기 토지의 토지대장상 소유명의인을 상대로 한 취득시효완성을 원인으로
　한 소유권이전등기절차 이행판결에 의한 토지소유권보존등기 가능 여부 ················· 90
■ 미등기 부동산에 대하여 임야대장상 소유권이전등록이 되어 있는 경우
　최종 소유명의인의 상속인에 의한 등기절차 ·· 90
■ 미등기 부동산에 대하여 임야대장상 소유권이전등록이 되어 있는 경우
　최종 소유명의인의 상속인에 의한 등기절차 ·· 91
■ 미등기인 교육비특별회계 소관 공유재산이 승계된 경우의 소유권보존등기 절차 ······ 91
■ 미등기 군용건축물의 소유권보존등기 ··· 92
■ 상속재산의 협의분할을 함에 있어서 특별대리인의 선임이 필요한 경우 ··················· 92
■ 미등기인 군(郡) 향교재산에 대한 재단법인인 도(道) 향교재단
　명의로의 소유권보존등기 가부 ·· 92
■ 미등기 토지의 분할후의 소유권보존등기절차 ··· 93
■ 미등기 건물의 매수인이 매도인을 상대로 하여 소유권이전등기절차의
　이행을 명하는 판결을 얻은 경우의 등기방법 ··· 93
■ 미등기 공유토지의 일부공유자에 대하여만 보상금을 지급한 경우
　소유권보존등기 가부 ·· 94
■ 미등기 부동산의 양수인이 자기명의로 소유권보존등기를
　할 수 있는지 여부 등(소극) ·· 94
■ 미등기 부동산의 소유권이전등기를 명하는 판결에 의하여 원고
　명의로 직접 소유권보존등기를 할 수 있는지 여부 ··· 95
■ 미등기 부동산의 양수인 명의로 직접 소유권보존등기를 할 수 있는지 여부 ············ 95
■ 미등기 부동산과 양수한 자의 대위신청에 의한 소유권보존등기 ···························· 95

- 미등기 토지의 매수인이 사망하고 그 매도인은 행방불명인 경우의 소유권이전등기방법 95
- 미등기건물처분제한등기촉탁에 따른 보존등기의 명의인과 건축물대장상의 등록명의인이 상이한 경우, 판결에 따른 소유권이전등기 절차 96
- 미등기 부동산의 상속인 1인의 소유권보존등기신청 96
- 미등기토지의 지적공부상 소유자 표시에 오류가 있는 경우 그 상속인의 소유권보존등기 등 97
- 미등기 부동산에 대한 가압류의 등기 97
- 미등기 구분건물에 대한 가압류의 등기 97
- 미등기 건물에 대한 가처분등기의 촉탁과 부동산등기법 제131조의 서면 첨부등 97
- 미등기 건물에 대한 가압류등기촉탁과 첨부 서면 98
- 미등기 건물에 대한 가처분등기의 촉탁과 첨부서면 98
- 미등기 건물에 대한 가처분등기를 함에 있어서 직권으로 경료된 소유권보존등기의 말소절차 98
- 합병을 원인으로 하는 소유권이전등기신청시 부동산등기특별조치법 제2조 및 제11조의 규정이 적용되는지 여부 99
- 전환사채의 주식전환으로 인한 변경등기절차 (변경) 99
- 부동산등기법 제131조 제2호의 "기타 시, 구, 읍, 면의 장의 서면"에 해당하는 여부 99
- 미등기 부동산에 대한 강제경매신청등기촉탁이 있는 경우의 직권 보존등기와 등록세 납부등 100
- 미등기 건물에 대한 처분제한등기의 실행에 따라 일반건물로 직권보존된 등기를 구분건물로 변경등기를 하는 방법 100
- 미등기 토지를 수용한 경우의 등기절차 (변경)와 공공용지의 취득 및 손실보상에 관한 특례법에 의한 사업시행자 명의의 소유권보존등기 101
- 미등기토지의 소유권보존등기 방법 101
- 미등기 토지에 대한 수용을 원인으로 하는 소유권보존등기 절차 102
- 대장에 소유명의인이 등재되어 있는 미등기 토지에 대하여 수용재결을 받은 경우 수용을 원인으로 하는 등기 절차 102
- 미등기 토지의 토지대장상 소유명의인의 성명만 기재되어 있고 번지가 기재되어 있지 않아 절대적 불확지공탁을 한 경우, 수용을 원인으로 하는 소유권보존등기신청을 할 수 있는지 여부 103

- 미등기토지에 대한 수용을 원인으로 한 소유권보존등기 절차 ·············· 103
- 토지수용법 제25조의2 규정의 협의성립확인시 원시취득의 시점 등 ············ 104
- 미등기 토지의 일부를 사실상 양수한 경우의 특별조치법에 의한 등기절차 ·········· 104
- 미등기 귀속재산의 특정 일부를 양수한 경우의 특별조치법에 의한 등기절차 ········· 104
- 미등기 부동산에 대한 강제경매신청등기촉탁이 있는 경우의 직권
  보존등기와 등록세 납부등 ························· 105
- 미등기 건물에 대한 가압류등기의 촉탁서에 첨부할 서면 ··············· 105
- 미등기 건물에 대한 가처분등기를 함에 있어서 직권으로 경료된
  소유권보존등기의 말소 절차 ···························· 105
- 미등기건물을 분양받은 자의 소유권이전등기 및 가처분등기 촉탁서의 첨부서면 ···· 106
- 「도시 및 주거환경정비법」에 의한 정비사업으로 축조된
  미등기건물에 대한 처분제한의 등기 가부 ···················· 106
- 건축물대장이 생성되어 있지 않은 미등기 건물에 대한 소유권보존등기 가부 ········· 107
- 민법 시행 전(1960. 1. 1. 이전)에 미혼인 호주가 사망한 경우의 호주상속을
  할 자와 그의 미등기토지에 대한 소유권보존등기신청 절차 ················ 107
- 미등기 상태의 종전 토지에 대하여 최초의 소유자로부터 이전등록을
  받은 자를 환지의 소유자로 기재하여 환지를 교부한 경우 사업시행자가
  소유권보존등기를 촉탁할 수 있는지 여부(소극) ················· 108
- 지적공부상 국(일본국)으로 이전등록되어 있는 미등기토지의 경우
  국가가 자기명의로 소유권보존등기를 할 수 있는지 여부(적극) ·············· 108
- 「부동산등기규칙」(대법원규칙 제2356호) 부칙 제3조에 따른
  미등기부동산의 소유권보존등기 절차 ························ 109
- 구 「지적법」(1975. 12. 31. 법률 제2801호로 개정되기 전)이 시행된
  시기에 토지대장이 복구된 미등기 토지를 수용한 경우 사업시행자 명의로
  소유권보존등기를 신청할 수 있는지 여부 (적극) ·················· 109
- 재판과정에서 실시한 감정에 따른 감정서를 미등기건물에 대한
  보존등기신청의 첨부정보로 하여 등기신청이 가능한지 여부(소극) ············ 110
- 종전 토지가 환지확정 되었으나 종전 토지 중 일부에 대하여 분필등기가
  누락되어 미등기인 경우 이에 대한 환지등기의 촉탁 방법 ················ 110
- 시행자기 「도시개발법」 환지 방식에 의한 공사완료 후 환지처분하고
  그 청산금을 공탁하는 경우, 토지대장상 주소의 기재 없이 소유자의 성명만
  기재되어 있는 미등기 토지에 대하여 절대적 불확지공탁을 허용할 것인지 여부 ···· 111
- 미등기인 수용대상 건물에 대하여 소유권 다툼이 있는 경우

8 목 차

    수용보상금 공탁 방법 ··· 112
■ 수용재결한 미등기 토지가 재결 이후에 소유권보존등기가 이루어진
   경우의 수용에 따른 등기신청 절차 ·· 112
■ 수용재결한 미등기 토지가 재결 이후에 소유권보존등기가 이루어진
   경우의 수용에 따른 등기신청 절차 ·· 112
■ 건축물대장이 작성되지 않은 미등기건물에 대한 채권자대위에 의한
   소유권보존등기 및 소유권이전등기의 신청 ····························· 113
■ 건축물대장이 작성되지 않은 미등기건물에 대한 채권자대위에 의한
   소유권보존등기 및 소유권이전등기의 신청 ····························· 114
■ 건축물대장이 작성되지 않은 미등기건물에 대한 채권자대위에 의한
   소유권보존등기 및 소유권이전등기의 신청 ····························· 114
■ 사업시행자가 미등기토지에 대하여 피공탁자를 '망 갑의 상속인'으로 하여
   수용보상금을 공탁한 경우, 수용 개시일 이후에 「부동산소유권 이전등기
   등에 관한 특별조치법」에 의하여 토지대장상 소유자로 이전등록을 마친 을이
   토지대장등본을 첨부하여 위 공탁금을 출급청구할 수 있는지 여부(소극) ········· 115
■ 분할 전 토지의 토지대장과 분할 이후의 토지대장의 소유명의인이
   다른 경우의 미등기 토지에 대한 토지수용공탁절차 ············· 116
■ 대지권등기가 경료되어 있지 아니한 집합건물 낙찰자의 대지권 등기 방법 ········ 116

제3장 관련 판례

[판례 1] 손해배상금·손해배상(기) ··· 117
[판례 2] 손실보상금·손실보상금 ··· 120
[판례 3] 부당이득금반환 ··· 126
[판례 4] 손해배상(기) ·· 129
[판례 5] 집행위임거부에관한이의 ·· 133
[판례 6] 무허가건물소유명의인변경등록 ····································· 136
[판례 7] 양도소득세부과처분취소 ·· 138
[판례 8] 토지인도및건물철거등·매매대금 ·································· 141
[판례 9] 사기미수 ·· 144
[판례 10] 양도소득세부과처분취소 ·· 146

[판례 11] 공유물분할 · 151
[판례 12] 소유권확인등 · 154
[판례 13] 부동산등기특별조치법위반·공정증서원본불실기재·불실기재공정증서
 원본행사·공인중개사의업무및부동산거래신고에관한법률위반·부동산
 실권리자명의등기에관한법률위반 · 155
[판례 14] 등기관등의처분에대한이의 · 161
[판례 15] 기여분및상속재산분할·상속 · 162
[판례 16] 배임(피고인1에대하여인정된죄명:사기,피고인2에
 대한예비적죄명:사기)·사기 · 165
[판례 17] 임료등·임료등 · 169
[판례 18] 등기관의처분에대한이의신청 · 173
[판례 19] 소유권이전등기 · 176
[판례 20] 사용·수익·처분권확인및건물명도 · 179
[판례 21] 소유권보존등기말소등 · 183
[판례 22] 등기관의처분에대한이의 · 187
[판례 23] 등기관의처분에대한이의 · 189
[판례 24] 부동산등기특별조치법위반·사문서위조·위조사문서행사 · · · · · · · · · · · · · 192
[판례 25] 특정범죄가중처벌등에관한법률위반(조세) · 194
[판례 26] 배당이의 · 195
[판례 27] 건물철거등 · 199
[판례 28] 소유권확인 · 201
[판례 29] 부동산소유권확인·독립당사자참가의소 · 203
[판례 30] 증여세및양도소득세부과처분취소 · 206
[판례 31] 건물철거등 · 211
[판례 32] 건물등철거 · 214
[판례 33] 소유권확인 · 217
[판례 34] 소유권확인등 · 219
[판례 35] 건물명도등 · 221
[판례 36] 토지소유권이전등기 · 223
[판례 37] 가건물철거등 · 226

[판례 38] 소유권확인등 ··· 233
[판례 39] 양도소득세등부과처분취소 ·· 236
[판례 40] 건물철거대집행계고처분취소 ··· 240
[판례 41] 소유권이전등기말소 ·· 242
[판례 42] 양도소득세등부과처분취소 ·· 246
[판례 43] 부동산경락허가결정 ·· 248
[판례 44] 소유권이전등기말소 ·· 251
[판례 45] 토지인도등 ·· 254
[판례 46] 산림법위반,도시계획법위반,국토이용관리법위반 ············· 256

제4장 관련 질의회신

질의 회답 미등기 공동상속주택과 일반주택을 보유하고 있는 경우 일반주택을
양도할 때 1세대1주택 비과세 적용가능 여부 ································· 258

질의 회답 미등기양도제외 자산에 해당하는지 여부 ······························· 263

질의 회답 농어촌주택을 미등기한 경우「조세특례제한법」제99조의4에
따른 과세특례 적용 가능 여부 ·· 265

질의 회답 입주 후 소유권이전고시 전에 양도하는 경우 미등기
양도자산 해당 여부 ·· 270

질의 회답 미등기주택을 공동으로 상속한 경우 소유자 판정 등 ················· 274

질의 회답 명의신탁자산을 소유권환원등기 없이 양도한 경우
미등기양도 해당여부 ·· 283

질의 회답 1세대1주택자 판단시 미등기 상속주택을 주택 수에 포함하는지 여부 ··· 287

질의 회답 미등기된 농가주택 상속등기 전에 다른 1주택이 매매계약
체결된 경우 감면대상기존주택 해당 여부 ·· 293

질의 회답 미등기된 농가주택 상속등기 전에 다른 1주택이 매매계약
체결된 경우 감면대상기존주택 해당 여부 ·· 299

질의 회답	재산분할청구소송에 따른 확정판결대로 재산분할 하지 않고 양도할 경우 미등기양도 여부 ·· 304
질의 회답	임야의 비사업용 토지 해당 여부 판단 ··· 306
질의 회답	상속미등기된 상속주택 보유시 비과세 특례 해당여부 ················ 310
질의 회답	미등기 상속주택과 일시적 2주택 비과세의 동시적용 가능여부 ············· 312
질의 회답	장기할부조건으로 취득한 지방미분양주택의 양도소득세 납세의무 ········· 316
질의 회답	용적율 초과로 미등기된 증축주택의 1세대1주택 비과세 해당 여부 ······· 319
질의 회답	토지 미등기 전매시 세율 등 ·· 322
질의 회답	양도소득세 납세의무자 등 ·· 328
질의 회답	준공된 재건축아파트를 이전고시 전에 양도하는 경우 미등기양도자산 해당여부 ··· 333
질의 회답	준공된 재건축아파트를 이전고시 전에 양도시 미등기양도자산 해당여부 ··· 336
질의 회답	준공된 재건축아파트를 이전고시 전에 양도하는 경우 미등기양도자산 해당여부 ··· 338
질의 회답	1주택과 미등기 공동상속주택 소수지분을 소유한 상태에서 조합원입주권을 취득한 경우 ··· 341
질의 회답	미등기양도자산 해당 여부 ·· 344
질의 회답	사실상 준공된 신축주택을 미등기양도하는 경우 양도소득세 과세특례 적용여부 ··· 346
질의 회답	미등기양도자산 해당여부 ·· 349
질의 회답	사용승인된 재건축아파트를 이전고시 전에 양도하는 경우 미등기양도자산 해당여부 ··· 351

12 목 차

질의 회답	미등기양도자산 해당 여부	353
질의 회답	미등기양도 해당여부	356
질의 회답	미등기양도자산 해당 여부	358
질의 회답	1필지의 대지에 있는 2동의 주택을 보유 중 수용된 경우 1세대 1주택 비과세 여부	361
질의 회답	미등기양도자가 전소유자 명의로 신고납부한 세액의 환급여부	364
질의 회답	미등기양도자산 해당 여부 등	366
질의 회답	미등기양도 자산 해당여부	368
질의 회답	미등기양도자산의 양도소득세 적용세율 등	369
질의 회답	미등기 주택의 1세대1주택 비과세 여부	370
질의 회답	미등기 1세대1주택의 비과세 여부	374
질의 회답	미등기 국외자산의 장기보유특별공제 여부	378
질의 회답	미등기 양도자산이 신축주택 감면규정을 적용받을 수 있는지 여부	379
질의 회답	미등기 양도자산 해당 여부	382
질의 회답	미등기양도자산의 1세대 1주택 해당 여부	385
질의 회답	미등기 여부	387
질의 회답	미등기양도자산 해당여부	393
질의 회답	미등기전매에 해당되는 지 여부	396
질의 회답	미등기 양도자산 여부	400

| 질의 회답 | 미등기 양도자산에 해당되는지 여부 ································· 404
| 질의 회답 | 미등기 전세금채권의 저당권등 설정재산 평가 특례에
해당하는 채권 해당여부 ·· 408
| 질의 회답 | 부동산을 미등기 양도한 경우 양도소득세 세액 계산 방법 ········· 409
| 질의 회답 | 미등기 양도자산에 해당하는지 여부 ··· 412
| 질의 회답 | 소유권이전청구권가등기만 한 부동산의 양도가
미등기양도자산인지 여부 ·· 414
| 질의 회답 | 환원등기를 생략한 채 법인에게 양도한 것이 미등기양도에
해당되는지 여부 ·· 416
| 질의 회답 | 미등기토지가 장부상에 계상되어 있다 제3자에게 매매시
법인의 회계처리 ·· 417
| 질의 회답 | 미등기양도자산인 경우 1세대 1주택 비과세 규정 적용여부 ········· 418
| 질의 회답 | 미등기상태로 전매한 양도소득세의 부과제척기간 ························ 420
| 질의 회답 | 미등기 상속주택이 소득세법시행령 제155조 제2항의
상속주택에 해당하는지 여부 ·· 422
| 질의 회답 | 미등기양도자산에 해당하는지 여부 ··· 424
| 질의 회답 | 조세특례제한법상 미등기 양도자산의 판단기준 ·························· 427
| 질의 회답 | 미등기된 주택부분에 부수되는 등기된 토지의 비과세 해당여부 ············ 427
| 질의 회답 | 미등기양도자산에 대한 1세대 1주택 양도소득세 비과세 적용여부 ········ 429
| 질의 회답 | 미등기지점 등의 사업자등록 여부 ··· 430
| 질의 회답 | 가등기 상태에서 부동산을 양도하는 경우 미등기 양도자산에
해당되는지 여부 ·· 431
| 질의 회답 | 미등기양도자산 해당여부 ·· 432

14 목 차

| 질의 회답 | 미등기양도자산에 대하여 양도소득세 비과세를 적용할 수 있는지 여부 ·· 433

| 질의 회답 | 미등기 양도 토지 등의 정의 ··· 435

| 질의 회답 | 토지공개념의 실시로 양도하는 주택등이 미등기 양도자산에 해당하는 지 여부 ··· 436

| 질의 회답 | 보존등기가 되지 않은 조합아파트를 양도한 경우 부동산에 대한 권리의 양도로 보는지 ··· 436

| 질의 회답 | 미등기양도자산의 의미와 그 실질 해당 여부 ······································· 437

| 질의 회답 | 미등기 양도자산이더라도 미등기양도제외자산에 해당하는 경우 과세여부 ··· 438

| 질의 회답 | 미등기 양도자산은 대통령령이 정하는 경우를 제외하고 양도소득세의 비과세 및 감면이 배제됨 ·· 440

| 질의 회답 | 미등기 양도자산의 장기보유특별공제 여부 ··· 441

| 질의 회답 | 미등기건물이 상속재산에 해당여부 ··· 441

| 질의 회답 | 미등기 양도 토지 중 미등기세율을 적용하지 아니하는 토지의 범위 ······ 442

| 질의 회답 | 미등기토지의 일부만을 재평가할 수 있는지 여부 ································ 443

| 질의 회답 | 미등기 전매가 세법상 위법인지 여부 및 어떤 불이익이 있는지 여부 ···· 444

| 질의 회답 | 미등기 양도자산에 대한 과세방법 ··· 445

| 질의 회답 | 신축주택에 대한 양도소득세 과세특례를 적용받을 수 있는지 여부 ······· 447

| 질의 회답 | 1년 이상 보유한 토지 또는 건물을 양도하는 경우 양도차익의 계산에 대한 당부 ··· 448

| 질의 회답 | 소유권이전등기를 하지 아니하고 양도한 경우 미등기 양도에 해당하는지 여부 ·· 449

| 질의 회답 | 미등기 양도자산에 대한 질의 및 양도자산의 양도 및 취득의 시기 …… 450
| 질의 회답 | 1978년도에 분양이 완료 된 미등기상가의 등기이전 시 양도시기 …… 451
| 질의 회답 | 미등기 이사가 실제 이사 직무에 종사하게 되는 경우 임원에 해당하는지 여부 …… 451
| 질의 회답 | 미등기 양도제외 자산의 범위 …… 452
| 질의 회답 | 미등기 전매와 조세포탈 …… 453
| 질의 회답 | 미등기 전매계약서 …… 455
| 질의 회답 | 소유권이전 미등기로 사용할 수 없는 토지의 유휴토지 등에 제외여부 등 …… 455
| 질의 회답 | 외국법인 국내지점의 국세환급금 수령방법 …… 457
| 질의 회답 | 주무관청의 허가없이 설립된 미등기 종교단체의 법인으로 보는 단체 해당여부 …… 458
| 질의 회답 | 1992.7.21 발생한 미등기 전매소득에 대하여 양도소득세 과세여부 …… 459
| 질의 회답 | 미등기부동산의 경우 금융산업구조개선에 따른 특별부가세 감면규정 적용여부 …… 460
| 질의 회답 | 미등기 양도시 토지 등 양도소득에 대한 과세특례 적용여부 등 …… 462
| 질의 회답 | 사업용자산인 미등기 건물(가사용승인상태) 및 토지의 재평가 여부 …… 467
| 질의 회답 | 취득에 관한 미등기 상태로 토지를 양도하는 경우 미등기 양도 해당 여부 …… 468
| 질의 회답 | 미등기상태의 부동산을 양도한 경우 직접 양도한 것으로 처리 가능한지 여부 …… 469
| 질의 회답 | 법인지분에 해당하는 토지 및 건축물의 미등기전매에 해당여부 …… 470

| 질의 회답 | 외국인 합작회사가 토지를 미등기하고 가등기 및 근저당권을 설정후 매각시 처리 ··· 471
| 질의 회답 | 임원퇴직금 계산시 미등기 임원의 포함 여부 및 임원퇴직금 지급규정 해당여부등 ·· 472
| 질의 회답 | 미등기 양도제외자산에 해당하는 주택의 부수토지 일부가 수용되는 경우 ··· 474
| 질의 회답 | 법률의 규정에 의하여 취득에 관한 등기가 불가능한 경우 미등기 제외자산에 포함여부 ··· 474
| 질의 회답 | [미등기토지 주소등록] 등록사항정정(성명, 명칭 등 주소등록)에 관한 질의 ··· 476
| 질의 회답 | 등기부등본을 근거로 건축물대장 작성 여부 ··· 476
| 질의 회답 | [미등기토지 주소등록] 판결에 의하여 원고가 주소등록신청 대위자격 질의 ·· 477
| 질의 회답 | [미등기토지 주소등록] 주소등록 대상지가 다툼이 있는 경우 주소등록 질의 ··· 478
| 질의 회답 | [등록사항정정] 등록사항정정(주소등록) 신청인 자격에 대한질의회신 ··· 478
| 질의 회답 | [미등기토지 주소등록] 최초의 소유자가 사정이후 주소변경 되었다면 주소등록 가능여부 질의 ·· 479
| 질의 회답 | [미등기토지 주소등록] 불교단체 등록증에 의하 등록여부 및 주소란이 공란인 경우의 질의 ·· 479
| 질의 회답 | [부동산특별조치법] 부동산특조법 질의회신 일괄 ·· 480
| 질의 회답 | [미등기토지 주소등록] 주소가 없고 이름만 등재된 등록사항정정(주소등록)에 관한 질의 ··· 486
| 질의 회답 | [미등기토지 주소등록] 등기소의 통지가 없어도 토지소유자 명의변경 절차규정 문의에 대한 질의 ··· 486

| 질의 회답 | [미등기토지 주소등록] 소유자복구 미등기토지 주소등록 및 비법인 주사무소 주소등록 질의 ·············· 487

| 질의 회답 | [등록사항정정] 미등기 토지의 토지대장상 소유자주소정정 ·············· 488

| 질의 회답 | 등록사항이 말소된 미등기 토지의 신규등록시 소유자등록 ·············· 488

| 질의 회답 | [미등기토지 주소등록] 주소난이 착오등재 된 경우 정정방법 ·············· 489

| 질의 회답 | 등록사항이 말소된 미등기 토지의 신규등록시 소유자등록 ·············· 490

| 질의 회답 | [등록사항정정] 미등기 토지의 토지대장상 소유자주소정정 ·············· 491

| 질의 회답 | [미등기토지 주소등록] 공유토지의 일부공유자 주소등록 ·············· 492

| 질의 회답 | 토지대장상에 소유권이전으로 등록되어 있지만 사실상 미등기 토지의 확인서 발급신청 ·············· 492

| 질의 회답 | [등록사항정정] 미등기토지의 사정당시 등재된 주소를 현주소로 정정여부 ·············· 493

| 질의 회답 | [미등기토지 주소등록] 토지소유자 주소등록 신청시 증빙서류 ·············· 493

| 질의 회답 | [미등기토지 주소등록] 종교단체(향교)소유 토지의 소유자 주소등록 ····· 494

| 질의 회답 | [미등기토지 주소등록] 리·동(里·洞)명의 사정토지의 소유자 주소등록 ····· 494

| 질의 회답 | [미등기토지 주소등록] 사정당시 `oo리`의 주소를 증빙할 서류가 없는 경우 ·············· 495

| 질의 회답 | [미등기토지 주소등록] 호적부상 주소가 변경된 경우의 토지소유자 주소등록 ·············· 496

| 질의 회답 | [미등기토지 주소등록] 토지구획정리사업으로 폐쇄된 토지의 소유자 주소등록 ·············· 496

| 질의 회답 | [부동산특별조치법] 미등기 확인이 착오된 토지의 부동산특조법 적용가능 여부 ·············· 497

| 질의 | 회답 | [미등기토지 주소등록] 지적법 제24조(주소 정정등록을 신청할 수 있는 토지소유자의 범위) ·················· 498

| 질의 | 회답 | [미등기토지 주소등록] 불교단체등록증에 의거 주소등록여부 및 주소란이 공란인 경우의 주소등록 ·················· 499

| 질의 | 회답 | [지적공부정리] 토지대장상 소유자와 호적(제적)부의 성명이 다른 미등기토지의 소유자정정 ·················· 500

| 질의 | 회답 | [미등기토지 주소등록] 토지대장상 소유자 명의가 호적부(제적부)와 다른 경우의 소유자 주소등록 ·················· 500

| 질의 | 회답 | [등록사항정정] 등록사항정정(주소등록)에 관한 질의 ·················· 501

| 질의 | 회답 | [미등기토지 주소등록] 토지대장상 소유자 명의가 호적부(제적부)와 다른 경우의 소유자 주소등록 ·················· 501

| 질의 | 회답 | [미등기토지 주소등록] 토지대장상 소유자 명의가 호적부(제적부)와 다른 경우의 소유자 주소등록 ·················· 502

| 질의 | 회답 | [지적공부정리] 등기부가 소실된 후 회복등기가 않된 미등기 토지를 구 등기필증에 의한 소유권정리 가능여부 ·················· 503

| 질의 | 회답 | [지적공부정리] 미등기 토지에 대한 소유권정리 방법 질의회신 ·················· 504

| 질의 | 회답 | [지적공부정리] 사정된 미등기 토지로서 부책 및 카드식 임야대장 소유자정리 방법에 대한 질의 회신 ·················· 505

| 질의 | 회답 | [미등기토지 주소등록] 주소등록 신청 반려에 대한 질의 ·················· 506

| 질의 | 회답 | [미등기토지 주소등록] 토지소유자 주소 정정등록 신청권자에 관한 질의 회신 ·················· 507

| 질의 | 회답 | [등록사항정정] 등록사항정정 대위신청에 관한 질의회신 ·················· 508

민사집행 절차 흐름도 1

민사집행 절차 흐름도

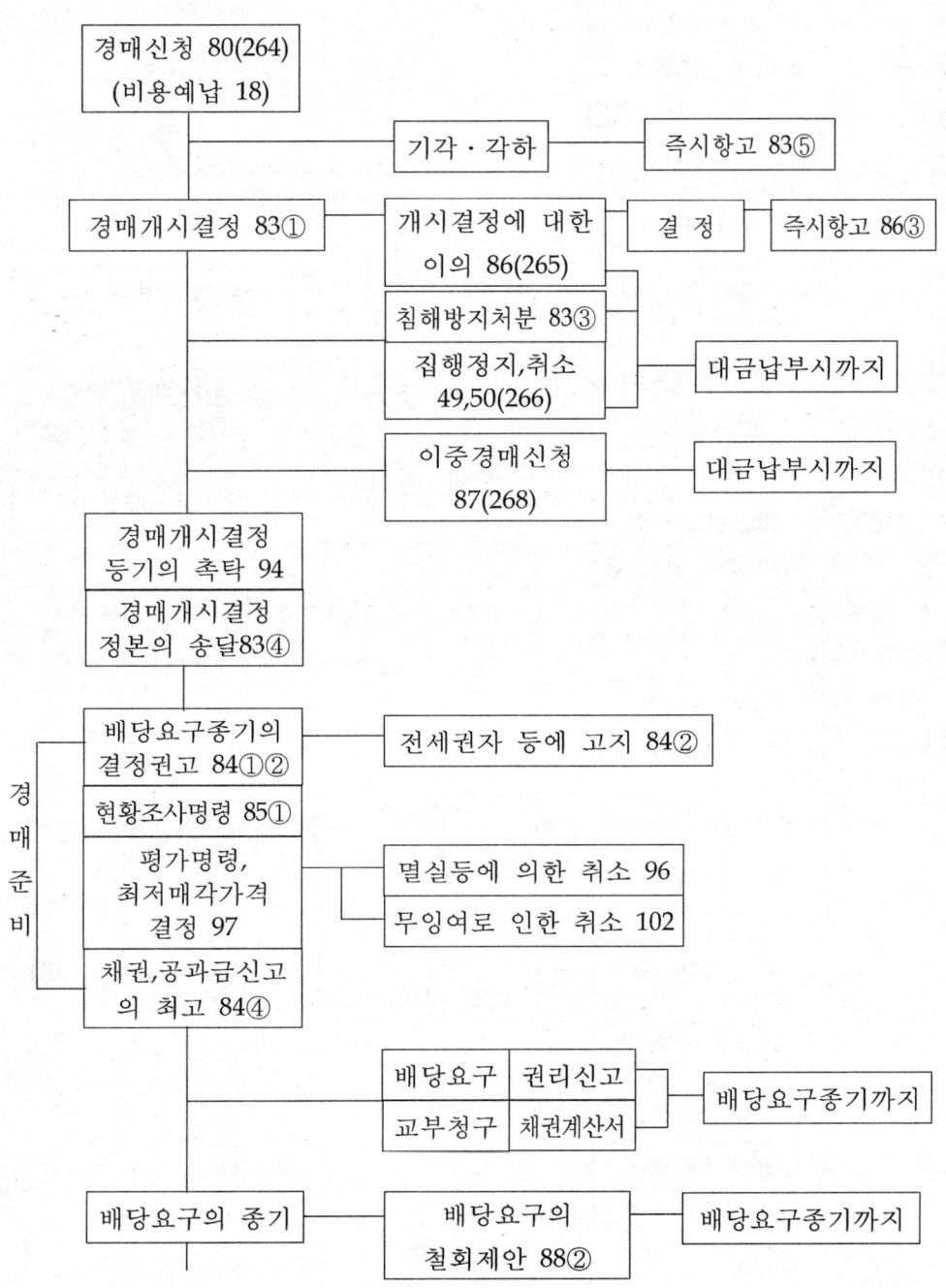

2 미등기 부동산 경매관련 선례·질의회신

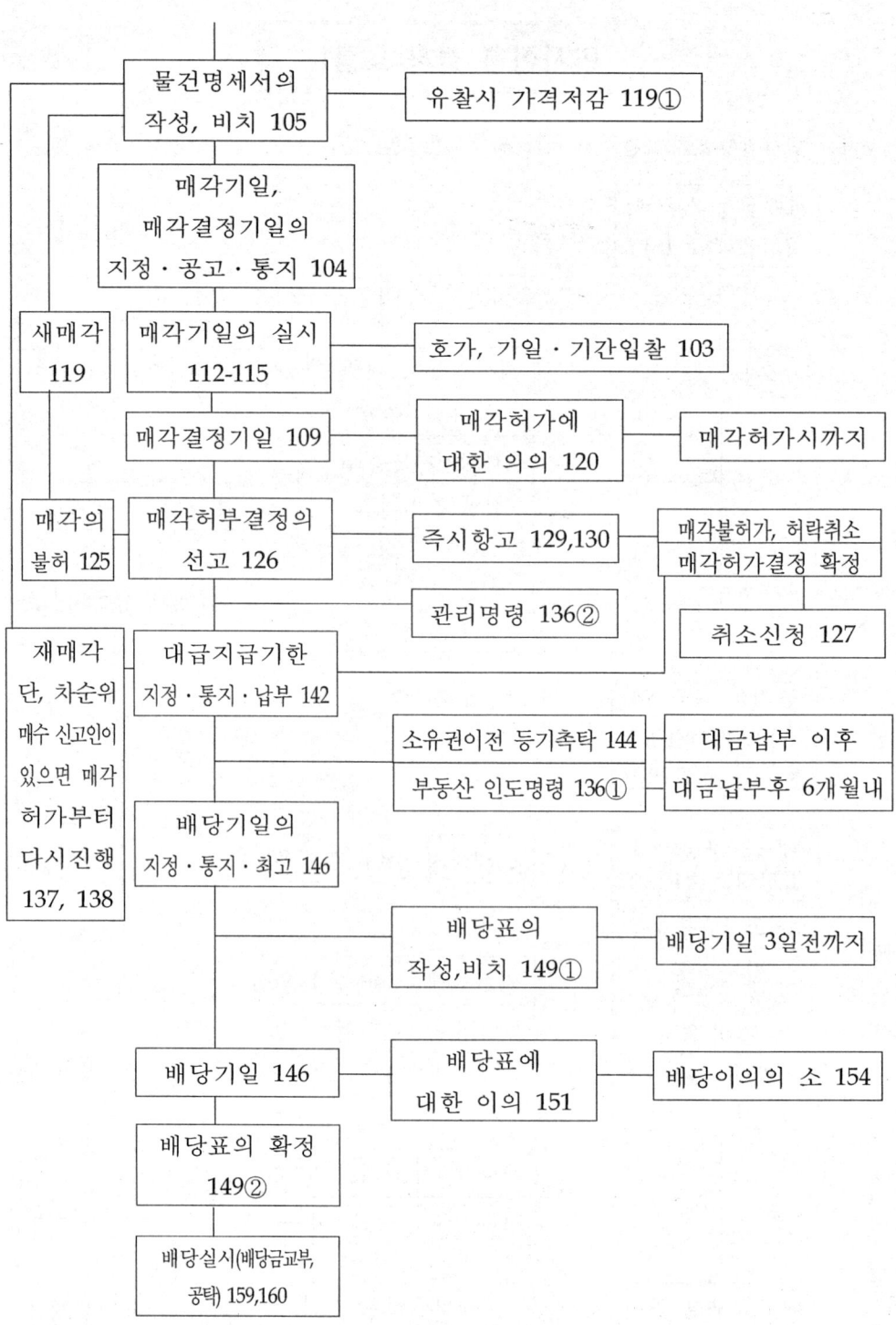

[별지]

종 류	기 산 일	기 간	비 고
경매신청서 접수		접수 당일	법§80, 264①
미등기건물 조사명령	신청일부터	3일 안(조사기간은 2주 안)	법§81③④, 82
개시결정 및 등기촉탁	접수일부터	2일 안	법§83, 94, 268
채무자에 대한 개시결정 송달	임의경매 : 개시결정일부터 강제경매 : 등기완료통지를 받은 날부터	3일 안	법§83, 268
현황조사명령	임의경매 : 개시결정일부터 강제경매 : 등기완료통지를 받은 날부터	3일 안 (조사기간은 2주 안)	법§85, 268
평가명령	임의경매 : 개시결정일부터 강제경매 : 등기완료통지를 받은 날부터	3일 안 (평가기간은 2주 안)	법§97①, 268
배당요구종기결정 배당요구종기 등의 공고·고지	등기완료통지를 받은 날부터	3일 안	법§84①②③, 268
배당요구종기	배당요구종기결정일부터	2월 후 3월 안	법§84①⑥, 법§87③, 268
채권신고의 최고	배당요구종기결정일부터	3일 안 (최고기간은 배당요구종기까지)	법§84④
최초 매각기일·매각결정기일의 지정·공고(신문공고의뢰) 이해관계인에 대한 통지	배당요구종기부터	1월 안	법§104, 268
매각물건명세서의 작성, 그 사본 및 현황조사보고서·평가서 사본의 비치		매각기일(입찰기간 개시일) 1주 전까지	법§105②, 268, 규§55
최초매각기일 또는 입찰기간 개시일	공고일부터	2주 후 20일 안	규§56
입찰기간		1주 이상 1월 이하	규§68
새매각기일·새매각결정기일 또는 재매각기일·재매각결정기일의 지정·공고 이해관계인에 대한 통지	사유발생일부터	1주 안	법§119, 138, 268
새매각 또는 재매각기일	공고일부터	2주 후 20일 안	법§119, 138, 268, 규§56
배당요구의 통지	배당요구일부터	3일 안	법§89, 268

4   미등기 부동산 경매관련 선례·질의회신

종류		기산일	기간	비고
매각실시	기일입찰, 호가경매		매각기일	법§112, 268
	기간입찰	입찰기간종료일부터	2일 이상 1주일 안	규§68
매각기일조서 및 보증금 등의 인도		매각기일부터	1일 안	법§117, 268
매각결정기일		매각기일부터	1주 안	법§109①, 268
매각허부결정의 선고			매각결정기일	법§109②, 126①, 268
차순위매수신고인에 대한 매각결정기일의 지정 이해관계인에의 통지		최초의 대금지급기한 후	3일 안	법§104①②, 137①, 268
차순위매수신고인에 대한 매각결정기일		최초의 대금지급기한 후	2주 안	법§109①, 137①, 268
매각부동산 관리명령		신청일부터	2일 안	법§136②, 268
대금지급기한의 지정 및 통지		매각허가결정확정일 또는 상소법원으로부터 기록송부를 받은 날부터	3일 안	법§142①, 268 규§78, 194
대금지급기한		매각허가결정확정일 또는 상소법원으로부터 기록송부를 받은 날부터	1월 안	규§78, 194
매각부동산 인도명령		신청일부터	3일 안	법§136①, 268
배당기일의 지정·통지 계산서 제출의 최고		대금납부 후	3일 안	법§146, 268 규§81
배당기일		대금납부 후	4주 안	법§146, 268
배당표의 작성 및 비치			배당기일 3일 전까지	법§149①, 268
배당표의 확정 및 배당실시			배당기일	법§149②, 159, 268
배당조서의 작성		배당기일부터	3일 안	법§159④, 268
배당액의 공탁 또는 계좌입금		배당기일부터	10일 안	법§160, 268 규§82
매수인 앞으로 소유권이전등기 등 촉탁		서류제출일부터	3일 안	법§144, 268
기록 인계		배당액의 출급, 공탁 또는 계좌입금 완료 후	5일 안	

제1장 강제경매의 선정

1. 신청방식, 접수, 비용예납

강제경매는 서면으로 신청하여야 한다(민집법 제4조). 신청서에는 소정사항을 기재하여야 하고(민집법 제80조), 소정서류를 첨부하여야 한다(민집법 제81조). 또 인지(5,000원)를 붙여야 하고, 수개의 집행권원에 기하여 신청하는 경우에는 집행권원의 수에 따른 인지를 붙인다. 채권금액의 1,000분의 2에 해당하는 등록면허세 등(등록면허세의 100분의 20에 해당하는 지방교육세 포함)의 영수필통지서 및 영수필확인서 각 1통, 등기신청수수료로서 등기수입증지도 함께 제출하여야 한다.

신청채권자는 집행비용을 예납하여야 하고(민집법 제18조), 예납하지 아니하면 경매신청을 각하하거나 집행절차를 취소할 수 있다. 예납대상은 송달료, 감정료, 현황조사수수료, 신문공고료, 매각수수료, 유찰수수료 등으로, 예납표준액은 다음과 같다.

① 송달료 : (신청서상 이해관계인 수 + 3) × 10회분에 해당하는 현금
② 감정료 : 감정인등 선정과 감정료의 산정기준 등에 관한 예규(재일 2008-1)
　　　　　(시가감정의 경우 하한은 24만원, 상한은 600만원)
③ 현황조사수수료 : 집행관수수료규칙 15조, 3조 1항, 22조
④ 신문공고료 : 민사소송비용법 10조, 8조
⑤ 매각수수료 : 집행관수수료규칙 16조, 17조, (재민 79-5)
⑥ 유찰수수료 : 집행관수수료규칙 17조

경매신청서가 접수되면 접수담당 법원사무관등은 신청요건, 인지 등을 검토한 후 흠이 있으면 보정을 촉구하여야 하고, 이에 응하지 아니하더라도 이를 거부할 수 없으므로 흠을 적은 부전지를 붙여 접수하고 사건번호("타경")를 부여한다.

2. 기재사항

가. 채권자·채무자와 법원의 표시(민집법 80조 1호)

채권자·채무자를 특정할 수 있도록 그 이름과 주소를 표시하여야 한다. 채권자·채무자는 집행권원의 집행문에 기재되어 있는 집행채권자·집행채무자와 일

치하여야 하고, 집행권원에 표시된 채권자·채무자와 항상 일치되는 것은 아니다(승계집행문인 경우에는 집행권원상의 채권자·채무자를 기재할 것이 아니라 그 집행문상의 채권자·채무자를 기재한다).

주소변경이 있는 때는 신구 주소를 병기하며, 등기사항증명서상의 주소가 다른 때에는 등기부상의 주소도 병기하고 주민등록초본을 첨부한다. 법인인 때는 그 명칭, 주된 사무소 또는 영업소 및 대표자를 표시한다. 법인의 명칭이나 상호변경이 있는 때에는 승계집행문은 필요 없고 단지 동일인임을 증명하는 서면을 첨부하면 된다.

[서식 1] 부동산 강제경매신청서

부동산 강제경매신청서

채권자   ○ ○ ○
주 소   ○○시 ○○구 ○○동 ○○번지

채무자   ○ ○ ○
주 소   ○○시 ○○구 ○○동 ○○번지

청구금액의 표시

청구금액 금 ○○○,○○○원 및 위 금원 중 금 ○○○,○○○에 대한 ○년 ○월 ○일부터 다 갚을 때까지 연 2할의 비율에 의한 지연손해금

경매할 부동산의 표시

별지 목록 기재와 같음

신 청 취 지

위 청구금액의 변제에 충당하기 위하여 채무자 소유의 별지 기재 부동산에 대하여 강제경매절차를 개시하고 채권자를 위하여 이를 압류한다.
라는 재판을 구합니다.

신 청 원 인

위 청구금액은 ○○지방법원 ○○년 ○○가합 제○호 ○○사건에 관하여 ○○년 ○○월 ○○일 선고를 받은 집행력 있는 판결(○○결정, 명령, 화해조서)정본에 의하여 채무자가 변제할 것인바, 채무자는 이를 변제하지 않으므로 강제경매개시의 절차를 구하기 위하여 본 신청에 이르렀습니다.

첨 부 서 류

1. 집행력 있는 판결정본	1통
1. 토지 또는 건물등기사항증명서	1통
1. 송달증명서	1통
1. 경매물건목록	10통

○○년 ○월 ○일

위 채권자 ○ ○ ○

○○지방법원   귀중

3. 강제경매의 대상

강제경매의 대상은 부동산이다. 여기서 부동산이라 함은 토지 및 그 정착물, 부동산과 동일시되는 권리를 말한다.

가. 부동산의 표시(민집법 제80조 제2호)

(1) 토지, 건물

토지에 정착된 공작물 중에서 독립된 부동산으로 취급할 수 없는 것(ex, 돌담, 다리, 도랑 등)은 토지와 일체로 되어 하나의 부동산으로 취급되며 독립하여 강제경매의 대상으로 되지 아니한다.

토지 위에 성립하고 있는 채무자 소유의 미등기 수목은 토지의 일부로 간주되나, 입목에 관한 법률에 의하여 소유권보존등기가 된 입목이나 명인방법을 갖춘 수목의 경우는 토지로부터 독립하여 강제경매의 대상으로 된다.

가) 토지

등기된 토지의 표시는 동일성이 인정되는 한 등기부의 표제부에 기재된 대로 표시하여야 한다. 토지에 대하여 환지예정지가 지정된 경우는 경매대상인 원래 토지와 함께 환지예정지도 표시하여야 한다.

나) 건물

건물은 항상 토지로부터 독립된 부동산으로 취급되므로 강제경매의 대상으로 한다.

건물의 공유지분, 구분소유권도 독립하여 강제경매의 대상으로 된다. 그러나 건축 중에 있는 건물로서 사회통념상 아직 독립된 부동산으로 볼 수 없고 분리가 가능하다면 개개의 건축자재나 공작물을 유체동산 압류방법에 따라 집행할 수 밖에 없을 것이다.

건물이 증축된 경우에는 증축 부분이 독립된 부동산인지 아니면 기존 건물에 부합되었는지 여부를 먼저 판단하여 매각의 범위를 명확히 하여야 한다.

건물의 표시도 등기부상의 표시와 일치하게 표시하여야 한다. 등기부표시와 실제건물이 동일한지 여부는 지번, 면적, 구조 외에 건축시기, 단독주택·연립주택·아파트 등 건물의 종류, 등기부상의 표시가 상이하게 된 연유, 다른 건물과의 혼동 우려가 있는지 여부 등을 종합하여 사회통념상 동일성이 인정될 정도로 합치되는지 여부를 결정하여야 한다.

  미등기 부속건물이 있거나 건물이 증·개축되어 실제건평이나 구조가 등기부상의 표시와 일치하지 아니할 때에는 그 미등기 부속건물 또는 실제건물의 구조와 건평을 아울러 표시하여야 하나, 실무상 경매신청단계에서는 이를 심사하지 않고 평가서가 도착하면 그 내용에 따라 표시를 하게 된다.

[판례 1] 부동산경락허가결정에대한재항고 (대법원 1974. 1. 8. 자 73마683 결정)

【판시사항】
환지예정지로 지정된 토지를 경매하는 경우에 경매기일 공고방법과 최저경매 가격의 결정

【결정요지】
경매목적물이 환지예정지인 경우 경매기일공고에 있어서 부동산의 표시방법은 종전 토지의 지번, 지목, 지적등을 표시하는 외에 환지예정지 지정의 구체적 내용을 기재하여야 하며 또 위 부동산을 평가함에 있어서도 환지예정지 지정이 된 구체적 사정(위치, 지적 등)을 충분히 참작 감안하여야 한다.

[판례 2] 소유권이전등기 (대법원 1990. 3. 9. 선고 89다카3288 판결)

【판시사항】
가. 건물에 관한 소유권보존등기가 당해 건물의 객관적, 물리적 현황을 공시하는 등기로서 유효하기 위한 요건
나. 연립주택 2동의 건물외부에 표시된 "가"동과 "나"동의 실제표시가 등기부에 뒤바뀌어 표시된 경우 등기부의 표시와 실제건물과의 사이에 동일성이 인정되는지 여부 (적극)

【판결요지】
가. 건물에 관한 소유권보존등기가 당해 건물의 객관적, 물리적 현황을 공시하는 등기로서 효력이 있는 것인지의 여부는, 등기부에 표시된 소재, 지번, 종류, 구조와 면적 등이 실제건물과 간에 사회통념상 동일성이 인정될 정도로 합치되는지의 여부에 따라 결정된다.
나. 소외인 명의로 소유권보존등기가 된 연립주택 "가"동 104호에 관한 등기부의 표시란에 기재된 건물의 소재, 지번, 종류, 구조와 면적 등이 실제건물의 그것과 서로

> 일치 된다면, 연립주택 2동의 외부에 표시된 "가"동과 "나"동의 실제 건물표시가 뒤바뀌어 등기부에 "나"동과 "가"동으로 표시되었다는 한가지 사유만으로, 등기부의 표시와 실제건물사이에 동일성이 인정되지 않는다고는 볼 수 없을 것이므로, 연립주택 "가"동 104호에 관한 위 소유권보존등기가 왼쪽 연립주택 "나"동 104호(실제 건물표시)를 표상하는 등기로서 효력이 없는 것이라고 단정할 수 없다.
> 【참조조문】
> 부동산등기법 제15조, 제131조
> 【참조판례】
> 대법원 1981.12.8. 선고 80다163 판결(공1982,129)
>   1986.7.22. 선고 85다카1222 판결(공1986,1094)
>   1987.6.9. 선고 86다카977 판결(공1987,1130)
>   1989.2.28. 선고 88다카4116 판결(공1989,528)
>   1990.3.9. 선고 89다카4021 판결(동지)

(2) 미등기 부동산

민사집행법 81조 1항 2호 단서, 3항은 미등기건물의 강제경매신청서에는 그 건물이 채무자의 소유임을 증명할 서류, 그 건물의 지번·구조·면적을 증명할 서류 및 그 건물에 관한 건축허가 또는 건축신고를 증명할 서류를 붙이거나 그의 조사를 집행법원에 신청하도록 규정하고, 민사집행규칙 42조 2항은 민사집행법 81조 1항 2호 단서의 규정에 따라 채권자가 제출한 서류에 의하여 강제경매신청을 한 건물의 지번·구조·면적이 건축허가 또는 건축신고된 것과 동일하다고 인정되지 아니하는 때에는 법원은 강제경매신청을 각하하여야 한다고 규정하며, 민사집행규칙 218조는 보전처분의 집행에 관하여는 특별한 규정이 없으면 강제집행에 관한 규정을 준용하도록 규정하고 있다. 따라서 채권자가 미등기건물에 대해 가압류신청을 하려면 ① 건물이 채무자의 소유임을 증명할 서류(실무에서는 통상 건축허가서나 건축신고서를 제출받고 있고, 미흡할 경우 건축도급계약서 등을 추가로 받고 있다), ② 건물의 지번과 구조와 면적을 증명할 서류, ③ 건물에 관한 건축허가(신고)를 증명할 서류가 필요하다. 이에 관하여 민사집행법 81조 2항, 3항은 위 ①, ③의 서류를 입수할 수 없는 채권자는 공적 장부를 주관하는 공공기관에 위 서류들에 관한 사항을 증명하여 줄 것을 청구할 수 있고(사실조회신청), 또는 위 ②의 서류를 입수할 수 없는 채권자는 건물의 지번·구조·면적의 조사를 집행법원에 신청할 수 있다(현황조사명령신청)고 규정하고 있다.

건물로서의 실질과 외관을 갖추고 그의 지번·구조·면적 등이 건축허가 또는 건축신고의 내용과 사회통념상 동일하다고 인정될 수 있는 정도에 이르지 못한 미등기건물은 가압류의 대상이 될 수 없어 해당 미등기건물에 대한 가압류신청은 각하되게 된다(대결 2009. 5. 19. 2009마406).

미등기부동산에 관해 가압류결정을 하면, 법원은 등기관에게 미등기부동산에 대한 가압류등기를 촉탁한다. 등기관이 법원의 촉탁에 따라 미등기부동산에 대하여 가압류등기를 할 때에는 직권으로 소유권보존등기를 하고, 가압류등기를 명하는 법원의 재판에 따라 소유권의 등기를 한다는 뜻을 기록하여야 한다(부등 66조 1항). 종전에는 가압류신청에 대해 채무자의 소유임을 증명하는 서면(부등 65조의 채무자가 최초의 소유자로 등록된 건축물대장, 채무자의 소유권을 확인하는 판결 등)이 첨부되어 있지 않음을 이유로 촉탁을 각하하는 사례도 있었으나, 부동산등기법 66조 2항은 같은 법 65조를 적용하지 않는다고 명시하고 있으므로 등기관은 법원의 가압류등기 촉탁이 있는 이상 직권으로 보존등기를 한 후 가압류등기를 해야 한다.

신청서상에 부동산의 표시와 함께 미등기라는 취지를 적는다.

구분소유권인 때는 1동의 건물 중 구분소유로 된 부분을 특정할 수 있도록 표시하여야 하며, 도면을 첨부하여야 한다.

등기부에 등재되지 않은 제시외 건물은 소유자가 건축하여 소유하는 것으로 판명되어 경매신청인이 대위에 의한 보존등기를 하여 일괄매각신청을 하거나 경매 대상 부동산의 종물이나 부합물로 인정되는 경우에만 매각대상이 된다(대결 1999. 8. 9. 99마504).

신축건물의 소유권에 대하여는 다음과 같은 판례가 있다.

건물의 소유권은 건축허가명의와 관계없이 그 비용과 노력으로 건물을 신축한 자에게 있고, 건축주의 사정으로 중단된 미완성의 건물을 인도받아 완공한 경우 그 중단시점에서 이미 건물로서의 구조와 형태를 갖추고 있었다면 원래의 건축주가 그 건물의 소유권을 원시취득한다(대결 2002. 4. 26. 2000다16350).

또한, 건물이 설계도상 처음부터 여러 층으로 건축할 것으로 건축허가를 받아 건축공사를 진행하던 중에 공사가 중단되었고 중단될 당시까지 이미 일부 층의 기둥과 지붕 그리고 둘레 벽이 완성되어 있어 그 구조물을 토지의 부합물로 볼 수 없는 상태에 이르렀다고 하더라도, 제3자가 이러한 상태의 미완성 건물을 종전 건축주로부터 양수하기로 하고 이를 인도받아 나머지 공사를 계속 진행한 결과, 건물의 구조와 형태 등이 건축허가의 내용과 사회통념상 동일하다고 인정되는 정도에 이르도록 건물을 축조한 경우에는 그 제3자가 그 건물 전체의 소유권을 원시취득한다(대판 2006. 11. 9. 2004다67691).

(3) 공유지분에 대한 강제경매

토지의 공유지분도 독립하여 강제경매의 대상으로 한다. 다만 집합건물에서 대지권 취지의 등기가 되지 아니한, 대지사용권으로서의 토지공유지분은 전유부분과 분리하여 처분이 가능하도록 규약으로 정하여져 있는 경우가 아닌 한 건물과 독립하여 강제경매의 대상이 되지 아니한다(집합건물법 제20조).

■ **자동차 공유지분 경매신청에 대한 기각결정례**
주문 이 사건 자동차에 대한 경매신청은 이를 기각한다.
이유 채권자는 의정부지방법원 2011가소○○○ 양수금 청구사건을 집행권으로 하여 이 사건 자동차강제경매를 신청하였다. 그러나 이 사건 자동차의 소유자는 채무자 ○○○와 신청외 ○○○의 공동소유로 공유지분 관계에 있다할 것인바, 자동차의 공유지분에 대한 강제집행은 민사집행법 제251조에서 규정한 그 밖의 재산권에 대한 강제집행의 예에 따라 실시하여야 할 것이다. 그러므로 채권자의 이 사건 자동차강제경매 신청은 이유 없으므로 이를 기각하기로 하여 민사집행규칙 제129조 규정에 의하여 주문과 같이 결정한다.

나. 경매의 이유가 된 일정한 채권과 집행할 수 있는 일정한 집행권원
   (제80조 제3호)

(1) 경매의 이유가 된 일정한 채권

청구액의 기재는 반드시 정액일 필요는 없으나 계산이 가능하도록 기재하여야 한다.

예컨대, "금 ○○원 및 위 금원에 대하여 ○년 ○월 ○일부터 완제에 이르기까지 연○할의 비율에 의한 지연이자" 또는 "2002. 8. 1.부터 완제일까지 매월 금○○원의 비율에 의한 금원"이라고 표시하면 특정되었다고 할 것이다.

제1장 강제경매의 선정   13

[판례 3] 낙찰불허가 (대법원 1999. 8. 9. 자 99마504 결정)

【판시사항】
등기부에 등재되지 않은 제시외 건물을 입찰물건에 포함시키기 위한 요건
【결정요지】
등기부에 등재되지 않은 제시외 건물이 존재하는 경우에는 소유자가 건축하여 소유하는 것으로 판명되어 경매신청인이 대위에 의한 보존등기를 하여 일괄경매신청을 하거나 그것이 경매 대상 부동산의 종물이거나 부합물임이 명백한 경우가 아닌 한 입찰물건에 포함시켜서는 안 된다.
【참조조문】
민법 제358조, 민사소송법 제617조의2, 제618조
【참조판례】
대법원 1986. 5. 23.자 86마295 결정(공1986, 867)

(2) 집행할 수 있는 일정한 집행권원

집행권원을 기재하여야 한다.

다. 대리인의 표시

대리인이 있는 경우에는 신청서에 대리인의 성명, 주소를 표시하여야 한다. 채권자·채무자가 소송무능력자인 때는 법정대리인을 표시하며, 법정대리인이 없으면 특별대리인을 선임하여 표시한다(민소 제62조).

4. 첨부서류

강제경매신청을 할 때는 집행정본, 강제집행개시요건이 구비되었음을 증명하는 서류, 채무자 소유로 된 부동산등기사항증명서 또는 미등기부동산인 경우 즉시 채무자명의로 등기할 수 있음을 증명할 서류를 첨부하여야 한다. 또한, 대표자·대리인의 자격을 증명하는 자격증명서·위임장을 제출해야 할 경우도 있다.

가. 집행정본

집행권원으로 배당요구를 할 때에는 사본을 제출하여도 무방하고(민집규 제48조 제2항), 재산명시신청의 경우에는 사본을 제출하고 집행정본은 바로 돌려받는다(민집규 제25조 제2항).

나. 집행개시요건서류

강제집행을 개시하기 위해서는 집행권원의 송달증명서, 집행문 및 증명서의 송달증명서, 담보제공증명서와 그 등본의 송달증명서, 반대의무의 이행·이행제공을 증명하는 서면, 본래청구권의 집행불능증명서 등을 제출하여야 한다.

다. 등기사항증명서

채무자 소유로 등기된 등기사항증명서를 첨부하여야 한다. 실무상 도리 수 있는 대로 경매신청 전 1개월 내에 발부된 것을 첨부시키도록 하고 있다.

라. 즉시 채무자명의로 등기할 수 있음을 증명할 서류

미등기 부동산에 대하여는 즉시 채무자명의로 등기할 수 있다는 것을 증명할 서류를 첨부하여야 한다(민집법 제81조 제1항). 채무자 명의로의 소유권보존등기를 하기 위해서는 부동산이 채무자의 소유임을 증명하는 서류(부등법 제65조)와 부동산의 표시를 증명하는 서류(부등규 제121조 제2항 내지 제4항), 그 밖의 서류를 제출하여야 한다.

마. 미등기 부동산

미등기부동산에 관하여 경매개시결정을 하면 등기관이 직권으로 소유권보존등기를 하고 경매개시결정등기를 하게 된다. 등기사항증명서가 멸실되고 아직 회복등기가 되어 있지 아니한 부동산도 위와 마찬가지이다.
미등기 부동산에 대한 경매를 신청할 때는 즉시 채무자의 명의로 등기할 수 있음을 증명할 서류 즉 채무자의 소유임을 증명하는 서면과 부동산의 표시를 증명하는 서면을 붙여야 한다.

▶ 부동산등기규칙

제121조 (소유권보존등기의 신청) ① 법 제65조에 따라 소유권보존등기를 신청하는 경우에는 법 제65조 각 호의 어느 하나에 따라 등기를 신청한다는 뜻을 신청정보의 내용으로 등기소에 제공하여야 한다. 이 경우 제43조제1항제5호에도 불구하고 등기원인과 그 연월일은 신청정보의 내용으로 등기소에 제공할 필요가 없다.

② 제1항의 경우에 토지의 표시를 증명하는 토지대장 정보나 임야대장 정보 또는 건물의 표시를 증명하는 건축물대장 정보나 그 밖의 정보를 첨부정보로서 등기소에 제공하여야 한다.

③ 건물의 소유권보존등기를 신청하는 경우에 그 대지 위에 여러 개의 건물이 있을 때에는 그 대지 위에 있는 건물의 소재도를 첨부정보로서 등기소에 제공하여야 한다. 다만, 건물의 표시를 증명하는 정보로서 건축물대장 정보를 등기소에 제공한 경우에는 그러하지 아니하다.

④ 구분건물에 대한 소유권보존등기를 신청하는 경우에는 1동의 건물의 소재도, 각 층의 평면도와 전유부분의 평면도를 첨부정보로서 등기소에 제공하여야 한다. 이 경우 제3항 단서를 준용한다.

(1) 미등기 토지

미등기 토지라 하더라도 채무자의 소유이면 민사집행법 81조 1항 2호 본문에 따라 즉시 채무자 명의로 등기할 수 있다는 것을 증명할 서류를 붙여서 강제경매신청을 할 수 있다. 미등기 토지에 관하여 경매개시결정을 하면 등기관이 직권으로 소유권보존등기를 하고 경매개시결정등기를 하게 된다.

채무자의 명의로 등기할 수 있음을 증명할 서류는 토지대장, 확정판결, 수용증명서(재결서등본과 공탁서원본) 등이다(부등 65조).

대장등본에 의하여 소유권보존등기를 신청할 수 있는 자는 원칙적으로 대장등본에 의하여 대장에 자기 또는 피상속인이 최초의 소유자로 등록되어 있음을 증명하는 자이어야 한다. 적법하게 토지대장(임야대장)상에 소유자로서 복구등록이 되지 않은 경우, 즉 토지대장등본에는 대장상의 소유자로서 기재되어 있으나 적법하게 소유자로 복구등록이 되지 아니한 경우 그 대장상의 소유자는 직접 자기 명의로 소유권보존등기를 할 수 없다(등기예규 제1483호).

대장상 소유권이전등록을 받은 소유명의인 및 그 상속인은 미등기 토지의 지적공부상 '국'으로부터 소유권이전등록을 받은 경우를 제외하고는 자기 명의로 직접 소유권보존등기를 신청할 수 없고, 대장상 최초의 소유자 명의로 소유권보존등기를 한 다음 자기 명의로 소유권이전등기를 신청하여야 한다(등기예규 제

1483호).

　부동산등기법 65조 2호 소정의 판결은 그 내용이 신청인에게 소유권이 있음을 증명하는 확정판결이면 족하고, 그 종류에 관하여 아무런 제한이 없어 반드시 확인판결이어야 할 필요는 없고, 이행판결이든 형성판결이든 관계가 없으며, 또한 화해조서 등 확정판결에 준하는 것도 포함한다(대판 1994. 3. 11. 93다57704, 대판 2011. 11. 24. 2011다55023).

　민사집행법 81조 1항 2호에서 말하는 '채무자의 소유로 등기되지 아니한 부동산'이라고 함은 미등기 부동산을 말하는 것으로서 제3자 명의로 등기가 마쳐진 부동산은 이에 해당하지 아니하므로, 민사집행법 244조 2항에 정한 권리이전명령은 같은 법 81조 1항 2호에 정한 서류가 될 수 없고, 제3자 명의로 등기되어 있는 부동산에 관하여는 사실상 그 부동산이 채무자의 소유라고 하더라도 채무자 명의로 등기가 회복되지 아니하는 한 경매신청을 할 수 없다(대결 2007. 5. 22. 2007마200).

[판례 4] 등기공무원처분에대한이의기각결정에대한재항고 (대법원 1971. 11. 12. 자 71마657 결정)

【판시사항】
부동산등기법 제131조 제2호의 "판결"에는 소유권 확인의 판결 뿐만 아니라 그 판결설시로서 등기 의무자의 소유임을 인정하고 그 이전등기를 명한 소위 급부판결도 포함된다.
【결정요지】
본조 제2호의 "판결"에는 소유권확인의 판결뿐만 아니라 그 판결설시로서 등기의무자의 소유임을 인정하고 그 이전등기를 명한 소위 급부판결도 포함된다.
【참조조문】
부동산등기법 제131조

[판례 5] 소유권확인등 (대법원 1994. 3. 11. 선고 93다57704 판결)

【판시사항】
가. 부동산등기법 제130조 제2호 소정의 "판결"의 범위
나. 국가를 상대로 한 토지소유권확인청구가 확인의 이익이 있는 경우
【판결요지】
가. 부동산등기법 제130조 제2호 소정의 판결은 그 내용이 신청인에게 소유권이 있음

을 증명하는 확정판결이면 족하고, 그 종류에 관하여 아무런 제한이 없어 반드시 확인판결이어야 할 필요는 없고, 이행판결이든 형성판결이든 관계가 없으며, 또한 화해조서 등 확정판결에 준하는 것도 포함한다.

나. 국가를 상대로 한 토지소유권확인청구는 어느 토지가 미등기이고, 토지대장이나 임야대장상에 등록명의자가 없거나 등록명의자가 누구인지 알 수 없을 때와 그 밖에 국가가 등록명의자인 제3자의 소유를 부인하면서 계속 국가소유를 주장하는 등 특별한 사정이 있는 경우에 한하여 그 확인의 이익이 있다.

【참조조문】
가. 부동산등기법 제130조 제2호 나. 민사소송법 제228조
【참조판례】
가. 대법원 1971.11.12. 자 71마657 결정(집19③민93)
     1982.5.11. 선고 81다188 판결(공1982,563)
     1990.3.20. 자 89마389 결정(공1990,942)
나. 대법원 1992.12.22. 선고 91다카47116 판결(공1990상,550)
     1993.4.27. 선고 93다5727,5734 판결(공1993하,1569)
     1993.9.14. 선고 92다24899 판결(공1993하,2746)

[판례 6] 약정금반환 (대법원 2011. 11. 24. 선고 2011다55023 판결)

【판시사항】
[1] 구 부동산등기법 제131조 제2호에서 정한 '판결'의 의미
[2] 자신이 신축한 집합건물의 점포들에 관하여 갑 명의로 소유권보존등기가 마쳐지자 말소청구의 소를 제기하여 승소·확정판결을 받은 을이 위 점포들에 관하여 처분금지가처분결정을 받아 가처분등기를 마친 병, 정과 그들의 협조하에 갑 명의의 소유권보존등기 등을 말소하고 자신 명의로 소유권보존등기를 하는 대신 일정액의 돈을 지급하기로 약정하여 계약금을 지급하였다가, 그 후 그들의 협조만으로 자신 명의의 소유권보존등기를 마치는 것이 법률적으로 불가능하다는 이유로 위 약정의 무효를 주장하며 부당이득 반환을 구한 사안에서, 다른 특별한 사정이 없는 한 병, 정의 협조만으로 을 명의의 소유권보존등기를 마치는 것이 법률적으로 불가능하다고 단정할 수 없는데도, 이와 달리 보아 을의 청구를 인용한 원심판결에는 법리오해의 위법이 있다고 한 사례

【참조조문】
[1] 구 부동산등기법(2011. 4. 12. 법률 제10580호로 전부 개정되기 전의 것) 제131조 제2호(현행 제65조 제2호 참조) [2] 구 부동산등기법(2011. 4. 12. 법률 제10580호로 전부 개정되기 전의 것) 제131조 제2호(현행 제65조 제2호 참조), 민법 제105조,

제741조
【참조판례】
[1] 대법원 1971. 11. 12.자 71마657 결정(집19-3, 민93)
대법원 1994. 3. 11. 선고 93다57704 판결(공1994상, 1187)

[판례 7] 구상금등 (대법원 2011. 11. 10. 선고 2009다93428 판결)

【판시사항】
건축물대장이 생성되지 않은 건물에 대하여 구 부동산등기법 제131조 제2호에 따라 소유권보존등기를 마칠 목적으로 제기한 소유권확인청구의 소에 확인의 이익이 있는지 여부(소극)

【판결요지】
구 부동산등기법(2011. 4. 12. 법률 제10580호로 전부 개정되기 전의 것, 이하 '구법'이라 한다) 제131조 제2호에서 판결 또는 그 밖의 시·구·읍·면의 장의 서면에 의하여 자기의 소유권을 증명하는 자가 소유권보존등기를 신청할 수 있다고 규정한 것은 건축물대장이 생성되어 있으나 다른 사람이 소유자로 등록되어 있는 경우 또는 건축물대장의 소유자 표시란이 공란으로 되어 있거나 소유자 표시에 일부 누락이 있어 소유자를 확정할 수 없는 등의 경우에 건물 소유자임을 주장하는 자가 판결이나 위 서면에 의하여 소유권을 증명하여 소유권보존등기를 신청할 수 있다는 취지이지, 아예 건축물대장이 생성되어 있지 않은 건물에 대하여 처음부터 판결 내지 위 서면에 의하여 소유권을 증명하여 소유권보존등기를 신청할 수 있다는 의미는 아니라고 해석하는 것이 타당하다. 위와 같이 제한적으로 해석하지 않는다면, 사용승인을 받지 못한 건물에 대하여 구법 제134조에서 정한 처분제한의 등기를 하는 경우에는 사용승인을 받지 않은 사실이 등기부에 기재되어 공시되는 반면, 구법 제131조에 의한 소유권보존등기를 하는 경우에는 사용승인을 받지 않은 사실을 등기부에 적을 수 없어 등기부상으로는 적법한 건물과 동일한 외관을 가지게 되어 건축법상 규제에 대한 탈법행위를 방조하는 결과가 된다. 결국 건축물대장이 생성되지 않은 건물에 대해서는 소유권확인판결을 받는다고 하더라도 그 판결은 구법 제131조 제2호에 해당하는 판결이라고 볼 수 없어 이를 근거로 건물의 소유권보존등기를 신청할 수 없다. 따라서 건축물대장이 생성되지 않은 건물에 대하여 구법 제131조 제2호에 따라 소유권보존등기를 마칠 목적으로 제기한 소유권확인청구의 소는 당사자의 법률상 지위의 불안 제거에 별다른 실효성이 없는 것으로서 확인의 이익이 없어 부적법하다.

【참조조문】
구 부동산등기법(2011. 4. 12. 법률 제10580호로 전부 개정되기 전의 것) 제131조(현행 제65조 참조), 민사소송법 제250조

(2) 미등기 건물

가) 원칙적인 경우

 미등기 건물에는 무허가 건물과 아직 사용 승인을 받지 못하였으나 사회통념상 이미 건물의 실체를 갖추고 있는 신축 건물이 있는데, 미등기 건물에 대하여도 미등기 토지와 같이 민사집행법 81조 1항 2호 본문에 따라 즉시 채무자 명의로 등기할 수 있다는 것을 증명할 서류, 즉 부동산등기법 65조에서 정한 서류를 붙여서 경매 신청을 할 수 있다(대결 1995. 12. 11. 95마1262). 미등기 건물에 대하여 경매개시결정을 하면 등기관이 직권으로 소유권보존등기를 하고 경매개시결정등기를 하게 된다.
 미등기 건물에 대하여 경매를 신청하는 경우에는 건물이 채무자의 소유임을 증명하는 서류로서 부동산등기법 제65조에서 정한 서면<건축물대장, 소유권을 증명하는 판결, 특별자치도지사·시장·군수 또는 구청장(자치구의 구청장을 말한다)의 확인서, 수용증명서>을 붙여야 한다.
 또, 건물소유권보존등기를 함에 있어서는 건물의 표시를 증명하는 건축물대장정보나 그 밖의 정보를 첨부정보로서 등기소에 제공하여야 하며, 건물 대지 위에 여러개의 건물이 있을 때에는 그 대지 위에 있는 건물의 소재도를 첨부정보로서, 구분건물에 대한 소유권보존등기를 신청하는 경우에는 1동의 건물의 소재도, 각 층의 평면도와 전유부분의 평면도를 첨부정보로서 등기소에 제공하여야 한다(부등규 제121조).
 부동산등기법 제65조 제2호의 판결은 보존등기신청인의 소유임을 확정하는 내용이어야 하며, 국가를 상대로 한 소유권확인판결이나, 건축허가명의인(또는 건축주)을 상대로 한 소유권확인판결은 해당되지 않는다(등기예규 제1483호).
 종래 실무에 의하면 건축물대장이 생성되어 있지 않은 건물에 대하여도 확정판결 또는 그 밖의 특별자치도지사, 시장, 군수 또는 구청장(자치구의 구청장을 말한다)의 확인서면에 의하여 소유권을 증명하여 소유권보존등기를 신청할 수 있다고 보았으나, 아예 건축물대장이 생성되어 있지 않은 건물에 대하여는 판결 또는 위 서면에 의하여 소유권을 증명하더라도 소유권보존등기를 신청할 수 없다 할 것이다(대판 2011. 11. 10. 2009다93428).
 부동산등기법 제65조 제4호의 "특별자치도지사, 시장, 군수 또는 구청장의 확인서"에 해당하기 위해서는 건물의 소재와 지번, 건물의 종류, 구조 및 면적 등 건물의 소유자의 성명이나 명칭과 주소나 사무소의 소재지 표시가 기재되어야 한다(등기예규 제1483호).

지방세기본법 제63조 제2항에 의하여 교부받은 지방세기본법 시행규칙 별지 23호 서식의 납세증명서, 민원사무처리에 관한 법률에 의하여 교부받은 세목별과세증명서, 건축법 제22조 제2항의 규정에 의하여 교부받은 건축법 시행규칙 별지 18호 서식의 건축물 사용승인서는 위 서면에 해당하지 않는다. 그 밖에 임시사용승인서, 착공신고서, 건물현황사진, 공정확인서, 현장조사서, 건축허가서 등도 위 서면에 해당하지 않는다(등기예규 제1483호).

특별자치도지사, 시장, 군수 또는 구청장이 발급한 사실확인서로서, 건물의 소재와 지번, 건물의 종류, 구조, 면적 등 건물의 표시와 소유자의 표시 및 그 건물이 완성되어 존재한다는 사실이 기재되어 있고, 특히 집합건물의 경우에는 1동건물의 표시 및 1동의 건물을 이루는 모든 구분건물의 표시가 구체적으로 기재되어 있다면 위 서면에 해당할 수 있을 것이다(등기예규 제1483호).

■ 신청채권자에 대하여 미등기 건물에 대한 사실조회 신청촉구서 작성례
1. 이건 신축건물의 건축허가 후 건축주명의변경이 있었는지 여부에 관하여 관할구청에 사실조회를 신청하고,
2. 건축허가서 및 설계도면을 첨부하여 현황과의 일치 여부에 관하여 민사집행법 제81조 제3항에 따른 집행관조사신청을 하시기 바랍니다.

■ 대장 소관청에 대한 사실조회 회신 독촉서 작성례
1. ○○시 ○○구 ○○동 236, 237-2 양 필지상 공동주택 및 제1, 2종 근린생활시설 1동 건물에 대하여 2011. . . ○○시 ○○구청 2008년 신축허가(건축주 1. 주식회사 ○○○, 2. ○○○) 이후 건축주 명의변경이 있었는지 여부
2. 기타 건축허가에 관한 변경허가 또는 신고가 있었는지 여부를 조속히 회신하여 주시기 바랍니다.

[예규 1] 미등기부동산의 소유권보존등기 신청인에 관한 업무처리지침

미등기부동산의 소유권보존등기 신청인에 관한 업무처리지침

제정 2007.03.15 등기예규 제1174호
개정 2007.12.11 등기예규 제1224호
개정 2008.06.13 등기예규 제1253호
개정 2011.10.12 등기예규 제1427호
개정 2013.02.22 등기예규 제1483호

1. 목적

이 예규는 「부동산등기법」(이하 "법"이라 한다) 제65조 에 의하여 미등기부동산의 소유권보존등기를 신청할 수 있는 자에 관한 구체적인 사항을 규정함을 목적으로 한다.

2. 법 제65조제1호의 신청인의 범위

가. 대장등본에 의하여 자기 명의로 소유권보존등기를 신청할 수 있는 자

(1) 대장에 최초의 소유자로 등록된 자

(가) 대장등본에 의하여 소유권보존등기를 신청할 수 있는 자는 대장에 최초의 소유자로 등록되어 있는 자(대장상 소유자의 성명, 주소 등의 일부 누락 또는 착오가 있어 대장상 소유자표시를 정정 등록한 경우를 포함한다) 또는 그 상속인, 그밖의 포괄승계인(포괄적 수증자, 법인이 합병된 경우 존속 또는 신설 법인, 법인이 분할된 경우 분할 후 법인 등)이어야 한다.
(나) 대장에 소유명의인으로 등록된 후 성명복구(일본식 씨명이 군정법령 제122호인 조선성명복구령 또는 종전 호적 관련 법령이나 예규 등에 의하여 대한민국식 성명으로 종전 호적에 복구된 경우를 말한다), 개명, 주소변경 등으로 등록사항에 변경이 생긴 경우에는 대장등본 외에 제적등본, 「가족관계의 등록 등에 관한 법률」 제15조제1항제2호 의 기본증명서, 주민등록표등본 등 변경사실을 증명하는 서면을 첨부하여 소유권보존등기를 신청할 수 있다.

(2) 대장에 최초의 소유자로 복구된 자

(가) 대장 멸실 후 복구된 대장에 최초의 소유자로 기재(복구)된 자는 그 대장등본에 의하여 소유권보존등기를 신청할 수 있다. 다만, 1950. 12. 1. 법률 제165호로 제정된

구 「지적법」(1975. 12. 31. 법률 제2801호로 전문개정되기 전의 것)이 시행된 시기에 복구된 대장에 법적 근거 없이 소유자로 기재(복구)된 자는 그 대장등본에 의한 소유권보존등기를 신청할 수 없다.
(나) 현재의 대장의 기초가 되었던 폐쇄된 구 대장의 기재내용 또는 형식으로 보아 대장 멸실 후 위 (가) 의 단서에 해당하는 시기에 소유자가 복구된 것으로 의심되는 경우(구 대장상 당해 토지를 일제시대에 사정받은 것으로 되어 있으나 소유자 표시란에 일제시대의 용어인 '씨명 우ハ 명칭' 대신 '성명 우는 명칭'과 같이 우리나라식 용어인 '성명'이나 한글 '는'이 기재되어 있는 경우 등), 등기관은 소유자 복구 여부에 대하여 신청인으로 하여금 소명하게 하거나 대장 소관청에 사실조회를 할 수 있고, 그 소명 또는 사실조회 결과 대장상 최초의 소유자가 위 (가) 의 단서에 해당하는 시기에 법적 근거 없이 복구된 것으로 밝혀진 때에는, 그 대장등본에 의한 소유권보존등기를 신청할 수 없다.

(3) 대장상 소유권이전등록을 받은 자

대장상 소유권이전등록을 받은 소유명의인 또는 그 상속인, 그 밖의 포괄승계인은 아래 각 호의 경우를 제외하고는 자기 명의로 직접 소유권보존등기를 신청할 수 없고, 대장상 최초의 소유자 명의로 소유권보존등기를 한 다음 자기 명의로 소유권이전등기를 신청하여야 한다.
(가) 삭제(2011. 10. 12. 제1427호)
(나) 미등기 토지의 지적공부상 '국'으로부터 소유권이전등록을 받은 경우

나. 삭제(2008. 06. 13. 제1253호)

3. 법 제65조제2호의 "판결"의 의미

가. 소유권을 증명하는 판결에 있어서의 상대방

법 제65조제2호 의 소유권을 증명하는 "판결"(판결과 동일한 효력이 있는 화해조서, 제소전화해조서, 인낙조서, 조정조서를 포함한다. 이하같다)은 다음 각 호에 해당하는 자를 대상으로 한 것이어야 한다.
(1) 토지(임야)대장 또는 건축물대장상에 최초의 소유자로 등록되어 있는 자 또는 그 상속인, 그 밖의 포괄승계인(대장상 소유자 표시에 일부 오류가 있어 대장상 소유자 표시를 정정등록한 경우의 정정등록된 소유명의인을 포함한다).
(2) 삭제(2011. 10. 12. 제1427호)
(3) 미등기토지의 지적공부상 "국"으로부터 소유권이전등록 받은 자

(4) 토지(임야)대장상의 소유자 표시란이 공란으로 되어 있거나 소유자표시에 일부 누락이 있어 대장상의 소유자를 특정할 수 없는 경우에는 국가

나. 판결의 종류

소유권을 증명하는 판결은 보존등기신청인의 소유임을 확정하는 내용의 것이어야 한다. 그러나 그 판결은 소유권확인판결에 한하는 것은 아니며, 형성판결이나 이행판결이라도 그 이유중에서 보존등기신청인의 소유임을 확정하는 내용의 것이면 이에 해당한다.

다. 위 판결에 해당하는 경우의 예시

다음 각 호의 판결은 법 제65조제2호 의 판결에 해당한다.
(1) 당해 부동산이 보존등기 신청인의 소유임을 이유로 소유권보존등기의 말소를 명한 판결
(2) 토지대장상 공유인 미등기토지에 대한 공유물분할의 판결. 다만 이 경우에는 공유물분할의 판결에 따라 토지의 분필절차를 먼저 거친 후에 보존등기를 신청하여야 한다.

라. 위 판결에 해당하지 않는 경우의 예시

다음 각 호의 판결은 법 제65조제2호 의 판결에 해당하지 않는다.
(1) 매수인이 매도인을 상대로 토지의 소유권이전등기를 구하는 소송에서 매도인이 매수인에게 매매를 원인으로 한 소유권이전등기절차를 이행하고 당해 토지가 매도인의 소유임을 확인한다는 내용의 화해조서
(2) 건물에 대하여 국가를 상대로 한 소유권확인판결
(3) 건물에 대하여 건축허가명의인(또는 건축주)을 상대로 한 소유권확인판결

4. 법 제65조제4호의 특별자치도지사, 시장, 군수 또는 구청장(이하 "시장 등"이라 한다)의 확인서의 요건

가. 법 제65조제4호 의 소유권을 증명하는 시장 등의 확인서에 해당하기 위해서는 시장 등이 발급한 증명서로서 다음 각 호의 요건을 모두 구비하여야 한다.
   (1) 건물의 소재와 지번, 건물의 종류, 구조 및 면적 등 건물의 표시
   (2) 건물의 소유자의 성명이나 명칭과 주소나 사무소의 소재지 표시
나. 위 확인서에 해당하는지 여부에 대한 판단
   (1) 판단기준어떤 서면이 법 제65조제4호 의 확인서에 해당하는지 여부를 판단함에 있어서는 위 가. 의 요건을 기준으로 하여야 한다.

(2) 구체적으로 문제되는 경우의 예시
    (가) 납세증명서 및 세목별과세증명서
        「지방세기본법」 제63조제2항 에 의하여 교부받은 「지방세기본법 시행규칙」 별지 제23호 서식의 납세증명서 및 「민원사무처리에 관한 법률」에 의하여 교부받은 세목별과세증명서는 법 제65조제4호 의 확인서에 해당하지 않는다.
    (나) 사용승인서
        「건축법」 제22조제2항 에 의하여 교부받은 「건축법 시행규칙」 별지 제18호 서식의 건축물 사용승인서는 법 제65조제4호 의 확인서에 해당하지 않는다.
    (다) 사실확인서
        시장 등이 발급한 사실확인서로서, 건물의 소재와 지번, 건물의 종류, 구조, 면적 등 건물의 표시와 소유자의 표시 및 그 건물이 완성되어 존재한다는 사실이 기재되어 있고, 특히 집합건물의 경우에는 1동건물의 표시 및 1동의 건물을 이루는 모든 구분건물의 표시가 구체적으로 기재되어 있다면 법 제65조제4호 의 확인서에 해당할 수 있을 것이다. 다만, 구체적인 경우에 그 해당여부는 담당 등기관이 판단할 사항이다.
    (라) 임시사용승인서, 착공신고서, 건물현황사진, 공정확인서, 현장조사서, 건축허가서 등은 법 제65조제4호 의 확인서에 해당하지 않는다.

부 칙(2007. 12. 11. 제1224호)

이 예규는 2008. 1. 1.부터 시행한다.

부 칙(2008. 06. 13. 제1253호)

이 예규는 2008. 7. 1.부터 시행한다.

부 칙(2011. 10. 12. 제1427호)

이 예규는 2011년 10월 13일부터 시행한다.

부 칙(2013. 02. 22. 제1483호)

이 예규는 즉시 시행한다.

[판례 8] 등기공무원처분에대한이의 (대법원 1990. 3. 20. 자 89마389 결정)

【판시사항】
가. 1933.3.20. 당시 토지대장상의 소유권이전등록명의자에 의한 소유권보존등기의 가부(적극)
나. 부동산등기법 제130조 제2호 소정의 자기의 소유권을 증명하는 '판결'에 당해토지가 등기신청인인 매도인의 소유임을 확인한다는 내용의 매도인과 매수인 사이에 이루어진 제소전화해조서가 포함되는지 여부(소극)

【판결요지】
가. 1933.3.20. 시행하던 임야대장규칙에 의하여 준용되는 토지대장규칙 제2조에 의하면 토지소유권의 이전은 등기공무원의 통지가 없으면 토지대장에 등록할 수 없고 다만 국유지의 불하, 교환, 양여 또는 미등기토지의 수용으로 인하여 소유권이 이전된 경우 및 미등기토지를 국유로 하는 경우는 그러하지 아니하다고 규정되어 있는데, 이와 같은 경우에는 토지대장을 관리하는 "국"에서 소유권의 이전사실을 스스로 확인할 수 있기 때문에 등기공무원을 통지가 없어도 대장에 소유권이전등록을 할 수 있게 한 것이라고 보아야 할 것인 바, 부동산등기법 제130조나 위와 같은 토지대장규칙의 규정내용이나 취지에 비추어 볼 때 그 제1호 소정의 "토지대장등본 또는 임야대장등본에 의하여 자기 또는 피상속인이 토지대장 또는 임야대장의 소유자로서 등록되어 있는 것을 증명하는 자"에는 위의 토지대장규칙에 의하여 소유권이 이전된 것으로 등록되어 있는 자도 포함되는 것으로 해석하는 것이 타당하다.
나. 부동산등기법 제130조 제2호 소정의 "판결"에는 제소전화해조서도 포함된다고 할 것이나, 매수인이 매도인을 상대로 하여 토지소유권의 이전등기를 구하는 경우에 있어서 매도인이 매수인에게 매매를 원인으로 한 소유권이전등기절차를 이행하고 당해 토지가 매도인의 소유임을 확인한다는 내용의 제소전화해조서는 매도인 명의 보존등기를 신청하는 경우 매도인 스스로가 자기의 소유임을 확인한 것에 지나지 아니하여 위 화해조서를 제출하는 등기신청인(매도인)이 "판결에 의하여 자기의 소유권을 증명한 자"에 해당한다고 할 수 없다.

【참조조문】
가. 부동산등기법 제130조 제1호, 구 토지대장규칙 (대정총령45호) 제2조, 구 임야대장규칙(대정총령113호) 제2조 나. 부동산등기법 제130조 제2호

【참조판례】
대법원 1977.5.10. 선고 77다377 판결(공1978,10085)

[판례 9] 소유권확인등 (대법원 1994. 3. 11. 선고 93다57704 판결)

【판시사항】
가. 부동산등기법 제130조 제2호 소정의 "판결"의 범위
나. 국가를 상대로 한 토지소유권확인청구가 확인의 이익이 있는 경우

【판결요지】
가. 부동산등기법 제130조 제2호 소정의 판결은 그 내용이 신청인에게 소유권이 있음을 증명하는 확정판결이면 족하고, 그 종류에 관하여 아무런 제한이 없어 반드시 확인판결이어야 할 필요는 없고, 이행판결이든 형성판결이든 관계가 없으며, 또한 화해조서 등 확정판결에 준하는 것도 포함한다.
나. 국가를 상대로 한 토지소유권확인청구는 어느 토지가 미등기이고, 토지대장이나 임야대장상에 등록명의자가 없거나 등록명의자가 누구인지 알 수 없을 때와 그 밖에 국가가 등록명의자인 제3자의 소유를 부인하면서 계속 국가소유를 주장하는 등 특별한 사정이 있는 경우에 한하여 그 확인의 이익이 있다.

【참조조문】
가. 부동산등기법 제130조 제2호 나. 민사소송법 제228조

【참조판례】
가. 대법원 1971.11.12. 자 71마657 결정(집19③민93)
　　　1982.5.11. 선고 81다188 판결(공1982,563)
　　　1990.3.20. 자 89마389 결정(공1990,942)
나. 대법원 1992.12.22. 선고 91다카47116 판결(공1990상,550)
　　　1993.4.27. 선고 93다5727,5734 판결(공1993하,1569)
　　　1993.9.14. 선고 92다24899 판결(공1993하,2746)

[판례 10] 약정금반환 (대법원 2011. 11. 24. 선고 2011다55023 판결)

【판시사항】
[1] 구 부동산등기법 제131조 제2호에서 정한 '판결'의 의미
[2] 자신이 신축한 집합건물의 점포들에 관하여 갑 명의로 소유권보존등기가 마쳐지자 말소청구의 소를 제기하여 승소·확정판결을 받은 을이 위 점포들에 관하여 처분금지가처분결정을 받아 가처분등기를 마친 병, 정과 그들의 협조하에 갑 명의의 소유권보존등기 등을 말소하고 자신 명의로 소유권보존등기를 하는 대신 일정액의 돈을 지급하기로 약정하여 계약금을 지급하였다가, 그 후 그들의 협조만으로 자신 명의의 소유권보존등기를 마치는 것이 법률적으로 불가능하다는 이유로 위 약정의 무효를 주장하며 부당이득 반환을 구한 사안에서, 다른 특별한 사정이 없는 한 병,

정의 협조만으로 을 명의의 소유권보존등기를 마치는 것이 법률적으로 불가능하다고 단정할 수 없는데도, 이와 달리 보아 을의 청구를 인용한 원심판결에는 법리오해의 위법이 있다고 한 사례

【참조조문】
[1] 구 부동산등기법(2011. 4. 12. 법률 제10580호로 전부 개정되기 전의 것) 제131조 제2호(현행 제65조 제2호 참조) [2] 구 부동산등기법(2011. 4. 12. 법률 제10580호로 전부 개정되기 전의 것) 제131조 제2호(현행 제65조 제2호 참조), 민법 제105조, 제741조

【참조판례】
[1] 대법원 1971. 11. 12.자 71마657 결정(집19-3, 민93)
대법원 1994. 3. 11. 선고 93다57704 판결(공1994상, 1187)

[판례 11] 부동산임의경매각하 (대법원 2005. 9. 9. 자 2004마696 결정)

【판시사항】
[1] 미완성 건물이 부동산경매의 대상이 되는 경우
[2] 토지의 근저당권자가 그 토지 상의 미완성 건물에 대하여도 민법 제365조의 규정에 따라 일괄경매신청을 하면서 민사집행법 제81조 제1항 제2호 소정의 서류를 붙이지 아니하고 같은 조 제3항의 조사를 신청하지도 아니한 경우, 법원이 취할 조치

【참조조문】
[1] 민사집행법 제81조 제1항 제2호, 제3항, 민사집행규칙 제42조 제2항, 부동산등기법 제41조, 제42조, 제134조 제1항, 제3항 [2] 민사집행법 제23조 제1항, 제81조 제1항 제2호, 민사소송법 제254조, 민법 제365조

【참조판례】
[1] 대법원 2004. 9. 3.자 2004마480 결정
대법원 2004. 10. 14.자 2004마342 결정

[판례 12] 부동산임의경매신청기각 (대법원 1995. 12. 11. 자 95마1262 결정)

【판시사항】
[1] 토지에 대한 저당권자가 민법 제365조에 의하여 그 지상의 미등기건물에 대한 일괄경매를 신청할 경우에 첨부하여야 할 미등기건물에 관한 증명 서류
[2] 나대지에 저당권이 설정된 후 저당권설정자가 그 위에 건물을 건축하고 경매로 인하여 그 토지와 건물의 소유자가 달라진 경우, 법정지상권의 성립 여부

【결정요지】

[1] 등기부에 채무자의 소유로 등기되지 아니한 부동산에 대하여 경매신청을 할 때에는 즉시 채무자의 명의로 등기할 수 있음을 증명할 서류를 첨부하여야 하고(민사소송법 제602조 제1항 제2호, 제728조), 미등기건물의 소유권보존등기는 가옥대장 등본에 의하여 자기 또는 피상속인이 가옥대장에 소유자로서 등록되어 있는 것을 증명하는 자나 판결 또는 기타 시·구·읍·면의 장의 서면에 의하여 자기의 소유권을 증명하는 자 및 수용으로 인하여 소유권을 취득하였음을 증명하는 자만이 이를 신청할 수 있는 것이므로(부동산등기법 제131조), 토지에 대한 저당권자가 민법 제365조에 의하여 그 지상의 미등기건물에 대하여 토지와 함께 경매를 청구하는 경우에는 지상 건물이 채무자 또는 저당권설정자의 소유임을 증명하는 서류로서 부동산등기법 제131조 소정의 서면을 첨부하여야 한다.

[2] 건물 없는 토지에 저당권이 설정된 후 저당권설정자가 그 위에 건물을 건축하였다가 담보권의 실행을 위한 경매절차에서 경매로 인하여 그 토지와 지상 건물이 소유자를 달리하였을 경우에는, 민법 제366조의 법정지상권이 인정되지 아니할 뿐만 아니라 관습상의 법정지상권도 인정되지 아니한다.

【참조조문】
[1] 민법 제365조, 민사소송법 제602조 제1항 제2호, 제728조, 부동산등기법 제131조
[2] 민법 제1조, 제366조

【참조판례】
[1] 대법원 1992. 12. 28.자 92그32 결정(공1993상, 608)
[2] 대법원 1992. 6. 12. 선고 92다7221 판결(공1992, 2137)
   대법원 1993. 6. 25. 선고 92다20330 판결(공1993하, 2098)
   대법원 1994. 11. 22. 선고 94다5458 판결(공1995상, 62)

[판례 13] 소유권보존등기말소등기 (대법원 1999. 10. 8. 선고 97다45266 판결)

【판시사항】
지방세세목별과세증명서가 부동산등기법 제131조 제2호 후단의 서면에 해당하는지 여부(소극)

【판결요지】
지방세세목별과세증명서는 부동산등기법 제131조 제2호 후단의 서면에 해당하지 아니한다.

【참조조문】
부동산등기법 제131조 제2호

[판례 14] 결정경정 (대법원 1992. 12. 28. 자 92그32 결정)

【판시사항】
가. 토지에 대한 저당권자가 민법 제365조에 의하여 지상의 미등기 건물에 대하여 토지와 함께 경매를 청구하는 경우에 지상건물이 채무자 또는 저당권설정자의 소유임을 증명하는 서류로서 첨부하여야 하는 서면(= 부동산등기법 제131조 소정의 서면)
나. 착공신고서, 건물현황사진, 공정확인서, 현장조사서, 건축허가서, 사실확인서 등이 부동산등기법 제131조 소정의 서면에 해당하는지 여부(소극)

【결정요지】
가. 등기부에 채무자의 소유로 등기되지 아니한 부동산에 대하여 경매신청을 할 때에는 즉시 채무자의 명의로 등기할 수 있음을 증명할 서류를 첨부하여야 하고(민사소송법 제602조 제1항 제2호, 제728조), 미등기건물의 소유권보존등기는 가옥대장등본에 의하여 자기 또는 피상속인이 가옥대장에 소유자로서 등록되어 있는 것을 증명하는 자나 판결 또는 기타 시·구·읍·면의 장의 서면에 의하여 자기의 소유권을 증명하는 자 및 수용으로 인하여 소유권을 취득하였음을 증명하는 자만이 이를 신청할 수 있는 것이므로(부동산등기법 제131조), 토지에 대한 저당권자가 민법 제365조에 의하여 지상의 미등기건물에 대하여 토지와 함께 경매를 청구하는 경우에는 지상건물이 채무자 또는 저당권설정자의 소유임을 증명하는 서류로서 위와 같은 부동산등기법 제131조 소정의 서면을 첨부하여야 한다.
나. 착공신고서, 건물현황사진, 공정확인서, 현장조사서, 건축허가서, 사실확인서 등은 부동산등기법 제131조 소정의 서면에 해당한다고 볼 수 없다.

【참조조문】
가.나. 부동산등기법 제131조 나. 민법 제365조, 민사소송법 제602조 제1항 제2호, 제728조

【참조판례】
나. 대법원 1984.11.13. 자 84마81 결정(공1985,346)
1985.4.1. 자 85마105 결정(공1985,990)

[판례 15] 등기공무원처분에대한이의기각결정 (대법원 1985. 4. 1. 자 85마105 결정)

【판시사항】
사실조회회보 건축허가서 등이 부동산등기법 제131조 소정의 서면인지 여부(소극)
【판결요지】
사실조회회보, 건축허가서, 공사시방서, 도면 등은 부동산등기법 제131조 소정의 서면이라고 할 수 없다.
【참조조문】

부동산등기법 제131조
【참조판례】
대법원 1984.11.13. 자 84마81 결정

[판례 16] 등기공무원처분에대한이의 (대법원 1984. 11. 13. 자 84마81 결정)
【판시사항】
사업계획변경승인서, 건축허가대장, 질의회시 및 감정도면 등이 부동산등기법 제131조 제2호 소정의 서면에 해당하는지 여부(소극)
【결정요지】
사업계획변경승인서, 건축허가대장, 질의회시 및 감정도면 등은 부동산등기법 제131조 제2호 소정의 서면이라 할 수 없다.
【참조조문】
부동산등기법 제55조 제8항, 제131조 제2항

나) 민사집행법 제81조 제1항 제2호 단서에 의한 경우

종전에는 신청인이 위 가)에서 말한 서면을 제출하는 것은 사실상 어렵기 때문에, 실무상 미등기 부동산에 대한 경매는 거의 이루어지지 않았고, 미등기 신축건물에 대한 집행 또한 할 방법이 없었는데, 민사집행법 제81조 제1항 제2호 단서의 신설로 미등기 신축건물에 대한 경매신청을 보다 쉽게 할 수 있게 된다.

민사집행법 제81조 제1항 제2호 단서의 신설로 미등기 신축건물에 대한 경매가 가능하게 되었으나, 위 규정의 신설로 모든 미등기 건물에 대한 경매가 가능하게 된 것이 아니므로 주의하여야 한다. 즉 위 조항은 적법하게 건축허가나 건축신고를 마친 건물이 사용승인을 받지 못한 경우에만 부동산 집행을 위한 보존등기를 할 수 있게 함으로써 경매를 가능하게 한 것이다.

■ 경매의 대상으로 삼을 수 있는 건축물의 완성도
1. 완공되지 아니하여 보존등기가 경료되지 아니하였거나 사용승인되지 아니한 건물이라고 하더라도 채무자의 소유로서 건물로서의 실질과 외관을 갖추고 그의 지번·구조·면적 등이 건축허가 또는 건축신고의 내용과 사회통념상 동일하다고 인정되는 경우
2. 일단 허가받은 대로 골조공사가 완성되었고, 이로 인하여 건물등기사항인 지번·종류·

구조 및 면적이 확정되면 일단 등기한 후 나중에 추가공사가 시행되어 건물이 사용 가능할 정도로 되더라도 등기사항 자체는 변동이 없는 경우
3. 결론적으로, 미완성 건물은 경매의 대상에서 원칙적으로 제외하되, 완공되지 않는 건물이라도 "골조가 완성된 건물"은 그 대상으로 삼는다.
4. 따라서, 독립된 부동산의 단계에는 이르렀으나 골조가 완성되지 않은 건물은 부동산집행이나 유체동산집행의 대상이 되지 아니한다.

① 대상건물

미등기 건물에는 무허가 건물과 아직 사용 승인을 받지 못하였으나 사회통념상 이미 건물의 실체를 갖추고 있는 신축건물이 있다. 만일 건축허가나 건축신고를 하지 아니한 무허가 건물에 대해서도 부동산 집행을 허용함으로써 이를 위한 보존등기가 가능하게 되면 불법 건축물이 양산되어 건축물 관리의 근본취지가 크게 훼손될 뿐 아니라 절차적인 측면에서도 이러한 건물의 경우에는 그 소유권자를 확인하기 어려운 문제가 있으므로, 민사집행법 제81조 제1항 제2호의 단서의 규정은 적법하게 건축허가나 건축신고를 마친 건물이 사용승인을 받지 못한 경우에만 적용된다. 판례는 완공되지 않은 건물이라도 건물로서의 실질과 외관을 갖추고 그의 지번·구조·면적 등이 건축허가 또는 건축신고의 내용과 사회통념상 동일하다고 인정되는 경우에는 가능하다는 입장이다.

② 신청서에 첨부할 서류

강제집행을 신청함에는 ㉠ 그 건물이 채무자의 소유임을 증명할 서류(실무에서는 통상 건축허가나 건축신고서를 제출받고 있고, 미흡할 경우 건축도급계약서 등을 추가로 받고 있다), ㉡ 그 건물의 지번·구조·면적을 증명할 서류, ㉢ 그 건물에 관한 건축허가 또는 건축신고를 증명할 서류를 첨부하면 된다(민집법 제81조 제1항 제2호 단서).

또, 부동산등기법 제66조 제2항 단서가 사용승인을 받아야 할 건물임에도 사용승인을 받지 아니하였다면 그 사실을 표제부에 기록하도록 하고 있으므로, 사용승인을 받았는지 여부를 확인하는 서면을 붙여야 한다.

③ 증명청구

채권자는 공적 장부를 주관하는 공공기관에 위 사항들을 증명하여 줄 것을 청구할 수 있다(민집법 제81조 제2항).

채권자가 건물의 지번·구조·면적을 증명할 서류를 확보하지 못한 때에는 경매신청과 동시에 그 조사를 집행법원에 신청할 수 있고(민집법 제81조 제3항), 신청을 받은 집행법원은 집행관으로 하여금 미등기 건물의 구조 및 면적을 조사하게 하여야 한다(동조 제4항), 법원의 집행관에 대한 조사명령은 성질상 결정에 해당되며 직무명령의 일종이다.

집행관은 위와 같은 조사를 위하여 건물에 출입할 수 있고, 채무자 또는 건물을 점유하는 제3자에게 질문하거나 문서를 제시하도록 요구할 수 있다(민집법 제82조 제1항). 건물에 출입하기 위하여 필요한 때에는 잠긴 문을 여는 등 적절한 처분을 할 수 있다(동조 제2항).

민사집행법 제81조 제3항·제4항의 규정에 따라 집행관이 건물을 조사한 때에는 '㉠사건의 표시, ㉡조사의 일시·장소와 방법 ㉢건물의 지번·구조·면적, ㉣조사한 건물의 지번·구조·면적이 건축허가 또는 건축신고를 증명하는 서류의 내용과 다른 때에는 그 취지와 구체적인 내역'에 건물의 도면과 사진을 붙여 정하여진 날까지 법원에 제출하여야 한다(민집규 제42조 제1항).

민사집행법 제81조 제1항 제2호 단서의 규정에 따라 채권자가 제출한 서류 또는 민사집행규칙 제42조 제1항의 규정에 따라 집행관이 제출한 서면에 의하여 강제경매신청을 한 건물이 건축허가 또는 건축신고된 사항과 동일하다고 인정되지 아니하는 때에는 법원은 강제경매신청을 각하하여야 한다.(민집규 제42조 제2항). 따라서 미등기 건물이 건축신고 또는 건축허가된 것과 사회통념상 동일하다고 인정되는 경우에만 강제집행이 허용되며, 이 경우 동일성 여부는 구체적인 사건에서 법원이 판단할 수 밖에 없다.

미등기 건물이 건축허가 또는 건축신고된 것과 면적·구조 등에서 다소 차이가 있으나 사회통념상의 동일성은 인정되어 경매개시결정을 하는 경우에는 집행관의 조사결과 등에 의하여 나타난 실제 현황을 기준으로 등기촉탁을 하여야 하고, 건축허가 또는 건축신고된 내용을 기준으로 촉탁하여서는 아니된다.

민사집행법 제81조 제1항 제2호 단서가 완공된 건물뿐 아니라 완공되지 아니한 건물에 대하여도 경매를 인정하고 있기는 하지만 최소한 건축허가의 내역과 같은 층수의 골조공사가 완공되고, 주벽과 기둥 등의 공사가 이루어져 건축허가의 내역과 같은 건물로서의 외관은 갖춘 건물로 인정될 수 있는 정도의 공사가 이루어진 경우에만 이를 경매의 대상으로 삼을 수 있다(대결 2003. 7. 15. 2003마353, 대결 2004. 10. 14. 2004마342).

1동의 건물 중 구분된 각 부분이 구조상, 이용상 독립성을 가지고 있는 경우에, 그 각 부분을 1개의 구분건물로 등기하는 것도 가능하고 그 1동 전체를 1

개의 건물로 하여 등기하는 것도 가능하며, 집합건물의 소유 및 관리에 관한 법률 60조 1항에 의하면 관계 공무원의 조사 결과 집합건물로서의 구조상, 이용상 독립성을 갖추지 못한 경우에는 그 등록을 거부하고 그 건물 전체를 하나의 건물로 하여 일반건축물대장에 등록하도록 규정하고 있으므로, 1동의 신축건물이 건물로서의 실질과 외관을 갖추고 있고 그 지번·구조·면적이 건축허가의 내용과 사회통념상 동일하다고 인정된다면, 그 1동의 건물 중 일부가 아직 건축허가에서 예정한 대로 구분건물로 될 수 있는 요건을 갖추지 못하고 있더라도, 1동의 건물 전체를 원시취득 소유자의 채권자들은 1동의 건물 전체를 일반 건물로 하여 부동산강제경매의 대상으로 삼을 수 있다고 할 것이다(대결 2013. 1. 18. 2012마690).

민사집행법 81조 1항 2호 소정의 서류를 붙이지 아니하였고 같은 조 3항의 조사를 신청하지 아니하였다고 하더라도, 법원으로서는 민사집행법 23조 1항, 민사소송법 254조에 따라 그 보정을 명하고 이에 불응할 경우 경매신청을 각하할 수 있다고 할 것이지 위 서류를 붙이지 아니하였다고 하여 바로 그 경매신청이 부적법하다고 할 수는 없다(대결 2005. 9. 9. 2004마696).

[판례 17] 부동산임의경매각하 (대법원 2005. 9. 9. 자 2004마696 결정)

【판시사항】
[1] 미완성 건물이 부동산경매의 대상이 되는 경우
[2] 토지의 근저당권자가 그 토지 상의 미완성 건물에 대하여도 민법 제365조의 규정에 따라 일괄경매신청을 하면서 민사집행법 제81조 제1항 제2호 소정의 서류를 붙이지 아니하고 같은 조 제3항의 조사를 신청하지도 아니한 경우, 법원이 취할 조치
【참조조문】
[1] 민사집행법 제81조 제1항 제2호, 제3항, 민사집행규칙 제42조 제2항, 부동산등기법 제41조, 제42조, 제134조 제1항, 제3항 [2] 민사집행법 제23조 제1항, 제81조 제1항 제2호, 민사소송법 제254조, 민법 제365조
【참조판례】
[1] 대법원 2004. 9. 3.자 2004마480 결정
대법원 2004. 10. 14.자 2004마342 결정

[판례 18] 부동산강제경매각하결정에대한이의 (대법원 2007. 5. 22. 자 2007마200 결정)

【판시사항】
[1] 민사집행법 제81조 제1항 제2호에서 말하는 '채무자의 소유로 등기되지 아니한 부동산'의 의미
[2] 채권자가 제3자 명의로 등기되어 있는 사실상 채무자 소유의 부동산에 관하여 민사집행법 제244조 제2항에 정한 권리이전명령을 받아 강제경매신청을 할 수 있는지 여부(원칙적 소극)
【참조조문】
[1] 민사집행법 제81조 제1항 제2호, 제244조 제2항 [2] 민사집행법 제81조 제1항 제2호, 제244조 제2항

마. 기타의 첨부서류

대리인 및 대표자의 자격증명서·위임장, 등록면허세영수필통지서 및 영수필확인서, 등기수입증지를 첨부한다. 실무상 부동산목록 10통을 제출하고 있다.

(1) 미등기 건물 처분제한등기의 촉탁서에 첨부할 서면

① 미등기 건물에 대하여 법원이 처분제한의 등기를 촉탁하는 경우 건물의 지번, 구조, 면적을 증명하는 정보, 소유자의 주소 및 주민등록번호를 증명하는 정보 등을 첨부하여야 한다.
　㉠ 소유자가 누구인지를 증명할 정보 : 부동산등기법 66조 2항에 의하면 같은 법 65조가 규정하는 소유권을 증명할 정보를 첨부할 필요가 없으나(등기예규 제1469호 참조), 소유권보존등기를 하기 위해서는 최소한 소유자가 누구인지를 증명할 정보와 등기할 부동산의 표시를 특정할 수 있는 정보가 제출되어야 하므로, 실무에서는 소유자가 누구인지를 증명하기 위해서 건축허가서나 건축신고필증을 첨부하고 있다.
　㉡ 소유자의 주소 및 주민등록번호(부동산등기용 등록번호)를 증명하는 정보 : 통상 주민등록등본 등을 제출하면 되고, 법인이나 외국인(주민등록번호가 없는 재외국민 포함)의 경우에는 부동산등기용 등록번호를 제출하여야 한다.
　㉢ 건물의 지번·구조·면적을 증명할 정보 : 건축물대장이 생성되어 있거나 수

용증명서 등으로 건물의 지번·구조·면적을 증명할 수 있는 경우에는 같은 서면을 제출하면 되고, 그렇지 않은 경우에는 통상 집행관의 조사 서면을 첨부정보로 제출한다. 건축물대장이 생성되지 아니하여 확정판결이나 시장 등의 확인서가 부동산등기법 65조 2호 또는 4호의 서면에 해당하지 않더라도 민사집행법 81조 1항 2호 단서의 건물의 지번·구조·면적을 증명할 정보에 포함될 수 있는지는 구체적인 사안에 따라 집행법원이 판단할 사항이다.

참고로 등기선례(2012. 07. 17. 부동산등기과-1390 질의회답)에 따르면 미등기건물에 대한 집행법원의 처분제한등기촉탁에 따른 소유권보존등기를 하는 경우에 제공되어야 할 첨부정보 중 건물의 표시를 증명하는 정보는 부동산등기법 65조의 건축물대장이나 특별자치도지사, 시장, 군수 또는 구청장(자치구의 구청장을 말한다)의 확인서로 국한되지 아니하고, 명칭에 관계없이 집행법원에서 인정한 건물의 소재와 지번·구조·면적이 구체적으로 기재된 서면이 될 것이나, 건축사법 23조에 의한 건축사업무신고를 한 건축사 또는 측량·수로조사 및 지적에 관한 법률 39조에 의한 측량기술자가 작성한 서면은 위 건물의 표시를 증명하는 정보에 해당되지 아니한다. 구분건물의 일부 건물에 대한 처분제한의 등기촉탁의 경우에는 1동 건물의 전부에 대한 구조·면적을 증명하는 정보 및 1동 건물의 소재도, 각 층의 평면도와 구분한 건물의 평면도를 첨부정보로서 등기소에 제공하여야 하며, 다만, 건물의 표시를 증명하는 정보로서 건축물대장 정보를 등기소에 제공한 경우에는 도면을 제공할 필요가 없다(등기예규 제1469호).

② 따라서 미등기 건물의 처분제한등기의 촉탁서의 첨부정보로는, ㉠건물의 지번·구조·면적을 증명할 수 있는 경우에는 건축물대장 등 증명정보, 건축허가서 또는 건축신고서를, ㉡건물의 지번·구조·면적을 증명할 수 없는 경우에는, 집행관의 조사서면, 건축허가서 또는 건축신고서를 붙여야 한다. 두 경우 모두 소유자의 주소 및 주민등록번호 등을 증명하는 정보(주민등록등본 등)를 함께 제출하여야 한다.
③ 건물의 지번·구조·면적을 증명할 수 있는 경우에는, 소유자 및 부동산표시를 증명하는 서면(건축물대장, 건축물 사용승인서, 건축물사용검사필증, 재산세과세증명서 등), 건축허가서 또는 건축신고서, 건축물 사용승인을 받았는지 여부를 확인하는 서면을 붙여야 한다.

■ **미등기 건물에 대한 각하결정례**
주문 이 사건 경매신청은 이를 각하한다.
이유 이 사건 미등기건물에 관하여 2011. . . 자 ○○시장의 사실조회 회신상 채무자로의 명의변경된 사실도 없고, 채무자의 소유임을 증명하는 서면의 제출이 없으므로, 주문과 같이 결정한다.

④ 건물의 지번·구조·면적을 증명할 수 없는 경우에는, 집행관의 조사서면, 소유자임을 증명하는 서면, 건축허가서 또는 건축신고서, 건축물 사용승인여부를 서면을 붙여야 한다. 두 경우 모두 소유자의 주민등록번호와 주소를 알 수 있는 서면(주민등록등본 등)을 함께 제출하여야 한다.

■ **집행관의 현황조사 결과 동일한 건물로 볼 수 없는 경우의 각하결정례**
주문 이 사건 경매신청은 이를 각하한다.
이유 2012. . . 집행관 ○○○ 제출의 현황조사보고서에 의하면, 이 사건 채무자인 건축주는 지하 2층 지상 13층 공동주택 및 제1, 2종 근린생활시설 및 상가 3호로 건축허가를 받았음에도 무단으로 설계를 변경하여 지하 1층, 지상 15층 공동주택 및 제1, 2종 근린생활시설 및 상가호로 건물을 건축하여 건축허가서의 내용과 실제건물의 현황에 상당한 차이가 있음으로 주문과 같이 결정한다.

(2) 등기촉탁

① 법원이 미등기 건물에 대한 소유권처분제한의 등기를 촉탁함에 따라 보존등기를 하는 경우에는 부동산등기법 65조의 제한을 받지 않으므로(부등 66조 2항), 집행법원에서 위와 같은 첨부서류와 함께 등기촉탁을 하였음에도 등기관이 이를 같은 법 65조의 서면에 해당되지 아니한다고 판단하여 보존등기를 거부하여서는 아니 된다. 다만, 건축법상의 요건 불비로 사용승인을 받지 못한 건물에 대한 보존등기를 경료할 목적으로 보전처분절차나 매각절차를 악용하는 사례를 방지하기 위하여, 그 보존등기를 함에 있어 그 건물이 건축법상 사용승인을 받아야 할 건물임에도 이를 받지 아니한 때에는 표제부에 그 사실을 적어야 하고(부등 66조 2항 단서), 위와 같이 등기된 건물에 대하여 그 이후에 건축법상 사용승인이 이루어진 경우에는 1개월 이내에 그 건물의 소유권의 등기명의인은 사용승인을 받았음을 증명하는 건축물대장등본이나 이를 증명할 수 있는 서류를 첨부하여 위 표시란 기록에 대한 말소등기를 신청하여야 한다(부등 66조 3항). 위 말소등기의 신청에는 같은 법 28조 및 46

조 2항의 규정을 준용하여 채권자 대위권의 행사에 의한 말소등기나 구분건물의 소유자의 다른 구분권자에 대한 대위가 가능하다.
② 위 촉탁에 따른 보존등기도 통상의 보존등기와 그 효력이 다르지 않으므로, 그 이후의 등기가 금지되는 것은 아니다. 또 경매신청이 유효하게 취하되거나 경매절차의 취소결정이 확정됨으로써 경매절차가 종료되었다고 하여 그 보존등기의 말소를 촉탁할 것은 아니다.
③ 법원이 등기관에 대하여 기입등기를 촉탁한 경우라도, 등기관으로서는 그 촉탁서 및 첨부서류에 의하여 등기요건에 합당한지 여부를 심사할 권한이 있고, 그 심사 결과 등기요건에 합당하지 아니하면 기입등기의 촉탁을 각하하여야 한다(대결 2008. 3. 27. 2006마920).

■ 미등기 부동산에 대한 보정명령

(1) 미등기 건물에 대한 경매신청시 신청채권자에 대한 보정명령
  1. 미등기 건물에 대한 부동산집행을 하기 위해서는 즉시 채무자 명의로 소유권보존등기가 가능해야 하므로, 이 사건 건물이 이러한 요건을 충족하였다는 점에 관하여 객관적인 자료로써 충분히 입증하시고,
  2. 이 사건 건물에 관하여 대장소관청으로부터 사용승인을 받았는지 여부를 확인하는 서면을 제출하시고,
  3. 이 사건 건물은 지번, 구조, 면적을 증명하는 서면(건축물대장, 건축물사용승인서, 건축물사용검사필증, 재산세과세증명서 등)을 제출하고, 이것이 불가능할 경우 건물의 표시와 현황이 일치하는지 여부에 관하여 건축허가서와 설계도면을 첨부하여 민사집행법 제81조 제3항의 집행관 현황조사 신청을 하시기 바랍니다.
  4. 아울러, 이 사건 건물에 관하여 지금까지 건축주 명의변경이 있었는지 여부에 관하여 관할구청에 대한 사실조회 신청을 하시기 바랍니다.

(3) 경매의 대상이 공장재단, 광업재단인 경우에는 그 재단을 구성하는 모든 물건을 표시하여야 한다.

[예규 2] 부동산등에 대한 경매절차 처리지침(재민 2004-3)

부동산등에 대한 경매절차 처리지침

제정 2002.06.26 재판예규 제865호(재민 2002-1)
개정 2003.12.31 재판예규 제943호
개정 2004.04.20 재판예규 제956호
전면개정 2004.08.24 재판예규 제970호(재민 2004-3)
개정 2005.06.01 재판예규 제1007호
개정 2006.01.24 재판예규 제1047호
개정 2007.01.08 재판예규 제1107호
개정 2007.03.09 재판예규 제1119호
개정 2008.06.12 재판예규 제1230호
개정 2010.10.21 재판예규 제1321호
개정 2010.12.13 재판예규 제1326호
개정 2013.01.28 재판예규 제1427호
개정 2013.06.04 재판예규 제1442호
개정 2015.03.11 재판예규 제1512호
개정 2015.07.17 재판예규 제1540호
개정 2016.12.20 재판예규 제1631호
개정 2019.10.31 재판예규 제1727호
개정 2019.11.15 재판예규 제1728호

제1장 총 칙

제1조 (목적) 이 예규는 부동산에 대한 강제경매절차와 담보권실행을 위한 경매절차를 정함을 목적으로 한다.

제2조 (용어의 정의) 이 예규에서 사용하는 용어의 정의는 다음과 같다.
1. "보증서"라 함은 민사집행규칙 제64조 제3호, 제70조 제2호의 규정에 따라 은행 등과 지급보증위탁계약을 체결한 문서(경매보증보험증권)를 말한다.
2. "입금증명서"라 함은 법원보관금취급규칙 제9조 제9항에 따라 법원보관금취급규칙의 별지 제3호 서식(법원보관금영수필통지서)이 첨부된 법원보관금취급규칙의 별지 제7-1호 서식을 말한다.
3. "입찰기간등"이라 함은 기간입찰에서의 입찰기간과 매각기일을 말한다.
4. "집행관등"이라 함은 집행관 또는 그 사무원을 말한다.
5. "법원사무관등"이라 함은 법원서기관·법원사무관·법원주사 또는 법원주사보를 말한다.

6. "보증금"이라 함은 지급보증위탁계약에 따라 은행 등이 지급하기로 표시한 금액(보험금액)을 말한다.

제3조 (부동산의 매각방법) ① 부동산은 기일입찰 또는 기간입찰의 방법으로 매각하는 것을 원칙으로 한다.
② 부동산의 호가경매에 관하여 필요한 사항 중 민사집행법과 민사집행규칙에 정하여지지 아니한 사항은 따로 대법원예규로 정한다.

제4조 (선박등에 대한 경매절차에서의 준용) 선박·항공기·자동차·건설기계 및 소형선박에 대한 강제집행절차와 담보권실행을 위한 경매절차에는 그 성질에 어긋나지 아니하는 범위 안에서 제2장 내지 제6장의 규정을 준용한다.

제2장 매각의 준비

제5조 (미등기건물의 조사) ① 미등기건물의 조사명령을 받은 집행관은 채무자 또는 제3자가 보관하는 관계 자료를 열람·복사하거나 제시하게 할 수 있다.
② 집행관은 건물의 지번·구조·면적을 실측하기 위하여 필요한 때에는 감정인, 그 밖에 필요한 사람으로부터 조력을 받을 수 있다.
③ 제1항과 제2항의 조사를 위하여 필요한 비용은 집행비용으로 하며, 집행관이 조사를 마친 때에는 그 비용 내역을 바로 법원에 신고하여야 한다.

제6조 (배당요구의 종기 결정 등) ① 배당요구의 종기는 특별한 사정이 없는 한 배당요구종기결정일부터 2월 이상 3월 이하의 범위 안에서 정하여야 한다. 다만, 자동차나 건설기계의 경우에는 1월 이상 2월 이하의 범위 안에서 정할 수 있다.
② 배당요구의 종기는 인터넷 법원경매공고란(www.courtauction.go.kr ; 이하 같다) 또는 법원게시판에 게시하는 방법으로 공고한다.
③ 법 제84조 제2항 후단에 규정된 전세권자 및 채권자에 대한 고지는 기록에 표시된 주소에 등기우편으로 발송하는 방법으로 한다.
④ 「민사집행법」 제84조제4항에 따라 최고하여야 할 조세, 그 밖의 공과금을 주관하는 공공기관은 다음 각 호와 같다.
　1. 소유자의 주소지를 관할하는 세무서
　2. 부동산 소재지의 시(자치구가 없는 경우), 자치구, 군, 읍, 면
　3. 관세청 {공장저당법상 저당권자의 신청에 의한 담보권 실행을 위한 경매사건인 경우, 그 밖의 사건에 있어서 채무자(담보권 실행을 위한 경매에 있어서는 소유자)가 회사인 경우}

4. 소유자의 주소지를 관할하는 국민건강보험공단
⑤ 배당요구의 종기가 정하여진 때에는 법령에 정하여진 경우(예 : 법 제87조 제3항)나 특별한 사정이 있는 경우(예 : 채무자에 대하여 경매개시결정이 송달되지 아니하는 경우, 감정평가나 현황조사가 예상보다 늦어지는 경우 등)가 아니면 배당요구의 종기를 새로 정하거나 정하여진 종기를 연기하여서는 아니 된다. 이 경우 배당요구의 종기를 연기하는 때에는 배당요구의 종기를 최초의 배당요구종기결정일부터 6월 이후로 연기하여서는 아니 된다.
⑥ 배당요구의 종기를 새로 정하거나 정하여진 종기를 연기한 경우에는 제1항 내지 제3항의 규정을 준용한다. 다만, 이미 배당요구 또는 채권신고를 한 사람에 대하여는 새로 정하여지거나 연기된 배당요구의 종기를 고지할 필요가 없다.

제7조 (매각기일 또는 입찰기간등의 공고) ① 매각기일 또는 입찰기간등의 공고는 제6조 제2항의 방법으로 한다. 이 경우 법원사무관등은 이와 별도로 매각기일공고문을 집행과 사무실에 비치된 컴퓨터 단말기를 통해 열람할 수 있도록 한다.
② 첫 매각기일 또는 입찰기간등을 공고하는 때에는 제1항의 공고와는 별도로 공고사항의 요지를 신문에 게재하여야 하며, 그 게재방식과 게재절차는 다음의 기준을 따라야 한다.
   가. 기일입찰의 신문공고 내용은 [전산양식 A3356]에 따라, 기간입찰의 신문공고 내용은 [전산양식 A3390]에 따라 알아보기 쉽게 작성하여야 한다.
   나. 매각기일 또는 입찰기간등의 공고문은 아파트, 다세대주택, 단독주택, 상가, 대지, 전·답, 임야 등 용도별로 구분하여 작성하고, 감정평가액과 최저매각가격을 함께 표시하여야 하며, 아파트·상가 등의 경우에는 면적란에 등기부상의 면적과 함께 모델명(평형 등)을 표시할 수 있다.
   다. 매각기일 또는 입찰기간등의 공고문에는 그 매각기일에 진행할 사건 중 첫 매각기일 또는 입찰기간등으로 진행되는 사건만을 신문으로 공고하며, 속행사건에 대하여는 인터넷 법원경매공고란에 게시되어 있다는 사실을 밝혀야 한다.
   라. 신문공고비용은 공고비용 총액을 각 부동산이 차지하는 공고지면의 비율에 따라 나누어 각 사건의 경매예납금 중에서 지출하여야 한다.
③ 법원사무관등은 제1항과 제2항에 규정된 절차와는 별도로 공고사항의 요지를 매각기일 또는 입찰기간 개시일의 2주 전까지 인터넷 법원경매공고란에 게시하여야 한다.

제8조 (매각물건명세서의 작성·비치 등) ① 매각물건명세서는 매 매각기일 또는 입찰기간 개시일 1주 전까지 작성하여 그 원본을 경매기록에 가철하여야 하고, 이 경우 다른 문서의 내용을 인용하는 방법(예컨대, 현황조사보고서 기재와 같음)으로 작성하여서는 아니된다.

② 인수 여부가 불분명한 임차권에 관한 주장이 제기된 경우에는 매각물건명세서의 임대차 기재란에 그 임차권의 내용을 적고 비고란에 ○○○가 주장하는 임차권은 존부(또는 대항력 유무)가 불분명함이라고 적는다.
③ 매각물건명세서에는 최저매각가격과 함께 매각목적물의 감정평가액을 표시하여야 한다.
④ 매각물건명세서·현황조사보고서 및 감정평가서의 사본은 일괄 편철하여 매각기일 또는 입찰기간 개시일 1주 전까지 사건별·기일별로 구분한 후 집행과 사무실 등에 비치하여 매수희망자가 손쉽게 열람할 수 있게 하여야 한다. 다만, 현황조사 보고서에 첨부한 주민등록 등·초본은 비치하지 아니한다.
⑤ 법원은 전자적으로 작성되거나 제출된 매각물건명세서·현황조사보고서 및 감정 평가서의 기재내용을 전자통신매체로 열람하게 하거나 그 출력물을 비치함으로써 그 사본의 비치에 갈음할 수 있다.

제9조 (매각물건명세서의 정정·변경 등) ① 매각물건명세서의 사본을 비치한 이후에 그 기재 내용을 정정·변경하는 경우에 판사(사법보좌관)는 정정·변경된 부분에 날인하고 비고란에 "200○.○.○. 정정·변경"이라고 적는다. 권리관계의 변동이 발생하여 매각물건명세서를 재작성하는 때에는 기존의 매각물건명세서에 "200○.○.○. 변경 전", 재작성된 매각물건명세서에 "200○.○.○. 변경 후"라고 적는다. 다만, 전자화된 매각물건명세서의 경우에는 새로 작성하는 매각물건명세서의 비고란에 정정·변경된 내용을 기재하고 "200○.○.○. 정정·변경"이라고 적고 날인은 사법전자서명으로 한다.
② 매각물건명세서의 정정·변경이 그 사본을 비치한 이후에 이루어진 경우에 정정·변경된 내용이 매수신청에 영향을 미칠 수 있는 사항(예컨대, 대항력 있는 임차인의 추가)이면 매각기일 또는 입찰기간등을 변경하여야 한다.
③ 매각물건명세서의 정정·변경이 매각물건명세서의 사본을 비치하기 전에 이루어져 당초 통지·공고된 매각기일에 매각을 실시하는 경우에 다음 각호와 같이 처리한다.
 1. 기일입찰에서는 집행관이 매각기일에 매각을 실시하기 전에 그 정정·변경된 내용을 고지한다.
 2. 기간입찰에서는 법원사무관등이 집행과 및 집행관 사무실 게시판에 그 정정·변경된 내용을 게시한다.

제10조 (사건목록 등의 작성) ① 법원사무관등은 매각기일이 지정된 때에는 매각할 사건의 사건번호를 적은 사건목록을 3부 작성하여, 1부는 제7조 제1항의 규정에 따른 공고시에 법원게시판에 게시하고(게시판에 게시하는 사건목록에는 공고일자를 적어야 한다), 1부는 담임법관(사법보좌관)에게, 나머지 1부는 집행관에게 보내야 한다.
② 법원사무관등은 기간입찰의 공고후 즉시 입찰기간 개시일 전까지 법원보관금 취

급점(이하 "취급점"이라고 한다)에 매각물건의 표시 및 매각조건등에 관한 사항을 전송하여야 한다.

제11조 (경매사건기록의 인계) ① 매각기일이 지정되면 법원사무관등은 경매사건기록을 검토하여 매각기일을 여는 데 지장이 없는 사건기록은 매각기일 전날 일괄하여 집행관에게 인계하고 매각기일부(전산양식 A3355)의 기록인수란에 영수인을 받아야 한다. 다만, 기간입찰의 경우 법원사무관등은 입찰기간 개시일 이전에 매각명령의 사본을 집행관에게 송부하고 매각명령 영수증(전산양식 A3343)에 영수인을 받아 기록에 편철한다.
② 법원사무관등은 매각기일이 지정된 사건 중 제1항의 규정에 따라 집행관에게 인계된 사건기록 외의 사건기록은 즉시 담임법관(사법보좌관)에게 인계하고 그 사유를 보고한 뒤 담임법관(사법보좌관)의 지시에 따라 처리하여야 한다.
③ 전자기록사건에 있어서는 매각기일이 지정된 사건기록에 대하여 집행관은 매각기일 전날부터 5일간 열람할 수 있으며, 이 열람으로 경매사건기록의 집행관 인계에 갈음한다. 이 기간 이외에는 집행관은 일반 열람신청의 방법에 의하여 경매사건기록을 열람할 수 있다.

제12조 (매각명령의 확인) 집행관은 법원으로부터 인계받은 기록에 매각명령이 붙어 있는지를 확인한다. 기일입찰의 경우 기록에 매각명령이 붙어 있지 아니한 때에는 법원에 매각절차를 진행할지 여부를 확인하여야 한다.

제13조 (기일입찰에서의 매각사건목록과 매각물건명세서 비치) ① 집행관은 매각기일에 [전산양식 A3357]에 따라 매각사건목록을 작성하여 매각물건명세서·현황조사보고서 및 평가서의 사본과 함께 경매법정, 그 밖에 매각을 실시하는 장소(이하 "경매법정등"이라고 한다)에 비치 또는 게시하여야 한다.
② 제1항의 규정에 따라 비치하는 매각물건명세서·현황조사보고서 및 평가서의 사본은 사건 단위로 분책하여야 한다. 다만, 매각물건명세서·현황조사보고서 및 감정평가서의 기재내용을 전자통신매체로 열람하게 함으로써 그 사본의 비치에 갈음하는 경우에는 사건 단위로 열람할 수 있도록 한다.

제14조 (입찰표등의 비치) ① 기일입찰의 경우 집행과 사무실과 경매법정등에는 기일입찰표(전산양식 A3360), 매수신청보증봉투(전산양식 A3361), 기일입찰봉투(전산양식 A3362, A3363), 공동입찰신고서(전산양식 A3364), 공동입찰자목록(전산양식 A3365)을 비치하여야 한다.
② 기간입찰의 경우 집행과 및 집행관 사무실에 기간입찰표(전산양식 A3392), 기간입찰봉투(전산양식 A3393, A3394), 법원보관금취급규칙의 별지 제7-1호 서식(입금

증명서), 공동입찰신고서(전산양식 A3364), 공동입찰자목록(전산양식 A3365)을 비치하여야 한다.
③ 기간입찰의 경우 집행과 및 집행관 사무실에 주의사항(전산양식 A3400)과 필요사항을 적은 기간입찰표 견본을 비치하여야 한다.

제15조 (기일입찰에서의 기일입찰표 견본과 주의사항 게시) 기일입찰을 실시함에 있어서는 경매법정등의 후면에 제31조 제2호 내지 제13호의 주의사항을 게시하고, 기일입찰표 기재 장소에 필요사항을 적은 기일입찰표 견본을 비치하여야 한다.

제3장 기간입찰에서의 입찰등

제16조 (매수신청보증) ① 기간입찰에서 매수신청보증의 제공은 입금증명서 또는 보증서에 의한다.
② 기간입찰봉투가 입찰함에 투입된 후에는 매수신청보증의 변경, 취소가 허용되지 않는다.

제17조 (매각기일의 연기) 매각기일의 연기는 허용되지 않는다. 다만, 연기신청이 입찰공고전까지 이루어지고, 특별한 사정이 있는 경우에 한하여 그러하지 아니하다.

제18조 (매수신청) 매수신청은 기간입찰표를 입금증명서 또는 보증서와 함께 기간입찰봉투에 넣어 봉인한 다음 집행관에게 직접 또는 등기우편으로 부치는 방식으로 제출되어야 한다.

제19조 (매수신청인의 자격증명등) ① 매수신청인의 자격 증명은 개인이 입찰하는 경우 주민등록표등·초본, 법인의 대표자 등이 입찰하는 경우 법인등기사항증명서, 법정대리인이 입찰하는 경우 가족관계증명서, 임의대리인이 입찰하는 경우 대리위임장, 인감증명서(「본인서명사실 확인 등에 관한 법률」에 따라「인감증명법」에 의한 인감증명을 갈음하여 사용할 수 있는 본인서명사실확인서와 전자본인서명확인서의 발급증을 포함한다. 이하 같다), 2인 이상이 공동입찰하는 경우 공동입찰신고서 및 공동입찰자목록으로 한다. 다만, 변호사·법무사가 임의대리인으로 입찰하는 경우에는 인감증명서의 첨부를 생략할 수 있다.
② 제1항의 서류등은 기간입찰봉투에 기간입찰표와 함께 넣어 제출되어야 한다.

제19조의2 (매수신청시 대리권을 증명하는 서면에 첨부되는 서면으로 전자본인서명확인서의 발급증이 제출된 경우의 특칙) ① 집행관이 제19조제1항에 따라 전자본인

서명확인서의 발급증을 제출받았을 때에는 전자본인서명확인서 발급시스템에 발급번호를 입력하고 전자본인서명확인서를 확인하여야 한다.
② 전자본인서명확인서 발급시스템의 장애 등으로 인하여 집행관이 전자본인서명확인서를 확인할 수 없는 경우에는 해당입찰표를 개찰에 포함하여 매각절차를 진행하고, 매수신청인에게 매각기일의 다음날까지 인감증명서 또는 본인서명사실확인서를 제출할 것을 요구할 수 있다. 이 경우 매수신청인은 이미 제출된 위임장 등을 인감증명서 또는 본인서명사실확인서에 맞게 보정하여야 한다. 다만, 매각기일의 다음날까지 장애가 제거된 경우에는 제1항에 따른다.
③ 집행관 외의 기관, 법인 또는 단체에서 전자본인서명확인서를 열람한 사실이 확인된 경우에는 제2항에 따른다.
④ 매수신청인이 제2항에 따른 인감증명서 또는 본인서명사실확인서 제출 등을 이행하지 아니하는 경우에는 해당입찰표는 무효로 본다. 이 경우, 매수신청보증의 처리는 제5장(입찰절차 종결 후의 처리)에 따른다.

제19조의3 (준용규정) 본인서명사실확인서 또는 전자본인서명확인서의 발급증이 첨부된 소송서류 기타 사건관계서류가 제출된 경우의 처리절차는 이 예규에서 특별한 규정이 있는 경우를 제외하고는 그 성질에 반하지 아니하는 한 「본인서명사실 확인 등에 관한 법률에 따른 재판사무 등 처리지침(재일 2012-2)」의 규정을 준용한다.

제20조 (직접 제출) ① 집행관에 대한 직접 제출의 경우에는 입찰기간 중의 평일 09:00부터 12:00까지, 13:00부터 18:00까지 사이에 집행관 사무실에 접수하여야 한다.
② 입찰기간의 개시전 또는 종료 후에 제출된 경우 집행관등은 이를 수령하여서는 안된다.
③ 집행관등은 기간입찰봉투에 매각기일의 기재 여부를 확인하고, 기간입찰봉투의 앞면 여백에 접수일시가 명시된 접수인을 날인한 후 접수번호를 기재한다. 그후 집행관등은 기간입찰 접수부(전산양식 A3395)에 전산등록하고, 기간입찰봉투를 입찰함에 투입한다.
④ 집행관등은 제출자에게 입찰봉투접수증(전산양식 A3396)을 작성하여 교부한다.
⑤ 매수신청인이 제1항의 접수시간 이외에는 기간입찰봉투를 당직근무자에게 제출할 수 있다. 이때 당직근무자는 주민등록증등으로 제출자를 확인한 다음, 기간입찰봉투에 매각기일의 기재 여부, 기간입찰봉투를 봉한 후 소정의 위치에 날인한 여부를 확인한 후 기간입찰봉투 앞면 여백에 제출자의 이름을 기재하고, 접수일시가 명시된 접수인을 날인한 후 문건으로 접수한다.
⑥ 당직근무자는 즉시 제출자에게 접수증(전산양식 A1173)을 교부하고, 다음 날 근무시작 전 집행관사무실에 기간입찰봉투를 인계하고 법원재판사무처리규칙의 별지 제2호 서식(문서송부부) 수령인란에 집행관등의 영수인을 받는다.

제21조 (우편 제출) ① 우편 제출의 경우 입찰기간 개시일 00:00시부터 종료일 24:00까지 접수되어야 한다.
② 집행관등은 기간입찰봉투에 매각기일의 기재 여부를 확인하고, 기간입찰봉투의 앞면 여백에 접수일시가 명시된 접수인을 날인한 후 접수번호를 기재한다. 그후 집행관등은 기간입찰접수부에 전산등록하고, 기간입찰봉투를 입찰함에 투입한다.

제22조 (입찰의 철회등) 기간입찰봉투가 입찰함에 투입된 후에는 입찰의 철회, 입찰표의 정정·변경등이 허용되지 않는다.

제23조 (기간입찰봉투등의 흠에 대한 처리) ① 집행관등은 기간입찰봉투와 첨부서류에 흠이 있는 경우 별지 1, 2 처리기준에 의하여 처리한다.
② 집행관등은 흠이 있는 경우 기간입찰봉투 앞면에 빨간색 펜으로 그 취지를 간략히 표기(기간도과, 밀봉안됨, 매각기일 미기재, 미등기우편, 집행관등이외의 자에 제출등)한 후 입찰함에 투입한다.

제24조 (기간입찰봉투의 보관) ① 집행관은 개찰기일별로 구분하여, 잠금장치가 되어 있는 입찰함에 기간입찰봉투를 넣어 보관하여야 한다. 잠금장치에는 봉인을 하고, 입찰기간의 종료후에는 투입구도 봉인한다.
② 집행관은 매각기일까지 입찰함의 봉인과 잠금상태를 유지하고, 입찰함을 캐비닛식 보관용기에 넣어 보관하여야 한다.
③ 집행관등은 입찰상황이 외부에 알려지지 않도록 주의하여야 한다.

제25조 (경매신청 취하등) ① 경매신청의 취하 또는 경매절차의 취소, 집행정지등의 서면이 제출된 경우 법원사무관등은 즉시 집행관에게 이를 교부하고, 인터넷 법원경매 공고란에 그 사실을 게시하여야 한다.
② 집행관은 제1항에 관한 사건번호, 물건번호, 매각기일등을 집행관 사무실의 게시판에 게시하여야 한다.

제4장 매각기일의 절차

제1절 총 칙

제26조 (매각기일의 진행) ① 매각기일은 법원이 정한 매각방법에 따라 집행관이 진행한다.
② 집행관은 그 기일에 실시할 사건의 처리에 필요한 적절한 인원의 집행관등을 미

리 경매법정등에 배치하여 매각절차의 진행과 질서유지에 지장이 없도록 하여야 한다.
③ 법원은 매각절차의 감독과 질서유지를 위하여 법원사무관등으로 하여금 경매법정 등에 참여하도록 할 수 있다.

제27조 (매각실시방법의 개요 설명) 집행관은 매각기일에 매각절차를 개시하기 전에 매각실시 방법의 개요를 설명하여야 한다.

제2절 기일입찰

제28조 (매수신청보증) 기일입찰에서 매수신청보증의 제공은 현금·자기앞수표 또는 보증서에 의한다.

제29조 (매각실시전 고지) 집행관은 특별매각조건이 있는 때에는 매수신고의 최고 전에 그 내용을 명확하게 고지하여야 한다.

제30조 (매수신청인의 자격 등) ① 집행관은 주민등록증, 그 밖의 신분을 증명하는 서면이나 대리권을 증명하는 서면에 의하여 매수신청인이 본인인지 여부, 행위능력 또는 정당한 대리권이 있는지 여부를 확인함으로써 매수신청인의 자격흠결로 인한 분쟁이 생기지 않도록 하여야 한다.
② 법인이 매수신청을 하는 때에는 제1항의 예에 따라 매수신청을 하는 사람의 자격을 확인하여야 한다.
③ 집행관은 채무자와 재매각절차에서 전의 매수인은 매수신청을 할 수 없음을 알려야 한다.

제30조의2 (준용규정) 기일입찰에서 매수신청시 대리권을 증명하는 서면에 첨부되는 서면으로 전자본인서명확인서의 발급증이 제출된 경우에는 제19조의2 및 제19조의3을 준용한다.

제31조 (입찰사항·입찰방법 및 주의사항 등의 고지) 집행관은 매각기일에 입찰을 개시하기 전에 참가자들에게 다음 각 호의 사항을 고지하여야 한다.
1. 매각사건의 번호, 사건명, 당사자(채권자, 채무자, 소유자), 매각물건의 개요 및 최저매각가격
2. 일괄매각결정이 있는 사건의 경우에는 일괄매각한다는 취지와 각 물건의 합계액
3. 매각사건목록 및 매각물건명세서의 비치 또는 게시장소
4. 기일입찰표의 기재방법 및 기일입찰표는 입찰표 기재대, 그 밖에 다른 사람이

엿보지 못하는 장소에서 적으라는 것
5. 현금(또는 자기앞수표)에 의한 매수신청보증은 매수신청보증봉투(흰색 작은 봉투)에 넣어 1차로 봉하고 날인한 다음 필요사항을 적은 기일입찰표와 함께 기일입찰봉투(황색 큰 봉투)에 넣어 다시 봉하여 날인한 후 입찰자용 수취증 절취선상에 집행관의 날인을 받고 집행관의 면전에서 입찰자용 수취증을 떼어 내 따로 보관하고 기일입찰봉투를 입찰함에 투입하라는 것, 보증서에 의한 매수신청보증은 보증서를 매수신청보증봉투(흰색 작은 봉투)에 넣지 않고 기일입찰표와 함께 기일입찰봉투(황색 큰 봉투)에 함께 넣어 봉하여 날인한 후 입찰자용 수취증 절취선상에 집행관의 날인을 받고 집행관의 면전에서 입찰자용 수취증을 떼어 내 따로 보관하고 기일입찰봉투를 입찰함에 투입하라는 것 및 매수신청보증은 법원이 달리 정하지 아니한 이상 최저매각가격의 1/10에 해당하는 금전, 은행법의 규정에 따른 금융기관이 발행한 자기앞수표로서 지급제시기간이 끝나는 날까지 5일 이상의 기간이 남아 있는 것, 은행등이 매수신청을 하려는 사람을 위하여 일정액의 금전을 법원의 최고에 따라 지급한다는 취지의 기한의 정함이 없는 지급보증위탁계약이 매수신청을 하려는 사람과 은행등 사이에 맺어진 사실을 증명하는 문서이어야 한다는 것
6. 기일입찰표의 취소, 변경, 교환은 허용되지 아니한다는 것
7. 입찰자는 같은 물건에 관하여 동시에 다른 입찰자의 대리인이 될 수 없으며, 한 사람이 공동입찰자의 대리인이 되는 경우 외에는 두 사람 이상의 다른 입찰자의 대리인으로 될 수 없다는 것 및 이에 위반한 입찰은 무효라는 것
8. 공동입찰을 하는 때에는 기일입찰표에 각자의 지분을 분명하게 표시하여야 한다는 것
9. 입찰을 마감한 후에는 매수신청을 받지 않는다는 것
10. 개찰할 때에는 입찰자가 참석하여야 하며, 참석하지 아니한 경우에는 법원사무관등 상당하다고 인정되는 사람을 대신 참석하게 하고 개찰한다는 것
11. 제34조에 규정된 최고가매수신고인등의 결정절차의 요지
12. 공유자는 집행관이 매각기일을 종결한다는 고지를 하기 전까지 매수신청보증을 제공하고 우선매수신고를 할 수 있으며, 우선매수신고에 따라 차순위매수인으로 간주되는 최고가매수신고인은 매각기일이 종결되기 전까지 그 지위를 포기할 수 있다는 것
13. 최고가매수신고인 및 차순위매수신고인 외의 입찰자에게는 입찰절차의 종료 즉시 매수신청보증을 반환하므로 입찰자용수취증과 주민등록증을 갖고 반환신청 하라는 것
14. 이상의 주의사항을 장내에 게재하여 놓았으므로 잘 읽고 부주의로 인한 불이익을 받지 말라는 것

제32조 (입찰의 시작 및 마감) ① 입찰은 입찰의 개시를 알리는 종을 울린 후 집행관이 입찰표의 제출을 최고하고 입찰마감시각과 개찰시각을 고지함으로써 시작한다.
② 입찰은 입찰의 마감을 알리는 종을 울린 후 집행관이 이를 선언함으로써 마감한다. 다만, 입찰표의 제출을 최고한 후 1시간이 지나지 아니하면 입찰을 마감하지 못한다.

제33조 (개찰) ① 개찰은 입찰마감시각으로부터 10분 안에 시작하여야 한다.
② 개찰할 때에 입찰자가 한 사람도 출석하지 아니한 경우에는 법원사무관등 상당하다고 인정되는 사람을 참여하게 한다.
③ 개찰을 함에 있어서는 입찰자의 면전에서 먼저 기일입찰봉투만 개봉하여 기일입찰표에 의하여 사건번호(필요시에는 물건번호 포함), 입찰목적물, 입찰자의 이름 및 입찰가격을 부른다.
④ 집행관은 제출된 기일입찰표의 기재에 흠이 있는 경우에 별지 3 처리기준에 의하여 기일입찰표의 유·무효를 판단한다.
⑤ 현금·자기앞수표로 매수신청보증을 제공한 경우 매수신청보증봉투는 최고의 가격으로 입찰한 사람의 것만 개봉하여 정하여진 보증금액에 해당하는 여부를 확인한다. 매수신청보증이 정하여진 보증금액에 미달하는 경우에는 그 입찰자의 입찰을 무효로 하고, 차순위의 가격으로 입찰한 사람의 매수신청보증을 확인한다.
⑥ 보증서로 매수신청보증을 제공한 경우 보증서는 최고의 가격으로 입찰한 사람의 것만 정하여진 보증금액에 해당하는 여부를 확인한다. 보증서가 별지 5 무효사유에 해당하는 경우에는 그 입찰자의 입찰을 무효로 하고, 차순위 가격으로 입찰한 사람의 매수신청보증을 확인한다.

제34조 (최고가매수신고인등의 결정) ① 최고의 가격으로 입찰한 사람을 최고가매수신고인으로 한다. 다만, 최고의 가격으로 입찰한 사람이 두 사람 이상일 경우에는 그 입찰자들만을 상대로 추가입찰을 실시한다.
② 제1항 단서의 경우에는 입찰의 실시에 앞서 기일입찰표의 기재는 최초의 입찰표 기재방식과 같다.
③ 제1항 단서의 경우에 추가입찰의 자격이 있는 사람 모두가 추가입찰에 응하지 아니하거나 또는 종전 입찰가격보다 낮은 가격으로 입찰한 때에는 그들 중에서 추첨에 의하여 최고가매수신고인을 정하며, 두 사람 이상이 다시 최고의 가격으로 입찰한 때에는 그들 중에서 추첨에 의하여 최고가매수신고인을 정한다. 이 때 입찰자 중 출석하지 아니한 사람 또는 추첨을 하지 아니한 사람이 있는 경우에는 법원사무관등 상당하다고 인정되는 사람으로 하여금 대신 추첨하게 된다.
④ 최고가매수신고액에서 매수신청보증을 뺀 금액을 넘는 금액으로 매수신고를 한 사람으로서 법 제114조의 규정에 따라 차순위매수신고를 한 사람을 차순위매수신

고인으로 한다. 차순위매수신고를 한 사람이 두 사람 이상인 때에는 매수신고가격이 높은 사람을 차순위매수신고인으로 정하고, 신고한 매수가격이 같을 때에는 추첨으로 차순위매수신고인을 정한다.

제35조 (종결) ① 최고가매수신고인을 결정하고 입찰을 종결하는 때에는 집행관은 "○○○호 사건에 관한 최고가매수신고인은 매수가격 ○○○원을 신고한 ○○(주소)에 사는 ○○○(이름)입니다. 차순위매수신고를 할 사람은 신고하십시오"하고 차순위매수신고를 최고한 후, 차순위매수신고가 있으면 차순위매수신고인을 정하여 "차순위매수신고인은 매수가격 ○○○원을 신고한 ○○(주소)에 사는 ○○○(이름)입니다"라고 한 다음, "이로써 ○○○호 사건의 입찰절차가 종결되었습니다"라고 고지한다.
② 입찰을 마감할 때까지 허가할 매수가격의 신고가 없는 때에는 집행관은 즉시 매각기일의 마감을 취소하고 같은 방법으로 매수가격을 신고하도록 최고할 수 있다.
③ 매수가격의 신고가 없어 바로 매각기일을 마감하거나 제2항의 최고에 대하여 매수가격의 신고가 없어 매각기일을 최종적으로 종결하는 때에는 사건은 입찰불능으로 처리하고 "○○○호 사건은 입찰자가 없으므로 입찰절차를 종결합니다"라고 고지한다.

제3절 기간입찰

제36조 (입금내역통지) 취급점은 집행관의 요청에 따라 매각기일 전날 입금내역서(전산양식 A3397)를 출력하여 집행관에게 송부하여야 한다.

제37조 (개찰) ① 집행관은 매각기일에 입찰함을 경매법정에 옮긴 후, 입찰자의 면전에서 개함한다. 다만, 개찰할 때에 입찰자가 한 사람도 출석하지 아니한 경우에는 법원사무관등 상당하다고 인정되는 사람을 참여하게 한다.
② 집행관은 개찰하기에 앞서 차순위매수신청인의 자격 및 신청절차를 설명한다. 개찰을 함에 있어서는 입찰자의 면전에서 먼저 기간입찰봉투를 개봉하여 기간입찰표에 의하여 사건번호(필요시에는 물건번호 포함), 입찰목적물, 입찰자의 이름 및 입찰가격을 부른다.
③ 집행관은 기간입찰표의 기재나 첨부서류에 흠이 있는 경우에는 별지 2, 4 처리기준에 의하여 기간입찰표의 유·무효를 판단한다.
④ 매수신청보증은 최고의 가격으로 입찰한 사람의 것만 정하여진 보증금액에 해당하는 여부를 확인한다. 입금증명서상 입금액이 정하여진 보증금액에 미달하거나 보증서가 별지 5 무효사유에 해당하는 경우에는 그 입찰자의 입찰을 무효로 하고, 차순위의 가격으로 입찰한 사람의 매수신청보증을 확인한다.
⑤ 집행관은 제23조에 의하여 입찰에 포함시키지 않는 기간입찰봉투도 개봉하여 그

입찰가액이 최고가 또는 차순위 가액인 경우 부적법 사유를 고지한다.

제38조 (최고가매수신고인등의 결정) ① 최고의 가격으로 입찰한 사람을 최고가매수신고인으로 한다. 다만, 최고의 가격으로 입찰한 사람이 두 사람 이상일 경우에는 그 입찰자들만을 상대로 기일입찰의 방법으로 추가입찰을 실시한다.
② 매각기일에 출석하지 아니한 사람에게는 추가입찰 자격을 부여하지 아니한다. 집행관은 출석한 사람들로 하여금 제1항 단서의 방법으로 입찰하게 하고, 출석한 사람이 1인인 경우 그 사람에 대하여만 추가입찰을 실시한다.
③ 제34조 제3항 및 제4항은 이를 준용한다.

제39조 (종결) ① 제35조 제1항은 이를 준용한다.
② 매수가격의 신고가 없는 경우 집행관은 매각기일을 마감하고, "○○○호 사건은 입찰자가 없으므로 입찰절차를 종결합니다"라고 고지한다.

제5장 입찰절차 종결 후의 처리

제1절 현금·자기앞수표인 매수신청보증의 처리

제40조 (반환절차) ① 입찰절차의종결을 고지한 때에는 최고가매수신고인 및 차순위매수신고인 외의 입찰자로부터 입찰자용 수취증을 교부받아 기일입찰봉투의 연결번호 및 간인과의 일치여부를 대조하고, 아울러주민등록증을 제시받아 보증제출자 본인인지 여부를 확인한 후 그 입찰자에게 매수신청보증을 즉시 반환하고 기일입찰표 하단의 영수증란에서명 또는 날인을 받아 매각조서에 첨부한다.
② 법원이 정한 보증금액을 초과하여 매수신청보증이 제공된 경우 집행관과 법원사무관등은 다음 각 호와 같이 처리한다.
 1. 집행관은 매각기일에 즉시 제1항의 규정에 따라 매수신청보증 중 초과금액을 반환하고 기일입찰표 하단 영수증란에 반환한 금액을 기재한다. 그러나 즉시 반환할 수 없는 경우(예컨대, 자기앞수표로 제출되어 즉시 반환할 수 없는 경우)에는 집행기록의 앞면 오른쪽 위에 "초과금반환필요"라고 기재한 부전지를 붙인다.
 2. 법원사무관등은 매수인이 매각대금을 납부하지 않아 재매각되거나, 최고가매수신고인, 차순위매수신고인 또는 매수인이 매각대금 납부 전까지 반환을 요구한 때에는 취급점에 매수신청보증 중 초과금액을 분리하도록 분리요청을 전송하여야 한다.

제40조의2 (기간입찰에서의 반환절차) ① 매각기일에 매수신청인이 반환을 요구하는 때에는 집행관은 주민등록증등으로 본인인지 여부를 확인한 후 매수신청인에게 매수신청보증을 즉시 반환하고, 기간입찰표 하단의 보증의 제공방법란에 빨간색 펜등으로 "현금 또는 자기앞수표 제출"이라고 기재한 후 기간입찰표 하단의 영수인란에 서명 또는 날인을 받아 매각기일조서에 첨부한다.

② 매각기일에 매수신청인이 반환을 요구하지 아니한 때에는 집행관은 매각기일 당일 법원보관금취급규칙의 별지 1-4호 서식(법원보관금납부서)을 이용하여 "납부당사자 사용란"에 매수신청인의 이름·주민등록번호 등을 기재한 후 "납부당사자 기명날인란"에 대리인 집행관 ○○○라고 기명날인하고, 이를 제출된 현금 또는 자기앞수표와 함께 보관금 취급점에 제출한다.

제41조 (납부) 집행관은 입찰절차를 종결한 때에는 최고가매수신고인 및 차순위매수신고인이 제출한 매수신청보증을 즉시 취급점에 납부한다.

제2절 입금증명서인 매수신청보증의 처리

제42조 (반환절차) ① 집행관은 입찰절차의 종결 후 즉시 최고가매수신고인과 차순위매수신고인을 제외한 다른 매수신고인의 입금증명서 중 확인란을 기재하여 세입세출외현금출납공무원(이하 출납공무원이라고 한다)에게 송부한다.

② 입금증명서를 제출하지 아니한 사람은 입금증명서를 작성한 후 법원사무관등에게 제출하고, 법원사무관등은 확인란을 기재하여 출납공무원에게 송부한다.

③ 입금증명서가 제출되지 아니한 경우 법원사무관등은 담임법관(사법보좌관)으로부터 법원보관금취급규칙의 별지 제7호 서식의 법원보관금출급명령서를 발부받아 출납공무원에게 송부한다.

④ 입금증명서에 법원이 정한 보증금액을 초과하여 매수신청보증이 제공된 경우 집행관과 법원사무관등은 제40조제2항의 규정에 따라 매수신청보증 중 초과금액을 처리한다.

제43조 (통지) 집행관은 입찰절차를 종결한 때에는 매각통지서(전산양식 A3398)를 작성하여 취급점에 통지하여야 한다.

제3절 보증서인 매수신청보증의 처리

제44조 (반환절차) ① 최고가매수신고인과 차순위매수신고인을 제외한 다른 매수신고인이 입찰절차 종결후 경매법정에서 보증서의 반환을 신청하는 경우 집행관은 다음 각 호와 같이 처리한다.

1. 기일입찰에서는 신청인으로부터 입찰자용 수취증을 교부받아 기일입찰봉투의 연결번호 및 간인과의 일치 여부를 대조하고 아울러 주민등록증을 제시받아 보증의 제출자 본인인지 여부를 확인한 후 그 입찰자에게 보증서를 즉시 반환하고 기일입찰표 하단의 영수증란에 서명 또는 날인을 받아 매각조서에 첨부한다.
2. 기간입찰에서는 주민등록증을 제시받아 보증의 제출자 본인인지 여부를 확인한 후 그 입찰자에게 보증서를 즉시 반환하고 기간입찰표 하단의 영수증란에 서명 또는 날인을 받아 매각조서에 첨부한다.

② 최고가매수신고인과 차순위매수신고인을 제외한 다른 매수신고인이 기록이 법원에 송부된 후 보증서의 반환을 신청하는 경우 법원사무관등은 신청인으로부터 주민등록증을 제시받아 보증서의 제출자 본인인지 여부를 확인한 다음, 입찰표 하단의 영수증란에 서명 또는 날인을 받고, 그 입찰자에게 보증서를 반환한다.

제45조 (보증료 환급을 위한 확인) 다음 각호의 경우 입찰자로 하여금 보증료(보험료)의 전부 또는 일부를 환급받을 수 있도록, 기록이 집행관에 있는 때에는 집행관이, 법원에 있는 때에는 법원사무관등이 제출된 보증서 뒷면의 법원확인란 중 해당 항목에 √ 표시 및 기명날인을 한 다음 원본을 입찰자에게 교부하고, 그 사본을 기록에 편철한다.
 1. 입찰에 참가하지 않은 경우
 2. 매각기일전 경매신청의 취하 또는 경매절차의 취소가 있었던 경우
 3. 별지 5 보증서의 무효사유에 해당하는 경우

제46조 (보증금의 납부최고) ① 법원은 다음 각호의 사유가 발생한 경우 보증금납부최고서(전산양식 A3399)를 작성한 다음 보증서 사본과 함께 보증서를 발급한 은행등에 보증금의 납부를 등기우편으로 최고하고, 그 사본을 작성하여 기록에 편철한다.
 1. 매수인이 대금지급기한까지 그 매각대금 전액을 납입하지 아니하고, 차순위매수신고인에 대한 매각허가결정이 있는 경우
 2. 차순위매수신고인이 없는 상태에서 매수인이 재매각기일 3일전까지 매각대금 전액을 납입하지 아니한 경우
 3. 매각조건불이행으로 매각불허가결정이 확정된 경우

② 매수인이 차액지급신고(전산양식 A3427) 또는 채무인수신고(전산양식 A3428)를 하고, 배당기일에 그 차액을 지급하지 아니하는 경우에 매수인이 납입해야 될 금액이 보증금의 한도내에 있을 때에는 배당기일을 연기하고, 법원은 즉시 보증금납부최고서를 작성한 다음 보증서의 사본과 함께 보증서를 발급한 은행등에 보증금의 납부를 등기우편으로 최고하고, 그 사본을 작성하여 기록에 편철한다.

제47조 (통지) 법원사무관등은 최고가매수신고인이 매각대금을 납입한 때에는 매각통지

서(전산양식 A3398)를 작성하여 취급점에 통지하여야 한다.

제48조 (보증금의 반환통지) 은행등의 보증금 납입 후 경매신청의 취하 또는 경매절차의 취소(이중경매사건에서는 후행사건도 취하 또는 취소되어야 한다)가 있는 경우 법원사무관등은 은행등에 보증금의 반환을 통지한다.

제6장 보칙

제49조 (기록인계등) ① 집행관은 매각절차를 종결한 때에는 최고가매수신고인 및 차순위매수신고인에 대한 정보를 전산으로 입력·전송한 후 사건기록을 정리하여 법원에 보내야 한다.
② 집행관은 전자기록사건에 있어서 매각절차를 종결한 때에는 최고가매수신고인 및 차순위매수신고인에 대한 정보를 전산으로 입력·전송하고, 입찰표, 입찰조서를 전자화하여 대한민국법원 전자소송시스템을 통하여 제출한다. 이 경우 전자화한 입찰표 원본도 정리하여 함께 법원에 보내야 한다.

제50조 (매각허가결정의 공고방법) 매각허가결정은 법원게시판에 게시하는 방법으로 공고하여야 한다.

제51조 (매각불허가결정의 이유 기재) 매각불허가결정에는 불허가의 이유를 적어야 한다.

제52조 (소유권이전등기의 촉탁) ① 매수인이 매각대금을 모두 낸 후 법원사무관등이 매수인 앞으로 소유권이전등기를 촉탁하는 경우 그 등기촉탁서상의 등기원인은 강제경매(임의경매)로 인한 매각으로, 등기원인일자는 매각대금을 모두 낸 날로 적어야 한다[기재 예시 : 200○.○.○. 강제경매(임의경매)로 인한 매각].
② 등기촉탁서에는 매각허가결정 등본을 붙여야 한다.

제52조의2 (등기필증 우편송부신청) ① 매수인은 우편에 의하여 등기필정보를 송부받기 위해서는 등기필정보 우편송부신청서(전산양식 A3429)를 작성하여 등기촉탁신청서와 함께 법원에 제출하여야 한다.
② 매수인이 수인인 경우에는 매수인 중 1인을 등기필정보 수령인으로 지정하고, 나머지 매수인들의 위임장 및 인감증명서를 제출하여야 한다.
③ 법원사무관등은 등기촉탁서 오른쪽 상단에 "등기필정보 우편송부신청"이라는 표시를 하고, 등기촉탁서에 등기필정보 송부용 주소안내문, 송달통지서와 우표처리송

달부를 첨부한다.
④ 법원사무관등은 등기필정보 우편송부신청서, 송달실시기관으로부터 수령한 송달통지서를 기록에 편철하여야 한다.

제53조 (경매기록의 열람·복사) ① 경매절차상의 이해관계인(민사집행법 제90조, 제268조) 외의 사람으로서 경매기록에 대한 열람·복사를 신청할 수 있는 이해관계인의 범위는 다음과 같다.
1. 파산관재인이 집행당사자가 된 경우의 파산자인 채무자와 소유자
2. 최고가매수신고인과 차순위매수신고인, 매수인, 자기가 적법한 최고가 매수신고인 또는 차순위매수신고인임을 주장하는 사람으로서 매수신고시 제공한 보증을 찾아가지 아니한 매수신고인
3. 민법·상법, 그 밖의 법률에 의하여 우선변제청구권이 있는 배당요구채권자
4. 대항요건을 구비하지 못한 임차인으로서 현황조사보고서에 표시되어 있는 사람
5. 건물을 매각하는 경우의 그 대지 소유자, 대지를 매각하는 경우의 그 지상 건물 소유자
6. 가압류채권자, 가처분채권자(점유이전금지가처분 채권자를 포함한다)
7. 「부도공공건설임대주택 임차인 보호를 위한 특별법」의 규정에 의하여 부도임대주택의 임차인대표회의 또는 임차인 등으로부터 부도임대주택의 매입을 요청받은 주택매입사업시행자
② 경매기록에 대한 열람·복사를 신청하는 사람은 제1항 각호에 규정된 이해관계인에 해당된다는 사실을 소명하여야 한다. 다만, 이해관계인에 해당한다는 사실이 기록상 분명한 때에는 그러하지 아니하다.
③ 경매기록에 대한 복사청구를 하는 때에는 경매기록 전체에 대한 복사청구를 하여서는 아니되고 경매기록 중 복사할 부분을 특정하여야 한다.

제54조 (등기촉탁서의 송부방법) ①경매절차에서 등기촉탁서를 등기소로 송부하는 때에는 민사소송법에 규정된 송달의 방법으로 하여야 한다. 다만, 청사 내의 등기과로 송부할 때에는 법원직원에게 하도록 할 수 있으나, 이 경우에도 이해관계인이나 법무사 등에게 촉탁서를 교부하여 송달하도록 하여서는 아니 된다.
② 매수인과 부동산을 담보로 제공 받으려고 하는 사람이 등기촉탁공동신청 및 지정서[전산양식 A3430]를 제출한 때에는 법원사무관등은 피지정자에게 등기촉탁서 및 피지정자임을 증명할 수 있는 확인서[전산양식 A3431]를 교부하고 피지정자로부터 영수증[전산양식 A3432]을 제출받는다.
③ 등기과(소)에서 촉탁서를 접수할 때에는 제2항의 피지정자임을 증명할 수 있는 확인서를 제출받는다.

제54조의2 (경매개시결정등기촉탁서 작성시 유의사항) ①부동산가압류채권자가 동일 채권에 기한 집행권원을 얻어 강제경매신청을 한 때에는 법원사무관등은 경매개시결정등기촉탁서 등기목적란에 '강제경매개시결정등기(○번 가압류의 본압류로의 이행)'이라고 기재한다.
② 부동산가압류채권자의 승계인이 강제경매를 신청하는 때에도 제1항의 규정을 준용하되, 괄호 안에 '○번 가압류 채권의 승계'라고 기재한다.

제55조 (매수신고 대리인 명단의 작성) 집행관은 매월 5일까지 전월 1개월간 실시된 매각기일에 매수신청의 대리를 한 사람의 성명, 주민등록번호, 주소, 직업, 본인과의 관계, 본인의 성명, 주민등록번호, 매수신청 대리를 한 횟수 등을 적은 매수신청대리인 명단(전산양식 A3370)을 작성하여 법원에 제출하여야 한다.

제56조 (지배인 등이 타인에게 경매배당금 수령을 위임한 경우 대리권 증명서면) 지배인 또는 이에 준하는 법률상 대리인으로부터 경매배당금 등의 수령을 위임받은 사람은 다음과 같은 서류를 제출하여야 한다.
  1. 위임장
  2. 법인등기사항증명서(지배인 또는 법률상 대리인에 관한 사항이 나타나야 함)
  3. 「상업등기법」 제11조에 따라 발행한 인감증명서

제57조 (전자기록사건에서의 배당실시절차) 채권자가 민사소송등에서의 전자문서 이용 등에 관한 규칙 제44조제1항에 따라 집행권원이나 그 집행력 있는 정본(이하 "집행권원 등"이라 한다)을 전자문서로 변환하여 제출한 경우에도 민사집행법 제159조의 배당을 실시할 때에는 채권자에게 집행권원 등을 전자문서가 아닌 본래의 형태로 제출하게 하여야 한다.

제58조 (전자기록사건에서 기계기구목록 등 영구보존문서의 편철) ① 전자소송 동의를 한 부동산경매신청인은 전산정보처리조직에 의하여 등기소에서 영구보존하는 문서 중 도면, 신탁원부, 공동담보목록(공동전세목록을 포함한다), 「공장 및 광업재단 저당법」 제6조에 따른 목록, 공장(광업)재단목록(이하 "영구보존문서"라 한다)을 첨부문서로 제출하는 것에 갈음하여 해당 영구보존문서의 번호를 경매신청서에 기재할 수 있다.
② 부동산경매신청인이 영구보존문서의 번호를 기재하여 경매신청서를 제출한 경우 법원사무관등은 부동산등기시스템으로부터 해당 영구보존문서를 전송받은 후 기록에 편철할 수 있다.

부 칙

제1조 (시행시기) 이 예규는 2002. 7. 1.부터 시행한다.
제2조 (구 예규의 폐지) 경매절차개선을 위한 사무처리지침(재민 83-5)(재민 84-1), 부동산등의경매지침(재민 84-12), 부동산등에 대한 입찰실시에 관한 처리지침(재민 93-2), 경매·입찰 물건명세서의 작성 및 비치시 유의사항(재민 97-9) 및 경락대금 완납후 소유권이전등기의 촉탁시 유의사항(재민 97-12)을 폐지한다. 다만, 민사집행법 부칙과 민사집행규칙 부칙의 규정에 따라 구민사소송법과 구민사소송규칙이 적용되는 집행사건에 대하여는 위 각 예규(재민 93-2 제2조 제1항 제외)를 적용한다.

부 칙 (2003.12.31 제943호)

이 예규는 2004. 1. 1.부터 시행한다.

부 칙 (2004.04.20 제956호)

이 예규는 2004. 5. 1.부터 시행한다.

부 칙 (2004.08.24 제970호)

제1조 (시행일) 이 예규는 2004. 9. 1.부터 시행한다.
제2조 (경과규정) 이 예규는 이 예규 시행당시 법원에 계속 중인 사건에도 적용한다.

부 칙 (2005.06.01 제1007호)

제1조 (시행일) 이 예규는 즉시 시행한다.
제2조 (경과규정) 이 예규는 이 예규 시행당시 법원에 계속 중인 사건에도 적용한다.

부 칙 (2006.01.24 제1047호)

제1조 (시행일) 이 예규는 2006. 2. 1.부터 시행한다.

부 칙 (2007.01.08 제1107호)

이 예규는 2007. 2. 1.부터 시행한다.

부 칙 (2007.03.09 제1119호)

이 예규는 2007. 3. 19.부터 시행한다. 다만, 제53조제1항제7호의 규정은2007. 4. 20.부터 적용한다.

부 칙(2008.06.12 제1230호)

이 예규는 2008. 7. 1.부터 시행한다.

부 칙(2010.10.21 제1321호)

이 예규는 2010. 10. 24.부터 시행한다.

부 칙(2010.12.13 제1326호)

이 예규는 2010. 12. 13.부터 시행한다.

부 칙(2013.01.28 제1427호)

이 예규는 2013년 2월 1일부터 시행한다.

부 칙(2013.06.04 제1442호)

이 예규는 2013년 7월 1일부터 시행한다.

부 칙(2015.03.11 제1512호)

제1조 (시행일) 이 예규는 2015년 3월 23일부터 시행한다.
제2조 (경과규정) 이 예규는 이 예규 시행 당시 법원에 계속 중인 사건에도 적용한다. 다만, 종전의 규정에 따라 생긴 효력에는 영향을 미치지 않는다.

부 칙(2015.07.17 제1540호)

제1조 (시행일) 이 예규는 2015년 9월 1일부터 시행한다.
제2조 (경과규정) 이 예규는 이 예규 시행 당시 법원에 계속 중인 사건에도 적용한다. 다만, 종전의 규정에 따라 생긴 효력에는 영향을 미치지 않는다.

부 칙(2016.12.20 제1631호)

이 예규는 2017년 1월 1일부터 시행한다.

부 칙(2019.10.31 제1727호)

① (시행일) 이 예규는 즉시 시행한다.
② (경과조치) 이 예규는 이 예규 시행 당시 법원에 계속 중인 사건에도 적용한다.

부 칙(2019.11.15 제1728호)

① (시행일) 이 예규는 즉시 시행한다.
② (경과조치) 이 예규는 이 예규 시행 당시 법원에 계속 중인 사건에도 적용한다.

[별지 1] 기간입찰봉투에 흠이 있는 경우 처리기준

기간입찰봉투에 흠이 있는 경우 처리기준

번호	흠결사항	처리기준	비고
1	기간입찰 봉투(이하, "입찰봉투"라고 한다)가 입찰기간 개시 전 제출된 경우	① 직접제출 : 접수하지 않는다.	입찰기간 개시 후에 제출하도록 한다.
		② 우편제출 : 입찰기간 개시일까지 보관하다가 개시일에 접수한다.	입찰봉투 및 기간입찰접수부(이하 "접수부"라고 한다)에 그 취지를 부기한다.
2	입찰봉투가 입찰기간 종료 후 제출된 경우	① 직접제출 : 접수하지 않는다.	지체 이유를 불문한다.
		② 우편제출 : 접수는 하되, 개찰에 포함시키지 않는다.	지체 이유를 불문한다. 입찰봉투 및 접수부에 그 취지를 부기한다.
3	입찰봉투가 봉인되지 아니한 경우	① 직접제출 : 봉인하여 제출하도록 한다.	
		② 우편제출 : 접수는 하되, 개찰에 포함시키지 않는다. 다만, 날인만 누락된 경우에는 개찰에 포함시킨다.	입찰봉투 및 접수부에 그 취지를 부기한다.
4	비치된 입찰봉투 이외의 봉투가 사용된 경우	① 직접 제출 : 접수하지 않는다.	비치된 입찰봉투를 사용하여 제출하도록 한다.
		② 우편제출 : 개찰에 포함시킨다.	
5	입찰봉투에 매각기일의 기재가 없는 경우	① 직접제출 : 접수하지 않는다.	매각기일을 기재하여 제출하도록 한다.
		② 우편제출 : 접수는 하되, 개찰에 포함시키지 않는다.	입찰봉투를 개봉하여 매각기일을 확인하여 입찰봉투에 매각기일을 기재하고, 접수부에 그 취지를 부기한다.
6	입찰봉투가 등기우편 이외의 방법으로 송부된 경우	접수는 하되, 개찰에는 포함시키지 않는다.	입찰봉투 및 접수부에 그 취지를 부기한다.
7	입찰표가 입찰봉투에 넣어지지 않고 우송된 경우	접수는 하되, 개찰에는 포함시키지 않는다.	접수부에 그 취지를 부기한다.
8	입찰봉투가 집행관 이외의 사람을 수취인으로 하여 우송된 경우	접수하고, 그 중 입찰봉투가 봉인된 채로 집행관에게 회부된 경우에 한하여 개찰에 포함시킨다.	

9	입찰봉투가 법원에 접수되어 집행관 등에게 회부된 경우	①법원에 접수된 일시가 입찰기간 내인 경우 개찰에 포함시킨다.	입찰봉투 및 접수부에 그 취지를 부기한다.
		②법원에 접수된 일시가 입찰기간을 지난 경우 접수는 하되, 개찰에는 포함시키지 않는다.	
10	집행관 등 또는 법원직원이 입찰봉투를 착오로 개찰기일 전 개봉한 경우	즉시 다시 봉한 후 개찰에 포함시킨다.	입찰봉투 및 접수부에 그 취지를 부기한다.
11	집행관 등이나 법원 이외의 자에게 직접 제출된 경우	접수는 하되, 개찰에는 포함시키지 않는다.	입찰봉투 및 접수부에 그 취지를 부기한다.
12	접수인과 기간입찰접수부 등재 없이 입찰함에 투입된 경우	개찰에 포함시키지 않는다.	

[별지 2] 첨부서류 등에 흠이 있는 경우 처리기준

첨부서류 등에 흠이 있는 경우의 처리기준

번호	흠결사항	처리기준	비고
1	입금증명서 또는 보증서, 법인등기사항증명서, 가족관계증명서, 공동입찰자목록이 같은 입찰봉투에 함께 봉함되지 않고 별도로 제출된 경우	①직접제출 : 접수하지 않는다. ②우편제출 : 접수는 하되, 개찰에는 포함시키지 않는다.	입찰봉투에 넣어 제출하도록 한다. 클립 등으로 입찰봉투에 편철하고, 입찰봉투와 접수부에 그 취지를 부기한다.
2	입금증명서 또는 보증서, 법인등기사항증명서, 가족관계증명서, 공동입찰자목록이 누락된 경우	개찰에 포함시키지 않는다.	
3	주민등록표등·초본이 누락되거나 발행일이 입찰기간 만료일 전 6월을 초과하는 경우	개찰에 포함시킨다.	
4	대표자나 관리인의 자격 또는 대리인의 권한을 증명하는 서면으로서 관공서에서 작성하는 증명서, 대리위임장 및 인감증명서가 누락되거나 발행일이 입찰기간 만료일 전 6월을 초과하는 경우	개찰에 포함시키지 않는다. 다만, 변호사·법무사가 임의대리인으로 입찰하는 경우 인감증명서가 붙어 있지 않더라도 개찰에 포함시킨다.	

※ 설립 중인 회사인 경우에는 발기인, 대표자, 준비행위 등의 소명자료를, 법인 아닌 사단이나 재단의 경우에는 정관 기타의 규약, 대표자 또는 관리인임을 증명하는 서면 등의 소명자료를 제출하여야 한다.

[별지 3] 기일입찰표의 유·무효 처리기준

기일입찰표의 유·무효 처리기준

번호	흠결사항	처리기준
1	입찰기일을 적지 아니하거나 잘못 적은 경우	입찰봉투의 기재에 의하여 그 매각기일의 것임을 특정할 수 있으면 개찰에 포함시킨다.
2	사건번호를 적지 아니한 경우	입찰봉투, 매수신청보증봉투, 위임장 등 첨부서류의 기재에 의하여 사건번호를 특정할 수 있으면 개찰에 포함시킨다.
3	매각물건이 여러 개인데, 물건번호를 적지 아니한 경우	개찰에서 제외한다. 다만, 물건의 지번·건물의 호수 등을 적거나 입찰봉투에 기재가 있어 매수신청 목적물을 특정할 수 있으면 개찰에 포함시킨다.
4	입찰자 본인 또는 대리인의 이름을 적지 아니한 경우	개찰에서 제외한다. 다만, 고무인·인장 등이 선명하여 용이하게 판독할 수 있거나, 대리인의 이름만 기재되어 있으나 위임장·인감증명서에 본인의 기재가 있는 경우에는 개찰에 포함시킨다.
5	입찰자 본인과 대리인의 주소·이름이 함께 적혀 있지만(이름 아래 날인이 있는 경우 포함) 위임장이 붙어 있지 아니한 경우	개찰에서 제외한다.
6	입찰자 본인의 주소·이름이 적혀 있고 위임장이 붙어 있지만, 대리인의 주소·이름이 적혀 있지 않은 경우	개찰에서 제외한다.
7	위임장이 붙어 있고 대리인의 주소·이름이 적혀 있으나 입찰자 본인의 주소·이름이 적혀 있지 아니한 경우	개찰에서 제외한다.
8	한 사건에서 동일인이 입찰자 본인인 동시에 다른 사람의 대리인이거나, 동일인이 2인 이상의 대리인을 겸하는 경우	쌍방의 입찰을 개찰에서 제외한다.
9	입찰자 본인 또는 대리인의 주소나 이름이 위임장 기재와 다른 경우	이름이 다른 경우에는 개찰에서 제외한다. 다만, 이름이 같고 주소만 다른 경우에는 개찰에 포함시킨다.

10	입찰자가 법인인 경우 대표자의 이름을 적지 아니한 경우(날인만 있는 경우도 포함)	개찰에서 제외한다. 다만, 법인등기사항증명서로 그 자리에서 자격을 확인할 수 있거나, 고무인·인장 등이 선명하며 용이하게 판독할 수 있는 경우에는 개찰에 포함시킨다.
11	입찰자 본인 또는 대리인의 이름 다음에 날인이 없는 경우	개찰에 포함시킨다.
12	입찰가격의 기재를 정정한 경우	정정인 날인 여부를 불문하고, 개찰에서 제외한다.
13	입찰가격의 기재가 불명확한 경우(예, 5와 8, 7과 9, 0과 6 등)	개찰에서 제외한다.
14	보증금액의 기재가 없거나 그 기재된 보증금액이 매수신청보증과 다른 경우	매수신청보증봉투 또는 보증서에 의해 정하여진 매수신청보증 이상의 보증제공이 확인되는 경우에는 개찰에 포함시킨다.
15	보증금액을 정정하고 정정인이 없는 경우	
16	하나의 물건에 대하여 같은 사람이 여러 장의 입찰표 또는 입찰봉투를 제출한 경우	입찰표 모두를 개찰에서 제외한다.
17	보증의 제공방법에 관한 기재가 없거나 기간입찰표를 작성·제출한 경우	개찰에 포함시킨다.
18	위임장은 붙어 있으나 위임장이 사문서로서 인감증명서가 붙어 있지 아니한 경우, 위임장과 인감증명서의 인영이 다른 경우	개찰에서 제외한다. 다만, 변호사·법무사가 임의대리인으로 입찰하는 경우 인감증명서가 붙어 있지 않더라도 개찰에 포함시킨다.

[별지 4] 기간입찰표의 유·무효 처리기준

기간입찰표의 유·무효 처리기준

번호	흠결사항	처리기준
1	매각기일을 적지 아니하거나 잘못 적은 경우	입찰봉투의 기재에 의하여 그 매각기일의 것임을 특정할 수 있으면 개찰에 포함시킨다.
2	사건번호를 적지 아니한 경우	입찰봉투, 보증서, 입금증명서 등 첨부서류의 기재에 의하여 사건번호를 특정할 수 있으면 개찰에 포함시킨다.
3	매각물건이 여러 개인데, 물건번호를 적지 아니한 경우	개찰에서 제외한다. 다만, 물건의 지번·건물의 호수 등을 적거나 보증서, 입금증명서 등 첨부서류의 기재에 의하여 특정할 수 있는 경우에는 개찰에 포함시킨다.
4	입찰자 본인 또는 대리인의 이름을 적지 아니한 경우	개찰에서 제외한다. 다만, 고무인·인장 등이 선명하여 용이하게 판독할 수 있거나, 대리인의 이름만 기재되어 있으나 위임장·인감증명서에 본인의 기재가 있는 경우에는 개찰에 포함시킨다.
5	입찰자 본인과 대리인의 주소·이름이 함께 적혀 있지만(이름 아래 날인이 있는 경우 포함) 위임장이 붙어 있지 아니한 경우	개찰에서 제외한다.
6	입찰자 본인의 주소·이름이 적혀 있고 위임장이 붙어 있지만, 대리인의 주소·이름이 적혀 있지 않은 경우	개찰에서 제외한다.
7	위임장이 붙어 있고 대리인의 주소·이름이 적혀 있으나 입찰자 본인의 주소·이름이 적혀 있지 아니한 경우	개찰에서 제외한다.
8	한 사건에서 동일인이 입찰자 본인인 동시에 다른 사람의 대리인이거나, 동일인이 2인 이상의 대리인을 겸하는 경우	쌍방의 입찰을 개찰에서 제외한다.
9	입찰자 본인 또는 대리인의 주소나 이름이 위임장 기재와 다른 경우	이름이 다른 경우에는 개찰에서 제외한다. 이름이 같고 주소만 다른 경우에는 개찰에 포함시킨다.

10	입찰자가 법인인 경우 대표자의 이름을 적지 아니한 경우(날인만 있는 경우도 포함)	개찰에서 제외한다. 다만, 법인등기사항증명서로 그 자리에서 자격을 확인할 수 있거나, 고무인·인장 등이 선명하며 용이하게 판독할 수 있는 경우에는 개찰에 포함시킨다.
11	입찰자 본인 또는 대리인의 이름 다음에 날인이 없는 경우	개찰에 포함시킨다.
12	입찰가격의 기재를 정정한 경우	정정인 날인 여부를 불문하고, 개찰에서 제외한다.
13	입찰가격의 기재가 불명확한 경우 (예, 5와 8, 7과 9, 0과 6 등)	개찰에서 제외한다.
14	보증금액의 기재가 없거나 그 기재된 보증금액이 매수신청보증과 다른 경우	보증서 또는 입금증명서에 의해 정하여진 매수신청보증 이상의 보증제공이 확인되는 경우에는 개찰에 포함시킨다.
15	보증금액을 정정하고 정정인이 없는 경우	
16	하나의 물건에 대하여 같은 사람이 여러 장의 입찰표 또는 입찰봉투를 제출한 경우	입찰표 모두를 개찰에서 제외한다.
17	보증의 제공방법에 관한 기재가 없거나 기일입찰표를 작성·제출한 경우	개찰에 포함시킨다.
18	위임장은 붙어 있으나 위임장이 사문서로서 인감증명서가 붙어 있지 아니한 경우, 위임장과 인감증명서의 인영이 다른 경우	개찰에서 제외한다. 다만, 변호사·법무사가 임의대리인으로 입찰하는 경우 인감증명서가 붙어 있지 않더라도 개찰에 포함시킨다.
19	매각물건이 여러 개인데 입찰표에는 물건번호를 특정하여 기재하였으나 보증서에는 물건번호 기재가 누락된 경우	집행법원이 정한 보증금액과 비교하여 당해 매각물건에 관하여 발행된 보증서라는 것이 명백한 경우 개찰에 포함시킨다.
20	입금증명서와 함께 붙어 있는 법원보관금 영수필통지서에 보관금종류가 기간입찰 매수신청보증금으로 기재되어 있지 않고 경매예납금 등으로 기재된 경우	개찰에 포함시키고, 집행관은 취급점에 법원보관금 종류 정정 통지서(전산양식 A1275)를 작성하여 즉시 통지하고 납입여부를 확인한다.

[별지 5] 보증서의 무효사유

보증서의 무효사유

번호	무효사유
1	보증서상 보험계약자의 이름과 입찰표상 입찰자 본인의 이름이 불일치하는 경우
2	보험가입금액이 매수신청보증액에 미달하는 경우
3	보증서상의 사건번호와 입찰표상의 사건번호가 불일치하는 경우
4	입찰자가 금융기관 또는 보험회사인 경우에 자기를 지급보증위탁계약의 쌍방 당사자로 하는 보증서를 제출한 경우
5	지급보증위탁계약상의 보증인이 「은행법」의 규정에 따른 금융기관 또는 보증보험업의 허가를 받은 보험회사가 아닌 경우

바. 미등기 건물의 처분제한등기

[예규 3] 미등기 건물의 처분제한등기에 관한 업무처리지침

미등기 건물의 처분제한등기에 관한 업무처리지침

제정 2002.06.12 등기예규 제1054호
개정 2002.11.01 등기예규 제1065호
개정 2006.03.31 등기예규 제1128호
개정 2012.06.29 등기예규 제1469호

1. 미등기건물에 대하여 법원으로부터 처분제한의 등기촉탁이 있는 경우 다음 각 호의 정보를 첨부정보로서 제공한 때 한하여 그 건물에 대한 소유권보존등기를 하고 처분 제한에 의하여 소유권의 등기를 한다는 뜻을 기록한다.
   가. 소유자의 주소 및 주민등록번호(부동산등기용등록번호)를 증명하는 정보
   나. 법원에서 인정한 건물의 소재와 지번·구조·면적을 증명하는 정보. 단, 구분건물의 일부 건물에 대한 처분제한의 등기촉탁의 경우에는 1동 건물의 전부에 대한 구조·면적을 증명하는 정보 및 1동 건물의 소재도, 각 층의 평면도와 구분한 건물의 평면도를 첨부정보로서 등기소에 제공하여야 한다. (건물의 표시를 증명하는 정보로서 건축물대장 정보를 등기소에 제공한 경우에는 도면을 제공할 필요가 없음)
2. 위 1. 나. 단서와 같이 1동 건물의 일부 구분건물에 대하여 처분제한등기 촉탁이 있는 경우 등기관은 처분제한의 목적물인 구분건물의 소유권보존등기와 나머지 구분건물의 표시에 관한 등기를 하여야 한다.
3. 처분제한등기촉탁서에 건축법상 사용승인을 받아야 할 건물로서 사용승인을 받지 않았다는 뜻이 기록된 등기촉탁이 있는 경우에는 별지 1. 기록례주)와 같이 등기하고, 이 후 사용승인이 이루어져 위 등기의 말소등기신청이 있는 경우에는 별지 2. 기록 례주)와 같이 등기한다.
4. 위와 같은 처분제한등기의 촉탁에 의하여 등기관이 직권으로 소유권보존등기를 마쳤을 때에는 등기권리자에게 할 등기완료통지와 지방세법 제33조 의 규정에 의한 등록 면허세미납통지를 누락하지 않도록 한다.
5. 이후 동일 지상에 다시 건물에 관한 소유권보존등기신청이 있는 경우에는 건물의 소재도 등 등기된 건물과 동일성이 인정되지 아니함을 소명하는 서면의 제출이 있는 경우에 한하여 등기한다.
6. 위 법원의 처분제한의 등기에는 경매개시결정의 등기, 가압류등기, 처분금지가처분등기 뿐만 아니라 회생절차개시결정·파산선고(보전처분 포함)의 기입등기 및 주택임차

권등기 및 상가건물임차권등기가 포함된다.
주 : 위 기록례는 부동산등기기재례집 제10항, 재11항 참조

부　칙

1. (시행일) 이 예규는 2002. 7. 1.부터 시행한다.
2. (다른 예규의 폐지) 미등기부동산에 대한 가압류·가처분 등기촉탁과 첨부서면(등기예규 제153호), 미등기인 1동 건물의 일부 구분건물에 대한 소유권의 처분제한의 등기촉탁이 있는 경우(등기예규 제603호)를 각 폐지한다.

부　칙 (2002. 11. 01. 등기예규 제1065호)

이 예규는 2002. 11. 1.부터 시행한다.

부　칙 (2012. 06. 29. 등기예규 제1469호)

이 예규는 즉시 시행한다.

▶ 부동산등기법

제3조 (등기할 수 있는 권리 등) 등기는 부동산의 표시(表示)와 다음 각 호의 어느 하나에 해당하는 권리의 보존, 이전, 설정, 변경, 처분의 제한 또는 소멸에 대하여 한다.
　　1. 소유권(所有權)
　　2. 지상권(地上權)
　　3. 지역권(地役權)
　　4. 전세권(傳貰權)
　　5. 저당권(抵當權)
　　6. 권리질권(權利質權)
　　7. 채권담보권(債權擔保權)
　　8. 임차권(賃借權)

제66조 (미등기부동산의 처분제한의 등기와 직권보존) ① 등기관이 미등기부동산에 대하여 법원의 촉탁에 따라 소유권의 처분제한의 등기를 할 때에는 직권으로 소유권보존등기를 하고, 처분제한의 등기를 명하는 법원의 재판에 따라 소유권의 등기를 한다는 뜻을 기록하여야 한다.
② 등기관이 제1항에 따라 건물에 대한 소유권보존등기를 하는 경우에는 제65조를 적용하지 아니한다. 다만, 그 건물이 「건축법」상 사용승인을 받아야 할 건물임에도 사용승인을 받지 아니하였다면 그 사실을 표제부에 기록하여야 한다.

③ 제2항 단서에 따라 등기된 건물에 대하여 「건축법」상 사용승인이 이루어진 경우에는 그 건물 소유권의 등기명의인은 1개월 이내에 제2항 단서의 기록에 대한 말소등기를 신청하여야 한다.

제28조 (채권자대위권에 의한 등기신청) ① 채권자는 「민법」 제404조에 따라 채무자를 대위(代位)하여 등기를 신청할 수 있다.
② 등기관이 제1항 또는 다른 법령에 따른 대위신청에 의하여 등기를 할 때에는 대위자의 성명 또는 명칭, 주소 또는 사무소 소재지 및 대위원인을 기록하여야 한다.

제46조 (구분건물의 표시에 관한 등기) ① 1동의 건물에 속하는 구분건물 중 일부만에 관하여 소유권보존등기를 신청하는 경우에는 나머지 구분건물의 표시에 관한 등기를 동시에 신청하여야 한다.
② 제1항의 경우에 구분건물의 소유자는 1동에 속하는 다른 구분건물의 소유자를 대위하여 그 건물의 표시에 관한 등기를 신청할 수 있다.
③ 구분건물이 아닌 건물로 등기된 건물에 접속하여 구분건물을 신축한 경우에 그 신축건물의 소유권보존등기를 신청할 때에는 구분건물이 아닌 건물을 구분건물로 변경하는 건물의 표시변경등기를 동시에 신청하여야 한다. 이 경우 제2항을 준용한다.

▶ 민사집행법
제293조 (부동산가압류집행) ① 부동산에 대한 가압류의 집행은 가압류재판에 관한 사항을 등기부에 기입하여야 한다.
② 제1항의 집행법원은 가압류재판을 한 법원으로 한다.
③ 가압류등기는 법원사무관등이 촉탁한다.

제305조 (가처분의 방법) ③ 가처분으로 부동산의 양도나 저당을 금지한 때에는 법원은 제293조의 규정을 준용하여 등기부에 그 금지한 사실을 기입하게 하여야 한다.

[예규 4] 등기신청시 납부할 취득세 및 등록면허세 등에 관한 예규

등기신청시 납부할 취득세 및 등록면허세 등에 관한 예규

제정 2011.10.12 등기예규 제1410호
개정 2018.03.07 등기예규 제1636호
개정 2019.12.16 등기예규 제1678호

1. 국 명의의 가처분등기말소에 따른 등록면허세

   국 명의의 가처분등기가 이루어진 후 국가가 본안 소송에서 승소판결을 받아 이에 따른 등기를 완료한 후라면 위 가처분등기의 말소는 국가가 자기를 위하여 하는 등기에 해당하므로「지방세법」제26조제1항에 따라 등록면허세가 면제되지만, 승소판결에 따른 등기를 하지 않고 위 가처분등기를 말소하는 경우에는 등기부상 소유자가 그 가처분말소등기의등기권리자가 되므로 등록면허세를 납부하여야 한다.

2. 국가가 대위하여 촉탁하는 분필등기 등과 등록면허세

   국가가 1필의 토지의 일부를 매수하고 매도인을 대위하여 촉탁하는 분필등기, 등기명의인표시변경등기와 지목변경등기 등은「지방세법」제26조제1항에서 말하는 국가가 자기를 위하여 하는 등기에 해당하므로 등록면허세가 면제된다.

3. 담보가등기를 신청하는 경우 등록면허세

   담보가등기권리는「가등기담보 등에 관한 법률」제17조제3항에 따라 이를 저당권으로 보고 있으므로, 담보가등기를 신청할 경우 납부할 등록면허세는「지방세법」제28조제1항의 저당권의 세율을 적용하여야 한다.

4. 근저당권설정등기를 신청하는 경우 등록면허세

   근저당권설정등기를 신청하는 경우에는「부동산등기법」제75조제2항제1호의 채권의 최고액을 과세표준으로 하여 등록면허세를 납부하여야 한다.

5. 신탁등기의 취득세 및 등록면허세

   신탁을 원인으로 한 소유권이전등기와 신탁의 등기는 동시에 신청하여야 하나 이들은 각 별개의 등기이므로, 신탁을 원인으로 한 소유권이전등기에 대하여는「지방세법」제9조제3항제1호에 따라 취득세를 납부할 필요가 없지만, 신탁등기에 대하여는「지방세법」제28조제1항제1호마목에 따른 등록면허세를 납부하여야 한다.

6. 미등기부동산의 처분제한의 등기 등의 경우 등록면허세와 국민주택채권 매입

가. 미등기부동산에 대한 처분제한 등기의 촉탁에 의하여 등기관이 직권으로 소유권보존등기를 완료한 때에는 납세지를 관할하는 지방자치단체 장에게 「지방세법」 제33조의 규정에 의한 등록면허세 미납 통지를 하여야 하고, 이 경우 소유자가 보존등기를 신청하는 것이 아니므로(「주택도시기금법」 제8조 참조) 국민주택채권도 매입할 필요가 없다.

나. 채권자가 채무자를 대위하여 소유권보존등기를 신청하는 경우에는 본래의 신청인인 채무자가 신청하는 경우와 다르지 않으므로 채권자가 등록면허세를 납부하여야 하고, 등기하고자 하는 부동산이 토지인 경우에는 국민주택채권도 매입하여야 한다.

7. 취득세 및 등록면허세 면제와 국민주택채권의 매입 관계

취득세 및 등록면허세가 면제되는 경우라 하더라도 국민주택채권은 「주택도시기금법」 및 같은 법 시행령 등의 규정에 의하여 그 매입의무가 면제되지 않는 한 매입하여야 한다.

부　칙

① (시행일) 이 예규는 2011년 10월 13일부터 시행한다.
② (다른 예규의 폐지) 국에 대한 등록세 면제(등기예규 제348호), 국가가 대위하여 촉탁하는 분필등기 등과 등록세(등기예규 제427호), 담보가등기세율(등기예규 제506호), 근저당권설정등기시 등록세 과세표준액(등기예규 제523호), 신탁등기의 등록세(등기예규 제1184호), 대위보존등기 등의 경우 등록세와 국민주택채권매입문제(등기예규 제1185호), 등록세 면제와 국민주택채권의 매입(등기예규 제1186호)은 이를 각 폐지한다.

부　칙 (2018.03.07 제1636호)

이 예규는 즉시 시행한다.

부　칙 (2019.12.16 제1678호)

이 예규는 즉시 시행한다.

[예규 5] 미등기 건물에 대한 가처분등기를 함에 있어서 직권으로 경료된 소유권보존등기의 말소절차

미등기 건물에 대한 가처분등기를 함에 있어서 직권으로 경료된
소유권보존등기의 말소절차

제정 1989.06.14 등기예규 제687호
개정 2011.10.11 등기예규 제1353호

미등기 건물에 관하여 법원의 가처분등기촉탁에 의한 가처분등기를 함에 있어서 등기관이 「부동산등기법」 제66조 의 규정에 의하여 직권으로 한 소유권보존등기는 보존등기 명의인의 말소신청 또는 그 말소등기의 이행을 명하는 확정판결에 의하여서만 말소될 수 있을 뿐 가처분법원의 말소촉탁에 의하여 말소될 수는 없는 것이며, 가령 「부동산등기법」 제29조제11호 의 규정에 위반된 등기신청에 의하여 등기가 경료되었다 하더라도 그 등기는 동법 제29조제1호 및 제2호 에 해당하는 당연 무효의 등기는 아니므로 등기관이 직권으로 그 등기를 말소할 수는 없고 등기 권리자와 등기의무자의 공동신청에 의한 적법한 말소신청이나 그 말소등기의 이행을 명하는 확정판결에 의하여서만 말소할 수 있다.

부 칙(2011. 10. 11. 제1353호)

이 예규는 2011년 10월 13일부터 시행한다.

[별지 제18호서식] 사용승인서 <개정 2018. 11. 29.>

사용승인서

• 건축물의 용도/규모는 전체 건축물의 개요입니다.

건축구분	허가(신고)번호	
건축주		
대지위치		
지번		
※ 「공간정보의 구축 및 관리 등에 관한 법률」에 따른 지번을 적으며, 「공유수면의 관리 및 매립에 관한 법률」 제8조에 따라 공유수면의 점용·사용 허가를 받은 경우 그 장소가 지번이 없으면 그 점용·사용 허가를 받은 장소를 적습니다.		
대지면적		m^2
건축물명칭	주용도	
건축면적 m^2	건폐율	%
연면적 합계 m^2	용적률	%
가설건축물 존치기간		

그 밖의 기재사항

※ 「건축법」 제77조의4에 따른 건축협정을 체결한 건축물 또는 「건축법」 제77조의15에 따른 결합건축협정을 체결한 건축물에 해당하는 경우 이를 적습니다

귀하께서 건축·대수선 또는 용도변경한 (가설)건축물의 사용승인서를 「건축법 시행규칙」 제16조에 따라 교부합니다.

년   월   일

특별시장·광역시장·특별자치시장·특별자치도지사, 시장·군수·구청장   [직인]

제2장 관련 선례

■ 미등기 부동산의 양수인 명의로 직접 소유권보존등기를 할 수 있는지 여부

제정 1983. 11. 2. [등기선례 제1-240호, 시행]

미등기 건물을 매수한 자는 직접 그 명의로 소유권보존등기를 할 수는 없고 먼저 가옥대장에 등재되어 있는 소유자 명의로 소유권보존등기를 한 다음 소유권이전등기를 하여야 할 것인 바, 매도인(소유자)이 행방불명이라면 그를 상대로 소유권이전등기청구의 소를 제기하여 (공시송달절차에 의하여 소송을 진행) 그 승소의 확정판결을 받고 이로써 매도인 명의로 대위 보존등기를 함과 아울러 원고 앞으로 소유권이전등기를 할 수 있을 것이다.

(83. 11. 2 등기 제489호)

참조예규 : 274항

■ 미등기 부동산의 소유권이전등기를 명하는 판결을 받은 자의 대위신청에 의한 소유권보존등기

제정 1984. 2. 22. [등기선례 제1-193호, 시행]

소유권이전등기절차의 이행을 명하는 판결에 의하여 미등록, 미등기 건물에 관하여 원고 앞으로 소유권이전등기를 하려면 먼저 피고명의로 소유권보존의 대위등기를 한 다음 위 소유권이전등기를 하여야 하고, 이 때 위 판결에는 그 건물이 피고 소유임을 확인하는 취지가 주문 또는 이유설시중에 포함되어 있어야 할 것이다.

(84. 2. 22 등기 제75호)

참조예규 : 274항

■ 미등기 부동산에 관하여 소유권이전등기를 하기로 하는 화해조서를 얻은 자의 대위신청에 의한 소유권보존등기

제정 1985. 4. 25. [등기선례 제1-196호, 시행]

부동산등기법 제130조 제2호 의 판결에는 소유권확인판결 뿐만 아니라 그 판결이유설시로서 등기의무자의 소유임을 확인하고 이전등기를 명한 이행판결과 이와 같은 취지의 소송상 화해조서나 인낙조서도 포함된다 할 것이므로, 목적 부동산이 피신청인의 소유임을 확인하고 피신청인이 이에 관하여 신청인 앞으로 이전등기를 하기로 하는 내용의 제소전 화해조서로써 신청인은 피신청인을 대위하여 피신청인 명의로 소유권보존등

기를 한 다음 신청인 앞으로의 소유권이전등기신청을 할 수 있다.
(85. 4. 25 등기 제233호 대한사법서사협회장 대 법원행정처장 회답 및 86. 2. 3 등기 제43호)

■ 소유권보존등기에 필요한 판결에 해당하는 여부등
제정 1985. 10. 4. [등기선례 제1-248호(1-199), 시행]
판결에 의하여 자기의 소유권을 증명하는 자는 소유권보존등기를 신청할 수 있으므로, 소유권이전등기를 명하는 판결의 이유중에 그 목적부동산이 등기의무자(피고)의 소유임을 확인하였다면 원고는 피고를 대위하여 피고 명의의 소유권보존등기를 신청할 수 있다.(85. 10. 4 등기 제458호)

참조예규 : 273 , 273-1 , 273-2항

■ 미등기 부동산을 양수한자의 대위신청에 의한 소유권보존등기
제정 1986. 7. 24. [등기선례 제1-203호, 시행]
미등기 건물의 양수인은 건축물관리대장(가옥대장)에 자기 명의로 소유권이전등록이 되어 있는 경우에도 직접 자기 명의로 소유권보존등기를 할 수는 없고 최초의 소유자(양도인) 명의로 보존등기를 한 다음에 양수인 명의로 소유권이전등기를 하여야 하는 바, 양도인이 그 등기 절차에 협력하지 아니하는 경우에는 양수인이 양도인에 대위하여 양도인 명의의 소유권보존등기를 신청할 수 있으며, 소유권이전등기는 판결을 받아 양수인이 단독으로 신청할 수 있다. (86. 7. 24 등기 제341호)

참조예규 : 274항
참조판례 : 85.12.16 85마798

■ 미등기 부동산과 양수한 자의 대위신청에 의한 소유권보존등기
제정 1986. 8. 14. [등기선례 제1-205호, 시행]
미등기 부동산의 소유자로부터 이를 매수하였다면 그 소유자(이미 사망한 경우에는 그 상속인)를 상대로 소유권이전등기를 명하는 판결을 받아서 그 소유자를 대위하여 소유권보존등기를 하고 (주) 자기 앞으로의 소유권이전등기신청을 할 수 있다.
86. 8. 14 등기 제372호

주 : 다만 대장등본에 의하지 아니하고 그 판결에 의하여 소유권보존등기를 대위신청하는 경우에는 그 판결이유중에 그 부동산이 매도인의 소유임을 확인하는 취지가 포함되어 있어야 할 것이다.

■ 미등기 부동산의 소유권이전등기를 명하는 판결을 받은 자의 대위신청에 의한 소유권보존등기

제정 1986. 8. 14. [등기선례 제1-206호, 시행]

부동산등기법 제130조 제2호 의 판결에는 소유권확인판결 뿐만 아니라 그 판결이유중에 등기의무자의 소유임을 확인하고 이전등기를 명한 이행판결도 포함되는 것이므로, 판결이유중에 그 부동산이 등기의무자인 피고의 소유임이 확인되어 있다면 원고가 소유자인 피고를 대위하여 피고 명의로 소유권보존등기를 한 다음 원고 앞으로의 소유권이전등기신청을 할 수 있다. (86. 8. 14 등기 제373호)

참조예규 : 274항

■ 미등기 부동산을 전전양수한 자의 대위신청에 의한 소유권보존 등기

제정 1987. 6. 17. [등기선례 제2-177호(2-144), 시행]

미등기 토지의 소유권보존등기는 토지(임야)대장등본에 의하여 자기 또는 피상속인이 그 소유자로 등재되어 있는 것을 증명하는 자, 판결에 의하여 자기의 소유권을 증명하는자 또는 수용으로 인하여 소유권을 취득하였음을 증명하는 자만이 신청할 수 있는 것이고, 그 토지가 원래의 소유자(등기부 멸실 후 회복등기를 하지 않은 때에는 그 멸실 당시의 소유자)로부터 전전 매도된 경우에는 그 소유자 명의로 소유권보존등기를 한 다음 순차 소유권이전등기를 하여야 하며, 소유자 및 중간 매도인들이 등기절차에 협력할 수 없는 경우라면 그들을 상대로 순차 소유권이전등기를 이행할 것을 명하는 판결을 받고 이로써 원래의 소유자를 대위하여 소유권보존등기를 함과 아울러 순차 소유권이전등기를 신청할 수 있다. (87. 6. 17 등기 제367호)

참조예규 : 274항

■ 미등기 부동산의 소유권이전등기를 명하는 판결을 받은 자의 대위신청에 의한 소유권보존등기 (변경)

제정 1987. 9. 11. [등기선례 제2-145호, 시행]

부동산의 소유권보존등기는 판결에 의하여 자기 소유임을 증명하는 자가 신청할 수 있는바(부동산등기법 제130조 제2호 , 제131조 제2호), 이 판결에는 등기의무자(피고)의 소유임을 인정하는 이유설시가 있고 그에 대하여 소유권이전등기절차의 이행을 명하는 판결도 포함되는 것이며, 따라서 이러한 판결을 받은 자는 등기의무자(피고)를 대위하여 소유권보존등기를 신청할수 있다. (87. 9. 11 등기 제545호)

주 : 예규 275-2항 (1990. 5.22 등기 제1015호 통접)에 의하여 변경 되었다.

■ 미등기 부동산에 대한 저당권설정등기를 명하는 판결을 받은 자의 대위신청에 의한 소유권보존등기(변경)

제정 1987. 12. 23. [등기선례 제2-147호, 시행]

미등기 건물이 피고의 소유임을 확인하고 피고는 이에 관하여 원고 앞으로 근저당권설정등기절차를 이행하라는 취지의 확정판결 또는 제소전화해조서가 있는 경우에는, 원고는 피고를 대위하여 피고 명의의 소유권보존등기를 한 다음 원고 앞으로의 근저당권설정등기를 신청할 수 있다. 다만, 그 확정판결 또는 제소전화해조서의 내용 중 건물이 피고의 소유임을 확인하는 내용의 설시가 없다면, 피고 명의의 소유권보존등기의 대위신청서에는 별도로 피고의 소유임을 증명하는 서면(부동산등기법 제131조 참조)을 첨부하여야 할 것이다. (87.12.23 등기 제736호)

주 : 145항 "주" 참조

■ 미등기 토지의 매수인이 사망하고 그 매도인은 행방불명인 경우의 소유권이전등기방법

제정 1988. 2. 22. [등기선례 제2-325호(2-148), 시행]

미등기 토지를 토지대장상 소유자로부터 매수하였으나 등기를 마치지 못하고 있던 중 매수인이 사망하고 매도인의 행방을 알 수 없는 경우에 매수인의 상속인은 매도인을 상대로 소유권이전등기절차의 이행을 명하는 판결을 받아, 피고(매도인)명의의 대위 보존등기를 함(피고의 소유임을 증명하는 부동산등기법 제130조 제1호 또는 제2호 의 서면을 첨부하여야 함)과 아울러 원고(매수인의 상속인) 앞으로의 소유권이전등기를 할 수 있을 것이다. (88. 2.22 등기 제83호)

■ 미등기 부동산을 전전양수한 자의 대위신청에 의한 소유권보존 등기

제정 1987. 6. 17. [등기선례 제2-177호(2-150), 시행]

미등기 토지의 소유권보존등기는 토지(임야)대장등본에 의하여 자기 또는 피상속인이 그 소유자로 등재되어 있는 것을 증명하는 자, 판결에 의하여 자기의 소유권을 증명하는자 또는 수용으로 인하여 소유권을 취득하였음을 증명하는 자만이 신청할 수 있는 것이고, 그 토지가 원래의 소유자(등기부 멸실 후 회복등기를 하지 않은 때에는 그 멸실 당시의 소유자)로부터 전전 매도된 경우에는 그 소유자 명의로 소유권보존등기를 한 다음 순차 소유권이전등기를 하여야 하며, 소유자 및 중간 매도인들이 등기절차에 협력할 수 없는 경우라면 그들을 상대로 순차 소유권이전등기를 이행할 것을 명하는 판결을 받고 이로써 원래의 소유자를 대위하여 소유권보존등기를 함과 아울러 순차 소유권이전등기를 신청할 수 있다. (87. 6. 17 등기 제367호)

참조예규 : 274항

■ 판결에 의한 대위 보존등기신청과 보존등기명의인의 주소를 증명하는 서면의 제출(그의 주민등록이 말소된 경우)

제정 1989. 6. 12. [등기선례 제2-103호(2-155), 시행]

미등기 부동산에 관하여 그 소유자를 상대로 소유권이전등기절차의 이행을 명한 확정판결을 받아 원고가 피고를 대위하여 소유권보존등기를 신청하는 경우에도, 그 소송절차에서 피고에 대한 소송서류가 공시송달되었다는 등의 특별한 사정이 없는 한 보존등기명의인의 주소를 증명하는 서면(주민등록표등 . 초본)을 제출하여야 하나, 그의 주민등록이 주민등록법 제17조의 2 제3항 의 규정에 의하여 말소된 경우에는 그 주민등록표등본을 첨부하고 그 최후주소를 주소지로 하여 그 명의의 소유권보존등기를 신청할 수 있다. (89. 6. 12 등기 제1123호)

참조예규 : 172-1 , 172-3 , 274항
주 : 101항 "주" 참조

■ 미등기 공유건물에 대한 소유권보존등기촉탁시 첨부서면

제정 1994. 8. 26. [등기선례 제4-68호, 시행]

개정된 부동산등기법(법률 제4422호, 1992. 2. 1. 시행) 이 시행됨에 따라 관공서가 미등기건물에 대한 소유권보존등기를 촉탁하는 경우에도 일반 소유권보전등기를 신청할 때와 마찬가지로 부동산등기법 제131조 및 제132조 제2항 에 해당하는 서면을 첨부하여야 하며, 따라서 교육청에서 관리하는 재산대장 및 건물도면을 첨부하여서는 미등기건물의 소유권보존등기를 촉탁할 수 없다. (1994. 8. 26. 등기 3402-1064 질의회답)

참조예규 : 제546호
참조선례 : 선례요지 II 제226항 , 제227항

■ 미등기 군용건축물의 보존등기

제정 1994. 9. 22. [등기선례 제4-324호(4-171), 시행]

1. 종전의 부동산등기법 제135조 는 관공서가 미등기부동산의 소유권보존등기를 촉탁하는 경우에는 제130조 또는 제131조 의 규정에 의함을 요하지 않도록 규정되었으나 이는 관공서의 무책임한 촉탁을 야기하여 존재하지 아니한 부동산에 대한 등기 또는 중복등기를 만들어 내는 원인이 되어 1991. 12. 14. 개정된 부동산등기법에서는 동 조항이 삭제된 것이다.
2. 다만, 현행법상 건축물대장이 없다 하더라도 건물이 완성되어 존재한 다는 사실과 그 건물의 소재, 지번, 종류, 구조, 면적등 건물의 표시 및 소유자의 표시가 기재된

시·구·읍·면의 장의 건축물사실증명 등 서면에 의하여도 미등기 건물의 소유권보존등기가 가능할 것이다(부동산등기법 제131조 제2호 후단 참조).
(1994. 9. 22. 등기 3402-1149 질의회답)

참조선례 : 선례요지 Ⅱ 제227항, 제230항

■ 미등기건물에 대한 집행법원의 처분제한등기촉탁에 따른 소유권보존등기를 하는 때 첨부정보로 제공되어야 할 건물의 표시를 증명하는 정보에 건축사 또는 측량기술자가 작성한 서면도 해당되는지 여부(소극)

제정 2012. 7. 17. [등기선례 제201207-1호, 시행]

미등기건물에 대한 집행법원의 처분제한등기촉탁에 따른 소유권보존등기를 하는 경우에 제공되어야 할 첨부정보 중 건물의 표시를 증명하는 정보는 「부동산등기법」제65조의 건축물대장이나 특별자치도지사, 시장, 군수 또는 구청장(자치구의 구청장을 말한다)의 확인서로 국한되지 아니하고, 명칭에 관계없이 집행법원에서 인정한 건물의 소재와 지번·구조·면적이 구체적으로 기재된 서면이 될 것이나, 「건축사법」제23조에 의한 건축사업무신고를 한 건축사 또는 「측량·수로조사 및 지적에 관한 법률」제39조에 의한 측량기술자가 작성한 서면은 위 건물의 표시를 증명하는 정보에 해당되지 아니한다. (2012. 07. 17. 부동산등기과-1390 질의회답)

참조조문 : 부동산등기법 제66조, 부동산등기규칙 제46조 제1항 7호
참조예규 : 등기예규 제902호, 제1128호, 제1427호
참조선례 : 부동산등기선례요지집 Ⅴ 제251항, Ⅶ 제155항, Ⅷ 제82항, Ⅷ 제157항

■ 미등기 건물에 대한 처분제한의 등기촉탁과 부동산등기법 제31조의 서면 첨부 등

제정 1990. 9. 20. [등기선례 제3-261호, 시행]

미등기 건물에 대한 소유권보존등기를 신청함에 있어서 소유권을 증명하는 서면으로 판결을 첨부할 경우, 그 판결은 가옥대장(건축물대장)상 소유자로 등록되어 있는 자를 상대로 한 소송에서 당해 건물이 보존등기신청인의 소유임을 확정하는 내용의 것이어야 하므로, 건축허가명의자를 상대로 하여 소유권을 확인하는 판결은 위 소유권을 증명하는 판결의 범위에 포함될 수 없다. (90. 9.20. 등기 제1869호)

참조예규 : 192항

■ 미등기 토지의 토지대장상 소유명의인을 상대로 한 취득시효완성을 원인으로 한 소유권이전등기절차 이행판결에 의한 토지소유권보존등기 가능 여부

제정 1998. 8. 12. [등기선례 제5-196호, 시행]

부동산등기법 제130조 제2호 소정의 판결은 토지(임야)대장상의 소유자로 등록되어 있는 자를 상대로 한 소유권보존등기신청인의 소유임을 확정하는 내용의 것이어야 하는 바, 미등기 토지에 대하여 갑이 토지대장상 소유명의인 을을 상대로 하여 취득시효완성을 원인으로 한 소유권이전등기 절차이행을 명하는 판결을 받았으며, 그 토지대장상 을은 최초 사정을 받은 A에서 중간취득자 B를 거쳐 순차로 소유명의를 이전받은 것으로 되어 있는 경우, 민법 제245조 제1항 에서는 시효취득에 관하여 "등기함으로써 그 소유권을 취득한다"고 하여 시효가 완성되었어도 등기하지 않으면 아직 그 소유권을 취득하는 것은 아닌 것으로 규정하고 있기 때문에, 위와 같이 토지대장상 최초로 사정받은 자로부터 순차로 소유명의를 이전받은 최종 소유명의인 을을 상대로 한 취득시효완성을 원인으로 한 소유권이전등기 절차이행을 명하는 판결은 부동산등기법 제130조 제2호 소정의 판결에 해당된다고 할 수 없을 것이므로, 갑은 그 판결에 의하여 갑 명의로 직접 소유권보존등기신청을 할 수 없다. 다만, 그 시효취득대상이 된 토지의 등기부가 멸실되었으나 멸실회복등기 기간 내에 등기부상 소유자인 을 명의로의 회복등기를 신청하지 못해 미등기로 남아 있는 경우에는, 갑은 을을 대위하여 그 토지대장을 첨부하여 을 명의로의 소유권보존등기를 경료한 후에 위 판결에 기한 소유권이전등기를 신청할 수는 있다. (1998. 8. 12. 등기 3402-759 질의회답)

참조조문 : 민법 제245조 , 법 제130조
참조예규 : 제899호
참조선례 : 제263항

■ 미등기토지에 관하여 대장상 소유권이전을 받은 자의 소유권이전등기 절차

제정 2001. 9. 7. [등기선례 제6-183호(6-153), 시행]

1. 토지대장에 갑이 사정을 받은 사실과 을이 소유권이전을 받은 사실은 등재되어 있으나 그에 따른 소유권보존등기 및 소유권이전등기는 경료되어 있지 않은 상태에서 을이 사망한 경우, 을의 상속인은 당해 토지에 관하여 직접 자기 명의로 소유권보존등기를 신청할 수 없고 갑(갑이 사망하였을 경우에는 갑의 상속인)명의로 보존등기를 한 다음 소유권이전등기를 신청하여야 한다.
2. 다만 위 토지대장에 소유자인 갑의 주소가 누락되어 있어 갑이 누구인지 특정할 수 없다면, 당해 토지의 소유자는 국가를 상대로 소를 제기하여 그 토지가 자기의 소유임을 확인하는 판결을 받아 그 판결에 의하여 소유권보존등기를 신청할 수 있다.

(2001. 9. 7. 등기 3402-629 질의회답)

참조예규 : 제889호 , 제950호

참조선례 : I 제257, 265항, III 제362항

■ 미등기건물처분제한등기촉탁에 따른 보존등기의 명의인과 건축물대장상의 등록명의인이 상이한 경우, 판결에 따른 소유권이전등기 절차

제정 2004. 11. 18. [등기선례 제8-90호, 시행]

부동산등기법 제56조 제2항 은 등기부에 기재된 등기명의인의 표시가 토지대장·임야대장 또는 건축물대장과 부합하지 아니하는 경우에는 그 등기명의인은 등록명의인 표시의 변경의 등록을 하지 아니하면 당해 부동산에 대하여 다른 등기를 신청할 수 없다고 규정하고 있는바, 미등기 건물의 처분제한등기의 촉탁으로 인하여 건축물대장의 작성없이 갑 명의로 소유권보존등기가 직권으로 경료되었으나 그 보존등기 후 작성된 건축물대장에는 소유자가 을로 등록된 건물에 대하여 병이 등기명의인 갑을 상대로 하여 소유권이전등기절차의 이행을 명하는 확정판결을 받았다면 건축물대장의기재및작성등에관한규칙 제8조의 규정에 의하여 그 건축물대장을 갑 명의로 정정한 후에 위 판결에 따른 소유권이전등기를 신청할 수 있다. (2004. 11. 18. 부등 3402-580 질의회답)

■ 미등기 건물에 대한 가처분등기를 함에 있어서 직권으로 경료된 소유권보존등기의 말소절차

제정 1989. 6. 14. [등기선례 제2-408호, 시행]

미등기 건물에 관하여 법원의 가처분등기촉탁에 의한 가처분등기를 함에 있어서 등기공무원이 부동산등기법 제134조 의 규정에 의하여 직권으로 한 소유권보존등기는 보존등기명의인의 말소신청 또는 그 말소등기의 이행을 명하는 확정판결에 의하여서만 말소될 수 있을 뿐 가처분 법원의 말소촉탁에 의하여 말소될 수는 없는 것이며, 가령 부동산등기법 제56조 제1항 의 규정에 위반된 등기신청에 의하여 등기가 경료되었다 하더라도 그 등기는 동법 제55조 제1호 및 제1호 에 해당하는 당연 무효의 등기는 아니므로 등기공무원이 직권으로 그 등기를 말소할 수는 없고 등기권리자와 등기의무자의 공동신청에 의한 적법한 말소신청이나 그 말소등기의 이행을 명하는 확정판결에 의하여서만 말소할 수 있다. (89. 6.14 등기 제1135호)

참조예규 : 512항

■ 미등기 건물에 대한 가처분등기를 함에 있어서 직권으로 경료된 소유권보존등기의 말소절차

제정 1989. 6. 14. [등기선례 제2-408호(2-458), 시행]

미등기 건물에 관하여 법원의 가처분등기촉탁에 의한 가처분등기를 함에 있어서 등기

공무원이 부동산등기법 제134조 의 규정에 의하여 직권으로 한 소유권보존등기는 보존 등기명의인의 말소신청 또는 그 말소등기의 이행을 명하는 확정판결에 의하여서만 말소될 수 있을 뿐 가처분 법원의 말소촉탁에 의하여 말소될 수는 없는 것이며, 가령 부동산등기법 제56조 제1항 의 규정에 위반된 등기신청에 의하여 등기가 경료되었다 하더라도 그 등기는 동법 제55조 제1호 및 제1호 에 해당하는 당연 무효의 등기는 아니므로 등기공무원이 직권으로 그 등기를 말소할 수는 없고 등기권리자와 등기의무자의 공동신청에 의한 적법한 말소신청이나 그 말소등기의 이행을 명하는 확정판결에 의하여서만 말소할 수 있다. (89. 6.14 등기 제1135호)

참조예규 : 512항

■ 미등기 건물에 대한 가처분등기를 함에 있어서 직권으로 경료된 소유권보존등기의 말소절차

제정 1989. 6. 14. [등기선례 제2-408호(2-462), 시행]

미등기 건물에 관하여 법원의 가처분등기촉탁에 의한 가처분등기를 함에 있어서 등기공무원이 부동산등기법 제134조 의 규정에 의하여 직권으로 한 소유권보존등기는 보존 등기명의인의 말소신청 또는 그 말소등기의 이행을 명하는 확정판결에 의하여서만 말소될 수 있을 뿐 가처분 법원의 말소촉탁에 의하여 말소될 수는 없는 것이며, 가령 부동산등기법 제56조 제1항 의 규정에 위반된 등기신청에 의하여 등기가 경료되었다 하더라도 그 등기는 동법 제55조 제1호 및 제1호 에 해당하는 당연 무효의 등기는 아니므로 등기공무원이 직권으로 그 등기를 말소할 수는 없고 등기권리자와 등기의무자의 공동신청에 의한 적법한 말소신청이나 그 말소등기의 이행을 명하는 확정판결에 의하여서만 말소할 수 있다. (89. 6.14 등기 제1135호)

참조예규 : 512항

■ 가옥대장 미등재 건물의 멸실등기신청서에 첨부할 서면

제정 1989. 8. 24. [등기선례 제2-465호, 시행]

등기부상 '갑'명의로 되어 있는 건물이 건축물관리대장에는 등재되지 아니한 채 멸실되어 그 건물의 멸실등기신청서에 건물의 멸실사유가 기재된 건축물관리대장을 첨부할 수 없는 경우에는, 갑(갑이 사망한 경우에는 그 상속인)은 그 건물의 멸실사실이 기재된 재산세과세대장등본이나 그 밖의 시·구·읍·면장의 증명서 또는 확인서를 첨부(상속인이 신청할 경우에는 상속을 증명하는 서면도 첨부하여야 함)하여 멸실등기 신청을 할 수 있다. (89. 8.24 등기 제1624호)

참조예규 : 531-1항

■ 미등기 부동산의 양수인 명의로 직접 소유권보존등기를 할 수 있는지 여부

제정 1983. 11. 2. [등기선례 제1-240호, 시행]

미등기 건물을 매수한 자는 직접 그 명의로 소유권보존등기를 할 수는 없고 먼저 가옥대장에 등재되어 있는 소유자 명의로 소유권보존등기를 한 다음 소유권이전등기를 하여야 할 것인 바, 매도인(소유자)이 행방불명이라면 그를 상대로 소유권이전등기청구의 소를 제기하여 (공시송달절차에 의하여 소송을 진행) 그 승소의 확정판결을 받고 이로써 매도인 명의로 대위 보존등기를 함과 아울러 원고 앞으로 소유권이전등기를 할 수 있을 것이다. (83. 11. 2 등기 제489호)

참조예규 : 274항

■ 미등기 부동산에 대한 강제경매신청등기촉탁이 있는 경우의 직권 보존등기와 등록세 납부등

제정 1984. 11. 7. [등기선례 제1-715호(1-243), 시행]

미등기 부동산에 대한 강제경매신청등기의 촉탁이 있으면 그 전제가 되는 소유권보존등기는 부동산등기법 제134조 의 규정에 의하여 등기공무원이 직권으로 하게 되는데, 이 경우 소유권보존등기에 관한 등록세의 납부와 제1종 국민주택채권의 매입 없이 강제경매신청등기의 촉탁이 되었다 하더라도 이를 수리하여야 할 것이다.
(84.11. 7 등기 제476호)

참조예규 : 1067 , 1068 , 1068-1항

■ 미등기 부동산의 양수인 명의로 직접 소유권보존등기를 할 수 있는지 여부

제정 1985. 6. 26. [등기선례 제1-244호, 시행]

미등기 건물의 양수인은 건축물관리대장(가옥대장)에 자기 명의로 소유권이전등록이 되어 있는 경우에도 직접 자기 명의로 소유권보존등기를 할 수는 없고, 최초의 소유자 명의로 소유권보존등기 (주) 를 한 후에 양수인 앞으로의 소유권이전등기를 하여야 한다.
(85. 6. 26 등기 제310호)

참조예규 : 274항
주 : 238항의 주 참조

■ 미등기 부동산의 공유자중 1인의 소유권보존등기신청 가부

제정 1985. 7. 31. [등기선례 제1-246호, 시행]

미등기의 공유토지에 관한 소유권보존등기신청은 공유자 중 1인이 공유자 전원을 위하

여 이를 할 수 있으나, 그 신청서에는 각 공유자의 주소를 증명하는 서면을 첨부하여야 할 것이고, 토지대장상의 소유명의인과 다른 종중 명의의 소유권보존등기신청은 할 수 없다. (85. 7. 31 등기 제365호)

■ 미등기 부동산을 양수한자의 대위신청에 의한 소유권보존등기
제정 1986. 7. 24. [등기선례 제1-203호(1-250), 시행]
미등기 건물의 양수인은 건축물관리대장(가옥대장)에 자기 명의로 소유권이전등록이 되어 있는 경우에도 직접 자기 명의로 소유권보존등기를 할 수는 없고 최초의 소유자(양도인) 명의로 보존등기를 한 다음에 양수인 명의로 소유권이전등기를 하여야 하는 바, 양도인이 그 등기 절차에 협력하지 아니하는 경우에는 양수인이 양도인에 대위하여 양도인 명의의 소유권보존등기를 신청할 수 있으며, 소유권이전등기는 판결을 받아 양수인이 단독으로 신청할 수 있다. (86. 7. 24 등기 제341호)

참조예규 : 274항
참조판례 : 85.12.16 85마798

■ 미등기 부동산과 양수한 자의 대위신청에 의한 소유권보존등기
제정 1986. 8. 14. [등기선례 제1-205호(1-252), 시행]
미등기 부동산의 소유자로부터 이를 매수하였다면 그 소유자(이미 사망한 경우에는 그 상속인)를 상대로 소유권이전등기를 명하는 판결을 받아서 그 소유자를 대위하여 소유권보존등기를 하고 (주) 자기 앞으로의 소유권이전등기신청을 할 수 있다.
(86. 8. 14 등기 제372호)

주 : 다만 대장등본에 의하지 아니하고 그 판결에 의하여 소유권보존등기를 대위신청하는 경우에는 그 판결이유중에 그 부동산이 매도인의 소유임을 확인하는 취지가 포함되어 있어야 할 것이다.

■ 대장상 소유자 미복구 토지의 소유권보존등기
제정 1980. 9. 17. [등기선례 제1-254호, 시행]
임야대장상의 소유자란에 "소유자 미복구"로 되어 있는 경우에는 소송에 의하여 등기하는 외에 다른 방법이 없다. (80. 9. 17 등기 제417호)

참조예규 : 276-1 , 278-1항

84 미등기 부동산 경매관련 선례·질의회신

■ 대장상 소유자 미복구 토지의 소유권보존등기
제정 1980. 9. 19. [등기선례 제1-255호, 시행]
소유자가 미복구되어 있는 임야대장등본만으로는 소유권보존등기를 할 수 없으며 소송에 의하여 소유권확인판결을 받아서 등기하여야 할 것이다.
(80. 9. 19 등기 제430호)

참조예규 : 276-1, 278-1항

■ 미등기 토지를 수용한 사실을 증명하는 서면에 의한 소유권보존등기(변경)
제정 1981. 7. 13. [등기선례 제1-260호, 시행]
미등기 토지의 소유권보존등기를 신청할 수 있는 자는 토지대장등본이나 판결에 의하여 자기 소유임을 증명하는 자에 한하는 것이므로(부동산등기법 제130조 참조), 미등기 토지를 수용한 사실을 증명하는 서면만에 의하여 기업자 명의로 그 토지의 소유권보존등기신청을 할 수는 없다. (81. 7. 13 등기 제315호)

주 : 현재는 부동산등기법 제130조 제3호(83. 12.31 신설) 에 의하여 수용으로 인하여 소유권을 취득하였음을 증명하는 자도 미등기 토지의 소유권보존등기를 신청할 수 있게 되어 있다.

■ 미등기 토지를 수용한 경우의 등기절차 (변경)와 공공용지의 취득 및 손실보상에 관한 특례법에 의한 사업시행자 명의의 소유권보존등기
제정 1982. 4. 13. [등기선례 제1-264호, 시행]
미등기 토지를 수용한 경우에는 대장상의 소유자(그의 상속인 포함) 또는 판결에 의하여 자기 소유임을 증명하는 자 명의로 소유권보존등기를 한 후 기업자 앞으로의 소유권이전등기를 하여야 할 것이다 (주). 다만 공공용지의 취득 및 손실보상에 관한 특례법 제5조 의 규정에 의하여 사업시행자가 미등기 토지를 취득하기 위하여 시, 구, 읍, 면장이 확인하는 정당한 권리자에게 보상금을 지급한 경우에는 사업시행자 명의로 직접 소유권보존등기신청을 할 수 있을 것이다.
(82. 4. 13 등기 제153호 제주관광개발공사 사장 대 법원행정처장 회답)

참조예규 : 358-1항
주 : 260항의 주 참조

■ 미등기 토지의 분할후의 소유권보존등기와 하천법의 적용을 받지 않는 하천의 소유권보존등기
제정 1983. 6. 24. [등기선례 제1-268호, 시행]

원래 1필지이던 미등기 토지가 분할된 경우에는 분할전의 토지에 관하여 일단 소유권
보존등기를 한 다음 분할등기를 할 것이 아니라 분할된 토지대장등본을 가지고 분할후
의 각 토지에 관하여 바로 소유권보존등기를 하여야 하며, 하천법의 적용을 받지 않는
하천은 개인 명의로 소유권보존등기를 할 수 있다. (83. 6. 24 등기 제236호)

참조예규 : 280항

■ 미등기 귀속재산의 특정 일부를 양수한 경우의 특별조치법에 의한 등기절차
                    제정 1984. 7. 21. [등기선례 제1-819호(1-271), 시행]
미등기 귀속재산의 일부를 양수한 경우에는 특별조치법의 규정에 의하여 부동산의 사
실상 양수자가 보증서를 첨부하여 토지대장 소관청에 그 이동신청(분할신청)을 할 수
있고(동법 제5조 제1항 , 제2항), 토지대장상 토지가 분할된 후에는 확인서와 세무서
장이 발행하는 사실증명서를 첨부하여 대장 소관청에 대장상 소유명의인의 변경등록을
신청할 수 있으며(동법 제6조 제1항 , 제8조 제1항), 이와 같이 하여 대장상 소유명
의인이 된 양수자가 그 대장등본을 첨부하여 자기 명의로 그 소유권보존등기를 신청할
수 있을 것이다(동법 제6조 제3항).(84. 7. 21 등기 제215호)

■ 말소된 대장등본에 의한 소유권보존등기신청의 가부와 관공서가 미등기 부동산의 소유
  권보존등기를 촉탁함에 있어서 대장등본을 첨부하여야 하는지 여부
                    제정 1984. 2. 3. [등기선례 제1-158호(1-272), 시행]
토지대장등본을 첨부하여 미등기 토지에 관한 소유권보존등기를 신청하는 경우에는 그
토지대장등본에 등록된 내용과 등기신청서에 기재된 토지의 표시가 일치되어야 하고
등록전환으로 말소된 토지대장등본에 의하여서는 보존등기를 신청할 수 없으나, 관공서
가 미등기 토지의 소유권보존등기를 촉탁하는 경우에는 토지대장등본의 첨부를 요하지
아니한다(부동산등기법 제135조 참조). (84. 2. 3 등기 제38호)

참조예규 : 704 , 705항

■ 미등기 부동산을 전전양수한 자의 대위신청에 의한 소유권보존 등기
                    제정 1987. 6. 17. [등기선례 제2-177호, 시행]
미등기 토지의 소유권보존등기는 토지(임야)대장등본에 의하여 자기 또는 피상속인이
그 소유자로 등재되어 있는 것을 증명하는 자, 판결에 의하여 자기의 소유권을 증명하
는자 또는 수용으로 인하여 소유권을 취득하였음을 증명하는 자만이 신청할 수 있는
것이고, 그 토지가 원래의 소유자(등기부 멸실 후 회복등기를 하지 않은 때에는 그 멸

실 당시의 소유자)로부터 전전 매도된 경우에는 그 소유자 명의로 소유권보존등기를 한 다음 순차 소유권이전등기를 하여야 하며, 소유자 및 중간 매도인들이 등기절차에 협력할 수 없는 경우라면 그들을 상대로 순차 소유권이전등기를 이행할 것을 명하는 판결을 받고 이로써 원래의 소유자를 대위하여 소유권보존등기를 함과 아울러 순차 소유권이전등기를 신청할 수 있다. (87. 6. 17 등기 제367호)

참조예규 : 274항

■ 미등기 토지의 매수인이 사망하고 그 매도인은 행방불명인 경우의 소유권이전등기방법
제정 1988. 2. 22. [등기선례 제2-325호(2-183), 시행]
미등기 토지를 토지대장상 소유자로부터 매수하였으나 등기를 마치지 못하고 있던 중 매수인이 사망하고 매도인의 행방을 알 수 없는 경우에 매수인의 상속인은 매도인을 상대로 소유권이전등기절차의 이행을 명하는 판결을 받아, 피고(매도인)명의의 대위 보존등기를 함(피고의 소유임을 증명하는 부동산등기법 제130조 제1호 또는 제2호 의 서면을 첨부하여야 함)과 아울러 원고(매수인의 상속인) 앞으로의 소유권이전등기를 할 수 있을 것이다. (88. 2.22 등기 제83호)

■ 미등기 부동산의 상속인 1인의 소유권보존등기신청
제정 1988. 12. 26. [등기선례 제2-187호, 시행]
미등기 건물의 가옥대장(건축물관리대장)상 소유자인 갑이 그의 처와 모만을 남겨둔 채 직계비속 없이 사망(1983. 2. 22.) 하였다면 그 처와 모가 공동상속인이 될 것이나, 그 상속인들이 위 건물에 관한 소유권보존등기를 하지 않은 상태에서, 다시 그 모가 사망(1986. 11. 18) 하고 그에게 수인의 직계비속이 있다면 갑의 사망으로 인한 모의 상속분에 관하여 그 모의 직계비속들이 공동상속인이 될 것이므로, 결국 위 미등기 건물의 소유권보존등기의 명의인은 위 상속인 전원, 즉 갑의 처(대습상속분 포함)와 모의 직계비속이 되어야 하지만, 그 소유권보존등기는 위 상속인 중의 1인이 신청서에 상속인 전원의 표시를 하여 신청할 수 있다. (88. 12. 26 등기 제728호)

참조조문 : 민법 제1000조 , 제1001조 , 제1003조

■ 미등기 건물의 양수인 명의로 직접 소유권보존등기를 할 수 있는지 여부
제정 1987. 5. 19. [등기선례 제2-218호, 시행]
미등기 건물의 양수인은 건축물관리대장에 자기명의로 소유권이전등록이 되어 있는 경우에도 직접 자기명의로 소유권보존등기를 신청할 수는 없고, 최초 소유자 명의로 소유

권보존등기 <주>를 한 후에 양수인 앞으로의 소유권이전등기를 하여야 한다.
(87. 5.19 등기 제293호)

참조판례 : 1985.12.16 85마798 결정
참조예규 : 297-3 , 297-5항
주 : 그 등기는 양수인이 대위하여 신청할 수 있을 것이다(예규 274항 참조).

■ 미등기토지의 지적공부상 소유자 표시에 오류가 있는 경우 그 상속인의 소유권보존등기 등

제정 1991. 5. 1. [등기선례 제3-352호, 시행]

미등기의 토지에 관하여 지적공부상 최초로 등록된 자의 상속인은 상속을 증명하는 서면을 첨부하여 직접 자기 앞으로 소유권 보존등기를 신청할 수 있으나, 지적공부등록 당초의 과오로 지적공부상의 소유자 주소의 표시에 오류가 있는 경우에는 토지대장의 흠결을 보완하든가 판결(망인의 상속인의 소유임을 확인하는 내용 이어야 함)에 의하여 소유권을 증명하여 소유권보존등기를 신청하여야 한다. (91. 5. 1. 등기 제916호)

참조예규 : 192항 , 193항
참조선례 : 선례요지 Ⅰ 제257 , 265 , 280항

■ 미등기건물에 대한 소유권보존 및 이전등기절차

제정 1993. 2. 26. [등기선례 제3-382호, 시행]

미등기상가를 분양받은 자가 등기를 하려면 먼저 원소유자 명의로 건물의 소유권보존등기를 거친 후 분양받은 자 명의로 소유권 이전등기를 하여야 하며, 위 소유권보존등기는 가옥대장에 소유자 등록이 되어 있지 않은 경우라 하더라도 판결에 의하여 자기의 소유권을 증명하는 자는 신청이 가능하며(부동산등기법 제131조 제2호), 또한 그 대위신청도 가능 하나(부동산등기법 제52조), 다만 위 판결에는 사인을 상대로 한 판결은 제외된다. (93. 2.26. 등기 제487호)

■ 미등기건물을 분양받은자의 소유권이전등기 및 가처분등기촉탁서의 첨부서면

제정 1993. 9. 20. [등기선례 제4-58호, 시행]

미등기의 아파트를 분양받은 자가 등기를 하려면 먼저 원소유자명의로 아파트의 소유권보존등기를 거친 후 분양받은 자 명의로 소유권이전등기를 하여야 하며, 위 소유권보존등기는 건축물대장에 소유자로 등록이 되어 있지 않은 경우라 하더라도 판결[단, 사인(사인)을 상대로 한 판결은 제외] 등에 의하여 자기의 소유권을 증명하는 자는 신청이 가능하나(부동산등기법 제131조 제2호) (또한 부동산등기법 제52조 에 의한 그

대위신청도 가능함), 이 경우에 부동산등기법 제132조 제2항 의 규정에 의하여 건물의 표시를 증명하는 서면을 첨부하여야 한다. 그리고 분양받은 자의 가처분신청에 의해 집행법원이 가처분등기를 촉탁하는 경우에는 부동산등기법 제134조 의 규정에 의하여 직권으로 소유권보존등기를 하게 되나, 그러한 경우에도 즉시 채무자의 명의로 등기할 수 있음을 증명할 서류를 첨부하여야 그 보존등기가 될 수 있을 것이다.
(1993. 9. 20. 등기 제2371호 질의회답)

참조조문 : 법 제131조 , 제132조 , 제134조 , 민사소송법 제602조
참조예규 : 제153호
참조선례 : 선례요지 III 제382항

■ 미등기부동산에 대한 가처분등기의 촉탁과 부동산등기법 제131조의 첨부서면
제정 1995. 2. 16. [등기선례 제4-615호(4-71), 시행]
미등기건물에 대하여 처분금지가처분의 등기를 촉탁하는 때에는 그 건물이 채무자의 소유임을 증명하는 서면, 즉 부동산등기법 제131조 각호에 정한 서면을 첨부하여야 하는 바, 과세대장에 의하여 발부한 재산세증명서에 건물의 표시 및 소유자의 표시가 있는 경우에는 그 증명서도 위 조 제2호의 소유권을 증명하는 서면에 해당될 것이나 건축물에 대한 재산세과세대장에는 소유자의 표시가 없을 뿐만 아니라 건물의 표시도 정확히 기재되지 아니하므로(지방세법시행규칙 제81조 제1항 제1호 별지 제72호 서식 참조) 재산세과세대장등본은 동조 제2호의 소유권을 증명하는 시·구·읍·면장의 서면에 해당한다고 볼 수 없다. (1995. 2. 16. 등기 3402-136 질의회답)

참조선례 : 선례요지 II 제590호

■ 미등기 토지에 대하여 국가를 상대로 이전등기를 명하는 판결에 의하여 원고가 국가를 대위하여 국명의로 보존등기를 신청 할 수 있는지 여부 등
제정 1993. 9. 28. [등기선례 제4-263호(4-292), 시행]
토지대장상 주소의 기재가 없이 소유자 명의만 등록된 미등기부동산을 시효 취득하였다고 주장하는 자가 국가를 상대로 소유권이전등기절차이행의 소를 제기하여 승소판결을 받은 경우에, 그 판결의 이유에 그 토지는 피고 국가가 사정받아 국가의 소유임을 확정하는 내용이 기재되어 있다면, 원고는 그 판결에 의해 피고인 국가를 대위하여 국가명의로 소유권보존등기를 한 후 원고 앞으로 소유권이전등기를 신청할 수 있을 것이다. (1993. 9. 28. 등기 제2456호 질의회답)

참조예규 : 제701호 , 제702호

■ 미등기토지의 소유권보존등기 방법

제정 1994. 1. 5. [등기선례 제4-295호, 시행]

1. 공공용지의취득및손실보상에관한특례법 제6조 에서 규정하는 소유권자의 불명이란 공부상 소유자의 성명과 주소 또는 거소는 기재되어 있으나 소유자의 현재의 주소 또는 거소를 알 수 없는 경우를 의미한다. 그러므로 토지대장에 소유자 명의만 등재되어 있고 주소 또는 거소가 등재되어 있지 않은 미등기토지를 사업시행자가 취득하고 소유권보존등기를 촉탁하기 위하여는 위 법 제5조 제6항 의 규정에 의한 확인서와 보상금의 지급을 증명하는 서류를 제출하여야 하며, 위 법 제6조 제3호 에서 규정하는 공시송달을 행한 증명서와 공탁증명서를 제출하여서는 소유권보존등기촉탁을 할 수 없다.
2. 그러나 토지대장에 소유자의 성명만 등재되어 있는 미등기토지에 대하여 사업시행자가 토지수용법 제25조 제2항 의 규정에 의하여 중앙토지수용위원회의 수용재결을 얻어 보상금을 공탁하였다면 수용재결의 효력은 별론으로 하고, 사업시행자는 직접 사업시행자명의로 소유권보존등기촉탁을 할 수 있다.

(1994. 1. 5. 등기 3402-2 질의회답)

주 : 공공용지의취득의및손실보상에관한특례법 제6조 규정은 헌법재판소에서 1995. 11. 30. 위헌결정

■ 미등기 군용건축물의 보존등기

제정 1994. 9. 22. [등기선례 제4-324호, 시행]

1. 종전의 부동산등기법 제135조 는 관공서가 미등기부동산의 소유권보존등기를 촉탁하는 경우에는 제130조 또는 제131조 의 규정에 의함을 요하지 않도록 규정되었으나 이는 관공서의 무책임한 촉탁을 야기하여 존재하지 아니한 부동산에 대한 등기 또는 중복등기를 만들어 내는 원인이 되어 1991. 12. 14. 개정된 부동산등기법에서는 동 조항이 삭제된 것이다.
2. 다만, 현행법상 건축물대장이 없다 하더라도 건물이 완성되어 존재한 다는 사실과 그 건물의 소재, 지번, 종류, 구조, 면적등 건물의 표시 및 소유자의 표시가 기재된 시·구·읍·면의 장의 건축물사실증명 등 서면에 의하여도 미등기 건물의 소유권보존등기가 가능할 것이다(부동산등기법 제131조 제2호 후단 참조).

(1994. 9. 22. 등기 3402-1149 질의회답)

참조선례 : 선례요지 Ⅱ 제227항 , 제230항

■ 미등기 토지의 토지대장상 소유명의인을 상대로 한 취득시효완성을 원인으로 한 소유
 권이전등기절차 이행판결에 의한 토지소유권보존등기 가능 여부

제정 1998. 8. 12. [등기선례 제5-196호(5-240), 시행]

부동산등기법 제130조 제2호 소정의 판결은 토지(임야)대장상의 소유자로 등록되어 있는 자를 상대로 한 소유권보존등기신청인의 소유임을 확정하는 내용의 것이어야 하는 바, 미등기 토지에 대하여 갑이 토지대장상 소유명의인 을을 상대로 하여 취득시효완성을 원인으로 한 소유권이전등기 절차이행을 명하는 판결을 받았으며, 그 토지대장상 을은 최초 사정을 받은 A에서 중간취득자 B를 거쳐 순차로 소유명의를 이전받은 것으로 되어 있는 경우, 민법 제245조 제1항 에서는 시효취득에 관하여 "등기함으로써 그 소유권을 취득한다"고 하여 시효가 완성되었어도 등기하지 않으면 아직 그 소유권을 취득하는 것은 아닌 것으로 규정하고 있기 때문에, 위와 같이 토지대장상 최초로 사정받은 자로부터 순차로 소유명의를 이전받은 최종 소유명의인 을을 상대로 한 취득시효완성을 원인으로 한 소유권이전등기 절차이행을 명하는 판결은 부동산등기법 제130조 제2호 소정의 판결에 해당된다고 할 수 없을 것이므로, 갑은 그 판결에 의하여 갑 명의로 직접 소유권보존등기신청을 할 수 없다. 다만, 그 시효취득대상이 된 토지의 등기부가 멸실되었으나 멸실회복등기 기간 내에 등기부상 소유자인 을 명의로의 회복등기를 신청하지 못해 미등기로 남아 있는 경우에는, 갑은 을을 대위하여 그 토지대장을 첨부하여 을 명의로의 소유권보존등기를 경료한 후에 위 판결에 기한 소유권이전등기를 신청할 수는 있다. (1998. 8. 12. 등기 3402-759 질의회답)

참조조문 : 민법 제245조 , 법 제130조
참조예규 : 제899호
참조선례 : 제263항

■ 미등기 부동산에 대하여 임야대장상 소유권이전등록이 되어 있는 경우 최종 소유명의
 인의 상속인에 의한 등기절차

제정 1998. 8. 31. [등기선례 제5-241호, 시행]

임야대장에는 대정(大正) 7년 3월 31일자로 갑 명의로 사정을 받은 후 1947. 5. 2.자로 을 명의로 소유권이전등록이 되어 있는 미등기 임야에 대하여, 을의 상속인 명의로의 등기를 경료받으려면, 갑(또는 그 상속인)이 자기 명의의 소유권보존등기를 경료한 후, 갑(또는 그 상속인)과 을의 상속인이 공동으로 갑 명의에서 을의 상속인 명의로의 소유권이전등기를 신청하거나, 을의 상속인이 갑(또는 그 상속인)을 상대로 하여 소유권이전등기절차의 이행을 명하는 확정판결을 받은 후, 갑(또는 그 상속인) 명의의 소유권보존등기(을의 상속인이 대위신청)와 을의 상속인 명의의 소유권이전등기를 순차 경료받아야 한다. 다만, 을 명의로 소유권이전등기가 경료되었으나 등기부가 멸실되었고, 을이 등기부상의 소유자로서 멸실회복등기 기간 내에 회복등기를 신청하지 못한 경우

라면, 그와 같은 사실을 증명하는 서면과 상속관계를 증명하는 서면을 첨부하여 을의 상속인이 곧바로 자기 명의의 소유권보존등기를 신청할 수 있다. (1998. 8. 31. 등기 3402-835 질의회답)

참조예규 : 제877호 , 제899호

■ 미등기 부동산에 대하여 임야대장상 소유권이전등록이 되어 있는 경우 최종 소유명의인의 상속인에 의한 등기절차

제정 1998. 8. 31. [등기선례 제5-241호, 시행]

임야대장에는 대정(大正) 7년 3월 31일자로 갑 명의로 사정을 받은 후 1947. 5. 2.자로 을 명의로 소유권이전등록이 되어 있는 미등기 임야에 대하여, 을의 상속인 명의로의 등기를 경료받으려면, 갑(또는 그 상속인)이 자기 명의의 소유권보존등기를 경료한 후, 갑(또는 그 상속인)과 을의 상속인이 공동으로 갑 명의에서 을의 상속인 명의로의 소유권이전등기를 신청하거나, 을의 상속인이 갑(또는 그 상속인)을 상대로 하여 소유권이전등기절차의 이행을 명하는 확정판결을 받은 후, 갑(또는 그 상속인) 명의의 소유권보존등기(을의 상속인이 대위신청)와 을의 상속인 명의의 소유권이전등기를 순차 경료받아야 한다. 다만, 을 명의로 소유권이전등기가 경료되었으나 등기부가 멸실되었고, 을이 등기부상의 소유자로서 멸실회복등기 기간 내에 회복등기를 신청하지 못한 경우라면, 그와 같은 사실을 증명하는 서면과 상속관계를 증명하는 서면을 첨부하여 을의 상속인이 곧바로 자기 명의의 소유권보존등기를 신청할 수 있다.
(1998. 8. 31. 등기 3402-835 질의회답)

참조예규 : 제877호 , 제899호

■ 미등기인 교육비특별회계 소관 공유재산이 승계된 경우의 소유권보존등기 절차

제정 1998. 11. 26. [등기선례 제5-244호, 시행]

미등기 토지의 토지대장상 소유자가 "○○군 학교비" 또는 "○○군"으로 등록되어 있으나, ○○군이 "시설치와군의폐치분합에관한법률(1973. 3. 12. 법률 제2597호)"에 의하여 폐지되고 그 토지를 △△군이 승계하게 된 경우에는 그 승계사실을 소명하여 △△군수가 소유권보존등기를 촉탁하여야 할 것이지만, 당해 토지가 교육비특별회계 소관의 공유재산이고 이를 관할하는 관청이 □□광역시 교육청인 경우에는 그 사실을 소명하여 □□광역시 교육감이 소유자의 표시를 "△△군"으로 하고 소관청을 "□□광역시 교육감"으로 하여 소유권보존등기를 촉탁할 수 있다.
(1998. 11. 26. 등기 3401-1177 질의회답)

■ 미등기 군용건축물의 소유권보존등기

제정 1997. 10. 7. [등기선례 제5-254호, 시행]

국유인 군용건축물이 완성되어 존재하는 경우에는 건축물대장이 없다 하더라도 관리청은 신청서(촉탁서)에 국유재산관리청지정서와 그 건물이 국가의 소유임을 증명하는 시·구·읍·면장의 서면 및 건물의 표시를 증명하는 기타의 서면으로서 그 건물의 소재, 지번, 종류, 구조, 면적 등 건물의 표시와 그 건물의 소유자가 국임을 증명하는 시·구·읍·면장의 건축물사실증명 등을 첨부하여 건물의 소유권보존등기를 신청할 수 있다. 따라서 건축물대장이 없고 또한 시·구·읍·면장의 건축물사실증명도 없는 경우에는 소유권보존등기를 신청(촉탁)할 수 있는 방법은 없다. 또한 건물의 소유권보존등기신청(촉탁)의 경우에는 등기원인증서가 처음부터 없는 경우에 해당하므로 등기원인을 증명하는 서면은 첨부하지 않는다. 다만 부동산등기법 제45조 에 의하여 등기필증 작성용 신청서(촉탁서)부본과 등기필통지용 및 과세자료송부용 신청서(촉탁서)부본을 각각 제출하여야 한다.

그리고 그 건물이 구분건물인 경우에는 신청서(촉탁서)에 1동의 건물의 소재도, 각층의 평면도와 구분한 건물의 평면도를 첨부하여야 한다.

(1997. 10. 7. 등기 3402-747 질의회답)

참조조문 : 법 제131조 제2호 , 제132조 제2항
참조예규 : 제806호 , 제901호
참조선례 : Ⅰ 제739항 , Ⅳ 제324항

■ 상속재산의 협의분할을 함에 있어서 특별대리인의 선임이 필요한 경우

제정 1988. 4. 28. [등기선례 제2-24호(2-255), 시행]

피상속인의 출가한 딸이 상속개시 전에 사망하여 그 딸의 미성년자인 자가 다른 상속인들과 공동으로 재산상속(대습상속)을 하는 경우에, 피상속인의 사위(여서, 사망한 딸의 남편)는 친권자로서 그의 미성년자인 자를 대리하여 다른 공동상속인과 상속재산의 분할협의를 할 수 있으나, 다만 그의 미성년자인 자가 수인인 경우에는 그중 친권자가 대리할 1인을 제외한 나머지 자를 위하여 각기 특별대리인을 선임하여야 한다.

(88. 4.28 등기 제241호)

참조조문 : 민법 제921조
참조예규 : 86 , 86-1항

■ 미등기인 군(郡) 향교재산에 대한 재단법인인 도(道) 향교재단 명의로의 소유권보존등기 가부

제정 1998. 10. 20. [등기선례 제5-270호, 시행]

토지대장의 소유자란에 「○○군 향교재산」으로 등록되어 있는 미등기 토지에 대하여는, 당해 군이 속하는 도에 향교재산법에 의한 향교재단(군정법령에 의하여 설립되어 위 법에 의하여 그 효력이 인정되어 있는 경우 포함)이 설립되어 있다면 그 재단 명의의 소유권보존등기를 경료받을 수 있다. (1998. 10. 20. 등기 3402-1051 질의회답)

참조조문 : 향교재산법 제3조 , 부칙 제3조
참조판례 : 1956. 5. 28.선고 55다4800 판결

■ 미등기 토지의 분할후의 소유권보존등기절차
제정 2002. 5. 20. [등기선례 제7-140호, 시행]
원래 1필지였던 미등기 토지가 3필지로 분할된 경우에는 분할후의 각 토지에 관하여 분할전 모 번지의 토지대장등본 및 분할후의 토지대장등본을 첨부하여 필지별로 소유권보존등기를 하여야 한다. (2002. 5. 20. 등기 3402-286 질의회답)

참조예규 : 등기예규 제519호
참조선례 : 등기선례요지집 Ⅰ 제268항 , Ⅳ 제299항.

■ 미등기 건물의 매수인이 매도인을 상대로 하여 소유권이전등기절차의 이행을 명하는 판결을 얻은 경우의 등기방법
제정 2005. 3. 11. [등기선례 제8-157호, 시행]
1. 미등기건물의 소유자로부터 건물을 매수한 자가 매도인을 상대로 매매를 원인으로 한 소유권이전등기절차의 이행을 명하는 확정판결을 받은 경우에 있어서도 직접 자기 명의로 소유권보존등기를 신청할 수 없고, 매도인을 대위하여 그 명의로 소유권보존등기를 하여야만 판결에 의한 소유권이전등기를 신청할 수 있다.
2. 위 소유권보존등기의 대위신청을 하기 위해서는, ① 매도인(피대위자)이 최초 소유자로 등록되어 있는 건축물대장등본 ② 건축물대장상 최초 소유자로 등록된 자를 상대로 하여 매도인의 소유임을 확정하는 판결 ③ 그 건물이 매도인의 소유임을 증명하는 시·구·읍·면의 장의 서면(부동산등기법 제131조 참조) 중의 하나로써 그 건물이 매도인의 소유임을 증명하여야 하는바, 건축사법 제23조에 의한 건축사업무신고를 한 건축사 또는 측량법 제50조 에 의한 측량기술자가 작성한 서면은 위 서면에 해당하지 않으므로, 위 판결의 원고가 매도인을 대위하여 소유권보존등기신청을 할 수 없다. (2005. 03. 11. 부등 3402-130 질의회답)

참조예규 : 제1253호
참조선례 : Ⅰ 제203항

■ 미등기 공유토지의 일부공유자에 대하여만 보상금을 지급한 경우 소유권보존등기 가부
제정 2005. 10. 24. [등기선례 제8-158호, 시행]

갑과 을이 공유하는 미등기의 토지에 관하여 갑에 대해서만 「공익사업을 위한 토지 등의 취득 및 보상에 관한 법률」 제18조 가 정하는 시장 등의 확인서를 발급받아 보상금을 지급한 경우, 사업시행자는 자신이 취득한 부분(갑 지분)만에 대하여 소유권보존등기를 신청할 수는 없으나 자신과 을을 공유로 하는 소유권보존등기는 신청할 수 있다.

다만 위 신청서에는 위 확인서와 보상금의 지급을 증명하는 서면 이외에 일반 원칙에 따라 을 명의의 소유권보존등기를 신청할 때 첨부하는 서면(토지대장 등 소유권을 증명하는 서면, 주소를 증명하는 서면 등)을 첨부하여야 한다.

(2005. 10. 24. 부동산등기과-1781 질의회답)

참조예규 : 제1247호
참조선례 : Ⅳ 제288항 , Ⅶ 제137항
주 : 공익사업을 위한 토지 등의 취득 및 보상에 관한 법률(2007. 10. 17 법률 제8665호) 제18조 가 삭제되어 확인서면에 의한 보존등기 불가.

■ 미등기 부동산의 양수인이 자기명의로 소유권보존등기를 할 수 있는지 여부 등(소극)
제정 2013. 12. 27. [등기선례 제201312-5호, 시행]

1. 미등기 토지의 대장에 소유권보존명의인으로부터 소유권이전등록을 받은 것으로 기재된 자는 자기 명의로 소유권보존등기를 할 수는 없고 최초 대장상 명의인을 대위하여 그 앞으로 소유권보존등기를 한 다음에 자기 명의로 소유권이전등기를 하여야 할 것이다. 이는 물권변동에 관하여 의사주의 원칙에 따르던 구 민법이 적용되던 시기에 대장상 소유권이전등록이 이루어진 경우에도 마찬가지이다.

2. 만약 토지대장에 소유권보존명의인의 주소가 제대로 표시되지 않아 대장상의 소유자를 특정할 수 없는 경우, 대장상의 소유권이전등록명의인은 국가를 상대로 그 토지의 소유권보존명의인의 소유임을 확인하는 판결을 얻어서 그(이미 사망한 경우에는 상속인) 명의의 소유권보존등기를 대위신청할 수 있을 것이다.

(2013. 12. 27. 부동산등기과-2879 질의회답)

참조조문 : 부동산등기법 제65조 , 민법 제186조 , 부칙 제10조
참조판례 : 대법원 2009. 4. 9. 선고 2006다30921 판결
참조예규 : 등기예규 제1427호
참조선례 : 부동산등기선례요지집 Ⅰ제206항 , 제240항 , Ⅳ 제302항

■ 미등기 부동산의 소유권이전등기를 명하는 판결에 의하여 원고 명의로 직접 소유권보존등기를 할 수 있는지 여부
제정 1982. 12. 13. [등기선례 제1-238호(1-381), 시행]
미등기 토지를 토지대장상 소유자로부터 매수하였으나 등기를 마치지 못하고 있던 중 그 소유자가 사망하였으므로 그의 상속인들을 상대로 소유권이전등기절차의 이행을 명하는 판결을 받은 경우에 원고는 위 판결에 의하여 자기 명의로 직접 소유권보존등기를 할 수는 없고 상속인들 명의로 소유권보존등기 (주)를 한 다음 원고 앞으로의 소유권이전등기신청을 하여야 한다. (82. 12. 13 등기 제447호)

참조예규 : 274항
주 : 그 등기는 원고의 대위신청에 의하여 할 수 있을 것이다(241항 참조).

■ 미등기 부동산의 양수인 명의로 직접 소유권보존등기를 할 수 있는지 여부
제정 1985. 6. 26. [등기선례 제1-244호(1-385), 시행]
미등기 건물의 양수인은 건축물관리대장(가옥대장)에 자기 명의로 소유권이전등록이 되어 있는 경우에도 직접 자기 명의로 소유권보존등기를 할 수는 없고, 최초의 소유자 명의로 소유권보존등기 (주) 를 한 후에 양수인 앞으로의 소유권이전등기를 하여야 한다. (85. 6. 26 등기 제310호)

참조예규 : 274항
주 : 238항의 주 참조

■ 미등기 부동산과 양수한 자의 대위신청에 의한 소유권보존등기
제정 1986. 8. 14. [등기선례 제1-205호(1-392), 시행]
미등기 부동산의 소유자로부터 이를 매수하였다면 그 소유자(이미 사망한 경우에는 그 상속인)를 상대로 소유권이전등기를 명하는 판결을 받아서 그 소유자를 대위하여 소유권보존등기를 하고 (주) 자기 앞으로의 소유권이전등기신청을 할 수 있다.
(86. 8. 14 등기 제372호)

주 : 다만 대장등본에 의하지 아니하고 그 판결에 의하여 소유권보존등기를 대위신청하는 경우에는 그 판결이유중에 그 부동산이 매도인의 소유임을 확인하는 취지가 포함되어 있어야 할 것이다.

■ 미등기 토지의 매수인이 사망하고 그 매도인은 행방불명인 경우의 소유권이전등기방법
제정 1988. 2. 22. [등기선례 제2-325호, 시행]
미등기 토지를 토지대장상 소유자로부터 매수하였으나 등기를 마치지 못하고 있던 중

매수인이 사망하고 매도인의 행방을 알 수 없는 경우에 매수인의 상속인은 매도인을 상대로 소유권이전등기절차의 이행을 명하는 판결을 받아, 피고(매도인)명의의 대위 보존등기를 함(피고의 소유임을 증명하는 부동산등기법 제130조 제1호 또는 제2호 의 서면을 첨부하여야 함)과 아울러 원고(매수인의 상속인) 앞으로의 소유권이전등기를 할 수 있을 것이다. (88. 2.22 등기 제83호)

■ 미등기건물처분제한등기촉탁에 따른 보존등기의 명의인과 건축물대장상의 등록명의인이 상이한 경우, 판결에 따른 소유권이전등기 절차

제정 2004. 11. 18. [등기선례 제8-167호, 시행]

부동산등기법 제56조 제2항 은 등기부에 기재된 등기명의인의 표시가 토지대장·임야대장 또는 건축물대장과 부합하지 아니하는 경우에는 그 등기명의인은 등록명의인 표시의 변경의 등록을 하지 아니하면 당해 부동산에 대하여 다른 등기를 신청할 수 없다고 규정하고 있는바, 미등기 건물의 처분제한등기의 촉탁으로 인하여 건축물대장의 작성없이 갑 명의로 소유권보존등기가 직권으로 경료되었으나 그 보존등기 후 작성된 건축물대장에는 소유자가 을로 등록된 건물에 대하여 병이 등기명의인 갑을 상대로 하여 소유권이전등기절차의 이행을 명하는 확정판결을 받았다면 건축물대장의기재및작성등에관한규칙 제8조의 규정에 의하여 그 건축물대장을 갑 명의로 정정한 후에 위 판결에 따른 소유권이전등기를 신청할 수 있다. (2004. 11. 18. 부등 3402-580 질의회답)

■ 미등기 부동산의 상속인 1인의 소유권보존등기신청

제정 1988. 12. 26. [등기선례 제2-187호(2-260), 시행]

미등기 건물의 가옥대장(건축물관리대장)상 소유자인 갑이 그의 처와 모만을 남겨둔 채 직계비속 없이 사망(1983. 2. 22.) 하였다면 그 처와 모가 공동상속인이 될 것이나, 그 상속인들이 위 건물에 관한 소유권보존등기를 하지 않은 상태에서, 다시 그 모가 사망(1986. 11. 18) 하고 그에게 수인의 직계비속이 있다면 갑의 사망으로 인한 모의 상속분에 관하여 그 모의 직계비속들이 공동상속인이 될 것이므로, 결국 위 미등기 건물의 소유권보존등기의 명의인은 위 상속인 전원, 즉 갑의 처(대습상속분 포함)와 모의 직계비속이 되어야 하지만, 그 소유권보존등기는 위 상속인 중의 1인이 신청서에 상속인 전원의 표시를 하여 신청할 수 있다. (88. 12. 26 등기 제728호)

참조조문 : 민법 제1000조 , 제1001조 , 제1003조

■ 미등기토지의 지적공부상 소유자 표시에 오류가 있는 경우 그 상속인의 소유권보존등기 등

제정 1991. 5. 1. [등기선례 제3-352호(3-399), 시행]

미등기의 토지에 관하여 지적공부상 최초로 등록된 자의 상속인은 상속을 증명하는 서면을 첨부하여 직접 자기 앞으로 소유권 보존등기를 신청할 수 있으나, 지적공부등록 당초의 과오로 지적공부상의 소유자 주소의 표시에 오류가 있는 경우에는 토지대장의 흠결을 보완하든가 판결(망인의 상속인의 소유임을 확인하는 내용 이어야 함)에 의하여 소유권을 증명하여 소유권보존등기를 신청하여야 한다. (91. 5. 1. 등기 제916호)

참조예규 : 192항 , 193항
참조선례 : 선례요지 Ⅰ 제257 , 265 , 280항

■ 미등기 부동산에 대한 가압류의 등기

제정 1983. 1. 25. [등기선례 제1-697호, 시행]

미등기 부동산에 대하여도 그 부동산이 피신청인의 소유임을 증명하는 서면 (주)을 첨부하여 가압류신청을 할 수 있다. (83. 1. 25 등기 제27호)

참조예규 : 543 , 645항
주 : 부동산등기법 제130조 또는 제131조의 서면

■ 미등기 구분건물에 대한 가압류의 등기

제정 1985. 11. 4. [등기선례 제1-699호, 시행]

부동산등기법 시행규칙 제61조의 2 소정의 도면과 1동의 건물에 속하는 구분건물(전유부분) 전부에 대한 가옥대장등본을 첨부하여 미등기인 1동의 건물중 일부 전유부분에 대한 가압류등기의 촉탁이 있거나, 구분 건물의 소유자가 대지사용권을 가지지 아니하는 경우(구분건물과 대지의 소유자가 다른 경우)에 건물만에 대한 가압류등기의 촉탁이 있는 때에도, 그 등기촉탁을 수리하여야 한다. (85. 11. 4 등기 제520호)

참조예규 : 837-13항

■ 미등기 건물에 대한 가처분등기의 촉탁과 부동산등기법 제131조의 서면 첨부등

제정 1986. 9. 24. [등기선례 제1-292호(1-700), 시행]

미등기 건물에 대하여 처분금지가처분의 등기를 촉탁하는 때에는 그 건물이 채무자의 소유임을 증명하는 서면, 즉 부동산등기법 제131조 각호에 정한 서면을 첨부하여야 하는데, 그 서면중에는 건물의 표시와 소유자의 표시가 되어 있는 시, 구, 읍, 면장의 증

명서도 포함된다. (86. 9. 24 등기 제430호)

참조예규 : 290 , 643 , 645항

■ 미등기 건물에 대한 가압류등기촉탁과 첨부 서면

제정 1987. 9. 23. [등기선례 제2-588호, 시행]

채권자는 채무자 소유의 미등기 건물에 대하여도 그 건물이 채무자의 소유임을 증명하는 서면(부동산등기법 제131조 참조)을 첨부할시 가압류신청을 할 수 있으며, 이 경우 등기공무원은 집행법원의 촉탁에 의하여 가압류등기를 할 때에 직권으로 소유권보존등기를 할 수 있다. (87. 9.23 등기 제569호)

참조조문 : 부동산등기법 제134조
참조예규 : 643 , 645 , 837-13항
참조선례 : 등기선례요지집 제1권 697 , 699항

■ 미등기 건물에 대한 가처분등기의 촉탁과 첨부서면

제정 1987. 10. 19. [등기선례 제2-590호, 시행]

채권자는 채무자 소유의 미등기 건물에 대하여도 그 건물이 채무자의 소유임을 증명하는 서면(부동산등기법 제131조 참조)을 첨부하여 가처분신청을 할 수 있고, 이 경우 등기공무원은 집행법원의 촉탁에 의하여 가처분등기를 할 때에 직권으로 그 건물의 소유권보존등기를 하게 되는데, 과세대장에 의하여 발부된 건물표시 및 소유자표시 있는 재산세증명서도 위 부동산등기법 제131조의 서면에 해당된다.
(87.10.19 등기 제609호)

참조예규 : 60 , 290 , 645 , 646항
참조조문 : 부동산등기법 제134조

■ 미등기 건물에 대한 가처분등기를 함에 있어서 직권으로 경료된 소유권보존등기의 말소절차

제정 1989. 6. 14. [등기선례 제2-408호, 시행]

미등기 건물에 관하여 법원의 가처분등기촉탁에 의한 가처분등기를 함에 있어서 등기공무원이 부동산등기법 제134조 의 규정에 의하여 직권으로 한 소유권보존등기는 보존등기명의인의 말소신청 또는 그 말소등기의 이행을 명하는 확정판결에 의하여서만 말소될 수 있을 뿐 가처분 법원의 말소촉탁에 의하여 말소될 수는 없는 것이며, 가령 부동산등기법 제56조 제1항 의 규정에 위반된 등기신청에 의하여 등기가 경료되었다 하

더라도 그 등기는 동법 제55조 제1호 및 제1호 에 해당하는 당연 무효의 등기는 아니 므로 등기공무원이 직권으로 그 등기를 말소할 수는 없고 등기권리자와 등기의무자의 공동신청에 의한 적법한 말소신청이나 그 말소등기의 이행을 명하는 확정판결에 의하여서만 말소할 수 있다. (89. 6.14 등기 제1135호)

참조예규 : 512항

■ 합병을 원인으로 하는 소유권이전등기신청시 부동산등기특별조치법 제2조 및 제11조 의 규정이 적용되는지 여부
제정 1999. 1. 8. [등기선례 제6-615호, 시행]

부동산등기특별조치법은 제2조 제1항 에서 「부동산의 소유권이전을 내용으로 하는 계약을 체결한 자」에 대하여 일정한 기간 내에 소유권이전등기를 신청하도록 규정하고 있고, 제11조 에서 등기권리자가 상당한 사유없이 위 규정에 의한 등기신청을 해태한 때에는 일정한 금액의 과태료에 처하는 것으로 규정하고 있는바, 회사가 합병한 경우 합병 후 존속한 회사 또는 합병으로 인하여 설립된 회사가 합병으로 인하여 소멸된 회사의 권리의무을 승계하는 것은 상법 제235조 의 규정에 의한 것이므로, 합병을 원인으로 하는 소유권이전등기신청에 대하여는 부동산등기특별조치법 제2조 및 제11조 의 규정은 적용되지 아니한다. (1999. 1. 8. 등기 3402-22 질의회답)

참조조문 : 부동산등기특별조치법 제2조 , 제11조 , 상법 제235조
참조선례 : IV권 제373항

■ 전환사채의 주식전환으로 인한 변경등기절차 (변경)
제정 1999. 7. 12. [등기선례 제6-629호, 시행]

전환사채의 주식전환으로 인한 변경등기는 전환을 청구한 날이 속하는 달의 말일부터 2주간 내에 그 달에 전환청구된 전부에 대한 변경등기를 일괄하여 1건으로 신청하여야 할 것이고, 이 경우 등기사항 중 변경의 연월일은 전환을 청구한 날이 속하는 달의 말일을 기재하여야 할 것이다. (1999. 7. 12. 등기 3402-720 질의회답)

참조조문 : 상법 제351조 , 제516조 , 비송사건절차법 제207조
주 : 이 선례에 의하여 등기선례요지집 제5권 제833항 은 그 내용이 변경됨.

■ 부동산등기법 제131조 제2호의 "기타 시, 구, 읍, 면의 장의 서면"에 해당하는 여부
제정 1984. 10. 24. [등기선례 제1-288호(1-714), 시행]

과세대장에 의하여 발부한 재산증명서에 건물의 표시 및 소유자의 표시가 있는 경우에

는 그 증명서는 부동산등기법 제131조 제2호 의 증명에 해당한다 할 것이므로, 집행법원이 그 증명서를 첨부하여 미등기 부동산에 대한 강제경매 신청기입등기의 촉탁을 한 때에는 그 소유자 명의로 직권에 의한 소유권보존등기가 될 것이다.
(84. 10. 24 등기 제454호)

참조예규 : 290항

■ 미등기 부동산에 대한 강제경매신청등기촉탁이 있는 경우의 직권 보존등기와 등록세 납부등

제정 1984. 11. 7. [등기선례 제1-715호, 시행]

미등기 부동산에 대한 강제경매신청등기의 촉탁이 있으면 그 전제가 되는 소유권보존등기는 부동산등기법 제134조 의 규정에 의하여 등기공무원이 직권으로 하게 되는데, 이 경우 소유권보존등기에 관한 등록세의 납부와 제1종 국민주택채권의 매입 없이 강제경매신청등기의 촉탁이 되었다 하더라도 이를 수리하여야 할 것이다.
(84.11. 7 등기 제476호)

참조예규 : 1067 , 1068 , 1068-1항

■ 미등기 건물에 대한 처분제한등기의 실행에 따라 일반건물로 직권보존된 등기를 구분건물로 변경등기를 하는 방법

제정 2013. 6. 11. [등기선례 제201306-3호, 시행]

1. 미등기 건물에 대한 처분제한등기의 기입을 위하여 일반건물로 직권보존등기가 마쳐진 경우, 위 일반건물을 구분건물로 표시경정(변경)등기를 하기 위해서는 구분소유자가 집합건축물대장 정보를 첨부하여 표시경정(변경)등기를 신청하여야 하며, 이를 집행법원의 촉탁에 의하여 할 수는 없다.
2. 구조상·이용상 집합건물로 건축되었으나 완공 전에 공유형태의 일반건물로 직권보존등기가 경료된 경우에 이를 등기기록상 집합건물로 변경하여 각 전유부분을 점유하고 있는 공유자의 각 단독소유로 하기 위해서는, 먼저 일반건축물대장을 집합건축물대장으로 변경등록한 후 그 대장을 첨부하여 건물표시변경등기(구분등기)를 한 다음, 각 전유부분별로 상호명의신탁해지를 원인으로 한 공유지분을 이전하는 방식으로 구분소유적 공유관계를 해소할 수 있을 것이다.
3. 이 때 일반건물 전체에 대하여 마쳐진 소유권 이외의 권리에 관한 등기(가압류등기, 근저당권설정등기 등)는 위 구분등기의 실행에 의하여 각 전유부분의 등기기록에 이기(전사)되며, 이러한 등기는 일반적인 절차에 따라 해지 등을 원인으로 공동으로 말소신청을 하거나, 등기권리자가 말소판결을 얻어서 말소신청을 하여야 한다.

(2013. 6. 11. 부동산등기과-1372 질의회답)

참조조문 : 부동산등기법 제40조 , 제41조 , 제66조 , 부동산등기규칙 제86조 , 집합건물의 소유 및 관리에 관한 법률 제55조 , 제56조
참조판례 : 대법원 2010. 5. 27. 선고 2006다84171 판결
참조선례 : 부동산등기선례요지집 Ⅶ 제507항

■ 미등기 토지를 수용한 경우의 등기절차 (변경)와 공공용지의 취득 및 손실보상에 관한 특례법에 의한 사업시행자 명의의 소유권보존등기

제정 1982. 4. 13. [등기선례 제1-264호(1-397), 시행]

미등기 토지를 수용한 경우에는 대장상의 소유자(그의 상속인 포함) 또는 판결에 의하여 자기 소유임을 증명하는 자 명의로 소유권보존등기를 한 후 기업자 앞으로의 소유권이전등기를 하여야 할 것이다 (주). 다만 공공용지의 취득 및 손실보상에 관한 특례법 제5조 의 규정에 의하여 사업시행자가 미등기 토지를 취득하기 위하여 시, 구, 읍, 면장이 확인하는 정당한 권리자에게 보상금을 지급한 경우에는 사업시행자 명의로 직접 소유권보존등기신청을 할 수 있을 것이다.
(82. 4. 13 등기 제153호 제주관광개발공사 사장 대 법원행정처장 회답)

참조예규 : 358-1항
주 : 260항의 주 참조

■ 미등기토지의 소유권보존등기 방법

제정 1994. 1. 5. [등기선례 제4-295호(4-808), 시행]

1. 공공용지의취득및손실보상에관한특례법 제6조 에서 규정하는 소유권자의 불명이란 공부상 소유자의 성명과 주소 또는 거소는 기재되어 있으나 소유자의 현재의 주소 또는 거소를 알 수 없는 경우를 의미한다. 그러므로 토지대장에 소유자 명의만 등재되어 있고 주소 또는 거소가 등재되어 있지 않은 미등기토지를 사업시행자가 취득하고 소유권보존등기를 촉탁하기 위하여는 위 법 제5조 제6항 의 규정에 의한 확인서와 보상금의 지급을 증명하는 서류를 제출하여야 하며, 위 법 제6조 제3호 에서 규정하는 공시송달을 행한 증명서와 공탁증명서를 제출하여서는 소유권보존등기촉탁을 할 수 없다.
2. 그러나 토지대장에 소유자의 성명만 등재되어 있는 미등기토지에 대하여 사업시행자가 토지수용법 제25조 제2항 의 규정에 의하여 중앙토지수용위원회의 수용재결을 얻어 보상금을 공탁하였다면 수용재결의 효력은 별론으로 하고, 사업시행자는 직접 사업시행자명의로 소유권보존등기촉탁을 할 수 있다.

(1994. 1. 5. 등기 3402-2 질의회답)

주 : 공공용지의취득의및손실보상에관한특례법 제6조 규정은 헌법재판소에서 1995. 11. 30. 위헌결정

◾ 미등기 토지에 대한 수용을 원인으로 하는 소유권보존등기 절차

제정 1999. 1. 8. [등기선례 제6-250호, 시행]

미등기 토지를 수용한 경우에는 재결서등본과 보상금 수령증원본 또는 공탁서원본을 첨부하여 기업자 명의의 소유권보존등기를 경료받을 수 있지만, 재결 당시 토지대장에 소유명의인이 등재되어 있는 경우에는 그 소유명의인을 피공탁자로 하여야 할 것이므로, 그러한 경우에 피공탁자를 불확지로 한 공탁서원본을 첨부한 소유권보존신청은 수리되기 어려울 것이다. (1999. 1. 8. 등기 3402-23 질의회답)

참조조문 : 토지수용법 제61조 , 제65조
참조판례 : 1995. 9. 15. 선고 94다27649 판결
참조예규 : 제889호 , 행정예규 제363호

◾ 대장에 소유명의인이 등재되어 있는 미등기 토지에 대하여 수용재결을 받은 경우 수용을 원인으로 하는 등기 절차

제정 1999. 2. 12. [등기선례 제6-252호, 시행]

토지대장에 소유명의인이 국 외 4인 명의로 등재(주소까지 등재되어 있음)되어 있는 미등기 토지 중 국을 제외한 공유자 4인의 지분을 수용한 후 국 및 기업자 명의의 소유권보존등기를 경료하기 전에 대장상 소유명의인들이 자기들 앞으로 소유권보존등기를 경료하였다면, 국을 제외한 4인 명의의 등기는 이미 수용의 시기에 그 소유권이 기업자에게 귀속되어 실체관계에 부합하지 않는 무효의 등기이므로, 기업자는 재결서등본과 공탁서원본 등을 첨부하여 지분일부의 말소의 의미로서 국 외 4인 명의의 소유권보존등기를 「국과 기업자」공동명의로 하는 소유권경정등기를 신청할 수 있다. 그러나, 이 경우 기업자가 피공탁자를 피수용자인 대장상 소유명의인으로 하지 않고 불확지로 하여 보상금을 공탁하였다면, 그러한 공탁서는 피공탁자가 특정되지 않아 위와 같은 소유권경정등기의 첨부서면으로 제출되는 경우 그 등기신청은 수리되기 어려울 것이므로, 먼저 공탁자인 기업자는 피공탁자를 토지대장상의 국을 제외한 4인으로 지정하는 「공탁서정정절차」를 거친 후 그 정정된 공탁서를 제출하여야 할 것이다.
(1999. 2. 12. 등기 3402-155 질의회답)

참조조문 : 토지수용법 제61조 , 제65조
참조판례 : 1991. 11. 12. 선고 91다27617 판결 , 1998. 9. 22. 선고 98다12812 판결 ,
참조예규 : 제889호 , 행정예규 제363호

■ 미등기 토지의 토지대장상 소유명의인의 성명만 기재되어 있고 번지가 기재되어 있지 않아 절대적 불확지공탁을 한 경우, 수용을 원인으로 하는 소유권보존등기신청을 할 수 있는지 여부

제정 1999. 5. 19. [등기선례 제6-258호, 시행]

미등기 토지를 수용한 경우에는 재결서등본과 보상금 수령증원본 또는 공탁서원본을 첨부하여 기업자 명의로 소유권보존등기를 경료받을 수 있는바, 재결당시 토지대장에 소유명의인이 등재되어 있는 경우에는 그 소유명의인을 피공탁자로 하여야 할 것이나, 토지대장상 소유명의인의 성명은 기재되어 있으나 주소의 기재가 없는 경우에는(동·리의 기재만 있고 번지의 기재가 없는 경우도 포함) 절대적 불확지공탁을 한 후 그 공탁서 원본 및 재결서 등본을 첨부하여 소유권보존등기를 신청할 수 있을 것이다.
(1999. 5. 19. 등기 3402-530 질의회답)

참조조문 : 법 제130조 , 토지수용법 제61조
참조선례 : 본집 제250항

■ 미등기토지에 대한 수용을 원인으로 한 소유권보존등기 절차

제정 2001. 4. 30. [등기선례 제6-263호, 시행]

1. 미등기 토지를 수용함에 있어서 대장상 소유명의인의 성명은 기재되어 있으나 주소의 기재가 없는 경우(동·리의 기재만 있고 번지의 기재가 없는 경우 포함), 기업자는 절대적 불확지 공탁을 한 후 공탁서 원본 및 재결서 등본을 첨부하여 소유권보존등기를 신청할 수 있을 것이나, 재결당시 토지대장에 소유명의인의 성명과 주소가 명확히 등재되어 있어 피수용자를 특정할 수 있는 때에는 그 소유명의인을 피공탁자로 하여야 할 것이므로, 그 경우 기업자가 피공탁자를 불확지로 한 공탁서 원본을 첨부하여 위 소유권보존등기신청을 할 수는 없다.
2. 토지대장상 소유권란에는 갑외 3인으로 등록되어 있으나 공유지연명부의 소유자란에는 갑에 관해서만 소유자가 복구되어 있어, 토지의 소유자가 정확히 누구인지 알 수 없는 경우, 기업자가 피공탁자를 갑외 3인으로 하여 불확지 공탁을 한 후 그 공탁서 원본을 첨부하여 수용을 원인으로 한 소유권보존등기신청을 하는 것은 가능하나, 갑을 포함한 피공탁자 전부에 대하여 절대적 불확지 공탁을 하고 그 공탁서 원본을 첨부하여 위 등기신청을 하는 것은 허용되지 않는다.

(2001. 4. 30. 등기 3402-306 질의회답)

참조예규 : 행정예규 제366호
참조선례 : 본집 제250항 , 제258항

■ 토지수용법 제25조의2 규정의 협의성립확인시 원시취득의 시점 등
　　　　　　　　　　　　　　　　제정 2002. 12. 5. [등기선례 제7-217호, 시행]
1. 사업인정고시 후 협의가 성립된 경우에는 기업자는 토지소유자 및 관계인의 동의를 얻어 관할 토지수용위원회에 협의성립의 확인을 신청할 수 있는데 관할 토지수용위원회로부터 협의성립의 확인을 받게 되면 재결이 있은 것으로 간주되는바, 협의성립확인에 기한 원시취득의 시점은 수용의 시기이다.
2. 토지수용으로 인한 소유권이전의 등기신청 또는 촉탁이 있는 경우에 그 등기용지 중 소유권(소유권이전등기는 수용의 시기 이후의 등기에 한함) 또는 소유권 이외의 권리에 관한 등기가 있는 때에는 그 등기를 말소하여야 하는바, 제한물권의 등기가 있는 경우에는 소유권이전의 등기를 함과 동시에 등기관이 그 등기를 직권으로 말소하게 된다.
3. 토지수용법 규정의 협의취득에 따른 보상금을 지급하고 공공용지협의취득을 원인으로 하여 기업자 명의로 소유권이전등기를 경료한 다음 그 후에 토지수용위원회의 협의성립확인을 받은 경우에는 그 소유권이전등기의 등기원인을 토지수용으로 하는 변경등기를 신청할 수 없다.
(2002. 12. 5. 등기 3402-693 질의회답)

주) 토지수용법은 공익사업을위한토지등의취득및보상에관한법률(2002. 2. 4.)시행으로 수용의 시기가 아닌 수용의 개시일로 변경됨.

■ 미등기 토지의 일부를 사실상 양수한 경우의 특별조치법에 의한 등기절차
　　　　　　　　　　　　　　　　제정 1984. 2. 8. [등기선례 제1-816호, 시행]
대장상의 소유명의인으로부터 미등기 토지를 사실상 양수한 자는 특별조치법 제10조의 규정에 의하여 발급받은 확인서를 첨부하여 토지대장 소관청에 대장상 소유명의인의 변경등록을 신청한 후 그 변경등록된 토지대장등본을 첨부하여 자기 명의로 소유권보존등기를 신청할 수 있는 바(동법 제6조), 이 경우 양수인이 1필의 토지의 일부를 특정하여 매수하였다면 도시계획법상 분할이 가능한 경우에는 그 토지를 분할하여 분할된 토지대장상 소유명의인을 위와 같이 변경등록한 후 보존등기를 신청할 수 있고, 양수인이 그 토지의 지분 일부를 매수하였다면 토지대장상 전소유자(주소까지 복구등록하여야 함)와 양수인 명의로 소유지분을 표시하여 변경등록한 후 그 토지대장등본에 의하여 전소유자와 양수인 공동명의로 보존등기를 신청할 수 있으나 양수인의 매수지분만에 관한 보존등기는 이를 할 수 없을 것이다. (84. 2. 8 등기 제50호)

■ 미등기 귀속재산의 특정 일부를 양수한 경우의 특별조치법에 의한 등기절차
　　　　　　　　　　　　　　　　제정 1984. 7. 21. [등기선례 제1-819호, 시행]

미등기 귀속재산의 일부를 양수한 경우에는 특별조치법의 규정에 의하여 부동산의 사실상 양수자가 보증서를 첨부하여 토지대장 소관청에 그 이동신청(분할신청)을 할 수 있고(동법 제5조 제1항 , 제2항), 토지대장상 토지가 분할된 후에는 확인서와 세무서장이 발행하는 사실증명서를 첨부하여 대장 소관청에 대장상 소유명의인의 변경등록을 신청할 수 있으며(동법 제6조 제1항 , 제8조 제1항), 이와 같이 하여 대장상 소유명의인이 된 양수자가 그 대장등본을 첨부하여 자기 명의로 그 소유권보존등기를 신청할 수 있을 것이다(동법 제6조 제3항). (84. 7. 21 등기 제215호)

■ 미등기 부동산에 대한 강제경매신청등기촉탁이 있는 경우의 직권 보존등기와 등록세 납부등

제정 1984. 11. 7. [등기선례 제1-715호(1-911), 시행]
미등기 부동산에 대한 강제경매신청등기의 촉탁이 있으면 그 전제가 되는 소유권보존등기는 부동산등기법 제134조 의 규정에 의하여 등기공무원이 직권으로 하게 되는데, 이 경우 소유권보존등기에 관한 등록세의 납부와 제1종 국민주택채권의 매입 없이 강제경매신청등기의 촉탁이 되었다 하더라도 이를 수리하여야 할 것이다.
(84.11. 7 등기 제476호)

참조예규 : 1067 , 1068 , 1068-1항

■ 미등기 건물에 대한 가압류등기의 촉탁서에 첨부할 서면
제정 1987. 9. 10. [등기선례 제2-587호, 시행]
미등기 건물에 대한 가압류등기의 촉탁이 있는 경우에 등기공무원은 부동산등기법 제134조 의 규정에 의하여 직권으로 소유권보존등기를 하여야 하는 바, 그 등기를 하기 위하여는 촉탁서에 동법 제131조 각호에 정한 소유권을 증명할 수 있는 서면이 첨부되어 있어야 한다.
(87. 9.10 등기 제542호)

참조예규 : 60, 643, 837-13항
참조선례 : 등기선례요지집 제1권 697, 699항

■ 미등기 건물에 대한 가처분등기를 함에 있어서 직권으로 경료된 소유권보존등기의 말소 절차

제정 [등기선례 제2-592호, 시행]
미등기 건물에 관하여 법원의 가처분등기촉탁에 의한 가처분등기를 함에 있어서 등기

공무원이 부동산등기법 제134조 의 규정에 의하여 직권으로 한 소유권보존등기는 보존등기명의인의 말소신청 또는 그 말소등기의 이행을 명하는 확정판결에 의하여서만 말소될 수 있을 뿐 가처분 법원의 말소촉탁에 의하여 말소될 수는 없는 것이며, 가령 부동산등기법 제56조 제1항의 규정에 위반된 등기신청에 의하여 등기가 경료되었다 하더라도 그 등기는 동법 제55조 제1호 및 제1호에 해당하는 당연 무효의 등기는 아니므로 등기공무원이 직권으로 그 등기를 말소할 수는 없고 등기권리자와 등기의무자의 공동신청에 의한 적법한 말소신청이나 그 말소등기의 이행을 명하는 확정판결에 의하여서만 말소할 수 있다.
(89. 6.14 등기 제1135호)

참조예규 : 512항

■ 미등기건물을 분양받은 자의 소유권이전등기 및 가처분등기 촉탁서의 첨부서면
제정 [등기선례 제4-612호, 시행]

미등기의 아파트를 분양받은 자가 등기를 하려면 먼저 원소유자명의로 아파트의 소유권보존등기를 거친 후 분양받은 자 명의로 소유권이전등기를 하여야 하며, 위 소유권보존등기는 건축물대장에 소유자로 등록이 되어 있지 않은 경우라 하더라도 판결〔단, 사인(사인)을 상대로 한 판결은 제외〕 등에 의하여 자기의 소유권을 증명하는 자는 신청이 가능하나(부동산등기법 제131조 제2호) (또한 부동산등기법 제52조에 의한 그 대위신청도 가능함), 이 경우에 부동산등기법 제132조 제2항의 규정에 의하여 건물의 표시를 증명하는 서면을 첨부하여야 한다. 그리고 분양받은 자의 가처분신청에 의해 집행법원이 가처분등기를 촉탁하는 경우에는 부동산등기법 제134조의 규정에 의하여 직권으로 소유권보존등기를 하게 되나, 그러한 경우에도 즉시 채무자의 명의로 등기할 수 있음을 증명할 서류를 첨부하여야 그 보존등기가 될 수 있을 것이다.
(1993. 9. 20. 등기 제2371호 질의회답)

참조조문 : 법 제131조, 제132조, 제134조, 민사소송법 제602조
참조예규 : 제153호
참조선례 : 선례요지 Ⅲ 제382항

■ 「도시 및 주거환경정비법」에 의한 정비사업으로 축조된 미등기건물에 대한 처분제한의 등기 가부
제정 2006. 7. 13. [등기선례 제8-291호, 시행]

「도시 및 주거환경정비법」에 의하여 정비사업의 시행인가를 받아 축조된 건축물에 관한 등기는 사업시행자가 동법 제54조 제2항의 규정에 의한 이전의 고시가 있는 때에 동일한 신청서로 동시에 신청(촉탁)하여야 하므로, 위와 같이 축조된 건축물에 대하여

아직 등기가 이루어지지 아니한 상태에서 집행법원으로부터 처분제한의 등기촉탁이 있는 경우 등기관은 이 처분제한의 등기를 하기 위한 전제로써 당해 건축물에 관한 소유권보존등기를 직권으로 경료할 수 없다.
(2006. 07. 13. 부동산등기과-1989 질의회답)

참조조문 : 「도시 및 주거환경정비법」 제54조 내지 제56조, 도시 및 주거환경정비등기처리규칙 제5조, 제10조

■ 건축물대장이 생성되어 있지 않은 미등기 건물에 대한 소유권보존등기 가부
제정 2019. 4. 25. [부동산등기선례 제201904-2호, 시행]

1. 미등기 건물에 대하여 「부동산등기법」 제65조제1호에 따라 건축물대장에 최초의 소유자로 등록되어 있는 자 또는 그 상속인, 그 밖의 포괄승계인이 소유권보존등기를 신청하는 경우뿐만 아니라 같은 조제2호 또는 제4호에 따라 확정판결 또는 특별자치도지사·시장·군수·구청장(자치구의 구청장을 말함)의 확인에 의하여 자기의 소유권을 증명하는 자가 소유권보존등기를 신청하는 경우에도 해당 건물에 대한 건축물대장은 생성되어 있어야 한다.

2. 한편 미등기 건물에 대하여 법원의 촉탁에 따라 등기관이 소유권의 처분제한의 등기를 할 때에는 직권으로 소유권보존등기를 하게 되는바(부동산등기법 제66조제1항), 이 경우에는 건축물대장이 생성되어 있지 아니한 건물도 허용되지만 모든 미등기 건물이 허용되는 것은 아니며, 적법하게 건축허가나 건축신고를 마쳤으나 사용승인이 나지 않은 건물로 한정된다.

(2019. 4. 25. 부동산등기과-1027 질의회답)

참조조문 : 부동산등기법 제65조, 제66조, 민사집행법 제81조제1항제2호
참조판례 : 대법원 2011. 11. 10. 선고 2009다93428 판결
참조예규 : 등기예규 제1483호, 제1469호

■ 민법 시행 전(1960. 1. 1. 이전)에 미혼인 호주가 사망한 경우의 호주상속을 할 자와 그의 미등기토지에 대한 소유권보존등기신청 절차
제정 2019. 2. 13. [부동산등기선례 제201902-1호, 시행]

민법 시행 전의 관습에 의하면 호주인 장남(이하 '갑')이 미혼인 상태로 사망한 경우 형망제급의 원칙에 따라 차남(이하 '을')이 호주상속을 하고, 을 및 을의 장남(이하 '병')이 기혼인 상태로 갑보다 먼저 사망하였다면 을의 장손(이하 '정')이 호주상속을 하게 되므로, 정은 갑의 부(피상속인)가 토지대장에 최초의 소유자로 등록되어 있는 미등기토지에 대하여 소유권보존등기신청을 할 수 있는바, 다만 정이 호주상속신고를 하지 아니하여 자신이 갑의 호주상속인으로 등재된 제적등본을 상속인임을 증명하는 정보로서

제공할 수 없다면(가족관계등록제도의 시행으로 폐지된 호적신고를 2008. 1. 1. 이후에 수리하는 것을 전제로 한 제적부 정정은 허용되지 아니함) 갑과 을 그리고 을과 병·정의 관계를 모두 확인할 수 있는 자료(제적등본)를 제공하여 위 소유권보존등기를 신청할 수 있다.
(2019. 2. 13. 부동산등기과 - 354 질의회답)

참조조문 : 제정민법 부칙 제25조
참조판례 : 대법원 1993.11.23. 선고 93다42306 판결, 대법원 1976.7.13. 선고 76다494 판결
참조선례 : 등기선례 제3-444호, 2013. 5. 14. 부동산등기과-1103 질의회답, 호적선례 제3-594호, 2010. 10. 11. 가족관계등록과-2847 질의회답

■ 미등기 상태의 종전 토지에 대하여 최초의 소유자로부터 이전등록을 받은 자를 환지의 소유자로 기재하여 환지를 교부한 경우 사업시행자가 소유권보존등기를 촉탁할 수 있는지 여부(소극)

제정 2018. 3. 12. [부동산등기선례 제201803-2호, 시행]

미등기 상태의 종전 토지에 대하여 환지를 교부하는 경우에 환지를 받을 수 있는 자는 「부동산등기법」에 따라 소유권보존등기를 신청할 수 있는 자이므로 환지계획서에는 종전 토지대장에 최초의 소유자로 등록되어 있는 자가 환지의 소유자로 기재되어 있어야 하는데 이와 달리 최초의 소유자로부터 이전등록을 받은 자가 환지의 소유자로 기재되어 있다면 사업시행자는 해당 환지에 대하여 소유권보존등기를 촉탁할 수 없다. 이 경우에는 해당 환지에 대한 환지계획의 정정 절차에 따라 환지의 소유자를 종전 토지대장에 최초의 소유자로 등록되어 있는 자로 정정하여 사업시행자가 소유권보존등기를 촉탁하거나, 통상의 절차에 따라 종전 토지대장에 최초의 소유자로 등록되어 있는 자가 해당 환지에 대한 소유권보존등기를 신청한 다음 최초의 소유자로부터 이전등록을 받은 자와 공동으로 소유권이전등기를 순차로 신청하여야 할 것이다.
(2018. 03. 12. 부동산등기과 - 551 질의회답)

참조조문 : 부동산등기법 제65조, 구 농촌근대화촉진법(폐지) 제126조, 농어촌정비법 제26조, 부칙 제11조, 농어촌정비법 시행령 제33조
참조판례 : 대법원 1995. 1. 12. 자 94다33002 판결
참조예규 : 등기예규 제1588호, 제209호(폐지)

■ 지적공부상 국(일본국)으로 이전등록되어 있는 미등기토지의 경우 국가가 자기명의로 소유권보존등기를 할 수 있는지 여부(적극)

제정 2017. 4. 4. [등기선례 제201704-1호, 시행]

1945. 8. 9. 현재 일본국 소유 재산은 「조선내소재일본인재산취득권에관한건」(군정

법령 제33호)에 의하여 군정청에 귀속되고, 다시 그 재산은 1948. 9. 20. 발효된 「대한민국 정부 및 미국 정부간의 재정 및 재산에 관한 최초협정」제5조에 의하여 대한민국정부에 이양되어 소유권이 국가에 귀속되었으므로, 지적공부상 1928년에 국(일본국)으로 이전등록이 되어 있는 미등기 토지의 경우 국가가 위 대장등본을 첨부하여 자기 명의로 소유권보존등기를 할 수 있다.
(2017. 4. 4. 부동산등기과-844 질의회답)

참조예규 : 등기예규 제1483호, 제1577호
참조선례 : 등기선례 제4-653호

■ 「부동산등기규칙」(대법원규칙 제2356호) 부칙 제3조에 따른 미등기부동산의 소유권보존등기 절차

제정 2014. 8. 19. [등기선례 제201408-1호, 시행]

종이형태로 작성된 등기부의 전부 또는 일부가 폐쇄되지 아니한 상태에서 멸실되었으나 멸실회복 고시에 따른 신청기간 내에 회복등기를 신청하지 못한 경우에는 「부동산등기규칙」(대법원규칙 제2356호) 부칙 제3조에 의하여 종전의 규정인 「멸실회복등기의 사무처리지침」(등기예규 제1223호) 및 「미등기부동산의 소유권보존등기 신청인에 관한 업무처리지침」(등기예규 제1253호)에 따라 회복등기를 갈음하여 소유권보존등기를 신청할 수 있다.
(2014. 8. 19. 부동산등기과-2112 질의회답)

참조판례 : 대법원 1978. 12. 26. 선고 78다1895 판결, 대법원 1984. 2. 28. 선고 83다카994 판결
참조선례 : Ⅲ 제336호, Ⅵ 제461호, Ⅶ 제389호, Ⅷ 제160호

■ 구 「지적법」(1975. 12. 31. 법률 제2801호로 개정되기 전)이 시행된 시기에 토지대장이 복구된 미등기 토지를 수용한 경우 사업시행자 명의로 소유권보존등기를 신청할 수 있는지 여부 (적극)

제정 2014. 1. 22. [등기선례 제201401-1호, 시행]

사업시행자가 미등기 토지를 수용한 경우, 그 토지의 토지대장상 소유자가 구「지적법」(1975. 12. 31. 법률 제2801호로 개정되기 전) 시행 당시 복구되었는지 여부와 관계없이, 사업시행자는 부동산등기법 제65조 제3호에 따라 토지대장과 재결서등본, 공탁서원본을 첨부정보로 하여 소유권보존등기를 신청할 수 있다.
(2014. 1. 22. 부동산등기과-253 질의회답)

참조판례 : 대법원 1995. 8. 22. 선고 95다16493 판결
참조예규 : 등기예규 제1483호

등기선례 : 부동산등기선례요지집 Ⅳ 제295항, Ⅴ 제459항, Ⅵ 제250항, 제263항, Ⅶ 제143항, 제146항, 제389항

■ 재판과정에서 실시한 감정에 따른 감정서를 미등기건물에 대한 보존등기신청의 첨부정보로 하여 등기신청이 가능한지 여부(소극)

제정 2013. 10. 15. [등기선례 제201310-2호, 시행]

1. 건물에 관한 소유권보존등기를 신청할 때에는 건물의 표시를 증명하는 정보(서면)로서 원칙적으로 건축물대장정보를, 예외적으로 「부동산등기법」제65조 제4호에 의하여 소유권보존등기를 하는 경우에는 특별자치도지사, 시장, 군수 또는 구청장(자치구의 구청장을 말한다)이 작성한 정보 또는 서면(건물의 지번, 종류, 구조, 면적 등 건물의 표시와 소유자의 표시가 구체적으로 적시되어 있는 경우에 한한다)을 제공하여야 한다.
2. 따라서 미등기 건물의 매수인이 건축주를 상대로 제기한 소유권이전등기청구소송에서 실시한 감정에 따라 작성된 감정서를 첨부정보(서면)로 제공하여 건물에 대한 소유권보존등기를 신청할 수 없으며, 이는 위 건물의 매수인이 건축주를 대위하여 소유권보존등기를 신청하는 경우에도 마찬가지이다.

(2013. 10. 15. 부동산등기과-2298 질의회답)

참조조문 : 부동산등기법 제65조 제1호, 부동산등기규칙 제121조 제2항
참조판례 : 대법원 2011. 11. 10. 선고 2009다93428 판결
참조예규 : 등기예규 제1483호

■ 종전 토지가 환지확정 되었으나 종전 토지 중 일부에 대하여 분필등기가 누락되어 미등기인 경우 이에 대한 환지등기의 촉탁 방법

제정 2013. 6. 28. [등기선례 제201306-4호, 시행]

□□시 ◇◇구 △△동 307-2(50,000㎡)가 307-2(45,000㎡), 307-4(5,000㎡)로 분할된 후 307-4(5,000㎡)는 다시 307-4(3,000㎡), 307-5(1,500㎡), 307-6(500㎡)으로 분할되었으나 이에 대한 분필등기가 이루어지지 않은 상태에서 착오로 분필등기 전 307-2(50,000㎡)에 대하여 환지등기가 마쳐지면서 등기기록이 폐쇄된 경우에 분필등기가 누락된 307-4(3,000㎡), 307-5(1,500㎡), 307-6(500㎡)의 환지등기를 하기 위하여는, 폐쇄등기기록상 소유권의 등기명의인이나 사업시행자는 분필 전 307-2(50,000㎡)의 등기기록이 착오로 폐쇄되었음을 소명하는 자료(환지계획서 및 환지계획 인가서 등본, 환지확정조서 등)를 첨부하여 그 폐쇄된 등기기록의 부활을 신청한 후, 부활된 307-2(50,000㎡)에서 307-2(45,000㎡), 307-4(5,000㎡)로의 분필등기, 307-4(5,000㎡)에서 307-4(3,000㎡), 307-5(1,500㎡), 307-6(500㎡)으로의 분필등기를 순차로 한

다음에, 분필등기 후 307-2(45,000㎡)와 307-4(3,000㎡), 307-5(1,500㎡), 307-6(500㎡)에 대한 환지등기를 신청(촉탁)하여야 할 것이다.
(2013. 6. 28. 부동산등기과-1517 질의회답)

참조조문 : 도시개발법 제42조, 농어촌정비법 제25조
참조예규 : 등기예규 제1207호, 제1430호
참조선례 : 부동산등기선례요지집 Ⅴ 제603항, 제706항

■ 시행자가 「도시개발법」 환지 방식에 의한 공사완료 후 환지처분하고 그 청산금을 공탁하는 경우, 토지대장상 주소의 기재 없이 소유자의 성명만 기재되어 있는 미등기 토지에 대하여 절대적 불확지공탁을 허용할 것인지 여부

제정 2011. 5. 2. [공탁선례 제201105-1호, 시행]

1. 시행자는 「도시개발법」 제28조 이하 환지 방식에 의한 공사완료 후 환지처분 등에 의한 청산금을 산정하고, 같은 법 제46조 제1항에 따른 청산금을 토지소유자에게 징수하거나 교부하여야 하나, 같은 법 제46조 제4항에 따라 청산금을 받을 자가 주소 불분명 등의 이유로 청산금을 받을 수 없거나 받기를 거부하면 그 청산금을 공탁할 수 있다.
2. 한편, 「도시개발법」상 "토지 등의 수용 또는 사용에 관하여 이 법에 특별한 규정이 있는 경우 외에는 「공익사업을 위한 토지 등의 취득 및 보상에 관한 법률」을 준용한다"라고 규정하고 있다(제22조 제2항).
3. 따라서, 토지대장상 주소의 기재 없이 소유자의 성명만 기재되어 있는 미등기 토지의 경우에는 과실 없이 청산금을 받을 자를 알 수 없는 경우에 해당되므로 「공익사업을 위한 토지 등의 취득 및 보상에 관한 법률」 제40조 제2항 제2호의 규정을 준용하여 절대적 불확지 공탁을 할 수 있으며, 이 경우 피공탁란에는 "피수용자 불명"이라고 기재하여 공탁할 수 있다.

(2011. 5. 2. 사법등기심의관 - 994 질의회답)

참조조문 : 도시개발법 제1조, 제2조, 제28조 ~ 제46조, 공익사업을 위한 토지 등의 취득 및 보상에 관한 법률 제40조2항2호, 공탁규칙 제20조, 제21조, 제32조, 제33조
참조판례 : 대법원 2002. 4. 23. 선고 2000두2495 판결, 대법원 1995. 9. 5. 선고 95누3060 판결, 대법원 1984. 11. 27. 선고 84누437 판결, 대법원 2004. 10. 14. 선고 2002두424 판결, 대법원 1989. 11. 10. 선고 88누9923 판결, 대법원 전원합의체 1997. 10. 16. 선고 96다11747 판결
참조선례 : 1-20 1992. 10. 21. 법정 제1826호

▣ 미등기인 수용대상 건물에 대하여 소유권 다툼이 있는 경우 수용보상금 공탁 방법

제정 2008. 6. 9. [공탁선례 제2-175호, 시행]

기업자인 공탁자가 미등기건물의 수용보상금을 공탁하고자 하는데 그 소유권에 대한 다툼이 있어 과실 없이 누가 진정한 수용대상 건물의 소유자인지 알지 못하는 경우에는 피공탁자를 '건축물대장상 소유자 또는 실제 소유자라고 주장하는 자'로 하여 상대적 불확지공탁을 할 수 있다.

[2008. 6. 9. 공탁상업등기과-595호 질의회답(공탁선례 200806-1)]

참조조문 : 「민법」 제186조
참조판례 : 대법원 2006. 10. 27. 선고 2006다49000 판결, 대법원 2003. 1. 24. 선고 2002다61521 판결, 대법원 1998. 2. 24. 선고 96누5612 판결
참조선례 : 공탁선례 200608-1호

▣ 수용재결한 미등기 토지가 재결 이후에 소유권보존등기가 이루어진 경우의 수용에 따른 등기신청 절차

제정 2007. 10. 22. [등기선례 제200710-2호, 시행]

미등기 토지에 대한 수용재결이 있은 후 위 수용에 따른 보상금을 공탁한 경우 사업시행자는 위 토지에 대하여 자신 명의의 소유권보존등기를 신청할 수 있다. 다만, 이러한 사업시행자 명의의 소유권보존등기가 경료되기 전에 제3자가 부동산소유권 이전등기 등에 관한 특별조치법에 의하여 소유권보존등기를 경료하였다면, 사업시행자는 위 소유권보존등기를 신청할 수는 없고, 위 공탁서원본 및 재결서등본을 첨부하여 그 제3자를 등기의무자로 하여 토지수용을 원인으로 한 소유권이전등기를 신청하여야 한다.

(2007. 10. 22. 부동산등기과-3318 질의회답)

참조조문 : 부동산등기법 제115조, 제130조 제3호, 공익사업을 위한 토지 등의 취득 및 보상에 관한 법률 제45조 제1항
참조예규 : 등기예규 제1067호
참조선례 : 등기선례 Ⅴ 제151항 등기선례 Ⅵ 제252항 등기선례 Ⅵ 제258항 등기선례 Ⅶ 제224항

▣ 수용재결한 미등기 토지가 재결 이후에 소유권보존등기가 이루어진 경우의 수용에 따른 등기신청 절차

제정 2007. 10. 22. [등기선례 제8-178호, 시행]

미등기 토지에 대한 수용재결이 있은 후 위 수용에 따른 보상금을 공탁한 경우 사업시행자는 위 토지에 대하여 자신 명의의 소유권보존등기를 신청할 수 있다. 다만, 이러한 사업시행자 명의의 소유권보존등기가 경료되기 전에 제3자가 부동산소유권 이전등기 등에 관한 특별조치법에 의하여 소유권보존등기를 경료 하였다면, 사업시행자는 위 소

유권보존등기를 신청할 수는 없고, 위 공탁서원본 및 재결서등본을 첨부하여 그 제3자를 등기의무자로 하여 토지수용을 원인으로 한 소유권이전등기를 신청하여야 한다.
(2007. 10. 22. 부동산등기과 - 3318 질의회답)

참조조문 : 법 제115조, 제130조 제3호, 공익사업을 위한 토지 등의 취득 및 보상에 관한 법률 제45조 제1항
참조예규 : 제1247호
참조선례 : Ⅴ 제151항, Ⅵ 제252항, Ⅵ 제258항, Ⅶ 제224항

■ 건축물대장이 작성되지 않은 미등기건물에 대한 채권자대위에 의한 소유권보존등기 및 소유권이전등기의 신청

제정 2007. 5. 17. [등기선례 제200705-6호, 시행]

갑 소유의 미등기건물에 관하여 병이 "1. 갑은 을로부터 금○○○원을 지급받음과 동시에 을에게 ○○건물에 관하여 매매를 원인으로 한 소유권이전등기절차를 이행하라. 2. 을은 병에게 위 건물에 관하여 근저당권설정계약을 원인으로 한 근저당권설정등기절차를 이행하라"는 판결을 얻은 경우, 병은 을에 대한 근저당권설정등기청구권을 보전하기 위하여 갑을 소유명의인으로 한 소유권보존등기 및 을을 소유명의인으로 한 소유권이전등기를 대위하여 신청할 수 있다. 다만, 위의 경우와 같이 소유권이전등기절차의 이행을 명하는 판결이 반대급부의 이행과 동시이행을 명하는 상환이행판결인 경우에는 대위에 의한 소유권이전등기신청시 집행문을 첨부하여야 한다.

한편, 위 미등기건물에 관하여 건축물대장이 작성되지 않았다면 소유권보존등기를 대위 신청하기 위해서는 그 건물이 갑의 소유임을 증명하는 시·구·읍·면의 장의 서면을 첨부하여야 하고(어떠한 서면이 이에 해당하는 지는 등기예규 제1174호 참조), 또한 위 건물에 대한 소유권보존등기 후 소유권이전등기를 대위 신청하는 경우에도 건축물대장의 등본 대신 기타 부동산의 표시를 증명하는 서면을 제출하여야 하는바(부동산등기법 제40조, 등기선례 7-210 참조), 위 보존등기 시 제출한 시·구·읍·면의 장의 서면도 이 건물의 표시를 증명하는 서면으로 보아 소유권이전등기신청 시 이를 제출할 수 있다.
(2007. 5. 17. 부동산등기과 - 1641 질의회답)

참조조문 : 부동산등기법 제131조
참조예규 : 등기예규 제1174호
참조선례 : 2005. 3. 11. 부등산등기과 3402-130 질의회답
참조판례 : 76다1591, 1592

건축물대장이 작성되지 않은 미등기건물에 대한 채권자대위에 의한 소유권보존등기 및 소유권이전등기의 신청

제정 2007. 5. 17. [등기선례 제8-37호, 시행]

갑 소유의 미등기건물에 관하여 병이 "1. 갑은 을로부터 금○○○원을 지급받음과 동시에 을에게 ○○건물에 관하여 매매를 원인으로 한 소유권이전등기절차를 이행하라. 2. 을은 병에게 위 건물에 관하여 근저당권설정계약을 원인으로 한 근저당권설정등기절차를 이행하라"는 판결을 얻은 경우, 병은 을에 대한 근저당권설정등기청구권을 보전하기 위하여 갑을 소유명의인으로 한 소유권보존등기 및 을을 소유명의인으로 한 소유권이전등기를 대위하여 신청할 수 있다. 다만, 위의 경우와 같이 소유권이전등기절차의 이행을 명하는 판결이 반대급부의 이행과 동시이행을 명하는 상환이행판결인 경우에는 대위에 의한 소유권이전등기신청시 집행문을 첨부하여야 한다.

한편, 위 미등기건물에 관하여 건축물대장이 작성되지 않았다면 소유권보존등기를 대위 신청하기 위해서는 그 건물이 갑의 소유임을 증명하는 시·구·읍·면의 장의 서면을 첨부하여야 하고(어떠한 서면이 이에 해당하는 지는 등기예규 제1174호 참조), 또한 위 건물에 대한 소유권보존등기 후 소유권이전등기를 대위 신청하는 경우에도 건축물대장의 등본 대신 기타 부동산의 표시를 증명하는 서면을 제출하여야 하는바(부동산등기법 제40조, 등기선례 7-210 참조), 위 보존등기 시 제출한 시·구·읍·면의 장의 서면도 이 건물의 표시를 증명하는 서면으로 보아 소유권이전등기신청시 이를 제출할 수 있다.
(2007. 05. 17. 부동산등기과-1641 질의회답)

참조조문 : 법 제131조
참조판례 : 1976. 10. 12. 선고 76다1591, 1592 판결
참조예규 : 제1253호
참조선례 : 본집 제157항

건축물대장이 작성되지 않은 미등기건물에 대한 채권자대위에 의한 소유권보존등기 및 소유권이전등기의 신청

제정 2007. 5. 17. [등기선례 제8-103호, 시행]

갑 소유의 미등기건물에 관하여 병이 "1. 갑은 을로부터 금○○○원을 지급받음과 동시에 을에게 ○○건물에 관하여 매매를 원인으로 한 소유권이전등기절차를 이행하라. 2. 을은 병에게 위 건물에 관하여 근저당권설정계약을 원인으로 한 근저당권설정등기절차를 이행하라"는 판결을 얻은 경우, 병은 을에 대한 근저당권설정등기청구권을 보전하기 위하여 갑을 소유명의인으로 한 소유권보존등기 및 을을 소유명의인으로 한 소유권이전등기를 대위하여 신청할 수 있다. 다만, 위의 경우와 같이 소유권이전등기절차의 이행을 명하는 판결이 반대급부의 이행과 동시이행을 명하는 상환이행판결인 경우에는 대위에 의한 소유권이전등기신청시 집행문을 첨부하여야 한다.

한편, 위 미등기건물에 관하여 건축물대장이 작성되지 않았다면 소유권보존등기를 대위 신청하기 위해서는 그 건물이 갑의 소유임을 증명하는 시·구·읍·면의 장의 서면을 첨부하여야 하고(어떠한 서면이 이에 해당하는 지는 제1174호 참조), 또한 위 건물에 대한 소유권보존등기 후 소유권이전등기를 대위 신청하는 경우에도 건축물대장의 등본 대신 기타 부동산의 표시를 증명하는 서면을 제출하여야 하는바(부동산등기법 제40조, 7-210 참조), 위 보존등기 시 제출한 시·구·읍·면의 장의 서면도 이 건물의 표시를 증명하는 서면으로 보아 소유권이전등기신청시 이를 제출할 수 있다. (2007. 05. 17. 부동산등기과-1641 질의회답)

참조조문 : 법 제131조
참조판례 : 1976. 10. 12. 선고 76다1591, 1592 판결
참조예규 : 제1253호
참조선례 : 본집 제157항

■ 사업시행자가 미등기토지에 대하여 피공탁자를 '망 갑의 상속인'으로 하여 수용보상금을 공탁한 경우, 수용 개시일 이후에 「부동산소유권 이전등기 등에 관한 특별조치법」에 의하여 토지대장상 소유자로 이전등록을 마친 을이 토지대장등본을 첨부하여 위 공탁금을 출급청구할 수 있는지 여부(소극)

제정 2006. 9. 13. [공탁선례 제2-226호, 시행]

1. 「공익사업을 위한 토지 등의 취득 및 보상에 관한 법률」 제40조의 사업시행자는 수용의 개시일까지 관할 토지수용위원회가 재결한 보상금을 지급하여야 하고, 과실 없이 보상금을 받을 자를 알 수 없는 때는 수용하고자 하는 토지 등의 소재지의 공탁소에 보상금을 공탁할 수 있으며, 이 경우 사업시행자는 수용의 개시일에 토지 등의 소유권을 취득하며, 다른 권리는 이와 동시에 소멸한다(같은 법 제45조 제1항).
2. 위 법률에 의한 사업시행자가 미등기 토지에 관하여 중앙토지수용위원회로부터 2006. 6. 7.을 수용의 시기로 하는 수용재결을 받은 다음, 피공탁자를 알 수 없다는 이유로 토지대장에 소유자로 등재된 '망 갑의 상속인'을 피공탁자로 하여 보상금을 적법하게 공탁하였다면, 2006. 6. 7. 이미 위 토지에 대한 소유권을 취득하였다고 할 것이다.
그렇다면, 그 이후인 2006. 7. 28. 「부동산소유권 이전등기 등에 관한 특별조치법」(법률 제7500호)에 의한 확인서를 발급받고, 같은 법 제6조에 의하여 본건 토지의 토지대장상 소유자 명의를 을 명의로 변경등록을 마쳤다고 하더라도, 을은 위 법률에 의한 확인서 또는 변경등록된 토지대장등본만으로는 위와 같이 공탁된 토지수용보상금을 출급청구할 수 없고, 피공탁자인 '망 갑의 상속인'으로부터 공탁금 출급청구권을 양도받아야 공탁금을 출급할 수 있다.
[2006. 9. 13. 공탁상업등기과-1001호(공탁선례 200609-1)]

참조조문 : 「공익사업을 위한 토지 등의 취득 및 보상에 관한 법률」 제40조, 제45조 제1항
참조예규 : 행정예규 제526호
참조선례 : 1993. 8. 10. 법정 1565호

■ 분할 전 토지의 토지대장과 분할 이후의 토지대장의 소유명의인이 다른 경우의 미등기 토지에 대한 토지수용공탁절차

제정 2006. 8. 17. [공탁선례 제2-174호, 시행]

미등기토지에 대한 토지수용을 원인으로 한 공탁에 있어 분할 전 토지의 토지대장에 갑이 사정받은 것으로 되어있으나 본건 토지로 분할된 이후의 토지대장에는 을 명의로 소유권이전등록이 되어 있다면 '갑과 을'중 누가 진정한 소유자인지 알 수 없으므로 '갑 또는 을'을 피공탁자로 하여 상대적 불확지공탁을 할 수 있다.
〔2006. 8. 17. 공탁상업등기과-804호(공탁선례 200608-1)〕

참조조문 : 「부동산등기법」 제130조 제1호
참조예규 : 등기예규 제1093호

■ 대지권등기가 경료되어 있지 아니한 집합건물 낙찰자의 대지권 등기 방법

제정 2007. 5. 28. [등기선례 제200705-8호, 시행]

대지권에 대한 지분이전등기를 해 주기로 하는 약정하에 수분양자에게 전유부분에 대한 소유권이전등기를 경료하였으나, 대지에 대한 소유권이전등기가 되지 않은 상태에서 제3자가 경매절차를 통하여 전유부분을 낙찰 받아 낙찰인이 대지사용권을 취득하게 된 경우, 낙찰인은「부동산등기법」제57조의3에 의하여 분양자와 공동으로 대지사용권에 관한 이전등기와 대지권에 관한 등기를 동시에 신청하여야 한다.
(2007. 5. 28. 부동산등기과-1853 질의회답)

참조조문 : 집합건물의 소유 및 관리에 관한 법률 제20조
※ 이 선례에 의하여 등기선례요지집 V 제791항은 그 내용이 일부 변경됨.

제3장   관련 판례

[판례   1] 손해배상금·손해배상(기) (대법원 2016. 7. 29. 선고 2016다214483, 214490 판결)

【판시사항】

[1] 미등기 무허가건물의 양수인이 소유권이전등기를 마치지 않은 상태에서 소유권에 기한 방해제거청구를 할 수 있는지 여부(소극)

[2] 민법 제205조 제2항에서 정한 '1년의 제척기간'이 출소기간인지 여부(적극) 및 기산점이 되는 '방해가 종료한 날'의 의미(=방해 행위가 종료한 날)

[3] 갑 지방자치단체가 무허가건물의 출입문에 각목이나 철망을 설치하는 등 공가폐쇄조치를 하자, 무허가건물인 가옥을 종전 권리자에게서 권리포기각서 등을 받고 점유를 이전받는 방법으로 양수한 을 등이 가옥에 대한 소유권, 주거권, 점유권 등에 기한 방해제거청구로서 가옥에 설치된 철망의 철거를 구한 사안에서, 을 등의 청구 권원을 명확히 밝히지 아니하고 각각의 권원에 대하여 필요한 심리를 다하지 아니한 채 을 등의 청구를 인용한 원심판결에 법리오해 등의 잘못이 있다고 한 사례

【판결요지】

[1] 미등기 무허가건물의 양수인이라도 소유권이전등기를 마치지 않는 한 건물의 소유권을 취득할 수 없고, 소유권에 준하는 관습상의 물권이 있다고도 할 수 없으므로, 미등기 무허가건물의 양수인은 소유권에 기한 방해제거청구를 할 수 없다.

[2] 민법 제205조에 의하면, 점유자가 점유의 방해를 받은 때에는 방해의 제거 및 손해의 배상을 청구할 수 있고(제1항), 제1항의 청구권은 방해가 종료한 날로부터 1년 내에 행사하여야 하는데(제2항), 민법 제205조 제2항이 정한 '1년의 제척기간'은 재판 외에서 권리행사하는 것으로 족한 기간이 아니라 반드시 그 기간 내에 소를 제기하여야 하는 이른바 출소기간으로 해석함이 타당하다. 그리고 기산점이 되는 '방해가 종료한 날'은 방해 행위가 종료한 날을 의미한다.

[3] 갑 지방자치단체가 무허가건물의 출입문에 각목이나 철망을 설치하는 등 공가폐쇄조치를 하자, 무허가건물인 가옥을 종전 권리자에게서 권리포기각서 등을 받고 점유를 이전받는 방법으로 양수한 을 등이 가옥에 대한 소유권, 주거권, 점유권 등에 기한 방해제거청구로서 가옥에 설치된 철망의 철거를 구한 사안에서, 을 등은 종전 권리자에게서 무허가건물을 양수하였을 뿐이므로 가옥에 대한 소유권이

전등기를 마침으로써 소유권을 취득하였다는 사실을 증명하지 아니하는 이상 소유권에 기한 방해제거청구로서 철망의 철거를 구할 수 없고, 주거권은 소유권·점유권 등 물권과 같이 방해제거청구의 권원이 된다고 볼 수 없으며, 점유권에 기한 방해제거청구로서 철망의 철거를 구하는 청구가 점유방해 행위로서의 폐쇄조치가 종료된 날부터 1년이 지난 이후에 제기되어 부적법하다고 볼 여지가 충분한데도, 을 등의 청구 권원을 명확히 밝히지 아니하고 각각의 권원에 대하여 필요한 심리를 다하지 아니한 채 을 등의 청구를 인용한 원심판결에 법리오해 등의 잘못이 있다고 한 사례.

【참조조문】
[1] 민법 제185조, 제186조, 제214조 [2] 민법 제205조 제1항, 제2항 [3] 민법 제185조, 제186조, 제205조 제1항, 제2항, 제214조

【참조판례】
[1] 대법원 2006. 10. 27. 선고 2006다49000 판결(공2006하, 1995)
[2] 대법원 2002. 4. 26. 선고 2001다8097, 8103 판결(공2002상, 1251)

【전 문】
【원고(선정당사자), 피상고인】 원고(선정당사자) 1 외 1인 (소송대리인 법무법인 한성 담당변호사 이헌우 외 1인)
【피고, 상고인】 서울특별시 강남구 (소송대리인 법무법인(유한) 세광 담당변호사 이중광)
【피 고】 구룡마을 주민자치회 외 4인
【원심판결】 서울고법 2016. 2. 5. 선고 2013나2016921, 2017238 판결

【주 문】
원심판결을 파기하고, 사건을 서울고등법원에 환송한다.

【이 유】
상고이유를 판단한다.
1. 가. 미등기 무허가건물의 양수인이라도 그 소유권이전등기를 마치지 않는 한 그 건물의 소유권을 취득할 수 없고, 소유권에 준하는 관습상의 물권이 있다고도 할 수 없으므로(대법원 2006. 10. 27. 선고 2006다49000 판결 등 참조), 미등기 무허가건물의 양수인은 소유권에 기한 방해제거청구를 할 수 없다고 보아야 한다.
나. 민법 제205조에 의하면, 점유자가 점유의 방해를 받은 때에는 그 방해의 제거

및 손해의 배상을 청구할 수 있고(제1항), 제1항의 청구권은 방해가 종료한 날로부터 1년 내에 행사하여야 하는데(제2항), 민법 제205조 제2항이 정한 '1년의 제척기간'은 재판 외에서 권리행사하는 것으로 족한 기간이 아니라 반드시 그 기간 내에 소를 제기하여야 하는 이른바 출소기간으로 해석함이 상당하다(대법원 2002. 4. 26. 선고 2001다8097, 8103 판결 등 참조). 그리고 그 기산점이 되는 '방해가 종료한 날'이라 함은 방해 행위가 종료한 날을 의미한다고 보아야 한다.

2. 가. 원심판결 이유와 원심이 적법하게 채택하여 조사한 증거 등에 의하면 다음 각 사실을 알 수 있다.
   (1) 원고들은 서울 강남구 (주소 생략) 일대 구룡마을 내의 무허가건물인 이 사건 가옥을 종전 권리자로부터 권리포기각서 등을 받고 그 점유를 이전받는 방법으로 양수한 사람들이다.
   (2) 피고 서울특별시 강남구(이하 '피고 강남구'라고 한다)는 구룡마을 내 무허가건물의 관리와 구룡마을 개발에 따른 입주권 보상 등을 위한 공가 입주 시도를 차단하기 위하여 무허가건물의 출입문에 각목이나 철망을 설치하는 등 공가폐쇄조치를 하였는데, 원고들이 양수한 이 사건 가옥에 대한 공가폐쇄조치(이하 '이 사건 폐쇄조치'라고 한다)는 2009. 10. 1.경까지 마쳐진 것으로 보인다.
   (3) 한편 원고들은 2011. 11. 10. 이 사건 폐쇄조치로 인한 손해배상을 구하는 이 사건 소를 제기하였고, 2015. 3. 11. 위와 같은 손해배상청구를 예비적 청구로 변경하고 이 사건 폐쇄조치로 인한 철망의 제거를 구하는 주위적 청구를 추가하는 내용의 청구취지변경신청서를 원심법원에 제출하였다.
   나. 이 사건 원고들의 주위적 청구는 이 사건 가옥에 대한 소유권·점유권·주거권 등에 기한 방해제거청구로서 이 사건 가옥에 설치된 철망의 철거를 구하는 것인데, 원심은 앞서 본 사실관계를 전제로 피고 강남구의 이 사건 폐쇄조치는 법적 근거 없이 행해진 것으로 위법하다는 등의 이유를 들어 원고들의 주위적 청구를 인용하였다.

3. 원심판단의 당부를 살펴본다.
   가. 원고들이 주위적 청구의 권원 중 하나로 주장하는 소유권에 기한 방해제거청구가 인정되는지 여부에 관하여 보면, 원고들은 종전 권리자로부터 무허가건물을 양수하였을 뿐이므로 이 사건 가옥에 대한 소유권이전등기를 마침으로써 그 소유권을 취득하였다는 사실을 증명하지 아니하는 이상 소유권에 기한 방해제거청구로서 이 사건 가옥에 설치된 철망의 철거를 구할 수는 없는 것이다. 또한 원고들이 주위적 청구의 권원으로 주장하는 주거권은 소유권·점유권 등 물권과 같이 방해제거청구의 권원이 된다고 볼 수 없다.

나. 원고들의 주위적 청구를 점유권에 기한 방해제거청구로 보더라도, 점유권에 기한 방해제거청구의 소가 방해 행위가 종료된 날로부터 1년이 경과한 이후에 제기되었다면, 그러한 소는 앞서 본 법리에 따라 제척기간이 경과한 후에 제기된 것으로서 부적법하다고 보아야 한다. 그런데 앞서 본 사실관계에 의하면, 이 사건 가옥에 대한 점유방해 행위로서의 이 사건 폐쇄조치는 대부분 2009. 10. 1.경까지 행해졌고 늦어도 이 사건 소가 제기된 2011. 11. 10. 이전에는 종료되었다고 보이는데, 점유방해제거청구로서 철망의 철거를 구하는 이 사건 주위적 청구는 그로부터 1년이 경과하였음이 역수상 명백한 2015. 3. 11.에야 비로소 제기되었으므로, 이 사건 주위적 청구는 그 방해 행위가 종료한 날로부터 1년이 지난 이후에 제기되어 부적법하다고 볼 여지가 충분하다.
다. 그렇다면 원심으로서는, 이 사건 주위적 청구 중 소유권에 기한 청구에 관하여는 원고들이 이 사건 가옥에 대한 소유권이전등기를 마침으로써 그 소유권을 취득하였는지를 심리하였어야 하고, 점유권에 기한 청구에 관하여는 원고들에 대한 철망 설치 등 방해 행위의 종료시점을 심리하여 이 사건 소가 방해 행위 종료시점으로부터 1년 이내에 제기된 것인지 등을 심리한 다음 본안 판단에 나아갔어야 한다. 그럼에도 원심은 원고들의 주위적 청구의 권원을 명확히 밝히지 아니하고 각각의 권원에 대하여 필요한 심리를 다하지 아니한 채, 원고들이 이 사건 가옥을 양수하여 그 점유를 이전받은 사람이라는 사정 등 그 판시와 같은 이유만을 들어 원고들의 주위적 청구를 인용하였으니, 이와 같은 원심판결에는 미등기 무허가건물의 소유권 취득이나 점유방해제거청구의 제척기간에 관한 법리를 오해한 결과 필요한 심리를 다하지 아니하여 판결에 영향을 미친 잘못이 있다.
4. 그러므로 나머지 상고이유에 관한 판단을 생략한 채 원심판결을 파기하고, 사건을 다시 심리·판단하게 하기 위하여 원심법원에 환송하기로 하여, 관여 대법관의 일치된 의견으로 주문과 같이 판결한다.

[판례 2] 손실보상금·손실보상금 (대법원 2015. 7. 9. 선고 2013두3658,3665 판결)

【판시사항】

[1] 토지조사부에 토지의 소유자로 등재되어 있는 사람은 소유자로 사정받아 사정이 확정된 것으로 추정되어 토지를 원시적으로 취득하게 되는지 여부(원칙적 적극) 및 보존등기 명의인 이외의 자가 당해 토지를 사정받은 것으로 밝혀진 경우, 소유권보존등기의 추정력이 깨어지는지 여부(적극) / 토지가 하천구역에 편입되기

전에 다른 사람에게 처분하는 등으로 소유권을 상실했다고 볼 만한 사정이 있는 경우, 사정명의인이 토지의 하천구역 편입에 따른 손실보상청구권을 가지는지 여부(소극)

[2] 구 토지대장상 미등기토지의 소유권이 '국'으로 이전된 것으로 등재되어 있는 경우, 그 무렵 기재대로 소유권이 이전되었다고 인정되는지 여부(원칙적 적극)

[3] 진정성립이 추정되는 공문서 내용의 증명력을 배척할 수 있는지 여부(원칙적 소극) 및 공문서의 기재 중에 의문점이 있는 부분이 있는 경우, 기재 내용대로 증명력을 가지는지 여부(원칙적 적극)

[4] 구 토지대장에 갑이 사정받은 것으로 기재되어 있고, 씨명경정(씨명경정)을 이유로 소유자가 변경되었다가, 다시 '국(국)'으로 소유권이 이전된 것으로 등재되어 있는 토지가 미등기 상태로 있다가 대한민국 앞으로 소유권보존등기가 마쳐졌는데, 갑의 후손 을 등이 위 토지에 대하여 하천구역 편입에 따른 손실보상금의 지급을 청구한 사안에서, '국'이 토지에 관한 소유권을 취득했다고 추정되고, 공문서인 구 토지대장의 증명력을 배척할 수는 없다고 한 사례

【판결요지】

[1] 토지조사부에 토지의 소유자로 등재되어 있는 사람은 재결에 의하여 사정 내용이 변경되었다는 등의 반증이 없는 이상 소유자로 사정받아 사정이 확정된 것으로 추정되어 토지를 원시적으로 취득하게 되고, 소유권보존등기의 추정력은 보존등기 명의인 이외의 자가 당해 토지를 사정받은 것으로 밝혀지면 깨어진다. 그러나 사정명의인이라 하더라도 토지가 하천구역에 편입되기 이전에 다른 사람에게 처분하는 등으로 소유권을 상실하였다고 볼 만한 사정이 있는 경우에는 토지의 하천구역 편입에 따른 손실보상청구권을 가진다고 볼 수 없다.

[2] 구 토지대장규칙(1914. 4. 25. 조선총독부령 제45호) 제2조 제1호는 "소유권의 이전에 관한 사항은 등기관리의 통지가 있지 아니하면 토지대장에 등록할 수 없다. 다만 국유지의 불하·교환·양여 또는 미등기 토지의 수용으로 인하여 소유권을 이전한 경우 및 미등기 토지가 국유로 된 경우에는 그러하지 아니하다."고 규정하고 있으므로, 구 토지대장상 소유자변동의 기재는 위 규정에 따라 등기공무원의 통지에 의하여 이루어진 것이라고 보아야 하고, 위 조항 단서의 경우에는 토지대장을 관리하는 국가에서 소유권의 이전사실을 스스로 확인할 수 있기 때문에 등기공무원의 통지가 없어도 대장에 소유권이전의 등록을 할 수 있게 한 것이라고 보아야 하므로, 구 토지대장상 미등기토지의 소유권이 '국'으로 이전된 것으로 등재되어 있다면 특별한 사정이 없는 한 그 무렵 기재대로 소유권이 이전되었다고 인정된다.

[3] 진정성립이 추정되는 공문서는 진실에 반한다는 등의 특별한 사정이 없는 한 그

내용의 증명력을 쉽게 배척할 수 없으므로, 공문서의 기재 중에 의문점이 있는 부분이 일부 있더라도 기재 내용과 배치되는 사실이나 문서가 작성된 근거와 경위에 비추어 기재가 비정상적으로 이루어졌거나 내용의 신빙성을 의심할 만한 특별한 사정을 증명할 만한 다른 증거자료가 없는 상황이라면 기재 내용대로 증명력을 가진다.

[4] 구 토지대장에 갑이 사정받은 것으로 기재되어 있고, 갑이 사망한 이후 씨명경정(씨명경정)을 이유로 소유자가 변경되었다가, 다시 '국(국)'으로 소유권이 이전된 것으로 등재되어 있는 토지가 미등기 상태로 있다가 대한민국 앞으로 소유권보존등기가 마쳐졌는데, 갑의 후손 을 등이 중랑천 제외지였던 위 토지에 대하여 하천구역 편입에 따른 손실보상금의 지급을 청구한 사안에서, 갑이 토지를 사정받은 때로부터 씨명경정 전까지 재결에 의하여 토지에 관한 사정내용이 변경되었을 가능성을 배제할 수 없고, '국' 앞으로 소유권이 이전되는 것이 가능한 것으로 보이며 비정상적으로 이루어졌다고 의심할 만한 사정은 보이지 않으므로 '국'이 토지에 대한 소유권을 취득했다고 추정되고, 토지대장상 씨명경정이 된 경위가 분명하지 않다고 하여 공문서인 구 토지대장의 증명력을 배척할 수는 없다고 본 원심판단이 정당하다고 한 사례.

【참조조문】

[1] 민법 제186조, 부동산등기법 제65조 [2] 구 토지대장규칙(1914. 4. 25. 조선총독부령 제45호) 제2조 제1호 [3] 민사소송법 제356조 [4] 구 토지대장규칙(1914. 4. 25. 조선총독부령 제45호) 제2조 제1호, 구 조선하천령(1961. 12. 30. 법률 제892호 하천법 부칙 제2항으로 폐지) 제1조, 제2조, 제3조, 제4조, 제5조, 제8조, 제10조, 제11조, 제28조, 제34조, 제43조, 제44조, 하천편입토지 보상 등에 관한 특별조치법 제2조

【참조판례】

[1] 대법원 2008. 12. 24. 선고 2007다79718 판결
　　대법원 2011. 5. 13. 선고 2009다94384 판결(공2011상, 1135)
[2] 대법원 1990. 3. 20.자 89마389 결정(공1990, 942)
　　대법원 1993. 10. 26. 선고 93다5383 판결(공1993하, 3170)
[3] 대법원 2002. 2. 22. 선고 2001다78768 판결(공2002상, 763)

【전 문】

【원고, 피상고인】 원고
【피고, 피상고인】 서울특별시 (소송대리인 변호사 서성건)
【독립당사자참가인, 상고인】 독립당사자참가인 1 외 2인 (소송대리인 법무법인 성의

담당변호사 박영렬 외 2인)
【원심판결】서울고법 2012. 11. 23. 선고 2012누11715, 22524 판결

【주 문】
상고를 모두 기각한다. 상고비용은 독립당사자참가인들이 부담한다.

【이 유】
상고이유를 판단한다.
1. 상고이유 제1, 2점에 대하여
　가. 토지조사부에 토지의 소유자로 등재되어 있는 사람은 재결에 의하여 사정 내용이 변경되었다는 등의 반증이 없는 이상 소유자로 사정받아 그 사정이 확정된 것으로 추정되어 그 토지를 원시적으로 취득하게 되고, 소유권보존등기의 추정력은 그 보존등기 명의인 이외의 자가 당해 토지를 사정받은 것으로 밝혀지면 깨어진다. 그러나 사정명의인이라 하더라도 토지가 하천구역에 편입되기 이전에 다른 사람에게 처분하는 등으로 그 소유권을 상실하였다고 볼 만한 사정이 있는 경우에는 토지의 하천구역 편입에 따른 손실보상청구권을 가진다고 볼 수 없다.
　한편 구 토지대장규칙(1914. 4. 25. 조선총독부령 제45호) 제2조 제1호는 "소유권의 이전에 관한 사항은 등기관리의 통지가 있지 아니하면 토지대장에 등록할 수 없다. 다만 국유지의 불하·교환·양여 또는 미등기 토지의 수용으로 인하여 소유권을 이전한 경우 및 미등기 토지가 국유로 된 경우에는 그러하지 아니하다."고 규정하고 있으므로, 구 토지대장상 소유자변동의 기재는 위 규정에 따라 등기공무원의 통지에 의하여 이루어진 것이라고 보지 않을 수 없고, 위 조항 단서의 경우에는 토지대장을 관리하는 국가에서 소유권의 이전사실을 스스로 확인할 수 있기 때문에 등기공무원의 통지가 없어도 대장에 소유권이전의 등록을 할 수 있게 한 것이라고 보아야 할 것이므로, 구 토지대장상 미등기토지의 소유권이 '국'으로 이전된 것으로 등재되어 있다면 특별한 사정이 없는 한 그 무렵 그 기재대로 소유권이 이전되었다고 인정된다(대법원 1990. 3. 20.자 89마389 결정, 대법원 1993. 10. 26. 선고 93다5383 판결 등 참조).
　그리고 진정성립이 추정되는 공문서는 진실에 반한다는 등의 특별한 사정이 없는 한 그 내용의 증명력을 쉽게 배척할 수 없다고 할 것이므로, 공문서의 기재 중에 의문점이 있는 부분이 일부 있더라도 그 기재 내용과 배치되는 사실이나 그 문서가 작성된 근거와 경위에 비추어 그 기재가 비정상적으로 이루어졌거나 그 내용의 신빙성을 의심할 만한 특별한 사정을 증명할 만한 다른 증거자료가 없는 상황이라면 그 기재 내용대로 증명력을 가진다고 보아야 한다(대법

원 2002. 2. 22. 선고 2001다78768 판결 등 참조).

나. 원심판결 이유에 의하면, 원심은 독립당사자참가인들의 선대인 소외 1이 분할 전 토지를 사정받았고, 구 토지대장에도 소외 1이 이를 사정받은 것으로 기재되어 있는 사실, 구 토지대장상 소외 1이 사망한 이후인 1927. 5. 13.자 씨명경정을 이유로 분할 전 토지의 소유자가 '소외 2'로 변경되었으며, 1939. 2. 7. '국(국)' 앞으로 소유권이 이전된 것으로 등재되어 있는 사실, 위 토지는 미등기상태로 있다가 1979. 11. 19. 대한민국 앞으로 소유권보존등기가 마쳐진 사실 등을 인정한 다음, 소외 1이 분할 전 토지를 사정받은 때로부터 씨명경정 전까지 사이에 재결에 의하여 분할 전 토지에 관한 사정내용이 변경되었을 가능성을 배제할 수 없고, '국' 앞으로 소유권이 이전되는 것이 가능한 것으로 보이며 비정상적으로 이루어졌다고 의심할 만한 사정은 보이지 아니하므로 '국'이 1939. 2. 7. 분할 전 토지에 관한 소유권을 취득하였다고 추정되고, 토지대장상 소외 1에서 소외 2로 씨명경정이 된 경위가 분명하지 않다는 이유만으로 공문서인 구 토지대장의 증명력을 배척할 수는 없다고 판단하였다.

앞서 본 법리 및 기록에 비추어 살펴보면, 원심의 위와 같은 판단은 정당하고, 거기에 구 토지대장의 증명력에 관한 법리를 오해하여 판결에 영향을 미친 위법이 없다.

2. 상고이유 제3점에 대하여

가. 구 조선하천령[1930. 9. 10. 조선총독부제령 제9호로 일부 개정된 것, 구 조선하천령은 1927. 1. 22. 조선총독부제령 제2호로 제정되었고 하천법(1961. 12. 30. 법률 제892호로 제정된 것)에 의하여 폐지되었다]은, 하천은 조선총독이 공공의 이해관계상 특히 중요하다고 인정하여 명칭 및 구간을 지정한 하천을 말하고(제1조), 하천의 부속물은 국유의 제방 등을 말하는데, 하천에 관한 위 영의 규정은 하천부속물에 준용하며(제2조), 하천에 관한 공사라 함은 하천의 신설·개축 및 수선에 관한 공사를 말하고(제3조), 하천은 국유로 하며(제4조), 하천 또는 하천 부근의 토지에 관한 위 영의 규정은 조선총독이 정하는 바에 의하여 하천에 관한 공사로 인하여 새로 하천 또는 하천 부근의 토지가 되는 것에 전부 또는 일부를 준용할 수 있고(제5조), 위 영에 의한 조선총독의 직권은 조선총독이 정하는 바에 의하여 경미한 것에 한하여 도지사에게 위임할 수 있으며(제8조), 하천으로서 조선총독이 지정하는 곳은 조선총독이 관리하고(제10조), 하천의 구역은 관리청이 인정하는 바에 의하며(제11조), 하천에 관한 비용은 조선총독이 관리하는 하천은 국고 부담으로 하고, 도지사가 관리하는 하천은 도 지방비 부담으로 하되, 하천에 관한 비용의 범위는 조선총독이 정하고(제28조), 도지사가 관리하는 하천에 관한 공사에 필요한 비용은 그 일부를 국고에서 보조할 수 있으며(제34조), 관리청이 하천의 구역으로 인정하는 등의 처분으로 인

하여 손해를 입은 자 또는 제방에 의하여 보호되는 토지가 하천에 관한 공사로 제방외지가 되어 손해를 입은 자 또는 하천에 관한 공사로 이에 준하는 손해를 입은 자가 있는 때(뒤의 두 경우는 위 영의 제정 당시에는 없었던 규정이나, 1930. 9. 10. 조선총독부제령 제9호로 개정되면서 추가되었다)에 조선총독이 관리하는 하천은 조선총독이, 도지사가 관리하는 하천은 도지방비로 손해를 보상하여야 하고(제43조), 위 영 또는 위 영에 의한 명령에 따라 도지사 또는 도지방비로 행한 처분에 불복하는 자는 조선총독의 재정을 신청할 수 있고 제43조의 규정에 의한 보상에 불복하는 자도 재정을 신청할 수 있도록 규정(제44조)하고 있다.

나. 원심판결 이유와 기록에 의하면, 조선총독은 1927. 5. 7. 중랑천을 구 조선하천령에 따른 하천으로 지정·고시(조선총독부 고시 제139호, 제140호)한 사실, 조선총독부는 위 영을 제정할 무렵부터 한강, 낙동강개수공사를 비롯한 하천개수공사를 전국적으로 장기간에 걸쳐 실시한 사실, 경기도는 1937. 6. 8.부터 중소하천개수공사를 시행함에 있어 조선총독부가 그 공사비를 보조하되 그 공사비로 취득하는 하천부지 및 하천부속물의 부지는 국유로 하기로 하였는데, 그 개수공사 대상에 중랑천도 포함되어 있었던 사실, 조선총독은 구 토지대장상 분할 전 토지의 소유권이 '국' 앞으로 이전되기 전날인 1939. 2. 6. 경기도지사가 기업자로서 하천개수사업을 하는 데 필요한 토지들을 당시의 토지수용령에 근거하여 수용하는 공고를 하였는데, 그 공고문에는 분할 전 토지의 인근 필지인 (주소 1 생략) 및 (주소 2 생략) 토지들이 포함되어 있었던 사실, 경기도는 그 이후 수용대상 토지들 중 협의수용되지 아니한 토지들에 대하여는 재결절차를 거쳐 이를 수용한 사실, 1924년경 작성된 지적원도나 1966년경 촬영된 항공사진에 분할 전 토지는 중랑천의 제외지(제외지)로 나타나는 사실, 사정명의인인 소외 1이나 그 후손들은 이 사건 소를 제기하기 전까지는 분할 전 토지에 관한 보상을 요구하거나 소유자라면 당연히 하였을 것으로 예상되는 권리주장을 한 바가 없는 사실 등을 알 수 있다.

위 사실관계를 앞서 본 법령의 규정에 비추어 살펴보면, 이 사건 중소하천개수공사는 조선총독부가 구 조선하천령에 의하여 공사에 필요한 비용을 보조하되 그 공사로 인하여 취득한 토지는 국유로 하기로 하고 도지사 등의 주관하에 이루어진 것이므로, 중랑천의 제외지였던 분할 전 토지에 대하여 국가 소유로 소유권이 이전되었다면 하천개수공사를 실시한 당국은 개수공사의 대상인 분할 전 토지를 매수하고 그 대금도 지급하였을 것으로 추정하는 것이 경험칙과 논리칙에 부합한다.

같은 취지의 원심판단은 정당하고, 거기에 논리와 경험의 법칙을 위반하고 자유심증주의의 한계를 벗어나는 등의 위법이 없다. 독립당사자참가인들이 상고이유에서 들고 있는 대법원판결은 이 사건과 사안이 달라 이 사건에 원용하기에 적절하지 않다.

3. 결론

상고를 모두 기각하고 상고비용은 패소자들이 부담하기로 하여, 관여 대법관의 일치된 의견으로 주문과 같이 판결한다.

[판례 3] 부당이득금반환 (대법원 2014. 12. 24. 선고 2013다65925 판결)

【판시사항】

아파트의 부속시설인 미등기 건물의 권리관계 귀속이나 인도 여부에 관하여 정한 바가 없이 위 건물의 소유자인 갑 합자회사와 을 사이에 '갑 회사와 을 사이에 이 조정조항에서 정한 것 이외에는 아무런 채권채무가 없음을 확인한다'는 내용이 포함된 조정이 성립하였는데, 이후 갑 회사가 을을 상대로 미등기 건물의 인도를 청구하여 승소확정판결을 받은 다음 을이 위 조정성립 이후에 위 건물을 사용한 것에 대하여 부당이득반환을 구한 사안에서, 을이 위 조정 이후 위 건물을 사용함으로 인한 장래의 이득에 대해서까지 조정의 효력이 미쳐 갑 회사가 이득의 반환을 청구하지 않기로 한 것이라고 해석하기 어렵고, 갑 회사가 추후 별소로 행사할 수 있는 부당이득반환청구를 위 인도소송에서 함께 구하지 않은 점 등만으로는 조정 이후의 부당이득반환청구권을 포기한 것으로 볼 수 없다고 한 사례

【참조조문】

민법 제105조, 제741조

【전 문】

【원고, 상고인】 대원주택건설 합자회사
【피고, 피상고인】 신영건설 주식회사 외 1인
【원심판결】 춘천지법 2013. 7. 26. 선고 2012나6534, 6541 판결

【주 문】

원심판결을 파기하고, 사건을 춘천지방법원 합의부에 환송한다.

【이 유】

상고이유를 판단한다.

1. 원심은 제1심판결 이유를 일부 인용하여, 원고는 이 사건 조정 후 피고 2를 상대로 제기한 이 사건 건물의 인도소송에서 피고 2 및 피고보조참가인으로 참가한 피고 신영건설 주식회사(이하 '피고 신영건설'이라고 한다)에 대하여 이 사건 부당이득금의 반환을 함께 구할 수 있었음에도 그러하지 아니한 점, 피고 2는 위 인도소송의 상고심에서 상고기각 판결이 선고됨에 따라 그로부터 2개월이 채 지나지 아니하여 원고에게 이 사건 건물을 인도한 점, 이 사건 건물은 피고 2의 원고에 대한 지분으로 인정된 것으로 보이고, 이 사건 조정 당시 조정당사자 사이에는 이 사건 건물의 사용으로 인한 이득에 관하여는 별도로 청구하지 않기로 한 것으로 보이는 점 등 그 판시와 같은 사정에 비추어 보면, 원고는 이 사건 조정조서에서 정한 것 외에는 아무런 채권채무가 없음을 확인한다는 조정조항의 내용에 반하여 피고 2를 상대로 이 사건 건물 중 2층 부분의 점유·사용에 대한 부당이득금의 반환을 구할 수 없고, 피고 2를 상대로 부당이득금의 반환을 구할 수 없는 이상 피고 2로부터 차임을 지급받았다고 주장하는 피고 신영건설에 대하여도 부당이득금의 반환을 구할 수 없다고 판단하였다.
2. 그러나 원심의 위와 같은 판단은 그대로 수긍하기 어렵다.
    가. 당사자가 표시한 문언에 의하여 법률행위의 객관적인 의미가 명확하게 드러나지 않는 경우에는 그 문언의 내용과 법률행위가 이루어진 동기 및 경위, 당사자가 그 법률행위에 의하여 달성하려는 목적과 진정한 의사, 거래의 관행 등을 종합적으로 고려하여 사회정의와 형평의 이념에 맞도록 논리와 경험의 법칙, 그리고 사회 일반의 상식과 거래의 통념에 따라 합리적으로 해석하여야 하고, 이러한 법리는 소송의 당사자 사이에 조정이 성립한 후 그 조정조항의 해석에 관하여 다툼이 있는 경우에도 마찬가지로 적용되어야 할 것이다(대법원 2007. 5. 10. 선고 2007다5700 판결, 대법원 2013. 11. 14. 선고 2013다60432 판결 등 참조).
    나. 원심이 일부 인용한 제1심판결 이유와 기록에 의하면 다음과 같은 사실을 알 수 있다.
        1) 강원 정선군 (주소 생략) 소재 대원아파트 90세대는 원고의 소유였다. 같은 번지에 위치한 대원아파트의 부속시설인 이 사건 건물은 지상 3층 상가건물로서 미등기 상태였다.
        2) 피고 2는 합자회사인 원고의 대표사원이었고, 소외 1은 위 피고의 남편이다. 피고 2 부부가 원고를 운영하면서 대원아파트와 이 사건 건물을 관리하고 있었다.
        3) 소외 2는 피고 2의 동생인 소외 3의 남편이다. 소외 2는 소외 1 부부로부터 대원아파트 30세대에 관한 지분을 인정받기로 하고 원고에 투자하였다. 위 30세대의 임차인들로부터의 차임 수령 문제 등에 관하여 2005. 9.경 소외 3

부부와 피고 2 부부 사이에 분쟁이 발생하였다.
4) 소외 2는 2006. 3.경 원고를 상대로 위 30세대에 관한 관리권 및 임대료 수령권이 자신에게 있음의 확인과 2005. 9.경 이후 원고가 위 30세대에 관하여 수령한 차임 4,676만 원의 지급을 구하는 소를 제기하였다. 위 소송의 제1심에서 2007. 3. 28. 소외 2 승소판결이 선고되었는데, 항소심에서 2008. 9. 29. 당사자인 소외 2, 원고와 조정참가인인 피고 2와 소외 3 등 사이에 '피고 2 부부와 소외 4는 원고에 대한 지분을 소외 3 부부와 소외 5에게 양도하고 대표사원, 무한책임사원 등에서 퇴사하였음(소외 2가 대표사원이 되는 등 사원 지위도 피고 2 부부 등에서 소외 3 부부 등으로 변경됨)을 확인하고(제1항), 원고는 피고 2에게 대원아파트 중 4세대에 관한 소유권이전등기절차를 이행한다(제2항)'는 취지의 이 사건 조정이 성립되었다. 그리고 위 조정조항에는 '소외 2, 3과 원고, 소외 1, 피고 2는 서로를 상대로 대원아파트 또는 원고의 운영 등과 관련하여 제기한 일체의 민사소송 등을 모두 취하하고(제3항)', '소외 2, 원고, 소외 3, 1, 피고 2는, 각 당사자 사이에 위 각 조항에서 정한 것 이외에는 아무런 채권채무가 없음을 확인한다(제4항)'는 내용이 포함되어 있으나, 미등기 건물인 이 사건 건물의 권리관계 귀속이나 인도 여부에 관하여는 정한 바가 없었다.
5) 대표사원이 소외 3으로 변경된 원고는 2008. 12. 24.경 피고 2와 소외 1을 상대로 이 사건 건물의 인도를 구하는 소(춘천지방법원 영월지원 2008가단8268)를 제기하였고, 피고 신영건설은 피고보조참가를 하였다. 위 사건의 항소심(춘천지방법원 2010나174)은 '원고가 이 사건 건물을 완공하여 원시취득하였고 피고 신영건설이 원고로부터 이 사건 건물을 양수하였다고 믿기 어렵다'는 이유로 2011. 1. 21. 제1심판결을 취소하고 원고 승소판결을 선고하였다. 위 판결은 상고(대법원 2011다12996)가 기각되어 2011. 4. 28. 확정되었고, 피고 2는 2011. 6. 11.경 이 사건 건물을 원고에게 인도하였다. 피고 2는 위 소송에서 이 사건 조정에 의하여 이 사건 건물에 관한 권리가 위 피고에게 있거나 원고에게 인도청구를 할 권리가 없다는 주장은 하지 않았고, 피고 신영건설로부터 이 사건 건물을 임차한 것이라고 주장하였다.

다. 위 사실관계를 앞서 본 법리에 비추어 살펴본다.
미등기 건물인 이 사건 건물에 관하여 이 사건 조정에서 권리이전에 관한 별도의 조항을 두지 않았고, 이 사건 조정 후 불과 3개월 만에 원고가 제기한 인도소송에서 피고 2는 원고의 인도청구가 이 사건 조정에 반하여 허용될 수 없다는 주장은 하지 않았으며, 결국 원고가 위 인도소송에서 승소확정판결을 받은 사정을 고려하면, 이 사건 조정으로 원고의 소유인 이 사건 건물이 위 피고의 지분으로 인정된 것으로 볼 수 없고, 한편 이 사건 조정으로 원고에 대한 지분을 모두 소외 3 측에게 양도하고 퇴사한 피고 2는 이 사건 조정 이후로는 이 사건 건물을 더 이상 점유, 사용할 권한이 없다고 봄이 상당하다.

또한 피고 2가 이 사건 건물을 가까운 특정 시일 이내에 인도하기로 하는 인도유예 조항을 두는 등의 특별한 사정이 없는 이상 이 사건 조정의 동기, 경위 등에 비추어 보아도, 피고가 위 조정 이후 원고 소유의 이 사건 건물을 사용함으로 인한 장래의 이득에 대해서까지 이 사건 조정조항 제4항의 효력이 미쳐 원고가 그 이득의 반환을 청구하지 않기로 한 것이라고 해석하기는 어렵다.

그리고 원고가 추후 별소로 행사할 수 있는 이 사건 부당이득반환청구를 위 인도소송에서 함께 구하지 않은 점 등만으로는 이 사건 조정 이후의 부당이득반환청구권을 포기한 것으로 볼 수 없다.

뿐만 아니라 이 사건 조정의 당사자도 조정참가인도 아닌 피고 신영건설에게는 이 사건 조정의 효력이 미치지 않고, 원고가 피고 2를 상대로 이 사건 조정 이후의 부당이득반환청구권을 행사할 수 없는 게 아님은 앞서 본 바와 같다.

그럼에도 불구하고 원심은 그 판시와 같은 이유로 원고가 이 사건 조정으로 피고 2에게 이 사건 건물의 사용으로 인한 이득에 관하여는 별도로 청구하지 않기로 하였고, 피고 신영건설에 대하여도 이 사건 건물에 관한 부당이득반환을 청구할 수 없다고 판단하였으니, 이러한 원심판단에는 조정조항의 해석과 효력범위에 관한 법리를 오해하고 필요한 심리를 다하지 아니하는 등 판결에 영향을 미친 위법이 있다. 이를 지적하는 상고이유 주장은 이유 있다.

3. 그러므로 원심판결을 파기하고, 사건을 다시 심리·판단하게 하기 위하여 원심법원에 환송하기로 하여, 관여 대법관의 일치된 의견으로 주문과 같이 판결한다.

[판례 4] 손해배상(기) (대법원 2014. 12. 11. 선고 2011다38219 판결)

【판시사항】

지적공부에 소유자 기재가 없는 미등기 토지에 관하여 국가가 국가 명의의 소유권보존등기를 마치자, 토지를 사정받은 갑의 상속인들이 국가를 상대로 불법행위에 따른 손해배상을 구한 사안에서, 국가가 토지의 진정한 소유자가 따로 있음을 알았다는 등의 특별한 사정이 없는 한 토지의 사정명의인 또는 상속인에 대한 관계에서 불법행위가 성립하지 않는다고 한 사례

【판결요지】

지적공부에 소유자 기재가 없는 미등기 토지에 관하여 국가가 국유재산에 관한 권리보전조치의 일환으로 국가 명의의 소유권보존등기를 마치자, 토지를 사정받은 갑의

상속인들이 국가를 상대로 불법행위에 따른 손해배상을 구한 사안에서, 미등기 부동산에 대한 국가의 권리보전조치의 경위와 내용, 토지조사부에 소유자로 등재된 자의 지위에 관한 판례변경 경위 및 광복 이후 농지개혁과 6·25동란 등을 거치면서 토지소유권에 관하여도 극심한 변동이 있었던 점 등을 감안하여 보면, 국가가 지적공부에 소유자 기재가 없는 미등기 토지에 관하여 국가 명의로 소유권보존등기를 하는 권리보전조치를 취한 것은 위법한 행위라고 볼 수 없고, 국가가 권리보전조치를 하는 과정에서 토지의 진정한 소유자가 따로 있음을 알고 있음에도 소유권보존등기를 마쳤다는 등의 특별한 사정이 없는 한 토지의 사정명의인 또는 상속인에 대한 관계에서 불법행위가 성립하지 않는다고 한 사례.

【참조조문】
국가배상법 제2조, 민법 제252조, 제750조, 제1053조, 제1056조, 제1057조, 제1057조의2, 제1058조, 구 국유재산법(1994. 1. 5. 법률 제4698호로 개정되기 전의 것) 제8조(현행 제12조 참조), 구 국유재산법 시행령(1994. 4. 12. 대통령령 제14209호로 개정되기 전의 것) 제4조 제1항(현행 제7조 제1항 참조)

【전 문】
【원고, 피상고인 겸 상고인】 원고 1 외 7인 (소송대리인 변호사 차경남)
【피고, 상고인 겸 피상고인】 대한민국
【원심판결】 서울고법 2011. 4. 14. 선고 2010나47706 판결

【주 문】
원심판결 중 피고 패소 부분을 파기하고, 이 부분 사건을 서울고등법원에 환송한다. 원고들의 상고를 모두 기각한다.

【이 유】
상고이유(상고이유서 제출기간이 경과한 후에 제출된 상고이유보충서의 기재는 상고이유를 보충하는 범위 내에서)를 판단한다.
1. 가. 민법 제252조는 무주의 부동산은 국유로 한다고 정하고 있고, 구 국유재산법(1994. 1. 5. 법률 제4698호로 개정되기 전의 것) 제8조는 총괄청 또는 관리청은 대통령령이 정하는 바에 의하여 무주의 부동산을 국유재산으로 취득한다고 정하고 구 국유재산법 시행령(1994. 4. 12. 대통령령 제14209호로 개정되기 전의 것) 제4조 제1항은 총괄청 또는 관리청은 무주의 부동산을 국유재산으로 취득하고자 할 때에는 '1. 부동산의 표시', '2. 공고 후 6월이 경과할 때까지 당해 부동산에 대하여 정당한 권리를 주장하는 자의 신고가 없는 경우에는 이를

국유재산으로 취득한다는 뜻'을 공고하여야 한다고 정하고 있다.
나. 기록에 의하면, 국가인 피고는 1985년 이후 국유재산 사무의 총괄청인 기획재정부의 주관으로 전국에 산재해 있는 미등기의 무주부동산에 관하여 국가 명의로 소유권보존등기를 하는 권리보전조치를 추진하였는데, 기획재정부는 그 대상재산을 국유재산대장, 등기부, 지적공부 등을 상호 대조하여 선정하되, 지적공부의 소유자란에 '미상', '불명'으로 기재되어 있거나 공란으로 되어 있는 미등기의 재산을 일응 무주부동산으로 취급하여 실태 및 현지조사, 소관청 분류 및 이관, 토지대장의 등록·변경 및 관련 공부 정리 등의 절차를 거쳐 권리보전조치를 진행한 사실을 알 수 있다.
다. 진정한 소유자가 있는 토지에 관하여 그 소유자가 행방불명되어 생사 여부를 알 수 없다 하더라도 그가 사망하고 상속인도 없다는 점이 입증되거나 그 토지에 대하여 민법 제1053조 내지 제1058조에 의한 국가귀속절차가 이루어지지 아니한 이상 그 토지가 바로 무주부동산이 되어 국가 소유로 귀속되는 것은 아니다. 또한 무주부동산이 아닌 한 국유재산법 제8조에 의한 무주부동산의 처리절차를 밟아 국유재산으로 등록되었다 하여 국가 소유로 되는 것도 아니다(대법원 1999. 2. 23. 선고 98다59132 판결, 대법원 2011. 12. 13. 선고 2011도8873 판결 등 참조).
한편 6·25동란으로 인하여 지적공부가 멸실된 토지의 진정한 소유권자를 가리는 소송에서 대법원은 종래에는 토지 사정 당시 작성된 토지조사부의 소유자란에 소유자로 등재된 사실만으로는 토지사정을 거쳐 그 소유권이 확정된 것이라고 단정할 수 없다는 입장을 취하였으나(대법원 1982. 5. 11. 선고 81다188 판결, 대법원 1982. 6. 10. 선고 81다92 판결 등 참조), 1986년에 판례를 변경하여 토지조사부에 소유자로 등재되어 있는 자는 반증이 없는 이상 토지소유자로 사정받고 그 사정이 확정된 것으로 추정하여야 한다는 입장을 취하였다(대법원 1986. 6. 10. 선고 84다카1773 전원합의체 판결 참조). 그리고 소유권보존등기의 추정력은 그 보존등기 명의인 이외의 자가 당해 토지를 사정받은 것으로 밝혀지면 깨어지는 것이며 상속인이 존재하는 부동산은 무주부동산이 아니라고 할 것이나(대법원 1997. 5. 23. 선고 95다46654, 46661 판결 등 참조), 사정 이후에 사정명의인이 그 토지를 다른 사람에게 처분한 사실이 인정된다면 사정명의인 또는 그 상속인들에게는 소유권보존등기 명의자를 상대로 하여 그 등기의 말소를 청구할 권원이 없게 되는 것이다(대법원 2008. 12. 24. 선고 2007다79718 판결, 대법원 2012. 6. 14. 선고 2012다10355 판결 등 참조).
라. 국가배상책임은 공무원의 직무집행이 법령에 위반한 것임을 요건으로 하는데, 공무원의 직무집행이 법령이 정한 요건과 절차에 따라 이루어진 것이라면 특별한 사정이 없는 한 이는 법령에 위반한 것이라고 볼 수 없는 것이다(대법원

2000. 11. 10. 선고 2000다26807 판결 등 참조). 그런데 위에서 살펴본, 미등기 부동산에 대한 피고의 권리보전조치의 경위와 내용, 토지조사부에 소유자로 등재된 자의 지위에 관한 판례변경 경위 및 광복 이후 농지개혁과 6·25동란 등을 거치면서 토지소유권에 관하여도 극심한 변동이 있었던 점 등을 감안하여 보면, 피고가 지적공부에 소유자 기재가 없는 미등기의 토지에 대하여 국가 명의로 소유권보존등기를 하는 권리보전조치를 취한 것이 위법한 행위라고 볼 수는 없는 것이며, 피고가 그 권리보전조치를 하는 과정에서 그 토지의 진정한 소유자가 따로 있음을 알고 있음에도 불구하고 국가 명의로 소유권보존등기를 경료하였다는 등의 특별한 사정이 없는 한 그 토지의 사정명의인 또는 그 상속인에 대한 관계에서 무슨 불법행위가 된다고 할 수는 없는 것이다.

2. 원심은 그 판시와 같은 사실을 인정한 다음, 이 사건 토지에 관하여 소외인이 사정을 받아 그 상속인들이 존재함에도 불구하고 피고 명의로 소유권보존등기를 경료한 행위에 대하여, 피고가 국유재산법령이 정한 무주부동산 취득절차를 거쳤는지 여부에 관한 증거가 없을 뿐만 아니라, 설령 그러한 절차를 거쳤다고 하더라도 사정명의인 내지 그 상속인의 존재 여부를 조사하지 아니한 채 지적공부에 소유자 기재가 없다고 하여 바로 무주부동산 취득절차를 취하였다는 이유로 피고에게 원고들의 소유권 상실로 인한 손해를 배상할 책임이 있다고 판단하였다.

그러나 앞서 본 법리에 비추어 원심판결 이유와 기록을 살펴보면, 피고는 지적공부에 소유자 기재가 없는 미등기의 이 사건 토지에 관하여 앞서 본 바와 같은 국유재산에 관한 권리보전조치의 일환으로 국가 명의로 소유권보존등기를 경료한 것인바, 피고가 이 사건 토지에 관하여 진정한 소유자가 따로 있음을 알았다는 등의 특별한 사정이 없는 이상 원고들에 대한 관계에서 불법행위가 된다고 할 수 없다. 그럼에도 원심이 이와 달리 이 사건 토지에 관하여 피고 명의로 소유권보존등기를 경료한 행위가 원고들에 대한 불법행위가 된다는 전제에서 피고에게 원고들의 소유권 상실로 인한 손해를 배상할 책임이 있다고 판단한 데에는 국가배상책임의 성립요건에 관한 법리를 오해하여 판결에 영향을 미친 잘못이 있다. 이 점을 지적하는 피고의 상고이유의 주장은 이유 있다.

3. 한편 앞서 본 바와 같이 이 사건 토지에 관하여 피고 명의로 소유권보존등기를 경료한 행위가 원고들에 대하여 불법행위가 될 수 없는 이상 피고에게 손해배상책임이 있음을 전제로 한 원고들의 상고이유의 주장은 더 나아가 살펴볼 필요 없이 이유 없다.

4. 결론

그러므로 피고의 나머지 상고이유에 대한 판단을 생략한 채 원심판결 중 피고 패소 부분을 파기하고 이 부분 사건을 다시 심리·판단하게 하기 위하여 원심법원에 환송하며, 원고들의 상고를 모두 기각하기로 하여, 관여 대법관의 일치된 의견으로 주문과 같이 판결한다.

[판례 5] 집행위임거부에관한이의 (대법원 2014. 6. 3. 자 2013그336 결정)

【판시사항】
집행관이 미등기건물에 대한 철거 시 철거대상 미등기건물이 채무자에게 속하는지를 판단하기 위하여 조사·확인하여야 할 사항 및 집행관이 현재 건축주 명의인이 채무자와 다르다는 이유만으로 철거대상 미등기건물이 채무자에게 속하지 않는다고 판단하여 철거하지 않은 경우, 채권자가 집행에 관한 이의신청으로 구제받을 수 있는지 여부(적극)

【결정요지】
집행기관은 집행을 개시함에 있어 집행대상이 채무자에게 속하는지를 스스로 조사·판단하여야 하고, 이는 건물철거의 대체집행에서 수권결정에 기초하여 작위의 실시를 위임받은 집행관이 실제 철거를 실시하는 경우에도 마찬가지이다. 그런데 미등기건물에는 소유권을 표상하는 외관적 징표로서 등기부가 존재하지 아니하므로, 집행관이 미등기건물에 대한 철거를 실시함에 있어서는 건축허가서나 공사도급계약서 등을 조사하여 철거대상 미등기건물이 채무자에게 속하는지를 판단하여야 할 것이고, 또한 대체집행의 기초가 된 집행권원에는 철거의무의 근거로서 철거대상 미등기건물에 대한 소유권 등이 채무자에게 있다고 판단한 이유가 기재되어 있기 마련이므로, 집행관으로서는 집행권원의 내용도 확인하여야 할 것이다.

한편 미등기건물의 건축허가상 건축주 명의가 변경되었다고 하더라도, 변경시점에 이미 건물이 사회통념상 독립한 건물이라고 볼 수 있는 형태와 구조를 갖추고 있었다면 원래의 건축주가 건물의 소유권을 원시취득하고, 변경된 건축주 명의인은 소유자가 아니므로, 집행관이 변경된 현재의 건축주 명의인이 채무자와 다르다는 이유만으로 철거대상 미등기건물이 채무자에게 속하는 것이 아니라고 판단하여 철거를 실시하지 않았다면, 이는 집행관이 지킬 집행절차를 위반하여 집행을 위임받기를 거부하거나 집행행위를 지체한 경우에 해당하여 채권자는 집행에 관한 이의신청으로 구제받을 수 있다.

【참조조문】
민법 제389조 제2항, 민사집행법 제16조, 제260조

134 미등기 부동산 경매관련 선례·질의회신

【참조판례】
대법원 1997. 5. 9. 선고 96다54867 판결(공1997상, 1727)

【전 문】
【신청인, 특별항고인】 신청인 (신청대리인 변호사 홍지훈)
【피신청인, 상대방】 주식회사 대주관광호텔
【원심결정】 춘천지법 강릉지원 2013. 11. 13.자 2013타기522 결정

【주 문】
원심결정을 파기하고, 사건을 춘천지방법원 강릉지원에 환송한다.

【이 유】
특별항고이유를 판단한다.
1. 집행기관은 집행을 개시함에 있어 그 집행대상이 채무자에게 속하는지를 스스로 조사·판단하여야 하고, 이는 건물철거의 대체집행에서 수권결정에 기초하여 작위의 실시를 위임받은 집행관이 실제 철거를 실시하는 경우에도 마찬가지이다. 그런데 미등기건물에는 그 소유권을 표상하는 외관적 징표로서의 등기부가 존재하지 아니하므로, 집행관이 미등기건물에 대한 철거를 실시함에 있어서는 건축허가서나 공사도급계약서 등을 조사하여 철거대상 미등기건물이 채무자에게 속하는지를 판단하여야 할 것이고, 또한 대체집행의 기초가 된 집행권원에는 철거의무의 근거로서 철거대상 미등기건물에 대한 소유권 등이 채무자에게 있다고 판단한 이유가 기재되어 있기 마련이므로, 집행관으로서는 그 집행권원의 내용도 확인하여야 할 것이다.
한편, 미등기건물의 건축허가상 건축주 명의가 변경되었다고 하더라도, 그 변경시점에 이미 건물이 사회통념상 독립한 건물이라고 볼 수 있는 형태와 구조를 갖추고 있었다면 원래의 건축주가 그 건물의 소유권을 원시취득하고, 변경된 건축주 명의인은 그 소유자가 아니므로(대법원 1997. 5. 9. 선고 96다54867 판결 등 참조), 집행관이 변경된 현재의 건축주 명의인이 채무자와 다르다는 이유만으로 철거대상 미등기건물이 채무자에게 속하는 것이 아니라고 판단하여 철거를 실시하지 않았다면, 이는 집행관이 지킬 집행절차를 위반하여 집행을 위임받기를 거부하거나 집행행위를 지체한 경우에 해당하여 채권자는 집행에 관한 이의신청으로 구제받을 수 있다고 할 것이다.
2. 기록에 의하면, 다음과 같은 사실을 알 수 있다.
① 상대방은 그 소유로서 농업협동조합중앙회 명의의 근저당권설정등기가 마쳐져 있던 동해시 (주소 생략) 대 1,659㎡(이하 '이 사건 토지'라고 한다)의 일부 지

상에 있던 기존 건물에서 호텔 영업을 해 오다가, 2009. 12. 25. 디에스종합건설 주식회사와 사이에 이 사건 토지의 다른 일부 지상에 예식장 건물(이하 '이 사건 건물'이라 한다)을 신축하는 내용의 공사도급계약을 체결하고, 2010. 2. 9. 동해시장으로부터 증축허가를 받았으며, 디에스종합건설 주식회사는 그 무렵 이 사건 건물을 건축하기 시작하였다.

② 상대방의 자금 악화로 2011. 6. 22. 이 사건 토지와 위 기존 건물에 대하여 춘천지방법원 강릉지원 2011타경4727호, 2011타경6235호(중복)로 부동산경매절차가 개시되었고, 디에스종합건설 주식회사는 그 무렵 공정률 약 65%인 상태에서 이 사건 건물의 공사를 중단하였으며, 한편 이 사건 건물의 건축허가상 건축주 명의가 2012. 6. 5. 화인전기 주식회사(이하 '화인전기'라고 한다)로 변경되었다.

③ 특별항고인은 위 경매절차에서 최고가매수인으로서 매각대금을 완납하고, 2012. 7. 13. 이 사건 토지와 위 기존 건물에 관하여 소유권이전등기를 마쳤다.

④ 특별항고인은 2012. 8. 22. 춘천지방법원 강릉지원 2012가단7775호로 상대방, 화인전기 등을 피고로 하여 이 사건 건물의 철거 등을 청구하는 소를 제기하였고, 2013. 6. 19. '이 사건 토지에 관한 경매개시결정 당시 이 사건 건물은 공정률 약 65%의 건축 중인 건물로서 기둥과 지붕 그리고 주벽이 완성되어 있어 독립된 부동산으로서의 건물의 요건을 갖추었으므로, 원래의 건축주인 상대방이 이 사건 건물의 소유권을 원시취득하였고, 변경된 건축주 명의인인 화인전기는 이 사건 건물의 소유자가 아니다'는 등의 이유로 '특별항고인의 상대방에 대한 이 사건 건물 철거청구 등은 인용하고, 화인전기에 대한 이 사건 건물 철거청구 등은 기각'하는 가집행선고부 판결(이하 '이 사건 판결'이라 한다)이 선고되었다.

⑤ 특별항고인은 이 사건 건물의 철거를 위하여 2013. 6. 28. 이 사건 판결에 집행문을 부여받아 2013. 7. 2. 춘천지방법원 강릉지원 2013타기310호로 상대방을 피신청인으로 하여 대체집행을 신청하여 2013. 7. 19. 수권결정을 받은 다음, 위 수권결정에 기초한 철거의 실시를 춘천지방법원 강릉지원 소속 집행관에게 위임하였다.

⑥ 그런데 춘천지방법원 강릉지원 소속 집행관 소외인은 2013. 9. 6. '건축주 명의인이 화인전기로서 수권결정상의 채무자인 상대방과 다르다'는 이유로 부동산철거불능조서를 작성하고 이 사건 건물의 철거를 실시하지 아니하였다.

⑦ 이에 특별항고인은 2013. 10. 18. 이 사건 집행에 관한 이의신청을 하였는데, 원심은 2013. 11. 13. '외관상 명의가 실체상의 권리와 부합하지 않는다는 등의 실체상의 사유는 집행에 관한 이의사유가 될 수 없다'는 이유로 이 사건 집행에 관한 이의신청을 기각하는 원심결정을 하였다.

3. 이러한 사실관계를 앞서 본 법리에 비추어 살펴본다.

위 집행관은 건축허가서와 공사도급계약서 및 이 사건 판결 등을 조사·확인하고 이 사건 건물이 상대방에게 속하는지를 판단하였어야 할 것임에도 변경된 현재의 건축주 명의인이 상대방이 아닌 확인전기라는 이유만으로 이 사건 건물이 상대방에게 속하는 것이 아니라고 판단하고 철거를 실시하지 않았을 가능성이 크고, 이 사건 집행에 관한 이의신청은 '위 집행관의 행위가 집행관이 지킬 집행절차를 위반하여 집행을 위임받기를 거부하거나 집행행위를 지체한 경우에 해당한다'는 주장을 하는 것으로 보아야 할 것이다.

따라서 원심으로서는 위 집행관이 이 사건 건물이 상대방에게 속하는 것이 아니라고 판단하고 철거를 실시하지 않음에 있어 위와 같은 서류를 제대로 조사·확인하는 등 집행관이 지킬 집행절차를 위반하였는지를 심리하였어야 할 것임에도, 이에 관한 심리 없이 그 판시와 같은 이유만으로 이 사건 집행에 관한 이의신청을 기각하고 말았으니, 이러한 원심의 조치에는 특별항고인이 적법한 절차에 따른 재판을 받을 권리를 침해하여 재판에 영향을 미친 헌법 위반이 있다고 할 것이다. 이 점을 지적하는 취지의 특별항고이유 주장은 이유 있다.

4. 그러므로 원심결정을 파기하고, 사건을 다시 심리·판단하도록 하기 위하여 원심법원에 환송하기로 하여 관여 대법관의 일치된 의견으로 주문과 같이 결정한다.

[판례 6] 무허가건물소유명의인변경등록 (대법원 2014. 2. 13. 선고 2011다64782 판결)

【판시사항】
미등기 무허가건물에 관한 매매계약이 해제되기 전에 매수인으로부터 무허가건물을 다시 매수하고 무허가건물관리대장에 소유자로 등재된 자가 민법 제548조 제1항 단서에서 말하는 제3자에 해당하는지 여부(소극)

【판결요지】
민법 제548조 제1항 단서에서 규정하는 제3자라 함은 해제된 계약으로부터 생긴 법률적 효과를 기초로 하여 새로운 이해관계를 가졌을 뿐 아니라 등기·인도 등으로 완전한 권리를 취득한 사람을 지칭하는 것이다. 그런데 미등기 무허가건물의 매수인은 소유권이전등기를 마치지 않는 한 건물의 소유권을 취득할 수 없고, 소유권에 준하는 관습상의 물권이 있다고도 할 수 없으며, 현행법상 사실상의 소유권이라고 하는 포괄적인 권리 또는 법률상의 지위를 인정하기도 어렵다. 또한, 무허가건물관리대장은 무허가건물에 관한 관리의 편의를 위하여 작성된 것일 뿐 그에 관한 권리관계를 공시할 목적으로 작성된 것이 아니므로 무허가건물관리대장에 소유자로 등재되었다는 사실만으로는 무허가건물에 관한 소유권 기타의 권리를 취득하는 효력이 없다. 따라서 미등기 무허가건물에 관한 매매계약이 해제되기 전에 매수인으로부터 해당 무허가건물을 다시 매수하고 무허가건물관리대장에 소유자로 등재되었다고 하더라도 건물에 관하여 완전한 권리를 취득한 것으로 볼 수 없으므로 민법 제548조 제1항 단서에서 규정하는 제3자에 해당한다고 할 수 없다.

【참조조문】
민법 제548조 제1항

【참조판례】
대법원 1993. 1. 26. 선고 92다36274 판결(공1993상, 857)
대법원 1996. 4. 12. 선고 95다49882 판결(공1996상, 1515)
대법원 2006. 10. 27. 선고 2006다49000 판결(공2006하, 1995)

【전 문】
【원고, 피상고인】 원고 (소송대리인 변호사 김건우 외 1인)
【피고, 상고인】 피고 (소송대리인 법무법인 소망 담당변호사 오승원 외 1인)
【원심판결】 서울중앙지법 2011. 7. 5. 선고 2011나4857 판결

【주 문】
상고를 기각한다. 상고비용은 피고가 부담한다.

【이 유】
상고이유를 판단한다.
1. 민법 제548조 제1항 단서에서 규정하는 제3자라 함은 그 해제된 계약으로부터 생긴 법률적 효과를 기초로 하여 새로운 이해관계를 가졌을 뿐 아니라 등기·인도 등으로 완전한 권리를 취득한 사람을 지칭하는 것이다(대법원 1996. 4. 12. 선고 95다49882 판결 등 참조).

그런데 미등기 무허가건물의 매수인은 그 소유권이전등기를 마치지 않는 한 그 건물의 소유권을 취득할 수 없고, 소유권에 준하는 관습상의 물권이 있다고도 할 수 없으며, 현행법상 사실상의 소유권이라고 하는 포괄적인 권리 또는 법률상의 지위를 인정하기도 어렵다(대법원 2006. 10. 27. 선고 2006다49000 판결 등 참조).

또한, 무허가건물관리대장은 무허가건물에 관한 관리의 편의를 위하여 작성된 것일 뿐 그에 관한 권리관계를 공시할 목적으로 작성된 것이 아니므로 무허가건물관리대장에 소유자로 등재되었다는 사실만으로는 무허가건물에 관한 소유권 기타의

권리를 취득하는 효력이 없다(대법원 1993. 1. 26. 선고 92다36274 판결 등 참조). 따라서 미등기 무허가건물에 관한 매매계약이 해제되기 전에 그 매수인으로부터 해당 무허가건물을 다시 매수하고 무허가건물관리대장에 소유자로 등재되었다고 하더라도 그 건물에 관하여 완전한 권리를 취득한 것으로 볼 수 없으므로 민법 제548조 제1항 단서에서 규정하는 제3자에 해당한다고 할 수 없다.

2. 원심판결 이유를 기록에 비추어 살펴보면, 원심이 그 판시와 같은 이유로 피고는 등기·인도 등으로 완전한 권리를 취득한 제3자가 아니므로 원고가 피고를 상대로 이 사건 계약의 해제의 효과를 주장할 수 있다고 판단한 것은 정당하고, 거기에 상고이유 주장과 같이 미등기 무허가건물 매수인의 법적 지위나 민법 제548조 제1항 단서의 제3자의 범위에 관한 법리를 오해하는 등의 위법이 없다.

3. 그러므로 상고를 기각하고 상고비용은 패소자가 부담하도록 하여, 관여 대법관의 일치된 의견으로 주문과 같이 판결한다.

[판례 7] 양도소득세부과처분취소 (대법원 2013. 12. 12. 선고 2011두7557 판결)

【판시사항】

[1] 부동산매매계약을 체결한 매수인이 매매대금 중 계약금과 중도금뿐만 아니라 잔금의 상당 부분을 지급하여 잔금 일부만을 지급하면 취득에 관한 등기가 가능함에도 양도소득세 중과세율 적용을 회피할 의도 등으로 대금을 지급하지 아니한 채 부동산에 관한 자신의 권리를 양도하는 경우, 구 소득세법 제104조 제1항 제3호의 미등기양도자산에 관한 중과세율을 적용하여야 하는지 여부(적극)

[2] 미등기양도자산의 취득에 있어서 양도자에게 미등기양도를 통한 조세회피목적이나 전매이득취득 등 투기목적이 없다고 인정되고, 양도 당시 자산의 취득에 관한 등기를 하지 아니한 책임을 양도자에게 추궁하는 것이 가혹하다고 판단되는 경우, 양도소득세가 중과되는 미등기양도자산에서 제외되는지 여부(적극)

【참조조문】

[1] 구 소득세법(2009. 6. 9. 법률 제9774호로 개정되기 전의 것) 제94조 제1항 제1호, 제2호 (가)목, 제104조 제1항 제3호, 제3항 [2] 구 소득세법(2009. 6. 9. 법률 제9774호로 개정되기 전의 것) 제104조 제1항 제3호, 제3항

【참조판례】

[1] 대법원 2012. 9. 27. 선고 2010두23408 판결

[2] 대법원 2005. 10. 28. 선고 2004두9494 판결(공2005하, 1879)

【전 문】
【원고, 상고인】 원고 (소송대리인 법무법인 율맥 담당변호사 이순호 외 1인)
【피고, 피상고인】 송파세무서장
【원심판결】 서울고법 2011. 2. 17. 선고 2009누23015 판결

【주 문】
상고를 기각한다. 상고비용은 원고가 부담한다.

【이 유】
상고이유에 대하여 판단한다.
1. 미등기양도자산에 관한 법리오해의 점 등에 대하여

 구 소득세법(2009. 6. 9. 법률 제9774호로 개정되기 전의 것, 이하 같다) 제94조 제1항은 "양도소득은 당해연도에 발생한 다음 각 호의 소득으로 한다."고 규정하면서, 과세대상인 양도소득으로서 제1호에서 '토지 또는 건물의 양도로 인하여 발생하는 소득'을, 제2호 (가)목에서 '부동산을 취득할 수 있는 권리(건물이 완성되는 때에 그 건물과 이에 부수되는 토지를 취득할 수 있는 권리를 포함한다)의 양도로 인하여 발생하는 소득'을 각각 들고 있다. 한편 구 소득세법 제104조 제1항 제3호는 미등기양도자산에 관하여 100분의 70의 중과세율을 적용하도록 하면서, 제3항 본문에서 "미등기양도자산이라 함은 제94조 제1항 제1호 및 제2호에 규정하는 자산을 취득한 자가 그 자산의 취득에 관한 등기를 하지 아니하고 양도하는 것을 말한다."고 규정하고 있다.

 위 각 규정에 비추어 보면 부동산 매매계약을 체결한 매수인이 대금을 청산하지 아니한 상태에서 매매계약상 권리의무 또는 매수인의 지위를 제3자에게 양도하고 그 매매계약 관계에서 탈퇴하는 경우에는, 매매당사자 사이에 잔금의 완납 전이라도 소유권이전등기를 먼저 넘겨주기로 특약을 하였다는 등 특별한 사정이 없는 한 그 취득에 관한 등기 자체가 불가능하므로 이를 양도하더라도 원칙적으로 구 소득세법 제104조 제1항 제3호 소정의 미등기양도자산에 관한 중과세율을 적용할 수 없다(대법원 2012. 9. 27. 선고 2010두23408 판결 등 참조). 그러나 부동산매매계약을 체결한 매수인이 매매대금 중 계약금과 중도금뿐만 아니라 잔금의 상당 부분을 이미 지급하여 잔금 일부만을 지급하면 바로 그 취득에 관한 등기가 가능함에도, 양도소득세 중과세율 적용을 회피할 의도 등으로 그 대금을 지급하지 아니한 채 부동산에 관한 자신의 권리를 양도하는 등의 특별한 사정이 있다면, 이러한 경우에는 구 소득세법 제104조 제1항 제3호 소정의 미등기양도자산에 관한 중과세율을

적용하여야 할 것이다.

원심이 인용한 제1심판결 이유 및 원심이 적법하게 채택한 증거에 의하면, 원고는 2002. 12. 3. 소외 1로부터 롯데쇼핑 주식회사(이하 '롯데쇼핑'이라 한다)가 공급하는 이 사건 아파트를 분양받을 수 있는 권리를 취득한 후 2003. 6. 20.부터 2005. 7. 20.까지 사이에 6회에 걸쳐 중도금을 완납하고 2006. 1. 31. 잔금 중 180,000,000원을 납부함으로써 전체 분양대금 848,215,000원 중 74,464,500원을 제외한 나머지 분양대금을 모두 납부한 사실, 이 사건 아파트는 2005. 11. 22. 사용승인을 받았고 2005. 12. 29. 그 소유권보존등기도 마쳐져 잔금 완납시 곧바로 입주가 가능하였던 사실, 그런데 원고는 미납 잔금을 연체한 상태에서 2006. 4. 28. 소외 2에게 이 사건 아파트에 관한 권리를 1,905,535,500원에 양도(이하 '이 사건 양도'라 한다)하고 소외 2로부터 위 양도대금 중 소외 2가 이행인수하기로 한 은행 대출금채무 508,929,000원을 제외한 나머지 1,396,606,500원을 지급받은 사실, 소외 2는 그 무렵 롯데쇼핑에 잔금 74,464,500원을 납부하고 2006. 9. 4. 이 사건 아파트에 관한 소유권이전등기를 마친 사실, 한편 원고의 남편인 소외 3은 2002. 11. 19. 롯데쇼핑으로부터 이 사건 아파트와 같은 동에 있는 아파트를 891,471,000원에 분양받아 분양대금을 완납하고 위 아파트에 관하여 소외 3 명의로 소유권이전등기를 마친 사실 등을 알 수 있다.

이러한 사실관계를 앞서 본 법리에 비추어 살펴보면, 이 사건 아파트에 관하여는 계약금과 중도금 뿐만 아니라 분양잔금 중 상당 부분까지 이미 지급되어 있어 원고는 그 잔금의 일부만을 완납하면 곧바로 그 취득에 관한 등기를 할 수 있었음에도 불구하고, 미등기양도자산에 관한 양도소득세 중과세 적용을 회피할 의도로 일부 잔금만을 미지급한 상태에서 이 사건 아파트를 양도한 것이므로, 이 때의 양도는 구 소득세법 제104조 제3항이 규정한 미등기양도자산의 양도에 해당한다고 할 것이다.

같은 취지에서 원심이 이 사건 양도를 미등기양도자산의 양도로 보아 구 소득세법 제104조 제1항 제3호가 규정한 중과세율을 적용한 이 사건 처분이 적법하다고 판단한 것은 정당한 것으로 수긍할 수 있고, 거기에 상고이유 주장과 같이 중과세율이 적용되는 미등기양도자산의 범위 등에 관한 법리를 오해하거나 판결 결과에 영향을 미친 판단 누락 등의 위법이 있다고 할 수 없다.

그 밖에 자산 취득자가 수분양자 명의변경절차를 밟지 않거나 그 취득에 대한 등기의무가 있는 경우에만 미등기양도자산에 해당한다는 취지의 상고이유 주장은 독자적인 견해에 불과하여 받아들일 수 없다.

2. 미등기양도자산의 제외사유에 관한 법리오해의 점 등에 대하여

미등기양도자산에 대하여 양도소득세를 중과하는 취지는 자산을 취득한 자가 양도 당시 그 취득에 관한 등기를 하지 아니하고 양도함으로써, 양도소득세 등의 각종

조세를 포탈하거나 양도차익만을 노려 잔대금 등의 지급 없이 전전매매하는 따위의 부동산투기 등을 억제, 방지하려는 데 있다고 할 것이므로, 애당초 그 자산의 취득에 있어서 양도자에게 자산의 미등기양도를 통한 조세회피목적이나 전매이득 취득 등 투기목적이 없다고 인정되고, 양도 당시 그 자산의 취득에 관한 등기를 하지 아니한 책임을 양도자에게 추궁하는 것이 가혹하다고 판단되는 경우 등과 같은 부득이한 사정이 인정되는 경우에는 양도소득세가 중과되는 미등기양도자산에서 제외된다(대법원 2005. 10. 28. 선고 2004두9494 판결 참조).

원심은 그 판시와 같은 사정을 이유로 원고가 이 사건 아파트에 관한 권리를 취득하여 매매한 경위 등 제반 사정을 감안하면 원고가 이 사건 양도를 함에 있어서 조세를 회피하거나 전매이득을 취득하려는 목적이 없었다거나 그 취득에 관한 등기를 하지 아니한 책임을 원고에게 지우는 것이 가혹한 경우에 해당한다고 보기 어렵고, 이 사건 양도가 구 소득세법 시행령(2010. 2. 18. 대통령령 제22034호로 개정되기 전의 것) 제168조 제1항 제1호에서 정하고 있는 미등기양도자산의 제외사유인 '장기할부조건으로 취득한 자산으로서 계약조건에 의하여 취득에 관한 등기가 불가능한 경우'에 해당하지 않는다고 판단하였다.

위 법리와 기록에 비추어 살펴보면, 원심의 위와 같은 판단은 정당한 것으로 수긍할 수 있고, 거기에 논리와 경험의 법칙을 위반하여 자유심증주의의 한계를 벗어나거나 미등기양도자산의 제외사유에 관한 법리를 오해한 등의 위법이 없다.

3. 재량권 일탈·남용에 관한 법리오해의 점에 대하여

원심은 그 판시와 같은 이유로 이 사건 양도가 구 소득세법 제104조 제3항의 미등기양도자산에 해당함을 전제로 한 이 사건 처분이 재량권의 범위를 일탈·남용하여 위법하다고 볼 수 없다고 판단하였다.

기록에 비추어 살펴보면, 원심의 위와 같은 판단은 정당한 것으로 수긍할 수 있고, 거기에 논리와 경험의 법칙을 위반하여 자유심증주의의 한계를 벗어나거나 재량권의 일탈 또는 남용에 관한 법리를 오해한 등의 위법이 없다.

4. 결론

그러므로 상고를 기각하고 상고비용은 패소자가 부담하도록 하여 관여 대법관의 일치된 의견으로 주문과 같이 판결한다.

[판례 8] 토지인도및건물철거등·매매대금 (대법원 2013. 11. 28. 선고 2013다48364,48371 판결)

【판시사항】

건물 소유를 목적으로 하는 토지 임대차에서 종전 임차인으로부터 미등기 무허가건물을 매수하여 점유하고 있는 임차인이 임대인에 대하여 지상물매수청구권을 행사할

수 있는지 여부(원칙적 적극)

【판결요지】
민법 제643조가 정하는 건물 소유를 목적으로 하는 토지 임대차에서 임차인이 가지는 지상물매수청구권은 건물의 소유를 목적으로 하는 토지 임대차계약이 종료되었음에도 그 지상 건물이 현존하는 경우에 임대차계약을 성실하게 지켜온 임차인이 임대인에게 상당한 가액으로 그 지상 건물의 매수를 청구할 수 있는 권리로서 국민경제적 관점에서 지상 건물의 잔존 가치를 보존하고, 토지 소유자의 배타적 소유권 행사로 인하여 희생당하기 쉬운 임차인을 보호하기 위한 제도이므로, 특별한 사정이 없는 한 행정관청의 허가를 받은 적법한 건물이 아니더라도 임차인의 지상물매수청구권의 대상이 될 수 있다. 그리고 건물을 매수하여 점유하고 있는 사람은 소유자로서의 등기명의가 없다 하더라도 그 권리의 범위 내에서는 그 점유 중인 건물에 대하여 법률상 또는 사실상의 처분권을 가지고 있다. 위와 같은 지상물매수청구청구권 제도의 목적, 미등기 매수인의 법적 지위 등에 비추어 볼 때, 종전 임차인으로부터 미등기 무허가 건물을 매수하여 점유하고 있는 임차인은 특별한 사정이 없는 한 비록 소유자로서의 등기명의가 없어 소유권을 취득하지 못하였다 하더라도 임대인에 대하여 지상물매수청구권을 행사할 수 있는 지위에 있다.

【참조조문】
민법 제186조, 제643조

【참조판례】
대법원 1967. 2. 28. 선고 66다2228 판결(집15-1, 민179)
대법원 1996. 4. 12. 선고 95다55245 판결(공1996상, 1521)
대법원 1997. 12. 23. 선고 97다37753 판결(공1998상, 375)

【전 문】
【원고(반소피고), 상고인】 원고 (소송대리인 법무법인 여울 담당변호사 한명수 외 2인)
【피고(반소원고), 피상고인】 별지 피고 목록 기재와 같다.
【원심판결】 대전지법 2013. 5. 22. 선고 2012나11035, 2013나5587 판결

【주 문】
상고를 모두 기각한다. 상고비용은 원고(반소피고)가 부담한다.

【이 유】

상고이유를 판단한다.
1. 상고이유 제1점에 관하여

  원심판결 이유를 기록에 비추어 살펴보면, 원심이 그 판시와 같은 이유로 원고(반소피고, 이하 '원고'라 한다)와 피고(반소원고, 이하 '피고'라 한다)들 사이에 건물소유를 목적으로 한 토지 임대차계약의 존재를 인정할 수 있다고 판단한 것은 정당한 것으로 수긍이 가고, 거기에 상고이유 주장과 같이 임대차계약에 관한 법리를 오해하여 필요한 심리를 다하지 아니하거나 논리와 경험의 법칙을 위반하여 자유심증주의의 한계를 벗어나는 등 판결에 영향을 미친 위법이 없다.

2. 상고이유 제2점에 관하여

  가. 민법 제643조가 정하는 건물 소유를 목적으로 하는 토지 임대차에 있어서 임차인이 가지는 지상물매수청구권은 건물의 소유를 목적으로 하는 토지 임대차계약이 종료되었음에도 그 지상 건물이 현존하는 경우에 임대차계약을 성실하게 지켜온 임차인이 임대인에게 상당한 가액으로 그 지상 건물의 매수를 청구할 수 있는 권리로서 국민경제적 관점에서 지상 건물의 잔존 가치를 보존하고, 토지 소유자의 배타적 소유권 행사로 인하여 희생당하기 쉬운 임차인을 보호하기 위한 제도이므로, 특별한 사정이 없는 한 행정관청의 허가를 받은 적법한 건물이 아니더라도 임차인의 지상물매수청구권의 대상이 될 수 있다(대법원 1997. 12. 23. 선고 97다37753 판결 등 참조).

  그리고 건물을 매수하여 점유하고 있는 사람은 소유자로서의 등기명의가 없다 하더라도 그 권리의 범위 내에서는 그 점유 중인 건물에 대하여 법률상 또는 사실상의 처분권을 가지고 있다(대법원 1967. 2. 28. 선고 66다2228 판결, 대법원 1996. 4. 12. 선고 95다55245 판결 등 참조).

  위와 같은 지상물매수청구권 제도의 목적, 미등기 매수인의 법적 지위 등에 비추어 볼 때, 종전 임차인으로부터 미등기 무허가건물을 매수하여 점유하고 있는 임차인은 특별한 사정이 없는 한 비록 소유자로서의 등기명의가 없어 소유권을 취득하지 못하였다 하더라도 임대인에 대하여 지상물매수청구권을 행사할 수 있는 지위에 있다고 할 것이다.

  나. 원심판결 이유에 의하면, 원심은 피고들이 이 사건 각 건물을 소유하고 있다고 인정한 다음 피고들의 지상물매수청구권 행사로 이 사건 각 건물에 관하여 매매계약이 체결되었다고 판단하였다.

  기록에 의하면, 피고 2는 이 사건 2 건물을 건축하여 그 소유권을 취득한 사실을 인정할 수 있으나, 피고 1, 3, 4, 5는 각각 종전 임차인들로부터 미등기 무허가건물인 이 사건 1, 3 내지 5 건물을 매수하여 점유하고 있는 것이어서 위 각 건물의 소유권을 취득하지 못한 사실을 알 수 있으므로, 이와 달리 피고 1, 3, 4, 5가 위 각 건물을 소유하고 있다고 본 원심의 판단은 잘못이라고 할 것이다.

　　그러나 위 사실을 앞서 본 법리에 비추어 살펴보면, 피고 1, 3, 4, 5가 비록 위 각 건물의 소유권을 취득하지 못하였다고 하더라도 특별한 사정이 없는 한 임차인으로서 위 각 건물에 관하여 지상물매수청구권을 행사할 수 있다고 할 것이므로, 피고 1, 3, 4, 5의 지상물매수청구권을 인정한 원심의 판단은 결과적으로 정당하고, 거기에 상고이유 주장과 같이 임차인의 지상물매수청구권에 관한 법리를 오해하여 판결 결과에 영향을 미친 위법이 없다.

3. 결론

　　그러므로 상고를 모두 기각하고, 상고비용은 패소자가 부담하기로 하여 관여 대법관의 일치된 의견으로 주문과 같이 판결한다.

[[별 지] 피고 목록: 생략]

[판례 9] 사기미수 (대법원 2013. 11. 28. 선고 2013도459 판결)

【판시사항】

[1] 소송사기에서 피기망자인 법원의 재판은 피해자의 처분행위에 갈음하는 내용과 효력이 있어야 하는지 여부(적극)

[2] 건물을 신축하여 그 소유권을 원시취득한 미등기건물의 소유자가 있고 그에 대한 채권담보 등을 위하여 건축허가명의만을 가진 자가 따로 있는 상황에서, 건축허가 명의자에 대한 채권자가 위 명의자와 공모하여 명의자를 상대로 위 건물에 관한 강제경매를 신청하여 법원의 경매개시결정이 내려지고, 그에 따라 위 명의자 앞으로 촉탁에 의한 소유권보존등기가 되고 나아가 그 경매절차에서 건물이 매각된 경우, 위와 같은 경매신청행위 등이 진정한 소유자에 대한 관계에서 사기죄를 구성하는지 여부(소극)

【참조조문】

[1] 형법 제347조 [2] 형법 제347조

【참조판례】

[1] 대법원 1985. 10. 8. 선고 84도2642 판결(공1985, 1506)
　　대법원 1987. 8. 18. 선고 87도1153 판결(공1987, 1485)
　　대법원 2009. 9. 24. 선고 2009도5900 판결

【전 문】

【피 고 인】 피고인
【상 고 인】 피고인
【원심판결】 수원지법 2012. 12. 20. 선고 2012노3781 판결

【주 문】

원심판결을 파기하고, 사건을 수원지방법원 본원 합의부에 환송한다.

【이 유】

상고이유를 판단한다.

1. 사기죄는 사람을 기망하여 착오에 빠뜨리고 그로 인한 처분행위로 재물의 교부를 받거나 재산상 이익을 얻는 것으로서, 기망행위가 있었다고 하여도 그로 인한 처분행위가 없을 때에는 사기죄가 성립하지 아니한다. 이른바 소송사기에 있어서도 피기망자인 법원의 재판은 피해자의 처분행위에 갈음하는 내용과 효력이 있는 것이어야 하고 그렇지 아니한 경우에는 착오에 의한 재물의 교부행위가 있다고 할 수 없다(대법원 1985. 10. 8. 선고 84도2642 판결 등 참조). 따라서 자기의 비용과 노력으로 건물을 신축하여 그 소유권을 원시취득한 미등기건물의 소유자가 있고 그에 대한 채권담보 등을 위하여 건축허가명의만을 가진 자가 따로 있는 상황에서, 건축허가명의자에 대한 채권자가 위 명의자와 공모하여 명의자를 상대로 위 건물에 관한 강제경매를 신청하여 법원의 경매개시결정이 내려지고, 그에 따라 위 명의자 앞으로 촉탁에 의한 소유권보존등기가 되고 나아가 그 경매절차에서 건물이 매각되었다고 하더라도, 위와 같은 경매신청행위 등이 진정한 소유자에 대한 관계에서 사기죄가 된다고 볼 수는 없다. 왜냐하면 위 경매절차에서 한 법원의 재판이나 법원의 촉탁에 의한 소유권보존등기의 효력은 그 재판의 당사자도 아닌 위 진정한 소유자에게는 미치지 아니하는 것이어서, 피기망자인 법원의 재판이 피해자의 처분행위에 갈음하는 내용과 효력이 있는 것이라고 보기는 어렵기 때문이다.

2. 이 사건 공소사실은, "실질적으로 피해자 소유인 이 사건 주택의 건축주로 되어 있을 뿐인 피고인이 공소외인을 내세워 피고인을 상대로 한 허위의 지급명령을 받게 한 뒤 공소외인으로 하여금 피고인을 상대로 이 사건 주택에 관한 강제경매를 신청하게 하여 피고인 앞으로 소유권보존등기가 마쳐지게 하고, 나아가 위 경매절차를 통해 이 사건 주택에 투자한 금원을 회수하려고 하였으나 경매를 취하함으로써 미수에 그쳤다"는 것이다.

이에 대하여 원심은, 위 경매절차에 의하여 이 사건 주택이 매각될 위기에 처하게 된 이상 위 강제경매신청은 피고인이 법원을 기망하여 피해자의 처분행위에 갈음하는 결정을 구한 것으로 볼 수 있다고 판단하여, 위 공소사실을 유죄로 인정한 제

1심판결을 그대로 유지하였다. 앞서 본 법리에 비추어 이러한 원심의 조치에는 소송사기의 처분행위에 관한 법리를 오해하여 판결에 영향을 미친 위법이 있다. 이 점을 지적하는 취지의 상고이유의 주장은 이유 있다.

한편 원심은 위 경매절차에서 이 사건 주택이 매각되고 그 매각대금이 완납될 경우 피해자는 그 소유권을 상실한다고 하였으나, 경매절차에서의 매수인은 경매부동산을 승계취득하는 데 불과하므로 그 부동산의 진정한 소유자에게는 대항할 수 없다는 점을 아울러 지적하여 둔다.

3. 이에 나머지 상고이유에 대한 판단을 생략한 채 원심판결을 파기하고, 사건을 다시 심리·판단하도록 원심법원에 환송하기로 하여 관여 대법관의 일치된 의견으로 주문과 같이 판결한다.

[판례 10] 양도소득세부과처분취소 (대법원 2013. 10. 11. 선고 2013두10519 판결)

【판시사항】

[1] 부동산 매매계약을 체결한 매수인이 대금을 청산하지 아니한 상태에서 매매계약상 권리의무관계 내지 매수인의 지위를 그대로 유지하면서 제3자와 다시 그 부동산에 관한 매매계약을 체결하여 제3자에게 소유권이전등기를 마친 경우, 구 소득세법 제104조 제1항 제3호의 미등기 양도자산에 관한 중과세율이 적용되는지 여부(적극)

[2] 구 국세기본법 제26조의2 제1항 제1호의 입법 취지 및 부동산 미등기 전매행위가 구 국세기본법 제26조의2 제1항 제1호에서 정한 '사기 기타 부정한 행위'에 해당하는 경우

【판결요지】

[1] 부동산 매매계약을 체결한 매수인이 대금을 청산하지 아니한 상태에서 매매계약상 권리의무 내지 매수인의 지위를 제3자에게 양도하고 그 매매계약 관계에서 탈퇴하는 경우에는 부동산을 취득할 수 있는 권리를 양도하는 것에 불과하여 매매당사자 간에 잔금의 완납 전이라도 소유권이전등기를 먼저 넘겨주기로 특약을 하는 등 특별한 사정이 없는 한 그 취득에 관한 등기 자체가 원칙적으로 불가능하므로 이를 양도하더라도 구 소득세법(2003. 12. 30. 법률 제7006호로 개정되기 전의 것, 이하 같다) 제104조 제1항 제3호의 미등기 양도자산에 관한 중과세율을 적용할 수 없을 것이나, 부동산 매매계약을 체결한 매수인이 대금을 청산하지 아니한 상태라고 하더라도 그 매매계약상 권리의무관계 내지 매수인의 지위를 그대로 유지하면서 제3자와 다시 그 부동산에 관한 매매계약을 체결한 경우에는 매수인

의 명의로 부동산을 취득하여 양도하기로 하는 것이므로 이는 부동산의 양도에 해당하고, 그 후 매수인이 매도인에게 잔금을 완납하면 그 취득에 관한 등기가 가능하므로 매수인이 그 명의의 소유권이전등기를 하지 아니한 채 곧바로 제3자에게 소유권이전등기를 마쳐 주었다면 이에 대하여는 구 소득세법 제104조 제1항 제3호의 미등기 양도자산에 관한 중과세율을 적용하여야 한다.

[2] 구 국세기본법(2003. 12. 30. 법률 제7008호로 개정되기 전의 것, 이하 같다) 제26조의2 제1항 제1호의 입법 취지는 국세에 관한 과세요건사실의 발견을 곤란하게 하거나 허위의 사실을 작출하는 등의 부정한 행위가 있는 경우에 단순미신고와 달리 과세관청으로서는 탈루신고임을 발견하기가 더욱 어려워 부과권의 행사를 기대하기가 매우 곤란하므로 당해 국세에 대한 부과제척기간을 10년으로 연장하는 데에 있다. 따라서 부동산을 매수하여 전매한 자가 미등기전매로 인한 이익을 얻고자 매도인과 최종 매수인 사이에 직접 매매계약을 체결한 것처럼 매매계약서를 작성하는 데에 가담하고, 나아가 소유권이전등기도 매도인으로부터 최종 매수인 앞으로 직접 마치도록 하는 한편 자신의 명의로는 양도소득세 예정신고나 확정신고를 하지 아니한 채 그 신고기한을 도과시키는 등의 행위를 하는 것은 조세의 부과징수를 불능 또는 현저히 곤란하게 하는 위계 기타 부정한 적극적인 행위로서 구 국세기본법 제26조의2 제1항 제1호에서 정한 '사기 기타 부정한 행위'에 해당한다.

【참조조문】

[1] 구 소득세법(2003. 12. 30. 법률 제7006호로 개정되기 전의 것) 제94조 제1항 제1호, 제2호 (가)목, 제104조 제1항 제3호(현행 제104조 제1항 제10호 참조), 제3항 [2] 구 국세기본법(2003. 12. 30. 법률 제7008호로 개정되기 전의 것) 제26조의2 제1항 제1호, 제2호

【참조판례】

[1] 대법원 2012. 9. 27. 선고 2010두23408 판결

【전 문】

【원고, 상고인 겸 피상고인】 원고 (소송대리인 법무법인 처음 담당변호사 이동명 외 1인)
【피고, 피상고인 겸 상고인】 송파세무서장
【원심판결】 서울고법 2013. 5. 9. 선고 2012누9033 판결

【주 문】

원심판결 중 양도소득세 본세에 관한 피고 패소 부분을 파기하고, 이 부분 사건을 서

울고등법원에 환송한다. 원고의 상고 및 피고의 나머지 상고를 각 기각한다.

【이 유】
1. 피고의 상고에 관하여
    가. 양도소득세 본세 부분
       상고이유를 판단한다.
       (1) 구 소득세법(2003. 12. 30. 법률 제7006호로 개정되기 전의 것, 이하 같다) 제94조 제1항은 "양도소득은 당해연도에 발생한 다음 각 호의 소득으로 한다"고 규정하고 제1호에서 '토지 또는 건물의 양도로 인하여 발생하는 소득'을, 제2호 (가)목에서 '부동산을 취득할 수 있는 권리의 양도로 인하여 발생하는 소득'을 각각 과세대상 소득으로 들고 있다. 한편 양도소득세의 세율을 정한 구 소득세법 제104조 제1항 제3호는 미등기 양도자산에 대하여 100분의 60의 중과세율을 적용하도록 하면서, 제3항 본문에서 '제1항 제3호의 미등기 양도자산이라 함은 제94조 제1항 제1호 및 제2호에 규정하는 자산을 취득한 자가 그 자산의 취득에 관한 등기를 하지 아니하고 양도하는 것을 말한다'고 규정하고 있다.
       부동산 매매계약을 체결한 매수인이 대금을 청산하지 아니한 상태에서 매매계약상 권리의무 내지 매수인의 지위를 제3자에게 양도하고 그 매매계약관계에서 탈퇴하는 경우에는 부동산을 취득할 수 있는 권리를 양도하는 것에 불과하여 매매당사자 간에 잔금의 완납 전이라도 소유권이전등기를 먼저 넘겨주기로 특약을 하는 등 특별한 사정이 없는 한 그 취득에 관한 등기 자체가 원칙적으로 불가능하므로 이를 양도하더라도 구 소득세법 제104조 제1항 제3호 소정의 미등기 양도자산에 관한 중과세율을 적용할 수 없을 것이나(대법원 2012. 9. 27. 선고 2010두23408 판결 등 참조), 부동산 매매계약을 체결한 매수인이 대금을 청산하지 아니한 상태라고 하더라도 그 매매계약상 권리의무관계 내지 매수인의 지위를 그대로 유지하면서 제3자와 다시 그 부동산에 관한 매매계약을 체결한 경우에는 매수인의 명의로 부동산을 취득하여 양도하기로 하는 것이므로 이는 부동산의 양도에 해당하고, 그 후 매수인이 매도인에게 잔금을 완납하면 그 취득에 관한 등기가 가능하므로 매수인이 그 명의의 소유권이전등기를 하지 아니한 채 곧바로 제3자에게 소유권이전등기를 마쳐 주었다면 이에 대하여는 구 소득세법 제104조 제1항 제3호 소정의 미등기 양도자산에 관한 중과세율을 적용하여야 할 것이다.
       (2) 원심판결 이유에 의하면, ① 원고가 2002. 5.경 소외 1과 사이에 소외 1 소유의 이 사건 토지를 대금 13억 6,000만 원에 매수하기로 하는 매매계약(이

하 '제1 매매계약'이라고 한다)을 체결한 사실, ② 원고는 소외 1에게 계약금 1억 원을 지급한 상태에서 2002. 6. 8. 소외 2와 사이에 이 사건 토지를 대금 24억 원에 매도한다는 내용의 부동산 매매계약을 체결하고, 같은 날 소외 2로부터 계약금 3억 원을 지급받은 사실, ③ 소외 2는 2002. 7. 15. 다시 소외 3에게 이 사건 토지를 매수할 수 있는 권리를 대금 3억 원에 매도하되, 위 대금 수령과 동시에 원고와 체결한 매매계약에 의한 모든 권리를 포기하고 이 사건 토지에 관한 등기이전서류를 구비하여 소외 3에게 넘긴다는 내용의 매매계약을 체결한 사실, ④ 그 사이 원고는 소외 1에게 이 사건 토지 매매대금 중 잔금 7억 원을 제외한 나머지 대금을 지급한 사실, ⑤ 원고는 2002. 8. 2. 소외 1과 소외 3이 있는 자리에서 소외 3으로부터 잔금 21억 원을 지급받아 소외 1에게 그중 7억 원을 제1 매매계약에 기한 잔금으로 지급하였고, 소외 1과 소외 3은 같은 날 이 사건 토지에 관하여 소외 1로부터 소외 3에게 직접 소유권이전등기를 경료하기 위하여 2002. 7. 20.자 매매계약서를 작성하였으며, 이에 기하여 소외 3 명의의 소유권이전등기가 마쳐진 사실 등을 알 수 있다.

(3) 이러한 사실관계를 앞서 본 법리에 비추어 살펴보면, 원고가 소외 1에게 대금을 청산하지 않은 상태에서 소외 2와 이 사건 토지에 관한 매매계약을 체결하기는 하였으나 원고가 계속하여 제1 매매계약상 권리의무관계 내지 매수인의 지위를 그대로 유지하고 있었던 이상 이는 부동산을 취득할 수 있는 권리의 양도가 아니라 부동산의 양도에 해당하고, 원고가 소외 2의 지위를 승계한 소외 3으로부터 잔금을 지급받아 소외 1에게 잔금을 완납함으로써 그 취득에 관한 등기가 가능하였음에도 원고 명의의 소유권이전등기를 하지 아니한 채 곧바로 소외 3에게 소유권이전등기를 마쳐 주었으므로 이에 대하여는 구 소득세법 제104조 제1항 제3호 소정의 미등기 양도자산에 관한 중과세율을 적용하여야 한다.

(4) 그런데도 원심은 이와 달리 원고가 제1 매매계약에 따른 대금을 청산하지 않은 상태에서 이 사건 토지를 전매한 것은 부동산을 취득할 수 있는 권리의 양도에 불과하다고 보아 이에 대하여는 구 소득세법 제104조 제1항 제3호 소정의 미등기 양도자산에 관한 중과세율을 적용할 수 없다는 이유로 이 사건 처분의 양도소득세 본세에 관한 부분 중 구 소득세법 제104조 제1항 제2호 소정의 보유기간 1년 미만인 자산에 대한 양도소득세율 36%를 적용하여 산정한 세액의 범위를 초과하는 부분이 위법하다고 판단하였으니, 이러한 원심판단에는 부동산 매매계약에 따라 이루어진 양도의 대상 내지 구 소득세법 제104조 제1항 제3호 소정의 미등기 양도자산에 관한 법리를 오해한 위법이 있다. 이를 지적하는 상고이유 주장은 이유 있다.

나. 가산세 부분

상고법원은 상고이유에 의하여 불복신청한 한도 내에서만 조사·판단할 수 있으므로, 상고이유서에는 상고이유를 특정하여 원심판결의 어떤 점이 법령에 어떻게 위반되었는지에 관하여 구체적이고 명시적인 이유의 설시가 있어야 한다(대법원 2012. 2. 23. 선고 2011두26015 판결 등 참조).

그런데 이 사건 상고장에는 가산세 부분에 관한 상고이유의 기재가 없고, 상고이유서에서도 가산세 부분에 관한 원고의 청구를 인용한 원심판결에 대하여 어떤 부분이 법령에 어떻게 위반되었는지에 관하여 구체적이고 명시적인 근거를 밝히지 아니하였으므로 적법한 상고이유의 기재가 있다고 볼 수 없으며, 달리 이 부분 원심판결에 직권조사 대상이 되는 위법사유도 찾아볼 수 없다.

2. 원고의 상고에 관하여

상고이유를 판단한다.

가. 구 국세기본법(2003. 12. 30. 법률 제7008호로 개정되기 전의 것, 이하 같다) 제26조의2 제1항은 납세자가 법정신고기한내에 과세표준신고서를 제출하지 아니한 경우 국세의 부과제척기간을 7년으로 규정하고 있으나(제2호), '납세자가 사기 기타 부정한 행위로써 국세를 포탈하거나 환급·공제받는 경우'에는 당해 국세를 부과할 수 있는 날부터 10년으로 부과제척기간을 연장하고 있다(제1호).

구 국세기본법 제26조의2 제1항 제1호의 입법 취지는 국세에 관한 과세요건사실의 발견을 곤란하게 하거나 허위의 사실을 작출하는 등의 부정한 행위가 있는 경우에 단순미신고와 달리 과세관청으로서는 탈루신고임을 발견하기가 더욱 어려워 부과권의 행사를 기대하기가 매우 곤란하므로 당해 국세에 대한 부과제척기간을 10년으로 연장하는 데에 있다. 따라서 부동산을 매수하여 전매한 자가 미등기전매로 인한 이익을 얻고자 매도인과 최종 매수인 사이에 직접 매매계약을 체결한 것처럼 매매계약서를 작성하는 데에 가담하고, 나아가 소유권이전등기도 매도인으로부터 최종 매수인 앞으로 직접 마치도록 하는 한편 자신의 명의로는 양도소득세 예정신고나 확정신고를 하지 아니한 채 그 신고기한을 도과시키는 등의 행위를 하는 것은 조세의 부과징수를 불능 또는 현저히 곤란하게 하는 위계 기타 부정한 적극적인 행위로서 구 국세기본법 제26조의2 제1항 제1호에서 정한 '사기 기타 부정한 행위'에 해당한다.

나. 앞서 본 규정과 법리에 비추어 기록을 살펴보면, 비록 원심은 원고가 이 사건 토지를 취득할 수 있는 권리를 양도하였음을 전제로 판단하였기는 하나, 원고의 행위가 '사기 기타 부정한 행위'에 해당하여 그 양도소득세의 부과제척기간을 10년으로 보아야 한다는 이유로 원고의 주장을 배척한 조치는 그 결론에 있어서 정당하고, 거기에 상고이유로 주장하는 바와 같이 구 국세기본법 제26조의2 제1항 제1호에서 정한 '사기 기타 부정한 행위'에 관한 법리를 오해하거

나 논리와 경험의 법칙을 위반하여 판결에 영향을 미친 위법이 없다.
3. 결론
그러므로 원심판결 중 양도소득세 본세에 관한 피고 패소 부분을 파기하고, 이 부분 사건을 다시 심리·판단하게 하기 위하여 원심법원에 환송하며, 원고의 상고 및 피고의 나머지 상고를 각 기각하기로 하여, 관여 대법관의 일치된 의견으로 주문과 같이 판결한다.

[판례 11] 공유물분할 (대법원 2013. 9. 13. 선고 2011다69190 판결)

【판시사항】
건축허가나 신고 없이 건축된 미등기 건물에 대하여 경매에 의한 공유물분할이 허용되는지 여부(소극)

【판결요지】
민사집행법 제81조 제1항 제2호 단서는 등기되지 아니한 건물에 대한 강제경매신청서에는 그 건물에 관한 건축허가 또는 건축신고를 증명할 서류를 첨부하여야 한다고 규정함으로써 적법하게 건축허가나 건축신고를 마친 건물이 사용승인을 받지 못한 경우에 한하여 부동산 집행을 위한 보존등기를 할 수 있게 하였고, 같은 법 제274조 제1항은 공유물분할을 위한 경매와 같은 형식적 경매는 담보권 실행을 위한 경매의 예에 따라 실시한다고 규정하며, 같은 법 제268조는 부동산을 목적으로 하는 담보권 실행을 위한 경매절차에는 같은 법 제79조 내지 제162조의 규정을 준용한다고 규정하고 있으므로, 건축허가나 신고 없이 건축된 미등기 건물에 대하여는 경매에 의한 공유물분할이 허용되지 않는다.

【참조조문】
민법 제269조, 민사집행법 제81조 제1항 제2호, 제268조, 제274조 제1항

【전 문】
【원고, 상고인】 원고 (소송대리인 법무법인 황해 담당변호사 전택윤 외 2인)
【피고, 피상고인】 피고 1 외 4인 (소송대리인 법무법인(유한) 율촌 담당변호사 박해성 외 2인)
【피 고】 피고 6
【원심판결】 서울고법 2011. 7. 20. 선고 2010나99561 판결

【주 문】
원심판결을 파기하고, 사건을 서울고등법원에 환송한다.

【이 유】
상고이유를 살펴본다.
1. 원심의 판단
  (1) 원심판결 이유에 의하면, 원고와 피고들이 공유하는 인천 부평구 산곡동 (지번 1 생략) 대 147.3㎡ 및 같은 동 (지번 2 생략) 대 398.3㎡ 양 지상(이하 양 대지를 합하여 '이 사건 대지'라 한다)에 있는 미등기 무허가 건물(이하 '이 사건 건물'이라 한다)의 분할을 구하는 이 사건 공유물분할의 소에 관하여, 원심은 그 채용 증거들을 종합하여, ① 이 사건 대지와 건물은 원래 원·피고들의 어머니인 소외인 소유였는데 소외인이 1990. 4. 20. 이 사건 대지 부분만 원고에게 증여하였고, 소외인이 2002. 4. 27. 사망하자 원·피고들이 이 사건 건물의 소유권을 각 1/7씩 상속하였으며, 피고들은 이 사건 건물에 관하여 관습법상 법정지상권을 취득한 사실, ② 피고 2, 피고 4, 피고 5는 피고 1에게 이 사건 건물의 관리를 위임하여 그동안 피고 1이 그들을 대신해 이 사건 건물에 관하여 임대차계약을 체결하거나 이 사건 건물을 수선하여 온 사실, ③ 이 사건 건물은 대부분 점포로 이용 중이고, 잔존내용연수는 22년이며, 이 사건 건물에 관하여 체결된 임대차계약상 연간 차임 합계는 6,480만 원이고, 원심 변론종결일에 가까운 2010. 4. 26. 무렵 이 사건 건물의 시가는 110,822,300원이나, 이 사건 건물의 위치에 따라 차임 및 시가는 많은 차이가 있는 사실을 인정하였다.
  (2) 원심은 위와 같은 사실인정을 기초로, ① 이 사건 건물을 현물분할하는 것은 사실상 불가능하고 건물의 경제적 가치를 크게 훼손할 뿐만 아니라 당사자들도 원하지 않고 있어 적절하지 않은 점, ② 이 사건 대지가 원고의 단독 소유라고는 하나 원고는 애초에 이 사건 건물이 건축된 상태에서 대지를 취득하였을 뿐만 아니라 피고들에게는 관습법상 법정지상권을 설정해 줄 의무를 부담하고 있으므로 이 사건 대지를 사용·수익함에 있어서 그와 같은 제한된 상태를 수인할 의무가 있는 점, ③ 이 사건 건물을 원고 단독 소유로 한다면 피고들이 이 사건 건물의 지상권 존속기간 동안 누릴 수 있는 현재와 같은 차임 상당의 이익을 박탈하는 것이 되므로 공유물분할 결과 당사자들 사이에 그 이익의 불균형이 커지는 점, ④ 통상 건물과 대지의 소유자를 일치시키는 것이 각 부동산의 활용도와 경제적 가치를 극대화할 수 있다고는 하나, 이는 건물의 존속을 전제로 할 때 타당한 것이지 이 사건과 같이 원고가 이 사건 건물의 노후화 등을 이유로 이 사건 건물을 철거할 의사를 밝히고 있음을 고려하면 이 사건

대지의 소유자가 원고라고 하더라도 이 사건 건물을 원고 단독 소유로 하는 것이 꼭 이 사건 건물의 경제적 가치를 극대화하는 것은 아닌 점 등을 종합하여 볼 때 이 사건 건물에 대한 공유물분할방법은 현물분할이 아닌 경매를 통한 분할방법에 의하여야 할 것이므로, 이 사건 건물을 경매에 부쳐 그 대금에서 경매비용을 공제한 나머지 금액을 공유자들인 원고와 피고들에게 그 지분 비율에 따라 각 1/7씩 분배함이 상당하다고 판단하였다.

2. 대법원의 판단

그러나 원심의 위와 같은 판단은 다음과 같은 이유에서 수긍할 수 없다.

가. 민사집행법 제81조 제1항 제2호 단서는 등기되지 아니한 건물에 대한 강제경매 신청서에는 그 건물에 관한 건축허가 또는 건축신고를 증명할 서류를 첨부하여야 한다고 규정함으로써 적법하게 건축허가나 건축신고를 마친 건물이 사용승인을 받지 못한 경우에 한하여 부동산 집행을 위한 보존등기를 할 수 있게 하였고, 같은 법 제274조 제1항은 공유물분할을 위한 경매와 같은 형식적 경매는 담보권 실행을 위한 경매의 예에 따라 실시한다고 규정하며, 같은 법 제268조는 부동산을 목적으로 하는 담보권 실행을 위한 경매절차에는 같은 법 제79조 내지 제162조의 규정을 준용한다고 규정하고 있으므로, 건축허가나 신고 없이 건축된 미등기 건물에 대하여는 경매에 의한 공유물분할이 허용되지 않는다.

나. 원심의 채용 증거들과 기록에 의하면 이 사건 건물은 등기되지 않았을 뿐 아니라 건축허가나 신고 없이 지어진 사실을 알 수 있는바, 원심이 이 사건 건물에 대한 공유물분할을 경매에 의하여야 한다고 판단한 것은 부동산 경매의 대상에 관한 법리를 오해하여 판단을 그르친 것이다.

한편 공유관계의 발생원인과 공유지분의 비율 및 분할된 경우의 경제적 가치, 분할 방법에 관한 공유자의 희망 등의 사정을 종합적으로 고려할 때 당해 공유물을 특정 공유자에게 취득하게 하고 다른 공유자에게는 그 지분의 가액을 취득하게 하는 것이 공유자 간의 실질적인 공평을 해치지 않는다고 인정되는 경우에는 공유물을 공유자 중의 1인의 단독소유 또는 수인의 공유로 하되 현물을 소유하게 되는 공유자로 하여금 다른 공유자에 대하여 그 지분의 적정하고 합리적인 가액을 보상하게 하는 방법에 의한 분할도 현물분할의 하나로 허용되는바(대법원 1993. 12. 7. 선고 93다27819 판결, 대법원 2004. 10. 14. 선고 2004다30583 판결 등 참조), 이 사건 건물의 연간 차임이 이 사건 건물 시가의 절반을 넘고, 이 사건 건물을 원고 단독 소유로 하게 될 경우 피고들은 이 사건 건물의 지상권 존속기간 동안 누릴 수 있는 차임 상당의 이익을 박탈당하게 된다는 사정을 고려하면, 이 사건 건물을 원고의 단독 소유로 귀속시키되 건물의 가격뿐만 아니라 피고들의 위와 같은 이익과 원고가 피고들로부터 받을 수 있는 지료 등을 공유지분의 경제적 가치에 함께 반영하여 산정하는 것이 공유자들 간의 실질적 공평을 기할 수 있는 방법이 됨을 덧붙여 둔다.
3. 결론
그러므로 원심판결을 파기하고, 사건을 다시 심리·판단하게 하기 위하여 원심법원에 환송하기로 하여, 관여 대법관의 일치된 의견으로 주문과 같이 판결한다.

[판례 12] 소유권확인등 (대법원 2013. 9. 13. 선고 2012다5834 판결)

【판시사항】
[1] 취득시효 완성으로 토지의 소유권을 취득하기 위한 방법
[2] 미등기 부동산 점유자가 취득시효기간의 완성만으로 등기 없이 그 부동산의 소유권을 취득하는지 여부(소극)

【참조조문】
[1] 민사소송법 제250조, 민법 제245조 제1항 [2] 민법 제245조 제1항

【참조판례】
[1] 대법원 1995. 5. 9. 선고 94다39123 판결(공1995상, 2081)
[2] 대법원 1981. 9. 22. 선고 80다3121 판결(공1981, 14375)
   대법원 2006. 9. 28. 선고 2006다22074,22081 판결(공2006하, 1812)

【전 문】
【원고, 피상고인】 원고 (소송대리인 법무법인 정담 담당변호사 김정기 외 2인)
【피고, 상고인】 대한민국
【원심판결】 서울중앙지법 2011. 12. 15. 선고 2011나26765 판결

【주 문】
원심판결을 파기하고, 사건을 서울중앙지방법원 합의부에 환송한다.

【이 유】
상고이유를 판단한다.
1. 민법 제245조 제1항에 따라 취득시효 완성으로 토지의 소유권을 취득하기 위하여는 그로 인하여 소유권을 상실하게 되는 시효 완성 당시의 소유자를 상대로 소유권이전등기청구를 하는 방법에 의하여야 하는 것이지, 제3자에 불과한 국가를 상대로 자기에게 소유권이 있음의 확인을 구할 이익은 없다(대법원 1995. 5. 9. 선고

94다39123 판결 등 참조).
   또한 취득시효기간이 완성되었다고 하더라도 그것만으로 바로 소유권취득의 효력이 생기는 것이 아니라, 이를 원인으로 하여 소유권취득을 위한 등기청구권이 발생하는 것에 불과하고, 미등기 부동산의 경우라 하여 취득시효기간의 완성만으로 등기 없이도 점유자가 소유권을 취득한다고 볼 수 없다(대법원 1981. 9. 22. 선고 80다3121 판결, 대법원 2006. 9. 28. 선고 2006다22074, 22081 판결 등 참조).
2. 기록에 의하면, 원고는 미등기상태인 이 사건 토지를 20년간 소유의 의사로 평온, 공연하게 점유하였다고 주장하면서, 피고에 대하여 원고에게 소유권이 있다는 확인을 구하고 있음을 알 수 있는데, 이를 앞서 본 법리에 비추어 살펴보면, 원고로서는 사정명의인 또는 그 상속인을 상대로 소유권이전등기를 구하는 외에 피고를 상대로 사정명의인 또는 그 상속인의 소유권 확인을 구할 수 있을 뿐 원고의 소유권 확인을 구할 수는 없다 할 것이다.
   이와 달리 원심은, 이 사건 토지의 사정명의인의 제적등본이 존재하지 아니하고 이를 특정할 다른 방법이 없다는 이유만으로 미등기 부동산에 대한 시효완성 점유자를 소유자와 마찬가지로 취급하여 위 소유권 확인청구를 인용하였는바, 이러한 원심의 판단에는 확인의 이익 및 취득시효에 관한 법리를 오해한 위법이 있고, 이는 판결 결과에 영향을 미쳤음이 분명하다. 이 점을 지적하는 상고이유 주장은 이유 있다.
3. 그러므로 나머지 상고이유에 대한 판단을 생략한 채 원심판결을 파기하고, 사건을 다시 심리·판단하도록 원심법원에 환송하기로 하여, 관여 대법관의 일치된 의견으로 주문과 같이 판결한다.

[판례 13] 부동산등기특별조치법위반·공정증서원본불실기재·불실기재공정증서원본행사·공인중개사의업무및부동산거래신고에관한법률위반·부동산실권리자명의등기에관한법률위반 (대법원 2013. 6. 27. 선고 2013도3246 판결)

【판시사항】
[1] 거래당사자가 무등록 중개업자에게 중개를 의뢰하거나 미등기 부동산의 전매를 중개 의뢰한 경우, 그 중개의뢰행위가 '공인중개사의 업무 및 부동산 거래신고에 관한 법률' 제48조 제1호, 제9조와 제48조 제3호, 제33조 제7호의 처벌 대상이 되는지 여부(소극) 및 이때 중개의뢰인의 중개의뢰행위를 중개업자의 중개행위에 관한 공동정범 행위로 처벌할 수 있는지 여부(소극)
[2] 이른바 '매입형 분양대행계약'이 단순히 분양대행계약을 체결하면서 수수료를 일반적인 경우와 다르게 정한 것에 불과한 것인지, 건축물을 일괄적으로 매수하여

다시 개별적으로 매각하는 미등기 전매에 해당하는 것인지 판단하는 기준

【판결요지】
[1] 공인중개사의 업무 및 부동산 거래신고에 관한 법률(이하 '공인중개사법'이라 한다)에서 '중개'는 중개행위자가 아닌 거래당사자 사이의 거래를 알선하는 것이고 '중개업'은 거래당사자로부터 의뢰를 받아 중개를 업으로 행하는 것이므로, 중개를 의뢰하는 거래당사자, 즉 중개의뢰인과 중개를 의뢰받아 거래를 알선하는 중개업자는 서로 구별되어 동일인일 수 없고, 결국 중개는 그 개념상 중개 의뢰에 대응하여 이루어지는 별개의 행위로서 서로 병존하며 중개의뢰행위가 중개행위에 포함되어 흡수될 수 없다. 따라서 비록 거래당사자가 개설등록을 하지 아니한 중개업자에게 중개를 의뢰하거나 미등기 부동산의 전매에 대하여 중개를 의뢰하였다고 하더라도, 공인중개사법 제48조 제1호, 제9조와 제48조 제3호, 제33조 제7호의 처벌규정들이 중개행위를 처벌 대상으로 삼고 있을 뿐이므로 그 중개의뢰행위 자체는 위 처벌규정들의 처벌 대상이 될 수 없으며, 또한 위와 같이 중개행위가 중개의뢰행위에 대응하여 서로 구분되어 존재하여야 하는 이상, 중개의뢰인의 중개의뢰행위를 중개업자의 중개행위와 동일시하여 중개행위에 관한 공동정범 행위로 처벌할 수도 없다고 해석하여야 한다.
[2] 이른바 '매입형 분양대행계약'이 단순히 분양대행계약을 체결하면서 수수료를 일반적인 경우와 다르게 정한 것에 불과한 것인지, 아니면 건축물을 일괄적으로 매수하여 다시 개별적으로 매각하는 미등기 전매에 해당하는 것인지는 당사자 사이에 체결된 계약의 경위와 내용, 대금 지급의 시기와 방법 및 대금이 수분양자로부터 직접 건축주에게 지급되는지 여부, 미분양 시의 처리 방안, 매수인의 특정 여부 등 계약 전후의 제반 사정을 종합하여 판단하여야 한다.

【참조조문】
[1] 공인중개사의 업무 및 부동산 거래신고에 관한 법률 제2조 제1호, 제3호, 제9조, 제33조 제7호, 제48조 제1호, 제3호 [2] 부동산등기 특별조치법 제2조 제3항, 제8조 제1호

【참조판례】
[1] 대법원 2007. 10. 25. 선고 2007도6712 판결(공2007하, 1970)
대법원 2011. 10. 13. 선고 2011도6287 판결(공2011하, 2398)

【전 문】
【피 고 인】 피고인 1 외 2인

【상 고 인】 피고인 1 외 1인 및 검사
【변 호 인】 법무법인 도움 외 1인
【원심판결】 인천지법 2013. 2. 20. 선고 2012노3199 판결

【주 문】
원심판결 중 피고인 1, 피고인 2에 대한 유죄 부분을 파기하고, 이 부분 사건을 인천지방법원 본원 합의부에 환송한다. 검사의 상고를 모두 기각한다.

【이 유】
1. 직권으로 판단한다.
   가. 피고인 1, 피고인 2에 대한 공정증서원본불실기재 및 불실기재공정증서원본행사 부분에 대하여
      (1) 부동산의 거래당사자가 거래가액을 시장 등에게 거짓으로 신고하여 신고필증을 받은 뒤 이를 기초로 사실과 다른 내용의 거래가액이 부동산등기부에 등재되도록 하였다면, 공인중개사의 업무 및 부동산 거래신고에 관한 법률에 따른 과태료의 제재를 받게 됨은 별론으로 하고, 형법상의 공정증서원본불실기재죄 및 불실기재공정증서원본행사죄는 성립하지 아니한다(대법원 2013. 1. 24. 선고 2012도12363 판결 참조).
      (2) 피고인 1, 피고인 2에 대한 이 사건 공소사실 중 공정증서원본불실기재 및 불실기재공정증서원본행사 부분의 각 요지는, 피고인들이 미분양 빌라를 미등기 전매하면서 이를 원활히 매도하기 위하여, 제3매수인과의 실거래가격보다 높은 매매대금을 기재한 매매계약서를 작성한 후, 인천지방법원 등기소에서 담당 등기공무원에게 소유권이전등기 신청을 하면서 실거래가액을 허위로 작성한 위 매매계약서를 등기원인서류로 제출하여 그 등기부에 위 빌라에 관한 매매가액을 허위 등재하게 하고, 즉시 그곳에 이를 비치하게 하여 각 행사하였다는 것이다.
      (3) 그러나 앞에서 본 법리에 비추어 보면, 사실과 다른 내용의 거래가액을 부동산등기부에 등재되도록 한 행위만으로는 형법상의 공정증서원본불실기재죄 및 불실기재공정증서원본행사죄가 성립하지 아니한다.
      그럼에도 불구하고 원심은 이 부분 각 공소사실과 같은 행위로 공정증서원본불실기재죄 및 불실기재공정증서원본행사죄가 성립한다고 보고 이를 유죄로 인정하였으니, 이러한 원심판결에는 공정증서원본불실기재죄 및 불실기재공정증서원본행사죄에 관한 법리를 오해하여 판결에 영향을 미친 위법이 있다고 할 것이다.
   나. 피고인 1, 피고인 2에 대한 공인중개사의 업무 및 부동산 거래신고에 관한 법

률 위반 부분에 대하여
(1) 원심은, 피고인 1, 피고인 2는, ① 부동산 중개사무소 개설등록을 하지 않은 공소외 1에게 위 피고인들이 매도하려는 미등기 전매 건물에 대하여 매수인을 알선해 주면 중개수수료 명목으로 세대당 300만 원을 지급하기로 하는 조건으로 중개 의뢰를 하고 공소외 1로부터 이를 승낙받는 방법으로 공소외 1 등과 공모하여, 2009. 5. 30.경부터 2010. 5. 3.경까지 원심의 별지 범죄일람표 Ⅲ 순번 1부터 25, 32부터 45, 59부터 62번 기재와 같이 부동산 중개사무소 개설등록 없이 중개업을 영위하고, ② 공소외 2 등과 공모하여, 2009. 10. 15.경부터 2010. 4. 14.경까지 원심의 별지 범죄일람표 Ⅲ 순번 26부터 31 및 46부터 58번 기재와 같이 탈세 등 관계 법령을 위반할 목적으로 이전등기를 하지 아니한 부동산의 매매를 중개하는 등 부동산투기를 조장함으로써 중개업자 등의 금지행위를 위반하였다고 판단하였다.
(2) 공인중개사의 업무 및 부동산 거래신고에 관한 법률(이하 '공인중개사법'이라 한다) 제48조 제1호, 제9조는 중개사무소의 개설등록을 하지 아니하고 중개업을 한 행위를, 제48조 제3호, 제33조 제7호는 미등기 부동산의 전매를 중개하는 등 부동산투기를 조장하는 행위를 각각 처벌하고 있다.
공인중개사법에서 "중개"는 "중개대상물에 대하여 거래당사자 간의 매매·교환·임대차 그 밖의 권리의 득실변경에 관한 행위를 알선하는 것"을 말하고(제2조 제1호), "중개업"은 "다른 사람의 의뢰에 의하여 일정한 보수를 받고 중개를 업으로 행하는 것"을 말한다(제2조 제3호). 이와 같이 중개는 중개행위자가 아닌 거래당사자 사이의 거래를 알선하는 것이고 중개업은 거래당사자로부터 의뢰를 받아 중개를 업으로 행하는 것이므로, 중개를 의뢰하는 거래당사자, 즉 중개의뢰인과 중개를 의뢰받아 거래를 알선하는 중개업자는 서로 구별되어 동일인일 수 없고, 결국 중개는 그 개념상 중개 의뢰에 대응하여 이루어지는 별개의 행위로서 서로 병존하며 중개의뢰행위가 중개행위에 포함되어 흡수될 수 없다고 할 것이다.
따라서 비록 거래당사자가 개설등록을 하지 아니한 중개업자에게 중개를 의뢰하거나 미등기 부동산의 전매에 대하여 중개를 의뢰하였다고 하더라도, 공인중개사법의 위 처벌규정들이 중개행위를 처벌 대상으로 삼고 있을 뿐이므로 그 중개의뢰행위 자체는 위 처벌규정들의 처벌 대상이 될 수 없으며, 또한 위와 같이 중개행위가 중개의뢰행위에 대응하여 서로 구분되어 존재하여야 하는 이상, 중개의뢰인의 중개의뢰행위를 중개업자의 중개행위와 동일시하여 중개행위에 관한 공동정범 행위로 처벌할 수도 없다고 해석함이 상당하다(대법원 2011. 10. 13. 선고 2011도6287 판결 등 참조).
이에 비추어 보면, 이 사건에서 피고인 1, 피고인 2가 원심 인정과 같이 피고인 1이 매수하여 소유권이전등기를 마치지 아니한 빌라를 전매하기 위하여 무등록 공인중개인 등에게 그 중개를 의뢰하였더라도, 이는 공인중개사법 제48조 제1호 및 제3호에서 정한 처벌 대상에 해당하지 아니하며, 또한 이를 위 규정들의 적용 대상인 중개행위에 대한 공동정범으로 처벌할 수도 없다.
　　(3) 그럼에도 원심은 이와 달리, 피고인 1, 피고인 2가 매도인의 지위에서 빌라의 중개를 의뢰한 행위가 무등록 중개사업 영위 및 투기조장행위로 인한 공인중개사법 위반죄의 공동정범에 해당한다고 판단하였으니, 이러한 원심판결에는 공인중개사법 위반죄에서의 공범의 성립에 관한 법리를 오해하여 판결에 영향을 미친 위법이 있다.
2. 피고인 1, 피고인 2의 부동산등기 특별조치법 위반의 점에 대한 상고이유를 함께 판단한다.
　가. 부동산등기 특별조치법 제8조 제1호, 제2조 제3항 위반죄의 범죄 주체가 되는 '부동산의 소유권을 이전받을 것을 내용으로 하는 계약을 체결한 자'는 매매·교환·증여 등 소유권이전을 내용으로 하는 계약의 당사자를 의미한다. 부동산에 관하여 1차 매매계약을 체결한 사람이 반대급부의 이행을 완료하기 전에 다시 다른 사람과 2차 매매계약을 체결한 경우, 조세부과 등을 면할 목적으로 1차 매매계약의 반대급부 이행을 완료하고서도 1차 매매계약에 따른 소유권이전등기를 신청하지 아니한 채 60일이 경과하면 그때 위 법조 위반죄가 성립한다(대법원 2007. 1. 25. 선고 2004도45 판결 참조).
　　이른바 '매입형 분양대행계약'이 단순히 분양대행계약을 체결하면서 수수료를 일반적인 경우와 다르게 정한 것에 불과한 것인지, 아니면 건축물을 일괄적으로 매수하여 다시 개별적으로 매각하는 미등기 전매에 해당하는 것인지는 당사자 사이에 체결된 계약의 경위와 내용, 대금 지급의 시기와 방법 및 대금이 수분양자로부터 직접 건축주에게 지급되는지 여부, 미분양 시의 처리 방안, 매수인의 특정 여부 등 계약 전후의 제반 사정을 종합하여 판단하여야 한다.
　나. 원심은, ① 각 빌라별로 빌라 전체에 관하여 건축주와 피고인 1 사이에 피고인 1을 매수인으로 기재한 부동산매매계약서가 작성되었고, 그 각 매매계약서의 내용도 일반 매매계약과 다르지 않으며, ② 피고인이 빌라의 각 세대를 제3자에게 얼마나 분양(매매)했는지 여부에 상관없이 매매대금 전액을 약정일자에 지급해야 하는 것으로서 그 계약의 실질이 매매계약에 해당하고, ③ 13차 하늘미소, 25차 우솔빌 B동의 경우 매매계약서의 특약사항 중에 '본 계약은 전속분양대행계약이다'라는 문구가 기재되어 있기는 하나, 이러한 문구에도 불구하고 그 계약서의 내용은 피고인 1이 매수인으로서 계약 시 계약금으로 일부를 지급하고 약정한 특정 잔금지급기일에 잔금 전부를 일시에 지급한다는 것이어서

그 계약의 실질은 부동산매매계약에 해당하며, ④ 일부 매매계약서에 '매도인은 잔금 전 분양 및 매매를 할 수 있도록 위임하여 준다'는 취지의 특약사항이 있는데, 만약 매매계약이 아닌 분양대행계약이라면 분양대행자가 잔금 지급 이전에 제3자에게 분양할 수 있다고 하는 특약조항 자체가 들어갈 필요가 없다는 등의 사정들을 이유로 하여, 이 부분 공소사실 중 원심의 별지 범죄일람표 I 중 순번 28부터 88, 97부터 142, 163부터 170, 179부터 194번까지의 부분을 피고인 1이 매수한 빌라에 대한 미등기 전매행위에 해당한다고 보아 부동산등기 특별조치법 위반의 점에 대하여 유죄로 판단하였다.

다. 원심판결 이유를 적법하게 채택된 증거들에 비추어 살펴보면, 원심의 위와 같은 판단은 앞서 본 법리에 기초한 것으로서 거기에 상고이유 주장과 같이 논리와 경험의 법칙에 반하여 자유심증주의의 한계를 벗어나거나 미등기 전매에 관한 법리를 오해한 위법이 없다.

3. 피고인 2의 공모공동정범에 관한 법리오해의 상고이유에 대하여 판단한다.

형법 제30조의 공동정범은 공동가공의 의사와 그 공동의사에 의한 기능적 행위지배를 통한 범죄실행이라는 주관적·객관적 요건을 충족함으로써 성립하므로, 공모자 중 구성요건행위를 직접 분담하여 실행하지 아니한 사람도 위 요건의 충족 여부에 따라 공모공동정범으로서의 죄책을 질 수 있다. 한편 구성요건행위를 직접 분담하여 실행하지 아니한 공모자가 공모공동정범으로 인정되기 위하여는 전체 범죄에서 그가 차지하는 지위·역할이나 범죄경과에 대한 지배 내지 장악력 등을 종합하여 그가 단순한 공모자에 그치지 아니하고 범죄에 대하여 본질적인 기여를 함으로써 기능적 행위지배가 존재하는 것으로 인정되어야 한다(대법원 2010. 7. 15. 선고 2010도3544 판결 등 참조).

원심은, 그 판시와 같은 이유를 들어 피고인 2에게 이 사건 범행의 범의가 존재하지 않았다고 볼 수 없고, 또한 이 사건 미등기 전매 행위로 인하여 등기에 따르는 취득세·등록세를 납입하지 않게 되고 피고인 1이 시세 차익을 얻은 사실 역시 인정되어 목적범에서의 목적이 없다고 볼 수 없다고 판단하였다.

앞서 본 법리와 적법하게 채택된 증거들에 비추어 살펴보면 원심의 위와 같은 판단에 상고이유의 주장과 같이 공모공동정범의 성립요건에 관한 법리를 오해한 위법 등이 없다.

4. 검사의 상고이유에 대하여 판단한다.

원심판결 이유에 의하면, 원심은 그 채택 증거들을 종합하여 판시와 같은 사실을 인정한 다음, 원심의 별지 범죄일람표 I 순번 1부터 27, 89부터 96, 143부터 162, 171부터 178번까지의 각 빌라들에 대하여 매매계약이 체결되었다고 인정할 증거가 없다는 이유로, 그에 관한 부동산등기 특별조치법 위반의 공소사실은 범죄의 증명이 없는 경우에 해당하여 무죄라고 판단하였다.

원심판결 이유를 적법하게 채택된 증거들에 비추어 살펴보면, 원심의 위와 같은 판단에 상고이유 주장과 같이 논리와 경험의 법칙에 반하여 자유심증주의의 한계를 벗어나거나 미등기 전매에 관한 법리를 오해한 위법이 없다.
5. 원심판결 중 피고인 1, 피고인 2에 대한 유죄 부분 가운데 공정증서원본불실기재 및 불실기재공정증서원본행사 부분과 공인중개사의 업무 및 부동산 거래신고에 관한 법률 위반 부분은 파기되어야 하는데, 원심은 이 부분이 유죄로 인정된 나머지 범죄사실들과 형법 제37조 전단의 경합범 관계에 있는 것으로 보아 하나의 형을 선고하였으므로, 원심판결 중 피고인 1, 피고인 2에 대한 유죄 부분은 전부 파기를 면할 수 없다.
6. 그러므로 원심판결 중 피고인 1, 피고인 2에 대한 유죄 부분을 파기하고, 이 부분 사건을 다시 심리·판단하게 하기 위하여 원심법원에 환송하며, 검사의 상고를 모두 기각하기로 하여, 관여 대법관의 일치된 의견으로 주문과 같이 판결한다.

[판례 14] 등기관등의처분에대한이의 (대법원 2013. 1. 25. 자 2012마1206 결정)

【판시사항】
부동산등기법 제65조 제1호에서 정한 미등기의 토지 또는 건물에 관한 소유권보존등기를 신청할 수 있는 '그 밖의 포괄승계인'에 '포괄적 유증을 받은 자'가 포함되는지 여부(적극)

【결정요지】
부동산등기법 제65조 제1호에서 정한 미등기의 토지 또는 건물에 관한 소유권보존등기를 신청할 수 있는 '그 밖의 포괄승계인'에는 '포괄적 유증을 받은 자'도 포함된다고 보아야 한다.

【참조조문】
부동산등기법 제65조 제1호, 민법 제1005조, 제1078조

【전 문】
【재항고인】 재단법인 서울대학교발전기금
【원심결정】 서울동부지법 2012. 7. 13.자 2012라104 결정

【주 문】

원심결정을 파기하고, 사건을 서울동부지방법원 합의부에 환송한다.

【이 유】

재항고이유를 판단한다.

2011. 4. 12. 법률 제10580호로 전부 개정된 부동산등기법은 제65조에서 "미등기의 토지 또는 건물에 관한 소유권보존등기는 다음 각 호의 어느 하나에 해당하는 자가 신청할 수 있다."고 규정하면서 제1호에 "토지대장, 임야대장 또는 건축물대장에 최초의 소유자로 등록되어 있는 자 또는 그 상속인, 그 밖의 포괄승계인"을 규정하고 있다. 한편 민법 제1078조는 "포괄적 유증을 받은 자는 상속인과 동일한 권리의무가 있다."고 규정하고 있고, 민법 제1005조 본문은 "상속인은 상속개시된 때로부터 피상속인의 재산에 관한 포괄적 권리의무를 승계한다."고 규정하고 있다.

이러한 부동산등기법의 개정취지와 내용 및 관련 법률 규정 등을 종합하면, 부동산등기법 제65조 제1호에서 정한 미등기의 토지 또는 건물에 관한 소유권보존등기를 신청할 수 있는 '그 밖의 포괄승계인'에는 '포괄적 유증을 받은 자'도 포함된다고 보아야 할 것이다.

그럼에도 원심은 이와 달리 부동산등기법 제65조 제1호에서 정한 '그 밖의 포괄승계인'에는 '포괄적 유증을 받은 자'가 포함되지 않는다고 보아 유언공정증서를 통하여 미등기인 이 사건 부동산을 포함한 재산 전부를 유증받은 재항고인이 이 사건 부동산에 관하여 자신 명의로 직접 소유권보존등기를 신청한 것은 부동산등기법 제29조 제2호의 '사건이 등기할 것이 아닌 경우'에 해당한다는 이유로 그 등기신청을 각하한 등기관의 처분이 정당하다고 판단하였으므로, 거기에는 부동산등기법 제65조 제1호에서 정한 '그 밖의 포괄승계인'에 관한 법리를 오해하여 재판 결과에 영향을 미친 위법이 있다.

그러므로 원심결정을 파기하고, 사건을 다시 심리·판단하게 하기 위하여 원심법원에 환송하기로 하여 관여 대법관의 일치된 의견으로 주문과 같이 결정한다.

[판례 15] 기여분및상속재산분할·상속 (대법원 2012. 4. 16. 자 2011스191,192 결정)

【판시사항】

[1] 민법 제1008조에 따라 상속분 산정에서 증여 또는 유증을 참작하는 것이 실제로 유증 또는 증여를 받은 경우에 한정되는지 여부(적극) 및 수인의 상속인 중 1인이 나머지 상속인들의 상속포기로 단독상속하게 된 경우, 단독상속인이 상속포기자로부터 상속지분을 유증 또는 증여받은 것이라고 볼 수 있는지 여부(소극)

[2] 상속포기 신고가 상속개시 후 일정한 기간 내에 적법하게 이루어진 경우, 포기자의 유류분반환청구권도 당연히 소멸하는지 여부(적극)
[3] 상속인이 상속재산에 대한 처분행위를 한 후 상속포기 신고를 하여 수리된 경우, 상속포기의 효력이 있는지 여부(소극) 및 수인의 상속인 중 1인을 제외한 나머지 상속인들이 상속을 포기하기로 하였으나 상속포기 신고 수리 전 피상속인 소유 미등기 부동산에 관하여 상속인들 전원 명의로 법정상속분에 따른 소유권보존등기가 마쳐지자 상속을 포기하는 상속인들이 상속을 포기하지 않은 상속인 앞으로 지분이전등기를 하였고 그 후 상속포기 신고가 수리된 경우, 이를 민법 제1026조 제1호에서 정한 '상속재산에 대한 처분행위'로 볼 수 있는지 여부(소극)

【참조조문】
[1] 민법 제1008조, 제1042조 [2] 민법 제1019조 제1항, 제1041조, 제1042조, 제1112조 [3] 민법 제1026조 제1호

【참조판례】
[1] 대법원 2003. 8. 11.자 2003마988 결정
[2] 대법원 1994. 10. 14. 선고 94다8334 판결(공1994하, 2971)
   대법원 1998. 7. 24. 선고 98다9021 판결(공1998하, 2212)
[3] 대법원 2010. 4. 29. 선고 2009다84936 판결(공2010상, 987)

【전 문】
【재항고인】 재항고인 1 외 3인 (소송대리인 변호사 이국성 외 1인)
【청구인(반심판 상대방)】 소외 3 (소송대리인 법무법인(유한) 로고스 외 1인)
【원심결정】 서울고법 2011. 9. 14.자 2011브21, 22 결정

【주 문】
재항고를 모두 기각한다. 재항고비용은 재항고인들이 부담한다.

【이 유】
재항고이유를 판단한다.
1. 민법 제1008조는 '공동상속인 중에 피상속인으로부터 재산의 증여 또는 유증을 받은 자가 있는 경우에 그 수증재산이 자기의 상속분에 달하지 못한 때에는 그 부족한 부분의 한도에서 상속분이 있다'고 규정하고 있으나, 이와 같이 상속분의 산정에서 증여 또는 유증을 참작하게 되는 것은 상속인이 실제로 유증 또는 증여를 받은 경우에 한한다. 한편 상속의 포기는 상속이 개시된 때에 소급하여 그 효력이

있고(민법 제1042조), 포기자는 처음부터 상속인이 아니었던 것이 되므로 (대법원 2003. 8. 11.자 2003마988 결정 등 참조), 수인의 상속인 중 1인을 제외한 나머지 상속인들의 상속포기 신고가 수리되어 결과적으로 그 1인만이 단독상속하게 되었다고 하더라도 그 1인의 상속인이 상속포기자로부터 그 상속지분을 유증 또는 증여받은 것이라고 볼 수 없다.

원심은 제1심심판을 인용하여, 이 사건 피상속인 망 소외 1(이하 '이 사건 피상속인'이라 한다)이 1986. 4. 23.경 그의 남편 망 소외 2(이하 '제1피상속인'이라 한다)의 상속재산인 제1심심판 기재 별지 제3목록 제1 내지 11부동산에 관한 자신의 상속분을 포기함으로써 제1피상속인의 아들인 심판 청구인(반심판 상대방, 이하 '청구인'이라 한다)이 그 각 부동산의 소유권을 취득하였다고 하더라도, 이는 청구인이 제1피상속인으로부터 승계받은 것일 뿐 이 사건 피상속인으로부터 증여받은 것으로 볼 수 없다는 이유로, 위 각 부동산이 청구인의 특별수익에 해당한다는 재항고인(심판 상대방이나 반심판 청구인, 이하 '재항고인'이라 한다)들의 주장을 배척하였다.

원심결정 이유를 위 법리와 기록에 비추어 살펴보면 원심의 위와 같은 판단은 정당하여 수긍이 가고, 거기에 상속포기에 의한 특별수익에 관한 법리를 오해하는 등의 위법이 없다. 또한 유류분은 상속분을 전제로 한 것으로서 상속이 개시된 후 일정한 기간 내에 적법하게 상속포기 신고가 이루어지면 포기자의 유류분반환청구권은 당연히 소멸하게 되는 것이므로(대법원 1994. 10. 14. 선고 94다8334 판결 참조), 이와 다른 전제에 선 재항고이유도 받아들일 수 없다.

2. 민법 제1026조 제1호는 상속인이 상속재산에 대한 처분행위를 한 때에는 단순승인을 한 것으로 본다고 정하고 있으므로, 그 후에 상속포기 신고를 하여 그 신고가 수리되었다고 하더라도 상속포기로서의 효력은 없다 (대법원 2010. 4. 29. 선고 2009다84936 판결 등 참조). 그러나 위 규정의 입법 취지가 상속재산 처분을 행하는 상속인은 통상 상속을 단순승인하는 의사를 가진다고 추인할 수 있는 점, 그 처분 후 한정승인이나 포기를 허용하면 상속채권자나 공동 내지 차순위 상속인에게 불의의 손해를 미칠 우려가 있다는 점, 상속인의 처분행위를 믿은 제3자의 신뢰도 보호될 필요가 있다는 점 등에 있음을 고려하여 볼 때, 수인의 상속인 중 1인을 제외한 나머지 상속인 모두가 상속을 포기하기로 하였으나 그 상속포기 신고가 수리되기 전에 피상속인 소유의 미등기 부동산에 관하여 상속인들 전원 명의로 법정상속분에 따른 소유권보존등기가 경료되자 위와 같은 상속인들의 상속포기의 취지에 따라 상속을 포기하는 상속인들의 지분에 관하여 상속을 포기하지 아니한 상속인 앞으로 지분이전등기를 한 것이고 그 후 상속포기 신고가 수리되었다면, 이를 상속의 단순승인으로 간주되는 민법 제1026조 제1호 소정의 '상속재산에 대한 처분행위'가 있는 경우라고 할 수 없다 .

원심은 제1심심판을 인용하여, 제1피상속인이 1986. 2. 1. 사망할 당시 상속인으로는 아들인 청구인과 배우자인 이 사건 피상속인, 그리고 그 이전에 사망한 딸 망 소외 3의 남편 망 소외 4와 그 자녀들인 재항고인들이 있었는데, 청구인을 제외한 제1피상속인의 상속인들은 1986. 4. 23.(제1심심판 및 원심결정의 '1986. 4. 22.'은 오기로 보인다) 모두 상속을 포기한 사실, 한편 제1피상속인은 그 사망 당시 미등기 부동산인 제1심심판 기재 별지 제3목록 제12부동산을 소유하고 있었는데, 1986. 4. 9. 위 부동산에 관하여 청구인과 이 사건 피상속인이 각 30/65 지분, 사위 망 소외 4와 재항고인들이 각 1/65 지분으로 하여 소유권보존등기가 경료된 후 같은 날 이 사건 피상속인의 지분에 관하여는 증여를 원인으로, 망 소외 4와 재항고인들의 지분에 관하여는 매매를 원인으로 하여 각 청구인 앞으로 그 소유권이전등기가 경료된 사실 등을 인정한 다음, 이는 제1피상속인이 사망할 당시 위 부동산이 미등기여서 그 상속인들 명의로 소유권보존등기를 경료하는 바람에 이 사건 피상속인의 지분에 관하여 청구인 앞으로의 소유권이전등기가 경료된 것으로, 피상속인의 상속포기에 따른 것일 뿐 단순승인으로 간주되는 상속재산의 처분행위가 아니라고 판단하였는바, 이러한 원심의 판단은 앞서 본 법리에 따른 것으로서 수긍이 가고 거기에 재항고이유에서 주장하는 바와 같이 단순승인과 상속포기의 효력에 관한 법리를 오해하는 등의 위법은 없다.

3. 나머지 재항고이유의 요지는 이 사건 피상속인이 제1피상속인이 사망한 후 진정하게 상속을 포기한 사실이 없고 이 사건 건물의 증·개축비용을 부담한 자는 청구인이 아니라 이 사건 피상속인임이 분명하므로 이와 달리 한 원심결정에는 채증법칙을 위반한 잘못이 있고 이 사건 피상속인으로부터 이미 많은 재산을 물려받은 청구인에게 다시 그 기여분을 인정한 원심의 판단도 부당하다는 것이나, 이는 결국 사실심인 원심의 전권에 속하는 증거의 취사선택이나 사실의 인정에 잘못이 있다는 것에 지나지 않을 뿐 아니라 원심의 인정과 판단에 논리와 경험칙에 위반하고 자유심증주의의 한계를 벗어난 위법이 있거나 재항고이유에서 주장하는 바와 같은 법리오해 등의 위법이 있다고 볼 수도 없다. 이와 관련된 재항고이유는 모두 받아들일 수 없다.

4. 그러므로 재항고를 모두 기각하기로 하여 관여 대법관의 일치된 의견으로 주문과 같이 결정한다.

[판례 16] 배임(피고인1에대하여인정된죄명:사기,피고인2에대한예비적죄명:사기)·사기
　　　　(대법원 2012. 4. 13. 선고 2011도3469 판결)

【판시사항】
검사가 피고인들의 토지거래허가구역 내 토지에 대한 미등기 전매 후 근저당권설정행위를 배임으로 기소하였다가, 원심에서 매매대금 편취에 대한 사기 공소사실을 예비적으로 추가하는 공소장변경신청을 한 사안에서, 위 각 범죄사실은 기본적 사실관계가 동일하다고 볼 수 없어 공소장변경을 허가할 수 없는데도, 이와 달리 보아 공소장변경을 허가한 원심의 조치에 공소사실의 동일성 등에 관한 법리를 오해한 위법이 있다고 한 사례

【판결요지】
검사가, 피고인들이 토지거래허가구역 내 토지를 미등기 전매한 후 매매대금을 지급받고도 등기를 이전하지 않은 채 제3자에게 근저당권을 설정해 줌으로써 재산상 이익을 취득하고 매수인들에게 손해를 가하였다는 내용의 배임 공소사실로 기소하였다가, 원심에서 피고인들이 장차 설정될 예정이었던 근저당권을 말소하여 소유권이전등기를 넘겨줄 의사나 능력이 없고 산지전용허가가 취소될 것임을 알면서도 산지전용허가가 나 있다는 등으로 피해자들을 기망하여 매매대금을 편취하였다는 사기 공소사실을 예비적으로 추가하는 공소장변경신청을 한 사안에서, 위 각 범죄사실은 범행일시와 장소, 수단, 방법 등 범죄사실의 내용이나 행위 태양, 범죄의 결과가 다르고 죄질에도 현저히 차이가 있어 기본적 사실관계가 동일하다고 볼 수 없으므로 공소장변경을 허가할 수 없는데도, 이와 달리 보아 공소장변경을 허가한 원심의 조치에 공소사실의 동일성 등에 관한 법리를 오해한 위법이 있다고 한 사례.

【참조조문】
형법 제347조 제1항, 제355조 제2항, 국토의 계획 및 이용에 관한 법률 제118조, 형사소송법 제298조 제1항

【전 문】
【피 고 인】피고인 1 외 1인
【상 고 인】피고인 1 및 검사(피고인들에 대하여)
【변 호 인】변호사 한경록 외 2인
【원심판결】수원지법 2011. 2. 22. 선고 2009노453 판결

【주 문】
원심판결 중 피고인 1에 대한 부분을 파기하고, 이 부분 사건을 수원지방법원 본원 합의부에 환송한다. 검사의 피고인 2에 대한 상고를 기각한다.

【이 유】

상고이유를 판단한다.
1. 피해자 공소외 1에 대한 사기의 점에 관한 피고인 1의 상고이유에 대하여

 피고인 1의 이 부분 상고이유는 사실심인 원심의 전권에 속하는 증거의 취사선택이나 사실의 인정을 탓하는 것이어서 적법한 상고이유가 되지 못할 뿐 아니라, 원심판결에 상고이유에서 주장하는 바와 같이 논리와 경험의 법칙을 위반하고 자유심증주의의 한계를 벗어난 위법이 있다고 볼 수도 없다.

2. 피고인들에 대한 주위적 공소사실에 관한 검사의 상고이유에 대하여

 국토의 계획 및 이용에 관한 법률에 의하여 허가를 받아야 하는 토지거래계약이 처음부터 허가를 배제하거나 잠탈하는 내용의 계약인 경우에는 허가 여부를 기다릴 것도 없이 확정적으로 무효로서 유효화될 여지가 없고, 토지거래허가구역 내의 토지가 거래허가를 받거나 소유권이전등기를 경료할 의사 없이 중간생략등기의 합의 아래 전매차익을 얻을 목적으로 소유자 갑으로부터 부동산중개업자인 을, 병을 거쳐 정에게 전전 매매한 경우, 그 각각의 매매계약은 모두 확정적으로 무효로서 유효화될 여지가 없다(대법원 1996. 6. 28. 선고 96다3982 판결 참조). 그리고 위 법 소정의 규제구역 내에 있는 토지를 매도하였으나 위 법 소정의 거래허가를 받은 바가 없다면, 매도인에게 매수인에 대한 소유권이전등기에 협력할 의무가 생겼다고 볼 수 없고, 따라서 매도인이 배임죄의 주체인 타인의 사무를 처리하는 자에 해당한다고 할 수 없다(대법원 1996. 2. 9. 선고 95도2891 판결 참조).

 원심은 그 채택 증거에 의하여 그 판시와 같은 사실을 인정한 다음, 피고인 1이 미등기전매를 통하여 전매차익을 얻을 목적으로 처음부터 토지거래허가를 받을 의사 없이 분할 후 임야를 다수인에게 전매하고 원소유자인 공소외 2 등으로부터 직접 피해자 공소외 3, 4 앞으로 가등기를 마쳐주면서 토지거래허가구역 지정 이전인 날짜로 소급하여 가등기를 마쳐준 점 등 판시 사정에 비추어 보면, 이는 토지거래허가를 잠탈할 목적으로 체결한 계약으로 확정적으로 무효이어서 피고인들이 피해자 공소외 3, 4의 사무를 처리하는 자에 해당한다고 볼 수 없다는 이유로 피고인들에 대한 배임의 공소사실에 대하여 무죄를 선고한 제1심판결을 그대로 유지하였다.

 앞서 본 법리에 비추어 살펴보면, 위와 같은 원심의 판단은 정당하고, 거기에 상고이유로 주장하는 바와 같은 토지거래허가 또는 배임죄에 관한 법리오해의 위법이 없다.

3. 예비적 공소사실에 관한 피고인 1의 상고이유에 대하여

 공소장의 변경은 공소사실의 동일성이 인정되는 범위 내에서만 허용되고, 공소사실의 동일성이 인정되지 아니한 범죄사실을 공소사실로 추가하는 취지의 공소장변경신청이 있는 경우에는 법원은 그 변경신청을 기각하여야 하는바(형사소송법 제298조 제1항), 공소사실의 동일성은 그 사실의 기초가 되는 사회적 사실관계가 기

본적인 점에서 동일하면 그대로 유지되는 것이나, 이러한 기본적 사실관계의 동일성을 판단함에 있어서는 그 사실의 동일성이 갖는 기능을 염두에 두고 피고인의 행위와 그 사회적인 사실관계를 기본으로 하되 규범적 요소도 아울러 고려하여야 한다(대법원 1994. 3. 22. 선고 93도2080 전원합의체 판결, 대법원 2002. 3. 29. 선고 2002도587 판결 등 참조).

기록에 비추어 살펴보면, 검사는 이 사건 공소사실 중 배임의 점에 관하여, "피고인들은 공모하여, 2004. 8. 11. 피해자 공소외 3에게 공소외 5 소유의 광주시 오포읍 신현리 산 (지번 1 생략) 임야 613㎡, 산 (지번 2 생략) 임야 676㎡를 5억 1,260만 원에 매도하면서 매매대금 중 일부로 2억 7,640만 원을 지급받고, 같은 날 피해자 공소외 4에게 공소외 2 소유의 신현리 산 (지번 3 생략) 임야 734㎡를 3억 1,080만 원에 매도하고 그 매매대금을 전액 지급받았는데도, 그 소유권이전등기의무에 위배하여 2004. 8. 12. 수원지방법원 성남지원 광주등기소에서 신현리 산 (지번 3 생략) 임야 734㎡, 산 (지번 1 생략) 임야 613㎡, 산 (지번 2 생략) 임야 676㎡에 관하여 각각 채권최고액 2억 400만 원, 근저당권자 공소외 6으로 하는 근저당권설정등기를 마쳐주어 그 채권최고액 합계 6억 1,200만 원 상당의 재산상 이득을 취득하고, 피해자 공소외 3에게 4억 800만 원, 피해자 공소외 4에게 2억 400만 원 상당의 재산상 손해를 가하였다."는 범죄사실로 공소를 제기하였다가, 2011. 1. 17. 원심에서 이 부분 공소사실에 "피고인들은 공모하여, 사실은 신현리 산 (지번 3 생략) 임야 734㎡, 산 (지번 1 생략) 임야 613㎡, 산 (지번 2 생략) 임야 676㎡를 공소외 2 등으로부터 매수함에 있어 필요한 계약금을 조달하기 위하여 이미 공소외 6에게 근저당권을 설정하여 주기로 한 상태였고 이를 전매하더라도 근저당권으로 담보된 채무를 변제하여 근저당권이 말소된 소유권이전등기를 넘겨줄 의사나 능력이 없었을 뿐 아니라 위 임야에 대하여 산지전용허가가 취소될 것이 예상되는 상태임을 잘 알고 있었음에도, 2004. 8. 11. 광주시 오포읍 신현리에 있는 ○○○○○○○ 공인중개사 사무실에서 피해자 공소외 3, 4에게 이미 일부 산지전용허가가 나 있고 나머지 임야에 대하여도 산지전용허가를 정상적으로 받을 수 있으며 매매대금을 지급하는 대로 바로 소유권이전등기를 마쳐줄 것처럼 거짓말을 하여 이에 속은 피해자 공소외 3으로부터 매매대금 명목으로 2억 7,640만 원을, 피해자 공소외 4로부터 3억 1,080만 원을 각각 교부받아 이를 편취하였다."는 범죄사실을 예비적으로 추가하는 내용의 이 사건 공소장변경신청을 하였고, 원심은 2011. 2. 18. 제18회 공판기일에서 이 사건 공소장변경을 허가한 다음, 주위적 공소사실인 배임의 점에 대해서는 피고인들에 대하여 무죄를, 예비적 공소사실인 사기의 점에 대해서는 피고인 1에 대하여는 유죄로 인정하고, 피고인 2에 대하여는 무죄를 선고하였음을 알 수 있다.

앞서 본 법리에 비추어 살펴보면, 피고인들에 대하여 공소가 제기된 당초의 배임

범죄사실과 검사가 공소장변경신청을 하여 예비적으로 추가한 사기 범죄사실은 그 범행 일시와 장소, 수단, 방법 등 범죄사실의 내용이나 행위 태양이 다르고 범죄의 결과도 다르며 죄질에도 현저히 차이가 있으므로 그 기본적 사실관계가 동일하다고 할 수 없다.

그렇다면 이 사건 공소장변경은 이를 허가할 것이 아니다. 그럼에도 원심은 그 공소장변경을 허가한 후 그와 같이 변경된 예비적 공소사실에 대하여 피고인 1을 유죄로 인정하였으니, 원심판결에는 공소사실의 동일성 내지 공소장변경에 관한 법리를 오해하여 판결에 영향을 미친 위법이 있다. 이 점을 지적하는 상고이유의 주장은 이유 있다.

4. 피고인 2에 대한 예비적 공소사실에 관한 검사의 상고이유에 대하여

앞서 본 바와 같이 이 사건 공소장변경이 적법하지 아니한 이상, 그 변경이 적법함을 전제로 한 검사의 이 부분 상고이유의 주장은 더 나아가 판단할 것 없이 이유 없다.

5. 피고인 1에 대한 파기의 범위

따라서 원심판결 중 피고인 1에 대한 예비적 공소사실 부분은 나머지 상고이유에 대하여 판단할 것 없이 파기되어야 할 것인데, 이와 형법 제37조 전단의 경합범관계에 있어 하나의 형이 선고된 피해자 공소외 1에 대한 사기의 점 부분도 함께 파기를 면할 수 없고, 예비적 공소사실이 파기되는 이상 이와 동일체의 관계에 있는 주위적 공소사실 부분 역시 파기될 수밖에 없다.

6. 결론

그러므로 피고인 1에 대한 부분을 파기하고, 이 부분 사건을 다시 심리·판단하도록 원심법원에 환송하되, 검사의 피고인 2에 대한 상고를 기각하기로 하여 관여 대법관의 일치된 의견으로 주문과 같이 판결한다.

[판례 17] 임료등·임료등 (대법원 2011. 7. 14. 선고 2009다76522,76539 판결)

【판시사항】

[1] 과반수 공유지분을 가진 자가 공유토지의 특정 한 부분을 배타적으로 사용·수익할 것을 정하는 것이 공유물의 관리방법으로서 적법한지 여부(적극) 및 이때 자기 지분비율에 상당하는 면적을 배타적으로 점유·사용하고 있는 경우에도 공유 토지를 전혀 사용·수익하지 않고 있는 다른 공유자에 대하여는 그 자의 지분에 상응하는 부당이득 반환의무가 있는지 여부(적극)

[2] 1동의 건물의 구분소유자들이 당초 건물을 분양받을 당시 대지 공유지분 비율대로 대지를 공유하고 있는 경우, 구분소유자들 상호간에 공유지분 비율의 차이를

이유로 부당이득반환을 청구할 수 있는지 여부(원칙적 소극)
[3] 타인 소유의 토지 위에 권한 없이 미등기 건물을 원시취득하여 소유하는 자가, 비록 그 건물에 관하여 사실상 처분권을 보유하게 된 양수인이 따로 존재하는 경우에도, 토지 차임에 상당하는 부당이득을 얻고 있는지 여부(적극)

【참조조문】
[1] 민법 제263조, 제741조 [2] 민법 제263조, 제741조 [3] 제741조

【참조판례】
[1] 대법원 1991. 9. 24. 선고 88다카33855 판결(공1991, 2590)
   대법원 2002. 10. 11. 선고 2000다17803 판결(공2002하, 2659)
[2] 대법원 1995. 3. 14. 선고 93다60144 판결(공1995상, 1598)
[3] 대법원 1962. 5. 31. 선고 62다80 판결(집 10-2, 민401)
   대법원 2007. 8. 23. 선고 2007다21856, 21863 판결(공2007하, 1453)

【전 문】
【원고(반소피고), 피상고인】 원고 1 외 4인 (소송대리인 법무법인 한울 담당변호사 우정민)
【피고(반소원고), 상고인】 피고(반소원고) 1
【피고, 상고인】 피고 2 외 1인
【원심판결】 서울서부지법 2009. 9. 3. 선고 2008나6353, 6360 판결

【주 문】
상고를 모두 기각한다. 상고비용 중 피고(반소원고) 1의 상고로 인한 부분은 본소, 반소를 통하여 위 피고(반소원고)가, 피고 2, 3의 상고로 인한 부분은 위 피고들이 각 부담한다.

【이 유】
상고이유를 판단한다.
1. 토지 공유지분권의 침해로 인한 부당이득에 관한 법리오해 등의 점에 대하여
   가. 공유토지에 관하여 과반수지분권을 가진 자가 그 공유토지의 특정된 한 부분을 배타적으로 사용·수익할 것을 정하는 것은 공유물의 관리방법으로서 적법하다고 할 것이지만, 이 경우에 비록 그 특정한 부분이 자기의 지분비율에 상당하는 면적의 범위내라 할지라도 다른 공유자들 중 지분은 있으나 사용·수익은 전혀 하고 있지 아니함으로써 손해를 입고 있는 자에 대하여는 과반수 지분권자

를 포함한 모든 사용·수익을 하고 있는 공유자가 그 자의 지분에 상응하는 부당이득을 하고 있다고 보아야 한다. 왜냐하면 모든 공유자는 공유물 전부를 지분의 비율로 사용 수익할 수 있기 때문이다(대법원 1991. 9. 24. 선고 88다카33855 판결, 대법원 2002. 10. 11. 선고 2000다17803 판결 등 참조).

나. 원심이 확정한 사실관계를 앞에서 본 법리에 비추어 살펴보면, 소외 1은 원심 판시 별지 목록 제1, 2항 기재 각 토지(이하 '이 사건 각 토지'라고 한다) 중 291.6분의 50 지분(이하 '이 사건 공유지분'이라고 한다)을 공매절차에서 취득하여 그에 관한 소유권이전등기를 마쳤으므로, 이 사건 각 토지 전부를 이 사건 공유지분의 비율로 사용·수익할 권리를 갖는다. 그런데 이 사건 각 토지 위에는 원심 판시 별지 목록 제4항 기재 건물(이하 '이 사건 건물'이라고 한다)이 건립되어 있었고, 피고(반소원고) 1(이하 ' 피고 1'이라고 한다), 피고 3이 이 사건 건물 중 지층 전체, 1층 101호 부분을, 피고 2가 이 사건 건물에 증축된 4층 및 5층 부분을, 원고(반소피고, 이하 '원고'라고 한다)들이 이 사건 건물 중 1층 102호, 2층 201호, 2층 202호, 3층 301호, 3층 302호 부분을 각 특정하여 배타적으로 사용·수익하고 있었으므로, 소외 1은 이 사건 공유지분에 기하여 이 사건 각 토지를 사용·수익하지 못하는 손해를 입게 되었다. 그 후 소외 1은 이 사건 건물의 지층 전체 및 해당 호수의 대지 지분으로서 이 사건 각 토지의 공유지분을 소유하고 있던 원고들을 상대로 공유물분할 및 지료지급을 청구하였고, 원고들은 소외 1로부터 이 사건 공유지분을 매수하고 그에 관한 소유권이전등기를 마쳤다. 따라서 피고들은 각자 배타적으로 사용·수익하고 있는 이 사건 건물의 해당 부분에 관하여 원고들의 이 사건 공유지분에 상응하는 부당이득을 하고 있다고 할 것이므로, 원고들에게 그 부당이득을 반환할 의무가 있다.

원심의 이유 설시에는 다소 미흡하거나 적절하지 아니한 점이 있으나, 피고들이 원고들의 이 사건 공유지분에 상응하는 부당이득을 하고 있다고 판단한 결론은 정당하고, 거기에 피고 1, 3이 상고이유에서 주장하는 바와 같이 부당이득반환의무의 성립에 관한 법리를 오해하거나 부동산 실권리자명의 등기에 관한 법률, 부동산등기법 등을 오해하여 필요한 심리를 다하지 아니한 위법 등이 있다고 할 수 없다.

2. 대지 공유지분 비율의 차이에 따른 부당이득에 관한 법리오해의 점에 대하여

가. 1동의 건물의 구분소유자들이 당초 그 건물을 분양받을 당시의 대지 공유지분의 비율대로 그 건물의 대지를 공유하고 있는 경우 그 구분소유자들은 특별한 사정이 없는 한 그 대지에 대하여 가지는 공유지분의 비율에 관계없이 그 건물의 대지 전부를 용도에 따라 사용할 수 있는 적법한 권원을 가진다고 할 것이므로, 그 구분소유자들 상호간에는 특별한 사정이 없는 한 그 대지에 대하여

가지는 공유지분의 비율의 차이를 이유로 부당이득의 반환을 청구할 수 없다(대법원 1995. 3. 14. 선고 93다60144 판결 등 참조).
  나. 원심이 확정한 사실관계를 앞에서 본 법리에 비추어 살펴보면, 원고들과 피고 1은 이 사건 건물 부분을 서로 구분소유하기로 하는 합의 하에 등기만은 편의상 각 구분소유의 면적에 해당하는 비율로 공유지분등기를 하여 놓은 것으로서 그들 사이에는 이 사건 건물을 구분소유적으로 공유하는 관계에 있다고 볼 수 있고, 피고 1이 구분소유하고 있는 이 사건 건물 지층을 위한 대지지분 비율이 원고들이 구분소유하고 있는 이 사건 건물 해당 호수를 위한 대지지분 비율보다 더 높다고 하더라도 원고들은 이 사건 각 토지의 공유지분 비율에 관계없이 이 사건 건물의 대지인 이 사건 각 토지 전부를 용도에 따라 사용할 수 있는 적법한 권원을 가지므로, 피고 1은 원고들에게 이 사건 각 토지에 대하여 가지는 공유지분의 비율의 차이를 이유로 부당이득의 반환을 청구할 수 없다.
  원심의 이유설시에는 적절치 못한 점이 있으나, 위와 결론을 같이 한 원심의 판단은 정당한 것으로 수긍할 수 있고, 거기에 상고이유에서 주장하는 바와 같은 부당이득반환의무의 성립에 관한 법리오해 등의 위법이 없다.
3. 미등기건물의 양도시 건물 부지 점유자에 관한 법리오해 등의 점에 대하여
  타인 소유의 토지 위에 권한 없이 건물을 소유하는 자는 그 자체로써 건물 부지가 된 토지를 점유하고 있는 것이므로 특별한 사정이 없는 한 법률상 원인 없이 타인의 재산으로 인하여 토지의 차임에 상당하는 이익을 얻고 이로 인하여 타인에게 동액 상당의 손해를 주고 있다고 할 것이고(대법원 1962. 5. 31. 선고 62다80 판결, 대법원 2007. 8. 23. 선고 2007다21856, 21863 판결 등 참조), 이는 건물 소유자가 미등기건물의 원시취득자로서 그 건물에 관하여 사실상의 처분권을 보유하게 된 양수인이 따로 존재하는 경우에도 다르지 아니하다.
  원심판결 이유에 의하면, 원심은 피고 2가 2008. 11. 27. 주식회사 금성디자인(이하 '금성디자인'이라고 한다)에게 그가 이 사건 건물에 증축하여 원시취득한 미등기 상태의 4층, 5층 부분을 매도하여 금성디자인이 위 4층, 5층 부분에 관한 사실상 처분권을 취득함으로써 2008. 11. 28. 이후로는 더 이상 원고들의 이 사건 공유지분을 사용·수익하고 있지 않다는 취지의 주장에 대하여, 위 4층, 5층 부분에 관하여 금성디자인 앞으로 소유권이전등기가 마쳐지지 아니한 이상 위 피고가 주장하는 사정만으로는 위 4층, 5층 부분의 소유권이 금성디자인에 이전되었다고 볼 수 없다는 이유로 이를 배척하였다.
  앞서 본 법리에 비추어 살펴보면, 피고 2의 원고들에 대한 부당이득반환의무를 인정한 원심의 결론은 정당하고, 거기에 피고 2가 상고이유에서 주장하는 바와 같이 미등기건물의 양도시 부당이득반환의무자에 관한 법리를 오해하는 등의 위법 등이

있다고 할 수 없다.
4. 지료 포기 약정 사실에 관한 채증법칙위반의 점에 대하여

   피고 2의 이 부분 상고이유의 주장은 사실심인 원심의 전권에 속하는 증거의 취사선택과 사실인정을 다투는 취지에 불과하여 적법한 상고이유로 보기 어렵다. 따라서 이 부분 상고이유의 주장은 받아들이지 아니한다.
5. 이 사건 건물 1층 101호 부분의 부당이득에 관한 법리오해의 점 등에 대하여

   원심판결 이유에 의하면, 원심은 피고 3이 소외 2로부터 54.18㎡ 부분이 주차장 용도로 제한된 상태의 이 사건 건물 1층 101호를 매수한 후 위 주차장 부분을 전부 독점적으로 점유, 사용하여 온 사실을 인정한 다음, 그 판시와 같은 사정을 들어 피고 3이 위 54.18㎡ 부분을 원고들을 위하여 주차장 용도로 제공함으로써 소유권 행사가 제한되어 손해가 발생하였다거나 원고들이 주차장 설치의무를 면함으로써 법률상 원인 없이 부당이득을 하였다고 볼 수 없다는 취지로 판단하였다.

   기록에 비추어 살펴보면, 위와 같은 원심의 판단은 정당한 것으로 수긍할 수 있고, 거기에 피고 3이 상고이유에서 주장하는 바와 같이 부당이득반환의무의 성립에 관한 법리를 오해하거나 필요한 심리를 다하지 아니한 위법 등이 있다고 할 수 없다.
6. 결론

   그러므로 상고를 모두 기각하고 상고비용은 패소자들의 부담으로 하여, 관여 대법관의 일치된 의견으로 주문과 같이 판결한다.

[판례 18] 등기관의처분에대한이의신청 (대법원 2011. 6. 2. 자 2011마224 결정)

【판시사항】

[1] 법원이 집행관에 의한 현황조사를 거쳐 미등기건물이 보전처분의 대상이 되는 건물이라고 판단하여 보전처분을 하고 등기관에 대하여 기입등기를 촉탁한 경우, 등기공무원이 갖는 심사의 권한 범위

[2] 완공되지 아니하여 보존등기가 경료되지 아니하였거나 사용승인되지 아니한 건물이더라도 보전처분의 대상으로 삼을 수 있는 경우

[3] 등기관이 미등기건물에 대한 소유권보존등기 및 가압류기입등기의 촉탁을 받아 구분건물에 관한 소유권보존등기를 할 때, 1동의 건물 중 일부 구분건물뿐만 아니라 표시에 관한 등기를 하여야 하는 나머지 구분건물에 대하여도 등기능력이 있는지 심사하여야 하는지 여부(적극)

[4] 갑이 구분건물에 대하여 부동산가압류를 신청하였고, 법원은 집행관의 부동산현황조사를 거쳐 가압류 결정을 하고 등기관에 대하여 소유권보존등기 및 가압류 기입등기를 촉탁하였으나 등기관이 구 부동산등기법 제55조 제2호에 따라 각하한

사안에서, 구분건물에 대한 소유권보존등기 및 가압류 기입등기의 촉탁을 각하한 등기관의 처분이 적법하다고 한 원심판단을 수긍한 사례

【참조조문】
[1] 구 부동산등기법(2011. 4. 12. 법률 제10580호로 개정되기 전의 것) 제55조(현행 제29조 참조) [2] 민사집행법 제81조 제1항 제2호, 제3항, 민사집행규칙 제42조 제2항, 제218조 [3] 구 부동산등기법(2011. 4. 12. 법률 제10580호로 개정되기 전의 것) 제27조 제2항(제22조 제2항 참조), 제55조 제12호(제29조 참조), 제131조의2 제1항(현행 제46조 제1항 참조), 집합건물의 소유 및 관리에 관한 법률 제1조, 제1조의2 [4] 구 부동산등기법(2011. 4. 12. 법률 제10580호로 개정되기 전의 것) 제55조(현행 제29조 참조)

【참조판례】
[1][3] 대법원 2008. 3. 27.자 2006마920 결정(공2008상, 605)
[1] 대법원 1995. 1. 20.자 94마535 결정(공1995상, 1115)
[2] 대법원 2009. 5. 19.자 2009마406 결정

【전 문】
【재항고인】 서귀포농업협동조합 (소송대리인 법무법인 남강 담당변호사 이장호)
【원심결정】 제주지법 2011. 1. 14.자 2010라86 결정

【주 문】
재항고를 기각한다.

【이 유】
재항고이유를 본다.
등기관은 실체법상의 권리관계와 일치하는지 여부를 심사할 실질적 심사권한은 없으나 신청서 및 그 첨부서류와 등기부에 의하여 등기요건에 합당하는지 여부를 심사할 형식적 심사권한이 있으므로(대법원 1995. 1. 20.자 94마535 결정 등 참조), 법원이 집행관에 의한 현황조사를 거쳐 미등기건물이 보전처분의 대상이 되는 건물이라고 판단하여 보전처분을 하고, 등기관에 대하여 기입등기를 촉탁한 경우라도, 등기관으로서는 그 촉탁서 및 첨부서류에 의하여 등기요건에 합당한지 여부를 심사할 권한이 있고, 그 심사 결과 등기요건에 합당하지 아니하면 기입등기의 촉탁을 각하하여야 한다 (대법원 2008. 3. 27.자 2006마920 결정 참조).
한편 「민사집행법」 제81조 제1항 제2호 단서, 제3항은 미등기건물의 강제경매신청서에는 그 건물이 채무자의 소유임을 증명할 서류, 그 건물의 지번·구조·면적을 증명할

서류 및 그 건물에 관한 건축허가 또는 건축신고를 증명할 서류를 붙이거나 그의 조사를 집행법원에 신청하도록 규정하고, 「민사집행규칙」 제42조 제2항은 「민사집행법」 제81조 제1항 제2호 단서의 규정에 따라 채권자가 제출한 서류에 의하여 강제경매신청을 한 건물의 지번·구조·면적이 건축허가 또는 건축신고된 것과 동일하다고 인정되지 아니하는 때에는 법원은 강제경매신청을 각하하여야 한다고 규정하며, 「민사집행규칙」 제218조는 보전처분의 집행에 관하여는 특별한 규정이 없으면 강제집행에 관한 규정을 준용하도록 규정하고 있다. 위 규정들을 종합하여 보면, 완공되지 아니하여 보존등기가 경료되지 아니하였거나 사용승인되지 아니한 건물이라고 하더라도 채무자의 소유로서 건물로서의 실질과 외관을 갖추고 그의 지번·구조·면적 등이 건축허가 또는 건축신고의 내용과 사회통념상 동일하다고 인정되는 경우에는 보전처분의 대상으로 삼을 수 있다고 할 것이나, 그에 이르지 못한 경우에는 보전처분의 대상이 될 수 없는 것이다(대법원 2009. 5. 19.자 2009마406 결정 참조).

또한 구「부동산등기법」(2011. 4. 12. 법률 제10580호로 개정되기 전의 것, 이하 같다) 제131조의2 제1항에 의하면 1동의 건물에 속하는 구분건물 중 일부 구분건물만에 관하여 소유권보존등기를 신청하는 경우에도 그 나머지 구분건물에 관하여 표시에 관한 등기를 동시에 신청하여야 하고, 같은 법 제55조 제12호에 의하면 1동의 건물을 구분한 건물의 등기신청에서 그 구분소유권의 목적인 건물의 표시에 관한 사항이 등기관의 조사 결과 「집합건물의 소유 및 관리에 관한 법률」 제1조 또는 제1조의2와 맞지 아니한 경우에는 등기관은 신청을 각하하여야 하며, 같은 법 제27조 제2항은 촉탁에 의한 등기의 절차에 대하여는 법률에 다른 규정이 있는 경우를 제외하고는 신청으로 인한 등기에 관한 규정을 준용하도록 규정하고 있으므로, 등기관으로서는 미등기건물에 대한 소유권보존등기 및 가압류기입등기의 촉탁을 받아 구분건물에 관한 소유권보존등기를 함에 있어서 1동의 건물 중 일부 구분건물뿐만 아니라 표시에 관한 등기를 하여야 하는 그 나머지 구분건물에 관하여도 등기능력이 있는지 여부를 심사하여야 한다 (위 대법원 2006마920 결정 참조).

원심결정 이유 및 기록에 의하면, 이 사건 건물은 제주시 도남동 158 외 3필지 3,008㎡ 지상에 지하 1층, 지상 4층의 주건축물 3동, 총 28개의 구분건물로 이루어진 연면적 2,468.05㎡의 공동주택 및 제2종 근린생활시설로 건축허가된 사실, 그런데 이 사건 건물의 신축공사는 3개의 주건축물 골조공사만 이루어진 상태에서 중단되었고, 다동 주건축물의 지하층은 4개의 구분건물로 건축허가되었으나 구분건물을 특정할 수 있는 칸막이 공사가 전혀 되지 아니하였으며, 다동 1, 2층은 제2종 근린생활시설 용도로 건축허가를 받았으나 실제로는 공동주택 용도로 골조공사가 이루어진 사실, 신청인(재항고인)은 제주지방법원에 이 사건 각 구분건물에 대하여 부동산가압류를 신청하였고, 위 법원은 집행관의 부동산현황조사를 거쳐 2010. 10. 4. 가압류 결정을 하고 같은 날 제주지방법원 등기과에 이 사건 각 구분건물에 대한 소유권보존등기 및 가압류 기입등기를 촉탁하였으나, 등기관은 구「부동산등기법」제55조 제2호에 따라 이를 각하한 사실을 알 수 있다.

사실관계가 위와 같다면, 이 사건 건물 중 다동 지하층의 각 구분건물은 「집합건물의 소유 및 관리에 관한 법률」제1조 및 제1조의2가 정한 구분건물로 보기 어렵고, 따라서 표시에 관한 등기를 하여야 하는 다동의 나머지 구분건물은 그 등기능력을 갖춘 것으로 볼 수 없다. 여기에 가동, 나동 주건축물의 공사진행 정도 등 기록에 나타난 여러 사정을 보태어 보면, 공사가 중단된 이 사건 각 구분건물이 건축허가의 내용과 그 구조적인 면에서 사회통념상 동일하다고 인정하기는 어려울 것이므로, 이 사건 각 구분건물에 대한 소유권보존등기 및 가압류 기입등기의 촉탁을 각하한 등기관의 처분은 적법하다.

원심의 이유 설시에 다소 부적절한 부분이 있으나, 등기관의 처분에 대한 이의신청을 기각한 제1심결정을 유지한 것은 정당하다.

원심결정에는 재항고이유의 주장과 같은 법리오해 등의 위법이 없다.

그러므로 재항고를 기각하기로 하여, 관여 대법관의 일치된 의견으로 주문과 같이 결정한다.

[판례 19] 소유권이전등기 (대법원 2010. 1. 28. 선고 2009다61193 판결)

【판시사항】

[1] 물건에 대한 점유의 의미와 판단 기준
[2] 건물 소유자가 현실적으로 건물이나 그 부지를 점거하고 있지 않더라도 그 부지를 점유한다고 보아야 하는지 여부(적극) 및 미등기건물을 양수하여 건물에 대한 사실상의 처분권을 보유하게 된 양수인이 그 건물의 부지도 함께 점유하는지 여부(적극)
[3] 등기 주택과 그 대지의 소유권을 넘겨받으면서 등기 주택과 지붕이 연결된 미등기 주택도 함께 양수함으로써 미등기 주택의 대지를 점유하게 된 자가 그 후 등기 주택과 그 대지의 소유권을 상실한 사정 및 현실적으로 미등기 주택을 점거하지 않은 사정만으로 미등기 주택 대지의 점유를 상실하였다고 단정한 원심판결을 파기한 사례

【참조조문】
[1] 민법 제192조 [2] 민법 제192조 [3] 민법 제192조, 제245조 제1항

【참조판례】

[1] 대법원 1999. 3. 23. 선고 98다58924 판결(공1999상, 737)
　　대법원 2005. 9. 30. 선고 2005다24677 판결
　　대법원 2009. 9. 24. 선고 2009다39530 판결(공2009하, 1754)
[2] 대법원 2008. 7. 10. 선고 2006다39157 판결

【전 문】
【원고, 상고인】 원고 (소송대리인 법무법인 정우종합법률사무소 담당변호사 신강식)
【피고(선정당사자), 피상고인】 피고
【원심판결】 울산지법 2009. 7. 9. 선고 2008나3565 판결

【주 문】
원심판결을 파기하고, 사건을 울산지방법원 합의부로 환송한다.

【이 유】
상고이유를 본다.
원심판결 이유에 의하면, 원심은 적법하게 채용한 증거들을 종합하여, 점유취득시효의 완성 여부가 다투어지는 원심판결 별지 측량감정도 (나), (다) 표시 대지(이하 '이 사건 대지'라고 한다) 및 그와 연접한 울산 중구 교동 (이하 지번 생략) 대지는 하나의 담장으로 주변 토지와 구분되어 있고, 이 사건 대지와 위 (이하 지번 생략) 대지 사이에는 담장이나 인위적인 경계가 없으며, 이 사건 대지에는 미등기 단층 주택 1채가, 위 (이하 지번 생략) 대지에는 등기된 단층 주택 1채가 각 존재하고, 위 미등기 주택의 슬레이트 지붕이 위 등기된 주택과 연결되어 있는 사실, 위 (이하 지번 생략) 대지 및 그 지상 주택(이하 ' (이하 지번 생략) 부동산'이라 한다)의 소유권이 제1심공동원고 10에게서 제1심공동원고 11에게로, 제1심공동원고 11에게서 다시 원고에게로 순차 이전되었는데, (이하 지번 생략) 부동산에 대하여 강제경매절차가 개시되어 소외인이 2001. 4. 28. (이하 지번 생략) 부동산에 관하여 2001. 3. 12. 낙찰을 원인으로 한 소유권이전등기를 함으로써 원고가 (이하 지번 생략) 부동산의 소유권을 상실한 사실, 2008. 3. 31. 실시된 제1심법원의 현장검증 당시 이미 상당한 기간 위 각 주택에 사람이 거주하지 않은 것으로 보이는 사실을 각 인정한 후, 특별한 사정이 없는 한 원고가 (이하 지번 생략) 부동산의 소유권을 상실한 때에 그에 대한 점유 및 이 사건 대지에 대한 점유도 함께 상실하였으므로 원고가 이 사건 대지를 20년간 점유하였다고 인정할 수 없다고 판단하는 한편, 원고가 소외인에게 경락대금 3,000만 원을 지급하여 소외인으로 하여금 (이하 지번 생략) 부동산을 낙찰받게 한 것으로서 위 낙찰 이후에도 원고가 (이하 지번 생략) 부동산 및 이 사건 대지와 그 지상 미등기 주택을 계속 점유하고 있다는 취지의 원고의 주장에 대하여는, 갑 제15, 17, 21호증의 각 기재 및

원심 증인 최해연의 증언만으로는 이를 인정하기에 부족하고 달리 이를 인정할 증거가 없다고 하여 이를 배척하였다.

그러나 원고가 이 사건 대지에 대한 점유를 상실하였다고 인정한 원심의 조치는 수긍하기 어렵다.

물건에 대한 점유란 사회관념상 어떤 사람의 사실적 지배에 있다고 보이는 객관적 관계를 말하는 것으로서 사실상의 지배가 있다고 하기 위하여는 반드시 물건을 물리적, 현실적으로 지배하는 것만을 의미하는 것이 아니고, 물건과 사람과의 시간적, 공간적 관계와 본권관계, 타인지배의 배제 가능성 등을 고려하여 사회통념에 따라 합목적적으로 판단하여야 하며(대법원 1999. 3. 23. 선고 98다58924 판결, 대법원 2005. 9. 30. 선고 2005다24677 판결 등 참조), 사회통념상 건물은 그 부지를 떠나서는 존재할 수 없는 것이므로 건물의 부지가 된 토지는 그 건물의 소유자가 점유하는 것으로 볼 것이고, 이 경우 건물의 소유자가 현실적으로 건물이나 그 부지를 점거하고 있지 아니하고 있더라도 그 건물의 소유를 위하여 그 부지를 점유한다고 보아야 하며, 미등기건물을 양수하여 건물에 관한 사실상의 처분권을 보유하게 된 양수인은 건물부지 역시 아울러 점유하고 있다고 볼 수 있다(대법원 2008. 7. 10. 선고 2006다39157 판결 참조).

기록에 의하면, 원고는 제1심공동원고 11로부터 (이하 지번 생략) 부동산의 소유권을 넘겨받으면서 이 사건 대지상의 미등기 주택도 함께 양수한 이래 (이하 지번 생략) 부동산 및 이 사건 대지와 그 지상 미등기 주택을 점유하여 오다가 위와 같이 (이하 지번 생략) 부동산의 소유권을 상실하게 된 사실을 알 수 있는바, 앞서 본 법리에 비추어 보면, 원고는 이 사건 대지상의 미등기 주택에 대한 사실상의 처분권을 보유하게 됨으로써 이 사건 대지를 점유하고 있다고 보아야 할 것이고, 원고가 (이하 지번 생략) 부동산의 소유권을 상실하였다는 사정만으로 이 사건 대지의 점유까지 상실하였다고 단정할 수 없다 할 것이다.

그렇다면, 원심으로서는 마땅히 원고가 (이하 지번 생략) 부동산의 소유권을 상실한 이후에도 이 사건 대지를 계속 점유하였는지에 관하여 구체적으로 심리하였어야 할 것임에도, 원고가 (이하 지번 생략) 부동산의 소유권을 상실한 사정 및 현실적으로 이 사건 대지상의 미등기 주택을 점거하지 않은 사정만을 들어 원고가 이 사건 대지의 점유를 상실하였다고 단정하여 원고의 이 사건 청구를 기각하고 말았으니, 이러한 원심의 조치에는 건물부지의 점유에 관한 법리를 오해한 나머지 필요한 심리를 다하지 아니함으로써 판결에 영향을 미친 위법이 있음이 분명하다.

그러므로 원심판결을 파기하고, 사건을 다시 심리·판단하게 하기 위하여 원심법원으로 환송하기로 하여 관여 대법관의 일치된 의견으로 주문과 같이 판결한다.

[판례 20] 사용·수익·처분권확인및건물명도 (대법원 2008. 7. 10. 선고 2005다41153 판결)

【판시사항】
[1] 계약금의 포기나 배액상환에 의한 계약해제를 제한하는 특약이 있는지 등 계약문서에 나타난 당사자의 의사해석이 문제되는 경우, 그 해석 방법
[2] 대규모 아파트건설사업을 추진하기 위하여 체결한 건물 매매계약의 문언들의 내용, 그 약정이 이루어진 동기와 경위, 약정에 의하여 달성하려는 목적, 아파트건설사업의 특수성 등에 비추어, 위 매매계약에는 해약금에 의한 계약해제를 배제하는 특약이 있음을 인정하고, 매매계약 체결 후 불과 1년여를 경과한 시점에서 매수인의 아파트건설사업 추진 및 잔금지급의 지연을 이유로 한 매도인의 계약해제는 위 해약제한의 특약에 반한다고 본 사례
[3] 미등기 건물의 양수인에게 사실상의 소유권 내지 소유권에 준하는 권리를 인정할 수 있는지 여부(소극)
[4] 이행의 소를 제기할 수 있는데도 확인의 소를 제기한 경우, '확인의 이익'이 있는지 여부(소극)
[5] 미등기 건물의 매수인이 매도인에게 소유권이전등기의무의 이행을 소구하지 아니한 채 그 건물에 대한 사용·수익·처분권의 확인을 구할 소의 이익이 없다고 본 사례

【참조조문】
[1] 민법 제105조, 제565조 [2] 민법 제105조, 제565조 [3] 민법 제185조, 제186조 [4] 민사소송법 제250조 [5] 민법 제185조, 제186조, 민사소송법 제250조

【참조판례】
[1] 대법원 2007. 7. 12. 선고 2007다13640 판결(공2007하, 1250)
[3] 대법원 1996. 6. 14. 선고 94다53006 판결(공1996하, 2144)
　　대법원 1999. 3. 23. 선고 98다59118 판결(공1999상, 739)
　　대법원 2006. 10. 27. 선고 2006다49000 판결(공2006하, 1995)
[4] 대법원 1995. 12. 22. 선고 95다5622 판결(공1996상, 489)
　　대법원 2006. 3. 9. 선고 2005다60239 판결(공2006상, 589)

【전 문】
【원고, 상고인】 주식회사 우림공영 (소송대리인 법무법인 화산외 3인)
【피고(선정당사자), 피상고인】 피고 (소송대리인 변호사 김영일)
【원심판결】 수원지법 2005. 7. 6. 선고 2004나19392 판결

【주 문】
원심판결을 파기하고, 사건을 수원지방법원 본원 합의부에 환송한다.

【이 유】
1. 상고이유(상고이유서 제출기간이 경과한 후에 원고 대리인이 제출한 각 상고이유보충서의 기재는 상고이유를 보충하는 범위 내에서)를 판단한다.

민법 제565조의 규정에 의하면 매매의 당사자 일방이 상대방에게 계약금을 교부한 경우 당사자 간에 다른 약정이 없는 한 당사자의 일방이 이행에 착수할 때까지 교부자는 이를 포기하고 수령자는 그 배액을 상환하여 매매계약을 해제할 수 있는바, 당사자 사이에 위와 같은 계약금의 포기나 배액상환에 의한 계약해제를 제한하는 특약이 있는지 등 계약의 해석을 둘러싸고 이견이 있어 계약문서에 나타난 당사자의 의사해석이 문제되는 경우에는 문언의 내용, 그러한 약정이 이루어진 동기와 경위, 약정에 의하여 달성하려는 목적, 당사자의 진정한 의사 등을 종합적으로 고찰하여 논리와 경험칙에 따라 합리적으로 해석하여야 할 것이다(대법원 2007. 1. 11. 선고 2005다1445 판결, 대법원 2007. 7. 12. 선고 2007다13640 판결 등 참조).

원심판결 이유와 기록에 의하면, 피고(선정당사자) 및 선정자들(이하 '피고 등'이라고 통칭한다)은 1995년경 소외 1로부터 미등기인 이 사건 각 건물(다세대주택인 영광빌라 C동의 각 세대 부분이다)을 분양받고 그 중도금까지 지급한 상태에서 건물에 입주하여 거주해 왔으나 아직 그 각 건물과 대지에 대한 소유권이전등기를 경료받지 못한 사실, 원고는 주택건설사업을 목적으로 하는 회사로서 이 사건 건물의 부지를 포함한 수원시 권선구 입북동 일대 총 380여 필지에서 총 1,400여 세대 규모의 아파트를 건설하는 사업을 추진하기 위하여 2002. 7. 20. 피고 등으로부터 이 사건 각 건물을 매수하는 계약(이하 '이 사건 매매계약'이라 한다)을 체결한 사실, 그 매매계약서 제1조(계약의 목적)에는 당해 계약은 매도인 소유의 부동산을 포함한 사업대상부지 전체를 매입함을 원칙으로 하고 매수인은 아파트를 건립할 목적으로 매수하며 매도인은 이에 동의하고 매도한다는 내용, 제3조(매매대금 지불조건)에는 매수인은 2002. 7. 31.까지 매매대금의 10%를 계약금으로 지급하고 잔금은 매수인이 사업승인취득 후 10일 내에 지급한다는 내용, 제4조(토지사용승낙)에는 매도인은 매수인의 아파트 사업승인 등 인·허가 업무진행을 위한 제반 서류(토지사용승낙서, 인감증명서)를 매수인에게 제공하도록 협조한다는 내용, 제7조(양도 및 담보금지)에는 매도인은 계약체결 이후 위 부동산을 제3자에게 양도 및 담보제공할 수 없다는 내용, 제11조(계약의 해지 및 손해보상)에는 매도인은 계약을 위약하거나 그의 귀책사유로 계약이 해지될 경우에는 계약금의 배액 및 사업추진에 소요된 경비(설계·측량비, 사업추진경비 등)를 매수인에게 위약금으로 배상하여야 하고, 매수인의 귀책사유로 계약이 해지될 경우에는 계약금은 매도인에게 귀속되고 계약은 무효로 한다는 내용, 제12조(특약사항)에는 해당 부지가 정부나 공공기관으로부터 잔금일 이전까지 구획정리사업 및 택지개발지구로 수용 또는 사업승인을 득하지 못할 시에는 계약은 무효로 하고 계약금을 환불해야 하나 매수인의 귀책사유로 사업승인을 득하지 못할 시에는 매도인은 계약금을 반환할 의무가 없다는 내용 등이 들어 있고, 다만 위 제11조와 관련하여 원고는 2003. 1. 18. 피고 등에게 계약해지시 매도인의 귀책일 경우 계약금의 배액만 지급하고, 소요된 경비를 배상하는 부분은 삭제하기로 약정한 사실, 그 후 원고는 피고 등에게 이 사건 매매계약에 따른 계약금을 기한 내에 모두 지급하였으나, 관할 수원시장으로부터 아파트건설사업계획 승인을 받지 못하자 위 계약 제3조에 따라 잔금도 지급하지 아니하고 있었던 사실, 그러자 피고 등은 원고가 계약체결 후 1년 이상이 지나도록 잔금을 지급하지 않는 등 계약을 성실히 이행할 의사를 보이지 않는다는 이유로 2003. 10. 2.경 원고로부터 지급받은 각 계약금의 배액을 변제공탁한 후 2003. 10. 4.경 민법 제565조의 규정에 의하여 이 사건 매매계약을 해제한다고 통보한 사실(이하 '이 사건 계약해제'라 한다), 이에 원고는 위 계약해제의 효력을 다투면서 2004. 2. 11. 피고 등에게 이 사건 매매계약에 따른 잔대금을 모두 변제공탁한 사실, 한편 이 사건 매매계약이 체결된 후 원고의 아파트건설사업 대상 부지의 다른 매도인들 중 일부가 2003. 5. 내지 6.경 그 각 매매계약의 해제 등을 이유로 수원시에 민원을 제기하거나 법원에 매매계약 무효확인소송 등을 제기하였고, 원고가 매도인들을 상대로 소유권이전등기 청구소송을 제기한 데 대하여는 그 매도인들이 매매계약의 무효, 취소 또는 해제 항변을 하고 나왔으며, 또한 원고는 아파트건설사업을 동업하기로 했던 소외 2를 상대로도 사업부지 일부에 관한 소외 2 명의의 가등기말소청구소송을 제기하는 등 분쟁이 발생하였던 사실, 원고는 2002. 12.경 수원시장에게 아파트건설사업계획승인 신청을 한 이래 그 보완요구를 받아오다가 2003. 12. 2.에 이르러 "사업예정지의 토지소유권을 전부 확보하였음을 증빙하는 서류 미제출" 등 이유로 위 신청을 반려받은 사실, 한편 원고와 위 사업부지 매도인 등과의 사이에 진행된 소송들은 그 후 대부분 재판상 화해·조정 및 원고의 실질적인 승소로 종료된 사실을 알 수 있다.

위와 같은 원고와 피고 등 간의 이 사건 매매계약의 문언들의 내용, 그 약정이 이루어진 동기와 경위, 약정에 의하여 달성하려는 목적, 그리고 일반적으로 대규모 아파트건설사업을 진행하는 사업자로서는 그 사업부지 내의 다수의 토지를 취득하여 확보하고 있어야 하는데 만약 그 사업추진 도중에 부지의 매도인들이 단지 계약금의 배액상환이라는 방법에 의하여 매매계약을 해제할 수 있다면 아파트건설사업 전체의 수행이 어렵게 되는 심각한 결과를 초래하게 될 것인 점 등을 종합하여 보면, 이 사건 매매계약에는 해약금(계약금의 배액상환)에 의한 계약해제를 배제하는 당사자 사이의 약정이 있다고 봄이 상당하다. 그리고 위 특약에 의한 해제의 제한은 아파트건설사업의 원활한 수행을 위한 것인 만큼, 원고의 아파트건설사업의 추진이 합리적 이유도 없이 상당기간 이상 지체되거나 사업추진 자체가 객관적으로 불가능한 것으로 보이는 사정이 발생한 경우에는 위 해약금지의 특약도 실효된다고 볼 소지가 없는 것은 아니지만, 위에서 본 바와 같이 원고의 아파트건설사업의 규모 등에 비추어 그 사업계획승인을 얻기 위하여는 상당한 기간이 소요될 것으로 예상되고, 피고 등도 이 사건 매매계약이 그러한 사업의 추진을 위한 것임을 충분히 알고 그에 협조하기로 하여 계약을 체결하였던 점에다가, 기록상 나타나는 원고의 사업추진노력 및 관련 분쟁의 경과 등을 모두 종합하여 보면, 이 사건 계약해제 당시는 매매계약 체결 후 불과 1년 2, 3개월이 경과한 시점으로서 그 사이 원고가 사업부지 내 일부 매도인 등과 분쟁이 발생하였다거나 위 사업계획의 승인을 받지 못하고 있었다는 사정들만으로는, 당시 원고의 사업추진이 합리적 이유 없이 상당기간 이상 지체되었다거나 객관적으로 불가능하게 되었다고 보기에 부족하다. 결국, 피고 등의 이 사건 계약해제는 위 해약제한의 특약에 반하여 행하여진 것으로서 그 효력이 없다고 할 것이다.

그럼에도 불구하고 원심은, 이 사건 매매계약에는 해약금에 의한 계약해제를 배제하는 당사자 간의 약정이 있다고 인정하고서도, 그 판시와 같은 사정만을 들어 위 특약의 효력이 실효되었다고 보고, 피고 등의 이 사건 계약해제가 적법하다고 판단하였는바, 이러한 원심판결에는 민법 제565조 소정의 해약금에 의한 계약해제 및 그 해제를 배제하는 특약과 관련하여 계약의 해석에 관한 법리를 오해하고 심리를 다하지 아니하여 판결에 영향을 미친 위법이 있다. 이 점을 지적하는 상고이유 주장은 이유 있다.

2. 나아가 이 사건 소 중 각 건물 부분에 관한 사용·수익·처분권의 확인청구에 대하여 직권으로 판단한다.

미등기 건물의 양수인이라도 그 소유권이전등기를 경료받지 않는 한 그 건물에 대한 소유권을 취득할 수 없고, 현행법상 사실상의 소유권이라거나 소유권에 준하는 사용·수익·처분권이라는 어떤 포괄적인 권리 또는 법률상의 지위를 인정하기도 어렵다(대법원 1996. 6. 14. 선고 94다53006 판결, 대법원 2006. 10. 27. 선고 2006다49000 판결 등 참조). 한편, 확인의 소는 원고의 법적 지위가 불안·위험할 때에 그 불안·위험을 제거함에는 확인판결을 받는 것이 가장 유효·적절한 수단인 경우에 인정되고, 이행을 청구하는 소를 제기할 수 있는데도 불구하고 확인의 소를 제기하는 것은 분쟁의 종국적인 해결 방법이 아니어서 확인의 이익이 없다(대법원 1995. 12. 22. 선고 95다5622 판결, 대법원 2006. 3. 9. 선고 2005다60239 판결 등 참조).

위 법리에 비추어 보면, 원고가 미등기인 이 사건 각 건물을 피고 등으로부터 매수하는 계약을 체결하였을 뿐 아직 피고 등으로부터 그 소유권이전의무의 이행을 받지도 아니한 상태에서 그 이행을 소구하지 아니한 채 이 사건 각 건물 부분에 대한 사용·수익·처분권이 자기에게 있음의 확인을 구하는 것은 현행법상 허용될 수 없는 권리의 확인을 구하는 것이거나, 원고의 권리 또는 법률상의 지위에 현존하는 불안·위험을 제거하는 유효·적절한 수단이 될 수 없는 것이다.

원심으로서는 원고의 이 부분 청구의 적법 여부에 대하여도 나아가 판단하여야 할 것이라는 점을 아울러 지적해 둔다. 그리고 원심판결에는 별지 도면이 누락되어 있다는 것도 지적해 둔다.

3. 결 론

그러므로 원심판결을 파기하고, 사건을 다시 심리·판단하게 하기 위하여 원심법원에 환송하기로 하여 관여 대법관의 일치된 의견으로 주문과 같이 판결한다.

[판례 21] 소유권보존등기말소등 (대법원 2008. 5. 15. 선고 2008다13432 판결)

【판시사항】

[1] 국가나 지방자치단체가 취득시효의 완성을 주장하는 토지의 취득절차에 관한 서류를 제출하지 못하고 있다는 사정만으로 자주점유의 추정이 번복되는지 여부(소극)

[2] 국가에게 취득시효 완성을 원인으로 하여 소유권이전등기절차를 이행하여 줄 의무를 부담하는 미등기 토지의 소유자가 국가를 상대로 그 토지에 대한 소유권의 확인을 구할 법률상 이익이 있는지 여부(소극)

【참조조문】

[1] 민법 제197조 제1항, 제245조 제1항 [2] 민법 제245조 제1항, 민사소송법 제250조

【참조판례】

[1] 대법원 2005. 12. 9. 선고 2005다33541 판결(공2006상, 114)
    대법원 2006. 1. 26. 선고 2005다36045 판결
    대법원 2007. 12. 27. 선고 2007다42112 판결(공2008상, 133)
[2] 대법원 1995. 6. 9. 선고 94다13480 판결(공1995하, 2368)

【전 문】

【원고, 상고인】 원고 1외 5인 (소송대리인 변호사 임태선)
【피고, 피상고인】 대한민국

【원심판결】 서울고법 2008. 1. 15. 선고 2007나47164 판결

【주 문】
원심판결 중 제2토지에 관한 소유권확인청구 부분을 파기하고, 제1심판결 중 같은 부분을 취소하며, 이 부분 소를 각하한다. 원고들의 나머지 상고를 모두 기각한다. 소송총비용은 원고들이 부담한다.

【이 유】
상고이유를 판단한다.
1. 제1점에 대하여
  증거의 취사와 사실의 인정은 사실심의 전권에 속하는 것으로서 이것이 자유심증주의의 한계를 벗어나지 않는 한 적법한 상고이유로 삼을 수 없다(대법원 2001. 8. 24. 선고 2001다33048 판결, 대법원 2006. 5. 25. 선고 2005다77848 판결 등 참조).
  위 법리와 기록에 비추어 살펴보면, 원심이 그 채택 증거를 종합하여 판시와 같은 사실을 인정한 다음, 피고가 적어도 국도 42호선의 노선지정이 있었던 때인 1971. 8. 31.경부터 제1토지 및 제2토지에 대한 점유를 개시하였다고 인정한 것은 정당한 것으로 수긍이 가고, 거기에 상고이유에서 주장하는 바와 같은 점유에 관한 법리오해의 위법이 없다.
2. 제2점에 대하여
  부동산의 점유권원의 성질이 분명하지 않을 때에는 민법 제197조 제1항에 의하여 점유자는 소유의 의사로 선의, 평온 및 공연하게 점유한 것으로 추정되는 것이며, 이러한 추정은 지적공부 등의 관리주체인 국가나 지방자치단체가 점유하는 경우에도 마찬가지로 적용된다. 그리고 점유자가 점유 개시 당시에 소유권 취득의 원인이 될 수 있는 법률행위 기타 법률요건이 없이 그와 같은 법률요건이 없다는 사실을 잘 알면서 타인 소유의 부동산을 무단점유한 것임이 입증된 경우에는, 특별한 사정이 없는 한 점유자는 타인의 소유권을 배척하고 점유할 의사를 갖고 있지 않다고 보아야 할 것이므로 이로써 소유의 의사가 있는 점유라는 추정은 깨어진다고 할 것이나(대법원 1997. 8. 21. 선고 95다28625 전원합의체 판결 등 참조), 한편 국가나 지방자치단체가 취득시효의 완성을 주장하는 토지의 취득절차에 관한 서류를 제출하지 못하고 있다고 하더라도, 그 토지에 관한 지적공부 등이 6.25 전란으로 소실되었거나 기타의 사유로 존재하지 아니함으로 인하여 국가나 지방자치단체가 지적공부 등에 소유자로 등재된 자가 따로 있음을 알면서 그 토지를 점유하여 온 것이라고 단정할 수 없고, 그 점유의 경위와 용도 등을 감안할 때 국가나 지방자치단체가 점유 개시 당시 공공용 재산의 취득절차를 거쳐서 소유권을 적법하게 취득하였을 가능성도 배제할 수 없다고 보이는 경우에는, 국가나 지방자치단체가 소유

권 취득의 법률요건이 없이 그러한 사정을 잘 알면서 토지를 무단점유한 것임이 입증되었다고 보기 어려우므로, 위와 같이 토지의 취득절차에 관한 서류를 제출하지 못하고 있다는 사정만으로 그 토지에 관한 국가나 지방자치단체의 자주점유의 추정이 번복된다고 할 수는 없다(대법원 2005. 12. 9. 선고 2005다33541 판결, 대법원 2006. 1. 26. 선고 2005다36045 판결, 대법원 2007. 2. 8. 선고 2006다28065 판결 등 참조).

기록에 의하여 살펴보면, 이 사건 각 토지에 관한 폐쇄지적도(갑 제3호증의 4)에는 제1토지의 지번과 지목은 '육육오/이 도'로, 제2토지의 지번과 지목은 '육육육/이 도'로 각 기재되어 있고, 이 사건 각 토지에 횡으로 연결되어 있는 수원시 권선구 입북동 669-2의 지번과 지목은 '육육구/이 도', 같은 동 423-2의 지번과 지목은 '사이삼/이 도'로 각 기재되어 있으며, 1938. 12. 1.경 인천을 기점으로 하고 안산을 경과하여 수원시를 종점으로 한 지방도 3호선이 노선인정된 사정에 비추어 볼 때 이 사건 각 토지는 일제시대인 1938. 12. 1.경 도로로 편입된 것으로 보이는 점, 그 무렵부터 이 사건 각 토지는 경기도에 의하여 지방도 3호선의 일부로 점유·관리되면서 일반 공중의 통행로로 제공되어 오다가 1971. 8. 31.부터는 국도 42호선의 일부로 노선지정되어 피고에 의해 점유·관리되면서 현재에 이르기까지 일반 공중의 통행로로 계속 제공되어 오고 있는 점, 위 도로편입 이후 이 사건 각 토지에 관하여 지적공부나 등기부가 존재하지 아니하다가 1974. 3. 30.에 이르러 제1토지에 관한 토지대장이 작성되고, 1996. 11. 1. 피고 명의로 소유권보존등기가 경료되었으며, 제2토지에 관해서는 현재까지도 토지대장이 미복구된 상태인 점 등을 알 수 있는바, 이러한 사정을 앞서 본 법리에 비추어 보면, 피고가 이 사건 각 토지의 소유자가 따로 있음을 알면서 이 사건 각 토지를 점유해 온 것이라고 단정할 수 없을 뿐 아니라, 이 사건 각 토지를 피고가 점유하게 된 경위나 점유의 용도 등을 감안할 때 1938. 12. 1.경 이 사건 각 토지가 도로로 편입될 당시 국가가 공공용 재산의 취득절차에 따라 소유권을 적법하게 취득하였을 가능성도 배제할 수 없다고 할 것이므로, 비록 피고가 이 사건 각 토지의 취득절차에 관한 서류를 제출하지 못하고 있다 하더라도 그러한 사유만으로 이 사건 각 토지에 관한 피고의 점유가 무단점유임이 입증되었다고 보기 어렵고, 따라서 피고의 이 사건 각 토지에 관한 자주점유의 추정이 번복된다고 할 수 없다.

한편, 원고들이 들고 있는 대법원 1997. 8. 21. 선고 95다28625 전원합의체 판결, 대법원 2001. 3. 27. 선고 2000다64472 판결 등도 국가나 지방자치단체가 자신의 부담이나 기부채납 등 지방재정법 또는 국유재산법 등에 정한 공공용 재산의 취득절차를 밟거나 그 소유자들의 사용승낙을 받는 등 토지를 점유할 수 있는 일정한 권원 없이 사유토지를 도로부지에 편입시켰음이 밝혀진 경우 자주점유의 추정이 깨어진다는 취지일 뿐, 점유자가 주장한 자주점유의 권원이 인정되지 않을 경우 곧바로 자주점유의 추정이 번복된다는 취지는 아니다.
원심이 같은 취지에서 피고가 제1토지 및 제2토지를 무단점유한 것이라고 단정할 수 없고, 달리 피고의 무단점유를 인정할 만한 증거가 없다고 판단한 것은 그 이유 설시에 다소 미흡한 점은 있으나 이 부분 원고들의 주장을 배척한 결론에 있어서는 정당한 것으로 수긍이 가고, 거기에 상고이유에서 주장하는 바와 같은 판례 위반의 위법은 없다.

3. 직권판단

국가가 미등기 토지를 20년간 점유하여 취득시효가 완성된 경우, 그 미등기 토지의 소유자로서는 국가에게 이를 원인으로 하여 소유권이전등기절차를 이행하여 줄 의무를 부담하고 있는 관계로 국가에 대하여 그 소유권을 행사할 지위에 있다고 보기 어렵고, 또 그가 소유권확인판결을 받는다고 하여 이러한 지위에 변동이 생기는 것도 아니라고 할 것이므로, 이와 같은 사정하에서는 그 소유자가 굳이 국가를 상대로 토지에 대한 소유권의 확인을 구하는 것은 무용, 무의미하다고 볼 수밖에 없어 확인판결을 받을 법률상 이익이 있다고 할 수 없다(대법원 1991. 12. 10. 선고 91다14420 판결, 대법원 1995. 6. 9. 선고 94다13480 판결 등 참조).

원심이 적법하게 확정한 바와 같이 피고가 원고들의 소유로 미등기인 제2토지를 1971. 8. 31.경부터 점유하기 시작하여 그로부터 20년이 경과한 1991. 8. 31. 취득시효가 완성되었다면, 피고는 원고들에게 이를 원인으로 한 소유권이전등기절차의 이행을 청구할 수 있고, 원고들은 이에 응할 의무를 부담하고 있다 할 것이므로, 이러한 지위에 놓여 있는 원고들로서는 다른 특별한 사정이 없는 한 제2토지에 관하여 피고를 상대로 소유권확인판결을 받을 필요성은 없다고 보아야 한다.

그렇다면 이 사건 소 중 제2토지가 원고들 소유임의 확인을 구하는 부분은 이를 소구할 법률상 이익이 없어 각하되어야 함에도 원심이 본안에 나아가 판단하였으니, 이 부분 원심판결에는 확인의 소의 이익에 관한 법리를 오해한 위법이 있고, 이는 판결 결과에 영향을 미쳤음이 분명하므로 원심판결 중 이 부분은 유지될 수 없다.

4. 결 론

그러므로 원심판결 중 제2토지에 관한 소유권확인청구 부분은 이를 파기하되 대법원에서 재판하기에 충분하므로 민사소송법 제437조에 따라 자판하기로 하여 원심판결 중 이 부분을 파기하고, 제1심판결 중 같은 부분을 취소하여 이 부분 소를 각하하고, 원고들의 나머지 상고는 이를 모두 기각하기로 하여 관여 대법관의 일치된 의견으로 주문과 같이 판결한다.

[판례 22] 등기관의처분에대한이의 (대법원 2008. 3. 27. 자 2006마920 결정)

【판시사항】
[1] 경매법원으로부터 미등기건물에 대한 강제경매개시결정등기 촉탁을 받은 등기공무원이 갖는 심사의 권한 범위
[2] 강제경매개시결정등기 촉탁에 따라 구분건물에 관한 소유권보존등기를 하는 등기관은 1동의 건물 중 일부 구분건물뿐만 아니라 표시에 관한 등기를 하여야 하는 그 나머지 구분건물에 대하여도 등기능력이 있는지 여부를 심사하여야 하는지 여부(적극)
[3] 구분건물에 대한 강제경매개시결정등기 촉탁을 각하한 등기관의 처분이 적법하다고 한 사례

【결정요지】
[1] 등기관은 실체법상의 권리관계와 일치하는지 여부를 심사할 실질적 심사권한은 없으나 신청서 및 그 첨부서류와 등기부에 의하여 등기요건에 합당한지 여부를 심사할 형식적 심사권한이 있으므로, 법원이 집행관에 의한 현황조사를 거쳐 경매신청이 된 미등기건물이 경매의 대상이 되는 건물이라고 판단하여 강제경매개시결정을 하고 등기관에게 강제경매개시결정등기를 촉탁한 경우라도, 등기관으로서는 그 촉탁서 및 첨부서류에 의하여 등기요건에 합당한지 여부를 심사할 권한이 있고, 그 심사 결과 등기요건에 합당하지 아니하면 강제경매개시결정등기의 촉탁을 각하하여야 한다.
[2] 1동의 건물에 속하는 구분건물 중 일부 구분건물에 관하여만 소유권보존등기를 신청하는 경우에도 그 나머지 구분건물에 관하여 표시에 관한 등기를 동시에 신청하여야 하고(부동산등기법 제131조의2 제1항), 촉탁에 의한 등기의 절차에 관하여는 법률에 다른 규정이 있는 경우를 제외하고는 신청으로 인한 등기에 관한 규정이 준용되는바(같은 법 제27조 제2항), 미등기건물에 대한 강제경매개시결정등기 촉탁을 받아 구분건물에 관한 소유권보존등기를 함에 있어서 등기관은 1동의 건물 중 일부 구분건물뿐만 아니라 표시에 관한 등기를 하여야 하는 그 나머지 구분건물에 관하여도 등기능력이 있는지 여부를 심사하여야 한다.
[3] 공사 진행중인 1동의 건물에 속하는 일부 구분건물에 대하여 경매법원이 강제경매개시결정을 하고 현황조사보고서와 현장사진 등과 함께 그 결정등기를 촉탁하였는데, 당시 1동의 건물 중 경매목적물이 아닌 일부 층은 아직 칸막이로 구분되지 아니하여 집합건물의 소유 및 관리에 관한 법률상 구분건물로 보기 어려운 상태였다면, 1동의 건물 자체로는 완공되었다 볼 수 있더라도 위 결정 등기 촉탁의 대상인 구분건물 및 표시에 관한 등기를 해야 하는 나머지 건물이 모두 등기능력을

갖추지는 못한 것이므로, 위 촉탁을 각하한 등기관의 처분이 적법하다고 한 사례.

【참조조문】
[1] 부동산등기법 제55조 [2] 부동산등기법 제27조 제2항, 제55조, 제131조의2 제1항
[3] 부동산등기법 제27조 제2항, 제55조, 제131조의2 제1항, 집합건물의 소유 및 관리에 관한 법률 제1조, 제1조의2

【참조판례】
[1] 대법원 1995. 1. 20.자 94마535 결정(공1995상, 1115)

【전 문】
【재항고인】 주식회사 형노건설
【원심결정】 의정부지법 2006. 7. 28.자 2005라195 결정

【주 문】
재항고를 기각한다.

【이 유】
등기관은 실체법상의 권리관계와 일치하는지 여부를 심사할 실질적 심사권한은 없으나 신청서 및 그 첨부서류와 등기부에 의하여 등기요건에 합당하는지 여부를 심사할 형식적 심사권한이 있으므로(대법원 1995. 1. 20.자 94마535 결정 등 참조), 법원이 집행관에 의한 현황조사를 거쳐 경매신청이 된 미등기건물이 경매의 대상이 되는 건물이라고 판단하여 강제경매개시결정을 하고 등기관에 대하여 강제경매개시결정등기를 촉탁한 경우라도, 등기관으로서는 그 촉탁서 및 첨부서류에 의하여 등기요건에 합당한지 여부를 심사할 권한이 있고, 그 심사 결과 등기요건에 합당하지 아니하면 강제경매개시결정등기의 촉탁을 각하하여야 한다. 한편, 1동의 건물에 속하는 구분건물 중 일부 구분건물만에 관하여 소유권보존등기를 신청하는 경우에도 그 나머지 구분건물에 관하여 표시에 관한 등기를 동시에 신청하여야 하고(부동산등기법 제131조의2 제1항), 촉탁에 의한 등기의 절차에 대하여는 법률에 다른 규정이 있는 경우를 제외하고는 신청으로 인한 등기에 관한 규정이 준용되는바(같은 법 제27조 제2항), 구분건물에 관한 소유권보존등기를 함에 있어서 등기관은 1동의 건물 중 일부 구분건물뿐만 아니라 표시에 관한 등기를 하여야 하는 그 나머지 구분건물에 대하여도 등기능력이 있는지 여부를 심사하여야 한다.

기록에 의하면, 신청인(재항고인)은 서울중앙지방법원 2003가합76839 매매대금 사건의 조정조서에 기하여 1동의 건물에 속하는 이 사건 각 구분건물에 대하여 강제경매를

신청하면서 민사집행법 제81조 제3항에 의하여 그 구조·면적 등에 관한 조사를 집행법원에 신청한 사실, 집행법원인 제1심법원은 2005. 6. 10. 부동산강제경매개시결정을 하고, 건물에 대한 집행관의 현황조사보고서, 현장사진 등을 첨부하여 같은 날 의정부지방법원 고양지원 등기과에 이 사건 각 구분건물에 대한 강제경매개시결정등기를 촉탁한 사실, 그런데 등기관은 1동의 건물이 현재 공사 진행중이며 완공된 건물이라고 보이지 않는다는 이유로 부동산등기법 제55조 제2호를 들어 이를 각하한 사실을 알 수 있고, 한편 이 사건 촉탁서에 첨부된 집행관 작성의 현황조사보고서에 의하면, 1동의 건물은 지하 2층, 지상 10층의 건물로 건축허가를 받아 외부공사는 대부분 완료되었으나, 지하층 및 지상 1, 2층은 아직 칸막이로 구분되어 있지 아니하는 등 집합건물의 소유 및 관리에 관한 법률 제1조 및 제1조의2가 정한 구분건물로 보기 어려운 사실을 알 수 있는바, 이러한 사정을 종합하여 보면, 1동의 건물 자체로서는 완공되었다고 볼 수 있다 하더라도 강제경매개시결정등기의 촉탁의 대상이 된 이 사건 각 구분건물 및 표시에 관한 등기를 하여야 하는 나머지 구분건물이 모두 그 등기능력을 갖추었다고 보기는 어렵다고 할 것이다.

그렇다면 이 사건 각 구분건물에 대한 강제경매개시결정등기 촉탁을 각하한 등기관의 처분은 결국 적법하다고 할 것이므로, 같은 취지로 판단한 원심의 조치는 옳고, 거기에 재항고이유의 주장과 같은 법리오해 등의 위법이 있다고 할 수 없다.

그러므로 재항고를 기각하기로 하여 관여 법관의 일치된 의견으로 주문과 같이 결정한다.

[판례 23] 등기관의처분에대한이의 (대법원 2008. 3. 27. 자 2006마920 결정)

【판시사항】

[1] 경매법원으로부터 미등기건물에 대한 강제경매개시결정등기 촉탁을 받은 등기공무원이 갖는 심사의 권한 범위

[2] 강제경매개시결정등기 촉탁에 따라 구분건물에 관한 소유권보존등기를 하는 등기관은 1동의 건물 중 일부 구분건물뿐만 아니라 표시에 관한 등기를 하여야 하는 그 나머지 구분건물에 대하여도 등기능력이 있는지 여부를 심사하여야 하는지 여부(적극)

[3] 구분건물에 대한 강제경매개시결정등기 촉탁을 각하한 등기관의 처분이 적법하다고 한 사례

【결정요지】

[1] 등기관은 실체법상의 권리관계와 일치하는지 여부를 심사할 실질적 심사권한은

없으나 신청서 및 그 첨부서류와 등기부에 의하여 등기요건에 합당한지 여부를 심사할 형식적 심사권한이 있으므로, 법원이 집행관에 의한 현황조사를 거쳐 경매 신청이 된 미등기건물이 경매의 대상이 되는 건물이라고 판단하여 강제경매개시결정을 하고 등기관에게 강제경매개시결정등기를 촉탁한 경우라도, 등기관으로서는 그 촉탁서 및 첨부서류에 의하여 등기요건에 합당한지 여부를 심사할 권한이 있고, 그 심사 결과 등기요건에 합당하지 아니하면 강제경매개시결정등기의 촉탁을 각하하여야 한다.

[2] 1동의 건물에 속하는 구분건물 중 일부 구분건물에 관하여만 소유권보존등기를 신청하는 경우에도 그 나머지 구분건물에 관하여 표시에 관한 등기를 동시에 신청하여야 하고(부동산등기법 제131조의2 제1항), 촉탁에 의한 등기의 절차에 관하여는 법률에 다른 규정이 있는 경우를 제외하고는 신청으로 인한 등기에 관한 규정이 준용되는바(같은 법 제27조 제2항), 미등기건물에 대한 강제경매개시결정등기 촉탁을 받아 구분건물에 관한 소유권보존등기를 함에 있어서 등기관은 1동의 건물 중 일부 구분건물뿐만 아니라 표시에 관한 등기를 하여야 하는 그 나머지 구분건물에 관하여도 등기능력이 있는지 여부를 심사하여야 한다.

[3] 공사 진행중인 1동의 건물에 속하는 일부 구분건물에 대하여 경매법원이 강제경매개시결정을 하고 현황조사보고서와 현장사진 등과 함께 그 결정등기를 촉탁하였는데, 당시 1동의 건물 중 경매목적물이 아닌 일부 층은 아직 칸막이로 구분되지 아니하여 집합건물의 소유 및 관리에 관한 법률상 구분건물로 보기 어려운 상태였다면, 1동의 건물 자체로는 완공되었다 볼 수 있더라도 위 결정 등기 촉탁의 대상인 구분건물 및 표시에 관한 등기를 해야 하는 나머지 건물이 모두 등기능력을 갖추지는 못한 것이므로, 위 촉탁을 각하한 등기관의 처분이 적법하다고 한 사례.

【참조조문】
[1] 부동산등기법 제55조 [2] 부동산등기법 제27조 제2항, 제55조, 제131조의2 제1항 [3] 부동산등기법 제27조 제2항, 제55조, 제131조의2 제1항, 집합건물의 소유 및 관리에 관한 법률 제1조, 제1조의2

【참조판례】
[1] 대법원 1995. 1. 20.자 94마535 결정(공1995상, 1115)

【전 문】
【재항고인】 주식회사 형노건설
【원심결정】 의정부지법 2006. 7. 28.자 2005라195 결정

【주 문】
재항고를 기각한다.

【이 유】
등기관은 실체법상의 권리관계와 일치하는지 여부를 심사할 실질적 심사권한은 없으나 신청서 및 그 첨부서류와 등기부에 의하여 등기요건에 합당하는지 여부를 심사할 형식적 심사권한이 있으므로(대법원 1995. 1. 20.자 94마535 결정 등 참조), 법원이 집행관에 의한 현황조사를 거쳐 경매신청이 된 미등기건물이 경매의 대상이 되는 건물이라고 판단하여 강제경매개시결정을 하고 등기관에 대하여 강제경매개시결정등기를 촉탁한 경우라도, 등기관으로서는 그 촉탁서 및 첨부서류에 의하여 등기요건에 합당한지 여부를 심사할 권한이 있고, 그 심사 결과 등기요건에 합당하지 아니하면 강제경매개시결정등기의 촉탁을 각하하여야 한다. 한편, 1동의 건물에 속하는 구분건물 중 일부 구분건물만에 관하여 소유권보존등기를 신청하는 경우에도 그 나머지 구분건물에 관하여 표시에 관한 등기를 동시에 신청하여야 하고(부동산등기법 제131조의 2 제1항), 촉탁에 의한 등기의 절차에 대하여는 법률에 다른 규정이 있는 경우를 제외하고는 신청으로 인한 등기에 관한 규정이 준용되는바(같은 법 제27조 제2항), 구분건물에 관한 소유권보존등기를 함에 있어서 등기관은 1동의 건물 중 일부 구분건물뿐만 아니라 표시에 관한 등기를 하여야 하는 그 나머지 구분건물에 대하여도 등기능력이 있는지 여부를 심사하여야 한다.

기록에 의하면, 신청인(재항고인)은 서울중앙지방법원 2003가합76839 매매대금 사건의 조정조서에 기하여 1동의 건물에 속하는 이 사건 각 구분건물에 대하여 강제경매를 신청하면서 민사집행법 제81조 제3항에 의하여 그 구조·면적 등에 관한 조사를 집행법원에 신청한 사실, 집행법원인 제1심법원은 2005. 6. 10. 부동산강제경매개시결정을 하고, 건물에 대한 집행관의 현황조사보고서, 현장사진 등을 첨부하여 같은 날 의정부지방법원 고양지원 등기과에 이 사건 각 구분건물에 대한 강제경매개시결정등기를 촉탁한 사실, 그런데 등기관은 1동의 건물이 현재 공사 진행중이며 완공된 건물이라고 보이지 않는다는 이유로 부동산등기법 제55조 제2호를 들어 이를 각하한 사실을 알 수 있고, 한편 이 사건 촉탁서에 첨부된 집행관 작성의 현황조사보고서에 의하면, 1동의 건물은 지하 2층, 지상 10층의 건물로 건축허가를 받아 외부공사는 대부분 완료되었으나, 지하층 및 지상 1, 2층은 아직 칸막이로 구분되어 있지 아니하는 등 집합건물의 소유 및 관리에 관한 법률 제1조 및 제1조의2가 정한 구분건물로 보기 어려운 사실을 알 수 있는바, 이러한 사정을 종합하여 보면, 1동의 건물 자체로서는 완공되었다고 볼 수 있다 하더라도 강제경매개시결정등기의 촉탁의 대상이 된 이 사건 각 구분건물 및 표시에 관한 등기를 하여야 하는 나머지 구분건물이 모두 그 등기능력을 갖추었다고 보기는 어렵다고 할 것이다.

그렇다면 이 사건 각 구분건물에 대한 강제경매개시결정등기 촉탁을 각하한 등기관의 처분은 결국 적법하다고 할 것이므로, 같은 취지로 판단한 원심의 조치는 옳고, 거기에 재항고이유의 주장과 같은 법리오해 등의 위법이 있다고 할 수 없다.

그러므로 재항고를 기각하기로 하여 관여 법관의 일치된 의견으로 주문과 같이 결정한다.

[판례 24] 부동산등기특별조치법위반·사문서위조·위조사문서행사 (대법원 2007. 12. 14. 선고 2007도7353 판결)

【판시사항】
부동산 미등기 전매계약에 의하여 제3자로부터 받은 대금을 부동산등기 특별조치법 제8조 제1호 위반 행위와 관련하여 취득한 것으로 보아 몰수·추징할 수 있는지 여부(소극)

【판결요지】
부동산의 소유권을 이전받을 것을 내용으로 하는 계약(1차 계약)을 체결한 자가 그 부동산에 대하여 다시 제3자와 소유권이전을 내용으로 하는 계약(전매계약)을 체결한 것이 부동산등기 특별조치법 제8조 제1호 위반행위에 해당하는 경우, 전매계약에 의하여 제3자로부터 받은 대금은 위 조항의 처벌대상인 '1차 계약에 따른 소유권이전등기를 하지 않은 행위'로 취득한 것이 아니므로 형법 제48조에 의한 몰수나 추징의 대상이 될 수 없다.

【참조조문】
형법 제48조, 부동산등기 특별조치법 제2조 제2항, 제8조 제1항, 제2항

【전 문】
【피 고 인】 피고인
【상 고 인】 검사 및 피고인
【변 호 인】 변호사 황용경외 1인
【원심판결】 창원지법 2007. 8. 16. 선고 2007노900 판결

【주 문】
원심판결 중 피고인에 대한 유죄 부분을 파기하고, 이 부분 사건을 창원지방법원 본원 합의부에 환송한다. 검사의 상고를 기각한다.

【이 유】
상고이유를 판단한다.
1. 피고인의 상고이유에 대한 판단
   가. 부동산등기 특별조치법 위반죄의 성립에 관하여
      원심은 그 채택 증거에 의하여 판시와 같은 사실을 인정한 후, 그 인정 사실에 의하면 피고인이 공소외 1로부터 이 사건 각 토지를 매수하고 그 대금을 모두 지급하고도, 조세부과를 면하려 하거나 다른 시점 간의 가격변동에 따른 이익을 얻을 목적으로 그 매매계약에 따른 소유권이전등기를 신청하지 않은 채, 윤석개발 주식회사에게 이 사건 각 토지를 매도하였음을 인정할 수 있다고 하여 이를 다투는 피고인의 항소이유의 주장을 배척하였는바, 원심이 적법하게 채택한 증거에 의하면 원심의 위 사실인정과 판단은 옳은 것으로 수긍할 수 있고, 거기에 상고이유로 주장하는 바와 같은 법리오해나 채증법칙 위배 등의 위법이 없다.
      피고인이 상고이유서에서 원용하는 대법원판례는 이 사건과 사안을 달리하므로 원용하기에 적절하지 않다.
   나. 추징에 관하여
      부동산등기 특별조치법 제2조 제2항에 의하면, 부동산의 소유권을 이전받을 것을 내용으로 하는 계약(이하 '1차 계약'이라 한다)을 체결한 자는 계약상 대가적인 반대급부의 이행을 완료한 날 이후 그 부동산에 대하여 다시 제3자와 소유권이전을 내용으로 하는 계약(이하 '전매계약'이라 한다) 등을 체결하고자 할 때에는 전매계약을 체결하기 전에 1차 계약에 따른 소유권이전등기를 신청하여야 하는바, 같은 법 제8조 제1호에 의하면 위와 같은 경우에 조세부과를 면하려 하거나 다른 시점 간의 가격변동에 따른 이득을 얻으려 하거나 소유권 등 권리변동을 규제하는 법령의 제한을 회피할 목적으로 1차 계약에 따른 소유권이전등기를 신청하지 않는 때에는 형사처벌을 받게 된다. 따라서 전매계약에 의하여 제3자로부터 받은 대금은 같은 법 제8조 제1호가 처벌대상으로 삼고 있는 1차 계약에 따른 소유권이전등기를 하지 않은 행위로 인하여 취득한 것이라고 볼 수 없으므로 형법 제48조 제1항 제2호, 제2항에 의하여 이를 몰수하거나 추징할 수 없다.
      그럼에도 불구하고, 원심은 형법 제48조 제1항 제2호, 제2항에 의하여 피고인이 이 사건 전매계약에 의하여 주식회사 윤석개발로부터 받은 대금 상당액을 추징하였는바, 원심판결에는 형법 제48조 제1항 제2호, 제2항의 추징에 관한 법리를 오해한 위법이 있고, 이는 판결에 영향을 미쳤음이 분명하므로 이 점을 지적하는 상고이유는 이유 있다.
2. 검사의 상고이유에 대한 판단

원심은 검사가 제출한 증거들만으로는 피고인에 대한 사문서위조와 위조사문서 행사의 범행에 대한 공소사실이 합리적 의심이 배제될 정도로 증명이 되지 않았다는 이유로 검사의 항소를 배척하였는바, 기록에 비추어 보면 원심의 위 판단은 정당한 것으로 보이고, 거기에 채증법칙 위배의 위법이 없다.

3. 결 론

그러므로 원심판결 중 피고인에 대한 유죄부분을 파기하고, 이 부분 사건을 다시 심리·판단하게 하기 위하여 원심법원에 환송하기로 하고, 검사의 상고를 기각하기로 하여 관여 대법관의 일치된 의견으로 주문과 같이 판결한다.

[판례 25] 특정범죄가중처벌등에관한법률위반(조세) (대법원 2007. 10. 26. 선고 2007도5954 판결)

【판시사항】
부동산등기 특별조치법 제8조 제1호의 미등기전매행위와 특정범죄 가중처벌 등에 관한 법률 제8조 제1항 제2호, 조세범처벌법 제9조 제1항의 조세포탈행위의 죄수관계(=실체적 경합관계)

【참조조문】
부동산등기 특별조치법 제8조 제1호, 특정범죄 가중처벌 등에 관한 법률 제8조 제1항 제2호, 조세범처벌법 제9조 제1항

【전 문】
【피 고 인】 피고인 1외 1인
【상 고 인】 피고인들
【변 호 인】 법무법인 해미르외 1인
【원심판결】 광주고법 2007. 6. 28. 선고 2006노491 판결

【주 문】
상고를 모두 기각한다.

【이 유】
상고이유를 본다.
1. 피고인 1의 상고이유에 대하여
기록에 비추어 살펴보면, 원심이 그 채택 증거에 의하여 판시 범죄사실을 유죄로

인정한 조치는 정당하고, 거기에 상고이유 주장과 같은 채증법칙 위배 내지 공모에 관한 법리오해 등의 위법이 없다.

그리고 조세부과를 면하려 하거나 다른 시점간의 가격변동에 따른 이득을 얻으려 하거나 소유권 등 권리변동을 규제하는 법령의 제한을 회피할 목적으로 미등기 전매행위를 하는 것을 처벌대상으로 하는 부동산등기 특별조치법 제8조 제1호와 사기 기타 부정한 행위로 조세를 포탈한 자를 처벌대상으로 하는 특정범죄 가중처벌 등에 관한 법률 제8조 제1항 제2호, 조세범처벌법 제9조 제1항은 각 그 처벌목적과 대상, 행위의 태양이 서로 달라 미등기전매행위와 조세포탈행위가 1개의 행위로 발생한 동일한 결과로 볼 수 없으므로 양 죄는 상상적 경합관계가 아니라 실체적 경합관계에 있다고 보아야 할 것이다.

같은 취지의 원심의 판단은 정당하고, 거기에 상고이유로 주장하는 바와 같은 죄수의 평가에 관한 법리오해의 위법이 없다.

2. 피고인 2의 상고이유에 대하여

피고인은 제1심판결에 대하여 양형부당의 주장만을 항소이유로 내세웠음이 분명하므로, 원심판결에 사실오인이나 법리오해가 있다는 사유를 들어 상고이유로 삼을 수 없다.

3. 그러므로 상고를 모두 기각하기로 하여 관여 대법관의 일치된 의견으로 주문과 같이 판결한다.

[판례 26] 배당이의 (대법원 2007. 6. 21. 선고 2004다26133 전원합의체 판결)

【판시사항】

[1] 주택임대차 성립 당시 임대인의 소유였던 대지가 타인에게 양도되어 임차주택과 대지의 소유자가 서로 달라지게 된 경우, 임차인이 대지의 환가대금에 대하여 우선변제권을 행사할 수 있는지 여부(적극)

[2] 미등기 또는 무허가 건물도 주택임대차보호법의 적용대상이 되는지 여부(적극)

[3] 미등기 주택의 임차인이 임차주택 대지의 환가대금에 대하여 주택임대차보호법상 우선변제권을 행사할 수 있는지 여부(적극)

【판결요지】

[1] 대항요건 및 확정일자를 갖춘 임차인과 소액임차인은 임차주택과 그 대지가 함께 경매될 경우뿐만 아니라 임차주택과 별도로 그 대지만이 경매될 경우에도 그 대지의 환가대금에 대하여 우선변제권을 행사할 수 있고, 이와 같은 우선변제권은 이른바 법정담보물권의 성격을 갖는 것으로서 임대차 성립시의 임차 목적물인 임

차주택 및 대지의 가액을 기초로 임차인을 보호하고자 인정되는 것이므로, 임대차 성립 당시 임대인의 소유였던 대지가 타인에게 양도되어 임차주택과 대지의 소유자가 서로 달라지게 된 경우에도 마찬가지이다.

[2] 주택임대차보호법은 주택의 임대차에 관하여 민법에 대한 특례를 규정함으로써 국민의 주거생활의 안정을 보장함을 목적으로 하고 있고, 주택의 전부 또는 일부의 임대차에 관하여 적용된다고 규정하고 있을 뿐 임차주택이 관할관청의 허가를 받은 건물인지, 등기를 마친 건물인지 아닌지를 구별하고 있지 아니하므로, 어느 건물이 국민의 주거생활의 용도로 사용되는 주택에 해당하는 이상 비록 그 건물에 관하여 아직 등기를 마치지 아니하였거나 등기가 이루어질 수 없는 사정이 있다고 하더라도 다른 특별한 규정이 없는 한 같은 법의 적용대상이 된다.

[3] 대항요건 및 확정일자를 갖춘 임차인과 소액임차인에게 우선변제권을 인정한 주택임대차보호법 제3조의2 및 제8조가 미등기 주택을 달리 취급하는 특별한 규정을 두고 있지 아니하므로, 대항요건 및 확정일자를 갖춘 임차인과 소액임차인의 임차주택 대지에 대한 우선변제권에 관한 법리는 임차주택이 미등기인 경우에도 그대로 적용된다. 이와 달리 임차주택의 등기 여부에 따라 그 우선변제권의 인정 여부를 달리 해석하는 것은 합리적 이유나 근거 없이 그 적용대상을 축소하거나 제한하는 것이 되어 부당하고, 민법과 달리 임차권의 등기 없이도 대항력과 우선변제권을 인정하는 같은 법의 취지에 비추어 타당하지 아니하다. 다만, 소액임차인의 우선변제권에 관한 같은 법 제8조 제1항이 그 후문에서 '이 경우 임차인은 주택에 대한 경매신청의 등기 전에' 대항요건을 갖추어야 한다고 규정하고 있으나, 이는 소액보증금을 배당받을 목적으로 배당절차에 임박하여 가장 임차인을 급조하는 등의 폐단을 방지하기 위하여 소액임차인의 대항요건의 구비시기를 제한하는 취지이지, 반드시 임차주택과 대지를 함께 경매하여 임차주택 자체에 경매신청의 등기가 되어야 한다거나 임차주택에 경매신청의 등기가 가능한 경우로 제한하는 취지는 아니라 할 것이다. 대지에 대한 경매신청의 등기 전에 위 대항요건을 갖추도록 하면 입법 취지를 충분히 달성할 수 있으므로, 위 규정이 미등기 주택의 경우에 소액임차인의 대지에 관한 우선변제권을 배제하는 규정에 해당한다고 볼 수 없다.

【참조조문】

[1] 주택임대차보호법 제3조의2 제2항, 제8조 [2] 주택임대차보호법 제1조, 제2조 [3] 주택임대차보호법 제2조, 제3조의2 제2항, 제8조

【참조판례】

[1] 대법원 1996. 6. 14. 선고 96다7595 판결(공1996하, 2180)

대법원 1999. 7. 23. 선고 99다25532 판결(공1999하, 1740)
[2] 대법원 1987. 3. 24. 선고 86다카164 판결(공1987, 708)
[3] 대법원 2001. 10. 30. 선고 2001다39657 판결(공2001하, 2566)(변경)

【전 문】
【원고, 피상고인】 원고 1외 1인
【피고, 상고인】 중소기업은행 (소송대리인 법무법인 광장 담당변호사 박준서외 2인)
【원심판결】 서울고법 2004. 4. 27. 선고 2003나40653 판결

【주 문】
상고를 모두 기각한다. 상고비용은 피고가 부담한다.

【이 유】
상고이유를 판단한다.
1. 주택임대차보호법(이하 '같은 법'이라 한다) 제3조의2 제2항은, 제3조 제1항의 대항요건과 임대차계약증서상의 확정일자를 갖춘 임차인에 대하여 민사집행법에 의한 경매 또는 국세징수법에 의한 공매시 그 환가대금에서 후순위권리자 기타 채권자보다 우선하여 보증금을 변제받을 권리가 있다고 규정하면서 그 환가대금에는 주택뿐 아니라 대지의 환가대금도 포함된다고 규정하고 있고, 같은 법 제8조 제1항은, 대항요건을 갖춘 임차인에 대하여 보증금 중 일정액(이하 '소액보증금'이라 한다)에 관하여 다른 담보물권자보다 우선하여 변제받을 권리를 인정하는 한편 같은 조 제3항은 우선변제를 받을 임차인(이하 '소액임차인'이라 한다)과 소액보증금의 범위와 기준을 대통령령으로 정하도록 위임하면서 소액보증금의 범위와 기준은 주택뿐 아니라 대지를 포함한 가액의 2분의 1의 범위 안에서 정하도록 규정하고 있다.
따라서 대항요건 및 확정일자를 갖춘 임차인과 소액임차인은 임차주택과 그 대지가 함께 경매될 경우뿐만 아니라 임차주택과 별도로 그 대지만이 경매될 경우에도 그 대지의 환가대금에 대하여 우선변제권을 행사할 수 있고(대법원 1996. 6. 14. 선고 96다7595 판결, 1999. 7. 23. 선고 99다25532 판결 등 참조), 이와 같은 우선변제권은 이른바 법정담보물권의 성격을 갖는 것으로서 임대차 성립시의 임차 목적물인 임차주택 및 대지의 가액을 기초로 임차인을 보호하고자 인정되는 것이므로, 임대차 성립 당시 임대인의 소유였던 대지가 타인에게 양도되어 임차주택과 대지의 소유자가 서로 달라지게 된 경우에도 마찬가지라 할 것이다.
2. 같은 법은 주택의 임대차에 관하여 민법에 대한 특례를 규정함으로써 국민의 주거생활의 안정을 보장함을 목적으로 하고 있고(제1조), 주택의 전부 또는 일부의 임대차에 관하여 적용된다고 규정하고 있을 뿐 임차주택이 관할관청의 허가를 받은

건물인지, 등기를 마친 건물인지 아닌지를 구별하고 있지 아니하므로(제2조), 어느 건물이 국민의 주거생활의 용도로 사용되는 주택에 해당하는 이상 비록 그 건물에 관하여 아직 등기를 마치지 아니하였거나 등기가 이루어질 수 없는 사정이 있다고 하더라도 다른 특별한 규정이 없는 한 같은 법의 적용대상이 된다고 해석함이 상당하다.(미등기무허가 건물의 양수인에 대한 대항력을 인정한 대법원 1987. 3. 24. 선고 86다카164 판결 참조).

그런데 대항요건 및 확정일자를 갖춘 임차인과 소액임차인에게 우선변제권을 인정한 같은 법 제3조의2 및 제8조가 미등기 주택을 달리 취급하는 특별한 규정을 두고 있지 아니하므로, 위에서 본 대항요건 및 확정일자를 갖춘 임차인과 소액임차인의 임차주택 대지에 대한 우선변제권에 관한 법리는 임차주택이 미등기인 경우에도 그대로 적용된다고 보아야 할 것이다.

이와 달리 임차주택의 등기 여부에 따라 그 우선변제권의 인정 여부를 달리 해석하는 것은 합리적 이유나 근거 없이 그 적용대상을 축소하거나 제한하는 것이 되어 부당하고, 민법과 달리 임차권의 등기 없이도 대항력과 우선변제권을 인정하는 같은 법의 취지에 비추어 타당하지 아니하다.

다만, 소액임차인의 우선변제권에 관한 같은 법 제8조 제1항이 그 후문에서 '이 경우 임차인은 주택에 대한 경매신청의 등기 전에' 대항요건을 갖추어야 한다고 규정하고 있으나, 이는 소액보증금을 배당받을 목적으로 배당절차에 임박하여 가장임차인을 급조하는 등의 폐단을 방지하기 위하여 소액임차인의 대항요건의 구비시기를 제한하는 취지이지, 반드시 임차주택과 대지를 함께 경매하여 임차주택 자체에 경매신청의 등기가 되어야 한다거나 임차주택에 경매신청의 등기가 가능한 경우로 제한하는 취지는 아니라 할 것이다. 대지에 대한 경매신청의 등기 전에 위 대항요건을 갖추도록 하면 입법 취지를 충분히 달성할 수 있으므로, 위 규정이 미등기 주택의 경우에 소액임차인의 대지에 관한 우선변제권을 배제하는 규정에 해당한다고 볼 수 없다.

따라서 종전에 미등기 주택 대지의 환가대금에 대한 소액임차인의 우선변제권에 관하여 이와 견해를 달리한 대법원 2001. 10. 30. 선고 2001다39657 판결은 이를 변경하기로 한다.

3. 같은 취지에서 원심이, 이 사건 미등기 다세대주택의 임차인인 원고들은 피고가 이 사건 대지에 대한 근저당권을 설정받기 전에 대항요건 및 확정일자를 갖추었으므로, 피고의 근저당권에 기하여 신청된 이 사건 대지에 관한 경매절차에서 원고들이 그 대지의 환가대금으로부터 피고의 채권에 우선하여 보증금을 배당받을 수 있다고 판단한 것은 정당하고, 거기에 상고이유에서 주장하는 바와 같은 대항요건 및 확정일자를 갖춘 임차인의 우선변제권 행사 요건에 관한 법리오해의 위법은 없다.

4. 그러므로 상고를 모두 기각하고, 상고비용은 패소자가 부담하도록 하여 관여 법관

의 일치된 의견으로 주문과 같이 판결한다.

[판례 27] 건물철거등 (대법원 2007. 6. 15. 선고 2007다11347 판결)

【판시사항】
[1] 미등기 무허가건물의 양수인에게 소유권에 준하는 관습상 물권이 존재하는지 여부(소극) 및 신축 건물을 매수하였으나 아직 소유권이전등기를 갖추지 못한 자가 그 건물의 불법점거자에 대하여 직접 자신의 소유권 등에 기하여 명도를 청구할 수 있는지 여부(소극)
[2] 미등기 건물을 그 원시취득자로부터 매수하였으나 아직 소유권이전등기를 갖추지 못한 원고가 위 매도인을 대위하여 건물명도청구를 한 것이 아닌데도, 위 건물을 점유하는 피고들은 원고에게 건물을 명도할 의무가 있다고 판단한 원심판결을 파기한 사례

【판결요지】
[1] 미등기 무허가건물의 양수인이라 할지라도 그 소유권이전등기를 경료받지 않는 한 그 건물에 대한 소유권을 취득할 수 없고, 그러한 상태의 건물 양수인에게 소유권에 준하는 관습상의 물권이 있다고 볼 수도 없으므로, 건물을 신축하여 그 소유권을 원시취득한 자로부터 그 건물을 매수하였으나 아직 소유권이전등기를 갖추지 못한 자는 그 건물의 불법점거자에 대하여 직접 자신의 소유권 등에 기하여 명도를 청구할 수는 없다.
[2] 미등기 건물을 그 원시취득자로부터 매수하였으나 아직 소유권이전등기를 갖추지 못한 원고가 위 매도인을 대위하여 건물명도청구를 한 것이 아닌데도, 위 건물을 점유하는 피고들은 원고에게 건물을 명도할 의무가 있다고 판단한 원심판결을 파기한 사례.

【참조조문】
[1] 민법 제185조, 제186조, 제213조 [2] 민법 제185조, 제213조, 제404조

【참조판례】
[1] 대법원 1969. 10. 14. 선고 69다1485 판결(집17-3, 민202)
    대법원 1973. 7. 24. 선고 73다114 판결(집21-2, 민150)
    대법원 1996. 6. 14. 선고 94다53006 판결(공1996하, 2144)
    대법원 2006. 10. 27. 선고 2006다49000 판결(공2006하, 1995)

【전 문】

【원고, 피상고인】 원고

【피고, 상고인】 피고 1외 1인

【원심판결】 의정부지법 2007. 1. 11. 선고 2006나624 판결

【주 문】

원심판결 중 건물명도청구에 관한 부분을 파기하고, 이 부분 사건을 의정부지방법원 본원 합의부에 환송한다. 나머지 상고를 기각한다.

【이 유】

상고이유를 판단한다.

1. 건물명도청구에 관한 상고이유에 대하여

   가. 원심은, 피고 1이 이 사건 각 건물을 신축하여 그 소유권을 원시취득하였다는 피고들의 주장에 대하여 그 판시와 같이 입증 부족을 이유로 이를 배척하고, 이 사건 각 건물을 신축하여 그 소유권을 원시취득한 자는 소외인이라고 인정하였다. 관련 증거를 기록에 비추어 살펴보면 원심의 이러한 조치는 정당하고, 거기에 상고이유에서 주장하는 바와 같은 채증법칙 위배 등의 위법이 없다.

   나. 원심은, 원고는 미등기 상태인 이 사건 각 건물을 그 원시취득자인 소외인로부터 매수하고 그 대지에 관하여 소유권이전등기를 마쳤으므로, 이 사건 각 건물을 점유·사용하고 있는 피고들은 특별한 사정이 없는 한 원고에게 이 사건 각 건물을 명도할 의무가 있다고 판단하였다.

   그러나 원심의 이러한 판단은 다음과 같은 이유에서 수긍하기 어렵다.

   미등기 무허가건물의 양수인이라 할지라도 그 소유권이전등기를 경료받지 않는 한 그 건물에 대한 소유권을 취득할 수 없고, 그러한 상태의 건물 양수인에게 소유권에 준하는 관습상의 물권이 있다고 볼 수도 없으므로(대법원 1996. 6. 14. 선고 94다53006 판결, 2006. 10. 27. 선고 2006다49000 판결 등 참조), 건물을 신축하여 그 소유권을 원시취득한 자로부터 그 건물을 매수하였으나 아직 소유권이전등기를 갖추지 못한 자는 그 건물의 불법점거자에 대하여 직접 자신의 소유권 등에 기하여 명도를 청구할 수는 없다고 할 것이다(대법원 1969. 10. 14. 선고 69다1485 판결, 1973. 7. 24. 선고 73다114 판결 등 참조).

   그럼에도 불구하고, 원고가 매도인인 소외인를 대위하여 명도를 청구한 것도 아닌 이 사건에서, 만연히 "피고들은 원고에게 이 사건 각 건물을 명도할 의무가 있다."고 판단한 원심판결에는 미등기 건물 양수인의 법적 지위에 관한 법리를 오해하여 판결에 영향을 미친 위법이 있다.

2. 토지인도, 건물철거청구에 관한 상고이유에 대하여

원심은, 피고 1이 제1심판결 주문 제1의 가.항 기재 창고, 컨테이너, 신당(이하 '위 창고 등'이라 한다)을 신축한 것은 이 사건 각 토지에 관하여 피고 1 명의로 소유권이전등기가 경료되어 있던 기간 중의 일이고, 따라서 위 창고 등의 소유자인 피고 1은 이 사건 각 토지의 소유자인 원고에 대하여 위 창고 등을 위한 관습상의 법정지상권을 취득하였다는 피고들의 주장에 대하여 그 판시와 같이 주장사실에 대한 입증 부족을 이유로 이를 배척하였는바, 관련 증거를 기록에 비추어 살펴보면 원심의 이러한 조치는 정당하고, 거기에 상고이유에서 주장하는 바와 같은 채증법칙 위배, 법정지상권에 관한 법리오해 등의 위법이 없다. 위 상고이유는 받아들일 수 없다.

3. 그러므로 원심판결 중 건물명도청구에 관한 부분을 파기하고, 이 부분 사건을 다시 심리·판단하게 하기 위하여 원심법원에 환송하며, 나머지 상고를 기각하기로 하여 관여 대법관의 일치된 의견으로 주문과 같이 판결한다.

[판례 28] 소유권확인 (대법원 2006. 10. 27. 선고 2006다49000 판결)

【판시사항】

[1] 미등기 무허가건물의 양수인에게 사실상의 소유권이라는 권리 또는 법률상의 지위를 인정할 수 있는지 여부(소극)

[2] 원·피고가 서로 미등기 무허가건물의 철거보상금의 수령권자라고 주장하는 사안에서 그 철거보상금을 어떤 지위에 있는 누구에게 어떤 방법으로 지급하여야 하는지 등을 가려 보지 않고는 위 무허가건물의 사용권 등에 대한 확인을 구할 법률상 이익이 없다고 한 사례

【판결요지】

[1] 미등기 무허가건물의 양수인이라도 그 소유권이전등기를 경료하지 않는 한 그 건물의 소유권을 취득할 수 없고, 소유권에 준하는 관습상의 물권이 있다고도 할 수 없으며, 현행법상 사실상의 소유권이라고 하는 포괄적인 권리 또는 법률상의 지위를 인정하기도 어렵다.

[2] 원·피고가 서로 미등기 무허가건물의 철거보상금의 수령권자라고 주장하는 사안에서 그 철거보상금을 어떤 지위에 있는 누구에게 어떤 방법으로 지급하여야 하는지 등을 가려 보지 않고는 위 무허가건물의 사용권 등에 대한 확인을 구할 법률상 이익이 없다고 한 사례.

【참조조문】
[1] 민법 제185조, 제186조 [2] 민사소송법 제250조

【참조판례】
[1] 대법원 1996. 6. 14. 선고 94다53006 판결(공1996하, 2144)
   대법원 1999. 3. 23. 선고 98다59118 판결(공1999상, 739)

【전 문】
【원고, 피상고인】 강대마 (소송대리인 법무법인 와이비엘 담당변호사 방두원외 6인)
【피고, 상고인】 박정식 (소송대리인 법무법인 유일 담당변호사 박형일외 3인)
【원심판결】 서울중앙지법 2006. 7. 6. 선고 2005나27491 판결

【주 문】
원심판결을 파기하고, 사건을 서울중앙지방법원 합의부에 환송한다.

【이 유】
상고이유를 본다.
1. 원심판결에 의하면 원심은, 원고가 이 사건 무허가건물을 1984. 2. 21. 매수함으로써 소유권을 취득하였거나 그 때부터 20년 이상을 소유의 의사로 평온·공연하게 점유함으로써 시효취득하였으므로 이 사건 건물이 원고의 소유라는 확인을 구한다고 청구한 것에 대하여, 이 사건 건물이 무허가미등기인 이상 원고가 주장하는 사유들만으로는 원고가 소유권을 취득할 수 없으므로 그 소유권확인을 구하는 원고의 청구는 이유가 없지만, 이 사건 건물의 일부에 대하여 철거에 따른 보상금이 지급될 예정인 점을 고려할 때 원고의 청구에는 이 사건 건물을 사용, 수익, 처분할 수 있는 사실상의 소유권이 원고에게 있다는 확인을 구하는 취지가 포함되어 있다고 전제한 다음, 그 판시와 같은 사실을 인정한 후 원고는 이 사건 건물을 최초 소유명의자인 김은돌로부터 이춘희, 최순례를 거쳐 매수하였으므로 원고와 피고 사이에 이 사건 무허가건물의 사실상 소유권이 원고에게 있음을 확인한다고 판단하였다.
2. 그러나 미등기 무허가건물의 양수인이라도 그 소유권이전등기를 경료받지 않는 한 그 건물에 대한 소유권을 취득할 수 없고, 소유권에 준하는 관습상의 물권이 있다고도 할 수 없으며(대법원 1996. 6. 14. 선고 94다53006 판결 등 참조), 현행법상 사실상의 소유권이라고 하는 어떤 포괄적인 권리 또는 법률상의 지위를 인정하기도 어렵다.
한편, 이 사건에서 원고는 무허가 미등기인 이 사건 건물을 매수한 다음 소유의 의

사로 점유하였음을 전제로 하여 그 소유권확인을 구하고 있으므로 이러한 경우 원심으로서는 원고에게 석명을 구하여 원고의 진정한 의사가 무엇인지를 분명히 한 다음 그 권리의 존부를 판단하여야 할 의무가 있다고 할 것이지만, 그러한 조치를 취하지 아니한 채 원고의 청구를 표현된 것과 다른 내용으로 파악하고 그에 대해 판단하는 것은 원칙적으로 허용되지 아니한다고 할 것이다. 더욱이, 이 사건 기록에 의하면 이 사건 무허가건물의 일부가 도로구역에 편입되어 철거되는 데에 따른 보상금으로 8,210,000원의 지급이 예정되어 있고, 원고와 피고는 서로 자기가 그 보상금의 수령권자라고 주장하고 있음을 알 수 있는바, 사정이 이러하다면 위 철거보상금이 어떤 지위에 있는 누구에게 어떤 방법으로 지급되어야 하는 것인지 등을 가려 보지 않고서는 이 사건 무허가건물에 대한 사용, 수익, 처분권이 누구에게 있는지를 확인받는 것이 원고와 피고 사이의 분쟁을 해결하는 유효하고도 적절한 수단이 된다고 단정하기도 어렵다.

그럼에도 불구하고, 원고의 이 사건 청구가 이 사건 건물에 대한 사실상의 소유권확인을 구하는 취지라고 단정한 후 그 확인의 이익이 있음을 전제로 하여 그 청구를 인용한 원심판결에는 확인의 이익에 관한 법리를 오해하였거나 심리를 다하지 아니하여 판결에 영향을 미친 위법이 있다.

3. 그러므로 나머지 상고이유에 대한 판단을 생략한 채 원심판결을 파기하고, 사건을 다시 심리·판단하게 하기 위하여 원심법원에 환송하기로 하여 관여 법관의 일치된 의견으로 주문과 같이 판결한다.

[판례 29] 부동산소유권확인·독립당사자참가의소 (대법원 2006. 9. 28. 선고 2006다22074,22081 판결)

【판시사항】

[1] 구 임야대장규칙에 의하여 작성된 임야대장에 국가로부터 소유권을 양수·취득한 것으로 등재된 사람이 그 임야에 관한 소유권이전등기를 마쳤다고 추정할 수 있는지 여부(소극)

[2] 미등기 부동산의 점유자가 점유취득시효기간의 완성만으로 등기 없이 그 부동산의 소유권을 취득하는지 여부(소극)

【판결요지】

[1] 구 임야대장규칙(1920. 8. 23. 조선총독부령 제113호)에 의하여 준용되는 구 토지대장규칙(1914. 4. 25. 조선총독부령 제45호) 제2조에 의하면 토지에 대한 소유권의 이전은 등기공무원의 통지가 없으면 토지대장에 등록할 수 없으나, 다만 국유

지의 불하·교환·양여 또는 미등기 토지의 수용으로 인하여 소유권이 이전된 경우 및 미등기 토지를 국유로 하는 경우는 그러하지 아니하다라고 규정하고 있으므로, 구 임야대장상 소유권을 양수·취득한 것으로 등재된 사람은 원칙적으로 당해 임야에 관하여 소유권이전등기를 마치고 이를 소유한 사람이라고 추정할 수 있지만, 그 전 소유자가 국가인 경우에는 그렇게 추정할 수 없고, 단지 국가로부터 국유지를 불하·교환·양여 등을 받았다고 추정할 수 있을 뿐이다.

[2] 민법 제245조 제1항의 취득시효기간의 완성만으로는 소유권취득의 효력이 바로 생기는 것이 아니라, 다만 이를 원인으로 하여 소유권취득을 위한 등기청구권이 발생할 뿐이고, 미등기 부동산의 경우라고 하여 취득시효기간의 완성만으로 등기 없이도 점유자가 소유권을 취득한다고 볼 수 없다.

【참조조문】

[1] 민법 제186조, 구 임야대장규칙(1920. 8. 23. 조선총독부령 제113호) 제2조, 구 토지대장규칙(1914. 4. 25. 조선총독부령 제45호) 제2조 [2] 민법 제245조 제2항

【참조판례】

[1] 대법원 1993. 10. 26. 선고 93다28638 판결(공1993하, 3181)
    대법원 1997. 12. 26. 선고 97다39742 판결(공1998상, 495)
[2] 대법원 1981. 9. 22. 선고 80다3121 판결(공1981, 14375)

【전 문】

【원고, 피상고인 겸 상고인】 정명국외 3인 (소송대리인 변호사 전봉호)

【피고, 피상고인】 대한민국

【피고 보조참가인】 정석권

【독립당사자참가인, 상고인】 진주 정씨 충장공파 종중 (소송대리인 법무법인 청와 담당변호사 강성두외 1인)

【원심판결】 광주고법 2006. 3. 17. 선고 2004나7056, 2005나298 판결

【주 문】

상고를 각 기각한다. 상고비용 중 본소로 인한 비용은 원고들이, 독립당사자참가로 인한 비용은 독립당사자참가인이 각 부담한다.

【이 유】

1. 원고들의 상고에 대하여

 가. 원심은, 원고들은 이 사건 임야의 토지대장에 소유자로 기재되어 있는 정윤익

의 장남 정찬문, 손자 정조량의 후손들로서 정윤익의 사망으로 동인을 호주상속한 정조량으로부터 이 사건 임야 등 재산을 상속하였는데, 다만 정윤익의 호적부가 6.25 전쟁 등으로 멸실되었다가 재편제되는 과정에서 정찬문, 정조량이 누락되었다는 원고들의 주장에 대하여, 정윤익의 호적부의 기재를 비롯한 증거들을 종합하면, 정윤익의 호적부는 1893년부터 연속성을 가지고 편제·작성되어 왔고, 정윤익은 1933. 1. 31. 사망하였으며 그의 손자인 정창손[정창손의 부(父)는 정찬용이고, 정윤익보다 먼저 사망함]이 동인을 호주상속한 사실이 인정될 뿐, 정찬문이나 그의 아들인 정조량은 정윤익의 호적에 자손으로 기재된 바 없고 달리 정찬문, 정조량이 정윤익의 자손임을 인정할 증거가 없다는 이유로 원고들의 위 주장을 배척하였는바, 기록에 의하여 살펴보면 원심의 이러한 판단은 옳은 것으로 수긍이 가고, 거기에 채증법칙을 위배하여 사실을 오인하거나 원고들이 정윤익의 재산을 상속하였는지 여부에 대한 판단을 유탈한 위법이 있다고 할 수 없다(다만, 원심은 원고들이 정윤익의 재산을 상속하였다고 주장하면서 관련 증거로 제출한 갑 제11호증에 대하여 증거판단을 하지 아니하였으나, 위 증거를 기록과 대조하여 살펴보더라도 원고들의 주장을 받아들이기에는 부족하다).

원심이 그 판시 이유에서 '가사 원고들의 주장과 같이 정찬문이 실제로 정윤익의 장남이라 하더라도 정윤익의 호적부에 자손으로 기재되어 있지 않는 한 호주상속인이 될 수 없다.'라고 설시한 것은 부적절하다 하겠으나, 위에서 본 바와 같이 정찬문이 정윤익의 자손임을 인정할 증거가 없어 원고들의 주장이 배척되는 이상 이는 판결 결과에 영향을 미쳤다고 할 수 없다.

나. 원심은, 그 채용 증거들을 종합하여 판시와 같은 사실을 인정한 다음, 독립당사자참가인(이하 '참가인 종중'이라 함)은 진주정씨 19세손인 걸(傑)공을 공동선조로 하여 자연발생적으로 성립한 고유한 의미의 종중이라고 판단하였는바, 기록에 의하여 살펴보면 원심의 이러한 판단도 옳은 것으로 수긍이 가고, 거기에 채증법칙을 위배하여 사실을 오인한 위법이 있다고 할 수 없다.

2. 참가인 종중의 상고에 대하여

가. 구 임야대장규칙(1920. 8. 23. 조선총독부령 제113호)에 의하여 준용되는 구 토지대장규칙(1914. 4. 25. 조선총독부령 제45호) 제2조에 의하면 토지에 대한 소유권의 이전은 등기공무원의 통지가 없으면 토지대장에 등록할 수 없으나, 다만 국유지의 불하·교환·양여 또는 미등기 토지의 수용으로 인하여 소유권이 이전된 경우 및 미등기 토지를 국유로 하는 경우는 그러하지 아니하다라고 규정하고 있으므로, 구 임야대장상 소유권을 양수·취득한 것으로 등재된 자는 원칙적으로 당해 임야에 관하여 소유권이전등기를 마치고 이를 소유한 자라고 추정할 수 있지만, 그 전 소유자가 국(國)인 경우에는 그렇게 추정할 수 없고,

단지 국(國)으로부터 국유지를 불하·교환·양여 등을 받았다고 추정할 수 있을 뿐이다(대법원 1997. 12. 26. 선고 97다39742 판결 등 참조).

원심은, 그 채용 증거들에 의하면 이 사건 임야가 분할되어 나오기 전의 전주시 완산구 평화동 2가 458 소재 임야가 1914. 11. 10. 국(國) 명의로 사정된 사실, 이 사건 임야의 구 토지대장의 사고(事故)란에는 정윤익이 1929. 8. 30. 국(國)으로부터 소유권이전받은 것으로 기재된 사실이 인정될 뿐이어서, 정윤익이 국(國)으로부터 1929. 8. 30. 이 사건 임야를 불하·교환·양여받았음을 추정할 수는 있으나 이러한 사실만으로 이 사건 임야에 관하여 정윤익 명의로 소유권이전등기가 경료되었다고 인정할 수는 없다고 판단하였는바, 앞의 법리에 비추어 기록을 살펴보면 원심의 이러한 판단은 옳은 것으로 수긍이 가고, 거기에 채증법칙을 위배하여 사실을 오인한 위법 등이 있다고 할 수 없다.

나. 민법 제245조 제1항은 '20년간 소유의 의사로 평온·공연하게 부동산을 점유하는 자는 등기함으로써 그 소유권을 취득한다.'고 규정하고 있으므로 위 취득시효기간의 완성만으로는 소유권취득의 효력이 바로 생기는 것이 아니라, 다만 이를 원인으로 하여 소유권취득을 위한 등기청구권이 발생한다 할 것이고(대법원 1981. 9. 22. 선고 80다3121 판결 참조), 미등기 부동산의 경우라고 하여 취득시효기간의 완성만으로 등기 없이도 점유자가 소유권을 취득한다고 볼 수 없으므로, 이 점에 관한 상고이유의 주장은 받아들일 수 없다.

3. 결 론

그러므로 상고를 각 기각하고, 상고비용은 패소자들이 각 부담하도록 하여 관여 법관의 일치된 의견으로 주문과 같이 판결한다.

[판례 30] 증여세및양도소득세부과처분취소 (대법원 2005. 10. 28. 선고 2004두9494 판결)

【판시사항】

[1] 미등기자산의 취득에 있어서 양도자에게 자산의 미등기양도를 통한 조세회피목적이나 전매이득취득 등 투기목적이 없다고 인정되고, 양도 당시 그 자산의 취득에 관한 등기를 하지 아니한 책임을 양도자에게 추궁하는 것이 가혹하다고 판단되는 경우, 양도소득세가 중과되는 미등기양도자산에서 제외되는지 여부(적극)

[2] 재산양도의 대가에 금전으로 환산하기 어려운 부분이 포함되어 있는 경우, 구 상속세법 제34조의2 제1항에서 규정하는 '현저히 저렴한 가액'에 해당하는지 여부의 판단 기준

[3] 교환계약에 의한 일방의 급부가 현저히 저렴한 가액의 대가로 재산을 양도한 경우에 해당하지 않는다고 한 원심의 판단을 수긍한 사례

【판결요지】

[1] 미등기양도자산에 대하여 양도소득세를 중과한다고 한 취지는 자산을 취득한 자가 양도 당시 그 취득에 관한 등기를 하지 아니하고 이를 양도함으로써, 양도소득세 등의 각종 조세를 포탈하거나 양도차익만을 노려 잔대금 등의 지급 없이 전전매매하는 따위의 부동산투기 등을 억제, 방지하려는 데 있다고 할 것이므로, 애당초 그 자산의 취득에 있어서 양도자에게 자산의 미등기양도를 통한 조세회피목적이나 전매이득취득 등 투기목적이 없다고 인정되고, 양도 당시 그 자산의 취득에 관한 등기를 하지 아니한 책임을 양도자에게 추궁하는 것이 가혹하다고 판단되는 경우, 즉 부득이한 사정이 인정되는 경우에는 구 소득세법(1994. 12. 22. 법률 제4803호로 전문 개정되기 전의 것) 제70조 제7항 단서, 같은 법 시행령(1994. 12. 31. 대통령령 제14467호로 전문 개정되기 전의 것) 제121조의2의 각 호의 경우에 준하여 양도소득세가 중과되는 미등기양도자산에서 제외된다.

[2] 구 상속세법(1996. 12. 30. 법률 제5193호 상속세 및 증여세법으로 전문 개정되기 전의 것) 제34조의2 제1항, 구 상속세법 시행령(1992. 12. 31. 대통령령 제13802호로 개정되기 전의 것) 제41조 제1항의 해석상 양도대가가 시가의 100분의 70 이하의 가액이라면 특별한 사정이 없는 한 현저히 저렴한 가액에 의한 양도에 해당한다고 봄이 상당하지만, 재산양도의 대가에 금전으로 환산하기 어려운 부분이 포함되어 있는 경우에는 그 밖에도 당사자들이 당해 재산의 양도에 이르게 된 경위 등 제반 사정을 참작하여 구 상속세법 제34조의2 제1항 소정의 '현저히 저렴한 가액'에 해당하는지 여부를 판단하여야 한다.

[3] 구 상속세법령이 정하는 특수한 관계에 있는 자들 사이에 체결한 교환계약의 주된 내용이 경영권 등과 관련하여 주식 전부를 양도하고 각종 소송 등을 취하하며, 이에 대한 대가로 자산을 양도하기로 약정한 것인 점, 위 교환계약의 대상이 된 재산 중 양도주식에 경영권의 일부가 화체되어 있고 위 소송 등의 취하는 사업경영권을 포기하는 내용이 포함된 것인 점 등에 비추어, 위 교환계약에 의한 쌍방의 급부가 대등하다고까지는 할 수 없다고 하더라도 현저히 균형을 잃은 것이라고 할 수 없어 위 자산의 양도가 현저히 저렴한 가액의 대가로 재산을 양도한 경우에 해당하지 않는다고 한 원심의 판단을 수긍한 사례.

【참조조문】

[1] 구 소득세법(1994. 12. 22. 법률 제4803호로 전문 개정되기 전의 것) 제70조 제3항 제4호(현행 제104조 제1항 제3호 참조) 제7항 단서(현행 제104조 제3항 단서 참조) 구 소득세법 시행령(1994. 12. 31. 대통령령 제14467호로 전문 개정되기 전의 것) 제121조의2(현행 제168조 제1항 참조) [2] 구 상속세법(1996. 12. 30. 법률 제5193호 상속세 및 증여세법으로 전문 개정되기 전의 것) 제34조의2 제1항(현행 상속세 및 증여세

법 제35조 제2항 참조) 구 상속세법 시행령(1992. 12. 31. 대통령령 제13802호로 개정되기 전의 것) 제41조 제1항(현행 상속세 및 증여세법 시행령 제26조 제5항 참조) [3] 구 상속세법(1996. 12. 30. 법률 제5193호 상속세 및 증여세법으로 전문 개정되기 전의 것) 제34조의2 제1항(현행 상속세 및 증여세법 제35조 제2항 참조) 구 상속세법 시행령(1992. 12. 31. 대통령령 제13802호로 개정되기 전의 것) 제41조 제1항(현행 상속세 및 증여세법 시행령 제26조 제5항 참조)(현행 상속세 및 증여세법 시행령 제26조 제5항 참조)

【참조판례】
[1] 대법원 1995. 4. 11. 선고 94누8020 판결(공1995상, 1893)

【전 문】
【원고,상고인겸피상고인】 원고 1 외 2인 (소송대리인 법무법인 화우 담당변호사 양삼승 외 1인)
【피고,피상고인겸상고인】 삼성세무서장
【원심판결】 서울고법 2004. 7. 29. 선고 2001누13982 판결

【주문】
상고를 모두 기각한다. 상고비용은 각자가 부담한다.

【이유】
상고이유를 본다.
1. 원고들의 상고이유에 대하여
　가. 상고이유 제1점에 관하여
　　　구 소득세법(1994. 12. 22. 법률 제4803호로 전문 개정되기 전의 것, 이하 '구 소득세법'이라고 한다) 제70조 제7항은 "… '미등기양도자산'이라 함은 … 자산을 취득한 자가 그 자산의 취득에 관한 등기를 하지 아니하고 양도하는 것을 말한다."고 규정하고, 같은 조 제3항 제4호는 이러한 미등기양도자산에 대하여 양도소득과세표준의 100분의 75라는 중과세율을 규정하고 있는바, 위와 같이 미등기양도자산에 대하여 양도소득세를 중과한다고 한 취지는 자산을 취득한 자가 양도 당시 그 취득에 관한 등기를 하지 아니하고 이를 양도함으로써, 양도소득세 등의 각종 조세를 포탈하거나 양도차익만을 노려 잔대금 등의 지급 없이 전전매매하는 따위의 부동산투기 등을 억제, 방지하려는 데 있다고 할 것이므로, 애당초 그 자산의 취득에 있어서 양도자에게 자산의 미등기양도를 통한 조세회피목적이나 전매이득취득 등 투기목적이 없다고 인정되고, 양도 당시

그 자산의 취득에 관한 등기를 하지 아니한 책임을 양도자에게 추궁하는 것이 가혹하다고 판단되는 경우, 즉 부득이한 사정이 인정되는 경우에는 구 소득세법 제70조 제7항 단서, 구 소득세법 시행령(1994. 12. 31. 대통령령 제14467호로 전문 개정되기 전의 것) 제121조의2의 각 호의 경우에 준하여 양도소득세가 중과되는 미등기양도자산에서 제외된다고 할 것이다 (대법원 1995. 4. 11. 선고 94누8020 판결 참조).

원심판결 이유에 의하면 원심은 그 채용 증거에 의하여, 원고들은 1992. 9. 30. 소외 1과의 교환계약에 의하여 부산토지 및 그 지상건물을 취득한 다음 이에 관한 소유권이전등기를 마치지 아니한 채 1992. 11. 12. 위 토지를 분할1토지와 분할2토지로 분할한 후 같은 날 분할2토지를 부산 강서구에게 협의매도하고, 1994. 5.경 분할1토지 중 일부를 소외 2 등에게 양도하는 등으로 소유권을 사실상 행사하여 온 사실, 분할1토지 중 나머지 부분 및 그 지상건물은 1994. 9. 13. 국가에 수용된 사실(위 수용부분이 이 사건 양도소득세 부과처분의 대상이다.)을 인정한 다음, 원고들이 소외 1로부터 부산토지 및 그 지상건물을 취득한 후 원고들 명의로 소유권이전등기를 경료할 수 있었음에도 불구하고 소유 명의를 명의수탁자인 소외 3에게 남겨 둔 상태에서 일부를 분할하여 매도하는 등으로 소유권을 행사하여 온 점 등에 비추어 보면, 원고들에게 취득세 등 조세회피목적이 없었다거나 그 자산의 취득에 관한 등기를 하지 아니한 것에 부득이한 사정이 있었다고 인정되지 아니하므로, 분할1토지 및 그 지상건물의 양도는 양도소득세가 중과되는 미등기양도자산에 해당한다고 판단하였다.

위의 법리와 기록에 비추어 살펴보면, 원심의 위와 같은 판단은 옳고, 거기에 상고이유에서 주장하는 바와 같은 미등기양도자산에 관한 법리오해 내지 채증법칙 위배로 인한 사실오인 등의 위법이 없다.

나. 상고이유 제2점에 관하여

기록에 의하면, 원고들 소송대리인은 원심법원에 제출한 2004. 3. 15.자 준비서면에서 "원고가 이 사건 부산토지를 국가에 양도한 것은 구 조세감면규제법(1995. 12. 29. 법률 제5038호로 개정되기 전의 것) 제63조 제1항 소정의 감면사유에 해당됨에도 불구하고 그 감면규정을 적용하지 않은 것은 위법하다."는 취지의 주장을 하였음에도 원심이 이 점에 관하여 아무런 판단을 하지 아니하였음은 상고이유의 주장과 같다.

그런데 당사자의 주장에 대한 판단유탈의 위법이 있다 하더라도 그 주장이 배척될 경우임이 명백한 때에는 판결 결과에 영향이 없다고 할 것인바(대법원 2003. 4. 25. 선고 2002두11462 판결 참조), 원고들이 이 사건 분할1토지 및 그 지상건물에 관하여 그들 명의로 소유권이전등기를 마치지 아니한 채 국가에 양도한 것이 구 소득세법 제70조 제7항에 규정하는 미등기양도자산에 해당함은 앞에서 살펴본 바와 같고, 같은 법 제6조의2에 의하면 제70조 제7항에 규정하는 미등기양도자산에 대하여는 이 법 기타 법률 중 양도소득에 대한 소득세의 비과세 및 감면에 관한 규정을 적용하지 아니하는 것이므로, 원심의 위와 같은 판단유탈은 판결의 결과에 영향을 미치는 것이라 할 수 없다.

이에 관한 상고이유의 주장도 받아들이지 아니한다.

2. 피고의 상고이유에 대하여

구 상속세법(1996. 12. 30. 법률 제5193호 상속세 및 증여세법으로 전문 개정되기 전의 것) 제34조의2 제1항은 현저히 저렴한 가액의 대가로써 재산을 대통령령이 정하는 특수관계에 있는 자에게 양도하였을 경우에는 그 재산을 양도한 때에 있어서 재산의 양도자가 그 대가와 시가와의 차액에 상당한 금액을 양수인인 대통령령이 정하는 특수관계에 있는 자에게 증여한 것으로 간주한다고 규정하고, 구 상속세법 시행령(1992. 12. 31. 대통령령 제13802호로 개정되기 전의 것) 제41조 제1항은 법 제34조의2 제1항에 규정한 '현저히 저렴한 가액'이라 함은 상속개시일 또는 증여일의 현황을 기준으로 하여 제5조 내지 제7조의 규정에 의하여 평가한 가액의 100분의 70 이하의 가액을 말한다고 규정하고 있는바, 위 법령의 해석상 양도대가가 시가의 100분의 70 이하의 가액이라면 특별한 사정이 없는 한 현저히 저렴한 가액에 의한 양도에 해당한다고 봄이 상당하지만, 재산양도의 대가에 금전으로 환산하기 어려운 부분이 포함되어 있는 경우에는 그 밖에도 당사자들이 당해 재산의 양도에 이르게 된 경위 등 제반 사정을 참작하여 구 상속세법 제34조의2 제1항 소정의 '현저히 저렴한 가액'에 해당하는지 여부를 판단하여야 할 것이다.

원심판결 이유에 의하면 원심은 그 채용 증거에 의하여 판시와 같은 사실을 인정한 다음, 이 사건 교환계약은 이복형제남매간으로 상속재산의 분배 및 소외 산업의 경영권 등과 관련하여 수년간 민·형사상의 분쟁을 벌여온 원고 1, 3과 소외 1 간에 체결된 것으로서, 그 주된 내용은 원고들이 소유한 소외 산업의 주식 전부를 소외 1에게 양도하고 나아가 원고들이 소외 1을 상대로 제기한 형사고소와 민사소송 등을 전부 취소 또는 취하하며, 이에 대한 대가로 소외 1은 이 사건 부산토지와 그 지상건물 등을 원고들에게 양도하기로 약정한 것인 점, 이 사건 교환계약의 대상이 된 재산 중 원고들이 소외 1에게 양도하는 소외 산업의 주식은 비상장주식으로서 그 비율이 32.4%나 되어 경영권의 일부가 화체되어 있으므로 그러한 의미가 내포되어 있지 아니한 비상장주식의 단순평가에 관한 상속세법령에 의한 평가를 그대로 이 사건 주식의 가액이라고 할 수 없으며, 원고들이 소외 1의 소외 산업 경영권을 뺏기 위해 소외 1을 상대로 제기한 각종 민·형사상의 고소, 고발, 소송, 신청 등을 취하한다는 것은 원고들이 소외 산업의 경영권을 포기하는 내용이 포함된 것으로서 이러한 각종 고소의 취소와 소송의 취하 등도 이 사건 교환계약에서 원고들이 소외 1에게 양도한 반대급부의 내용으로 고려하여야만 하는 점, 소외 1은 원고

1로부터 이 사건 주식을 현금 40억 원에 매수해 줄 것을 요청받으면서 민·형사상의 분쟁에 휘말려 있어서 원고들을 소외 산업으로부터 완전히 배제시킬 필요성이 있었고 이에 따라 이 사건 주식에 대한 경영권의 평가를 거부할 마땅한 명분도 없었던 점, 기타 원고들과 소외 1 사이의 분쟁경위·분쟁정도, 원고들이 소외 1과의 사이의 분쟁으로 인하여 지출하게 된 경비는 물론 향후 부산토지에 대한 명의신탁을 해지하고 원고들 명의로 소유권을 이전하면서 지출한 비용, 부산토지의 분할 및 수용경위 등에 비추어 보면, 원고들과 소외 1 사이의 이 사건 교환계약에 의한 쌍방의 급부는 대등하다고까지는 할 수 없다고 하더라도 현저히 균형을 잃은 것이라고 할 수 없고, 따라서 소외 1이 원고들에게 한 급부가 현저히 저렴한 가액의 대가로 재산을 양도한 경우에 해당한다고 할 수 없다고 판단하였다.

위의 법리와 기록에 비추어 살펴보면, 원심의 위와 같은 인정과 판단은 정당한 것으로 수긍이 가고, 거기에 피고가 상고이유에서 주장하는 바와 같은 증여의제 등에 관한 법리오해나 채증법칙 위반 또는 심리미진의 위법이 없다.

3. 그러므로 상고를 모두 기각하고, 소송비용은 각자가 부담하도록 하여 관여 대법관의 일치된 의견으로 주문과 같이 판결한다.

[판례 31] 건물철거등 (대법원 2003. 1. 24. 선고 2002다61521 판결)

【판시사항】
[1] 건물에 대한 철거처분권자
[2] 미등기건물에 대한 양도담보계약상의 채권자의 지위를 승계하여 건물을 관리하고 있는 자가 건물에 대한 법률상 또는 사실상 처분권을 가지고 있는 자에 해당하지 않는다고 한 사례

【판결요지】
[1] 건물철거는 그 소유권의 종국적 처분에 해당되는 사실행위이므로 원칙으로는 그 소유자(민법상 원칙적으로는 등기명의자)에게만 그 철거처분권이 있다 할 것이고, 예외적으로 건물을 전소유자로부터 매수하여 점유하고 있는 등 그 권리의 범위 내에서 그 점유중인 건물에 대하여 법률상 또는 사실상 처분을 할 수 있는 지위에 있는 자에게도 그 철거처분권이 있다.
[2] 미등기건물에 대한 양도담보계약상의 채권자의 지위를 승계하여 건물을 관리하고 있는 자는 건물의 소유자가 아님은 물론 건물에 대하여 법률상 또는 사실상 처분권을 가지고 있는 자라고 할 수도 없다 할 것이어서 건물에 대한 철거처분권을 가지고 있는 자라고 할 수 없다고 한 사례.

【참조조문】
[1] 민법 제211조[2] 민법 제211조, 제372조

【참조판례】
[1] 대법원 1967. 2. 28. 선고 66다2228 판결(집15-1, 민179)

【전 문】
【원고,피상고인】 주식회사 풍전개발 (소송대리인 변호사 오영권 외 2인)
【피고,상고인】 한국자산관리공사 (소송대리인 법무법인 충정 담당변호사 신명균 외 5인)
【원심판결】 대전고법 2002. 9. 27. 선고 2000나6849 판결

【주문】
원심판결을 파기하고, 사건을 대전고등법원에 환송한다.

【이유】
원심판결 이유에 의하면 원심은, 그 채용 증거에 의하여 소외 청수레저개발 주식회사(이하 '청수개발'이라 한다)가 이 사건 토지 상에 이 사건 건물의 신축공사를 시작하였다가 1989. 11.경 부도를 내는 바람에 건물의 골조와 외벽 등이 완성된 공정율 약 80%의 상태에서 1993. 9.경 위 공사를 중단한 사실, 청수개발은 한국산업은행으로부터 1988. 10. 29. 신축공사자금으로 금 1,000,000,000원을 대출받으면서 대출원리금반환채무를 담보하기 위하여 이 사건 토지에 관하여 채권최고액 금 1,350,000,000원의 근저당권 및 이 사건 건물의 소유를 목적으로 한 존속기간 30년의 지상권을 설정하였고, 그 후 같은 해 12. 30. 금 450,000,000원을 추가로 대출받으면서 한국산업은행과의 사이에 "청수개발은 위 대출원리금반환채무의 담보로 같은 해 12. 27. 현재 완성된 이 사건 건물부분의 소유권과 점유권을 한국산업은행에 양도하고 한국산업은행의 대리인으로서 이 사건 건물을 점유 보관하되 한국산업은행의 위 건물인도 청구시에는 언제든지 인도하며, 한국산업은행은 위 대출원리금의 반환이 지체되는 때에는 위 건물을 임의처분하여 변제충당할 수 있다."는 내용의 양도담보계약을 체결하였으며, 그 후 위 건물의 기성고에 따라 추가로 대출금을 받음에 따라 이 사건 토지에 관하여는 다시 1989. 4. 28. 채권최고액 금 1,000,000,000원의, 1989. 9. 7. 채권채고액 금 1,150,000,000원의 각 근저당권을 추가로 설정하는 한편 1989. 4. 29., 같은 해 6. 30., 같은 해 5. 29., 같은 해 9. 7. 4차례에 걸쳐 각 그 당시의 기성고에 맞추어 대출금이 증액됨에 따라 이 사건 건물에 대한 위 양도담보계약을 새로 체결한 사실, 그 후 한국산업은행은 이 사건 건물을 인도받아 직접 관리하면서 이 사건 토지와 함께 일괄

경매하려고 노력하였으나 여의치 않던 중, 1993. 8. 2. 피고에게 청수개발에 대한 금 2,275,000,000원의 대출원리금반환채권을 비롯하여 모든 채권, 근저당권 및 양도담보계약상의 지위를 양도한 사실, 이에 피고는 그 무렵 한국산업은행으로부터 이 사건 건물을 인도받아 수시로 직원을 보내 건물의 보존상태를 점검하고 이 사건 건물에 대하여 화재보험계약을 체결하는 등 이 사건 건물을 점유 관리하면서 이 사건 건물과 이 사건 토지를 함께 매각하려고 노력하였으나 여의치 않았던 중, 결국 1993. 9. 7. 이 사건 토지에 대하여만 위 근저당권의 실행으로 부동산임의경매를 신청하는 한편 이 사건 건물에 대하여 1994. 7. 13.부터 입찰가 금 3,600,000,000원에 공매를 시도하였으나 유찰되자 1998. 11. 25. 입찰가를 금 761,000,000원까지 낮추었음에도 역시 유찰된 사실, 원고는 1994. 5. 16. 부동산임의경매절차에서 이 사건 토지를 낙찰받아 그 무렵 낙찰대금을 완납하고, 1996. 12. 30. 원고 명의로 소유권이전등기를 경료한 사실을 인정한 다음, 건물철거는 그 소유권의 종국적 처분에 해당하는 사실행위이므로 원칙으로는 그 소유자(등기명의자)에게만 그 철거처분권이 있다고 할 것이나, 미등기건물을 그 원시취득자로부터 양도받아 점유중에 있는 자는 비록 소유권이전등기를 하지 못하였다고 하더라도 그 권리의 범위 내에서 점유중인 미등기건물을 법률상 또는 사실상 처분할 수 있는 지위에 있으므로 그 건물의 존재로 불법점유를 당하고 있는 토지 소유자는 위와 같은 건물점유자에게 그 철거를 구할 수 있다고 할 것인바, 위 인정사실에 의하면 이 사건 건물은 사회통념상 독립된 건물로서 당초의 건축주인 청수개발이 이를 원시취득하였다 할 것이고, 피고가 한국산업은행과 청수개발과 사이의 양도담보계약상의 지위를 승계하여 이 사건 건물을 점유 관리하고 있는 이상, 비록 피고 명의의 소유권이전등기가 경료되지 아니하여 피고를 이 사건 건물의 소유자로 볼 수는 없다 할지라도 법률상 또는 사실상 이 사건 건물을 처분할 수 있는 지위에 있다고 봄이 상당하다고 판단하여, 피고에 대하여 이 사건 건물의 철거 및 이 사건 토지의 인도를 구하는 원고의 청구를 인용하였다.

그러나 건물철거는 그 소유권의 종국적 처분에 해당되는 사실행위이므로 원칙으로는 그 소유자(민법상 원칙적으로는 등기명의자)에게만 그 철거처분권이 있다 할 것이고, 예외적으로 건물을 전소유자로부터 매수하여 점유하고 있는 등 그 권리의 범위 내에서 그 점유중인 건물에 대하여 법률상 또는 사실상 처분을 할 수 있는 지위에 있는 자에게도 그 철거처분권이 있다 할 것인바, 원심이 확정한 사실관계에 의하더라도, 피고는 이 사건 건물의 원시취득자인 청수개발과 이 사건 건물에 관하여 양도담보계약을 체결한 한국산업은행으로부터 양도담보계약상의 지위를 승계하여 이 사건 건물을 관리하고 있을 뿐이라는 것이므로(피담보채무의 변제기가 경과하였으나 피고가 아직 담보권의 행사로서 귀속정산에 의하여 이 사건 건물을 자기의 소유로 귀속시킬 의사를 표시한 바도 없다), 피고가 이 사건 건물의 소유자가 아님은 물론 위와 같은 입장에 있는 피고를 이 사건 건물에 대하여 법률상 사실상 처분권을 가지고 있는 자라고 할 수도 없다 할 것이고, 따라서 피고에게는 이 사건 건물에 대한 철거처분권이 있다고 볼 수 없다.

그럼에도 불구하고, 원심이 피고가 법률상 또는 사실상 이 사건 건물을 처분할 수 있는 지위에 있어 이 사건 건물에 대한 철거처분권이 있다고 판단하여, 피고에 대하여 이 사건 건물의 철거 및 이 사건 토지의 인도를 구하는 원고의 청구를 인용한 것은 미등기부동산에 대한 양도담보계약상의 채권자의 지위 및 건물철거의무자에 관한 법리를 오해하여 판결 결과에 영향을 미친 위법을 저지른 경우에 해당한다 할 것이므로, 이 점을 지적하는 상고이유의 주장은 이유 있다.

그러므로 원심판결을 파기하고, 사건을 다시 심리·판단하게 하기 위하여 원심법원에 환송하기로 하여 관여 법관의 일치된 의견으로 주문과 같이 판결한다.

[판례 32] 건물등철거 (대법원 2002. 6. 20. 선고 2002다9660 전원합의체 판결)

【판시사항】

[1] 미등기건물을 대지와 함께 매수하였으나 대지에 관하여만 소유권이전등기를 넘겨받고 대지에 대하여 저당권을 설정한 후 저당권이 실행된 경우, 민법 제366조 소정의 법정지상권이 성립하는지 여부(소극)

[2] 미등기건물을 대지와 함께 매도하였으나 대지에 관하여만 매수인 앞으로 소유권이전등기가 경료된 경우, 관습상의 법정지상권이 성립하는지 여부(소극)

【판결요지】

[1] 민법 제366조의 법정지상권은 저당권 설정 당시에 동일인의 소유에 속하는 토지와 건물이 저당권의 실행에 의한 경매로 인하여 각기 다른 사람의 소유에 속하게 된 경우에 건물의 소유를 위하여 인정되는 것이므로, 미등기건물을 그 대지와 함께 매수한 사람이 그 대지에 관하여만 소유권이전등기를 넘겨받고 건물에 대하여는 그 등기를 이전 받지 못하고 있다가, 대지에 대하여 저당권을 설정하고 그 저당권의 실행으로 대지가 경매되어 다른 사람의 소유로 된 경우에는, 그 저당권의 설정 당시에 이미 대지와 건물이 각각 다른 사람의 소유에 속하고 있었으므로 법정지상권이 성립될 여지가 없다.

[2] 관습상의 법정지상권은 동일인의 소유이던 토지와 그 지상건물이 매매 기타 원인으로 인하여 각각 소유자를 달리하게 되었으나 그 건물을 철거한다는 등의 특약이 없으면 건물 소유자로 하여금 토지를 계속 사용하게 하려는 것이 당사자의 의사라고 보아 인정되는 것이므로 토지의 점유·사용에 관하여 당사자 사이에 약정이 있는 것으로 볼 수 있거나 토지 소유자가 건물의 처분권까지 함께 취득한 경

우에는 관습상의 법정지상권을 인정할 까닭이 없다 할 것이어서, 미등기건물을 그 대지와 함께 매도하였다면 비록 매수인에게 그 대지에 관하여만 소유권이전등기가 경료되고 건물에 관하여는 등기가 경료되지 아니하여 형식적으로 대지와 건물이 그 소유 명의자를 달리하게 되었다 하더라도 매도인에게 관습상의 법정지상권을 인정할 이유가 없다.

【참조조문】
[1] 민법 제366조[2] 민법 제366조

【참조판례】
[1] 대법원 1987. 12. 8. 선고 87다카869 판결(공1988, 168)
　　대법원 1989. 2. 14. 선고 88다카2592 판결(공1989, 418)
　　대법원 1991. 8. 27. 선고 91다16730 판결(공1991, 2430)
[2] 대법원 1972. 10. 31. 선고 72다1515 판결(폐기)
　　대법원 1987. 7. 7. 선고 87다카634 판결(공1987, 1320)
　　대법원 1992. 4. 10. 선고 91다40610 판결(공1992, 1538)
　　대법원 1998. 4. 24. 선고 98다4798 판결(공1998상, 1473)

【전 문】
【원고,피상고인】 유상이 (소송대리인 변호사 이동근)
【피고,상고인】 윤금자 (소송대리인 변호사 임동언 외 2인)
【원심판결】 서울지법 2002. 1. 11. 선고 2001나36992 판결

【주문】
상고를 기각한다. 상고비용은 피고의 부담으로 한다.

【이유】
1. 민법 제366조의 법정지상권은 저당권 설정 당시에 동일인의 소유에 속하는 토지와 건물이 저당권의 실행에 의한 경매로 인하여 각기 다른 사람의 소유에 속하게 된 경우에 건물의 소유를 위하여 인정되는 것이므로, 미등기건물을 그 대지와 함께 매수한 사람이 그 대지에 관하여만 소유권이전등기를 넘겨받고 건물에 대하여는 그 등기를 이전 받지 못하고 있다가, 대지에 대하여 저당권을 설정하고 그 저당권의 실행으로 대지가 경매되어 다른 사람의 소유로 된 경우에는, 그 저당권의 설정 당시에 이미 대지와 건물이 각각 다른 사람의 소유에 속하고 있었으므로 법정지상권이 성립될 여지가 없다 (대법원 1987. 12. 8. 선고 87다카869 판결, 1989. 2. 14.

선고 88다카2592 판결, 1991. 8. 27. 선고 91다16730 판결 등 참조).
또한, 관습상의 법정지상권은 동일인의 소유이던 토지와 그 지상건물이 매매 기타 원인으로 인하여 각각 소유자를 달리하게 되었으나 그 건물을 철거한다는 등의 특약이 없으면 건물 소유자로 하여금 토지를 계속 사용하게 하려는 것이 당사자의 의사라고 보아 인정되는 것이므로 토지의 점유·사용에 관하여 당사자 사이에 약정이 있는 것으로 볼 수 있거나 토지 소유자가 건물의 처분권까지 함께 취득한 경우에는 관습상의 법정지상권을 인정할 까닭이 없다 할 것이어서, 미등기건물을 그 대지와 함께 매도하였다면 비록 매수인에게 그 대지에 관하여만 소유권이전등기가 경료되고 건물에 관하여는 등기가 경료되지 아니하여 형식적으로 대지와 건물이 그 소유 명의자를 달리하게 되었다 하더라도 매도인에게 관습상의 법정지상권을 인정할 이유가 없다고 할 것이다(대법원 1987. 7. 7. 선고 87다카634 판결, 1992. 4. 10. 선고 91다40610 판결, 1998. 4. 24. 선고 98다4798 판결 등 참조).
이와 달리, 대지와 그 지상의 미등기건물을 양도하여 대지에 관하여만 소유권이전등기를 경료하고 건물에 관하여는 소유권이전등기를 경료하지 못하고 있다가 양수인이 대지에 설정한 저당권의 실행에 의하여 대지의 소유자가 달라지게 된 경우에 그 저당권설정 당시 양도인 및 양수인이 저당권자에게 그 지상건물을 철거하기로 하는 등의 특약을 한 바가 없다면 양도인이 그 지상건물을 위한 관습상의 법정지상권을 취득한다는 견해를 표명한 대법원 1972. 10. 31. 선고 72다1515 판결은 이와 저촉되는 한도 내에서 이를 폐기하기로 한다.

2. 원심이 확정한 사실관계에 의하면, 피고는 구명회로부터 이양순을 거쳐 순차로 제1심판결 주문 기재 대지의 지분 및 그 지상의 미등기건물을 일괄하여 매수하였으나 위 대지의 지분에 관하여만 소유권이전등기를 경료받고 건물에 관하여는 이전등기를 경료받지 못하고 있다가 위 대지의 지분에 관하여 설정한 근저당권의 실행에 의한 경매로 위 대지의 지분의 소유권이 원고에게 이전되었다는 것이므로, 앞에서 설시한 법리에 비추어 보면 피고 또는 구명회는 위 미등기건물을 위한 법정지상권이나 관습상의 법정지상권을 취득할 수 없다 할 것이고, 따라서 피고가 구명회를 대위하여 관습상의 법정지상권을 행사할 수도 없다고 할 것이다.

원심이 같은 취지에서 피고의 법정지상권에 관한 항변을 배척한 것은 정당한 것으로 수긍할 수 있고, 거기에 상고이유로 주장하는 바와 같이 관습상의 법정지상권에 관한 법리오해 등의 위법이 있다고 할 수 없다.

3. 그러므로 상고를 기각하고, 상고비용은 패소자의 부담으로 하기로 하여 대법관 전원의 일치된 의견으로 주문과 같이 판결한다.

[판례 33] 소유권확인 (대법원 2001. 7. 10. 선고 99다34390 판결)

【판시사항】
[1] 소유권보존등기를 하기 위하여 국가를 상대로 제기한 소유권확인청구소송의 적부(적극)
[2] 미등기 토지의 토지대장에 소유명의자가 '두야리 이주진'이라고만 등재되어 있고 국가가 위 '두야리 이주진'과 원고들의 피상속인 '이주진'이 동일인임을 부인하면서 원고들의 소유를 다투고 있는 경우, 국가를 상대로 한 소유권확인청구가 확인의 이익이 있다고 본 사례

【판결요지】
[1] 부동산등기법 제130조에 비추어 볼 때 부동산에 관한 소유권보존등기를 함에 있어 토지대장등본 또는 임야대장등본에 의하여 소유자임을 증명할 수 없다면, 판결에 의하여 그 소유권을 증명하여 소유권보존등기를 할 수밖에 없는 것이고, 더욱이 대장소관청인 국가기관이 그 소유를 다투고 있다면, 이와 같은 판결을 얻기 위한 소송은 국가를 상대로 제기할 수 있다.
[2] 미등기 토지의 토지대장에 소유명의자가 '두야리 이주진'이라고만 등재되어 있고 국가가 위 '두야리 이주진'과 원고들의 피상속인 '이주진'이 동일인임을 부인하면서 원고들의 소유를 다투고 있는 경우, 국가를 상대로 한 소유권확인청구가 확인의 이익이 있다고 본 사례.

【참조조문】
[1] 부동산등기법 제130조, 민사소송법 제228조[2] 민사소송법 제228조

【참조판례】
[1] 대법원 1993. 4. 27. 선고 93다5727, 5734 판결(공1993하, 1569)
　　대법원 1994. 3. 11. 선고 93다57704 판결(공1994상, 1187)
　　대법원 1994. 12. 2. 선고 93다58738 판결(공1995상, 424)
　　대법원 1995. 7. 25. 선고 95다14817 판결(공1995하, 2952)

【전 문】
【원고,상고인】 김경애 외 3인 (소송대리인 변호사 박용근)
【피고,피상고인】 대한민국
【원심판결】 서울지법 1999. 5. 27. 선고 98나72967 판결

【주문】
원심판결을 파기하고, 사건을 서울지방법원 본원 합의부에 환송한다.

【이유】
상고이유를 판단한다.
1. 원심의 판단
   원심판결 이유에 의하면 원심은, 충남 태안군 근흥면 용신리 841의 4 대 486㎡(이하 '이 사건 토지'라고 한다)는 원고들의 피상속인인 소외 망 이주진의 소유였는데 토지등기부가 멸실된 후 현재 미등기 상태로 있고, 토지대장상으로는 소유자가 '두야리 이주진'으로만 등재되어 있어 토지대장상의 소유명의자가 원고들의 피상속인 이주진임을 알 수 없게 되어 있다는 이유로 원고들 명의의 소유권보존등기를 경료하기 위하여 이 사건 토지가 원고들의 소유임의 확인을 구하는 원고들의 청구에 대하여 이 사건 토지에 대하여는 토지대장상 원고들이 그 피상속인이라고 주장하는 '이주진'이 소유명의자로 등록되어 있으므로 원고들은 위 이주진이 토지대장에 소유자로 등록된 사실 및 원고들의 상속사실을 증명함으로써 그들 명의로 소유권보존등기를 경료할 수 있고, 또한 토지대장상 소유자의 성명, 주소 등의 일부 누락 또는 착오가 있어 소유자를 특정할 수 없는 경우 소유자는 대장상의 소유자 표시를 경정등록한 후 그 등본을 첨부하여 소유권보존등기를 신청할 수 있으므로 피고가 이 사건 토지에 대한 소유권을 주장하지 아니하는 이 사건에 있어서 특별한 사정이 없는 한 피고에 대하여 이 사건 토지가 원고들 소유임의 확인을 구할 이익이 없다는 이유로 제1심판결을 취소하고, 이 사건 소를 각하하였다.
2. 대법원의 판단
   부동산등기법 제130조에 비추어 볼 때 원고들이 이 사건 부동산에 관한 소유권보존등기를 함에 있어 토지대장등본 또는 임야대장등본에 의하여 소유자임을 증명할 수 없다면, 판결에 의하여 그 소유권을 증명하여 소유권보존등기를 할 수밖에 없는 것이고, 더욱이나 그 대장소관청인 국가기관이 원고들의 소유를 다투고 있다면, 이와 같은 판결을 얻기 위한 소송은 국가를 상대로 제기할 수 있다(대법원 1993. 4. 27. 선고 93다5727, 5734 판결 참조).
   기록에 의하면, 이 사건 토지는 미등기이고, 토지대장에 소유명의자로 '두야리 이주진'이라고만 등재되어 있어 이 사건 토지가 원고들의 피상속인 이주진의 소유임을 증명할 수 없고, 피고가 위 토지대장상의 소유명의자로 등록된 '두야리 이주진'과 원고들의 피상속인 이주진이 동일인임을 부인하면서 원고들의 소유를 다투고 있으므로 이 사건 소유권확인청구는 확인의 이익이 있다고 보아야 할 것이다.
   원심이 확인의 이익이 없다며 내세우는 사정은 피고가 원고들의 피상속인 이주진과 토지대장상의 소유명의자 '두야리 이주진'이 동일인임을 다투지 아니하고 토지대장상의 소유명의자를 원고들의 피상속인 이주진으로 특정될 수 있도록 경정하여 주는 경우에 관한 것이므로, 피고가 위 사실을 다투는 이 사건에 있어서 원심이 확인의 이익이 없다는 이유로 이 사건 소를 각하한 조치는 소의 이익에 관한 법리를 오해함으로써 판결에 영향을 미친 위법을 저지른 것이라고 하지 않을 수 없다. 이 점을 지적하는 상고이유의 주장은 이유 있다.
3. 그러므로 원심판결을 파기하고, 사건을 다시 심리·판단하게 하기 위하여 원심법원에 환송하기로 하여 관여 대법관의 일치된 의견으로 주문과 같이 판결한다.

[판례 34] 소유권확인등 (대법원 1999. 5. 28. 선고 99다2188 판결)

【판시사항】
[1] 미등기 건물에 대하여 국가를 상대로 소유권확인을 구할 이익이 있는지 여부(소극)
[2] 국가를 상대로 한 미등기 건물의 소유권확인판결이 부동산등기법 제131조 제2호 소정의 판결에 해당하는지 여부(소극)

【판결요지】
[1] 확인의 소는 분쟁 당사자 사이에 현재의 권리 또는 법률관계에 관하여 즉시 확정할 이익이 있는 경우에 허용되는 것이므로, 소유권을 다투고 있지 않은 국가를 상대로 소유권확인을 구하기 위하여는 그 판결을 받음으로써 원고의 법률상 지위의 불안을 제거함에 실효성이 있다고 할 수 있는 특별한 사정이 있어야 할 것인바, 건물의 경우 가옥대장이나 건축물관리대장의 비치·관리업무는 당해 지방자치단체의 고유사무로서 국가사무라고 할 수도 없는 데다가 당해 건물의 소유권에 관하여 국가가 이를 특별히 다투고 있지도 아니하다면, 국가는 그 소유권 귀속에 관한 직접 분쟁의 당사자가 아니어서 이를 확인해 주어야 할 지위에 있지 않으므로, 국가를 상대로 미등기 건물의 소유권 확인을 구하는 것은 그 확인의 이익이 없어 부적법하다.
[2] 미등기 건물에 관하여 국가를 상대로 한 소유권확인판결을 받는다고 하더라도 그 판결은 부동산등기법 제131조 제2호에 해당하는 판결이라고 볼 수 없어 이를 근거로 소유권보존등기를 신청할 수 없다.

【참조조문】
[1] 민사소송법 제228조 [2] 부동산등기법 제131조 제2호

【참조판례】

[1][2] 대법원 1995. 5. 12. 선고 94다20464 판결(공1995상, 2100)

【전 문】
【원고,피상고인】 김태진
【피고,상고인】 대한민국
【원심판결】 부산지법 1998. 11. 27. 선고 98나10936 판결

【주문】
원심판결을 파기하고, 제1심판결 중 피고 대한민국에 관한 부분을 취소한다. 이 사건 소를 각하한다. 소송총비용은 원고의 부담으로 한다.

【이유】
상고이유를 판단한다.

원심판결 이유에 의하면 원심은 피고가 이 사건 아파트의 소유권에 대하여 다투고 있지 않다 하더라도 이 사건 아파트는 건축물관리대장상의 공유자 중 130명을 특정할 수 없어 소유권보존등기를 경료할 수 없으므로, 이를 위하여 위 130명 대신 피고를 상대로 이 사건 아파트가 제1심공동피고 조영수의 소유임을 확인을 구할 법률상의 이익이 있다고 판시하였다.

그러나 확인의 소는 분쟁 당사자 사이에 현재의 권리 또는 법률관계에 관하여 즉시 확정할 이익이 있는 경우에 허용되는 것이므로, 소유권을 다투고 있지 않은 국가를 상대로 소유권확인을 구하기 위하여는 그 판결을 받음으로써 원고의 법률상 지위의 불안을 제거함에 실효성이 있다고 할 수 있는 특별한 사정이 있어야 할 것인바, 건물의 경우 가옥대장이나 건축물관리대장의 비치·관리업무는 당해 지방자치단체의 고유사무로서 국가사무라고 할 수도 없는 데다가 이 사건 아파트의 소유권에 관하여 국가가 이를 특별히 다투고 있지도 아니한 이 사건에 있어서, 국가는 그 소유권 귀속에 관한 직접 분쟁의 당사자가 아니어서 이를 확인해 주어야 할 지위에 있지 않다 할 것이고, 또한 이 사건 아파트에 관하여 국가를 상대로 한 소유권확인판결을 받는다고 하더라도 그 판결은 부동산등기법 제131조 제2호에 해당하는 판결이라고 볼 수 없어 이를 근거로 소유권보존등기를 신청할 수도 없다고 할 것이다(대법원 1995. 5. 12. 선고 94다20464 판결 참조).

따라서 원고가 국가를 상대로 이 사건 아파트가 위 조영수의 소유임의 확인을 구하는 것은 원고의 법률상 지위의 불안 제거에 별다른 실효성이 없는 것으로서 그 확인의 이익이 없어 부적법하다 할 것임에도 불구하고, 원심이 이와 달리 판단하여 원고의 이 사건 확인청구를 인용한 제1심판결을 그대로 유지한 것은 확인의 이익에 관한 법리를 오해한 위법이 있다 할 것이고, 이 점을 지적하는 데서 상고는 이유 있다.

그러므로 원심판결을 파기하고, 민사소송법 제407조에 의하여 대법원이 자판하기로 하는 바, 원고의 피고에 대한 이 사건 확인청구를 인용한 제1심판결 또한 위에서 설시한 바와 같이 위법함이 명백하므로 제1심판결 중 피고에 관한 부분을 취소하고, 원고의 이 사건 소를 각하하며, 소송총비용은 패소자의 부담으로 하기로 관여 법관의 의견이 일치되어 주문과 같이 판결한다.

[판례 35] 건물명도등 (대법원 1999. 3. 23. 선고 98다59118 판결)

【판시사항】
[1] 미등기 무허가건물의 양수인에게 소유권 내지는 소유권에 준하는 관습상 물권이 있는지 여부(소극)
[2] 점유이전금지가처분결정 이후 가처분 채무자로부터 점유를 이전받은 제3자에 대하여 가처분채권자가 가처분 자체의 효력으로 직접 퇴거를 강제할 수 있는지 여부(소극)

【판결요지】
[1] 미등기 무허가건물의 양수인이라 할지라도 그 소유권이전등기를 경료받지 않는 한 건물에 대한 소유권을 취득할 수 없고, 그러한 건물의 취득자에게 소유권에 준하는 관습상의 물권이 있다고 볼 수 없다.
[2] 점유이전금지가처분은 그 목적물의 점유이전을 금지하는 것으로서, 그럼에도 불구하고 점유가 이전되었을 때에는 가처분채무자는 가처분채권자에 대한 관계에 있어서 여전히 그 점유자의 지위에 있다는 의미로서의 당사자항정의 효력이 인정될 뿐이므로, 가처분 이후에 매매나 임대차 등에 기하여 가처분채무자로부터 점유를 이전받은 제3자에 대하여 가처분채권자가 가처분 자체의 효력으로 직접 퇴거를 강제할 수는 없고, 가처분채권자로서는 본안판결의 집행단계에서 승계집행문을 부여받아서 그 제3자의 점유를 배제할 수 있을 뿐이다.

【참조조문】
[1] 민법 제185조, 제186조[2] 민사소송법 제719조

【참조판례】
[1] 대법원 1996. 6. 14. 선고 94다53006 판결(공1996하, 2144)

【전 문】

【원고,상고인】 최순자 외 1인 (원고들 소송대리인 변호사 권연상)
【피고,피상고인】 오영식 외 6인
【원심판결】 부산고법 1998. 10. 29. 선고 96나11358 판결

【주문】
상고를 모두 기각한다. 상고비용은 원고들의 부담으로 한다.

【이유】
상고이유를 본다.
1. 제1점에 대하여
　　원심은 그 판시와 같은 이유로 지하 1층, 지상 4층의 이 사건 공동주택 건물은 소외 남중건설 주식회사가 신축하여 그 소유권을 원시취득하였고, 원고들이 이를 점유하였다는 사실을 인정할 증거가 없다고 판단함으로써, 원고들이 위 건물을 소유하거나 점유하였음을 이유로 피고들에 대하여 각 해당 점유세대 부분의 명도를 구하는 주장 부분을 모두 배척한 다음, 당사자들 사이의 처분문서인 각 분양계약서 등 그 내세운 증거들에 의하여, 피고들이 소외 회사로부터 위 건물 중 103호, 201호, 202호, 301호, 302호 등 각 해당 부분을 분양받았거나 분양받은 자들로부터 임차 또는 사용대차하여 적법하게 점유하고 있는 사실을 인정함으로써 원고들이 위 건물의 소유인인 소외 회사를 대위하여 피고들에게 명도를 구하는 주장 부분도 배척하였는바, 관련 증거들을 기록과 대조하여 검토하여 보면 그와 같은 원심의 사실인정과 판단은 모두 정당하고 거기에 심리미진이나 채증법칙 위반으로 인한 사실오인, 건물명도청구권에 관한 법리오해 등의 위법이 있다고 할 수 없으므로 이 부분 논지는 이유가 없다.
2. 제2점에 대하여
　　미등기 무허가건물의 양수인이라 할지라도 그 소유권이전등기를 경료받지 않는 한 건물에 대한 소유권을 취득할 수 없고, 그러한 건물의 취득자에게 소유권에 준하는 관습상의 물권이 있다고 볼 수 없으므로(대법원 1996. 6. 14. 선고 94다53006 판결 참조), 원고들이 위 건물을 소외 회사로부터 양수함으로써 소유권에 준하는 물권에 유사한 권리를 취득하였다는 주장을 받아들이지 아니한 원심의 판단은 정당하고, 거기에 건물 양수인의 권리에 관한 법리를 오해한 위법이 있다고 할 수 없으므로, 이 부분 논지도 이유가 없다.
3. 제3점에 대하여
　　점유이전금지가처분은 그 목적물의 점유이전을 금지하는 것으로서 그럼에도 불구하고 점유가 이전되었을 때에는 가처분채무자는 가처분채권자에 대한 관계에 있어서 여전히 그 점유자의 지위에 있다는 의미로서의 당사자항정의 효력이 인정될 뿐,

가처분 이후에 매매나 임대차 등에 기하여 가처분채무자로부터 점유를 이전받은 제3자에 대하여 가처분채권자가 가처분 자체의 효력으로 직접 퇴거를 강제할 수는 없고, 가처분채권자로서는 본안판결의 집행단계에서 승계집행문을 부여받아서 그 제3자의 점유를 배제할 수 있다고 할 것이다.

이 사건에서 원고 최순자의 소외 회사에 대한 점유이전금지가처분결정의 목적물은 위 건물 중 지하층 및 1, 2층 뿐인데, 피고 오영식은 위 가처분 이전에 이미 위 건물의 103호를 점유하고 있었으며, 피고 박춘자, 이정근은 위 건물의 301호와 302호를 점유하고 있고, 피고 박용기와 피고 남후식, 박종명만이 위 원고의 위 가처분 이후에 비로소 위 건물의 201호와 202호를 점유한 사실이 원심이 채택한 증거들에 의하여 인정되므로, 원심이 설시한 것처럼 위 가처분의 효력이 피고 오영식이나 박춘자, 이정근에게는 미칠 수 없음이 분명하고, 한편 피고 박용기와 피고 남후식, 박종명에 관하여 위 원고로서는 위 가처분이 있음을 근거로 소외 회사를 피고로 하여 위 201호와 202호의 명도를 구하고, 그 승소판결을 받을 경우 그 판결의 승계집행문을 받아서 위 피고들에 대하여 집행을 하였어야 하며, 이 사건과 같이 곧바로 제3자인 위 피고들을 상대로 하여 위 201호와 202호의 명도를 구할 필요는 없었을 뿐만 아니라, 그럼에도 불구하고 위 원고가 위 피고들을 상대로 명도를 청구한 이 사건에서는 위 원고가 위 피고들에 대하여 어떠한 형태로든 명도를 구할 권원이 있는지 여부만을 판단하면 족할 뿐 소외 회사에 대한 위 가처분의 존재 자체는 그 결론에 아무런 영향을 미치지 않는다고 할 것이다.

위와 같은 취지에서 위 원고로서는 위 가처분의 효력을 피고들에 대하여 주장할 수 없다고 한 원심의 판단은 그 표현이 다소 미진한 면은 없지 않으나 결론에 있어서는 정당하고, 거기에 점유이전금지 및 처분금지가처분의 효력에 관한 법리를 오해한 위법이 있다고 할 수 없으므로 이 부분 논지 역시 이유가 없다.

4. 그러므로 상고를 기각하고 상고비용은 패소자의 부담으로 하기로 하여 관여 법관의 일치된 의견으로 주문과 같이 판결한다.

[판례 36] 토지소유권이전등기 (대법원 1998. 4. 14. 선고 97다44089 판결)

【판시사항】
[1] 취득시효에 있어서 점유 기간의 기산일을 임의 선택할 수 있는 경우
[2] 미등기 토지에 대한 취득시효 완성 후 완성 당시 소유자 명의로의 소유권보존등기 및 그에 기한 상속등기가 경료된 경우, 새로운 이해관계인에 해당하는지 여부 (소극)
[3] 미등기 토지에 대하여 소유자의 상속인 명의로 구 부동산소유권이전등기등에관한

특별조치법에 의한 소유권보존등기가 경료된 경우, 시효취득에 영향을 미치는 소유자 변경에 해당하는지 여부(소극)

【판결요지】
[1] 취득시효 기간의 계산에 있어 그 점유 개시의 기산일은 임의로 선택할 수 없으나, 소유자에 변경이 없는 경우에는 취득시효 완성을 주장할 수 있는 시점에서 보아 그 기간이 경과된 사실만 확정되면 된다.
[2] 토지에 대한 점유로 인한 취득시효 완성 당시 미등기로 남아 있던 토지에 관하여 소유권을 가지고 있던 자가 취득시효 완성 후에 그 명의로 소유권보존등기를 마쳤다 하더라도 소유자에 변경이 있다고 볼 수 없으며, 그러한 등기 명의자로부터 상속을 원인으로 소유권이전등기를 마친 자가 있다 하여도 취득시효 완성을 주장할 수 있는 시점에서 역산하여 취득시효 기간이 경과되면 그에게 취득시효 완성을 주장할 수 있다.
[3] 점유시효취득 대상인 미등기 토지에 대하여 소유자의 상속인 명의로 구 소유권이전등기등에관한특별조치법(1977. 12. 31. 법률 제3094호로 제정되어 1978. 12. 6. 법률 제3159호로 개정된 것)에 따른 소유권보존등기가 마쳐졌다 하여도 이는 시효취득에 영향을 미치는 소유자 변경에 해당하지 아니한다.

【참조조문】
[1] 민법 제245조 제1항[2] 민법 제245조 제1항[3] 민법 제245조 제1항, 구 부동산소유권이전등기등에관한특별조치법(법률 제3094호, 1984. 12. 31. 실효) 제6조

【참조판례】
[1] 대법원 1991. 7. 26. 선고 91다8104 판결(공1991, 2245)
  대법원 1993. 11. 26. 선고 93다30013 판결(공1994상, 196)
  대법원 1994. 2. 8. 선고 93다41303 판결(공1994상, 1005)
[2] 대법원 1995. 2. 10. 선고 94다28468 판결(공1995상, 1298)
  대법원 1995. 3. 28. 선고 94다59905 판결(공1995상, 1749)
[3] 대법원 1995. 9. 26. 선고 95다9624, 9631 판결(공1995하, 3523)
  대법원 1997. 12. 26. 선고 97다42663 판결(공1998상, 503)

【전 문】
【원고,피상고인】 김복택 외 3인 (원고들 소송대리인 변호사 윤재창)
【피고,상고인】 김광석 외 1인 (피고들 소송대리인 변호사 이민수)
【원심판결】 창원지법 1997. 8. 22. 선고 96나6213 판결

【주문】
상고를 모두 기각한다. 상고비용은 피고들의 부담으로 한다.

【이유】
1. 원심판결 이유를 기록에 비추어 살펴보면, 원심이, 이종창이 1944. 11. 8. 김용대로부터 이 사건 임야 중 19,834㎡를 매수하면서 그 경계를 아래로는 김선택의 묘지 아래 부분으로, 위로는 이형식의 묘지 바깥 동쪽 부분으로 정하였고, 김우종은 1945. 11. 23. 이종창으로부터 이를 다시 매수하였는데, 김우종은 그가 매수한 부분이 오솔길을 경계로 하여 그 아래 부분인 이 사건 임야로 알고 그 때부터 이를 점유한 사실을 인정하였음은 옳고, 거기에 상고이유의 주장과 같이 채증법칙을 위배하여 사실을 오인한 위법이 없다. 따라서 이 점 상고이유는 받아들이지 아니한다.
2. 취득시효기간의 계산에 있어 그 점유 개시의 기산일은 임의로 선택할 수 없으나 소유자에 변경이 없는 경우에는 취득시효 완성을 주장할 수 있는 시점에서 보아 그 기간이 경과된 사실만 확정되면 되는 것이고(대법원 1991. 7. 26. 선고 91다8104 판결, 1994. 2. 8. 선고 93다41303 판결 등 참조), 토지에 대한 점유로 인한 취득시효 완성 당시 미등기로 남아 있던 토지에 관하여 소유권을 가지고 있던 자가 취득시효 완성 후에 그 명의로 소유권보존등기를 마쳤다 하더라도 소유자에 변경이 있다고 볼 수 없으며(대법원 1995. 2. 10. 선고 94다28468 판결, 1995. 3. 28. 선고 94다59905 판결 등 참조), 그러한 등기명의자로부터 상속을 원인으로 소유권이전등기를 마친 자가 있다 하여도 취득시효 완성을 주장할 수 있는 시점에서 역산하여 취득시효 기간이 경과되면 그에게 취득시효 완성을 주장할 수 있는 것이다.
원심판결 이유에 의하면, 원심은, 김성지가 1917. 12. 10. 이 사건 임야를 사정받았고, 김성지가 1943. 4. 21. 사망하여 그의 장남으로 호주상속인인 김용대가 이를 상속받았으며, 김용대가 1960. 2. 27. 사망하여 그의 장남으로 호주상속인인 김영철이 다른 상속인과의 묵시적 협의에 따라 이를 단독으로 상속받았는데, 김영철은 1981. 4. 13. 구 부동산소유권이전등기등에관한특별조치법(1977. 12. 31. 법률 제3094호로 제정되어 1978. 12. 6. 법률 제3159호로 개정된 것)에 따라 미등기 부동산을 상속받은 자로서 소유권보존등기를 마친 사실, 김영철이 1992. 9. 7. 사망하여 1993. 10. 21. 피고들 앞으로 협의분할에 의한 재산상속을 원인으로 소유권이전등기가 마쳐진 사실을 인정하였는바, 기록에 비추어 살펴보면, 이러한 원심의 조치는 옳고, 거기에 상고이유에서 주장하는 바와 같이 심리를 다하지 아니하여 사실을 오인한 위법 등이 없으며, 사정이 이러하다면, 김영철 앞으로 이 사건 임야에 대한 소유권보존등기가 마쳐졌다 하여 취득시효 기간 중 소유자가 변동된 경우라고 볼 수 없고, 김영철이 사망하여 피고들 앞으로 상속을 원인으로 한 소유권이전등기가 마쳐졌다 하여도 취득시효 완성을 주장할 수 있는 시점에서 역산하여 취득시효 기간이 경과되면 피고들에게 취득시효 완성을 주장할 수 있는 것이므로, 원고들이 1996. 11. 1.부터 역산하여 20년 이상 이 사건 임야를 점유하여 1996. 11. 1. 취득시효가 완성되었다는 원심판결에 취득시효의 기산점에 관한 법리오해 등의 위법이 없다. 따라서 이 점 상고이유도 받아들이지 아니한다.
3. 원고들이 피고 김광석으로부터 이 사건 임야 내에 입목을 벌채할 수 있는 권한을 위임받은 일이 있다고 하여 이 사건 임야를 피고들의 소유로 승인하였다고 볼 수 없으므로, 이로써 시효진행이 중단되었거나 원고들이 시효이익을 포기하였다고 볼 수 없다고 판단한 원심의 조치는 옳고, 거기에 상고이유의 주장과 같이 취득시효의 중단 또는 포기에 관한 법리오해 등의 위법이 없다. 따라서 이 점 상고이유도 받아들이지 아니한다.
4. 그러므로 상고를 모두 기각하고 상고비용은 패소자의 부담으로 하기로 하여 주문과 같이 판결한다.

[판례 37] 가건물철거등 (대법원 1996. 6. 14. 선고 94다53006 판결)

【판시사항】
[1] 등기부표시와 실제 건물의 동일 여부에 대한 결정 기준
[2] 증축 부분이 기존 건물에 부합되는지 여부에 대한 판단 기준
[3] 독립된 부동산으로서의 '건물'의 요건
[4] 미등기 무허가건물의 양수인에게 소유권 내지는 소유권에 준하는 관습상 물권이 존재하는지 여부(소극)
[5] 소유권에 기한 미등기 무허가건물 반환청구에 점유권에 기한 반환청구의 취지도 포함되는지 여부(소극)
[6] 토지임대차계약상의 시설물 명도약정의 효력을 임대인의 지위 승계가 다투어지고 있는 승계참가인이 주장할 수 있는지 여부(소극)

【판결요지】
[1] 건물에 관한 소유권보존등기가 당해 건물의 객관적, 물리적 현황을 공시하는 등기로서 효력이 있는지의 여부는, 등기부에 표시된 소재, 지번, 종류, 구조와 면적 등이 실제 건물과 간에 사회통념상 동일성이 인정될 정도로 합치되는지의 여부에 따라 결정된다.
[2] 건물이 증축된 경우에 증축 부분의 기존 건물에 부합 여부는 증축 부분이 기존 건물에 부착된 물리적 구조뿐만 아니라, 그 용도와 기능면에서 기존 건물과 독립한 경제적 효용을 가지고 거래상 별개의 소유권의 객체가 될 수 있는지의 여부

및 증축하여 이를 소유하는 자의 의사 등을 종합하여 판단하여야 한다.
[3] 독립된 부동산으로서의 건물이라고 함은 최소한의 기둥과 지붕 그리고 주벽이 이루어지면 법률상 건물이라고 할 수 있다.
[4] 미등기 무허가건물의 양수인이라 할지라도 그 소유권이전등기를 경료받지 않는 한 건물에 대한 소유권을 취득할 수 없고, 그러한 건물의 취득자에게 소유권에 준하는 관습상의 물권이 있다고 볼 수 없다.
[5] 소유권에 기하여 미등기 무허가건물의 반환을 구하는 청구취지 속에는 점유권에 기한 반환청구권을 행사한다는 취지가 당연히 포함되어 있다고 볼 수는 없고, 소유권에 기한 반환청구만을 하고 있음이 명백한 이상 법원에 점유권에 기한 반환청구도 구하는지의 여부를 석명할 의무가 있는 것은 아니다.
[6] 임대인과 임차인 사이에 체결된 토지임대차계약상의 시설물 명도약정은, 임차인이 임대인의 소송탈퇴에 부동의하면서 그 임대차계약상 임대인의 지위 승계를 다투고 있다면, 특단의 사정이 없는 한 승계참가인은 임차인에 대하여 그 임대차계약상의 명도약정의 효력을 주장할 수 없고, 이는 전차인에 대한 관계에 있어서도 마찬가지이다.

【참조조문】
[1] 부동산등기법 제15조, 제131조, 민법 제186조[2] 민법 제256조[3] 민법 제99조 제1항[4] 민법 제185조, 제186조[5] 민법 제203조, 제213조, 민사소송법 제126조[6] 민사소송법 제74조, 민법 제618조

【참조판례】
[1] 대법원 1987. 6. 9. 선고 86다카977 판결(공1987, 1130)
    대법원 1989. 2. 28. 선고 88다카4116 판결(공1989, 528)
    대법원 1990. 3. 9. 선고 89다카3288 판결(공1990, 865)
[2] 대법원 1992. 10. 27. 선고 92다33541 판결(공1992, 3294)
    대법원 1992. 12. 8. 선고 92다26772, 26789 판결(공1993상, 428)
    대법원 1994. 6. 10. 선고 94다11606 판결(공1994하, 1935)
[3] 대법원 1977. 4. 26. 선고 76다1677 판결
    대법원 1986. 11. 11. 선고 86누173 판결(공1987, 35)
[5] 대법원 1996. 5. 10. 선고 96다5001 판결(공1996하, 1819)

【전 문】
【원고】 김연준
【승계참가인,상고인】 학교법원 한양학원 (원고 및 승계참가인의 소송대리인 변호사

박영호 외 1인)
【피고,피상고인】 김기도 외 12인 (피고 1, 2, 4, 7, 8, 13의 소송대리인 변호사 공아도)
【원심판결】 서울고법 1994. 9. 15. 선고 93나20957 판결

【주문】
원심판결 중 피고 이덕상에 대한 승계참가인 패소 부분을 파기하여, 이 부분 사건을 서울고등법원에 환송한다. 나머지 상고를 모두 기각한다.

【이유】
상고이유를 판단한다.
1. 원심판결 이유에 의하면 원심의 사실인정과 판단은 아래와 같다.
    (가) 원심은 먼저 원고 및 승계참가인의 대지인도 청구에 관하여, 그 판결에서 채용하고 있는 증거들을 종합하여 다음과 같은 사실을 인정하고 있다.
    서울 성동구 행당동 295 대 3,369㎡ 등 합계 8필지(이 사건 대지라 한다)는 당초 원고 명의로 소유권이전등기가 경료되어 있다가 원심에 이르러 1993. 6. 1. 증여를 원인으로 승계참가인 앞으로 소유권이전등기가 경료되었다. 피고 김기도, 양육용, 이재진, 소금영, 이덕상, 김동철(이하 임차인인 피고들이라 한다)은 이 사건 대지 중 그 판시 각 대지 부분을 원고로부터 직접 임차하여 점유하고 있고, 피고 전종분, 최성용, 송순섭, 안영준은 피고 소금영으로부터 원심판결 첨부도면 58부분 대지를 임의로 전대받아 판시 각 점유 부분을 점유하고 있다. 원고와 임차인인 피고들 사이의 임대차계약은 매년 갱신되어 오다가 원고가 1991. 5.경 임대차계약의 해지통고를 하고, 임차인인 피고들이 2기분 이상의 임료를 연체하자 이를 이유로 원고가 다시 이 사건 소장부본의 송달로써 위 임대차계약을 해지한다는 취지의 의사표시를 하였다.
    위와 같은 사실관계를 바탕으로 하여 원심은 원고가 1993. 6. 1. 이 사건 대지에 관한 소유권을 승계참가인에게 양도하였으므로 그 소유권에 기하여 구하는 원고의 위 피고들에 대한 이 사건 대지인도 청구는 이유 없다고 하여 이를 배척하고, 다만 특별한 사정이 없는 한 승계참가인의 대지인도 청구는 이유 있다고 하여 이를 전부 인용하는 한편 원고의 피고 김동철에 대한 임료 및 부당이득반환 청구에 대하여는 원고가 그 소유권을 보유하고 있었던 1993. 5. 31.까지의 월임료 상당금에 한하여 이를 인용하였다.
    (나) 다시 원심은 원고 및 승계참가인의 건물명도 청구에 관하여, 이 사건 대지 위에 청구취지 기재와 같은 각 건물이 건립되어 있고 이를 피고들이 청구취지와 같이 각 점유하고 있으나, 원고는 원심에 이르러 이 사건 건물들의 소유권을 승계참가인에게 양도하였다고 스스로 자인하고 있으므로 원고의 이 사건 건물

들에 대한 소유권에 기한 건물명도 청구는 이유 없다고 판시하고 있다.
나아가서 승계참가인의 주장, 즉 임차인인 피고들 중 피고 김동철을 제외한 나머지 피고들 및 그들로부터 전차한 피고 이유호, 조병후, 김중근, 안영준, 송순섭, 최성용, 전종분(이하 전차인인 피고들이라 한다)이 점유하고 있는 이 사건 가건물 부분은 각 위 임차인인 피고들보다 앞서 이 사건 대지를 임차한 소외인들이 건축하여 원고에게 증여한 것이고, 그것을 승계참가인이 다시 증여받았으므로 소유권에 기하여 각 그 점유 부분의 명도를 구하고, 피고 김동철이 점유하고 있는 부분은 그가 직접 건축하여 보존등기를 한 후 일부(원심판결 첨부 도면 60, 64번 가건물)는 원고에게 소유권이전등기를 해주고 나머지 부분은 원고의 요구에 따라 이를 명도하기로 약정하였으므로 그 점유 부분의 명도를 구한다는 주장에 대하여 다음과 같이 판단하고 있다.
피고 이덕상, 김동철에 관하여는 먼저 그 판결에서 채용하고 있는 증거들에 의하여 다음과 같은 사실을 인정하고 있다.
피고 이덕상이 점유하고 있는 같은 도면 42, 43, 44, 45, 53, 54, 55, 56, 57번 가건물은 원심 공동피고 주식회사 종합우레탄이 점유·사용하고 있던 46, 47, 48, 49, 50, 51번 가건물과 함께 소외 김순채가 1966년경 건축한 것으로 퇴거시 이를 원고에게 증여하였는데, 원고는 1968. 10. 5. 그 중 건실한 부분인 43, 45, 46, 49, 50번 가건물만을 창고로 건축물관리대장에 등재하였다가 1993. 6. 1. 원고 앞으로 소유권보존등기를 하였다. 피고 김동철이 1966년경부터 점유하고 있는 59, 60, 61, 62, 63, 64번 가건물은 동인이 임의로 건축하여 그 중 59, 60번 가건물만을 1984. 2. 15. 그 앞으로 소유권보존등기를 하여 같은 날 이를 원고에게 양도하고 원고 앞으로 소유권이전등기를 경료하였다. 승계참가인은 1993. 6. 1. 원고로부터 그 앞으로 소유권이전등기된 위 부동산에 관한 소유권이전등기를 넘겨받았다.
위와 같은 사실관계를 바탕으로 하여 42, 43, 44, 45, 46, 47, 48, 49, 50, 51, 59, 60번 가건물은 승계참가인의 소유이므로 피고 이덕상, 김동철은 승계참가인에게 각 그 점유 부분 가건물을 명도할 의무가 있다고 할 것이지만, 피고 김동철이 점유하는 61, 62, 63, 64번 가건물 및 피고 이덕상이 점유하고 있는 41번 가건물은 그 위치, 구조, 용도, 평수 등의 현황이 등기부상의 기재와 판이하게 달라 그 동일성이나 부합되었음을 인정할 수 없고, 원고와 피고 김동철 사이에 승계참가인의 주장과 같은 명도약정이 있다고 볼 증거도 없어 이 부분에 대한 승계참가인의 명도청구는 받아들이지 아니한다고 판단하고 있다.
그리고 한편 피고 이덕상, 김동철을 제외한 나머지 피고들에 관하여는, 그들이 점유하고 있는 가건물이 원고의 소유였다는 점에 부합하는 증거는 믿을 수 없고, 달리 이 점을 인정할 증거가 없으므로 위 피고들에 대한 승계참가인의 명도청구는 모두 이유 없다고 판단하고 있다.
2. 건물에 관한 소유권보존등기가 당해 건물의 객관적, 물리적 현황을 공시하는 등기로서 효력이 있는지의 여부는, 등기부에 표시된 소재, 지번, 종류, 구조와 면적 등이 실제 건물과 간에 사회통념상 동일성이 인정될 정도로 합치되는지의 여부에 따라 결정되는 것이고(대법원 1981. 12. 8. 선고 80다163 판결, 1990. 3. 9. 선고 89다카3288 판결 참조), 건물이 증축된 경우에 증축 부분의 기존 건물에 부합 여부는 증축 부분이 기존 건물에 부착된 물리적 구조뿐만 아니라, 그 용도와 기능면에서 기존 건물과 독립한 경제적 효용을 가지고 거래상 별개의 소유권의 객체가 될 수 있는지의 여부 및 증축하여 이를 소유하는 자의 의사 등을 종합하여 판단하여야 할 것이다(대법원 1994. 6. 10. 선고 94다11606 판결 참조).

그런데 원심이 인정한 사실에 의하면, 피고 김동철은 59, 60, 61, 62, 63, 64번 가건물을 건축하여 그 중 59, 60번 가건물만 1984. 2. 15. 그 앞으로 소유권보존등기를 하고, 그 소유권보존등기에 기하여 원고 앞으로 소유권이전등기가 경료되었다가 다시 승계참가인 앞으로 소유권이전등기가 경료되었다는 것인데, 기록에 의하면 59, 60번 가건물과 나머지 61, 62, 63, 64번 가건물은 상당한 거리를 두고 떨어져 있고 소재 지번도 서로 다른 독립된 건물인 점이 분명하므로, 그 소유권보존등기의 효력이 61, 62, 63, 64번 가건물에도 미친다고 볼 수 없고, 같은 취지의 원심판결에 보존등기의 효력이나 부합에 관한 법리를 오해한 위법이 있다고 볼 수 없다. 이 점을 지적하는 상고이유는 받아들일 수 없다.

다만 원심은 피고 이덕상이 점유하고 있는 41번 가건물은 건축물관리대장에 등재되지 않아 등기되지 않은 것으로, 그 위치, 구조, 용도, 평수 등의 현황이 등기부상의 기재와 판이하게 달라 소외 김순채가 건축한 건물에 대한 등기의 효력이 미치지 않는다고 판시하였으나, 원심이 채택한 감정인 김충일의 감정서의 기재에 의하면, 위 가건물은 현재의 용도가 사무실이기는 하지만 시멘트블록조 슬레이트즙의 건물로서 창고로 등기된 김순채 건축의 위 건물과 같은 구조와 지붕으로 되어 있으면서 그에 연접하여 건축되어 있음을 알 수 있어, 특별한 사정이 없는 한 41번 가건물은 김순채가 건축한 기존건물에 부합된 것으로서 그에 대한 소유권보존등기가 41번 가건물을 포함한 전체 건물을 공시하는 것으로서 효력이 있다고 보아야 할 것이다.

따라서 원심이 41번 가건물이 등기부상 기재와 동일성이 인정되지 않고 기존건물에 부합되었다고 볼 수 없다고 하여 승계참가인의 그에 대한 명도청구를 배척한 것은 보존등기의 효력 및 부합에 관한 법리를 오해하여 판결에 영향을 미친 위법이 있는 것이다. 상고이유 중 이 점을 지적하는 부분은 이유 있다.

그 밖에 원심은 피고 이덕상이 점유하고 있는 53, 54, 55, 56, 57번 가건물에 대한 승계참가인의 명도청구를 배척하면서 그 이유를 기재하지 않고 있으나, 원심판결

이유와 기록에 의하면 위 가건물들은 소외 김순채가 일괄 건축하여 원고에게 증여한 것으로서, 등기부상 1동 건물의 일부분이라고 짐작되므로, 달리 특별한 사정이 없는 한 그 건물에 대한 기존 등기가 위 가건물들을 포함한 전체 건물을 공시하는 것으로서 효력이 있다고 보아야 할 것이므로 그 점에 관하여 심리하여 사실을 확정한 연후에 그 명도청구에 관하여 판단하였어야 함에도 불구하고 아무런 이유설시도 없이 이를 배척한 원심판결에는 이유불비의 위법이 있다고 하겠다. 상고이유 중 이 점을 지적하는 부분도 이유 있다.

3. 독립된 부동산으로서의 건물이라고 함은 최소한의 기둥과 지붕 그리고 주벽이 이루어지면 법률상 건물이라고 할 것인바(대법원 1986. 11. 11. 선고 86누173 판결 참조), 기록에 의하면 이 사건 가건물들은 시멘트블록조, 철골조 혹은 목조이고, 지붕은 슬레이트, 함석, 천막 등으로 되어 있으며, 주벽이 이루어진 상태로 사무실, 점포, 공장, 창고, 물치장, 주거용 방 등의 용도로 사용되고 있는 사실이 인정되므로, 이 사건 가건물들은 부동산으로서의 건물에 해당된다고 할 것이다. 같은 취지의 원심의 판단은 정당하고, 거기에 채증법칙을 위배하였거나 심리를 다하지 못한 잘못이 없고, 상고이유 중 이 사건 가건물들은 건물이 아니고 따라서 그 소유권을 취득함에 있어서는 등기를 요하지 아니한다고 함을 전제로 원심을 탓하는 부분도 이유 없다. 이 점에 관한 상고이유는 모두 받아들일 수 없다.

4. 미등기 무허가건물의 양수인이라 할지라도 그 소유권이전등기를 경료받지 않는 한 건물에 대한 소유권을 취득할 수 없고, 그러한 건물의 취득자에게 소유권에 준하는 관습상의 물권이 있다고 볼 수 없다. 이 점에 관한 상고이유도 받아들일 수 없다.

5. 소유권에 기하여 미등기 무허가건물의 반환을 구하는 청구취지 속에는 점유권에 기한 반환청구권을 행사한다는 취지가 당연히 포함되어 있다고 볼 수는 없고, 소유권에 기한 반환청구만을 하고 있음이 명백한 이상 법원에 점유권에 기한 반환청구도 구하는지의 여부를 석명할 의무가 있는 것은 아니다.

기록에 의하면, 원고나 승계참가인이 이 사건 가건물들의 점유권에 기하여 명도청구를 한다는 주장을 찾아 볼 수 없으므로, 원심이 이 점에 대한 판단을 하지 아니하였다 하여 점유권에 관한 법리오해나 석명권 불행사로 인한 심리미진의 위법이 있다고 할 수 없다. 이 점을 지적하는 상고이유도 받아들일 수 없다.

6. 원심은, 원고가 임대차계약서(갑 제3호증의 1 내지 3, 5 내지 7) 상의 명도약정에 기하여도 명도청구를 한 상태에서(1993. 10. 6.자 항소이유서 참조), 승계참가인이 원고의 권리를 승계하였음을 들어 소송에 참가하였고, 그 후 승계참가인이 이 사건 청구는 위 임대차 종료를 원인으로 구한다는 취지의 진술을 하였음이 명백한데도(원심 제4차 변론기일에서의 진술, 기록 929면 참조), 승계참가인의 소유권에 기한 명도청구와 피고 김동철에 대한 위 약정에 기한 명도청구에 대하여서만 판단하였을 뿐 피고 김동철을 제외한 나머지 피고들에 대한 위 약정에 기한 명도청구에

대하여는 판단을 하지 아니하였다.

그런데 위 각 임대차계약서의 기재에 의하면, "임차인은 임대된 토지 상에 수용시설을 필요로 할 시는 반드시 임대인의 승인을 얻어야 한다. 단 임대인의 승인 없이 시설물(가건물 혹은 가옥 등)을 건립조성하였을 시는 임대인은 일체 이를 인정치 않으며 지체 없이 철거한다."하고 규정하고, 다시 항을 바꾸어 "모든 시설은 가시설이어야 하며 계약기간 만료 후 임대인으로부터 명도요청이 유할 시는 임차인은 즉시 이에 응하여야 한다."라고 되어 있는바, 임대차계약서상의 문언에 의하더라도 '명도요청'의 목적물은 '가시설'이라고 표기되어 있고, 임대인의 승인 없이 시설물을 건립하였을 경우의 철거의무에 관한 조항 바로 뒤에 이러한 명도조항을 따로 두고 있는 점에 비추어 볼 때 이는 철거대상인 시설물뿐만 아니라 임대인의 승인을 얻은 시설물에 대하여서도 임대인의 명도요청에 응하기로 하는 취지로 보는 것이 당사자의 의사에도 부합된다고 할 것이다. 따라서 피고들이 모두 진정성립을 인정한 각 임대차계약서(갑 제3호증의 1 내지 3, 5 내지 7) 상의 위 조항은 특별한 사정이 없는 한 임대차 종료 후 임차지 상의 가시설에 대한 명도약정을 규정한 것이라고 보아야 할 것이다. 원심이 피고 김동철에 대한 위 약정에 기한 명도청구를 판단함에 있어서 위 명도약정을 배척한 것은 채증법칙에 위배하여 사실을 오인한 잘못이 있다 할 것이다.

그러나 이 사건에서 임대차계약상의 명도약정은 임대인인 원고와 임차인인 피고들 사이에 체결된 것으로, 기록에 의하면 임차인인 피고들은 원고의 소송탈퇴에 부동의하면서 이 사건 임대차계약상의 지위 승계를 다투고 있는 사실이 인정되므로, 특단의 사정이 없는 한 승계참가인은 피고들에 대하여 이 사건 임대차계약상의 명도약정의 효력을 주장할 수 없는 것이고, 이는 전차인인 피고들에 대한 관계에 있어서도 마찬가지라고 할 것이다. 그러므로 승계참가인의 피고들에 대한 위 약정에 기한 명도청구를 배척함에 있어서 원심이 저지른 판단유탈과 채증법칙 위배의 점은 판결 결과에 영향을 미치지 아니한다 할 것이다. 이 점을 지적하는 상고이유도 받아들일 수 없다.

7. 그러므로 원심판결 중 피고 이덕상에 대한 승계참가인 패소 부분을 파기하여, 이 부분 사건을 다시 심리·판단하도록 하기 위하여 원심법원에 환송하기로 하고, 나머지 피고들에 대한 상고는 이를 모두 기각하기로 관여 법관의 의견이 일치되어 주문과 같이 판결한다.

[판례 38] 소유권확인등 (대법원 1995. 12. 26. 선고 94다44675 판결)

【판시사항】

[1] 집합건물인 상가건물의 지하주차장이 독립된 구분소유의 대상이 될 수 있다고 한 사례
[2] 미등기건물의 원시취득자와 그 승계취득자 사이의 합의에 의하여 직접 승계취득자 명의로 한 소유권보존등기의 효력

【판결요지】

[1] 집합건물인 상가건물의 지하주차장이 그 건물을 신축함에 있어서 건축법규에 따른 부속주차장으로 설치되기는 하였으나, 분양계약상의 특약에 의하여 그 건물을 분양받은 구분소유자들의 동의 아래 공용부분에서 제외되어 따로 분양되었고, 그 구조상으로나 이용상으로도 상가건물의 지상 및 지하실의 점포, 기관실 등과는 독립된 것으로서, 이와 분리하여 구분소유의 대상이 될 수 있다고 한 사례.
[2] 미등기건물을 등기할 때에는 소유권을 원시취득한 자 앞으로 소유권보존등기를 한 다음 이를 양수한 자 앞으로 이전등기를 함이 원칙이라 할 것이나, 원시취득자와 승계취득자 사이의 합치된 의사에 따라 그 주차장에 관하여 승계취득자 앞으로 직접 소유권보존등기를 경료하게 되었다면, 그 소유권보존등기는 실체적 권리관계에 부합되어 적법한 등기로서의 효력을 가진다.

【참조조문】

[1] 민법 제215조, 집합건물의소유및관리에관한법률 제1조, 제2조 제3호[2] 민법 제186조

【참조판례】

[1] 대법원 1992. 4. 10. 선고 91다46151 판결(공1992, 1549)
　대법원 1993. 3. 9. 선고 92다41214 판결(공1993상, 1151)
　대법원 1995. 3. 3. 선고 94다4691 판결(공1995상, 1558)
[2] 대법원 1981. 1. 13. 선고 80다1959, 1960 판결(공1981, 13533)

【전 문】

【원고,피상고인】 김완용 (소송대리인 변호사 홍석제 외 1인)
【피고,상고인】 방산상가 주식회사 외 1인 (피고들 소송대리인 변호사 이유주 외 1인)
【원심판결】 서울고법 1994. 8. 12. 선고 94나7937 판결

【주문】

상고를 모두 기각한다. 상고비용은 피고들의 부담으로 한다.

【이유】

상고이유를 본다.

1. 상고이유 제1점에 대하여

　원심판결 이유에 의하면, 원심은 그 거시 증거에 의하여 이 사건 건물은 옥탑의 기계실과 1, 2, 3층의 각 점포 및 지하실의 점포, 주차장, 기관실 등으로 구성되어 있고, 연면적 17,780.04㎡에 이르는 집합건물인 사실, 소외 진흥기업 주식회사(이하 소외 회사라고만 한다)는 1975. 9.경 이 사건 건물의 건축허가를 받음에 있어 당시 시행되고 있던 건축법상의 주차장 설치기준에 따라서 옥외주차장 805.77㎡와 지하실의 이 사건 주차장 1211.4㎡ 등 합계 2,017.17㎡의 주차장을 설치하였는데, 이는 위 주차장 설치기준을 훨씬 초과하는 넓은 면적일 뿐만 아니라, 당시에는 지하주차장을 반드시 건물의 공용부분으로 제한하는 건축법상의 규정도 없었던 사실, 소외 회사는 이 사건 건물이 준공되고 상가가 개설됨에 따라 이 사건 건물의 점포를 분양함에 있어서 분양계약서상의 이 사건 주차장은 분양대상 공유면적에 포함되지 아니한다는 명시의 특약을 하였고, 이 사건 주차장은 소외 회사가 보유하고 있다가 일반분양이 되지 아니하자 1976. 11.에 이르러 당시 피고 방산상가 주식회사(이하, 피고 회사라고만 한다)의 대표이사이던 원고 등에게 이를 분양한 사실, 이 사건 건물의 지하실은 건축 당시부터 이 사건 주차장과 기관실, 다방, 점포 41개 등으로 구분되어 있었는데, 이 사건 주차장과 위 점포 등은 각각 벽으로 차단되도록 설계되었고, 특히 이 사건 주차장과 바로 잇닿아 있는 기관실도 벽으로 차단되어 있을 뿐더러 그 벽 사이의 통로는 계단을 통하여 출입하게 되어 있고, 기관실의 바닥은 이 사건 주차장 바닥보다 1.2m 정도 낮아서 이 사건 주차장 구역과는 뚜렷하게 구분되어 있으며, 또한 위 기관실, 점포 등은 이 사건 주차장을 거치지 아니하고서도 지상으로 직접 출입할 수 있도록 별도의 출입문과 계단, 통로가 설치되어 있는 사실, 이에 따라 이 사건 건물의 지하실은 기관실을 제외하고는 이 사건 주차장과 점포 등 각각 전유부분으로 분양되어 그 용도와 면적에 따라 구분하여 등기가 되었고, 이 사건 건물 부지는 구분소유자들의 공유로 등기되어 있으며, 원고 등도 이 사건 주차장의 구분소유자로서 이 사건 건물의 다른 점포주들과 마찬가지로 이 사건 건물 부지에 관한 공유지분권자로서 지분이전등기를 마친 사실, 원고는 이 사건 주차장을 분양받은 후 소외 신대철에게 이를 임대하여 위 신대철로 하여금 이 사건 주차장 영업을 하게 하여 오다가 1980. 7. 2.에 이르러 원고가 직접 이 사건 주차장 영업에 관하여 사업자등록을 한 후 관리책임자를 두고 영업을 해 오면서 피고 회사에 관리비, 전기료 등을 납부해 오고 있는 사실, 이 사건 주차장은 이와 같이 분양 당시부터 이 사건 건물 점포주들뿐 아니라 이 사건 건물의 출입객들 및 인근 점포주들에게도 개방되어 유료로 계속 이용되어 왔고, 이에 대하여 점포주들의 별다른 이의가 없었던 사실 등을 인정하고 있는바, 기록과 관계 증거에 비추어 살펴보면, 원심의 이러한 사실인정은 수긍이 되고, 거기에 소론과 같이 채증법칙에 위배하여 사실을 그릇 인정한 위법이 있다고 볼 수 없다.

사실관계가 위와 같다면, 이 사건 주차장은 이 사건 건물을 신축함에 있어서 건축법규에 따른 부속주차장으로 설치되기는 하였으나, 분양계약상의 특약에 의하여 이 사건 건물을 분양받은 구분소유자들의 동의 아래 공용부분에서 제외되어 원고 등에게 분양된 것이고, 그 구조상으로나 이용상으로도 이 사건 건물의 지상 및 지하실의 점포, 기관실 등과는 독립된 것으로서 이와 분리하여 구분소유의 대상이 될 수 있다 할 것이므로, 이와 같은 취지의 원심판단은 옳고 거기에 소론과 같은 법리오해의 위법이 있다고 할 수 없다.

2. 상고이유 제2점에 대하여

미등기건물을 등기할 때에는 소유권을 원시취득한 자 앞으로 소유권보존등기를 한 다음 이를 양수한 자 앞으로 이전등기를 함이 원칙이라 할 것이나, 이 사건의 경우와 같이 원시취득자인 소외 회사와 승계취득자인 원고 등과의 사이의 합치된 의사에 따라 이 사건 주차장에 관하여 원고 등 앞으로 직접 소유권보존등기를 경료하게 되었다면, 그 소유권보존등기는 실체적 권리관계에 부합되어 적법한 등기로서의 효력을 가진다고 할 것인바(당원 1981. 1. 13. 선고 80다1959, 1960 판결 참조), 논지는 이와 상치되는 견해에 서서 원심판결에 소유권보존등기의 효력에 관한 법리오해가 있다고 주장하는 것에 지나지 아니하여, 받아들일 수 없다.

그 밖에, 기록을 살펴보아도 원심이 이 사건 주차장에 관하여 원고 등 앞으로 적법한 소유권보존등기가 경료되었다고 인정·판단한 데에 소론과 같은 이유모순이나 석명권 불행사 내지 심리미진의 위법이 있음을 찾아볼 수 없다.

3. 상고이유 제3점과 제4점에 대하여

원심이 그 채택 증거들에 의하여 인정한 판시사실에 터잡아 원심판시 ㉣, ㉤ 부분도 이 사건 주차장의 일부로서 원고의 소유라고 판단하였음은 기록과 관계 증거에 비추어 볼 때 정당한 것으로 수긍이 되고, 등기부상 지하주차장의 면적과 실제 사용하고 있는 이 사건 주차장의 면적이 다소 차이가 난다거나 위 ㉣ 부분이 이 사건 주차장의 다른 부분과 격벽에 의하여 완전히 차단되어 있다는 등 소론이 지적하는 사정만으로는 원심의 인정·판단이 그릇된 것이라고 볼 수도 없으며, 달리 원심의 이 부분 사실 인정 과정에 소론과 같은 채증법칙 위배 등의 위법이 있다고 할 수 없다.

그리고, 기록에 의하여 을 제2호증(확인증)의 기재내용과 작성 경위를 살펴보면, 이는 1980. 8. 8. 당시 위 ㉣ 부분이 경비실로 공동 사용되고 있음을 확인한 것에 불과하고 이를 가지고 원고가 위 ㉣ 부분의 소유권을 포기하고 그 부분이 이 사건 점포주들의 공유임을 인정하는 의사표시를 한 것으로 볼 수 없다 할 것이므로, 이와 같은 취지의 원심의 판단 또한 옳고, 거기에 소론이 지적하는 바와 같이 합리적인 이유 없이 처분문서의 증거가치를 배척한 위법이 있다고 볼 수 없다.
4. 상고이유 제5점에 대하여
  갑 제2호증(통고서) 중 원고가 피고 회사에 대하여 부당점유 등으로 인한 손해배상 등 일체의 책임을 묻지 않겠다고 한 부분은 그 전후 문맥에 비추어 볼 때 피고 회사가 원고로부터 위 통고서를 받은 후 위 ㉣, ㉤ 부분에 대한 불법점유를 시인하고 조속한 시일 내에 이를 원고에게 명도할 것을 조건으로 한 것임이 분명하므로, 이와 달리 원고가 위 통고서에 의하여 아무런 조건 없이 위 ㉣, ㉤ 부분에 대한 이 사건 부당이득반환청구권을 포기하였음을 전제로 하여 원심판결에 석명권 불행사 및 심리미진의 위법이 있다는 소론 또한 받아들일 수 없는 것이다.
5. 논지는 모두 이유 없으므로 상고를 모두 기각하고 상고비용은 패소자들의 부담으로 하기로 하여 관여 법관의 일치된 의견으로 주문과 같이 판결한다.

[판례 39] 양도소득세등부과처분취소 (대법원 1995. 4. 11. 선고 94누8020 판결)

【판시사항】
가. 소득세법 제70조 제7항 소정 미등기양도자산에서의 "양도"에 수용 등 강제양도도 포함되는지 여부
나. 미등기양도자산 중 양도소득세 중과대상에서 제외되는 경우
다. 비농민에 대한 농지 취득의 제한 등으로 등기가 불가능한 경우도 소득세법시행령 제121조의2 제2호에 해당하는지 여부
라. 행정처분 취소소송에 있어서 그 위법된 구체적인 사실에 대한 주장책임

【판결요지】
가. 양도소득세의 비과세 및 감면에 관한 규정의 적용이 배제될 뿐 아니라 양도소득 과세표준의 100분의 75라는 중과세율이 적용되는 소득세법 제70조 제7항 소정 미등기양도자산에서 말하는 "양도"라 함은, 자산의 취득자가 스스로 양도하는 임의양도만을 가리키는 것이 아니라 토지수용법 등에 기한 수용과 같이 자산의 취득자의 의사에 기하지 아니한 강제양도의 경우도 이에 해당된다.
나. 미등기양도자산에 대하여 양도소득세를 중과한다고 한 취지는 자산을 취득한 자가 양도 당시 그 취득에 관한 등기를 하지 아니하고 이를 양도함으로써, 양도소득세, 취득세 등의 각종 조세를 포탈하거나 양도차익만을 노려 잔대금 등의 지급 없이 전전매매하는 따위의 부동산투기 등을 억제, 방지하려는 데 있으므로, 애당

초 그 자산의 취득에 있어서 양도자에게 자산의 미등기양도를 통한 조세회피목적이나 전매이득취득 등 투기목적이 없다고 인정되고, 양도 당시 그 자산의 취득에 관한 등기를 하지 아니한 책임을 양도자에게 추궁하는 것이 가혹하다고 판단되는 경우, 즉 부득이한 사정이 인정되는 경우에는 소득세법 제70조 제7항 단서, 같은법시행령 제121조의2의 각호의 경우에 준하여 양도소득세가 중과되는 미등기양도자산에서 제외된다.

다. 소득세법 제70조 제7항 단서, 같은법시행령 제121조의2 제2호가 미등기양도자산에서 제외되는 것 중 하나로 들고 있는 "법률의 규정에 의하여 양도 당시 그 자산의 취득에 관한 등기가 불가능한 자산"이라 함은 그 자산의 취득자에 대하여 법률상 일반적으로 그 취득에 관한 등기를 제한 또는 금지함으로 인하여 그 등기절차의 이행이 불가능한 경우를 가리키는 것이며, 농지 소재지에 거주하지 아니하는 비농민에 대한 농지 취득의 제한 등과 같은 상대적 불능의 경우에는 이에 해당하지 아니한다.

라. 행정소송에 있어서 특단의 사정이 있는 경우를 제외하면 당해 행정처분의 적법성에 관하여는 당해 처분청이 이를 주장·입증하여야 하나, 행정소송에 있어 직권주의가 가미되어 있다고 하여도 여전히 당사자주의·변론주의를 그 기본구조로 하는 이상 행정처분의 위법을 들어 그 취소를 구함에 있어서는 직권조사 사항을 제외하고는 그 위법된 구체적인 사실을 먼저 주장하여야 한다.

【참조조문】
가.나.다. 소득세법 제6조의2, 제70조 제3항 제4호, 제70조 제7항, 소득세법시행령 제121조의2 라. 행정소송법 제26조[입증책임]

【참조판례】
라. 대법원 1981.6.23. 선고 80누510 판결
1994.11.25. 선고 94누9047 판결

【전 문】
【원고, 상고인】 정상봉 소송대리인 변호사 정태규 외 1인
【피고, 피상고인】 용산세무서장
【원심판결】 서울고등법원 1994.5.25. 선고 93구26726 판결

【주 문】
상고를 기각한다.
상고비용은 원고의 부담으로 한다.

【이 유】

상고이유(기간 경과 후에 제출된 추가상고이유는 상고이유를 보충하는 범위 내에서)를 본다.

제1점에 대하여

소득세법 제70조 제7항은 ".... '미등기양도자산'이라 함은 .... 자산을 취득한 자가 그 자산의 취득에 관한 등기를 하지 아니하고 양도하는 것을 말한다"고 규정하고, 이러한 미등기양도자산에 대하여는 양도소득세의 비과세 및 감면에 관한 규정의 적용을 배제할 뿐 아니라(같은 법 제6조의2), 양도소득과세표준의 100분의 75라는 중과세율을 규정(같은 법 제70조 제3항 제4호)하고 있는바, 여기서 말하는 "양도"라 함은 자산의 취득자가 스스로 양도하는 임의양도만을 가리키는 것이 아니라 토지수용법 등에 기한 수용과 같이 자산의 취득자의 의사에 기하지 아니한 강제양도의 경우도 이에 해당된다고 할 것이다.

위와 같이 미등기양도자산에 대하여 양도소득세를 중과한다고 한 취지는 자산을 취득한 자가 양도당시 그 취득에 관한 등기를 하지 아니하고 이를 양도함으로써, 양도소득세 등의 각종 조세를 포탈하거나 양도차익만을 노려 잔대금 등의 지급없이 전전매매하는 따위의 부동산투기 등을 억제, 방지하려는데 있다고 할 것이므로, 애당초 그 자산의 취득에 있어서 양도자에게 자산의 미등기양도를 통한 조세회피목적이나 전매이득취득 등 투기목적이 없다고 인정되고, 양도 당시 그 자산의 취득에 관한 등기를 하지 아니한 책임을 양도자에게 추궁하는 것이 가혹하다고 판단되는 경우, 즉 부득이한 사정이 인정되는 경우에는 소득세법 제70조 제7항 단서, 같은법 시행령 제121조의2의 각 호의 경우에 준하여 양도소득세가 중과되는 미등기양도자산에서 제외된다고 할 것이다.

또한 같은 법 제70조 제7항 단서, 같은법 시행령 제121조의2 제2호가 미등기양도자산에서 제외되는 것중 하나로 들고 있는 "법률의 규정...에 의하여 양도당시 그 자산의 취득에 관한 등기가 불가능한 자산"이라 함은 그 자산의 취득자에 대하여 법률상 일반적으로 그 취득에 관한 등기를 제한 또는 금지함으로 인하여 그 등기절차의 이행이 불가능한 경우를 가리키는 것이며, 농지 소재지에 거주하지 아니하는 비농민에 대한 농지취득의 제한 등과 같은 상대적 불능의 경우에는 이에 해당하지 아니한다.

그런데 원심이 적법하게 확정한 사실에 의하면 원고는 소외인들과 공동하여 이 사건 토지외 인근 답, 임야 등 3필지가 곧 도시계획구역으로 지정되어 위락지로 개발되고, 시외버스터미널이 들어서는 등 단기간에 지가가 3배 이상 오를 전망인데다가 매도인이 전매를 책임지고 하여 주겠다는 말을 듣고 이 사건 토지를 비롯한 4필지의 토지를 매수하여 그 대금을 완불한 다음, 이 사건 토지를 제외한 나머지 3필지의 토지에 대하여는 원고등 명의의 소유권이전등기를 마쳤으나, 이 사건 토지에 관하여는 농지인

제3장 관련 판례 239

관계로 위 소유권이전등기를 마치지 못하고 소유권이전청구권보전의 가등기만을 마쳐 두었고, 1989.12.23.경 송탄시에 의하여 이 사건 토지 일대가 택지개발예정지구로 편입되자, 원고등은 매도인인 소외 한민수에게 이 사건 토지에 관하여 소유권이전등기절차이행에 협조하여 줄 것을 요청하였으나, 위 한민수가 이에 불응하므로 위 한민수를 상대로 이 사건 토지에 관한 소유권이전등기청구의 소를 제기하여 1990.8.24. 제1심에서 원고 승소판결을 받고, 위 판결은 1992.1.21. 대법원에서 확정되었는데, 그 사이 송탄시에서는 이 사건 토지에 관하여 피수용자를 위 한민수로 한 토지수용절차를 진행시켜 중앙토지수용위원회로부터 손실보상금은 454,485,000원, 수용시기는 1990.11.30.로 한다는 내용의 수용재결을 받은 다음 1990.11.30. 손실보상금 전액을 공탁하고, 같은 해 12.31. 이 사건 토지에 관하여 1990.11.30. 토지수용을 원인으로 한 송탄시 명의의 소유권이전등기를 마쳤으며, 원고등은 위 확정판결을 근거로 송탄시가 위 한민수를 피공탁자로 하여 공탁하여 놓은 이 사건 토지에 대한 손실보상금을 공탁법원에서의 피공탁자 명의를 한민수로부터 원고로 경정하는 결정절차를 통하여 수령하였다는 것이므로, 이 사건 토지가 같은법 시행령 제121조의2 제2호 소정의 "법률의 규정에 의하여 양도당시 그 자산의 취득에 관한 등기가 불가능한 자산"에 해당하지 아니함은 물론, 원고는 이 사건 토지가 농지인 관계로 그 취득에 관한 등기가 불가능함을 처음부터 알고 전매이득을 취득할 목적으로 이를 취득한 이상 그 취득에 있어서 투기목적이 없다고 인정되지 아니하고, 나아가 이 사건 토지의 매도인인 소외 한민수가 원고등 명의의 소유권이전등기를 마침에 있어서 그 등기신청에 협력을 하지 않은 관계로 부득이 그를 상대로 소유권이전등기절차이행의 소를 제기할 수밖에 없었으며, 원고 등의 의사와는 관계없이 그 소송의 확정 전에 송탄시에 의하여 이 사건 토지가 수용되었다는 사정만으로는 원고 등이 이 사건 토지의 양도당시 그 취득에 관한 등기를 하지 못한데에 부득이한 사정이 있는 경우에 해당한다고 볼 수 없다고 할 것이므로, 결국 이 사건 토지를 소득세법 제70조 제7항 단서 소정의 미등기양도자산에서 제외되는 자산으로 볼 수 없다고 할 것이다.

원심이 같은 취지에서 이 사건 토지는 소득세법 제70조 제3항 제4호 소정의 미등기양도자산에 해당하고, 원고가 그 양도자에 해당한다는 이유로 피고가 원고에 대하여 한 이 사건 과세처분이 적법하다고 판단한 것은 옳고, 원심판결에는 소득세법 제70조 제7항, 같은법 시행령 제121조의2 및 실질과세의 원칙에 관한 법리를 오해한 위법이 있다는 소론 주장은 앞서 본 견해와 다른 견해를 전제로 한 것으로 이를 받아들일 수 없다.

논지는 이유 없다.

제2점에 대하여

행정소송에 있어서 특단의 사정이 있는 경우를 제외하면 당해 행정처분의 적법성에 관하여는 당해 처분청이 이를 주장 입증하여야 할 것이나, 행정소송에 있어 직권주의가 가미되어 있다고 하여도 여전히 당사자주의·변론주의를 그 기본구조로 하는 이상 행정처분의 위법을 들어 그 취소를 구함에 있어서는 직권조사 사항을 제외하고는 그 위법된 구체적인 사실을 먼저 주장하여야 할 것이다 (당원 1994.11.25. 선고 94누9047 판결 참조).

그런데 이 사건 토지지분의 양도에 대하여 피고가 부과한 양도소득세액 및 방위세액의 합계액이 이 사건 토지지분의 양도로 인하여 원고가 취득한 양도가액을 초과하므로, 실질과세의 원칙상 이 사건 과세처분이 위법하다는 점은 원고가 원심에서 변론의 전취지에 의하여서라도 이를 다투거나 주장한 바 없음이 기록상 명백한 이상, 원고는 이러한 사유를 들어 그 상고사유로 삼을 수 없다고 할 것이어서 이 점을 다투는 논지는 그 주장의 당부에 나아가 판단할 것 없이 이유 없다 할 것이다.

그러므로 상고를 기각하고, 상고비용은 패소자의 부담으로 하기로 하여 관여 법관의 일치된 의견으로 주문과 같이 판결한다.

[판례 40] 건물철거대집행계고처분취소 (대법원 1995. 2. 17. 선고 94누13350 판결)

【판시사항】
가. 미등기건축물의 소유자·건축주가 건축법에 따라 철거명령을 받은 경우, 그 건축물을 법인에 출자함으로써 사실상의 처분권이 이전되었다 하더라도 철거이행의무가 있다고 한 사례
나. 건축법위반의 건축물이 도시미관을 해치지 않는다거나 도로교통상 장애가 없다고 하여도, 철거대집행계고처분이 적법하다고 본 원심판결을 수긍한 사례

【판결요지】
가. 미등기건축물의 소유자·건축주가 건축법 제69조 제1항에 따라 철거명령을 받은 경우, 그 건축물을 주식회사에 출자함으로써 사실상의 처분권은 법인에게 이전되었다 하더라도 여전히 그 건축물에 관한 법률상의 소유자 또는 건축주로서 건축물 철거이행의무가 있다고 한 사례.
나. 건축법위반의 건축물이 단순히 도시미관을 해치지 않는다거나 도로교통상 장애가 없다고 하여 행정청의 철거명령에도 불구하고 이를 그대로 방치한다면 불법건축물을 단속하는 행정청의 권능을 무력화하여 건축행정의 원활한수행이 위태롭게 되고 건축법 소정의 제한규정을 회피하는 것을 사전에 예방한다는 더 큰 공익을 심히 해할 우려가 있는 경우에 해당한다고 하여 철거대집행계고처분이 적법하다고 본 원심판결을 수긍한 사례.

【참조조문】
가.나. 건축법 제69조 제1항 나. 행정대집행법 제2조, 제3조

【참조판례】
나. 대법원 1991.3.12. 선고 90누10070 판결(공1991,1192)
1992.5.12. 선고 91누8623 판결(공1992,1886)

【전 문】
【원고, 상고인】 김영한 외 1인 원고들 소송대리인 중부종합법무법인 담당변호사 주재우
【피고, 피상고인】 서울특별시 성북구청장 소송대리인 변호사 조현우
【원심판결】 서울고등법원 1994.9.30. 선고 93구1178 판결

【주 문】
상고를 모두 기각한다.
상고비용은 원고들의 부담으로 한다.

【이 유】
상고이유를 본다.

1. 원심판결 이유에 의하면 원심은, 판시 별지목록 1 내지 7 건축물은 원래 원고 김영한이 신축한 후 1985년경 당시 시행되던 특정건축물정리에관한특별조치법에 따라 신고하여 준공검사필증을 교부받은 기존건축물에다가 원고 이경자가 그 판시와 같이 무단증축한 것이고, 별지목록 8 내지 13 건축물은 원고 이경자가 무단 신축한 것인 사실 및 피고는 위 건축물에 대하여 그 판시와 같이 철거하여야 할 건축물의 범위를 특정하여 철거대집행을 계고한 사실을 각 인정한 다음, 위 건축물은 모두 건축법 제2조 제2호에서 정한 "건축물"에 해당하고, 이 사건 계고처분에 있어 원고들이 철거하여야 할 건축물의 범위도 적법하게 특정되어 있다고 판단하였는바, 기록에 대조하여 볼 때 원심의 증거취사 및 그에 따른 위 사실 인정과 판단은 정당한 것으로 수긍이 되고, 거기에 소론이 주장하는 바와 같이 채증법칙에 위배하여 사실을 오인하거나 건축법상의 건축물 등에 관한 법리를 오해한 위법이 있다 할 수 없다.

2. 사실관계가 원심이 인정한 바와 같다면, 판시 별지목록 1 내지 7 건축물의 증축부분에 대하여 원고 김영한은 기존건축물에의 부합에 따라 소유권을 취득한 소유자로서, 원고 이경자는 건축주로서, 또한 별지목록 8 내지 13 건축물에 대하여 원고 이경자는 건축주 겸 소유자로서 각 건축법 제69조 제1항에서 규정하는 바에 따라 이를 철거할 의무가 있고, 소론과 같이 원고 이경자가 그 건축물들을 주식회사 대

원각에 출자함으로써 사실상의 처분권은 법인에게 이전되었다 하더라도 원고들은 여전히 위 건축물에 관한 법률상의 소유자 또는 건축주로서 이 사건 이행의무가 있다 할 것이므로, 이와 같은 취지로 판단한 원심판결은 옳고, 거기에 미등기건축물의 처분권에 관한 법리를 오해한 위법이 있다고 할 수 없다.
3. 원심은 이 사건 건축법위반의 건축물이 단순히 도시미관을 해치지 않는다거나 도로교통상 장애가 없다고 하여 행정청의 철거명령에도 불구하고 이를 그대로 방치한다면 불법건축물을 단속하는 행정청의 권능을 무력화하여 건축행정의 원활한 수행이 위태롭게 되고 건축법 소정의 제한규정을 회피하는 것을 사전에 예방한다는 더 큰 공익을 심히 해할 우려가 있는 경우에 해당한다고 판단하고 있는바, 기록에 비추어 볼 때 원심의 위 판단은 정당하고, 거기에 소론이 주장하는 바와 같은 계고처분에 관한 법리를 오해한 위법이 있다 할 수 없다.
4. 따라서, 논지는 모두 이유 없으므로 상고를 모두 기각하고, 상고비용은 패소자들의 부담으로 하기로 관여 법관의 의견이 일치되어 주문과 같이 판결한다.

[판례 41] 소유권이전등기말소 (대법원 1992. 8. 14. 선고 92다14724 판결)

【판시사항】

가. 불리한 자인진술의 철회와 선행자백
나. 토지대장상 소유명의자 아닌 남편으로부터 미등기토지를 증여받아 점유를 개시하였으나, 이를 남편의 재산으로 믿을 상당한 이유가 있었고, 토지대장상 소유명의자는 이미 오래 전에 사망한 자로서 그의 상속인 등 어느 누구도 소유권을 주장하는 등 이의를 제기한 적이 없었다면 위 수증자의 점유개시행위에 과실이 없다고 본 사례

【판결요지】

가. 재판상 자백의 일종인 소위 선행자백은 당사자 일방이 자기에게 불리한 사실상의 진술을 자진하여 한 후 상대방이 이를 원용함으로써 그 사실에 관하여 당사자 쌍방의 주장이 일치함을 요하므로 그 일치가 있기 전에는 이를 선행자백이라 할 수 없고, 따라서 일단 자기에게 불리한 사실을 진술한 당사자도 그 후 그 상대방의 원용이 있기 전에는 그 자인한 진술을 철회하고 이와 모순된 진술을 자유로이 할 수 있다.
나. 갑에게 계쟁토지를 증여한 을이 토지대장상 소유명의자가 아니었고 또한 갑 앞으로의 토지대장상 소유자명의변경 및 소유권보존등기가 정당한 절차에 의하지 않고 이루어졌을 것으로 의심되는 점이 있다 하더라도, 갑이 위 토지를 남편인 을

이 선대로부터 분재받은 재산으로 믿을 상당한 이유가 있었고, 위 토지가 미등기 토지이며 그 토지대장상 소유명의자는 이미 오래 전에 사망한 자로서 갑의 점유개시를 전후하여 장기간 그의 상속인들이나 그 밖에 어느누구도 위 토지에 대한 소유권을 주장하거나 을 또는 갑의 점유에 대하여 이의를 제기한 적이 없었다는 등의 사정이 있었다면, 갑이 을로부터 위 토지를증여받아 그 소유로 믿고 선의로 점유를 개시하는 행위 자체에는 과실이 없다
고 본 사례.

【참조조문】
가. 민사소송법 제261조 나. 민법 제245조

【참조판례】
가. 대법원 1984.3.27. 선고 83다카2406 판결(공1984, 703)
　　　　1986.7.22. 선고 85다카944 판결(공1986, 1093)
　　　　1992.4.14. 선고 91다24755 판결(공1992, 1563)
나. 대법원 1967.9.5. 선고 67다1059 판결(집15③민9)
　　　　1980.9.24. 선고 80다1473 판결
　　　　1992.4.28. 선고 91다46779 판결(공1992,1711)

【전 문】
【원고, 상고인】 김영기 소송대리인 변호사 이명희 외 1인
【피고, 피상고인】 정순용 소송대리인 동양종합법무법인담당변호사 김성기 외 3인
【원심판결】 서울고등법원 1992.3.11. 선고 91나15173 판결

【주 문】
상고를 기각한다.
상고비용은 원고의 부담으로 한다.

【이 유】
상고이유(상고보충이유 포함)를 본다.
1. 원심판결 이유에 의하면 원심은 1970.2.4. 피고앞으로 각 소유권보존등기가 경료된 이 사건 토지들은 본래 1912.경 소외 김주환의 소유로 사정되었다가 그 후 원고를 비롯한 그의 후손들이 재산상속한 것인데, 6.25.동란으로 이 사건 토지들에 관한 토지대장 등 공부가 멸실되었다가 1958.2.12. 그 토지대장이 각 위 김주환 소유명의로 복구된 채 미등기상태로 있던 중, 1969.12.30. 그 토지대장상 소유자 명의가

피고의 소유자변경신고만으로 피고 앞으로 변경되고 이에 기하여 피고명의의 각 소유권보존등기가 경료되었으므로 그 각 소유권보존등기의 추정력은 번복될 수밖에 없다는 취지로 판시하는 한편, 이 사건 토지들이 본래 위 망 김주환의 부친인 소외 김한규의 소유로서 토지사정시 그 소유자명의가 장남인 망 김주환(다만 김한규의 형인 김한익의 양자로 입양되어 있었다)에게 신탁되었던 것인데, 위 망 김주환이 1947.9.27.사망하자 김한규가 이에 충격을 받고는 1948.11.말 그가 소유하던 많은 재산을 김주환의 유족들과 나머지 7명의 아들들에게 분재하는 과정에서 이 사건 토지들이 8남인 소외 김승환에게 증여되었고, 김승환은 다시 1969.12.30. 그의 처인 피고에게 이를 증여하였으므로, 이 사건 토지들에 대한 피고명의의 소유권보존등기는 결국 실체관계에 부합하여 유효하다는 피고의 주장에 대하여는, 이에 관하여 피고가 제출한 증거들만으로는 이 사건 토지들이 사정 당시 소외 김한규의 소유로서 위 김주환에게 명의신탁되었다거나 위 김한규가 이를 김승환에게 증여하였다고 인정하기 부족하고 달리 이를 인정할 증거가 없다는 이유로 이를 배척하였으나, 피고의 시효취득항변을 다음의 이유로 인용하여 결국 위 이사건 토지에 대한 피고명의의 소유권보존등기는 실체관계에 부합하여 유효하다고 판시하였다.

즉, 거시증거에 의하면 소외 김한규(6.25 동란시 남북)는 장남인 위 망 김주환과 8남인 소외 김승환등 8명의 아들을 두고 있었고, 1949년 농지개혁시행이후에 위 김승환과 동인의 어머니인 소외 이형자는 이사건 토지들이 위 김승환의 몫으로 분재된 것으로 믿고 위 토지들을 직접 점유, 사용하고 있는 자들로부터 1년에 한번씩 터도조를 받는 등 방법으로 이를 관리하여 오던 중, 위 김승환이 1968년경 소외 갈영자와 내연의 관계를 맺고 가정을 소홀히 하자 갈등이 생겨 피고가 이혼을 요구하게 되자 김승환은 피고를 무마하기 위하여 1969.12.30. 이 사건 토지들을 피고에게 증여하고 그 토지대장상의 명의를 피고 앞으로 변경하여 주었고, 그 후 현재까지 계속하여 피고는 이 사건 토지들 위에 건물을 소유하고 있는 자들로부터 터도조를 받는 등 방법으로 이를 관리하여 온 사실이 인정되므로, 피고는 적어도 그 명의로 소유권보존등기를 마친 1970.2.4.부터는 이 사건 토지들을 소유의 의사로써 평온, 공연하게 선의로 점유하여 왔다 할 것이고, 한편 피고는 1954.경 김승환과 혼인한 이래 동인이나 그 어머니인 소외 이형자로부터 이 사건 토지들은 소외 김한규가 김승환에게 분배하여 준 재산의 일부라고 들어 왔으며, 줄곧 이 사건 토지들에 대한 터도조를 징수하여 오는 동안 다른 어느 누구도 이에 대한 소유권을 주장한 적이 없었으므로, 피고가 김승환으로부터 위 토지들을 증여받아 그 소유로 믿고 점유관리를 개시함에 있어 과실이 있다고 볼 수 없고, 따라서 피고는 그 앞으로 소유권보존등기를 마친 1970.2.4.부터 10년이 지난 1980.2.4. 이 사건 토지를 시효취득하였다고 판시하였다.

2. 관계증거를 기록과 대조하여 살펴보면 원심이 피고의 위 시효취득항변에관한 판단

에서 한 증거취사와 사실인정에 수긍이 가고 거기에 소론과 같은 채증법칙 위반이나 심리미진등의 위법이 있다 할 수 없다.
소론은 피고소송대리인이 제1심에서 피고가 이 사건 토지를 남편인 김승환으로부터 명의신탁받았다고 주장함으로써 소유의 의사없이 이 사건 토지를 점유하였음을 선행자백한 데 대하여 원고가 이를 원용하였는바 그 후에 이를 철회하고 피고 김승환으로부터 이를 증여받은 것으로 주장을 번복하였고, 가사 피고소송대리인이 그 선행자백을 철회하기 전 원고가 이를 원용한 사실이 없다 하더라도 이러한 경우 재판상 자백의 취소에 준하는 것으로 보아야 하므로 피고로서는 그 선행자백이 진실에 반하고 착오에 의한 것이라는 점을 입증하였어야 하는데 원심이 이러한 점에 대한 입증이 없음에도 불구하고 피고측의 자백취소를 받아들여 피고가 김승환으로부터 이 사건 토지를 증여받은 것으로 사실을 인정한 것이 잘못이라는 취지로 주장하고 있으나, 재판상 자백의 일종인 소위 선행자백은 당사자 일방이 자기에게 불리한 사실상의 진술을 자진하여 한 후 상대방이 이를 원용함으로써 그 사실에 관하여 당사자 쌍방의 주장이 일치함을 요하므로 그 일치가 있기 전에는 이를 선행자백이라 할 수 없고, 따라서 일단 자기에게 불리한 사실을 진술한 당사자도 그 후 그 상대방의 원용이 있기 전에는 그 자인한 진술을 철회하고 이와 모순된 진술을 자유로이 할 수 있는 것인바(당원 1986.7.22. 선고 85다카944 판결 참조), 기록을 살펴보아도 피고소송대리인이 제1심에서 피고가 김승환으로부터 이 사건 토지를 명의신탁받았다고 주장한 후 원심 제3차 변론기일에서 이 주장을 철회하기까지 원고측이 이를 원용한 것으로 볼 자료는 찾아볼 수 없으므로, 원심이 이를 선행자백으로 보지 아니한 조치는 정당하고 선행자백에 해당하지 아니하는 이상 자유로이 그 자인한 진술을 철회할 수 있는 것이므로 거기에 지적하는 바와 같은 위법이 없다.
그리고 소론주장과 같이 피고에게 이 사건 토지들을 증여한 김승환이 토지대장상 소유명의자가 아니었고 또한 피고 앞으로의 토지대장상 소유자명의변경 및 소유권보존등기가 정당한 절차에 의하지 않고 이루어졌을 것으로 의심되는 점이 있다 하더라도, 원심이 인정한 바와 같이 피고가 이 사건 토지들을 남편인 김승환이 선대로부터 분재받은 재산으로 믿을 상당한 이유가 있었고, 이 사건 토지들이 미등기토지들이며 그 토지대장상 소유명의자인 김주환은 이미 오래 전에 사망한 자로서 피고의 점유개시를 전후하여 장기간 동인의 상속인들이나 그 밖에 어느 누구도 이 사건 토지들에 대한 소유권을 주장하거나 김승환 또는 피고의 점유에 대하여 이의를 제기한 적이 없었다는 등의 사정이 있었다면, 이러한 특별사정에 비추어 피고가 김승환으로부터 위 토지들을 증여받아 그 소유로 믿고 선의로 점유를 개시하는 행위 자체에는 과실이 없었다고 할 것이다.
소론이 내세우는 당원 판례들은 이 사건과 사안을 달리하여 인용하기에 적절하지 않다.

결국 피고에 대하여 10년 간의 등기부시효취득을 인정한 원심의 조치는 수긍할 수 있고 거기에 소론과 같은 이유모순이나 이유불비 또는 등기부취득시효에 관한 법리를 오해하거나 당원 판례를 위반한 잘못이 있다 할 수 없다. 논지는 모두 이유없다.

3. 그러므로 상고를 기각하고 상고비용은 패소자의 부담으로 하기로 관여 법관의 의견이 일치되어 주문과 같이 판결한다.

[판례 42] 양도소득세등부과처분취소 (대법원 1992. 4. 14. 선고 91누10459 판결)

【판시사항】
미등기전매자로부터 부동산을 매수하고 중간생략등기를 경료한 행위만으로 부동산을 취득함에 있어서 소득세법시행령 제170조 제4항 제2호 (마)목에 규정된 "부정한 방법에 의하거나 관계 법령에 위반한 경우"에 해당하는 행위를 하였다고 볼 것인지 여부 (소극)

【판결요지】
원래의 소유자 갑으로부터가 아니라, 그로부터 이 사건 부동산을 매수하여 소유권이전등기를 하지 아니한 채 전매하는 을로부터 부동산을 매수한 다음, 위 을 명의로의 소유권이전등기를 생략하고 갑 명의로부터 자기의 명의로 직접 소유권이전등기를 하였다고 하더라도, 그와 같은 사정만으로는 부동산을 취득함에 있어서 소득세법시행령 제170조 제4항 제2호 (마)목에 규정된 "부정한 방법에 의하거나 관계 법령에 위반한 경우"에 해당하는 행위를 하였다고 볼 수는 없다.

【참조조문】
소득세법 제45조, 같은법시행령 제170조 제4항 제2호 (마)목

【전 문】
【원고, 피상고인】 정재순 소송대리인 변호사 임영득
【피고, 상고인】 개포세무서장
【원심판결】 서울고등법원 1991.8.30. 선고 91구4791 판결

【주 문】
상고를 기각한다.

상고비용은 피고의 부담으로 한다.

【이 유】

피고소송수행자의 상고이유에 대하여 판단한다.

1. 원심은, 원고가 이 사건 부동산을 1987.6.15. 취득하였다가 1989.10.27. 소외 한국토지개발공사에 수용당한 사실, 원고는 이 사건 부동산의 수용에 따른 양도에 대하여 1989.11.23. 기준시가에 의하여 양도차익을 평가하고 이를 기초로 산출한 양도소득세액과 방위세액을 신고하고, 그 중 조세면제대상인 양도소득세를 제외한 방위세를 납부한 사실, 그런데 피고는 1990.5.6. 원고의 위 신고내용을 조사한 결과, 원고가 이 사건 부동산의 취득시 실지 소유자인 소외 유선임과 직접 매매계약을 체결하지 아니하고 그로부터 이를 취득하여 이전등기를 하지 않고 있던 소외 조정임과 매매계약을 체결하고, 그 이전등기는 위 유선임으로부터 직접 원고명의로 경료함으로써, 부동산을 취득함에 있어서 다른 사람 명의의 사용 또는 허위계약서를 작성하는 등의 행위를 하였고, 이러한 행위는 실지거래가액에 의하여 양도차익을 평가하도록 규정한 소득세법시행령 제170조 제4항 제2호 마목에 해당된다는 이유로, 실지거래가액에 따라 양도차익을 평가하고 이를 기초로 양도소득세액과 방위세액을 산출하여 방위세만을 부과하는 이 사건 과세처분을 한 사실 등을 인정한 다음, 원고가 이 사건 부동산을 취득함에 있어서 실지소유자 아닌 다른 사람과 계약함으로써 위 항목에 규정된 다른 사람 명의의 사용 또는 허위계약서의 작성 등의 부정한 거래에 해당하는 행위를 하였다는 점에 부합하는 을 제5호증(매매계약서), 을 제8호증(확인서)의 각 기재는 갑 제7호증의 1,2(각 영수증)의 각 기재와 증인 정난희의 증언 등에 비추어 믿기 어렵고 그 밖에 달리 이 점을 인정하기에 족한 증거가 없으므로, 원고가 그와 같은 유형의 행위를 하였음을 전제로 한 피고의 이 사건 과세처분은 위법임을 면할 수 없다고 판단하였다.

2. 그러나 원심이 배척한 을 제5호증은 이 사건 부동산의 원래의 소유자인 소외 유선임이 소외 조정임에게 이 사건 부동산을 매도한다는 내용이 기재된 매매계약서이고, 을 제8호증은 위 유선임이 작성한 확인서로서 이 사건 부동산을 위 조정임에게 매도하였는데 그 후 원고와 소외 정난희 및 박영관 등에게 전매된 것으로 알고 있다는 내용이 기재되어 있음에 반하여, 원심이 내세운 갑 제7호증의 1,2는 원고가 위 유선임의 대리인인 소외 전종채에게 이 사건 부동산의 중도금과 잔대금을 지급하고 교부받았다는 영수증이고, 증인 정난희는 원고의 여동생으로서 원고와 공동으로 이 사건 부동산을 매수한 사람임을 알 수 있는바, 위와 같은 각 증거들의 내용과 원고 소송대리인이 이 사건 소장을 통하여 자기가 소외 조정임으로부터 이 사건 부동산을 매수하고 중간등기를 생략한 채 등기명의인인 위 유선임으로부터 직접 소유권이전등기를 받았다고 진술하였던 점 등을 종합하여 보면, 갑 제7호증

의 1,2의 각 기재와 증인 정난희의 증언만으로 을 제5호증과 을 제8호증의 각 기재내용을 믿기 어렵다고 배척하기는 어렵다고 할 것이다.

그럼에도 불구하고 원심은 갑 제7호증의 1,2의 각 기재와 증인 정남희의 증언 등에 비추어 을 제5호증과 을 제8호증의 각 기재내용이 믿기 어렵다고 배척하였으니, 원심판결에는 소론과 같이 채증법칙을 위반하여 증거의 취사판단을 그르친 위법이 있다고 하지 않을 수 없다.

3. 그러나, 원고가 이 사건 부동산의 원래의 소유자인 위 유선임으로부터가 아니라, 그로부터 이 사건 부동산을 매수하여 소유권이전등기를 하지 아니한 채 전매하는 위 조정임으로부터 이 사건 부동산을 매수한 다음, 위 조정임 명의로의 소유권이전등기를 생략하고 위 유선임의 명의로부터 자기의 명의로 직접 소유권이전등기를 하였다고 하더라도, 그와 같은 사정만으로는 원고가 이 사건 부동산을 취득함에 있어서 소득세법시행령 제170조 제4항 제2호 마목에 규정된 "부정한 방법에 의하거나 관계 법령에 위반한 경우"에 해당하는 행위를 하였다고 볼 수는 없을 것이고, 달리 원고가 다른 사람의 명의를 사용하거나 허위계약서를 작성하는 등의 부정한 방법으로 이 사건 부동산을 취득하였다고 인정할 만한 자료를 기록에서 찾아볼 수도 없다.

그렇다면 원심이 원고가 이 사건 부동산을 취득함에 있어서 소득세법시행령 제170조 제4항 제2호 마목에 규정된 부정한 방법에 의한 경우에 해당하는 행위를 하였다는 점을 인정할 만한 증거가 없다는 이유로 이 사건 과세처분이 위법한 것이라고 판단한 결론은 결과적으로 정당한 것이라고 볼 수 밖에 없으므로, 원심이 저지른 위와 같은 위법은 판결에 영향을 미친 것이라고 할 수 없다. 결국 논지는 받아들일 것이 못된다.

4. 그러므로 피고의 상고를 기각하고 상고비용은 패소자인 피고의 부담으로 하기로 관여 법관의 의견이 일치되어 주문과 같이 판결한다.

[판례 43] 부동산경락허가결정 (대법원 1991. 12. 27. 자 91마608 결정)

【판시사항】
가. 경매물건명세서 중 부동산 표시의 기재 정도와 미등기건물을 경매목적물에서 제외할 경우의 기재 요령
나. 집행법원이 미등기건물을 경매목적물에서 제외하면서 감정인에게 미등기건물이 제외된 경우의 토지평가액의 보정을 명하지 아니하고 미등기건물이 포함된 전체 평가액에서 미등기건물의 가액만을 공제하고 정한 최저경매가격결정의 적부(소극)

【판결요지】
가. 경매물건명세서 중 부동산의 표시는 목적물의 동일성을 인식할 정도의 기재이면 되고 그 이상 자세히 기재할 필요는 없으나 등기부상 표시 외에 미등기건물이 있음을 표시한 경우에는 그것이 경매목적물에 포함됨을 전제로 한 것으로 보게 되므로 미등기건물을 목적물에서 제외할 경우에는 그 취지를 명확히 하여 매수희망자들로 하여금 그 취지를 알 수 있도록 하여야 할 것이고, 그 경우에는 지상권의 개요를 기재하는 난에 경락으로 인하여 미등기건물을 위한 법정지상권이 생길 여지가 있음을 기재하여야 하며, 그 사본의 비치 후에도 오류가 발견된 경우에는 이를 정정하여야 한다.
나. 지상의 미등기건물이 같이 경매되는 경우와 그렇지 아니한 경우는 경매목적물인 그 부지의 평가액에도 영향이 있다 할 것인데 집행법원이 미등기건물을 경매목적물에서 제외하면서 감정인에게 미등기건물이 제외된 경우의 토지평가액의 보정을 명하는 등의 조치를 취하지 아니하고 종전에 제출된 평가서의 미등기건물이 포함된 전체평가액에서 미등기건물의 가액만을 공제하고 최저경매가격을 정한 것은 최저경매가격결정에 중대한 하자가 있다 할 것이다.

【참조조문】
가. 민사소송법 제617조의2 나. 같은 법 제615조, 제633조 제6호

【전 문】
【재항고인】 송화진 소송대리인 변호사 박재승
【원 결 정】 서울민사지방법원 1991.9.5. 자 91라304 결정

【주 문】
원심결정을 파기한다.
사건을 서울민사지방법원 합의부에 환송한다.

【이 유】
이 사건 재항고이유는 요컨대 재항고인은 경락부동산상에 존재하는 미등기 제시외 건물이 경매목적물에 포함되는 것으로 알고 가격을 정하여 매수신청을 하였으나, 경락허가결정에는 목적부동산에서 미등기건물이 제외되어 있어 경락인인 재항고인은 경락부동산상에 타인 소유의 미등기건물이 존재하는 불측의 부담을 안게 되고 결국 부동산 전체의 이용에 상당한 장애를 받을 것이 예상되는 등 재산상 손해를 입게 되어 부당하다는 데 있다.

살피건대, 부동산경매절차에서 매수희망자가 목적부동산의 자세한 현황에 접할 수 있는 것은 법률상 경매기일공고와 경매물건명세서 또는 집행기록 전체를 열람하는 방법 등이 있는바, 그 중 경매기일공고는 신문공고의 경유 그 지면의 제한으로 인하여 이 사건과 같이 미등기건물이 있는지 여부 등을 나타내기에는 적절치 아니하고, 법원 게시판에 게시하는 방법은 그 방법상의 한계로 인하여 그 의도와는 달리 널리 매수희망자에게 부동산의 현황을 알리기에는 미흡하며, 기록 전체의 열람은 경매기일 전에는 그 열람권자가 제한되어 있고 경매기일에서의 열람은 시간상의 제약 아래 대체로 방대한 기록 전체를 파악하는 것이 물리적으로 거의 불가능하다고 보아, 민사소송법과 민사소송규칙은 집행법원으로 하여금 경매물건명세서를 작성하여 현황보고서 및 감정평가서 등과 함께 그 사본을 경매기일의 1주일 전까지 비치하고 일반인에게 제한 없이 열람시키도록 하는 제도를 마련한 것이다.

경매물건명세서 중 부동산의 표시는 목적물의 동일성을 인식할 정도의 기재이면 되고 그 이상 자세히 기재할 필요는 없으나 등기부상 표시 외에 미등기건물이 있음을 표시한 경우에는 그것이 경매목적물에 포함됨을 전제로 한 것으로 보게 되므로 이 사건에서와 같이 미등기건물을 목적물에서 제외할 경우에는 그 취지를 명확히 하여 매수희망자들로 하여금 그 취지를 알 수 있도록 하여야 할 것이고, 그 경우에는 지상권의 개요를 기재하는 난에 경락으로 인하여 미등기건물을 위한 법정지상권이 생길 여지가 있음을 기재하여야 하며, 그 사본의 비치 후에도 오류가 발견된 경우에는 이를 정정하여야 함에도, 기록에 의하면 이 사건 경매법원은 경매물건명세서의 부동산 표시에 등기부상 목적물 외에 미등기건물이 있음을 아무 설명 없이 표시하여 마치 미등기건물이 목적물에 포함되어 있는 것처럼 기재하였고, 지상권의 개요난에도 토지와 건물이 다른 사람에게 매각되면 지상권이 설정되는 것으로 보게 될 여지가 있다고만 기재하였으며 그 사본을 비치한 후에도 이를 정정하지 아니하여 경매물건명세서의 작성에 중대한 하자를 초래하였다 할 것이다.

또한, 지상의 미등기건물이 같이 경매되는 경우와 그렇지 아니한 경우는 경매목적물인 그 부지의 평가액에도 영향이 있다 할 것인데 집행법원이 미등기건물을 경매목적물에서 제외하면서 감정인에게 미등기건물이 제외된 경우의 토지평가액의 보정을 명하는 등의 조치를 취하지 아니하고 종전에 제출된 평가서의 미등기건물이 포함된 전체평가액에서 미등기건물의 가액만을 공제하고 최저경매가격을 정한 것은 최저경매가격결정에도 중대한 하자 있음을 면치 못한다 할 것이다.

그렇다면, 위와 같은 사유를 제대로 심리하지 아니한 채 이 사건 경락허가결정에 잘못이 없다고 한 원결정에는 경매물건명세서 작성 또는 최저경매가격결정에 관한 법리를 오해한 잘못이 있고, 이를 지적하는 취지가 포함된 재항고논지는 이유 있다 할 것이다.

이에 원결정을 파기하고 사건을 원심법원에 환송하기로 관여 법관의 의견이 일치되어 주문과 같이 결정한다.

[판례 44] 소유권이전등기말소 (대법원 1991. 12. 13. 선고 90다14676 판결)

【판시사항】
미등기임야에 관하여 임야조사부에 사정명의인 갑, 적요란에 '종중재산'이라고 기재되어 있고, 6.25사변 이후 지적공부를 복구함에 있어 지적공부 복구공시조서에 소유자가 종중이라고 기재하였고 그에 따라 구토지대장 소유자란에 사정명의인 갑, 다음 행에 종중재산이라고 기재되었다면 위 임야에 대한명의신탁계약은 적어도 지적복구 전에 해지되었다고 한 사례

【판결요지】
미등기임야에 관하여 임야조사부에 사정명의인 갑, 적요란에 '종중재산'이라고 기재되어 있고, 6.25사변 이후 지적공부를 복구함에 있어 지적공부 복구공시조서에 소유자가 종중이라고 기재하였고 그에 따라 구토지대장 소유자란에 사정명의인 갑, 다음 행에 종중재산이라고 기재되었다면 위 임야에 대한 명의신탁계약은 적어도 지적복구 전에 해지되었다고 한 사례.

【참조조문】
민법 제186조(명의신탁)

【전 문】
【원고,상고인겸 피상고인】 연안차씨 포천 포은공파종친회 소송대리인 변호사 박승서
【피고,상고인겸 피상고인】 차한춘 외 9인 피고들 소송대리인 변호사 신정철
【원심판결】 서울민사지방법원 1990.9.26. 선고 88나26736 판결

【주 문】
원심판결 중 그 판시 별지목록 기재 제1, 2 부동산에 관한 부분을 파기하고 이 부분 사건을 서울민사지방법원 합의부에 환송한다.
피고들 및 인수참가인의 상고를 기각한다.
피고들 및 인수참가인의 상고를 인한 소송비용은 피고들 및 인수참가인의 부담으로 한다.

【이 유】

1. 원고의 상고이유를 본다.
   가. 제1점에 대하여
      원심이, 원고 종중이 1930년경 그 판시 별지목록 기재 제1, 2 부동산(이하 이 사건 1, 2 부동산이라고 한다)에 관하여 그 명의로 소유권이전등기를 마친사실을 인정할 수 없다고 판단한 데에 소론과 같은 위법은 없으므로 논지는 이유없다.
   나. 제3점에 대하여
      원심판결 이유에 의하면, 원심은 이 사건 1, 2 부동산에 관한 인수참가인 명의의 소유권이전등기는 그 전등기명의인 피고 차호준과 인수참가인의 통정허위표시(매매)에 기하여 이루어졌으므로 무효라는 원고의 주장에 관하여, 원심의 녹음테이프 검증결과는 믿지 아니하고, 을 제3호증의 1, 2, 을 제8호증, 을 제9호증(각 매매계약서)의 각 기재나 원심증인 김기석, 김원태의 각 일부 증언만으로는 이를 인정하기에 부족하고 달리 이를 인정할 증거가 없다고 판단하였다.
      그러나 과연 피고 차호준과 인수참가인 간에 이 사건 1, 2 부동산에 관한 매매가 진정으로 이루어졌는지 여부를 기록에 대조하여 살펴보기로 한다.
      (1) 원심이 배척하지 아니한 피고 차호준에 대한 당사자본인신문결과와 원심이 배척한 위 증거들에 의하면, 진정한 매매계약서가 위 을 제3호증의 1, 을 제8, 9호증 중 어느 것인지 그리고 그 진정한 매매일자, 매수인, 매매목적물, 매매대금 및 계약금의 액수에 관하여 매도인이라는 위 피고와 그 소개인이라는 위 김기석 및 김원태의 진술이 전혀 일치하지 아니하고, (2) 원심이 배척하지 아니한 을 제4호증의 1 내지 4, 을 제5호증의 1, 2, 을 제6호증, 을 제7호증은 그 매매대금의 영수증들이라는데 그 기재금액에 같은 피고가 진정하다고 주장하는 매매계약서(을 제3호증의 1, 2)에 기재된 계약금의 액수를 합하면 같은 계약서 기재의 매매대금액수를 훨씬 초과할 뿐더러, (3) 원심이 배척하지 아니한 갑 제31호증의 2, 3의 기재에 의하면 이 사건 1, 2 부동산이 1986.11.26. 분할된 사실을 알 수 있는데, 그보다 2개월 15일 전에 작성되었다는 을 제3호증의 1에 분할 후의 지번과 지적이 정확하게 기재되어 있는바, 이러한 사정들과 이 사건 토지가 원고 종중의 선대 분묘 31기가 설치되어 있는 분묘지인 점을 종합하여 볼 때, 원심의 녹음테이프 검증결과 즉, '피고 차호준은 이 사건 소송계속중 소송비용이 없어 인수참가인에게 돈을 받지 아니한 채 이 사건 1, 2 부동산 등에 관하여 소유권을 이전하되, 인수참가인의 비용으로 이 사건 소송을 수행하고 소송이 끝난 뒤에 정산하기로 했다'는 피고 차호준의 진술을 쉽사리 배척할 수는 없고, 따라서 피고 차호준과 인수참가인간에 이 사건 1, 2 부동산에 관한 매매가 진실로 이루어지지 아니하였다고 봄이 사리에 맞다고 하겠다.
      결국 원심은 증명력 있는 증거들을 합리적인 이유 없이 배척하거나 그 판단을 유탈하여 판결에 영향을 미친 위법을 범한 것으로서, 이 점을 지적하는 논지는 이유 있다.

다. 제2점에 대하여

원심은 또한 이 사건 1, 2 부동산은 원래 원고 종중 소유인데 소외 망 차정옥 앞으로 명의신탁하여 사정을 받은 사실 및 그 후 미등기인 위 각 부동산에 관하여 위 차정옥의 상속인인 소외 망 차금돌(피고들의 망부) 명의로 소유권보전등기가 경료된 사실을 인정한 다음, '원고 종중은 소외 차금돌 명의의 소유권보존등기가 이루어지기 전에 위 명의신탁계약을 해지하였다'는 원고의 주장에 대하여, 갑 제2호증의 2, 4(각 구토지대장등본)의 기재만으로는 위 명의신탁계약의 해지사실을 인정하기에 부족하고 달리 이를 인정할 증거가 없다는 이유로, 원고의 주장을 배척하였다.

그러나 (1) 갑 제5호증(제적등본)의 기재로 소외 차정옥이 1914.5.9. 사망한 사실을 인정할 수 있고, (2) 원심증인 유경희의 증언에 따르면 당시 양주세무서장이 1958년경 지적공부의 소관청으로서 6.25사변중 멸실된 이 사건 1,2 부동산의 지적공부를 복구하고자 갑 제15호증의 1, 2(임야조사부)에 근거하여 갑 제26호증의 1(지적공부복구 공시조서)을 작성하였다는 것인데, 갑 제15호증의 1, 2에 이 사건 1, 2 부동산의 사정명의인으로서 소외 차정옥이, 다만 적요란에 '종중재산'이라고 각각 명백히 기재되어 있는데도, 갑 제26호증의 1을 작성함에 즈음하여 사정명의인 차정옥을 그 소유자로 기재하지 아니하고 구태여 적요란의 '종중재산'이라는 기재를 중시하여 해당 종중의 명칭을 확인하여서까지 소유자란에 '연안차씨 종중재산'이라고 기재한 사실 및 이에 따라갑 제2호증의 2, 4(각 구토지대장등본)의 소유자란에도 제1행에 '차정옥 사정', 제2행에 '연안차씨 종중재산'이라고 기재한 사실을 알 수 있는바, 결국 이러한 사실들과 변론의 전취지를 종합하면, 원고 종중은 소외 차정옥의 사망 후 위 복구 전에 이 사건 명의신탁계약을 해지하였고, 그렇기 때문에 위 복구담당 공무원이 신탁자인 원고 종중에게서 이러한 사실을 확인하여 위와 같이 복구하였다고 못 볼 바 아님(갑 제26호증의 1에 일단 소외 차정옥의 재산상속인인 소외 차금돌을 소유자로 기재했다가 위와 같이 중종 명의로 정정한 사정도 참작할 것이다) 에도 불구하고 원심이 원고의 위 주장을 배척하였음은, 심리미진 내지는 채중법칙위배로 사실을 오인함으로써 판결에 영향을 미친 위법을 저질렀다고 하지 않을 수 없다(한편 상고이유 제3점에 대한 판단에서 설시한 피고 차호준과 인수참가인 간의 매매사실을 인정할 수 없는 이상, 이 사건 명의신탁계약은 위 해지사실이 인정되지 아니한다 하더라도 원고의 그 해지의사표시가 담긴 1989.3.13. 자 준비서면의 송달로써 해지되었다고 하겠다) 논지 역시 이유 있다.

2. 다음 피고들(이하 인수참가인을 포함한다)의 상고 이유를 본다

가. 제1, 2점에 대하여

원심판결 이유에 의하면, 원심은 그 설시 증거들을 종합하여 토지대장에 소유자로 기재되어 있는 연안차씨 종중은 원고 종중을 지칭하며, 원고 종중은 연안차씨 시조의 34세손 포은공을 중시조로 하여 중시조의 분묘수호, 제사 등을 목적으로 자연적으로 형성되었고, 선조의 분묘를 수호하고 봉제사하면서 관례에 따라 매년 시향일 등에 정기적으로 모여 종사를 논의해 오다가, 1986.10.경 문장인 소외 차태성이 종중총회를 소집하여 그해 10.24. 종원 25명이 모여 중종총회를 개최한 결과 참석자 전원일치의 찬성으로 정관을 채택하고 소외 차개삼을 대표자로 선임하는 등 임원을 선출하고, 다음날 임시이사회에서 위 차재삼이 원고 종중의 대표로서 이 사건 소를 제기하기로 의결한 사실, 이 사건 소송의 계속중 피고측이 차재삼의 대표권을 다투자 위 차태성이 연락가능한 종원에게 1987.7.5자 임시총회의 소집을 통지하였고 종원 49명이 참석한 위 임시총회에서 참석자 전원일치의 찬성으로 위 종중총회 및 임시이사회의 결의내용을 다시 추인결의한 사실을 인정한 다음, 원고 종중의 당사자능력과 소외 차재삼의 대표자 자격을 긍정하였는바, 원심의 이러한 사실인정과 판단은 정당하고 거기에 판단유탈이나 채증법칙위배로 인한 사실오인의 위법 또는 종중의 당사자능력과 대표자 자격에 관한 법리오해의 위법은 없다. 논지는 이유 없다.

나. 제3점에 대하여

원심이, 원고 종중이 소외 이종하로부터 이 사건 3, 4 부동산을 매수한 사실이 인정되므로 이는 원고 종중의 소유라고 인정하였음을 옳고, 여기에 소론과 같이 채증법칙에 위배하여 사실을 오인한 위법은 없으므로 논지도 이유 없다.

3. 그렇다면 원고의 상고는 이유 있으므로 원심판결중 그 판시 별지목록 기재 1, 2 부동산에 관한 부분을 파기하고 원심으로 하여금 이 부분 사건을 다시 심리판단케 하기 위하여 원심법원에 환송하고, 피고 차호준의 인수참가인 박규호를 포함한 피고들의 상고는 모두 이유 없으므로 이를 각 기각하며, 그 부분 상고비용은 패소자인 피고들 및 인수참가인의 부담으로 하기로 관여 법관의 의견이 일치되어 주문과 같이 판결한다

[판례 45] 토지인도등 (대법원 1991. 6. 11. 선고 91다11278 판결)

【판시사항】

타인 소유의 토지 위에 건립된 미등기건물의 철거의무자

【판결요지】

타인의 토지 위에 건립된 건물이 미등기이고 그 건물로 인하여 그 토지의 소유권이 침해되는 경우 그 건물을 철거할 의무는 그 건물을 법률상, 사실상 처분할 수 있는 지위에 있는 사람이다.

【참조조문】
민법 제214조

【참조판례】
대법원 1986.12.23. 선고 86다카1751 판결(공794호233)
　　　　 1987.11.24. 선고 87다카257, 258 판결(공1988, 159)
　　　　 1989.2.14. 선고 87다카3073 판결(공1989, 414)

【전 문】
【원고, 피상고인】 한제현 외 1인
【피고, 상 고 인】 황인식 소송대리인 변호사 정경철
【원심판결】 서울고등법원 1991.3.8. 선고 90나23351 판결

【주 문】
상고를 기각한다.
상고비용은 피고의 부담으로 한다.

【이 유】
상고이유를 본다.
원심판결 이유에 의하면 원심은 그 증거에 의하여 소외 이인환의 소유이던 이 사건 대지 위에 소외 삼두종합건설주식회사가 위 이인환 외 2인으로부터 건축공사를 도급받아 공사비 전액을 투입하여 이 사건 건물을 완공하였는데 위 회사에게 공사비를 대여하여 준 피고가 위 건물 완공 후 위 대여금채권의 대물변제로 이를 양도받아 점유하고 있는 사실과 이 사건 대지를 원고들이 경락받아 그 소유권을 취득한 사실을 확정하였는바, 기록에 비추어 원심의 사실인정은 정당하고 거기에 지적하는 바와 같은 채증법칙을 어긴 위법이 없다.
타인의 토지 위에 건립된 건물이 미등기이고 그 건물로 인하여 그 토지의 소유권이 침해되는 경우 그 건물을 철거할 의무는 그 건물을 법률상, 사실상 처분할 수 있는 지위에 있는 사람이라 할 것이므로(당원 1987.11.24. 선고 87다카257, 258 판결 참조) 원심이 확정한 바와 같이 피고가 이 사건 건물의 원시취득자인 위 회사로부터 이를 양수하여 사실상의 처분권을 갖게된 이상 이 사건 건물을 철거할 의무를 진다 할 것

이다. 같은 취지의 원심판결은 정당하고 거기에 지적하는 바와 같은 법리오해의 위법이 없다. 주장은 모두 이유없다.

그러므로 상고를 기각하고 상고비용은 패소자의 부담으로 하여 관여법관의 일치된 의견으로 주문과 같이 판결한다.

[판례 46] 산림법위반,도시계획법위반,국토이용관리법위반 (대법원 1990. 10. 30. 선고 90도1798 판결)

【판시사항】
매수인이 토지를 미등기전매하는 경우 매도인의 당초의 거래에 대한 국토이용관리법 제21조의7 제1항 소정 신고의 기대가능성 유무(적극)

【판결요지】
국토이용관리법 제21조의7 제1항에 의하면 신고지역으로 지정된 구역안에 있는 토지 등의 거래계약을 체결하고자 하는 당사자는 공동으로 그 조항 소정의 신고를 하게 되어 있지 이전등기시에 하게 되어 있지는 않으므로 매수인이 토지를 미등기전매하는 경우라고 하여 매도인의 당초의 거래에 대한 신고의 기대가능성이 없다고 할 수는 없다.

【참조조문】
국토이용관리법 제21조의7 제1항, 형법 제12조

【전 문】
【피 고 인】 A
【상 고 인】 피고인
【변 호 인】 변호사 B
【원심판결】 서울형사지방법원 1990.7.3. 선고 90노2232 판결

【주 문】
상고를 기각한다.

【이 유】
상고이유를 본다.

제1점에 대하여,

기록에 비추어 보면 산림법위반, 도시계획법위반의 점에 관한 제1심이나 원심의 사실인정은 수긍이 되고 거기에 채증법칙에 위배되는바 있다고 할 수 없고 설사 산림의 훼손이나 토지의 형질변경의 정도에 다소 차이가 있다고 하여도 이 사건 범죄의 성립에는 영향이 없다고 할 것이다.

또 사실관계가 그와 같다면 원심의 법률적용도 정당한 것이다.

따라서 원심판결의 이 부분에 채증법칙위반, 의율의 착오등이 있다고 주장하는 논지는 이유 없다.

제2점에 대하여,

국토이용관리법위반의 점에 관한 원심의 사실인정이나 법률적용도 정당하다.

국토이용관리법 제21조의7 제1항에 의하면 신고지역으로 지정된 구역 안에 있는 토지 등의 거래계약을 체결하고자 하는 당사자는 공동으로 그 조항 소정의 신고를 하게 되어 있지 이전등기시 하게 되어 있지는 않으며 그러므로 매수인이 토지를 미등기 전매하는 경우라고 하여 매도인의 당초의 거래에 대한신고의 기대가능성이 없다고 할 수는 없다.

논지도 이유 없다.

그러므로 상고를 기각하기로 하여 관여 법관의 일치된 의견으로 주문과 같이 판결한다.

제4장 관련 질의회신

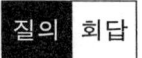 미등기 공동상속주택과 일반주택을 보유하고 있는 경우 일반주택을 양도할 때 1세대1주택 비과세 적용가능 여부

[요 지]

상속으로 여러 사람이 공동으로 소유하는 1주택의 소수지분을 소유한 자가 당해 공동상속주택 소수지분외의 다른 주택을 양도하는 때에는 「소득세법 시행령」제155조제3항에 따라 당해 공동상속주택 소수지분은 당해 거주자의 주택으로 보지 아니함

[답변내용]

1. 「소득세법 시행령」제155조 제2항 및 제3항을 적용할 때 상속주택(미등기주택을 공동으로 상속한 경우 포함) 외의 주택을 양도할 때까지 협의분할하여 등기하지 아니한 경우에는 법정상속분 등에 따른 상속분에 따라 해당 상속주택을 소유하는 것으로 보며,

2. 상속으로 여러 사람이 공동으로 소유하는 1주택의 소수지분을 소유한 자가 당해 공동상속주택 소수지분외의 다른 주택을 양도하는 때에는 「소득세법 시행령」제155조제3항에 따라 당해 공동상속주택 소수지분은 당해 거주자의 주택으로 보지 아니하고 같은 법 시행령 제154조제1항의 1세대 1주택 비과세 규정을 적용하는 것입니다.

[관련법령]

소득세법시행령 제155조 【1세대1주택의 특례】

1. 질의내용 요약
   - 사실관계
     - '60.01.01 을(갑의 父), 경남 합천군 합천읍 소재 주택 취득
       (미등기 주택으로 1988년 상속개시되었으나 현재까지 협의분할 등기하지 아니함, 상속인은 母와 자 5명임)
     - '79.01.25 갑, 경남 합천군 합천읍 소재 주택 부수토지 소유권 이전 등기
     - '94.12.16 갑, 경기도 부천시 원미구 소재 아파트 매매 취득
   - 질의내용

- 갑이 부천시 소재 아파트를 양도하는 경우 1세대1주택 비과세에 해당하는지

2. 관련법령(법률, 시행령, 시행규칙, 기본통칙)
   ○ 소득세법 제89조 【비과세 양도소득】
   ① 다음 각 호의 소득에 대해서는 양도소득에 대한 소득세(이하 "양도소득세"라 한다)를 과세하지 아니한다.
   1.~ 2. 생략
   3. 다음 각 목의 어느 하나에 해당하는 주택(가액이 대통령령으로 정하는 기준을 초과하는 고가주택은 제외한다)과 이에 딸린 토지로서 건물이 정착된 면적에 지역별로 대통령령으로 정하는 배율을 곱하여 산정한 면적 이내의 토지(이하 이 조에서 "주택부수토지"라 한다)의 양도로 발생하는 소득
   가. 대통령령으로 정하는 1세대 1주택
   나. 1세대가 1주택을 양도하기 전에 다른 주택을 대체취득하거나 상속, 동거봉양, 혼인 등으로 인하여 2주택 이상을 보유하는 경우로서 대통령령으로 정하는 주택
   (이하 생략)
   ○ 소득세법 시행령 제154조 【1세대 1주택의 범위】
   ① 법 제89조 제1항 제3호 가목에서 "대통령령으로 정하는 1세대 1주택"이란 거주자 및 그 배우자가 그들과 동일한 주소 또는 거소에서 생계를 같이 하는 가족과 함께 구성하는 1세대(이하 "1세대"라 한다)가 양도일 현재 국내에 1주택을 보유하고 있는 경우로서 해당 주택의 보유기간이 2년(제8항 제2호에 해당하는 거주자의 주택인 경우는 3년) 이상인 것을 말한다. 다만, 1세대가 양도일 현재 국내에 1주택을 보유하고 있는 경우로서 다음 각 호의 어느 하나에 해당하는 경우에는 그 보유기간의 제한을 받지 아니한다.
   1. ~ 3. 생략
   ② ~ ⑩ 생략
   ⑪ 법 제89조 제1항 제3호 나목에서 "대통령령으로 정하는 주택"이란 제155조에 따른 1세대1주택의 특례에 해당하여 이 조를 적용하는 주택을 말한다.
   (이하 생략)
   ○ 소득세법시행령 제155조 【1세대1주택의 특례】
   ① 국내에 1주택을 소유한 1세대가 그 주택(이하 이 항에서 "종전의 주택"이라 한다)을 양도하기 전에 다른 주택을 취득(자기가 건설하여 취득한 경우를 포함한다)함으로써 일시적으로 2주택이 된 경우 종전의 주택을 취득한 날부터 1년 이상이 지난 후 다른 주택을 취득하고 그 다른 주택을 취득한 날부터 3년 이내에 종전의 주택을 양도하는 경우(3년 이내에 양도하지 못하는 경우로서 기획재정부령으로 정하는 사유에 해당하는 경우를 포함한다)에는 이를 1세대1주택으로 보

아 제154조제1항을 적용한다. 이 경우 제154조제1항제1호, 제2호가목 및 제3호의 어느 하나에 해당하는 경우에는 종전의 주택을 취득한 날부터 1년 이상이 지난 후 다른 주택을 취득하는 요건을 적용하지 아니하며, 종전의 주택 및 그 부수토지의 일부가 제154조제1항제2호가목에 따라 협의매수되거나 수용되는 경우로서 당해 잔존하는 주택 및 그 부수 토지를 그 양도일 또는 수용일부터 3년 이내에 양도하는 때에는 당해 잔존하는 주택 및 그 부수토지의 양도는 종전의 주택 및 그 부수토지의 양도 또는 수용에 포함되는 것으로 본다. <개정 2002.3.30, 2002.12.30, 2008.2.29, 2008.11.28, 2012.6.29, 2013.2.15>

② 상속받은 주택(조합원입주권을 상속받아 사업시행 완료 후 취득한 신축주택을 포함하며, 피상속인이 상속개시 당시 2 이상의 주택을 소유한 경우에는 다음 각 호의 순위에 따른 1주택을 말한다)과 그 밖의 주택(상속개시 당시 보유한 주택 또는 상속개시 당시 보유한 조합원입주권에 의하여 사업시행 완료 후 취득한 신축주택만 해당한다. 이하 이 항에서 "일반주택"이라 한다)을 국내에 각각 1개씩 소유하고 있는 1세대가 일반주택을 양도하는 경우에는 국내에 1개의 주택을 소유하고 있는 것으로 보아 제154조제1항을 적용한다. 다만, 상속인과 피상속인이 상속개시 당시 1세대인 경우에는 1주택을 보유하고 1세대를 구성하는 자가 직계존속(배우자의 직계존속을 포함하며, 세대를 합친 날 현재 직계존속 중 어느 한 사람 또는 모두가 60세 이상으로서 1주택을 보유하고 있는 경우만 해당한다)을 동거봉양하기 위하여 세대를 합침에 따라 2주택을 보유하게 되는 경우로서 합치기 이전부터 보유하고 있었던 주택만 상속받은 주택으로 본다(이하 제3항, 제7항제1호 및 제156조의2제7항제1호에서 같다). <개정 1997.12.31, 2002.10.1, 2002.12.30, 2008.2.22, 2010.2.18, 2012.2.2, 2013.2.15, 2014.2.21>

1. 피상속인이 소유한 기간이 가장 긴 1주택
2. 피상속인이 소유한 기간이 같은 주택이 2이상일 경우에는 피상속인이 거주한 기간이 가장 긴 1주택
3. 피상속인이 소유한 기간 및 거주한 기간이 모두 같은 주택이 2이상일 경우에는 피상속인이 상속개시당시 거주한 1주택
4. 피상속인이 거주한 사실이 없는 주택으로서 소유한 기간이 같은 주택이 2이상일 경우에는 기준시가가 가장 높은 1주택(기준시가가 같은 경우에는 상속인이 선택하는 1주택)

③ 제154조제1항의 규정을 적용함에 있어서 공동상속주택(상속으로 여러 사람이 공동으로 소유하는 1주택을 말한다)외의 다른 주택을 양도하는 때에는 당해 공동상속주택은 당해 거주자의 주택으로 보지 아니한다. 다만, 상속지분이 가장 큰 상속인의 경우는 그러하지 아니하며 이 경우 상속지분이 가장 큰 상속인이 2인 이상인 때에는 그 2인이상의 자중 다음 각호의 순서에 따라 당해 각호에 해당하는 자가 당해 공동상속주택을 소유한 것으로 본다.

1. 당해 주택에 거주하는 자
2. 삭제 <2008.2.22>
3. 최연장자

(중간생략)

⑱ 제2항 및 제3항을 적용할 때 상속주택 외의 주택을 양도할 때까지 상속주택을 「민법」 제1013조에 따라 협의분할하여 등기하지 아니한 경우에는 같은 법 제1009조 및 제1010조에 따른 상속분에 따라 해당 상속주택을 소유하는 것으로 본다. 다만, 상속주택 외의 주택을 양도한 이후 「국세기본법」 제26조의2에 따른 국세 부과의 제척기간 내에 상속주택을 협의분할하여 등기한 경우로서 등기 전 제2항 및 제3항에 따라 제154조제1항을 적용받았다가 등기 후 같은 항의 적용을 받지 못하여 양도소득세를 추가 납부하여야 할 자는 그 등기일이 속하는 달의 말일부터 2개월 이내에 다음 계산식에 따라 계산한 금액을 양도소득세로 신고·납부하여야 한다.

납부할 양도소득세 = 일반주택 양도 당시 제2항 또는 제3항을 적용하지 아니하였을 경우에 납부하였을 세액 - 일반주택 양도 당시 제2항 또는 제3항을 적용받아 납부한 세액

○ 민법 제1009조 【법정상속분】
① 동순위의 상속인이 수인인 때에는 그 상속분은 균분으로 한다.
② 피상속인의 배우자의 상속분은 직계비속과 공동으로 상속하는 때에는 직계비속의 상속분의 5할을 가산하고, 직계존속과 공동으로 상속하는 때에는 직계존속의 상속분의 5할을 가산한다.

○ 민법 제1010조 【대습상속분】
① 제1001조의 규정에 의하여 사망 또는 결격된 자에 갈음하여 상속인이 된 자의 상속분은 사망 또는 결격된 자의 상속분에 의한다.
② 전항의 경우에 사망 또는 결격된 자의 직계비속이 수인인 때에는 그 상속분은 사망 또는 결격된 자의 상속분의 한도에서 제1009조의 규정에 의하여 이를 정한다. 제1003조제2항의 경우에도 또한 같다.

○ 서면-2015-부동산-1594 [부동산납세과-1702] , 2015.10.21
「소득세법 시행령」 제155조 제2항 및 제3항을 적용할 때 상속주택(미등기주택을 공동으로 상속한 경우 포함) 외의 주택을 양도할 때까지 협의분할 등기하지 아니한 경우 법정상속분 등에 따른 상속분에 따라 해당 상속주택을 소유하는 것으로 보며, 공동상속주택 소유자 판정은 같은 영 제155조 제3항에 따르는 것임

○ 법규재산2014-553, 2015.01.06.
양도일 현재 2년 이상 보유한 상속주택 외의 주택과 「민법」 제1013조에 따라 협의분할하여 등기하지 않은 상속주택을 보유하고 있는 1세대가 상속주택 외의 주택을 양도한 경우 같은 법 제1009조 및 제1010조에 따른 상속분에 따라 해당 상속

주택의 소유자를 판단하는 것이며, 상속주택 외의 주택을 양도한 이후 「국세기본법」 제26조의2에 따른 국세 부과의 제척기간 내에 상속주택이 협의분할되어 상속개시일 및 양도일 현재 다른 세대인 상속인 명의로 소유권 등기된 경우 상속주택 외의 주택에 대하여 「소득세법 시행령」 제154조 제1항에 따른 1세대1주택 비과세를 적용하는 것입니다.

○ 부동산거래관리과-669 , 2010.05.10

상속으로 여러 사람이 공동으로 소유하는 1주택의 소수지분을 소유한 자가 당해 공동상속주택 소수지분외의 다른 주택을 양도하는 때에는 「소득세법 시행령」 제155조제3항에 따라 당해 공동상속주택 소수지분은 당해 거주자의 주택으로 보지 아니하고 같은 법시행령154조제1항의 1세대 1주택 비과세 규정을 적용하는 것입니다.

> ○ 사실 관계
> - 1987. . 갑은 별도세대주로 분가
> - 1992.09. 갑은 증조부 때부터 살아왔던 전북 00시 소재A주택(대지 1,144㎡, 주택 77.37㎡, 축사 29.02㎡)을 상속으로 취득하여 보유하고 있음
> - 1992.9월 부친의 사망(당시 상속인 어머니 및 3남매) 후에도 등기를 미루고 있다가 대지에 대해서는 2007.1월 소유권이전등기를 하였으나,
> - 건물은 미등기 상태로 현재까지 부친명의로 건축물 대장에 등재되어 있으며, 부친 사망이후 사람이 살지 않고 관리를 하지 않아 수도, 전기, 통신이 단절된 상태로 폐가상태임
> - 재산세는 어머님 명의(동생과 거주)로 납부하여 왔음
> - 2004. . 갑이 경기 고양 소재 B아파트 취득
> - 2009. . 갑이 B아파트 양도
> - 이후 갑이 경기 고양 소재 C단독주택을 취득하여 거주중임

○ 부동산거래관리과-1541, 2010.12.30

1. 국내에 1주택을 소유한 1세대가 그 주택을 양도하기 전에 다른 주택을 취득함으로써 일시적으로 2주택이 된 경우 다른 주택을 취득한 날부터 2년 이내에 종전의 주택을 양도하는 경우에는 이를 1세대1주택으로 보아 비과세 여부를 판정하는 것입니다.

2. 위 '1'을 적용함에 있어 별도세대인 피상속인으로부터 상속받은 공동상속주택(상속으로 여러 사람이 공동으로 소유하는 1주택을 말함)외의 다른 주택을 양도하는 때에는 해당 공동상속주택은 해당 거주자의 주택으로 보지 않는 것입니다. 다만, 상속지분이 가장 큰 상속인의 경우는 그러하지 아니하며 상속지분이 가장 큰 상속인이 2인 이상인 때에는 그 2인 이상의 자 중 해당 주택에 거주하는 자, 최연장자의 순서에 따라 그 자가 해당 공동상속주택을 소유한 것으로 보는 것입니다.

○ 서면인터넷방문상담4팀-3971, 2006.12.07.(1주택 공동상속)

1. 소득세법 시행령 제154조 제1항의 규정을 적용함에 있어서 공동상속주택외의 다른 주택을 양도하는 때에는 당해 공동상속주택은 당해 거주자의 주택으로 보지 아니하나 상속지분이 가장 큰 상속인의 경우에는 그러하지 아니한 것입니다
2. 위 1.을 적용함에 있어 상속개시일 이후 다른 상속인의 지분을 일부 증여 등으로 취득하여 당초 공동상속지분이 변경된다 하더라도 증여 등으로 추가 취득하는 지분을 새로운 주택의 취득으로 보지 않는 것이며, 공동상속주택의 소유자 판정은 상속개시일을 기준으로 판정하는 것입니다.

[질의 회답] 미등기양도제외 자산에 해당하는지 여부

[요 지]
「부동산등기법」제65조에 따라 건축물대장에 최초 소유자로 등록되지 않았거나 「특정건축물 정리에 관한 특별조치법」에 따른 특정건축물 양성화 대상건물에 해당하지 못하여 부동산등기가 불가능한 경우에는「소득세법 시행령」제168조제1항에 따른 미등기양도제외 자산에 해당하는 것임

[답변내용]
1. 「소득세법」제104조제3항에 따른 미등기양도자산이란 같은 법 제94조제1항제1호 및 제2호에 규정하는 자산을 취득한 자가 그 자산의 취득에 관한 등기를 하지 아니하고 양도하는 것을 말하는 것이나, 법률의 규정 또는 법원의 결정에 따라 양도 당시 그 자산의 취득에 관한 등기가 불가능한 자산의 경우에는 미등기양도자산으로 보지 아니하는 것이며,
2. 「부동산등기법」제65조에 따라 건축물대장에 최초 소유자로 등록되지 않았거나「특정건축물 정리에 관한 특별조치법」에 따른 특정건축물 양성화 대상건물에 해당하지 못하여 부동산등기가 불가능한 경우에는「소득세법 시행령」제168조제1항에 따른 미등기양도제외 자산에 해당하는 것이나, 귀 질의가 위 규정에 해당하는지 여부는 관련 법령 등에 따라 사실판단할 사항입니다.

[관련법령]
소득세법 시행령 제168조 【미등기양도제외 자산의 범위 등】

1. 질의내용 요약
   ○ 사실관계

- 2015.11.11 갑, 母(모)로부터 광주광역시 서구 화정동 소재 토지와 건물을 상속 받음
- 해당 토지에는 100년 된 약 9평 규모의 행랑채 건물이 존재(미등기이고 건축물대장에도 등재되어 있지 않음)
- 해당 건물에는 임차인 을이 거주 중이고 무허가 영업관련 지장물과 창고를 짓고 생활하고 있음
- 해당 토지는 광주화정2구역 주거환경개선사업에 편입
  (07.11.01 사업시행 인가, 15.05.26 사업시행인가 변경)
○ 질의내용
- 위 건물을 양도하는 경우「소득세법 시행령」제168조제1항제2호 또는 제5호에 의한 미등기양도제외 자산에 해당하는지 여부

2. 관계 법령
○ 소득세법 제104조 【양도소득세의 세율】
① 거주자의 양도소득세는 해당 과세기간의 양도소득과세표준에 다음 각 호의 세율을 적용하여 계산한 금액(이하 "양도소득 산출세액"이라 한다)을 그 세액으로 한다. 이 경우 하나의 자산이 다음 각 호에 따른 세율 중 둘 이상에 해당할 때에는 해당 세율을 적용하여 계산한 양도소득 산출세액 중 큰 것을 그 세액으로 하고, 제12호에 따른 세율은 자본시장 육성 등을 위하여 필요한 경우 그 세율의 100분의 75의 범위에서 대통령령으로 정하는 바에 따라 인하할 수 있다.
1.~9. 생략
10. 미등기양도자산 양도소득 과세표준의 100분의 70
11.~12. 생략
② 생략
③ 제1항제10호에서 "미등기양도자산"이란 제94조제1항제1호 및 제2호에서 규정하는 자산을 취득한 자가 그 자산 취득에 관한 등기를 하지 아니하고 양도하는 것을 말한다. 다만, 대통령령으로 정하는 자산은 제외한다.
(이하 생략)

○ 소득세법 시행령 제168조 【미등기양도제외 자산의 범위 등】
① 법 제104조제3항 단서에서 "대통령령으로 정하는 자산"이란 다음 각 호의 것을 말한다.
1. 장기할부조건으로 취득한 자산으로서 그 계약조건에 의하여 양도 당시 그 자산의 취득에 관한 등기가 불가능한 자산
2. 법률의 규정 또는 법원의 결정에 의하여 양도 당시 그 자산의 취득에 관한 등기가 불가능한 자산
3. 법 제89조제1항제2호,「조세특례제한법」제69조제1항 및 제70조제1항에 규정하는 토지

4. 법 제89조제1항제3호 각 목의 어느 하나에 해당하는 주택으로서 「건축법」에 따른 건축허가를 받지 아니하여 등기가 불가능한 자산
5. 상속에 의한 소유권이전등기를 하지 아니한 자산으로서 「공익사업을 위한 토지 등의 취득 및 보상에 관한 법률」 제18조의 규정에 의하여 사업시행자에게 양도하는 것
6. 「도시개발법」에 따른 도시개발사업이 종료되지 아니하여 토지 취득등기를 하지 아니하고 양도하는 토지
7. 건설업자가 「도시개발법」에 따라 공사용역 대가로 취득한 체비지를 토지구획환지처분공고 전에 양도하는 토지

② 법 제104조제1항제1호의 규정을 적용함에 있어서 제158조제1항제1호의 규정에 의한 주식등의 양도소득산출세액에 대주주로서 납부하였거나 납부할 세액이 포함되어 있는 경우에는 이를 차감하여 계산한 금액을 양도소득산출세액으로 한다.

○ 법규재산2014-513, 2014.05.27

「부동산등기법」 제65조에 따라 건축물대장에 최초 소유자로 등록되지 않았거나, 「특정건축물 정리에 관한 특별조치법」에 따른 특정건축물 양성화 대상건물에 해당하지 못하여 부동산등기가 불가능한 경우에는 「소득세법 시행령」 제168조제1항에 따른 미등기양도제외 자산에 해당하는 것이나, 귀 질의가 건축물대장에 최초 소유자에 해당하는지 여부, 특정건축물 양성화 대상건물에 해당하지 않는 경우인지 여부는 관련 법령 등에 따라 사실판단할 사항입니다.

○ 부동산거래관리과-1231, 2010.10.07

「소득세법」 제104조제3항에 따른 "미등기양도자산"이란 같은 법 제94조제1항제1호 및 제2호에 규정하는 자산을 취득한 자가 그 자산의 취득에 관한 등기를 하지 아니하고 양도하는 것을 말하는 것이나, 같은 법 시행령 제168조제1항제2호에 따라 법률의 규정 또는 법원의 결정에 의하여 양도 당시 그 자산의 취득에 관한 등기가 불가능한 자산의 경우에는 미등기양도자산으로 보지 않는 것임

 농어촌주택을 미등기한 경우 「조세특례제한법」 제99조의4에 따른 과세특례 적용 가능 여부

[요 지]

농어촌주택을 미등기하여도 양도하는 주택이 등기된 자산인 경우에는 조특법 §99의4에 따른 과세특례 적용 가능함

[답변내용]

1세대가 2003년 8월 1일부터 2017년 12월 31일까지 「조세특례제한법(2015.12.15.

법률 제13560호로 개정되기 전의 것)」제99조의4에 따른 농어촌주택 1채를 취득(자기가 건설하여 취득한 경우를 포함한다)하였으나 등기하지 아니하고 3년 이상 보유한 후 그 농어촌주택을 취득하기 전에 보유하던 다른 주택을 양도하는 경우 같은 조 제1항에 따라 그 농어촌주택을 해당 1세대의 소유주택이 아닌 것으로 보아 「소득세법(2015.12.15. 법률 제13558호로 개정되기 전의 것)」제89조제1항제3호를 적용하는 것임

[관련법령]
조세특례제한법 제99조의4【농어촌주택 등 취득자에 대한 양도소득세 과세특례】

1. 사실관계
   ○ 신청인은 2010.11.16. 경남 ○○군 ○○면 ○○리 소재 토지 344㎡를 취득한 후 2011.8.10. "해당 토지에 83.41㎡의 단독주택"(이하 "농어촌주택"이라 함)을 신축하고 2011.9.21. 사용승인을 받았음
   ○ 신청인은 농어촌주택을 취득하기 전인 2002.2.27. "경기도 ○○시 ○○동 소재 빌라"(이하 "일반주택"이라 함)를 취득하고 소유권이전등기를 하였으며
   - 2015.9.4. 일반주택을 양도하였으나, 양도 당시 농어촌 주택은 미등기상태임
2. 질의내용
   ○ 1세대가 보유하는 농어촌주택이 미등기자산인 경우에도 일반주택 양도 시 1세대1주택 비과세를 적용받을 수 있는지 여부
3. 관련법령
   ○ 조세특례제한법 제99조의4【농어촌주택 등 취득자에 대한 양도소득세 과세특례】
      (2015.12.15. 법률 제13560호로 개정되기 전의 것, 이하 같음)
      ① 거주자 및 그 배우자가 구성하는 대통령령으로 정하는 1세대(이하 이 조에서 "1세대"라 한다)가 2003년 8월 1일(고향주택은 2009년 1월 1일)부터 2017년 12월 31일까지의 기간(이하 이 조에서 "농어촌주택등취득기간"이라 한다) 중에 다음 각 호의 어느 하나에 해당하는 1채의 주택(이하 이 조에서 "농어촌주택등"이라 한다)을 취득(자기가 건설하여 취득한 경우를 포함한다)하여 3년 이상 보유하고 그 농어촌주택등 취득 전에 보유하던 다른 주택(이하 이 조에서 "일반주택"이라 한다)을 양도하는 경우에는 그 농어촌주택등을 해당 1세대의 소유주택이 아닌 것으로 보아 「소득세법」제89조제1항제3호를 적용한다.
      1. 다음 각 목의 요건을 모두 갖춘 주택(이 조에서 "농어촌주택"이라 한다)
         가. 취득 당시 다음의 어느 하나에 해당하는 지역을 제외한 지역으로서「지방자치법」제3조제3항 및 제4항에 따른 읍 또는 면에 소재할 것

1) 수도권지역. 다만, 「접경지역 지원 특별법」제2조에 따른 접경지역 중 부동산가격동향 등을 고려하여 대통령령으로 정하는 지역은 제외한다.
2) 「국토의 계획 및 이용에 관한 법률」제6조 및 같은 법 제117조에 따른 도시지역 및 허가구역
3) 「소득세법」제104조의2제1항에 따른 지정지역
4) 그 밖에 관광단지 등 부동산가격안정이 필요하다고 인정되어 대통령령으로 정하는 지역

나. 대지면적이 660제곱미터 이내이고, 주택의 면적이 대통령령으로 정하는 기준 이내일 것
다. 주택 및 이에 딸린 토지의 가액(「소득세법」제99조에 따른 기준시가를 말한다)의 합계액이 해당 주택의 취득 당시 2억원(대통령령으로 정하는 한옥은 4억원)을 초과하지 아니할 것

2.(생략)

② 삭제 <2007.12.31>
③ 1세대가 취득한 농어촌주택과 보유하고 있던 일반주택이 행정구역상 같은 읍·면 또는 연접한 읍·면에 있는 경우나 1세대가 취득한 고향주택과 보유하고 있던 일반주택이 행정구역상 같은 시 또는 연접한 시에 있는 경우에는 제1항을 적용하지 아니한다.
④ 1세대가 제1항에 따른 농어촌주택등의 3년 이상 보유 요건을 충족하기 전에 일반주택을 양도하는 경우에도 제1항을 적용한다.
⑤ 제4항에 따른 양도소득세의 특례를 적용받은 1세대가 농어촌주택등을 3년 이상 보유하지 아니하게 된 경우에는 과세특례를 적용받은 자가 과세특례를 적용받지 아니하였을 경우 납부하였을 세액에 상당하는 세액으로서 대통령령으로 정하는 바에 따라 계산한 세액을 그 보유하지 아니하게 된 날이 속하는 달의 말일부터 2개월 이내에 양도소득세로 납부하여야 한다. 다만, 「공익사업을 위한 토지 등의 취득 및 보상에 관한 법률」에 따른 수용 등 대통령령으로 정하는 부득이한 사유가 있는 경우에는 그러하지 아니하다.
⑥ 제1항 및 제4항에 따른 과세특례를 적용받으려는 자는 대통령령으로 정하는 바에 따라 과세특례신청을 하여야 한다.
⑦ 농어촌주택등의 면적 및 취득가액의 산정방법, 농어촌주택등의 보유기간 계산, 농어촌주택등의 판정기준 등에 관하여 필요한 사항은 대통령령으로 정한다.

○ 조세특례제한법 시행령 제99조의4【농어촌주택등 취득자에 대한 양도소득세 과세특례】(2016.2.5. 대통령령 제26959호로 개정되기 전의 것)
① 법 제99조의4제1항 각 호 외의 부분에서 "대통령령으로 정하는 1세대"란 「소득세법 시행령」제154조제1항에 따른 1세대를 말한다.
② 법 제99조의4제1항제1호가목(1) 단서에서 "대통령령으로 정하는 지역"이란 경

기도 연천군, 인천광역시 옹진군 및 그 밖에 지역특성이 이와 유사한 지역으로서 기획재정부령으로 정하는 지역을 말한다.
③ 법 제99조의4제1항제1호가목(4) 및 같은 항 제2호나목(3)에서 "대통령령으로 정하는 지역"이란 「관광진흥법」 제2조에 따른 관광단지를 말한다.
④ 법 제99조의4제1항제1호나목 및 같은 항 제2호다목에서 "대통령령으로 정하는 기준 이내"란 주택의 연면적이 150제곱미터(공동주택의 경우에는 전용면적 116제곱미터) 이내를 말한다.
⑤ ~ ⑥ (생략)
⑦ 법 제99조의4제5항 본문에서 "대통령령으로 정하는 바에 따라 계산한 세액"이란 일반주택을 양도한 시점에서의 당해 일반주택에 대한 「소득세법」 제104조의 규정에 의하여 계산한 세액을 말한다.
⑧ (생략)
⑨ 법 제99조의4에 따른 과세특례를 적용받으려는 자는 기획재정부령으로 정하는 과세특례신고서를 「소득세법」 제105조 또는 같은 법 제110조에 따른 양도소득세 과세표준신고기한 내에 제출하여야 한다. 이 경우 납세지 관할세무서장은 「전자정부법」 제36조제1항에 따른 행정정보의 공동이용을 통하여 다음 각 호의 서류를 확인하여야 한다.
  1. 일반주택의 토지대장 및 건축물대장
  2. 농어촌주택등의 토지대장 및 건축물대장
⑩ ~ ⑬ (생략)

○ 조세특례제한법 제129조【양도소득세의 감면 배제 등】
① (생략)
② 「소득세법」 제104조제3항에 따른 미등기양도자산에 대해서는 양도소득세의 비과세 및 감면에 관한 규정을 적용하지 아니한다.

○ 소득세법 제89조【비과세 양도소득】(2015.12.15. 법률 제13558호로 개정되기 전의 것, 이하 같음)
① 다음 각 호의 소득에 대해서는 양도소득에 대한 소득세(이하 "양도소득세"라 한다)를 과세하지 아니한다.
  1.~2. (생략)
  3. 다음 각 목의 어느 하나에 해당하는 주택(가액이 대통령령으로 정하는 기준을 초과하는 고가주택은 제외한다)과 이에 딸린 토지로서 건물이 정착된 면적에 지역별로 대통령령으로 정하는 배율을 곱하여 산정한 면적 이내의 토지(이하 이 조에서 "주택부수토지"라 한다)의 양도로 발생하는 소득
    가. 대통령령으로 정하는 1세대 1주택
    나. 1세대가 1주택을 양도하기 전에 다른 주택을 대체취득하거나 상속, 동거봉양, 혼인 등으로 인하여 2주택 이상을 보유하는 경우로서 대통령령으로 정하

는 주택
② (생략)
○ 소득세법 시행령 제154조【1세대1주택의 범위】
① 법 제89조제1항제3호가목에서 "대통령령으로 정하는 1세대 1주택"이란 거주자 및 그 배우자가 그들과 동일한 주소 또는 거소에서 생계를 같이 하는 가족과 함께 구성하는 1세대(이하 "1세대"라 한다)가 양도일 현재 국내에 1주택을 보유하고 있는 경우로서 해당 주택의 보유기간이 2년(제8항제2호에 해당하는 거주자의 주택인 경우는 3년) 이상인 것을 말한다. 다만, 1세대가 양도일 현재 국내에 1주택을 보유하고 있는 경우로서 다음 각 호의 어느 하나에 해당하는 경우에는 그 보유기간의 제한을 받지 아니한다.
(이 하 생 략)
○ 소득세법 제91조【양도소득세 비과세 또는 감면의 배제 등】
① 제104조제3항에서 규정하는 미등기양도자산에 대하여는 이 법 또는 이 법 외의 법률 중 양도소득에 대한 소득세의 비과세에 관한 규정을 적용하지 아니한다.
② (생략)
○ 소득세법 제104조【양도소득세의 세율】
① 거주자의 양도소득세는 해당 과세기간의 양도소득과세표준에 다음 각 호의 세율을 적용하여 계산한 금액(이하 "양도소득 산출세액"이라 한다)을 그 세액으로 한다. 이 경우 하나의 자산이 다음 각 호에 따른 세율 중 둘 이상에 해당할 때에는 해당 세율을 적용하여 계산한 양도소득 산출세액 중 큰 것을 그 세액으로 하고, 제12호에 따른 세율은 자본시장 육성 등을 위하여 필요한 경우 그 세율의 100분의 75의 범위에서 대통령령으로 정하는 바에 따라 인하할 수 있다.
1. ~ 9. (생략)
10. 미등기양도자산 양도소득 과세표준의 100분의 70
11. ~ 12. (생략)
② (생략)
③ 제1항제10호에서 "미등기양도자산"이란 제94조제1항제1호 및 제2호에서 규정하는 자산을 취득한 자가 그 자산 취득에 관한 등기를 하지 아니하고 양도하는 것을 말한다. 다만, 대통령령으로 정하는 자산은 제외한다.
④ ~ ⑥ (생략)
○ 소득세법 시행령 제168조【미등기양도제외 자산의 범위 등】
① 법 제104조제3항 단서에서 "대통령령으로 정하는 자산"이란 다음 각 호의 것을 말한다.
1. 장기할부조건으로 취득한 자산으로서 그 계약조건에 의하여 양도 당시 그 자산의 취득에 관한 등기가 불가능한 자산
2. 법률의 규정 또는 법원의 결정에 의하여 양도 당시 그 자산의 취득에 관한 등

기가 불가능한 자산
3. 법 제89조제1항제2호, 「조세특례제한법」 제69조제1항 및 제70조제1항에 규정하는 토지
4. 법 제89조제1항제3호 각 목의 어느 하나에 해당하는 주택으로서 「건축법」에 따른 건축허가를 받지 아니하여 등기가 불가능한 자산
5. 상속에 의한 소유권이전등기를 하지 아니한 자산으로서 「공익사업을 위한 토지 등의 취득 및 보상에 관한 법률」 제18조의 규정에 의하여 사업시행자에게 양도하는 것
6. 「도시개발법」에 따른 도시개발사업이 종료되지 아니하여 토지 취득등기를 하지 아니하고 양도하는 토지
7. 건설업자가 「도시개발법」에 따라 공사용역 대가로 취득한 체비지를 토지구획환지처분공고 전에 양도하는 토지

② (생략)

질의 회답 입주 후 소유권이전고시 전에 양도하는 경우 미등기양도자산 해당 여부

[요 지]
「소득세법」 제104조 제3항에 따른 "미등기양도자산" 해당 여부를 판정할 때 법률의 규정 또는 법원의 결정에 따라 양도 당시 그 자산의 취득에 관한 등기가 불가능한 자산의 경우에는 미등기양도자산으로 보지 아니하는 것임

[답변내용]
「소득세법」 제104조 제3항에 따른 "미등기양도자산"이란 같은 법 제94조 제1항 제1호 및 제2호에 규정하는 자산을 취득한 자가 그 자산의 취득에 관한 등기를 하지 아니하고 양도하는 것을 말하는 것이나, 법률의 규정 또는 법원의 결정에 따라 양도 당시 그 자산의 추득에 관한 등기가 불가능한 자산의 경우에는 미등기양도 자산으로 보지 아니하는 것입니다.

[관련법령]
소득세법 제104조 【양도소득세의 세율】
소득세법 시행령 제168조 【미등기양도제외 자산의 범위 등】

1. 질의내용 요약
   ○ 사실관계

- 2007.05.31. A주택 취득
- 2012.05.03. A주택 주택재건축사업 관리처분계획인가
- 2015.03.19. 재건축아파트 준공으로 임시사용승인을 받아 신축한 A주택 입주 개시
- 2015.05.07. 신축한 A주택 양도
- 한편, 상기의 주택재건축정비사업조합은 관리처분계획 변경 인가 및 소유권이전고시를 준비 중에 있고, 등기는 2015년 8월부터 9월 중에 있을 것으로 예정되어 있음

○ 질의내용
- 도시및주거환경정비법상 주택재건축사업에 따라 준공 후 임시사용승인받아 입주한 주택을 준공검사 및 소유권이전고시 전에 양도하는 경우 미등기양도자산 해당 여부

2. 질의내용에 대한 자료

○ 소득세법 제94조 【양도소득의 범위】
① 양도소득은 해당 과세기간에 발생한 다음 각 호의 소득으로 한다.
1. 토지[「공간정보의 구축 및 관리 등에 관한 법률」에 따라 지적공부(地籍公簿)에 등록하여야 할 지목에 해당하는 것을 말한다] 또는 건물(건물에 부속된 시설물과 구축물을 포함한다)의 양도로 발생하는 소득
2. 다음 각 목의 어느 하나에 해당하는 부동산에 관한 권리의 양도로 발생하는 소득
가. 부동산을 취득할 수 있는 권리(건물이 완성되는 때에 그 건물과 이에 딸린 토지를 취득할 수 있는 권리를 포함한다)
나. 지상권
다. 전세권과 등기된 부동산임차권
(이하 생략)

○ 소득세법 제104조 【양도소득세의 세율】
① 거주자의 양도소득세는 해당 과세기간의 양도소득과세표준에 다음 각 호의 세율을 적용하여 계산한 금액(이하 "양도소득 산출세액"이라 한다)을 그 세액으로 한다. 이 경우 하나의 자산이 다음 각 호에 따른 세율 중 둘 이상에 해당할 때에는 해당 세율을 적용하여 계산한 양도소득 산출세액 중 큰 것을 그 세액으로 하고, 제12호에 따른 세율은 자본시장 육성 등을 위하여 필요한 경우 그 세율의 100분의 50의 범위에서 대통령령으로 인하할 수 있다.
1. ~ 9. 생략
10. 미등기양도자산
    양도소득 과세표준의 100분의 70
11. · 12. 생략

② 생략
③ 제1항제10호에서 "미등기양도자산"이란 제94조제1항제1호 및 제2호에서 규정하는 자산을 취득한 자가 그 자산 취득에 관한 등기를 하지 아니하고 양도하는 것을 말한다. 다만, 대통령령으로 정하는 자산은 제외한다.
(이하 생략)

○ 소득세법 시행령 제168조 【미등기양도제외 자산의 범위 등】
① 법 제104조제3항 단서에서 "대통령령으로 정하는 자산"이란 다음 각 호의 것을 말한다.
1. 장기할부조건으로 취득한 자산으로서 그 계약조건에 의하여 양도 당시 그 자산의 취득에 관한 등기가 불가능한 자산
2. 법률의 규정 또는 법원의 결정에 의하여 양도 당시 그 자산의 취득에 관한 등기가 불가능한 자산
3. 법 제89조제1항제2호, 「조세특례제한법」 제69조제1항 및 제70조제1항에 규정하는 토지
4. 법 제89조제1항제3호 각 목의 어느 하나에 해당하는 주택으로서 「건축법」에 따른 건축허가를 받지 아니하여 등기가 불가능한 자산
5. 상속에 의한 소유권이전등기를 하지 아니한 자산으로서 「공익사업을 위한 토지 등의 취득 및 보상에 관한 법률」 제18조의 규정에 의하여 사업시행자에게 양도하는 것
6. 「도시개발법」에 따른 도시개발사업이 종료되지 아니하여 토지 취득등기를 하지 아니하고 양도하는 토지
7. 건설업자가 「도시개발법」에 따라 공사용역 대가로 취득한 체비지를 토지구획환지처분공고 전에 양도하는 토지
(이하 생략)

○ 도시 및 주거환경정비법 제52조 【정비사업의 준공인가】
① 시장·군수가 아닌 사업시행자는 정비사업에 관한 공사를 완료한 때에는 대통령령이 정하는 방법 및 절차에 의하여 시장·군수의 준공인가를 받아야 한다.
② 제1항의 규정에 의하여 준공인가신청을 받은 시장·군수는 지체없이 준공검사를 실시하여야 한다. 이 경우 시장·군수는 효율적인 준공검사를 위하여 필요한 때에는 관계행정기관·정부투자기관·연구기관 그 밖의 전문기관 또는 단체에 준공검사의 실시를 의뢰할 수 있다.
③ 시장·군수는 제2항 전단 또는 후단의 규정에 의한 준공검사의 실시결과 정비사업이 인가받은 사업시행계획대로 완료되었다고 인정하는 때에는 준공인가를 하고 공사의 완료를 당해 지방자치단체의 공보에 고시하여야 한다.
④ 시장·군수는 직접 시행하는 정비사업에 관한 공사가 완료된 때에는 그 공사의 완료를 당해 지방자치단체의 공보에 고시하여야 한다.

⑤ 시장·군수는 제1항의 규정에 의한 준공인가를 하기 전이라도 완공된 건축물이 사용에 지장이 없는 등 대통령령이 정하는 기준에 적합한 경우에는 입주예정자가 완공된 건축물을 사용할 것을 사업시행자에 대하여 허가할 수 있다. 다만, 자신이 사업시행자인 경우에는 허가를 받지 아니하고 입주예정자가 완공된 건축물을 사용하게 할 수 있다.

⑥ 제3항 및 제4항의 규정에 의한 공사완료의 고시절차 및 방법 그 밖에 필요한 사항은 대통령령으로 정한다.

○ 도시 및 주거환경정비법 제54조 【이전고시 등】

① 사업시행자는 제52조제3항 및 제4항의 규정에 의한 고시가 있은 때에는 지체없이 대지확정측량을 하고 토지의 분할절차를 거쳐 관리처분계획에 정한 사항을 분양을 받을 자에게 통지하고 대지 또는 건축물의 소유권을 이전하여야 한다. 다만, 정비사업의 효율적인 추진을 위하여 필요한 경우에는 당해 정비사업에 관한 공사가 전부 완료되기 전에 완공된 부분에 대하여 준공인가를 받아 대지 또는 건축물별로 이를 분양받을 자에게 그 소유권을 이전할 수 있다.

② 사업시행자는 제1항의 규정에 의하여 대지 및 건축물의 소유권을 이전하고자 하는 때에는 그 내용을 당해 지방자치단체의 공보에 고시한 후 이를 시장·군수에게 보고하여야 한다. 이 경우 대지 또는 건축물을 분양받을 자는 고시가 있은 날의 다음 날에 그 대지 또는 건축물에 대한 소유권을 취득한다.

○ 도시 및 주거환경정비법 제56조 【등기절차 및 권리변동의 제한】

① 사업시행자는 제54조제2항의 규정에 의한 이전의 고시가 있은 때에는 지체없이 대지 및 건축물에 관한 등기를 지방법원지원 또는 등기소에 촉탁 또는 신청하여야 한다.

② 제1항의 등기에 관하여 필요한 사항은 대법원규칙으로 정한다.

③ 정비사업에 관하여 제54조제2항의 규정에 의한 이전의 고시가 있은 날부터 제1항의 규정에 의한 등기가 있을 때까지는 저당권 등의 다른 등기를 하지 못한다.

○ 부동산거래관리과-1231, 2010.10.07.

[회 신]

「소득세법」 제104조제3항에 따른 "미등기양도자산"이란 같은 법 제94조제1항제1호 및 제2호에 규정하는 자산을 취득한 자가 그 자산의 취득에 관한 등기를 하지 아니하고 양도하는 것을 말하는 것이나, 같은 법 시행령 제168조제1항제2호에 따라 법률의 규정 또는 법원의 결정에 의하여 양도 당시 그 자산의 취득에 관한 등기가 불가능한 자산의 경우에는 미등기양도자산으로 보지 않는 것입니다.

[사실관계]

- 2004.11.19. A아파트(경기도 ○○시 소재) 취득
- 2005.5.16. A아파트 재건축 사업시행인가
- 2005.12.22. 관리총회 통과

- 2009.11.27. 준공 및 입주개시
- 현재 상가와 재건축조합간에 소송(관리총회 무효 등) 진행 중(대법원 상고)이며, 이전고시 및 등기 일정은 미정상태임
- A아파트 양도 예정

[질의내용]
- A아파트 양도시 미등기양도자산에 해당하는지 여부

질의 회답 미등기주택을 공동으로 상속한 경우 소유자 판정 등

[요 지]
「소득세법 시행령」제155조 제2항 및 제3항을 적용할 때 상속주택(미등기주택을 공동으로 상속한 경우 포함) 외의 주택을 양도할 때까지 협의분할 등기하지 아니한 경우 법정상속분 등에 따른 상속분에 따라 해당 상속주택을 소유하는 것으로 보며, 공동상속주택 소유자 판정은 같은 영 제155조 제3항에 따르는 것임

[답변내용]
1. 귀 질의1의 경우, 「소득세법 시행령」제155조 제2항·제3항·제18항 및 기존해석사례(부동산거래관리과-282, 2011.03.29.; 부동산거래관리과-578, 2012.10.26.; 법규재산2014-553, 2015.01.06.)를 참고하시기 바랍니다.
2. 질의2의 경우, 종합부동산세 과세기준일 현재 주택분 재산세의 납세의무자로서 국내에 있는 재산세 과세대상인 주택의 공시가격을 합산한 금액이 6억원(1세대1주택인 경우 9억원)을 초과하는 자는 「종합부동산세법」제7조에 따라 종합부동산세를 납부할 의무가 있는 것입니다. 한편, 주택분 재산세의 납세의무자에 해당하는지 여부는 「지방세법」제107조에 따라 판정하는 것입니다.

[관련법령]
소득세법 시행령 제155조 【1세대 1주택의 특례】
종합부동산세법 제7조 【납세의무자】

1. 사실관계
- '98.5월 갑의 사망으로 갑의 배우자 및 자녀(4남 4녀)가 갑 소유의 충남 아산시 신창면 ○○리 △△번지 소재 A주택(미등기주택이며 가옥대장에만 갑 명의로 등재) 및

무허가 창고 건물을 상속받은 후 A주택 및 창고에 대한 상속등기를 하지 못한 상태에서 갑의 배우자, 장남 및 차남은 사망함

> ○ 제7조(기타사항)
> ① 본건 토지상에 있는 가옥대장상 주택용도의 낡은 건물(64.51㎡) 1동과 낡은 무허가 건물 1동 등은 매수인이 2014년 말까지 매수인의 부담과 책임으로 철거하고 멸실 처리한다.
> ② 위 ①항과 같이 매수자가 기존 건축물을 철거하고 멸실 처리를 함에 있어 매도인은 아무런 이의를 제기하지 않는다. 끝.

- 한편, A주택 및 창고의 부수토지는 갑의 손자인 병('88년생, 갑의 넷째 아들인 을의 아들)의 소유이며, 병은 '13.5.16. 본인 소유의 토지를 제3자 정에게 양도하면서 매매계약서 제7조(기타사항)에 아래의 특약사항을 기재하였고 정은 이를 수락하고 서명·날인함
- 병은 정과 '13.5.16. 체결한 매매계약서 제7조에 대한 정의 이행 확보를 위해 '13.11.17. 아래의 내용으로 '합의이행각서'를 작성함

> ○ 합의각서 내용(2013.11.05. 병측과 정측이 구두 합의한 내용)
> 1. 정은 ○○리 △△번지 또는 △△-1에 2014년 봄까지 주택을 신축하여 입주한 후 상기 매매계약서 제7조 제1항에서 정한대로 2014년 말까지 매수인의 부담과 책임으로 ○○리 △△번지상의 기존주택을 철거하고 멸실 처리한다.
> 2. 병은 상기 매매계약서 제7조 제2항에서 정한대로 정이 기존주택을 철거하고 멸실 처리함에 있어 아무런 이의를 제기하지 않는다.
> 3. 정이 부득이한 사정으로 기존주택을 철거하지 못할 경우에는 이로 인하여 2015년부터 발생하는 병측의 종합부동산세(서울 청담동 소재 아파트) 추가금액 전액을 정이 부담하기로 한다.
> 4. 정이 기존주택을 철거하지 않거나 못하여 병측 형제자매들이 1가구2주택 소유자가 되어 주택 매매 등을 함에 있어 양도소득세 등 각종 세금이 증가되거나 또는 주택청약이나 임대계약의 연장 등에 불이익을 받을 경우, 2015년 01월 01일부터 발생하는 이에 대한 모든 책임은 정이 지기로 한다.
> 5. 정이 상기 매매계약서 제7조를 고의로 이행하지 않아 발생하는 모든 민·형사상의 문제는 정의 책임과 부담으로 처리한다.
> 6. 상기 각서 내용을 성실히 이행하기로 하고 각서를 2부 작성하여 병과 정이 각각 1통씩 보관하기로 한다.
>
> 2013.11.17.

```
                병 주소
                    을의 성명
                    병의 성명
                정 주소
                    정의 성명
                입회인 을의 주소
                    을의 성명
```

– 그러나 정은 상기의 '합의이행각서' 내용을 수락하고 서명·날인하였음에도 불구하고 오히려 무단 증축을 하는 등 A주택을 계속 주거용으로 사용하고 있어 을은 정의 무단 증축에 대해서 아산시장에게 진정서를 제출한 상태이며, A주택에 대한 재산세는 부과되지 않음(세액 2,000원 미만으로서 지방세법상 징수면제대상임)

2. 질의내용

질의1) 소득세법상 1세대1주택 비과세를 적용할 때 건축물대장에 피상속인의 명의로 등재되어 있는 A주택을 상속인(상속인이 사망한 경우 그 상속인의 상속인)이 협의분할하여 상속등기하지 않은 경우 해당 주택의 소유자 판정

질의2) 주택분 종합부동산세를 적용할 때 건축물대장에 피상속인의 명의로 등재되어 있는 A주택을 상속인(상속인이 사망한 경우 그 상속인의 상속인)이 협의분할하여 상속등기하지 않은 경우 해당 주택의 소유자 판정

3. 관련법령

○ 소득세법 제89조 【비과세 양도소득】

① 다음 각 호의 소득에 대해서는 양도소득에 대한 소득세(이하 "양도소득세"라 한다)를 과세하지 아니한다.

1. · 2. 생략

3. 다음 각 목의 어느 하나에 해당하는 주택(가액이 대통령령으로 정하는 기준을 초과하는 고가주택은 제외한다)과 이에 딸린 토지로서 건물이 정착된 면적에 지역별로 대통령령으로 정하는 배율을 곱하여 산정한 면적 이내의 토지(이하 이 조에서 "주택부수토지"라 한다)의 양도로 발생하는 소득

가. 대통령령으로 정하는 1세대 1주택

나. 1세대가 1주택을 양도하기 전에 다른 주택을 대체취득하거나 상속, 동거봉양, 혼인 등으로 인하여 2주택 이상을 보유하는 경우로서 대통령령으로 정하는 주택

(이하 생략)

○ 소득세법 시행령 제154조 【1세대 1주택의 범위】

① 법 제89조 제1항 제3호 가목에서 "대통령령으로 정하는 1세대 1주택"이란 거주자 및 그 배우자가 그들과 동일한 주소 또는 거소에서 생계를 같이 하는 가족과 함께 구성하는 1세대(이하 "1세대"라 한다)가 양도일 현재 국내에 1주택을 보유하고 있는 경우로서 해당 주택의 보유기간이 2년(제8항 제2호에 해당하는 거주자의 주택인 경우는 3년) 이상인 것을 말한다. 다만, 1세대가 양도일 현재 국내에 1주택을 보유하고 있는 경우로서 다음 각 호의 어느 하나에 해당하는 경우에는 그 보유기간의 제한을 받지 아니한다.
  1. ~ 3. 생략
② ~ ⑩ 생략
⑪ 법 제89조 제1항 제3호 나목에서 "대통령령으로 정하는 주택"이란 제155조에 따른 1세대1주택의 특례에 해당하여 이 조를 적용하는 주택을 말한다.
(이하 생략)
○ 소득세법 시행령 제155조 【1세대 1주택의 특례】
  ① 생략
  ② 상속받은 주택(조합원입주권을 상속받아 사업시행 완료 후 취득한 신축주택을 포함하며, 피상속인이 상속개시 당시 2 이상의 주택을 소유한 경우에는 다음 각 호의 순위에 따른 1주택을 말한다)과 그 밖의 주택(상속개시 당시 보유한 주택 또는 상속개시 당시 보유한 조합원입주권에 의하여 사업시행 완료 후 취득한 신축주택만 해당한다. 이하 이 항에서 "일반주택"이라 한다)을 국내에 각각 1개씩 소유하고 있는 1세대가 일반주택을 양도하는 경우에는 국내에 1개의 주택을 소유하고 있는 것으로 보아 제154조 제1항을 적용한다. 다만, 상속인과 피상속인이 상속개시 당시 1세대인 경우에는 1주택을 보유하고 1세대를 구성하는 자가 직계존속(배우자의 직계존속을 포함하며, 세대를 합친 날 현재 직계존속 중 어느 한 사람 또는 모두가 60세 이상으로서 1주택을 보유하고 있는 경우만 해당한다)을 동거봉양하기 위하여 세대를 합침에 따라 2주택을 보유하게 되는 경우로서 합치기 이전부터 보유하고 있었던 주택만 상속받은 주택으로 본다(이하 제3항, 제7항 제1호 및 제156조의 2 제7항 제1호에서 같다).
  1. 피상속인이 소유한 기간이 가장 긴 1주택
  2. 피상속인이 소유한 기간이 같은 주택이 2 이상일 경우에는 피상속인이 거주한 기간이 가장 긴 1주택
  3. 피상속인이 소유한 기간 및 거주한 기간이 모두 같은 주택이 2 이상일 경우에는 피상속인이 상속개시당시 거주한 1주택
  4. 피상속인이 거주한 사실이 없는 주택으로서 소유한 기간이 같은 주택이 2 이상일 경우에는 기준시가가 가장 높은 1주택(기준시가가 같은 경우에는 상속인이 선택하는 1주택)
  ③ 제154조 제1항의 규정을 적용함에 있어서 공동상속주택(상속으로 여러 사람이

공동으로 소유하는 1주택을 말한다)외의 다른 주택을 양도하는 때에는 당해 공동상속주택은 당해 거주자의 주택으로 보지 아니한다. 다만, 상속지분이 가장 큰 상속인의 경우는 그러하지 아니하며 이 경우 상속지분이 가장 큰 상속인이 2인 이상인 때에는 그 2인 이상의 자중 다음 각호의 순서에 따라 당해 각호에 해당하는 자가 당해 공동상속주택을 소유한 것으로 본다.
1. 당해 주택에 거주하는 자
2. (삭제, 2008. 2. 22.)
3. 최연장자
④ ~ ⑰ 생략
⑱ 제2항 및 제3항을 적용할 때 상속주택 외의 주택을 양도할 때까지 상속주택을 「민법」 제1013조에 따라 협의분할하여 등기하지 아니한 경우에는 같은 법 제1009조 및 제1010조에 따른 상속분에 따라 해당 상속주택을 소유하는 것으로 본다. 다만, 상속주택 외의 주택을 양도한 이후 「국세기본법」 제26조의 2에 따른 국세 부과의 제척기간 내에 상속주택을 협의분할하여 등기한 경우로서 등기 전 제2항 및 제3항에 따라 제154조 제1항을 적용받았다가 등기 후 같은 항의 적용을 받지 못하여 양도소득세를 추가 납부하여야 할 자는 그 등기일이 속하는 달의 말일부터 2개월 이내에 다음 계산식에 따라 계산한 금액을 양도소득세로 신고·납부하여야 한다.

납부할 양도소득세 = 일반주택 양도 당시 제2항 또는 제3항을 적용하지 아니하였을 경우에 납부하였을 세액 − 일반주택 양도 당시 제2항 또는 제3항을 적용받아 납부한 세액

(이하 생략)

○ 종합부동산세법 제2조 【정 의】
이 법에서 사용하는 용어의 정의는 다음 각호와 같다.
1. "시·군·구"라 함은 지방자치법 제2조의 규정에 의한 지방자치단체인 시·군 및 자치구(이하 "시·군"이라 한다)를 말한다.
2. "시장·군수·구청장"이라 함은 지방자치단체의 장인 시장·군수 및 자치구의 구청장(이하 "시장·군수"라 한다)을 말한다.
3. "주택"이라 함은 「지방세법」 제104조 제3호에 의한 주택을 말한다. 다만, 같은 법 제13조 제3항 제1호에 따른 별장은 제외한다.
4. "토지"라 함은 「지방세법」 제104조 제1호에 따른 토지를 말한다.
5. "주택분 재산세"라 함은 「지방세법」 제105조 및 제107조에 따라 주택에 대하여 부과하는 재산세를 말한다.
6. "토지분 재산세"라 함은 「지방세법」 제105조 및 제107조에 따라 토지에 대하여 부과하는 재산세를 말한다.
7. (삭제, 2005. 12. 31.)

8. "세대"라 함은 주택 또는 토지의 소유자 및 그 배우자와 그들과 생계를 같이 하는 가족으로서 대통령령이 정하는 것을 말한다.

9. "공시가격"이라 함은 「부동산 가격공시 및 감정평가에 관한 법률」에 따라 가격이 공시되는 주택 및 토지에 대하여 동법에 따라 공시된 가액을 말한다. 다만, 동법에 따라 가격이 공시되지 아니한 경우에는 「지방세법」 제4조 제1항 단서 및 같은 조 제2항에 따른 가액으로 한다.

○ 종합부동산세법 제7조 【납세의무자】

① 과세기준일 현재 주택분 재산세의 납세의무자로서 국내에 있는 재산세 과세대상인 주택의 공시가격을 합산한 금액이 6억원을 초과하는 자는 종합부동산세를 납부할 의무가 있다.

(이하 생략)

○ 종합부동산세법 제8조 【과세표준】

① 주택에 대한 종합부동산세의 과세표준은 납세의무자별로 주택의 공시가격을 합산한 금액〔과세기준일 현재 세대원 중 1인이 해당 주택을 단독으로 소유한 경우로서 대통령령으로 정하는 1세대 1주택자(이하 "1세대 1주택자"라 한다)의 경우에는 그 합산한 금액에서 3억원을 공제한 금액〕에서 6억원을 공제한 금액에 부동산 시장의 동향과 재정 여건 등을 고려하여 100분의 60부터 100분의 100까지의 범위에서 대통령령으로 정하는 공정시장가액비율을 곱한 금액으로 한다. 다만, 그 금액이 영보다 작은 경우에는 영으로 본다.

② 다음 각 호의 어느 하나에 해당하는 주택은 제1항의 규정에 의한 과세표준 합산의 대상이 되는 주택의 범위에 포함되지 아니하는 것으로 본다.

1. 「임대주택법」 제2조 제1호의 규정에 의한 임대주택 또는 대통령령이 정하는 다가구 임대주택으로서 임대기간, 주택의 수, 가격, 규모 등을 감안하여 대통령령이 정하는 주택

2. 제1호의 주택외에 종업원의 주거에 제공하기 위한 기숙사 및 사원용 주택, 주택건설사업자가 건축하여 소유하고 있는 미분양주택, 가정어린이집용 주택, 「수도권정비계획법」 제2조 제1호에 따른 수도권 외 지역에 소재하는 1주택 등 종합부동산세를 부과하는 목적에 적합하지 아니한 것으로서 대통령령이 정하는 주택. 이 경우 수도권외 지역에 소재하는 1주택의 경우에는 2009년 1월 1일부터 2011년 12월 31일까지의 기간 중 납세의무가 성립하는 분에 한한다.

③ 제2항의 규정에 따른 주택을 보유한 납세의무자는 당해 연도 9월 16일부터 9월 30일까지 대통령령이 정하는 바에 따라 납세지 관할세무서장(이하 "관할세무서장"이라 한다)에게 당해 주택의 보유현황을 신고하여야 한다.

④ 제1항을 적용할 때 1주택(주택의 부속토지만을 소유한 경우를 제외한다)과 다른 주택의 부속토지(주택의 건물과 부속토지의 소유자가 다른 경우의 그 부속토지를 말한다)를 함께 소유하고 있는 경우에는 1세대 1주택자로 본다.

○ 종합부동산세법 시행령 제2조의 3 【1세대 1주택의 범위】
　① 법 제8조 제1항 본문에서 "대통령령으로 정하는 1세대 1주택자"란 세대원 중 1명만이 주택분 재산세 과세대상인 1주택만을 소유한 경우로서 그 주택을 소유한 「소득세법」 제1조의 2 제1항 제1호에 따른 거주자를 말한다. 이 경우 「건축법 시행령」 별표 1 제1호 다목에 따른 다가구주택은 1주택으로 보되, 제3조에 따른 합산배제 임대주택으로 같은 조 제8항에 따라 신고한 경우에는 1세대가 독립하여 구분 사용할 수 있도록 구획된 부분을 각각 1주택으로 본다.
　(이하 생략)
○ 지방세법 제104조 【정의】
　재산세에서 사용하는 용어의 뜻은 다음과 같다.
　　1. "토지"란 「공간정보의 구축 및 관리 등에 관한 법률」에 따라 지적공부의 등록대상이 되는 토지와 그 밖에 사용되고 있는 사실상의 토지를 말한다.
　　2. "건축물"이란 제6조 제4호에 따른 건축물을 말한다.
　　3. "주택"이란 「주택법」 제2조 제1호에 따른 주택을 말한다. 이 경우 토지와 건축물의 범위에서 주택은 제외한다.
　(이하 생략)
○ 지방세법 제107조 【납세의무자】
　① 재산세 과세기준일 현재 재산을 사실상 소유하고 있는 자는 재산세를 납부할 의무가 있다. 다만, 다음 각 호의 어느 하나에 해당하는 경우에는 해당 각 호의 자를 납세의무자로 본다.
　　1. 공유재산인 경우: 그 지분에 해당하는 부분(지분의 표시가 없는 경우에는 지분이 균등한 것으로 본다)에 대해서는 그 지분권자
　　2. 주택의 건물과 부속토지의 소유자가 다를 경우: 그 주택에 대한 산출세액을 제4조제1항 및 제2항에 따른 건축물과 그 부속토지의 시가표준액 비율로 안분계산(按分計算)한 부분에 대해서는 그 소유자
　　3. 「신탁법」에 따라 수탁자 명의로 등기·등록된 신탁재산의 경우: 위탁자별로 구분된 재산에 대해서는 그 수탁자. 이 경우 위탁자별로 구분된 재산에 대한 납세의무자는 각각 다른 납세의무자로 본다.
　② 제1항에도 불구하고 재산세 과세기준일 현재 다음 각 호의 어느 하나에 해당하는 자는 재산세를 납부할 의무가 있다.
　　1. 공부상의 소유자가 매매 등의 사유로 소유권이 변동되었는데도 신고하지 아니하여 사실상의 소유자를 알 수 없을 때에는 공부상 소유자
　　2. 상속이 개시된 재산으로서 상속등기가 이행되지 아니하고 사실상의 소유자를 신고하지 아니하였을 때에는 행정자치부령으로 정하는 주된 상속자
　　3. 공부상에 개인 등의 명의로 등재되어 있는 사실상의 종중재산으로서 종중소유임을 신고하지 아니하였을 때에는 공부상 소유자

4. 국가, 지방자치단체, 지방자치단체조합과 재산세 과세대상 재산을 연부(연부)로 매매계약을 체결하고 그 재산의 사용권을 무상으로 받은 경우에는 그 매수계약자
5. 삭제 <2014.1.1>
6. 「도시개발법」에 따라 시행하는 환지(환지) 방식에 의한 도시개발사업 및 「도시 및 주거환경정비법」에 따른 정비사업(주택재개발사업 및 도시환경정비사업만 해당한다)의 시행에 따른 환지계획에서 일정한 토지를 환지로 정하지 아니하고 체비지 또는 보류지로 정한 경우에는 사업시행자

③ 재산세 과세기준일 현재 소유권의 귀속이 분명하지 아니하여 사실상의 소유자를 확인할 수 없는 경우에는 그 사용자가 재산세를 납부할 의무가 있다.

○ 지방세법 제119조 【소액 징수면제】

고지서 1장당 재산세로 징수할 세액이 2천원 미만인 경우에는 해당 재산세를 징수하지 아니한다.

○ 지방세법 시행규칙 제53조 【주된 상속자의 기준】

법 제107조제2항제2호에서 "행정자치부령으로 정하는 주된 상속자"란 「민법」상 상속지분이 가장 높은 사람으로 하되, 상속지분이 가장 높은 사람이 두 명 이상이면 그 중 나이가 가장 많은 사람으로 한다.

○ 주택법 제2조 【정의】

이 법에서 사용하는 용어의 뜻은 다음과 같다.

1. "주택"이란 세대(世帶)의 구성원이 장기간 독립된 주거생활을 할 수 있는 구조로 된 건축물의 전부 또는 일부 및 그 부속토지를 말하며, 이를 단독주택과 공동주택으로 구분한다.

(이하 생략)

○ 민법 제1009조 【법정상속분】

① 동순위의 상속인이 수인인 때에는 그 상속분은 균분으로 한다.
② 피상속인의 배우자의 상속분은 직계비속과 공동으로 상속하는 때에는 직계비속의 상속분의 5할을 가산하고, 직계존속과 공동으로 상속하는 때에는 직계존속의 상속분의 5할을 가산한다.

○ 민법 제1010조 【대습상속분】

① 제1001조의 규정에 의하여 사망 또는 결격된 자에 갈음하여 상속인이 된 자의 상속분은 사망 또는 결격된 자의 상속분에 의한다.
② 전항의 경우에 사망 또는 결격된 자의 직계비속이 수인인 때에는 그 상속분은 사망 또는 결격된 자의 상속분의 한도에서 제1009조의 규정에 의하여 이를 정한다. 제1003조제2항의 경우에도 또한 같다.

○ 부동산거래관리과-282, 2011.03.29.

1. 소득세법 시행령 제155조제2항에 따라 상속받은 주택과 그 밖의 주택을 국내에

각각 1개씩 소유하고 있는 1세대가 일반주택을 양도하는 경우에는 국내에 1개의 주택을 소유하고 있는 것으로 보아 제154조제1항을 적용하여 1세대 1주택 비과세 여부를 판정하는 것이며, 이 때 상속주택이 무허가주택 등으로 건축물관리대장 등에 의하여 피상속인의 소유 및 거주한 사실이 확인되는 경우 등기여부에 불구하고 상속주택에 포함하는 것이며,

2. 한편, 상속개시 당시 동일세대원이던 피상속인으로부터 상속받은 상속주택을 보유한 1세대가 일반주택을 취득하여 일반주택을 양도하는 경우 당해 상속주택은 소득세법 시행령 제155조제3항에 따른 특례가 적용되지 아니하는 것으로 같은 법 시행령 제154조제1항에 따른 1세대 1주택 비과세를 적용받을 수 없는 것임

○ 부동산거래관리과-578, 2012.10.26.

귀 질의의 경우, 아버지와 어머니가 각각 1/2지분으로 1주택(A주택)을 소유하던 상태에서 아버지의 사망으로 어머니(3/18)와 자녀 3명(각 2/18)이 공동으로 상속받고, 어머니가 사망하여 A주택의 어머니 지분(12/18)을 자녀 3명이 공동(각 4/18)으로 상속받은 이후, 자녀 3명중 1명이 공동상속주택(A주택)외의 다른 B주택을 양도하는 경우 「소득세법 시행령」제155조제3항을 적용함에 있어 A주택의 상속지분은 아버지와 어머니로부터 상속받은 지분을 합하여 판단하는 것이며, 상속지분이 가장 큰 자가 2인 이상인 경우 같은 항 각호의 순서에 따른 공동상속주택 소유자에 해당하는지 여부는 어머니의 사망일을 기준으로 판단하는 것입니다.

○ 법규재산2014-553, 2015.01.06.

양도일 현재 2년 이상 보유한 상속주택 외의 주택과 「민법」제1013조에 따라 협의분할하여 등기하지 않은 상속주택을 보유하고 있는 1세대가 상속주택 외의 주택을 양도한 경우 같은 법 제1009조 및 제1010조에 따른 상속분에 따라 해당 상속주택의 소유자를 판단하는 것이며, 상속주택 외의 주택을 양도한 이후 「국세기본법」제26조의2에 따른 국세 부과의 제척기간 내에 상속주택이 협의분할되어 상속개시일 및 양도일 현재 다른 세대인 상속인 명의로 소유권 등기된 경우 상속주택 외의 주택에 대하여 「소득세법 시행령」제154조 제1항에 따른 1세대1주택 비과세를 적용하는 것입니다.

○ 조심2009서1709, 2010.03.17.

(4) 조세법률주의 원칙상 조세법규의 해석은 특별한 사정이 없는 한 법문대로 해석할 것이고, 합리적인 이유 없이 확장해석하거나 유추해석하는 것은 허용되지 아니하며, 특히 감면요건 규정 가운데에 명백히 특혜규정이라고 볼 수 있는 것은 엄격하게 해석하는 것이 조세공평의 원칙에도 부합한다 할 것이고○○○, 「종합부동산세법」제7조 제1항에서 "과세기준일 현재 주택분 재산세의 납세의무자로서 국내에 있는 재산세 과세대상인 주택의 공시가격을 합산한 금액이 6억원을 초과하는 자는 종합부동산세를 납부할 의무가 있다"고 규정하고 있고, 같은 법 제2조 제3호에서 주택 이라 함은 「지방세법」 제180조 제3호의 규정에 의한 주

택을 말한다"고 규정하고 있으며, 동 제5호에서 주택분 재산세라 함은 같은 법 제181조 및 제183조의 규정에 의하여 주택에 대하여 부과하는 재산세를 말한다"고 규정하고 있으며, 같은 법 제183조 제1항은 "주택의 건물과 부속토지의 소유자가 다를 경우에는 당해 주택에 대한 산출세액을 제111조 제2항의 규정에 의한 건축물과 그 부속토지의 시가표준액 비율로 안분 계산한 부분에 대하여 그 소유자를 납세의무자로 본다"고 규정하고 있고, 같은 법 제180조 제3호에서 "주택이라 함은 주택법 제2조 제1호의 규정에 의한 주택"을 말하며, 주택법 제2조 제1호에서 "주택이라 함은 세대의 세대원이 장기간 독립된 주거생활을 영위할 수 있는 구조로 된 건축물의 전부 또는 일부 및 그 부속토지를 말한다"고 규정하고 있는 바, 청구인은 쟁점토지가 문중재산이라고 하나 이를 입증할 만한 객관적인 증빙을 제시하지 않았으며, 청구인이 쟁점토지 및 쟁점토지상의 주택에 공유지분을 가지고 있는 사실에 대하여는 청구인과 처분청이 이를 다투지 아니하고, 청구인이 소유하고 있는 쟁점토지상의 주택부수토지 또한 「주택법」상 주택에 포함되며, 청구인이 쟁점토지상의 주택의 실제 소유자가 아니더라도 주택과 그 부속토지의 시가표준액 비율로 안분 계산한 부분에 대하여는 주택분 재산세의 납세의무자에 해당하는 이상, 처분청이 2008.12.16. 개정된 「종합부동산세법」에 의하여 세액을 재산정하여 청구인의 2008년 귀속 종합부동산세를 환급결정함에 있어서, 청구인이 1세대 1주택자에 해당하지 아니한다는 이유로 1세대 1주택에 따른 종합부동산세 고령자공제 및 장기보유공제를 배제한 처분은 잘못이 없는 것으로 판단된다.

질의 회답 명의신탁자산을 소유권환원등기 없이 양도한 경우 미등기양도 해당여부

[요 지]
명의신탁한 부동산을 실질 소유자로 소유권환원등기 없이 양도한 경우에는 「소득세법」 제104조제3항에 따른 미등기양도자산에 해당하지 아니하는 것임

[회 신]
귀 질의의 경우, 기존해석사례(재산세과-766, 2009.04.17. 및 서면인터넷방문상담4팀-663, 2005.04.29.)를 참고하시기 바랍니다.
○ 재산세과-766, 2009.04.17.
명의신탁 부동산을 소유권환원등기 없이 양도하는 경우 미등기양도자산에 해당하지 아니하는 것이며, 양도소득세 납세의무자는 사실상 그 소득을 얻은 명의신탁자(당해 자산을 위탁한 자)가 되는 것임. 귀 질의의 경우 명의신탁 해당 여부

및 양도소득세 납세의무자는 해당 부동산의 매매계약에 따른 거래의 실질내용 등 사실관계를 확인하여 판단할 사항임

[관련법령]
소득세법 제104조 【양도소득세의 세율】

1. 질의내용 요약
   ○ 사실관계
     - 1966.12. 정AA은 서울 영등포구 소재 A토지(4필지, 7,968.8㎡)를 취득한 후 명의신탁등기(등기명의자는 정AA의 아들 정FF)
     - 1973.01. 정AA가 사망하였으나, A토지는 정AA의 상속인(송AA(배우자, '79.7.13. 사망), 정AA(장남, '96.1.17. 사망), 정BB(장녀, '97.1.27. 사망, 미혼), 정CC(차남, '98.10.26. 사망, 미혼), 정DD(차녀), 정EE(삼녀), 정FF(삼남, '10.8.22. 사망), 정GG(사녀), 정HH(사남, '06.8.5. 사망)들에게 상속등기되지 않음
     - 2010.08. 정FF 사망, A토지 정FF의 상속인(이AA(배우자), 정aa(장녀), 정bb(장남), 이하 "정FF의 상속인"이라 함) 명의로 공동상속등기
     - 2011.08. 정AA의 상속인 정DD(차녀), 정EE(삼녀) 및 정GG(사녀)는 정FF의 상속인을 상대로 한 부당이득반환청구소송에서 승소(★★지법)
     - 2011.12. ◆◆지방국세청은 정FF에 대한 상속세 조사결과, A토지의 정FF 지분을 제외한 지분은 정AA의 다른 상속인들이 정FF에게 명의신탁한 것으로 보아 피상속인 정BB(상속인 : 정cc 외 5명), 정CC 및 정HH(상속인 : 이BB 외 2명)에 대한 상속세를 추가결정하고, 관할구청에 부동산명의신탁혐의자료를 통보
     - 2012.09. 정FF의 상속인은 정AA의 상속인(정DD, 정EE, 정GG) 및 정BB의 상속인(정cc 외 5명)과 정HH의 상속인(이BB 외 2명)들에게 A토지의 지분에 대한 소유권환원등기를 하지 않은 채 A토지를 정FF의 상속인 명의로 건설업자(◎◎주식회사)에게 양도
   ○ 질의내용
     - 정FF의 상속인이 A토지 양도대금을 정AA의 상속인(정DD, 정EE, 정GG) 및 정BB의 상속인(정cc 외 5명)과 정HH의 상속인(이BB 외 2명)들에게 상속지분비율에 따라 지급하는 경우 정DD, 정EE, 정GG, 정cc 외 5명 및 이BB 외 2명에 대한 양도소득세를 계산할 때 미등기양도자산으로 보아 과세하는 것인지

2. 질의내용에 대한 자료
   ○ 소득세법 제88조 【양도의 정의】
     ① 제4조제1항제3호 및 이 장에서 "양도"란 자산에 대한 등기 또는 등록과 관계없이 매도, 교환, 법인에 대한 현물출자 등으로 인하여 그 자산이 유상으로 사실상

이전되는 것을 말한다. 이 경우 부담부증여(負擔附贈與)(「상속세 및 증여세법」 제47조제3항 본문에 해당하는 경우는 제외한다)에 있어서 증여자의 채무를 수증자(受贈者)가 인수하는 경우에는 증여가액 중 그 채무액에 상당하는 부분은 그 자산이 유상으로 사실상 이전되는 것으로 본다.
(이하 생략)

○ 소득세법 제94조 【양도소득의 범위】
① 양도소득은 해당 과세기간에 발생한 다음 각 호의 소득으로 한다. <개정 1. 토지[「측량・수로조사 및 지적에 관한 법률」에 따라 지적공부(地籍公簿)에 등록하여야 할 지목에 해당하는 것을 말한다] 또는 건물(건물에 부속된 시설물과 구축물을 포함한다)의 양도로 발생하는 소득
2. 다음 각 목의 어느 하나에 해당하는 부동산에 관한 권리의 양도로 발생하는 소득
    가. 부동산을 취득할 수 있는 권리(건물이 완성되는 때에 그 건물과 이에 딸린 토지를 취득할 수 있는 권리를 포함한다)
    나. 지상권
    다. 전세권과 등기된 부동산임차권
    (이하 생략)

○ 소득세법 제104조 【양도소득세의 세율】
① 거주자의 양도소득세는 해당 과세기간의 양도소득과세표준에 다음 각 호의 세율을 적용하여 계산한 금액(이하 "양도소득 산출세액"이라 한다)을 그 세액으로 한다. 이 경우 하나의 자산이 다음 각 호에 따른 세율 중 둘 이상의 세율에 해당할 때에는 그 중 가장 높은 것을 적용한다.
1. ~ 9. 생략
10. 미등기양도자산
    양도소득 과세표준의 100분의 70
11. 생략
② 생략
③ 제1항제10호에서 "미등기양도자산"이란 제94조제1항제1호 및 제2호에서 규정하는 자산을 취득한 자가 그 자산 취득에 관한 등기를 하지 아니하고 양도하는 것을 말한다. 다만, 대통령령으로 정하는 자산은 제외한다.
(이하 생략)

○ 소득세법 시행령 제168조 【미등기양도제외 자산의 범위 등】
① 법 제104조제3항 단서에서 "대통령령으로 정하는 자산"이란 다음 각 호의 것을 말한다.
1. 장기할부조건으로 취득한 자산으로서 그 계약조건에 의하여 양도 당시 그 자산의 취득에 관한 등기가 불가능한 자산

2. 법률의 규정 또는 법원의 결정에 의하여 양도 당시 그 자산의 취득에 관한 등기가 불가능한 자산
3. 법 제89조제1항제2호, 「조세특례제한법」 제69조제1항 및 제70조제1항에 규정하는 토지
4. 법 제89조제1항제3호 각 목의 어느 하나에 해당하는 주택으로서 「건축법」에 따른 건축허가를 받지 아니하여 등기가 불가능한 자산
5. 상속에 의한 소유권이전등기를 하지 아니한 자산으로서 「공익사업을 위한 토지 등의 취득 및 보상에 관한 법률」 제18조의 규정에 의하여 사업시행자에게 양도하는 것
6. 「도시개발법」에 따른 도시개발사업이 종료되지 아니하여 토지 취득등기를 하지 아니하고 양도하는 토지
7. 건설업자가 「도시개발법」에 따라 공사용역 대가로 취득한 체비지를 토지구획환지처분공고 전에 양도하는 토지
(이하 생략)

○ 재산세과-766, 2009.04.17.
명의신탁 부동산을 소유권환원등기없이 양도하는 경우 미등기양도자산에 해당하지 아니하는 것이며, 양도소득세 납세의무자는 사실상 그 소득을 얻은 명의신탁자(당해 자산을 위탁한 자)가 되는 것임. 귀 질의의 경우 명의신탁 해당 여부 및 양도소득세 납세의무자는 해당 부동산의 매매계약에 따른 거래의 실질내용 등 사실관계를 확인하여 판단할 사항임

○ 서면인터넷방문상담4팀-663, 2005.04.29.
[회 신]
부동산의 양도로 인하여 발생하는 소득·수익·재산·행위 또는 거래의 귀속이 명의일 뿐이고 사실상 귀속되는 자가 따로 있는 때에는 「국세기본법」 제14조의 규정에 의하여 사실상 귀속되는 자를 납세의무자로 하여 양도소득세를 과세하는 것으로서, 명의신탁 부동산을 양도하는 경우 양도소득세 납세의무자는 사실상 그 소득을 얻은 명의신탁자(당해 자산을 위탁한 자)입니다. 귀 질의의 경우 당해 부동산 양도에 따른 양도소득세 납세의무자는 해당 부동산의 취득당시 매매계약에 따른 거래의 실질내용 및 법원 판결문의 내용 등 사실관계를 종합하여 판단할 사항입니다. 명의신탁자산을 소유권환원등기없이 양도한 경우 미등기양도자산에 해당하지 않습니다.

[질의내용]
본인 갑은 1990년에 을과 공동으로 아파트를 구입할 당시 등기부상 소유권자는 갑명의로 하되 아파트를 매도할 경우에는 매도대금과 그에 부수되는 제반공과금을 동율로 나누기로 약정하였음
법원판결에 의하여 을명의로 을의 지분에 대한 소유권이전등기를 하지 아니한 현

재의 상태에서 위 아파트를 매각하여 을의 투자금액을 반환하게 되었음
양도소득세를 계산함에 있어 갑과 을은 실질과세원칙에 따라 각각 자기 소유지분에 대하여만 양도소득세를 신고납부할 수 있는지
이 경우 을은 소유권 취득등기를 하지 않았으므로 미등기전매에 따른 양도소득세를 부담하여야 하는지

○ 국심2007전3258, 2008.03.13.
(6) 다음으로 쟁점부동산을 미등기전매하지 않았다는 청구주장에 대하여 살펴보면, 쟁점부동산의 경락당시 청구인이 취득하였으나 등기명의자를 ◎◎◎으로 한 지분 1/2의 경우는 "미등기양도자산에 대하여 중과세율을 적용하는 취지는 조세의 포탈과 양도차익만을 노려 잔대금 등의 지급없이 전전매매하는 따위의 부동산투기 등을 억제하려는데 있으므로, 명의신탁에 의하여 소유권이전등기를 경료하였다가 양도한 것은 중과세율 적용의 대상인 미등기양도자산에 해당하지 아니한다고 할 것(국심2005전3614, 2005.12.12., 대법원 85누 310, 1985.10.22. 같은 뜻)"으로 명의신탁자산의 양도에 해당한다 할 것이고, 쟁점부동산을 경락받은 후 청구인이 ◎◎◎으로부터 취득한 지분 1/2의 경우에는 등기명의자 ◎◎◎으로부터 취득한 이후에도 청구인 명의로 소유권 이전등기를 경료하지 아니한 채 양도하였으므로 미등기전매에 해당한다고 할 것이다. 따라서 청구인의 당초 취득지분 1/2을 명의신탁 자산양도가 아닌 미등기 양도자산으로 본 이 건 처분은 잘못이 있는 것으로 판단된다.

○ 국심2005전3614, 2005.12.13.
(나) 살피건대, 미등기양도자산에 대하여 중과세율을 적용하는 취지는 조세의 포탈과 양도차익만을 노려 잔대금 등의 지급없이 전전매매하는 따위의 부동산투기 등을 억제하려는데 있으므로, 명의신탁에 의하여 소유권이전등기를 경료하였다가 양도한 것은 중과세율 적용의 대상인 미등기양도자산에 해당하지 아니한다고 할 것(○○○, 1985.10.22. 같은 뜻)인 바, 이 건의 경우 청구인이 쟁점토지를 공동매입하였다가 장○○○ 명의로 등기하여 양도한 사실에 대하여는 처분청도 다툼 없이 인정하고 있는 이상 쟁점토지를 미등기자산으로 봄은 부당하다 할 것이다.
(다) 따라서, 처분청이 쟁점토지의 양도소득세를 적용함에 있어 미등기전매세율인 100분의 70를 적용함은 잘못이므로 소득세법 제104조 제1항 제1호 소정의 세율을 적용함이 타당하다고 판단된다(○○○, 2001.3.5. 같은 뜻).

질의 회답 1세대1주택자 판단시 미등기 상속주택을 주택 수에 포함하는지 여부

[요　지]
「조세특례제한법 시행령」 제99조의2제3항에 따라 1세대1주택자를 판단할 때 미

등기 상속주택이 있는 경우 상속인별 각자의 지분에 해당하는 주택을 취득한 것으로 보아 주택수에 포함하는 것임

[회 신]
귀 질의의 경우 「조세특례제한법 시행령」 제99조의2제3항에 따라 1세대1주택자를 판단할 때 매매계약일 현재 미등기 상속주택이 있는 경우 상속개시일에 법정상속지분에 따라 상속인들 각자가 각자의 지분에 해당하는 주택을 취득한 것으로 보아 각자의 세대별 주택 수에 포함하는 것입니다.

[관련법령]
조세특례제한법 제99조의2〔신축주택 등 취득자에 대한 양도소득세의 과세특례〕
조세특례제한법 시행령 제99조의2〔신축주택 등 취득자에 대한 양도소득세의 과세특례〕

1. 사실관계 및 질의내용
   O 사실관계
      - 甲은 부친 乙과 같이 2012.4.7.(사망)까지 주민등록상 동일세대원으로 등재
      - 2013.8.8. 甲은 자신명의 1주택을 매매계약체결
      - 2013.8.20. 甲은 1세대1주택자 확인신청서 접수
      - 2013.8.8. 매매계약체결일 현재 사망한 부친 乙 소유의 미등기 상속주택이 있음
   O 질의내용
      - 이 경우 1세대1주택자를 판단할 때 미등기 상속주택을 주택 수에 포함하는지 여부
2. 관련 법령
   O 조세특례제한법 제99조의2【신축주택 등 취득자에 대한 양도소득세의 과세특례】
      ① 거주자 또는 비거주자가 대통령령으로 정하는 신축주택, 미분양주택 또는 1세대1주택자의 주택으로서 취득가액이 6억원 이하이거나 주택의 연면적(공동주택의 경우에는 전용면적)이 85제곱미터 이하인 주택을 2013년 4월 1일부터 2013년 12월 31일까지 「주택법」 제38조에 따라 주택을 공급하는 사업주체 등 대통령령으로 정하는 자와 최초로 매매계약을 체결하여 그 계약에 따라 취득(2013년 12월 31일까지 매매계약을 체결하고 계약금을 지급한 경우를 포함한다)한 경우에 해당 주택을 취득일부터 5년 이내에 양도함으로써 발생하는 양도소득에 대하여는 양도소득세의 100분의 100에 상당하는 세액을 감면하고, 취득일부터 5년이 지난 후에 양도하는 경우에는 해당 주택의 취득일부터 5년간 발생한 양도소득금액을 해당 주택의 양도소득세 과세대상소득금액에서 공제한다. 이 경우 공제하는

금액이 과세대상소득금액을 초과하는 경우 그 초과금액은 없는 것으로 한다.
② 「소득세법」 제89조제1항제3호 및 제104조제1항제4호부터 제7호까지의 규정을 적용할 때 제1항을 적용받는 주택은 해당 거주자의 소유주택으로 보지 아니한다.
③ 제1항은 전국 소비자물가상승률 및 전국 주택매매가격상승률을 고려하여 부동산 가격이 급등하거나 급등할 우려가 있는 지역으로서 대통령령으로 정하는 지역에는 적용하지 아니한다.
④ 제1항에 따라 양도소득세를 감면받고자 하는 자는 대통령령으로 정하는 방법에 따라 제1항에 따른 감면 대상 주택임을 확인받아 납세지 관할 세무서장에게 제출하여야 한다.
⑤ 제1항을 적용할 때 해당 주택의 취득일부터 5년간 발생한 양도소득금액의 계산과 그 밖에 필요한 사항은 대통령령으로 정한다.

○ 조세특례제한법 시행령 제99조의2 【신축주택 등 취득자에 대한 양도소득세의 과세특례】
① 법 제99조의2제1항 전단에서 "대통령령으로 정하는 신축주택, 미분양주택"이란 다음 각 호의 어느 하나에 해당하는 주택(이하 이 조에서 "신축주택등"이라 한다)을 말한다.
　1. 「주택법」 제38조에 따라 주택을 공급하는 사업주체(이하 이 항에서 "사업주체"라 한다)가 같은 조에 따라 공급하는 주택으로서 해당 사업주체가 입주자모집공고에 따른 입주자의 계약일이 지난 주택단지에서 2013년 3월 31일까지 분양계약이 체결되지 아니하여 2013년 4월 1일 이후 선착순의 방법으로 공급하는 주택
　2. 「주택법」 제16조에 따른 사업계획승인(「건축법」 제11조에 따른 건축허가를 포함한다. 이하 이 조에서 같다)을 받아 해당 사업계획과 「주택법」 제38조에 따라 사업주체가 공급하는 주택(입주자모집공고에 따른 입주자의 계약일이 2013년 4월 1일 이후 도래하는 주택으로 한정한다)
　3. 주택건설사업자(20호 미만의 주택을 공급하는 자를 말하며, 제1호와 제2호에 해당하는 사업주체는 제외한다)가 공급하는 주택(「주택법」에 따른 주택을 말하며, 이하 제4호부터 제8호까지의 규정에서 같다)
　4. 「주택법」에 따른 대한주택보증주식회사(이하 이 조에서 "대한주택보증주식회사"라 한다)가 같은 법 시행령 제107조제1항에 따라 매입한 주택으로서 해당 대한주택보증주식회사가 공급하는 주택
　5. 주택의 시공자가 해당 주택의 공사대금으로 받은 주택으로서 해당 시공자가 공급하는 주택
　6. 「법인세법 시행령」 제92조의2제2항제1호의5, 제1호의8 및 제1호의10에 따른 기업구조조정부동산투자회사등이 취득한 주택으로서 해당 기업구조조정부동

산투자회사등이 공급하는 주택
    7. 「자본시장과 금융투자업에 관한 법률」에 따른 신탁업자가 「법인세법 시행령」 제92조의2제2항제1호의7, 제1호의9 및 제1호의11에 따라 취득한 주택으로서 해당 신탁업자가 공급하는 주택
    8. 자기가 건설한 주택으로서 2013년 4월 1일부터 2013년 12월 31일까지의 기간(이하 이 조에서 "과세특례 취득기간"이라 한다) 중에 사용승인 또는 사용검사(임시사용승인을 포함한다)를 받은 주택. 다만, 다음 각 목의 주택은 제외한다.
        가. 「도시 및 주거환경정비법」에 따른 주택재개발사업 또는 주택재건축사업을 시행하는 정비사업조합의 조합원이 해당 관리처분계획에 따라 취득하는 주택
        나. 거주하거나 보유하는 중에 소실·붕괴·노후 등으로 인하여 멸실되어 재건축한 주택
    9. 「주택법 시행령」 제2조의2제4호에 따른 오피스텔(이하 이 조에서 "오피스텔"이라 한다) 중 「건축법」 제11조에 따른 건축허가를 받아 「건축물의 분양에 관한 법률」 제6조에 따라 분양사업자가 공급(분양 광고에 따른 입주예정일이 지나고 2013년 3월 31일까지 분양계약이 체결되지 아니하여 수의계약으로 공급하는 경우를 포함한다)하거나 「건축법」 제22조에 따른 건축물의 사용승인을 받아 공급하는 오피스텔(제4호부터 제8호까지의 방법으로 공급 등을 하는 오피스텔을 포함한다)
② 제1항을 적용할 때 다음 각 호의 신축주택등은 제외한다.
    1. 제6항제1호에 해당하는 사업자(이하 이 조에서 "사업주체등"이라 한다)와 양수자 간에 실제로 거래한 가액이 6억원을 초과하고 연면적(공동주택 및 오피스텔의 경우에는 전용면적을 말한다)이 85제곱미터를 초과하는 신축주택등. 이 경우 양수자가 부담하는 취득세 및 그 밖의 부대비용은 포함하지 아니한다.
    2. 2013년 3월 31일 이전에 사업주체등과 체결한 매매계약이 과세특례 취득기간 중에 해제된 신축주택등
    3. 제2호에 따른 매매계약을 해제한 매매계약자가 과세특례 취득기간 중에 계약을 체결하여 취득한 신축주택등 및 해당 매매계약자의 배우자[매매계약자 또는 그 배우자의 직계존비속(그 배우자를 포함한다) 및 형제자매를 포함한다]가 과세특례 취득기간 중에 원래 매매계약을 체결하였던 사업주체등과 계약을 체결하여 취득한 신축주택등
    4. 제1항제9호에 따른 오피스텔을 취득한 자가 다음 각 목의 모두에 해당하지 아니하게 된 경우의 해당 오피스텔
        가. 취득자가 취득일부터 60일이 지난 날부터 양도일까지 해당 오피스텔의 주소지에 「주민등록법」에 따른 주민등록이 되어 있거나 임차인의 주민등록이 되어 있는 경우

나. 「임대주택법」 제6조에 따른 임대사업자(취득 후 「임대주택법」 제6조에 따른 임대사업자로 등록한 경우를 포함한다)가 취득한 경우로서 취득일부터 60일 이내에 임대용 주택으로 등록한 경우

③ 법 제99조의2제1항 전단에서 "1세대 1주택자의 주택"이란 다음 각 호의 어느 하나에 해당하는 주택(주택에 부수되는 토지로서 건물이 정착된 면적에 지역별로 정하는 배율을 곱하여 산정한 면적 이내의 토지를 포함하며, 이하 이 조에서 "감면대상기존주택"이라 한다)을 말한다. 이 경우 다음 각 호에 해당하는지를 판정할 때 1주택을 여러 사람이 공동으로 소유한 경우 공동소유자 각자가 그 주택을 소유한 것으로 보되, 1세대의 구성원이 1주택을 공동으로 소유하는 경우에는 그러하지 아니하다.

1. 2013년 4월 1일 현재 「주민등록법」상 1세대(부부가 각각 세대를 구성하고 있는 경우에는 이를 1세대로 보며, 이하 이 항에서 "1세대"라 한다)가 매매계약일 현재 국내에 1주택(주택은 「주택법」에 따른 주택을 말하며, 「주택법」에 따른 주택을 소유하지 아니하고 2013년 4월 1일 현재 「주민등록법」에 따른 주민등록이 되어 있는 오피스텔을 소유하고 있는 경우에는 그 1오피스텔을 1주택으로 본다. 이하 이 항에서 "1주택"이라 한다)을 보유하고 있는 경우로서 해당 주택의 취득 등기일부터 매매계약일까지의 기간이 2년 이상인 주택

2. 국내에 1주택을 보유한 1세대가 그 주택(이하 이 항에서 "종전의 주택"이라 한다)을 양도하기 전에 다른 주택을 취득함으로써 일시적으로 2주택이 된 경우(제1호에 따라 1주택으로 보는 오피스텔을 소유하고 있는 자가 다른 주택을 취득하는 경우를 포함한다)로서, 종전의 주택의 취득 등기일부터 1년 이상이 지난 후 다른 주택을 취득하고 그 다른 주택을 취득한 날(등기일을 말한다)부터 3년 이내에 양도하는 종전의 주택. 다만, 취득 등기일부터 매매계약일까지의 기간이 2년 이상인 종전의 주택으로 한정한다.

④ 제3항 각 호 외의 부분에서 "지역별로 정하는 배율"이란 다음의 각 호의 구분에 따른 배율을 말한다.

1. 도시지역 안의 토지: 5배
2. 도시지역 밖의 토지: 10배

⑤ 제3항을 적용할 때 다음 각 호의 감면대상기존주택은 제외한다.

1. 감면대상기존주택 양도자와 양수자 간에 실제로 거래한 가액이 6억원을 초과하고 연면적(공동주택 및 오피스텔의 경우에는 전용면적을 말한다)이 85제곱미터를 초과하는 감면대상기존주택. 이 경우 양수자가 부담하는 취득세 및 그 밖의 부대비용은 포함하지 아니한다.

2. 2013년 3월 31일 이전에 체결한 매매계약을 과세특례 취득기간 중에 해제한 매매계약자 또는 그 배우자[매매계약자 또는 그 배우자의 직계존비속(그 배우자를 포함한다) 및 형제자매를 포함한다]가 과세특례 취득기간 중에 계약을 체

결하여 취득한 원래 매매계약을 체결하였던 감면대상기존주택
3. 감면대상기존주택 중 오피스텔을 취득하는 자가 취득 후 제2항제4호 각 목의 모두에 해당하지 아니하게 된 경우의 해당 오피스텔
⑥ 법 제99조의2제1항 전단에서 "대통령령으로 정하는 자"란 다음 각 호의 구분에 따른 자를 말한다.
1. 제1항에 해당하는 주택: 제1항제1호 및 같은 항 제2호에 따른 사업주체, 같은 항 제3호에 따른 주택건설사업자, 같은 항 제4호에 따른 대한주택보증주식회사, 같은 항 제5호에 따른 시공자, 같은 항 제6호에 따른 기업구조조정부동산투자회사등, 같은 항 제7호에 따른 신탁업자, 같은 항 제8호에 따른 주택을 건설한 자 및 같은 항 제9호에 따른 분양사업자 또는 건축주
2. 제3항에 해당하는 주택: 감면대상기존주택 양도자
⑦ 법 제99조의2제1항을 적용할 때 해당 주택의 취득일부터 5년간 발생한 양도소득금액은 제40조제1항을 준용하여 계산한 금액으로 한다.
⑧ 법 제99조의2에 따라 과세특례를 적용받으려는 자는 해당 주택의 양도소득 과세표준예정신고 또는 과세표준확정신고와 함께 제11항 또는 제12항에 따라 확인하는 날인을 받아 교부받은 매매계약서 사본을 납세지 관할세무서장에게 제출하여야 한다.
⑨ 사업주체등은 기획재정부령으로 정하는 신축주택등 현황(2013년 3월 31일까지 분양계약이 체결되지 아니한 것으로 한정한다)을 2013년 6월 30일까지 시장(특별자치시장과 「제주특별자치도 설치 및 국제자유도시 조성을 위한 특별법」 제17조제2항에 따른 행정시장을 포함한다. 이하 이 조에서 같다)·군수·구청장(자치구의 구청장을 말한다. 이하 이 조에서 같다)에게 제출하여야 한다. 다만, 제1항제2호·제3호(2013년 4월 1일 이후 공급하는 것으로 한정한다)·제4호·제5호(2013년 4월 1일 이후 대물변제 받은 것으로 한정한다)·제6호·제7호 및 제9호(2013년 4월 1일 이후 공급하는 것으로 한정한다)에 해당하는 신축주택등 현황의 경우에는 사업주체등과 최초로 매매계약(매매계약이 다수인 때에는 최초로 체결한 매매계약을 기준으로 한다)을 체결한 날이 속하는 달의 말일부터 1개월 이내에 제출하여야 한다.
⑩ 시장·군수·구청장은 제9항에 따라 제출받은 신축주택등 현황을 관리하여야 하며, 그 현황을 제출일이 속하는 분기의 말일부터 1개월 이내에 주택 소재지 관할 세무서장에게 제출하여야 한다.
⑪ 사업주체등은 신축주택등의 매매계약을 체결한 즉시 2부의 매매계약서에 시장·군수·구청장으로부터 기획재정부령으로 정하는 신축주택등임을 확인하는 날인을 받아 그 중 1부를 해당 매매계약자에게 교부하여야 하며, 그 내용을 기획재정부령으로 정하는 신축주택등확인대장에 작성하여 보관하여야 한다.
⑫ 감면대상기존주택 양도자는 감면대상기존주택의 매매계약을 체결한 날부터 30

일 이내에 2부의 매매계약서에 시장·군수·구청장으로부터 기획재정부령으로 정하는 감면대상기존주택임을 확인하는 날인을 받아 그 중 1부를 해당 매매계약자에게 교부하여야 한다.

⑬ 국토교통부장관은 감면대상기존주택임을 확인할 수 있는 자료를 전산망 등을 통하여 시장·군수·구청장에게 제공하여야 한다.

⑭ 제11항에 따라 매매계약서에 신축주택등임을 확인하는 날인을 요청받은 시장·군수·구청장은 제10항에 따른 신축주택등 현황 및 「주택법」제16조에 따른 사업계획승인신청서류 등에 따라 신축주택등임을 확인하고, 해당 매매계약서에 기획재정부령으로 정하는 신축주택등임을 확인하는 날인을 하여야 하며, 그 내용을 기획재정부령으로 정하는 신축주택등확인대장에 작성하여 보관하여야 한다.

⑮ 제12항에 따라 매매계약서에 감면대상기존주택임을 확인하는 날인을 요청받은 시장·군수·구청장은 제13항에 따라 국토교통부장관이 제공하는 자료(제3항에서 규정하는 1세대 1주택자 여부에 대한 판정 자료를 말한다), 매매계약서 및 「주민등록법」에 따른 주민등록표(주민등록전산정보자료를 포함한다)를 통하여 감면대상기존주택임을 확인하고, 해당 매매계약서에 기획재정부령으로 정하는 감면대상기존주택임을 확인하는 날인을 하여야 하며, 그 내용을 기획재정부령으로 정하는 감면대상기존주택 확인대장에 작성하여 보관하여야 한다.

⑯ 시장·군수·구청장과 사업주체등은 각각 기획재정부령으로 정하는 신축주택등확인대장 및 감면대상기존주택 확인대장을 2014년 3월 31일까지 정보처리장치·전산테이프 또는 디스켓·디스크 등의 전자적 형태(이하 이 조에서 "전자매체"라 한다)로 주택 소재지 관할세무서장에게 제출하여야 한다.

⑰ 제16항에 따른 전자매체 자료를 제출받은 주택 소재지 관할세무서장은 해당 자료를 기록·보관하여야 한다.

⑱ 신축주택등 및 감면대상기존주택의 확인 절차 등 그 밖에 필요한 사항은 기획재정부령으로 정한다.

나. 관련 예규(예규,해석사례,심사,심판)
   ○ 법규과-905, 2013.08.21.
   귀 서면질의 경우, 「조세특례제한법」(2013.5.1. 법률 제11759호로 개정된 것) 제99조의2를 적용함에 있어 1세대가 무허가주택을 보유하고 있는 경우 해당 무허가주택도 주택 수에 포함하여 1주택여부를 판정하는 것입니다.

질의 회답 미등기된 농가주택 상속등기 전에 다른 1주택이 매매계약 체결된 경우 감면대상기존주택 해당 여부

[요   지]

「조세특례제한법」 제99조의 2 및 같은 법 시행령 제99조의 2의 규정에 따른 신축주택 등 취득자에 대한 양도소득세의 과세특례를 적용할 때 1세대가 매매계약 체결일 현재 미등기주택을 보유하고 있는 경우 해당 미등기주택도 주택수에 포함하여 1세대 1주택자의 주택(감면대상기존주택) 여부를 판정하는 것임

[회　신]
「조세특례제한법」 제99조의 2 및 같은 법 시행령 제99조의 2의 규정에 따른 신축주택 등 취득자에 대한 양도소득세의 과세특례를 적용할 때 1세대가 매매계약 체결일 현재 미등기주택을 보유하고 있는 경우 해당 미등기주택도 주택수에 포함하여 1세대 1주택자의 주택(감면대상기존주택) 여부를 판정하는 것이며, 등기된 1주택과 미등기된 1주택을 보유하던 1세대가 등기된 1주택을 양도하는 경우 해당 등기된 1주택은 같은 법 시행령 제99조의 2제3항에 따른 감면대상기존주택에 해당되지 아니하는 것입니다.

[관련법령]
조세특례제한법　제99조의2 【신축주택 등 취득자에 대한 양도소득세의 과세특례】

1. 질의내용 요약
    ○ 사실관계
        - 1982.00. 甲, 충남 당진시 소재 A농가주택 증축 및 건축물대장상 소유자로 등재 (미등기, A주택부수토지는 '81년에 乙(甲의 배우자)이 매매 취득)
        - 2004.10. 甲, 사망
        - 2004.12. 乙, 서울시 동대문구 소재 B주택 취득
        - 2013.05. 乙, B주택 매매계약 체결
        - 2013.06. 乙, A주택부수토지를 丙(손자)에게 증여(6.18) 및 B주택 잔금수령(6.28)
        ※ A주택의 소유자는 멸실 당시('13.6.27)까지 건축물대장상 甲으로 등재되어 있었으나, A농가주택에 대한 재산세는 乙에게 부과되었으며, 해당 재산세('06~'13년 합계 149,850원)는 별도세대인 자녀들이 대납하였다고 주장함
    ○ 질의내용
        「조세특례제한법」 제99조의 2의 규정에 따른 양도소득세 과세특례를 적용할 때 A농가주택에 대한 재산세를 별도세대인 乙의 자녀들이 납부한 경우 A농가주택을 乙소유의 주택이 아닌 것으로 보아 B주택을 1세대 1주택자의 감면대상기존주택으로

볼 수 있는지 여부

2. 질의내용에 대한 자료
   ○ 조세특례제한법 제99조의2 【신축주택 등 취득자에 대한 양도소득세의 과세특례】
     ① 거주자 또는 비거주자가 대통령령으로 정하는 신축주택, 미분양주택 또는 1세대 1주택자의 주택으로서 취득가액이 6억원 이하이거나 주택의 연면적(공동주택의 경우에는 전용면적)이 85제곱미터 이하인 주택을 2013년 4월 1일부터 2013년 12월 31일까지 「주택법」 제38조에 따라 주택을 공급하는 사업주체 등 대통령령으로 정하는 자와 최초로 매매계약을 체결하여 그 계약에 따라 취득(2013년 12월 31일까지 매매계약을 체결하고 계약금을 지급한 경우를 포함한다)한 경우에 해당 주택을 취득일부터 5년 이내에 양도함으로써 발생하는 양도소득에 대하여는 양도소득세의 100분의 100에 상당하는 세액을 감면하고, 취득일부터 5년이 지난 후에 양도하는 경우에는 해당 주택의 취득일부터 5년간 발생한 양도소득금액을 해당 주택의 양도소득세 과세대상소득금액에서 공제한다. 이 경우 공제하는 금액이 과세대상소득금액을 초과하는 경우 그 초과금액은 없는 것으로 한다.
     ② 「소득세법」 제89조제1항제3호 및 제104조제1항제4호부터 제7호까지의 규정을 적용할 때 제1항을 적용받는 주택은 해당 거주자의 소유주택으로 보지 아니한다.
     ③ 생략
     ④ 제1항에 따라 양도소득세를 감면받고자 하는 자는 대통령령으로 정하는 방법에 따라 제1항에 따른 감면 대상 주택임을 확인받아 납세지 관할 세무서장에게 제출하여야 한다.
     (이하 생략)
   ○ 조세특례제한법 시행령 제99조의2 【신축주택 등 취득자에 대한 양도소득세의 과세특례】
     ①・② 생략
     ③ 법 제99조의2제1항 전단에서 "1세대 1주택자의 주택"이란 다음 각 호의 어느 하나에 해당하는 주택(주택에 부수되는 토지로서 건물이 정착된 면적에 지역별로 정하는 배율을 곱하여 산정한 면적 이내의 토지를 포함하며, 이하 이 조에서 "감면대상기존주택"이라 한다)을 말한다. 이 경우 다음 각 호에 해당하는지를 판정할 때 1주택을 여러 사람이 공동으로 소유한 경우 공동소유자 각자가 그 주택을 소유한 것으로 보되, 1세대의 구성원이 1주택을 공동으로 소유하는 경우에는 그러하지 아니하다.
       1. 2013년 4월 1일 현재 「주민등록법」상 1세대(부부가 각각 세대를 구성하고 있는 경우에는 이를 1세대로 보며, 이하 이 항에서 "1세대"라 한다)가 매매계약일 현재 국내에 1주택(주택은 「주택법」에 따른 주택을 말하며, 「주택법」

에 따른 주택을 소유하지 아니하고 2013년 4월 1일 현재 「주민등록법」에 따른 주민등록이 되어 있는 오피스텔을 소유하고 있는 경우에는 그 1오피스텔을 1주택으로 본다. 이하 이 항에서 "1주택"이라 한다)을 보유하고 있는 경우로서 해당 주택의 취득 등기일부터 매매계약일까지의 기간이 2년 이상인 주택

2. 국내에 1주택을 보유한 1세대가 그 주택(이하 이 항에서 "종전의 주택"이라 한다)을 양도하기 전에 다른 주택을 취득함으로써 일시적으로 2주택이 된 경우(제1호에 따라 1주택으로 보는 오피스텔을 소유하고 있는 자가 다른 주택을 취득하는 경우를 포함한다)로서, 종전의 주택의 취득 등기일부터 1년 이상이 지난 후 다른 주택을 취득하고 그 다른 주택을 취득한 날(등기일을 말한다)부터 3년 이내에 양도하는 종전의 주택. 다만, 취득 등기일부터 매매계약일까지의 기간이 2년 이상인 종전의 주택으로 한정한다.

(이하 생략)

○ 소득세법 제89조 【비과세 양도소득】
① 다음 각 호의 소득에 대해서는 양도소득에 대한 소득세(이하 "양도소득세"라 한다)를 과세하지 아니한다.
1. 파산선고에 의한 처분으로 발생하는 소득
2. 대통령령으로 정하는 경우에 해당하는 농지의 교환 또는 분합(分合)으로 발생하는 소득
3. 대통령령으로 정하는 1세대 1주택(가액이 대통령령으로 정하는 기준을 초과하는 고가주택은 제외한다)과 이에 딸린 토지로서 건물이 정착된 면적에 지역별로 대통령령으로 정하는 배율을 곱하여 산정한 면적 이내의 토지(이하 이 조에서 "주택부수토지"라 한다)의 양도로 발생하는 소득

(이하 생략)

○ 소득세법 시행령 제154조 【1세대 1주택의 범위】
① 법 제89조 제1항 제3호에서 "대통령령으로 정하는 1세대 1주택"이란 거주자 및 그 배우자가 그들과 동일한 주소 또는 거소에서 생계를 같이 하는 가족과 함께 구성하는 1세대(이하 "1세대"라 한다)가 양도일 현재 국내에 1주택을 보유하고 있는 경우로서 해당 주택의 보유기간이 2년(제8항 제2호에 해당하는 거주자의 주택인 경우는 3년) 이상인 것을 말한다. 다만, 1세대가 양도일 현재 국내에 1주택을 보유하고 있는 경우로서 다음 각 호의 어느 하나에 해당하는 경우에는 그 보유기간의 제한을 받지 아니한다.

(이하 생략)

○ 소득세법 시행령 제155조 【1세대 1주택의 특례】
① 생략
② 상속받은 주택(조합원입주권을 상속받아 사업시행 완료 후 취득한 신축주택을 포함하며, 피상속인이 상속개시 당시 2 이상의 주택을 소유한 경우에는 다음 각

호의 순위에 따른 1주택을 말한다)과 그 밖의 주택(상속개시 당시 보유한 주택만 해당한다. 이하 이 항에서 "일반주택"이라 한다)을 국내에 각각 1개씩 소유하고 있는 1세대가 일반주택을 양도하는 경우에는 국내에 1개의 주택을 소유하고 있는 것으로 보아 제154조 제1항을 적용한다. 다만, 상속인과 피상속인이 상속개시 당시 1세대인 경우에는 1주택을 보유하고 1세대를 구성하는 자가 직계존속(배우자의 직계존속을 포함하며, 세대를 합친 날 현재 직계존속 중 어느 한 사람 또는 모두가 60세 이상으로서 1주택을 보유하고 있는 경우만 해당한다)을 동거봉양하기 위하여 세대를 합침에 따라 2주택을 보유하게 되는 경우로서 합치기 이전부터 보유하고 있었던 주택만 상속받은 주택으로 본다(이하 제3항, 제7항 제1호 및 제156조의 2 제7항 제1호에서 같다).

1. 피상속인이 소유한 기간이 가장 긴 1주택
2. 피상속인이 소유한 기간이 같은 주택이 2 이상일 경우에는 피상속인이 거주한 기간이 가장 긴 1주택
3. 피상속인이 소유한 기간 및 거주한 기간이 모두 같은 주택이 2 이상일 경우에는 피상속인이 상속개시당시 거주한 1주택
4. 피상속인이 거주한 사실이 없는 주택으로서 소유한 기간이 같은 주택이 2 이상일 경우에는 기준시가가 가장 높은 1주택(기준시가가 같은 경우에는 상속인이 선택하는 1주택)

③ 제154조 제1항의 규정을 적용함에 있어서 공동상속주택(상속으로 여러 사람이 공동으로 소유하는 1주택을 말한다)외의 다른 주택을 양도하는 때에는 당해 공동상속주택은 당해 거주자의 주택으로 보지 아니한다. 다만, 상속지분이 가장 큰 상속인의 경우는 그러하지 아니하며 이 경우 상속지분이 가장 큰 상속인이 2인 이상인 때에는 그 2인 이상의 자중 다음 각호의 순서에 따라 당해 각호에 해당하는 자가 당해 공동상속주택을 소유한 것으로 본다.

1. 당해 주택에 거주하는 자
2. (삭제, 2008. 2. 22.)
3. 최연장자

④ ~ ⑰ 생략

⑱ 제2항 및 제3항을 적용할 때 상속주택 외의 주택을 양도할 때까지 상속주택을 「민법」 제1013조에 따라 협의분할하여 등기하지 아니한 경우에는 같은 법 제1009조 및 제1010조에 따른 상속분에 따라 해당 상속주택을 소유하는 것으로 본다. 다만, 상속주택 외의 주택을 양도한 이후 「국세기본법」 제26조의 2에 따른 국세 부과의 제척기간 내에 상속주택을 협의분할하여 등기한 경우로서 등기 전 제2항 및 제3항에 따라 제154조 제1항을 적용받았다가 등기 후 같은 항의 적용을 받지 못하여 양도소득세를 추가 납부하여야 할 자는 그 등기일이 속하는 달의 말일부터 2개월 이내에 다음 계산식에 따라 계산한 금액을 양도소득세로 신

고・납부하여야 한다.

납부할 양도소득세 = 일반주택 양도 당시 제2항 또는 제3항을 적용하지 아니하였을 경우에 납부하였을 세액 – 일반주택 양도 당시 제2항 또는 제3항을 적용받아 납부한 세액

(이하 생략)

○ 민법 제1000조 【상속의 순위】
① 상속에 있어서는 다음 순위로 상속인이 된다. <개정 1990.1.13>
  1. 피상속인의 직계비속
  2. 피상속인의 직계존속
  3. 피상속인의 형제자매
  4. 피상속인의 4촌이내의 방계혈족
② 전항의 경우에 동순위의 상속인이 수인인 때에는 최근친을 선순위로 하고 동친 등의 상속인이 수인인 때에는 공동상속인이 된다.
③ 태아는 상속순위에 관하여는 이미 출생한 것으로 본다.

○ 민법 제1003조 【배우자의 상속순위】
① 피상속인의 배우자는 제1000조제1항제1호와 제2호의 규정에 의한 상속인이 있는 경우에는 그 상속인과 동순위로 공동상속인이 되고 그 상속인이 없는 때에는 단독상속인이 된다.
② 제1001조의 경우에 상속개시전에 사망 또는 결격된 자의 배우자는 동조의 규정에 의한 상속인과 동순위로 공동상속인이 되고 그 상속인이 없는 때에는 단독상속인이 된다.

○ 민법 제1009조 【법정상속분】
① 동순위의 상속인이 수인인 때에는 그 상속분은 균분으로 한다.
② 피상속인의 배우자의 상속분은 직계비속과 공동으로 상속하는 때에는 직계비속의 상속분의 5할을 가산하고, 직계존속과 공동으로 상속하는 때에는 직계존속의 상속분의 5할을 가산한다.
③ 삭제 <1990.1.13>

○ 우리청 법규과-946, 2013.09.03.
귀 질의의 경우, 「조세특례제한법 시행령」제99조의2제3항제1호에서 규정하는 주택 보유기간이 2년 이상인지 여부를 판단함에 있어, 동일세대원으로부터 상속받은 주택의 보유기간은 상속 등기일부터 기산하는 것이며, 이 경우 피상속인의 보유기간은 통산하지 아니하는 것입니다.

○ 우리청 법규과-905, 2013.08.21.
귀 서면질의의 경우, 「조세특례제한법」(2013.5.10. 법률 제11759호로 개정된 것) 제99조의2를 적용함에 있어 1세대가 무허가주택을 보유하고 있는 경우 해당 무허가주택도 주택수에 포함하여 1주택 여부를 판정하는 것입니다.

○ 우리청 법규과-700, 2013.06.19.
  귀 서면질의의 경우, 「조세특례제한법」(2013.5.10. 법률 제11759호로 개정된 것) 제99조의2를 적용함에 있어 등기된 1주택과 미등기된 2주택을 보유하던 1세대가 등기된 1주택을 양도하는 경우 해당 등기된 1주택은 「같은 법 시행령」(2013.5.10. 대통령령 제24534호로 개정된 것) 제99조의2제3항에 따른 감면대상 기존주택에 해당하지 아니하는 것입니다.

질의 회답 미등기된 농가주택 상속등기 전에 다른 1주택이 매매계약 체결된 경우 감면대상기존주택 해당 여부

[요 지]
「조세특례제한법」 제99조의 2 및 같은 법 시행령 제99조의 2의 규정에 따른 신축주택 등 취득자에 대한 양도소득세의 과세특례를 적용할 때 1세대가 매매계약 체결일 현재 미등기주택을 보유하고 있는 경우 해당 미등기주택도 주택수에 포함하여 1세대 1주택자의 주택(감면대상기존주택) 여부를 판정하는 것임

[회 신]
「조세특례제한법」 제99조의 2 및 같은 법 시행령 제99조의 2의 규정에 따른 신축주택 등 취득자에 대한 양도소득세의 과세특례를 적용할 때 1세대가 매매계약 체결일 현재 미등기주택을 보유하고 있는 경우 해당 미등기주택도 주택수에 포함하여 1세대 1주택자의 주택(감면대상기존주택) 여부를 판정하는 것이며, 등기된 1주택과 미등기된 1주택을 보유하던 1세대가 등기된 1주택을 양도하는 경우 해당 등기된 1주택은 같은 법 시행령 제99조의 2제3항에 따른 감면대상기존주택에 해당되지 아니하는 것입니다.

[관련법령]
조세특례제한법 제99조의2 【신축주택 등 취득자에 대한 양도소득세의 과세특례】

1. 질의내용 요약
   ○ 사실관계
     - 2003.07. 甲, 서울 강남구 대치동 소재 A주택 취득
     - 2003.10. 乙(甲의 남편, 본인), 강원도 동해시 소재 B주택의 부수토지 부친으로부터 상속

- B주택은 미등기 농가주택이며, 최초 乙의 조부 소유('51년 취득)였으나, 조부의 사망('88.9.28., 상속인 8명) 및 부친의 사망('93.10.29., 상속인 6명) 당시까지 상속등기되지 않았고, 부친의 사망 이후인 '03.10.월에 비로소 B주택 부수토지만 乙명의로 상속등기하였음(B주택에 대한 재산세 및 종합부동산세는 乙이 납부함)
  ※ B주택을 상속등기하지 못한 이유 : B주택 부수토지 상속등기 당시 노후·불량주택이라서 상속인 간 철거하기로 협의('13.5.24. 철거멸실신고하였으나, 아직 철거하지 않음)
○ 질의내용
  A주택을 양도하는 경우 「조세특례제한법」 제99조의 2의 규정에 따른 양도소득세 과세특례를 적용할 때 B농가주택을 乙소유의 주택이 아닌 것으로 보아 A주택을 1세대 1주택자의 감면대상기존주택으로 볼 수 있는지 여부

2. 질의내용에 대한 자료
○ 조세특례제한법 제99조의2 【신축주택 등 취득자에 대한 양도소득세의 과세특례】
  ① 거주자 또는 비거주자가 대통령령으로 정하는 신축주택, 미분양주택 또는 1세대 1주택자의 주택으로서 취득가액이 6억원 이하이거나 주택의 연면적(공동주택의 경우에는 전용면적)이 85제곱미터 이하인 주택을 2013년 4월 1일부터 2013년 12월 31일까지 「주택법」 제38조에 따라 주택을 공급하는 사업주체 등 대통령령으로 정하는 자와 최초로 매매계약을 체결하여 그 계약에 따라 취득(2013년 12월 31일까지 매매계약을 체결하고 계약금을 지급한 경우를 포함한다)한 경우에 해당 주택을 취득일부터 5년 이내에 양도함으로써 발생하는 양도소득에 대하여는 양도소득세의 100분의 100에 상당하는 세액을 감면하고, 취득일부터 5년이 지난 후에 양도하는 경우에는 해당 주택의 취득일부터 5년간 발생한 양도소득금액을 해당 주택의 양도소득세 과세대상소득금액에서 공제한다. 이 경우 공제하는 금액이 과세대상소득금액을 초과하는 경우 그 초과금액은 없는 것으로 한다.
  ② 「소득세법」 제89조제1항제3호 및 제104조제1항제4호부터 제7호까지의 규정을 적용할 때 제1항을 적용받는 주택은 해당 거주자의 소유주택으로 보지 아니한다.
  ③ 생략
  ④ 제1항에 따라 양도소득세를 감면받고자 하는 자는 대통령령으로 정하는 방법에 따라 제1항에 따른 감면 대상 주택임을 확인받아 납세지 관할 세무서장에게 제출하여야 한다.
  (이하 생략)
○ 조세특례제한법 시행령 제99조의2 【신축주택 등 취득자에 대한 양도소득세의 과세특례】
  ①·② 생략
  ③ 법 제99조의2제1항 전단에서 "1세대 1주택자의 주택"이란 다음 각 호의 어느

하나에 해당하는 주택(주택에 부수되는 토지로서 건물이 정착된 면적에 지역별로 정하는 배율을 곱하여 산정한 면적 이내의 토지를 포함하며, 이하 이 조에서 "감면대상기존주택"이라 한다)을 말한다. 이 경우 다음 각 호에 해당하는지를 판정할 때 1주택을 여러 사람이 공동으로 소유한 경우 공동소유자 각자가 그 주택을 소유한 것으로 보되, 1세대의 구성원이 1주택을 공동으로 소유하는 경우에는 그러하지 아니하다.

1. 2013년 4월 1일 현재 「주민등록법」상 1세대(부부가 각각 세대를 구성하고 있는 경우에는 이를 1세대로 보며, 이하 이 항에서 "1세대"라 한다)가 매매계약일 현재 국내에 1주택(주택은 「주택법」에 따른 주택을 말하며, 「주택법」에 따른 주택을 소유하지 아니하고 2013년 4월 1일 현재 「주민등록법」에 따른 주민등록이 되어 있는 오피스텔을 소유하고 있는 경우에는 그 1오피스텔을 1주택으로 본다. 이하 이 항에서 "1주택"이라 한다)을 보유하고 있는 경우로서 해당 주택의 취득 등기일부터 매매계약일까지의 기간이 2년 이상인 주택
2. 국내에 1주택을 보유한 1세대가 그 주택(이하 이 항에서 "종전의 주택"이라 한다)을 양도하기 전에 다른 주택을 취득함으로써 일시적으로 2주택이 된 경우(제1호에 따라 1주택으로 보는 오피스텔을 소유하고 있는 자가 다른 주택을 취득하는 경우를 포함한다)로서, 종전의 주택의 취득 등기일부터 1년 이상이 지난 후 다른 주택을 취득하고 그 다른 주택을 취득한 날(등기일을 말한다)부터 3년 이내에 양도하는 종전의 주택. 다만, 취득 등기일부터 매매계약일까지의 기간이 2년 이상인 종전의 주택으로 한정한다.

(이하 생략)

○ 소득세법 제89조 【비과세 양도소득】
① 다음 각 호의 소득에 대해서는 양도소득에 대한 소득세(이하 "양도소득세"라 한다)를 과세하지 아니한다.
1. 파산선고에 의한 처분으로 발생하는 소득
2. 대통령령으로 정하는 경우에 해당하는 농지의 교환 또는 분합(分合)으로 발생하는 소득
3. 대통령령으로 정하는 1세대 1주택(가액이 대통령령으로 정하는 기준을 초과하는 고가주택은 제외한다)과 이에 딸린 토지로서 건물이 정착된 면적에 지역별로 대통령령으로 정하는 배율을 곱하여 산정한 면적 이내의 토지(이하 이 조에서 "주택부수토지"라 한다)의 양도로 발생하는 소득

(이하 생략)

○ 소득세법 시행령 제154조 【1세대 1주택의 범위】
① 법 제89조 제1항 제3호에서 "대통령령으로 정하는 1세대 1주택"이란 거주자 및 그 배우자가 그들과 동일한 주소 또는 거소에서 생계를 같이 하는 가족과 함께 구성하는 1세대(이하 "1세대"라 한다)가 양도일 현재 국내에 1주택을 보유하고

있는 경우로서 해당 주택의 보유기간이 2년(제8항 제2호에 해당하는 거주자의 주택인 경우는 3년) 이상인 것을 말한다. 다만, 1세대가 양도일 현재 국내에 1주택을 보유하고 있는 경우로서 다음 각 호의 어느 하나에 해당하는 경우에는 그 보유기간의 제한을 받지 아니한다.
(이하 생략)

○ 소득세법 시행령 제155조 【1세대 1주택의 특례】
① 생략
② 상속받은 주택(조합원입주권을 상속받아 사업시행 완료 후 취득한 신축주택을 포함하며, 피상속인이 상속개시 당시 2 이상의 주택을 소유한 경우에는 다음 각 호의 순위에 따른 1주택을 말한다)과 그 밖의 주택(상속개시 당시 보유한 주택만 해당한다. 이하 이 항에서 "일반주택"이라 한다)을 국내에 각각 1개씩 소유하고 있는 1세대가 일반주택을 양도하는 경우에는 국내에 1개의 주택을 소유하고 있는 것으로 보아 제154조 제1항을 적용한다. 다만, 상속인과 피상속인이 상속개시 당시 1세대인 경우에는 1주택을 보유하고 1세대를 구성하는 자가 직계존속(배우자의 직계존속을 포함하며, 세대를 합친 날 현재 직계존속 중 어느 한 사람 또는 모두가 60세 이상으로서 1주택을 보유하고 있는 경우만 해당한다)을 동거봉양하기 위하여 세대를 합침에 따라 2주택을 보유하게 되는 경우로서 합치기 이전부터 보유하고 있었던 주택만 상속받은 주택으로 본다(이하 제3항, 제7항 제1호 및 제156조의 2 제7항 제1호에서 같다).
1. 피상속인이 소유한 기간이 가장 긴 1주택
2. 피상속인이 소유한 기간이 같은 주택이 2 이상일 경우에는 피상속인이 거주한 기간이 가장 긴 1주택
3. 피상속인이 소유한 기간 및 거주한 기간이 모두 같은 주택이 2 이상일 경우에는 피상속인이 상속개시당시 거주한 1주택
4. 피상속인이 거주한 사실이 없는 주택으로서 소유한 기간이 같은 주택이 2 이상일 경우에는 기준시가가 가장 높은 1주택(기준시가가 같은 경우에는 상속인이 선택하는 1주택)
③ 제154조 제1항의 규정을 적용함에 있어서 공동상속주택(상속으로 여러 사람이 공동으로 소유하는 1주택을 말한다)외의 다른 주택을 양도하는 때에는 당해 공동상속주택은 당해 거주자의 주택으로 보지 아니한다. 다만, 상속지분이 가장 큰 상속인의 경우는 그러하지 아니하며 이 경우 상속지분이 가장 큰 상속인이 2인 이상인 때에는 그 2인 이상의 자중 다음 각호의 순서에 따라 당해 각호에 해당하는 자가 당해 공동상속주택을 소유한 것으로 본다.
1. 당해 주택에 거주하는 자
2. (삭제, 2008. 2. 22.)
3. 최연장자

④ ~ <17> 생략
⑱ 제2항 및 제3항을 적용할 때 상속주택 외의 주택을 양도할 때까지 상속주택을 「민법」 제1013조에 따라 협의분할하여 등기하지 아니한 경우에는 같은 법 제1009조 및 제1010조에 따른 상속분에 따라 해당 상속주택을 소유하는 것으로 본다. 다만, 상속주택 외의 주택을 양도한 이후 「국세기본법」 제26조의 2에 따른 국세 부과의 제척기간 내에 상속주택을 협의분할하여 등기한 경우로서 등기 전 제2항 및 제3항에 따라 제154조 제1항을 적용받았다가 등기 후 같은 항의 적용을 받지 못하여 양도소득세를 추가 납부하여야 할 자는 그 등기일이 속하는 달의 말일부터 2개월 이내에 다음 계산식에 따라 계산한 금액을 양도소득세로 신고・납부하여야 한다.

납부할 양도소득세 = 일반주택 양도 당시 제2항 또는 제3항을 적용하지 아니하였을 경우에 납부하였을 세액 - 일반주택 양도 당시 제2항 또는 제3항을 적용받아 납부한 세액

(이하 생략)

○ 민법 제1000조 【상속의 순위】
① 상속에 있어서는 다음 순위로 상속인이 된다. <개정 1990.1.13>
  1. 피상속인의 직계비속
  2. 피상속인의 직계존속
  3. 피상속인의 형제자매
  4. 피상속인의 4촌이내의 방계혈족
② 전항의 경우에 동순위의 상속인이 수인인 때에는 최근친을 선순위로 하고 동친 등의 상속인이 수인인 때에는 공동상속인이 된다.
③ 태아는 상속순위에 관하여는 이미 출생한 것으로 본다.

○ 민법 제1003조 【배우자의 상속순위】
① 피상속인의 배우자는 제1000조제1항제1호와 제2호의 규정에 의한 상속인이 있는 경우에는 그 상속인과 동순위로 공동상속인이 되고 그 상속인이 없는 때에는 단독상속인이 된다.
② 제1001조의 경우에 상속개시전에 사망 또는 결격된 자의 배우자는 동조의 규정에 의한 상속인과 동순위로 공동상속인이 되고 그 상속인이 없는 때에는 단독상속인이 된다.

○ 민법 제1009조 【법정상속분】
① 동순위의 상속인이 수인인 때에는 그 상속분은 균분으로 한다.
② 피상속인의 배우자의 상속분은 직계비속과 공동으로 상속하는 때에는 직계비속의 상속분의 5할을 가산하고, 직계존속과 공동으로 상속하는 때에는 직계존속의 상속분의 5할을 가산한다.
③ 삭제 <1990.1.13>

○ 우리청 법규과-946, 2013.09.03.
　귀 질의의 경우, 「조세특례제한법 시행령」 제99조의2제3항제1호에서 규정하는 주택 보유기간이 2년 이상인지 여부를 판단함에 있어, 동일세대원으로부터 상속받은 주택의 보유기간은 상속 등기일부터 기산하는 것이며, 이 경우 피상속인의 보유기간은 통산하지 아니하는 것입니다.

○ 우리청 법규과-905, 2013.08.21.
　귀 서면질의의 경우, 「조세특례제한법」(2013.5.10. 법률 제11759호로 개정된 것) 제99조의2를 적용함에 있어 1세대가 무허가주택을 보유하고 있는 경우 해당 무허가주택도 주택수에 포함하여 1주택 여부를 판정하는 것입니다.

○ 우리청 법규과-700, 2013.06.19.
　귀 서면질의의 경우, 「조세특례제한법」(2013.5.10. 법률 제11759호로 개정된 것) 제99조의2를 적용함에 있어 등기된 1주택과 미등기된 2주택을 보유하던 1세대가 등기된 1주택을 양도하는 경우 해당 등기된 1주택은 「같은 법 시행령」(2013.5.10. 대통령령 제24534호로 개정된 것) 제99조의2제3항에 따른 감면대상 기존주택에 해당하지 아니하는 것입니다.

질의 회답 재산분할청구소송에 따른 확정판결대로 재산분할 하지 않고 양도할 경우 미등기양도 여부

[요　지]
이혼 시 재산분할청구소송에 따른 확정판결대로 재산분할을 하지 않고 양도할 경우에는 미등기양도에 해당하는 것임

[회　신]
귀 질의의 경우 甲과 乙이 이혼하면서 재산분할청구소송에 따른 확정판결대로 甲명의 A아파트의 소유권을 甲(1/3), 乙(2/3)로 소유권이전 하지 않고 양도할 경우 미등기양도에 해당하는 것이며, 만약 제3자에게 양도하기 전에 乙이 소유권이전을 포기하면서 甲에게 대가를 받거나 받지 않은 경우에도 미등기양도에 해당하는 것입니다(참고 해석사례 : 부동산거래관리과-1050, 2011.12.16.).

[관련법령]
소득세법 제104조 〔양도소득세의 세율〕
소득세법 시행령 제168조 〔미등기양도제외 자산의 범위 등〕

1. 사실관계 및 질의내용
   ○ 사실관계
     - 甲·乙은 혼인한 후 1997년 甲 명의로 A아파트를 구입하여 거주
     - 甲·乙은 2009년 이혼하면서 甲명의 A아파트의 소유권을 甲(1/3), 乙(2/3)로 소유권이전(재산분할)하라는 재산분할청구소송에 따른 확정판결을 받음
     - 위 확정판결의 소유권이전은 甲·乙 자녀가 성년이 되는 2013.4.26.이후 가능하도록 별도의 가처분결정이 있는 상태로 현재까지 乙은 소유권이전을 하지 않고 있는데, 乙이 소유권이전을 포기할 수도 있음
     - 甲은 A아파트를 양도할 예정임
   ○ 질의내용
     - 재산분할청구소송에 따른 확정판결대로 재산분할 하지 않고 양도할 경우 미등기 양도 여부
2. 관련 법령
   ○ 소득세법 제88조【양도의 정의】
     ① 제4조제1항제3호 및 이 장에서 "양도"란 자산에 대한 등기 또는 등록과 관계없이 매도, 교환, 법인에 대한 현물출자 등으로 인하여 그 자산이 유상으로 사실상 이전되는 것을 말한다. 이 경우 부담부증여(負擔附贈與)(「상속세 및 증여세법」 제47조제3항 본문에 해당하는 경우는 제외한다)에 있어서 증여자의 채무를 수증자(受贈者)가 인수하는 경우에는 증여가액 중 그 채무액에 상당하는 부분은 그 자산이 유상으로 사실상 이전되는 것으로 본다.
     ② 생략
   ○ 소득세법 제104조【양도소득세의 세율】
     ① 거주자의 양도소득세는 해당 과세기간의 양도소득과세표준에 다음 각 호의 세율을 적용하여 계산한 금액(이하 "양도소득 산출세액"이라 한다)을 그 세액으로 한다. 이 경우 하나의 자산이 다음 각 호에 따른 세율 중 둘 이상의 세율에 해당할 때에는 그 중 가장 높은 것을 적용한다. <개정 2010.12.27>
       1. ~ 9. 생략
       10. 미등기양도자산
         양도소득 과세표준의 100분의 70
       11. 생략
     ② 생략
     ③ 제1항제10호에서 "미등기양도자산"이란 제94조제1항제1호 및 제2호에서 규정하는 자산을 취득한 자가 그 자산 취득에 관한 등기를 하지 아니하고 양도하는 것을 말한다. 다만, 대통령령으로 정하는 자산은 제외한다.
     (이하생략)
   ○ 소득세법 시행령 제168조【미등기양도제외 자산의 범위 등】

① 법 제104조제3항 단서에서 "대통령령으로 정하는 자산"이란 다음 각 호의 것을 말한다. <개정 1998.12.31, 1999.12.31, 2002.12.30, 2005.2.19, 2005.12.31, 2006.2.9, 2010.2.18>
1. 장기할부조건으로 취득한 자산으로서 그 계약조건에 의하여 양도 당시 그 자산의 취득에 관한 등기가 불가능한 자산
2. 법률의 규정 또는 법원의 결정에 의하여 양도 당시 그 자산의 취득에 관한 등기가 불가능한 자산
3. 법 제89조제1항제2호, 「조세특례제한법」 제69조제1항 및 제70조제1항에 규정하는 토지
4. 법 제89조제1항제3호에 규정하는 1세대1주택으로서 「건축법」에 의한 건축허가를 받지 아니하여 등기가 불가능한 자산
5. 상속에 의한 소유권이전등기를 하지 아니한 자산으로서 「공익사업을 위한 토지 등의 취득 및 보상에 관한 법률」 제18조의 규정에 의하여 사업시행자에게 양도하는 것
6. 「도시개발법」에 따른 도시개발사업이 종료되지 아니하여 토지 취득등기를 하지 아니하고 양도하는 토지
7. 건설업자가 「도시개발법」에 따라 공사용역 대가로 취득한 체비지를 토지구획환지처분공고 전에 양도하는 토지

② 생략

나. 관련 예규(예규,해석사례,심사,심판)
  ○ 부동산거래관리과-1050, 2011.12.16.
    이혼에 따른 법원의 재산분할 조정결정이 있은 후에 당사자간의 협의에 의하여 분할대상 부동산을 법원의 조정 내용과 다르게 분할하는 경우에는 「소득세법」 제88조제1항의 양도 및 같은 법 제104조제3항의 미등기양도자산에 해당하는 것임

| 질의 회답 | 임야의 비사업용 토지 해당 여부 판단 |

[요   지]
보유기간이 3년 이상인 토지로서 미등기양도자산 및 비사업용 토지에 해당하지 아니하는 토지에 대하여는 장기보유특별공제를 적용받을 수 있음

[회   신]
1. 임야의 소재지와 동일한 시·군·구(자치구인 구를 말함. 이하 같음), 그와 연접한 시·군·구 또는 임야로부터 직선거리 20킬로미터 이내에 있는 지역에 주민등록이 되어 있고 사실상 거주하는 자가 소유하는 임야는 「소득세법」

제104조의3제1항제2호 나목에 규정된 임야로 보아 같은법 시행령 제168조의6에 따른 기간기준을 적용하여 비사업용 토지 여부를 판단하는 것입니다.
2. 한편, 보유기간이 3년 이상인 토지로서 「소득세법」 제104조제3항에 따른 미등기양도자산 및 제104조의3에 따른 비사업용 토지에 해당하지 아니하는 토지에 대하여는 장기보유특별공제를 적용받을 수 있는 것입니다

[관련법령]
소득세법 시행령 제168조의9 【임야의 범위 등】
※ 붙임 : 관련 참고자료

1. 질의내용 요약
   - ○ 사실관계
     - 1981년 甲은 부친 소유의 임야(부친이 1933년 및 1947년 취득, 용인시 처인구 모현면 소재)의 일부를 「부동산 소유권 이전등기 등에 관한 특별조치법」에 의하여 소유권이전 등기함(등기부상 등기원인 : 1974.5.10. 매매)
     - 甲의 부친은 임야 취득당시부터 1981년까지 임야 소재지에 거주하였음
     - 甲은 서울 동작구에 거주하다가 2007.10.2.부터 경기도 광주시 오포읍에서 거주하고 있으며, 장남이 운영하는 사업장(서울)에 주 2~3회 정도 출근하고 있음
   - ○ 질의내용
     - 甲이 임야를 양도하는 경우 장기보유특별공제를 적용받을 수 있는지 여부(비사업용 토지 해당 여부)
2. 질의내용에 대한 자료
   - ○ 소득세법 제95조 【양도소득금액】
     ① 양도소득금액은 제94조에 따른 양도소득의 총수입금액(이하 "양도가액"이라 한다)에서 제97조에 따른 필요경비를 공제하고, 그 금액(이하 "양도차익"이라 한다)에서 장기보유 특별공제액을 공제한 금액으로 한다.
     ② 제1항에서 "장기보유 특별공제액"이란 제94조제1항제1호에 따른 자산(제104조제3항에 따른 미등기양도자산 및 제104조의3에 따른 비사업용 토지는 제외한다)으로서 보유기간이 3년 이상인 것에 대하여 그 자산의 양도차익에 다음 표 1에 따른 보유기간별 공제율을 곱하여 계산한 금액을 말한다. 다만, 대통령령으로 정하는 1세대 1주택(이에 딸린 토지를 포함한다)에 해당하는 자산의 경우에는 그 자산의 양도차익에 다음 표 2에 따른 보유기간별 공제율을 곱하여 계산한 금액을 말한다.
     표1 이하 생략
     ② 이하 생략

○ 소득세법 제104조의3 【비사업용 토지의 범위】
　① 제96조제2항제8호 및 제104조제1항제8호에서 "비사업용 토지"란 해당 토지를 소유하는 기간 중 대통령령으로 정하는 기간 동안 다음 각 호의 어느 하나에 해당하는 토지를 말한다.
　　1. 생략
　　2. 임야. 다만, 다음 각 목의 어느 하나에 해당하는 것은 제외한다.
　　　가. 「산림자원의 조성 및 관리에 관한 법률」에 따라 지정된 산림유전자원보호림, 보안림(保安林), 채종림(採種林), 시험림(試驗林), 그 밖에 공익을 위하여 필요하거나 산림의 보호·육성을 위하여 필요한 임야로서 대통령령으로 정하는 것
　　　나. 대통령령으로 정하는 바에 따라 임야 소재지에 거주하는 자가 소유한 임야
　　　다. 토지의 소유자, 소재지, 이용 상황, 보유기간 및 면적 등을 고려하여 거주 또는 사업과 직접 관련이 있다고 인정할 만한 상당한 이유가 있는 임야로서 대통령령으로 정하는 것
　　3. 이하 생략
　② 이하 생략
○ 소득세법 시행령 제168조의6 【비사업용 토지의 기간기준】
　법 제104조의3제1항 각 호 외의 부분에서 "대통령령으로 정하는 기간"이란 다음 각 호의 어느 하나에 해당하는 기간을 말한다.
　　1. 토지의 소유기간이 5년 이상인 경우에는 다음 각 목의 모두에 해당하는 기간
　　　가. 양도일 직전 5년 중 2년을 초과하는 기간
　　　나. 양도일 직전 3년 중 1년을 초과하는 기간
　　　다. 토지의 소유기간의 100분의 20에 상당하는 기간을 초과하는 기간. 이 경우 기간의 계산은 일수로 한다.
　　2. 이하 생략
○ 소득세법 시행령 제168조의9 【임야의 범위 등】
　① 생략
　② 법 제104조의3제1항제2호 나목에서 "임야소재지에 거주하는 자가 소유한 임야"라 함은 임야의 소재지와 동일한 시·군·구(자치구인 구를 말한다. 이하 이 조에서 같다), 그와 연접한 시·군·구 또는 임야로부터 직선거리 20킬로미터 이내에 있는 지역에 주민등록이 되어 있고 사실상 거주하는 자가 소유하는 임야를 말한다.
　③ 생략
○ 소득세법 시행령 제168조의14 【부득이한 사유가 있어 비사업용 토지로 보지 아니하는 토지의 판정기준 등】
　① ~ ② 생략

③ 법 제104조의3제2항에 따라 다음 각 호의 어느 하나에 해당하는 토지는 비사업용 토지로 보지 아니한다.
  1. 생략
  1의2. 직계존속이 8년 이상 기획재정부령으로 정하는 토지소재지에 거주하면서 직접 경작한 농지·임야 및 목장용지로서 이를 해당 직계존속으로부터 상속·증여받은 토지. 다만, 양도 당시 「국토의 계획 및 이용에 관한 법률」에 따른 도시지역(녹지지역 및 개발제한구역은 제외한다) 안의 토지는 제외한다.
  2. 이하 생략
○ 소득세법 시행규칙 제83조의5 【부득이한 사유가 있어 비사업용 토지로 보지 아니하는 토지의 판정기준 등】
  ① ~ ② 생략
  ③ 영 제168조의14제3항제1호의2에서 "8년 이상 기획재정부령으로 정하는 토지소재지에 거주하면서 직접 경작한 농지·임야·목장용지"란 다음 각 호의 토지를 말한다.
    1. 생략
    2. 8년 이상 임야의 소재지와 같은 시·군·구, 연접한 시·군·구 또는 임야로부터 직선거리 20킬로미터 이내에 있는 지역에 사실상 거주하면서 주민등록이 되어 있는 자가 소유한 임야
    3. 생략
  ④ 이하 생략
○ 재산세과-606, 2009.03.24.
  「소득세법」제104조의 3 제1항 제2호 나목의 규정에 따라 비사업용토지에서 제외되는 임야라 함은 임야의 소재지와 동일한 시·군·구(자치구인 구를 말함), 그와 연접한 시·군·구 또는 임야로부터 직선거리 20킬로미터 이내에 있는 지역에 주민등록이 되어 있고 사실상 거주하는 자가 소유하는 임야를 말함
○ 부동산거래관리과-255, 2011.03.21.
  「부동산소유권 이전등기 등에 관한 특별조치법」에 의하여 부동산소유권 이전등기를 하는 경우에도 취득시기는 사실내용에 따라 매매재산은 대금청산일(대금청산일이 확인되지 아니하거나 불분명한 경우는 등기접수일), 상속재산은 상속개시일, 증여재산은 등기접수일이 취득시기이며, 명의신탁된 부동산을 명의신탁해지를 원인으로 소유권이전하는 경우에는 소유권 환원 등기시기에 불구하고 당초 명의신탁자의 취득일이 취득시기 입니다. 귀 질의의 경우 취득시기는 소유권 이전 원인 등 사실관계를 종합하여 판단할 사항입니다.

| 질의 | 회답 | 상속미등기된 상속주택 보유시 비과세 특례 해당여부

[요　지]

상속받은 주택을 상속주택 외의 주택을 양도할 때까지 상속등기를 아니한 경우에는 「소득세법 시행령」 제155조제18항에 따라 해당 상속주택을 소유한 것으로 보며, 상속개시일 현재 동일세대원인 경우 상속주택 외 양도하는 주택의 비과세해당여부는 같은 영 제155조제2항 단서규정에 따라 판단하는 것임

[회　신]

상속받은 주택을 상속주택 외의 주택을 양도할 때까지 상속등기를 아니한 경우에는 「소득세법 시행령」 제155조제18항에 따라 해당 상속주택을 소유한 것으로 보며, 상속개시일 현재 동일세대원인 경우 상속주택 외 양도하는 주택의 비과세해당여부는 같은 영 제155조제2항 단서규정에 따라 판단하는 것입니다.

[관련법령]

소득세법 시행령 제155조 【1세대1주택의 특례】
※ 관련참고자료

1. 질의내용 요약
　○ 사실관계
　　- '99.00.00. 甲 아파트 구입하여 거주(배우자 명의)
　　- '00.06.00. 父(80세) 동거봉양위해 甲과 주민등록 동일세대 합가
　　※동거봉양당시 父명의 시골주택 보유(건물부분만 소유, 토지소유는 子4인)
　　- '01.05.00. 父 사망하였으나, 주택 상속미등기
　　- 질의일 현재 상속인으로는 4형제가 있으며, 甲은 막내임 (母는 父사망전에 사망)
　○ 질의내용
　　- 위 사실관계 상태에서 甲이 아파트를 양도할 경우 양도소득세 비과세 해당여부
2. 질의내용에 대한 자료
　가. 관련 조세 법령 (법률, 시행령, 시행규칙, 기본통칙)
　　○ 소득세법 시행령 제155조 【1세대1주택의 특례】
　　　① 국내에 1주택을 소유한 1세대가 그 주택(이하 이 항에서 "종전의 주택"이라 한다)을 양도하기 전에 다른 주택을 취득(자기가 건설하여 취득한 경우를 포함한다)함으로써 일시적으로 2주택이 된 경우 종전의 주택을 취득한 날부터 1년 이상이 지난 후 다른 주택을 취득하고 그 다른 주택을 취득한 날부터 3년 이내에 종전의 주택을 양도하는 경우(3년 이내에 양도하지 못하는 경우로서 기획재정부

령으로 정하는 사유에 해당하는 경우를 포함한다)에는 이를 1세대1주택으로 보아 제154조제1항을 적용한다. 이 경우 종전의 주택 및 그 부수토지의 일부가 제154조제1항제2호가목에 따라 협의매수되거나 수용되는 경우로서 당해 잔존하는 주택 및 그 부수 토지를 그 양도일 또는 수용일부터 3년 이내에 양도하는 때에는 당해 잔존하는 주택 및 그 부수토지의 양도는 종전의 주택 및 그 부수토지의 양도 또는 수용에 포함되는 것으로 본다. <개정 2012.6.29>

② 상속받은 주택(조합원입주권을 상속받아 사업시행 완료 후 취득한 신축주택을 포함하며, 피상속인이 상속개시 당시 2 이상의 주택을 소유한 경우에는 다음 각 호의 순위에 따른 1주택을 말한다)과 그 밖의 주택(이하 이 항에서 "일반주택"이라 한다)을 국내에 각각 1개씩 소유하고 있는 1세대가 일반주택을 양도하는 경우에는 국내에 1개의 주택을 소유하고 있는 것으로 보아 제154조제1항을 적용한다. 다만, 상속인과 피상속인이 상속개시 당시 1세대인 경우에는 1주택을 보유하고 1세대를 구성하는 자가 직계존속(배우자의 직계존속을 포함하며, 세대를 합친 날 현재 직계존속 중 어느 한 사람 또는 모두가 60세 이상으로서 1주택을 보유하고 있는 경우만 해당한다)을 동거봉양하기 위하여 세대를 합침에 따라 2주택을 보유하게 되는 경우로서 합치기 이전부터 보유하고 있었던 주택만 상속받은 주택으로 본다(이하 제3항, 제7항제1호 및 제156조의2제7항제1호에서 같다). <개정 2012.2.2>

1. 피상속인이 소유한 기간이 가장 긴 1주택
2. 피상속인이 소유한 기간이 같은 주택이 2이상일 경우에는 피상속인이 거주한 기간이 가장 긴 1주택
3. 피상속인이 소유한 기간 및 거주한 기간이 모두 같은 주택이 2이상일 경우에는 피상속인이 상속개시당시 거주한 1주택
4. 피상속인이 거주한 사실이 없는 주택으로서 소유한 기간이 같은 주택이 2이상일 경우에는 기준시가가 가장 높은 1주택(기준시가가 같은 경우에는 상속인이 선택하는 1주택)

③ 제154조제1항의 규정을 적용함에 있어서 공동상속주택(상속으로 여러 사람이 공동으로 소유하는 1주택을 말한다)외의 다른 주택을 양도하는 때에는 당해 공동상속주택은 당해 거주자의 주택으로 보지 아니한다. 다만, 상속지분이 가장 큰 상속인의 경우는 그러하지 아니하며 이 경우 상속지분이 가장 큰 상속인이 2인 이상인 때에는 그 2인이상의 자중 다음 각호의 순서에 따라 당해 각호에 해당하는 자가 당해 공동상속주택을 소유한 것으로 본다. <개정 1995.12.30>

1. 당해 주택에 거주하는 자
2. 삭제 <2008.2.22>
3. 최연장자

④ ~ ⑰ 생략

⑱ 제2항 및 제3항을 적용할 때 상속주택 외의 주택을 양도할 때까지 상속주택을 「민법」 제1013조에 따라 협의분할하여 등기하지 아니한 경우에는 같은 법 제1009조 및 제1010조에 따른 상속분에 따라 해당 상속주택을 소유하는 것으로 본다. 다만, 상속주택 외의 주택을 양도한 이후 「국세기본법」 제26조의2에 따른 국세 부과의 제척기간 내에 상속주택을 협의분할하여 등기한 경우 납세지 관할 세무서장은 그 내용에 따라 거주자의 양도소득과세표준과 세액을 결정하거나 경정한다.

(이하생략)

나. 유사사례 (판례, 심판례, 심사례, 예규)

○ 법규재산2011-441, 2011.11.14.

1주택을 보유하고 1세대를 구성하는 아들이 1주택을 보유하고 있는 60세 이상인 아버지를 동거봉양하기 위하여 세대를 합침에 따라 1세대2주택이 된 후 아버지의 1주택을 상속받게 되어 상속주택과 일반주택을 각각 1개씩 소유한 상태에서 일반주택을 양도하는 경우에는 「소득세법 시행령」 제155조 제2항에 따라 국내에 1개의 주택을 소유하고 있는 것으로 보아 같은 령 제154조 제1항을 적용하는 것입니다.

○ 재산세과-1080, 2009.06.01.

「소득세법시행령」 제154조 제1항의 1세대 1주택 비과세 규정을 적용함에 있어 상속으로 여러 사람이 공동으로 소유하는 1주택의 소수지분을 소유한 자가 당해 공동상속주택 소수지분외의 다른 주택을 양도하는 때에는 「소득세법 시행령」 제155조 제3항에 따라 당해 공동상속주택 소수지분은 당해 거주자의 주택으로 보지 아니합니다.

○ 부동산거래관리과-523, 2010.04.07.

「소득세법 시행령」 제154조제1항을 적용함에 있어 공동상속주택(상속으로 여러 사람이 공동으로 소유하는 1주택을 말함) 외의 다른 주택을 양도하는 때에는 당해 공동상속주택은 상속지분이 가장 큰 상속인이 소유한 것으로 보는 것이며, 이 경우 상속지분이 가장 큰 상속인이 2인 이상인 때에는 그 2인 이상의 자 중 당해 주택에 거주하는 자, 당해 주택에 거주하는 자가 2인 이상인 때에는 최연장자가 당해 공동상속주택을 소유한 것으로 보는 것입니다.

질의 회답 미등기 상속주택과 일시적 2주택 비과세의 동시적용 가능여부

[요 지]

상속개시 당시 별도세대인 피상속인으로부터 상속받은 주택(「소득세법 시행령」 제155조제2항에 따른 상속주택을 말함)과 일반주택을 국내에 각각 1개씩 소유하고 있는 1세대가 일반주택을 양도하는 경우에는 국내에 1개의 주택을 소유하고

있는 것으로 보아 1세대 1주택 비과세 여부를 판정하며 이때 상속주택이 무허가 주택 등으로 건축물관리대장 등에 의하여 피상속인의 소유 및 거주한 사실이 확인되는 경우 등기여부에 불구하고 상속주택에 포함하는 것임

[회   신]
1. 상속개시 당시 상속받은 주택(「소득세법 시행령」 제155조제2항에 따른 상속주택을 말함)과 일반주택을 국내에 각각 1개씩 소유하고 있는 1세대가 일반주택을 양도하는 경우에는 국내에 1개의 주택을 소유하고 있는 것으로 보아 1세대 1주택 비과세를 판단하는 것입니다.
2. 이때 상속주택이 무허가주택 등으로 건축물관리대장 등에 의하여 피상속인의 소유 및 거주한 사실이 확인되는 경우도 상속주택에 포함하는 것이며, 상속등기를 하지않은 상속주택의 경우 소득세법시행령 제155조제3항의 규정에 의하여 소유자를 판단(귀하의 경우 상속지분이 가장 큰자)하는 것입니다.
3. 아울러 국내에 1주택을 소유한 1세대가 그 주택을 양도하기 전에 다른 주택을 취득함으로써 일시적으로 2주택이 된 경우 다른 주택을 취득한 날부터 2년 이내에 종전의 주택을 양도하는 경우에는 이를 1세대1주택으로 보아 비과세규정을 적용하는 것입니다.
4. 따라서 귀질의와 관련하여 상속주택 지분이 소수지분인 경우 귀 세대는 일반주택 1개를 소유한 것으로 보며, 일반주택 양도시 새로운주택의 취득일로부터 2년이내 양도하는 경우 1세대1주택으로 보아 비과세규정을 적용하는 것입니다.

[관련법령]
○ 소득세법 제89조 【비과세 양도소득】

1. 질의내용 요약
    ○ 사실관계
        - 서울에 1주택을 소유(1998년경 취득, 고가주택 아님)한 상태에서 2010.5월 대구시에 아파트 취득
        - 대구시 수성구 성동에 미등기주택(대지는 89년 부친으로부터 수증받았으며 부친은 2006년 사망, 상속등기 못하고 있으며, 현재 모친 거주중이며 별도세대임)
    ○ 질의내용
    2012.5월내에 서울의 주택양도시 비과세 가능여부
2. 질의내용에 대한 자료
    ○ 소득세법 제89조 【비과세 양도소득】

① 다음 각 호의 소득에 대해서는 양도소득에 대한 소득세(이하 "양도소득세"라 한다)를 과세하지 아니한다.
  1. 파산선고에 의한 처분으로 발생하는 소득
  2. 대통령령으로 정하는 경우에 해당하는 농지의 교환 또는 분합(분합)으로 발생하는 소득
  3. 대통령령으로 정하는 1세대 1주택(가액이 대통령령으로 정하는 기준을 초과하는 고가주택은 제외한다)과 이에 딸린 토지로서 건물이 정착된 면적에 지역별로 대통령령으로 정하는 배율을 곱하여 산정한 면적 이내의 토지(이하 이 조에서 "주택부수토지"라 한다)의 양도로 발생하는 소득
  (이하여백)

○ 소득세법 시행령 제154조 【1세대1주택의 범위】
  ① 법 제89조제1항제3호에서 "대통령령이 정하는 1세대 1주택"이라 함은 거주자 및 그 배우자가 그들과 동일한 주소 또는 거소에서 생계를 같이 하는 가족과 함께 구성하는 1세대(이하 "1세대"라 한다)가 양도일 현재 국내에 1주택을 보유하고 있는 경우로서 당해 주택의 보유기간이 3년 이상인 것(서울특별시, 과천시 및 「택지개발촉진법」 제3조의 규정에 의하여 택지개발예정지구로 지정·고시된 분당·일산·평촌·산본·중동 신도시지역에 소재하는 주택의 경우에는 당해 주택의 보유기간이 3년 이상이고 그 보유기간중 거주기간이 2년 이상인 것)을 말한다. 다만, 1세대가 양도일 현재 국내에 1주택을 보유하고 있는 경우로서 다음 각 호의 어느 하나에 해당하는 경우에는 그 보유기간 및 거주기간의 제한을 받지 아니한다.
  (이하 생략)

○ 소득세법 시행령 제155조 【1세대1주택의 특례】
  ① 생략
  ② 상속받은 주택(조합원입주권을 상속받아 사업시행 완료 후 취득한 신축주택을 포함하며, 피상속인이 상속개시 당시 2 이상의 주택을 소유한 경우에는 다음 각 호의 순위에 따른 1주택을 말한다)과 그 밖의 주택(이하 이 항에서 "일반주택"이라 한다)을 국내에 각각 1개씩 소유하고 있는 1세대가 일반주택을 양도하는 경우에는 국내에 1개의 주택을 소유하고 있는 것으로 보아 제154조제1항의 규정을 적용한다. <개정 2008.2.22>
  1.~4. 생략
  ③ 제154조제1항의 규정을 적용함에 있어서 공동상속주택(상속으로 여러 사람이 공동으로 소유하는 1주택을 말한다)외의 다른 주택을 양도하는 때에는 당해 공동상속주택은 당해 거주자의 주택으로 보지 아니한다. 다만, 상속지분이 가장 큰 상속인의 경우는 그러하지 아니하며 이 경우 상속지분이 가장 큰 상속인이 2인 이상인 때에는 그 2인이상의 자중 다음 각호의 순서에 따라 당해 각호에 해당하는 자가 당해 공동상속주택을 소유한 것으로 본다. <개정 1995.12.30>

1. 당해 주택에 거주하는 자
2. 삭제 <2008.2.22>
3. 최연장자
   (이하 생략)

○ 부동산거래관리과-212, 2011.03.10
[제 목] 상속주택과 일반주택을 소유하고 있는 경우
[요 지] 상속개시 당시 별도세대인 피상속인으로부터 상속받은 주택(「소득세법 시행령」 제155조제2항에 따른 상속주택을 말함)과 일반주택을 국내에 각각 1개씩 소유하고 있는 1세대가 일반주택을 양도하는 경우에는 국내에 1개의 주택을 소유하고 있는 것으로 보아 1세대 1주택 비과세 여부를 판정함
[회 신] 1. 상속개시 당시 별도세대인 피상속인으로부터 상속받은 주택(「소득세법 시행령」 제155조제2항에 따른 상속주택을 말함)과 그 밖의 주택(이하 "일반주택"이라 함)을 국내에 각각 1개씩 소유하고 있는 1세대가 일반주택을 양도하는 경우에는 국내에 1개의 주택을 소유하고 있는 것으로 보아 1세대 1주택 비과세 여부를 판정하며, 이 경우 일반주택이 같은령 제156조제1항에 따른 고가주택에 해당하는 경우에는 같은령 제160조에 따라 양도차익과 장기보유특별공제액을 계산하는 것입니다.
2. 한편, 1세대가 상속주택과 일반주택 중 상속주택을 양도하는 경우에는 양도일 현재 1세대 2주택에 해당되어 양도소득세가 과세되는 것입니다.
3. 이하여백

○ 재산세과-3926, 2008.11.21
소득세법 시행령」 제155조 제2항에 의거 상속받은 주택과 그 밖의 주택(이하 이 항에서 "일반주택"이라 한다)을 국내에 각각 1개씩 소유하고 있는 1세대가 일반주택을 양도하는 경우에는 국내에 1개의 주택을 소유하고 있는 것으로 보아 같은법 시행령 제154조 제1항의 규정을 적용하여 1세대1주택 비과세 여부를 판정하는 것이며, 이 때 상속주택이 무허가주택 등으로 건축물관리대장 등에 의하여 피상속인의 소유 및 거주한 사실이 확인되는 경우 등기여부에 불구하고 상속주택에 포함하는 것입니다.

○ 서면인터넷방문상담4팀-1821, 2004.11.11.
소득세법시행령 제155조 제2항에 의거 상속받은 주택과 그 밖의 주택(이하 이 항에서 "일반주택"이라 한다)을 국내에 각각 1개씩 소유하고 있는 1세대가 일반주택을 양도하는 경우에는 국내에 1개의 주택을 소유하고 있는 것으로 보아 소득세법시행령 제154조 제1항의 규정을 적용하여 1세대1주택 비과세 여부를 판정하는 것이며, 이에 상속주택이 무허가주택으로 건축물관리대장 등에 의하여 피상속인의 소유 및 거주한 사실이 확인되는 경우 등기여부에 불구하고 상속주택에 포함하는 것입니다.

질의 회답 **장기할부조건으로 취득한 지방미분양주택의 양도소득세 납세의무**

[요 지]

장기할부조건으로 취득한 자산으로서 그 계약조건에 의하여 양도 당시 그 자산의 취득에 관한 등기가 불가능한 자산은 미등기 양도로 보지 않으며, 지방 미분양주택에 대하여는 양도차익에 보유기간별 공제율을 곱하여 계산한 금액을 장기보유특별공제액으로 함

[회 신]

1. 장기할부조건에 해당하여 소유권이전등기(등록 및 명의개서 포함) 접수일·인도일 또는 사용수익일 중 빠른 날을 취득시기로 하는 것이며,
2. 장기할부조건으로 취득한 자산으로서 그 계약조건에 의하여 양도 당시 그 자산의 취득에 관한 등기가 불가능한 자산은 미등기 양도로 보지 않으며
3. 조세특례제한법 제98조의2 지방 미분양주택에 대하여는 양도차익에 「소득세법」 제95조제2항 표2에 따른 보유기간별 공제율을 곱하여 계산한 금액을 장기보유특별공제액으로 하고
4. 「소득세법」 제104조제1항제2호 및 제2호의2부터 제2호의6까지의 규정에도 불구하고 세율은 동조 동항 제1호에 따른 세율(누진세율)을 적용하는 것입니다..

[관련법령]
○ 소득세법 제98조 【양도 또는 취득의 시기】

1. 질의내용 요약
    ○ 사실관계
        - 지방미분양주택을 2010년 7월 분양받고 입주함
        - LH공사에서 연부제 분양조건(계약금 50%납부 후에 2년거치3년 무이자 분납)
        - 등기이전은 받지 못함
    ○ 질의내용
        - 장기할수조건 취득 미분양주택을 양도시 양도세납세의무와 미등기전매 해당여부 및 적용세율
2. 질의내용에 대한 자료
    ○ 조세특례제한법 제98조의 2 【지방 미분양주택 취득에 대한 양도소득세 등 과세특례】
        ① 거주자가 2008년 11월 3일부터 2010년 12월 31일까지의 기간 중에 취득(2010

년 12월 31일까지 매매계약을 체결하고 계약금을 납부한 경우를 포함한다)한 수도권 밖에 있는 대통령령으로 정하는 미분양주택(이하 이 조에서 "지방 미분양주택"이라 한다)을 양도함으로써 발생하는 소득에 대해서는 「소득세법」 제95조 제2항 각 표 외의 부분 본문과 같은 법 제104조 제1항 제2호부터 제7호까지의 규정에도 불구하고 장기보유특별공제액 및 세율은 다음 각 호의 규정을 적용한다. (2010. 1. 1. 개정)
  1. 장기보유특별공제액: 양도차익에 「소득세법」 제95조 제2항 표2에 따른 보유기간별 공제율을 곱하여 계산한 금액 (2010. 1. 1. 개정)
  2. 세율: 「소득세법」 제104조 제1항 제1호에 따른 세율 (2010. 1. 1. 개정)
② 법인이 지방 미분양주택을 양도함으로써 발생하는 소득에 대해서는 「법인세법」 제55조의 2 제1항 제2호 및 제95조의 2를 적용하지 아니한다. 다만, 미등기양도의 경우에는 그러하지 아니하다. (2010. 1. 1. 개정)
③ 부동산매매업을 경영하는 거주자가 지방 미분양주택을 양도함으로써 발생하는 소득에 대한 종합소득산출세액은 「소득세법」 제64조 제1항에도 불구하고 같은 법 제55조 제1항에 따른 종합소득산출세액으로 한다. (2010. 1. 1. 개정)
④ 「소득세법」 제89조 제1항 제3호 및 제104조 제1항 제4호부터 제7호까지의 규정을 적용할 때 제1항을 적용받는 지방 미분양주택은 해당 거주자의 소유주택으로 보지 아니한다. (2010. 1. 1. 개정)
⑤ 제1항부터 제4항까지의 규정을 적용할 때 과세표준확정신고와 그 밖에 필요한 사항은 대통령령으로 정한다. (2010. 1. 1. 개정)

○ 조세특례제한법 시행령 제98조의 2 【지방 미분양주택 취득에 대한 양도소득세 과세특례】
① 법 제98조의 2 제1항 각 호 외의 부분 중 "대통령령으로 정하는 미분양주택"이란 다음 각 호의 어느 하나에 해당하는 주택(이하 이 조에서 "미분양주택"이라 한다)을 말한다. (2009. 2. 4. 신설)
  1. 「주택법」 제38조에 따른 사업주체(이하 이 조에서 "사업주체"라 한다)가 같은 조에 따라 공급하는 주택으로서 입주자모집공고에 따른 입주자의 계약일이 지난 주택단지에서 2008년 11월 2일까지 분양계약이 체결되지 아니하여 2008년 11월 3일 이후 선착순의 방법으로 공급하는 주택 (2009. 2. 4. 신설)
  2. 2008년 11월 3일까지 「주택법」 제16조에 따른 사업계획승인(건축법 제11조에 따른 건축허가를 포함하며, 이하 이 조에서 같다)을 얻었거나 사업계획승인신청을 한 사업주체가 해당 사업계획승인과 「주택법」 제38조에 따라 공급하는 주택(2008년 11월 3일 현재 입주자모집공고에 따른 입주자의 계약일이 지나지 아니한 주택에 한정한다)으로서 해당 사업주체와 최초로 매매계약을 체결하고 취득하는 주택 (2009. 2. 4. 신설)
② 법 제98조의 2에 따라 과세특례를 적용받으려는 자는 해당 주택을 양도하는 날

이 속하는 과세연도의 과세표준확정신고(법인세 과세표준신고를 포함한다) 또는 과세표준예정신고와 함께 시장·군수·구청장(구청장은 자치구의 구청장을 말한다. 이하 이 조에서 같다)으로부터 기획재정부령으로 정하는 미분양주택임을 확인하는 날인을 받은 매매계약서 사본을 납세지 관할세무서장에게 제출하여야 한다. 다만, 다음 각 호의 서류를 제출하는 경우에는 그러하지 아니하다.

1. 제1항 제1호의 주택 : 시장·군수·구청장이 확인한 미분양주택 확인서 및 매매계약서 사본 (2009. 2. 4. 신설)
2. 제1항 제2호의 주택 : 시장·군수·구청장이 확인한 사업계획승인 사실·사업계획승인신청 사실을 확인할 수 있는 서류 및 매매계약서 사본 (2009. 2. 4. 신설)

③ (이 하 생 략)

○ 소득세법 시행령 제162조 【양도 또는 취득의 시기】

① 법 제98조에 따른 취득시기 및 양도시기는 다음 각 호의 경우 외에는 해당 자산의 대금(해당 자산의 양도에 대한 양도소득세 및 양도소득세의 부가세액을 양수자가 부담하기로 약정한 경우에는 해당 양도소득세 및 양도소득세의 부가세액을 제외한다)을 청산한 날로 한다. <개정 2010.2.18>

1.~2. 생략

3. 기획재정부령이 정하는 장기할부조건의 경우에는 소유권이전등기(등록 및 명의개서를 포함한다) 접수일·인도일 또는 사용수익일중 빠른 날

(이하 생략)

○ 소득세법 시행규칙 제78조 【장기할부조건의 범위】

①~② 삭제

③ 영 제162조제1항제3호에서 기획재정부령이 정하는 장기할부 조건 이라 함은 법 제94조제1항 각호에 규정된 자산의 양도로 인하여 당해 자산의 대금을 월부·연부 기타의 부불방법에 따라 수입하는 것중 다음 각호의 요건을 갖춘 것을 말한다. <개정 2008.4.29>

1. 당해 자산의 양도대금을 2회이상으로 분할하여 수입할 것
2. 양도하는 자산의 소유권이전등기(등록 및 명의개서를 포함한다) 접수일·인도일 또는 사용수익일중 빠른 날의 다음날부터 최종 할부금의 지급기일까지의 기간이 1년 이상인 것

○ 소득세법 시행령 제168조 【미등기양도제외 자산의 범위 등】

① 법 제104조제3항 단서에서 "대통령령으로 정하는 자산"이란 다음 각 호의 것을 말한다.

1. 장기할부조건으로 취득한 자산으로서 그 계약조건에 의하여 양도 당시 그 자산의 취득에 관한 등기가 불가능한 자산
2. (이하 생략)

○ 부동산거래관리과-411, 2010.03.18
당해 자산의 매매대금을 월부·연부 기타의 부불방법에 따라 2회 이상으로 분할하여 수수하고 소유권이전등기(등록 및 명의개서 포함) 접수일·인도일 또는 사용수익일 중 빠른 날의 다음날부터 최종 할부금의 지급기일까지의 기간이 1년 이상인 경우에는 장기할부조건에 해당하여 소유권이전등기(등록 및 명의개서 포함) 접수일·인도일 또는 사용수익일 중 빠른 날을 취득시기로 하는 것임.

○ 서면인터넷방문상담4팀-334, 2007.01.24.
당해 자산의 매매대금을 2회 이상으로 분할하여 수수할 것을 약정하고 소유권이전등기(등록 및 명의개서를 포함함) 접수일·인도일 또는 사용수익일 중 빠른 날의 다음날부터 최종 할부금의 지급기일까지의 기간이 1년 이상인 것으로서 「소득세법 시행규칙」 제78조 제3항의 장기할부조건에 해당하는 경우에는 「소득세법 시행령」 제162조 제1항 제3호의 규정에 의하여 소유권이전등기(등록 및 명의개서를 포함함) 접수일·인도일 또는 사용수익일 중 빠른날을 취득시기로 하는 것입니다. 이 경우 "사용수익일"은 매매 당사자간의 계약에 의하여 사용수익하기로 약정한 날로 하는 것이나, 별도 약정이 없는 경우에는 양도자가 사용승낙을 하고 매수인이 당해 자산을 실질적으로 사용할 수 있게 된 날로 하는 것입니다.

○ 재산세과-610, 2009.10.30
1. 생 략
2. 한편, 「조세특례제한법」 제98조의2 제1항에 따른 "지방 미분양주택"을 양도함으로써 발생하는 소득에 대하여는 「소득세법」 제104조 제1항 제2호 및 제2호의2부터 제2호의6까지의 규정에도 불구하고 세율은 동조 동항 제1호에 따른 세율(누진세율)을 적용하는 것임

질의 회답 용적율 초과로 미등기된 증축주택의 1세대1주택 비과세 해당 여부

[요 지]
무허가 주택을 미등기 상태로 양도한 경우에도 해당 주택이 건축법에 의한 건축허가를 받지 아니하여 등기가 불가능한 자산인 경우에는 소득세법 시행령 제168조의 미등기양도제외 자산에 해당되어 1세대 1주택으로 비과세 되는 것이나, 등기가 가능함에도 등기를 하지 아니하고 양도한 경우에는 양도소득세가 과세되는 것임

[회 신]
귀 질의의 경우 기존해석사례(재산세과-564, 2009.03.17.)를 참고하시기 바랍니다.

[관련법령]
소득세법 시행령 제168조 【미등기양도제외 자산의 범위 등】

1. 질의내용 요약
   ○ 사실관계
     甲은 A겸용주택을 보유하는 중에 무허가로 3층을 증축하였고, 용적율 초과로 인하여 건축허가를 받지 못해 미등기 상태인 3층 증축주택 부분을 포함하여 A겸용주택 전체를 양도할 예정임(3년 보유 요건 충족)
   ○ 질의내용
     미등기 상태인 3층 증축주택 부분을 포함하여 A겸용주택 전체를 양도하는 경우 3층 증축주택 부분도 1세대1주택 비과세를 적용받을 수 있는지
2. 질의내용에 대한 자료
   ○ 소득세법 제89조 【비과세 양도소득】
     다음 각 호의 소득에 대해서는 양도소득에 대한 소득세(이하 "양도소득세"라 한다)를 과세하지 아니한다.
     1. 파산선고에 의한 처분으로 발생하는 소득
     2. 대통령령으로 정하는 경우에 해당하는 농지의 교환 또는 분합(分合)으로 발생하는 소득
     3. 대통령령으로 정하는 1세대 1주택(가액이 대통령령으로 정하는 기준을 초과하는 고가주택은 제외한다)과 이에 딸린 토지로서 건물이 정착된 면적에 지역별로 대통령령으로 정하는 배율을 곱하여 산정한 면적 이내의 토지(이하 이 조에서 "주택부수토지"라 한다)의 양도로 발생하는 소득
     (이하 생략)
   ○ 소득세법 제104조 【양도소득세의 세율】
     ① 거주자의 양도소득세는 해당 과세기간의 양도소득과세표준에 다음 각 호의 세율을 적용하여 계산한 금액(이하 "양도소득 산출세액"이라 한다)을 그 세액으로 한다. 이 경우 하나의 자산이 다음 각 호에 따른 세율 중 둘 이상의 세율에 해당할 때에는 그 중 가장 높은 것을 적용한다. (2009. 12. 31. 개정)
       1.~9. 생략
       10. 미등기양도자산 (2009. 12. 31. 개정)
         양도소득 과세표준의 100분의 70
       11. 생략
     ② 생략
     ③ 제1항 제10호에서 "미등기양도자산"이란 제94조 제1항 제1호 및 제2호에서 규정하는 자산을 취득한 자가 그 자산 취득에 관한 등기를 하지 아니하고 양도하는

것을 말한다. 다만, 대통령령으로 정하는 자산은 제외한다. (2009. 12. 31. 개정)
(이하 생략)

○ 소득세법 시행령 제154조 【1세대1주택의 범위】
① 법 제89조제1항제3호에서 "대통령령으로 정하는 1세대 1주택"이란 거주자 및 그 배우자가 그들과 동일한 주소 또는 거소에서 생계를 같이 하는 가족과 함께 구성하는 1세대(이하 "1세대"라 한다)가 양도일 현재 국내에 1주택을 보유하고 있는 경우로서 해당 주택의 보유기간이 3년 이상인 것을 말한다. 다만, 1세대가 양도일 현재 국내에 1주택을 보유하고 있는 경우로서 다음 각 호의 어느 하나에 해당하는 경우에는 그 보유기간의 제한을 받지 아니한다. <개정 1995.12.30, 1998.4.1, 1999.12.31, 2002.10.1, 2002.12.30, 2003.11.20, 2003.12.30, 2005.2.19, 2005.12.31, 2006.2.9, 2008.2.22, 2008.2.29, 2010.2.18, 2011.6.3>
② 생략
③ 법 제89조 제1항 제3호를 적용할 때 하나의 건물이 주택과 주택외의 부분으로 복합되어 있는 경우와 주택에 딸린 토지에 주택외의 건물이 있는 경우에는 그 전부를 주택으로 본다. 다만, 주택의 연면적이 주택 외의 부분의 연면적보다 적거나 같을 때에는 주택외의 부분은 주택으로 보지 아니한다. (2010. 2. 18. 개정)
④ 제3항 단서의 경우에 주택에 딸린 토지는 전체 토지면적에 주택의 연면적이 건물의 연면적에서 차지하는 비율을 곱하여 계산한다. (2010. 2. 18. 개정)
(이하 생략)

○ 소득세법 시행령 제156조 【고가주택의 범위】
① 법 제89조제1항제3호에서 "가액이 대통령령으로 정하는 기준을 초과하는 고가주택"이란 주택 및 이에 딸린 토지의 양도당시의 실지거래가액의 합계액{1주택 및 이에 딸린 토지의 일부를 양도하거나 일부가 타인 소유인 경우에는 실지거래가액 합계액에 양도하는 부분(타인 소유부분을 포함한다)의 면적이 전체주택면적에서 차지하는 비율을 나누어 계산한 금액을 말한다}이 9억원을 초과하는 것을 말한다. <개정 2005.12.31, 2008.2.22, 2008.10.7, 2010.2.18>
(이하 생략)

○ 소득세법 시행령 제168조 【미등기양도제외 자산의 범위 등】
① 법 제104조 제3항 단서에서 "대통령령으로 정하는 자산"이란 다음 각 호의 것을 말한다. (2010. 2. 18. 개정)
1. 장기할부조건으로 취득한 자산으로서 그 계약조건에 의하여 양도당시 그 자산의 취득에 관한 등기가 불가능한 자산
2. 법률의 규정 또는 법원의 결정에 의하여 양도당시 그 자산의 취득에 관한 등기가 불가능한 자산
3. 법 제89조 제1항 제2호, 「조세특례제한법」 제69조 제1항 및 제70조 제1항

에 규정하는 토지 (2006. 2. 9. 개정)

  4. 법 제89조 제1항 제3호에 규정하는 1세대 1주택으로서 「건축법」에 의한 건축허가를 받지 아니하여 등기가 불가능한 자산 (2005. 12. 31. 개정)

 (이하 생략)

○ 재산세과-564, 2009.03.17.

「소득세법」 제89조 제1항 제3호 및 「같은 법 시행령」 제154조 제1항의 규정에 의하여 양도소득세가 비과세되는 "1세대 1주택"이라 함은 거주자 및 그 배우자가 그들과 동일한 주소 또는 거소에서 생계를 같이하는 가족[직계존비속(그 배우자 포함) 및 형제자매]과 함께 구성하는 1세대가 양도일 현재 국내에 1주택을 보유하고 있는 경우로서 당해 주택의 보유기간이 3년 이상인 것(서울특별시, 과천시 및 「택지개발촉진법」 제3조의 규정에 의하여 택지개발예정지구로 지정·고시된 분당·일산·평촌·산본·중동 신도시지역에 소재하는 주택의 경우에는 당해 주택의 보유기간이 3년 이상이고 그 보유기간 중 거주 기간이 2년 이상인 것)을 말하는 것이며, 이 경우 양도하는 주택이 「소득세법 시행령」 제156조 규정의 고가주택에 해당하는 경우에는 「소득세법 시행령」 제160조 제1항 규정에 따라 양도차익을 산정하여 양도소득세가 과세되는 것임

위 규정을 적용함에 있어 무허가 주택을 미등기 상태로 양도한 경우에도 해당 주택이 건축법에 의한 건축허가를 받지 아니하여 등기가 불가능한 자산인 경우에는 「소득세법 시행령」 제168조의 미등기양도제외 자산에 해당되어 1세대 1주택으로 비과세 되는 것이나 등기가 가능함에도 등기를 하지 아니하고 양도한 경우에는 양도소득세가 과세되는 것임

○ 재일46014-3220, 1994.12.17.

1세대 1주택으로 3년 이상 거주한 무허가 주택을 미등기 상태로 양도한 경우에도 해당 주택이 건축법에 의한 건축허가를 받지 아니하여 등기가 불가능한 자산인 경우에는 1세대 1주택으로 비과세 되는 것이나 특정 건물(무허가 주택 등) 양성화 조치(1985. 6. 28)에 따라 등기가 가능함에도 등기를 하지 아니하고 양도한 경우에는 양도소득세가 과세됨.

질의 회답 토지 미등기 전매시 세율 등

[요　지]

"미등기양도자산"이란 소득세법 제94조 제1항 제1호 및 제2호에서 규정하는 자산을 취득한 자가 그 자산 취득에 관한 등기를 하지 아니하고 양도하는 것을 말하는 것임

[회　　신]
1. 귀 질의 ①의 경우 계약조건이 성취되어 소득세법 시행령 제162조의 규정에 따른 취득시기가 도래한 자산을 취득한 자가 그 자산 취득에 관한 등기를 하지 아니하고 양도하는 경우에는 미등기양도자산에 해당하는 것(기존해석사례 : 재일46014-1843, 1997.07.26.)이며, 미등기양도자산에 대한 양도소득세의 세율은 양도소득 과세표준의 100분의 70이고, 양도소득세의 부과제척기간은 국세기본법 제26조의2의 규정에 따라 적용되는 것입니다.
2. 귀 질의 ②의 경우 국세기본법 제47조의2 및 같은 법 제47조의5의 규정에 따라 적용되는 것입니다.
3. 귀 질의 ③의 경우 양도소득의 범위는 소득세법 제94조에 규정되어 있습니다.

[관련법령]
소득세법 제104조 【양도소득세의 세율】

1. 질의내용 요약
    ○ 사실관계
        甲은 乙의 토지를 매입하기로 계약하고 중도금까지 불입한 상태에서 사정에 따라 미등기 전매를 할 예정임
    ○ 질의내용
        ① 토지를 미등기 양도하고 무신고하는 경우 세율 및 부과제척기간
        ② 양도소득세 무신고시 적용되는 가산세
        ③ 미등기 전매는 세법상 불법인지
2. 질의내용에 대한 자료
    ○ 소득세법 제94조 【양도소득의 범위】
        ① 양도소득은 해당 과세기간에 발생한 다음 각 호의 소득으로 한다. (2009. 12. 31. 개정)
        1. 토지[「측량·수로조사 및 지적에 관한 법률」에 따라 지적공부(地籍公簿)에 등록하여야 할 지목에 해당하는 것을 말한다] 또는 건물(건물에 부속된 시설물과 구축물을 포함한다)의 양도로 발생하는 소득 (2010. 12. 27. 개정)
        2. 다음 각 목의 어느 하나에 해당하는 부동산에 관한 권리의 양도로 발생하는 소득 (2009. 12. 31. 개정)
            가. 부동산을 취득할 수 있는 권리(건물이 완성되는 때에 그 건물과 이에 딸린 토지를 취득할 수 있는 권리를 포함한다) (2009. 12. 31. 개정)
            나. 지상권 (2009. 12. 31. 개정)
            다. 전세권과 등기된 부동산임차권 (2009. 12. 31. 개정)

(이하 생략)
○ 소득세법 제98조 【양도 또는 취득의 시기】
자산의 양도차익을 계산할 때 그 취득시기 및 양도시기는 대금을 청산한 날이 분명하지 아니한 경우 등 대통령령으로 정하는 경우를 제외하고는 해당 자산의 대금을 청산한 날로 한다. 이 경우 자산의 대금에는 해당 자산의 양도에 대한 양도소득세 및 양도소득세의 부가세액을 양수자가 부담하기로 약정한 경우에는 해당 양도소득세 및 양도소득세의 부가세액은 제외한다. (2010. 12. 27. 개정)
○ 소득세법 제104조 【양도소득세의 세율】
① 거주자의 양도소득세는 해당 과세기간의 양도소득과세표준에 다음 각 호의 세율을 적용하여 계산한 금액(이하 "양도소득 산출세액"이라 한다)을 그 세액으로 한다. 이 경우 하나의 자산이 다음 각 호에 따른 세율 중 둘 이상의 세율에 해당할 때에는 그 중 가장 높은 것을 적용한다. (2009. 12. 31. 개정)
1.~9. 생략
10. 미등기양도자산 (2009. 12. 31. 개정)
양도소득 과세표준의 100분의 70
11. 생략
② 생략
③ 제1항 제10호에서 "미등기양도자산"이란 제94조 제1항 제1호 및 제2호에서 규정하는 자산을 취득한 자가 그 자산 취득에 관한 등기를 하지 아니하고 양도하는 것을 말한다. 다만, 대통령령으로 정하는 자산은 제외한다. (2009. 12. 31. 개정)
(이하 생략)
○ 소득세법 시행령 제162조 【양도 또는 취득의 시기】
① 법 제98조 전단에서 "대금을 청산한 날이 분명하지 아니한 경우 등 대통령령으로 정하는 경우"란 다음 각 호의 경우를 말한다. (2010. 12. 30. 개정)
1. 대금을 청산한 날이 분명하지 아니한 경우에는 등기부·등록부 또는 명부 등에 기재된 등기·등록접수일 또는 명의개서일 (2001. 12. 31. 개정)
2. 대금을 청산하기 전에 소유권이전등기(등록 및 명의의 개서를 포함한다)를 한 경우에는 등기부·등록부 또는 명부 등에 기재된 등기접수일
(이하 생략)
○ 소득세법 시행령 제168조 【미등기양도제외 자산의 범위 등】
① 법 제104조 제3항 단서에서 "대통령령으로 정하는 자산"이란 다음 각 호의 것을 말한다. (2010. 2. 18. 개정)
1. 장기할부조건으로 취득한 자산으로서 그 계약조건에 의하여 양도당시 그 자산의 취득에 관한 등기가 불가능한 자산
2. 법률의 규정 또는 법원의 결정에 의하여 양도당시 그 자산의 취득에 관한 등기가 불가능한 자산

3. 법 제89조 제1항 제2호, 「조세특례제한법」 제69조 제1항 및 제70조 제1항에 규정하는 토지 (2006. 2. 9. 개정)
4. 법 제89조 제1항 제3호에 규정하는 1세대 1주택으로서 「건축법」에 의한 건축허가를 받지 아니하여 등기가 불가능한 자산 (2005. 12. 31. 개정)
5. 상속에 의한 소유권이전등기를 하지 아니한 자산으로서 「공익사업을 위한 토지 등의 취득 및 보상에 관한 법률」 제18조의 규정에 의하여 사업시행자에게 양도하는 것 (2005. 2. 19. 개정)
6. 「도시개발법」에 따른 도시개발사업이 종료되지 아니하여 토지 취득등기를 하지 아니하고 양도하는 토지 (2010. 2. 18. 신설)
7. 건설업자가 「도시개발법」에 따라 공사용역 대가로 취득한 체비지를 토지구획환지처분공고 전에 양도하는 토지 (2010. 2. 18. 신설)

② 법 제104조 제1항 제1호의 규정을 적용함에 있어서 제158조 제1항 제1호의 규정에 의한 주식 등의 양도소득산출세액에 대주주로서 납부하였거나 납부할 세액이 포함되어 있는 경우에는 이를 차감하여 계산한 금액을 양도소득산출세액으로 한다. (2000. 12. 29. 신설)

○ 국세기본법 제26조의 2 【국세 부과의 제척기간】

① 국세는 다음 각 호에 규정된 기간이 끝난 날 후에는 부과할 수 없다. 다만, 조세의 이중과세를 방지하기 위하여 체결한 조약(이하 "조세조약"이라 한다)에 따라 상호합의 절차가 진행 중인 경우에는 「국제조세조정에 관한 법률」 제25조에서 정하는 바에 따른다. (2010. 1. 1. 개정)

1. 납세자가 사기나 그 밖의 부정한 행위로 국세를 포탈(逋脫)하거나 환급·공제받은 경우에는 그 국세를 부과할 수 있는 날부터 10년간 (2010. 1. 1. 개정)

1의 2. 납세자가 사기나 그 밖의 부정한 행위로 다음 각 목에 따른 가산세 부과대상이 되는 경우 해당 가산세는 부과할 수 있는 날부터 10년간 (2010. 12. 27. 신설)

    가. 「소득세법」 제81조 제3항 제4호 (2010. 12. 27. 신설)
    나. 「법인세법」 제76조 제9항 제1호 (2010. 12. 27. 신설)
    다. 「부가가치세법」 제22조 제3항 및 제6항 (2010. 12. 27. 신설)

2. 납세자가 법정신고기한까지 과세표준신고서를 제출하지 아니한 경우에는 해당 국세를 부과할 수 있는 날부터 7년간 (2010. 1. 1. 개정)

3. 제1호·제1호의 2 및 제2호에 해당하지 아니하는 경우에는 해당 국세를 부과할 수 있는 날부터 5년간 (2010. 12. 27. 개정)

(이하 생략)

○ 국세기본법 제47조의 2 【무신고가산세】

① 납세자(「부가가치세법」 제29조에 따라 납부의무가 면제된 자는 제외한다)가 법정신고기한까지 세법에 따른 과세표준신고서를 제출하지 아니한 경우에는 세법

에 따른 산출세액(법인세의 경우에는 「법인세법」 제55조의 2에 따른 토지등 양도소득에 대한 법인세를 포함하고, 상속세와 증여세의 경우에는 「상속세 및 증여세법」 제27조 또는 제57조에 따라 가산하는 금액을 포함하며, 부가가치세의 경우에는 「부가가치세법」 제17조 및 제26조 제2항에 따른 납부세액을 말한다. 이하 이 절에서 "산출세액"이라 한다)의 100분의 20에 상당하는 금액을 납부할 세액에 가산하거나 환급받을 세액에서 공제한다. 다만, 대통령령으로 정하는 복식부기의무자(이하 이 절에서 "복식부기의무자"라 한다) 또는 법인이 소득세 과세표준신고서 또는 법인세 과세표준신고서를 제출하지 아니한 경우에는 산출세액의 100분의 20에 상당하는 금액과 수입금액에 1만분의 7을 곱하여 계산한 금액 중 큰 금액을 납부할 소득세액 또는 법인세액에 가산하거나 환급받을 세액에서 공제한다. (2010. 1. 1. 개정)

② 제1항에도 불구하고 부당한 방법(납세자가 국세의 과세표준 또는 세액 계산의 기초가 되는 사실의 전부 또는 일부를 은폐하거나 가장한 것에 기초하여 국세의 과세표준 또는 세액 신고의무를 위반하는 것으로서 대통령령으로 정하는 방법을 말한다. 이하 이 절에서 같다)으로 무신고한 과세표준(부가가치세의 경우에는 「부가가치세법」 제17조 및 제26조 제2항에 따른 납부세액을 말한다. 이하 이 절에서 "과세표준"이라 한다)이 있는 경우에는 다음 각 호의 금액을 합한 금액을 납부할 세액에 가산하거나 환급받을 세액에서 공제한다. (2010. 1. 1. 개정)

1. 부당한 방법으로 무신고한 과세표준에 대한 가산세: 과세표준 중 부당한 방법으로 무신고한 과세표준에 상당하는 금액(이하 이 항에서 "부당무신고과세표준"이라 한다)이 과세표준에서 차지하는 비율을 산출세액에 곱하여 계산한 금액의 100분의 40에 상당하는 금액(이하 이 항에서 "부당무신고가산세액"이라 한다). 다만, 복식부기의무자 또는 법인이 소득세 과세표준신고서 또는 법인세 과세표준신고서를 제출하지 아니한 경우에는 부당무신고가산세액과 부당한 방법으로 무신고한 과세표준과 관련된 수입금액(이하 이 조에서 "부당무신고수입금액"이라 한다)에 1만분의 14를 곱하여 계산한 금액 중 큰 금액으로 한다. (2010. 1. 1. 개정)

2. 제1호 외의 부분에 대한 가산세: 과세표준 중 부당무신고과세표준을 뺀 과세표준에 상당하는 금액이 과세표준에서 차지하는 비율을 산출세액에 곱하여 계산한 금액의 100분의 20에 상당하는 금액. 다만, 복식부기의무자 또는 법인이 소득세 과세표준신고서 또는 법인세 과세표준신고서를 제출하지 아니한 경우에는 과세표준에서 부당무신고과세표준을 뺀 금액이 과세표준에서 차지하는 비율을 산출세액에 곱하여 계산한 금액의 100분의 20에 상당하는 금액과 부당무신고수입금액 외의 수입금액에 1만분의 7을 곱하여 계산한 금액 중 큰 금액으로 한다. (2010. 1. 1. 개정)

(이하 생략)

○ 국세기본법 제47조의 5 【납부·환급불성실가산세】
① 납세자가 세법에 따른 납부기한까지 국세를 납부하지 아니하거나 납부한 세액이 납부하여야 할 세액에 미치지 못하는 경우에는 다음 계산식을 적용하여 계산한 금액을 납부할 세액에 가산하거나 환급받을 세액에서 공제한다. 다만, 「인지세법」 제8조 제1항에 따라 인지세를 납부하지 아니하였거나 납부한 세액이 납부하여야 할 세액에 미치지 못하는 경우에는 그 납부하지 아니한 세액 또는 부족한 세액의 100분의 300을 납부할 세액에 가산하거나 환급받을 세액에서 공제한다. (2010. 1. 1. 개정)

납부하지 아니한 세액 또는 부족한 세액 × 납부기한의 다음날부터 자진납부일 또는 납세고지일까지의 기간 × 금융회사 등이 연체대출금에 대하여 적용하는 이자율 등을 고려하여 대통령령으로 정하는 이자율

(이하 생략)

○ 국세기본법 시행령 제27조의 4 【납부·환급불성실가산세】
법 제47조의 5 제1항 또는 제2항에서 "대통령령으로 정하는 이자율"이란 1일 1만분의 3의 율을 말한다. (2010. 2. 18. 개정)

○ 재일46014-1843, 1997.07.26.

[사실관계]
(1) 임○○는 ○○시 ○○구 ○○동 ○○번지 대지 387㎡를 1993.04.17일 박○○로부터 351백만원에 취득허기로 계약하고 동일자에 계약금 7천만원, 1995,12월 중도금 211만원을 지급하고 잔금 140백만원은 현재까지 지급하지 못하고 있음.
(2) 상기 토지매매계약서 임대, 매매 또는 은행대출금으로 잔금지급한 후 등기이전하기로 쌍방이 합의약정 되어 있으며(매매계약서에 명시됨) 박○○명의로 건물을 신축(준공일 1995.08.28)하여 토지소유자 박○○명의로 보존등기(1995.11.06)한 후 1995.12월 은행대출 9억원을 받았고 제 3자에게 임대하여 오다가 최○○에게 토지, 건물을 1996.11.16일(등기접수일) 1,650백만원에 양도하였음(잔금수령 : 1997.05월)

[질의내용]
(갑설) 부동산을 취득할 수 있는 권리의 양도로 보아 과세한다.
(을설) 미등기 양도자산으로 보아 과세한다.

[회신내용]
1. 소득세법 제104조 제3항의 규정에 의한 "이등기양도자산"이라함은 동법 제94조 제1호 및 제2호에 규정하는 자산을 취득한 자가 그 자산의 취득에 관한 등기를 하지 아니하고 양도하는 것을 말하는 것임.
2. 귀 질의의 경우 계약조건이 성취되어 동법시행령 제162조의 규정에 의한 취득시기가 도래한 부동산을 취득에 관한 소유권이전등기를 하지 아니하고 타인에게 양도하는 경우에는 미등기양도자산에 해당하는 것임.

○ 법무과-2395, 2005.07.11.

"미등기양도자산"이라 함은 「소득세법」 제94조 제1항 제1호 및 제2호에 규정하는 자산을 취득한 자가 그 자산의 취득에 관한 등기를 하지 아니하고 양도하는 것을 말하며, 자산을 양도할 당시 법률 등의 규정에 의하여 소유권 이전등기가 불가능한 경우에는 "미등기양도자산"에서 제외되는 것이고,

분양받은 주택의 잔금을 완성일 이전에 청산(사회통념상 대금의 거의 전부가 지급되었다고 볼만할 정도의 대금지급이 이행된 경우 포함)하고 완성일 이후에 양도하는 경우에는 부동산의 양도로 보는 것으로 이 때의 취득시기는 주택이 완성된 날임

질의 회답 양도소득세 납세의무자 등

[요 지]

"미등기양도자산"이란 소득세법 제94조제1항제1호 내지 제2호에서 규정하는 자산을 취득한 자가 그 자산 취득에 관한 등기를 하지 아니하고 양도하는 것을 말하는 것임

[회 신]

1. 귀 질의 ①,③의 경우 계약조건이 성취되어 소득세법 제98조 및 같은 법 시행령 제162조의 규정에 따른 취득시기가 도래한 자산을 취득한 자가 그 자산 취득에 관한 등기를 하지 아니하고 양도하는 경우에는 미등기양도자산에 해당하는 것입니다(기존해석사례 : 재일46014-1843, 1997.07.26.).

2. 귀 질의 ②의 경우 묘지가 있는 임야를 양도하는 때에 묘지를 이장하는 조건으로 매매계약을 한 경우에는 그 매매가액 전체가 양도가액이 되는 것입니다(기존해석사례 : 서면인터넷방문상담4팀-2492, 2005.12.12.).

[관련법령]

소득세법 제104조 【양도소득세의 세율】
소득세법 시행령 제168조 【미등기양도제외 자산의 범위 등】

1. 질의내용 요약

    ○ 사실관계

        甲(△△시장)은 乙과 ☆☆테마파크조성사업을 협의하고 乙에게 사업부지인 A임야를 양도하였으나, 甲이 협약과 달리 적극적인 사업 추진을 하지 않아 엔화 대출 등 자금압박 심화로 인해 乙은 독자적으로 사업을 추진함

- 2005.11.29. 甲, 乙에게 A임야 54,942㎡ 양도하기로 계약(2,300백만원, 중도금 및 잔금은 3년 4회 분할 조건)하고 계약금(230백만원) 수령
- 2005.11.29. 乙, 丙에게 A임야 중 6,611.6㎡ 양도(304백만원) 및 계약금과 중도금 수령(230백만원)
- 2005.12.29. 丙, 丁에게 A임야 중 6,611.6㎡(丙이 乙로부터 취득하기로 한)를 양도하기로 계약(800백만원, 공인중개사와 공모)함(※특약사항 위반시 연12% 이자를 丙이 지급하는 조건)
- 2005.12.29. 丁, 丙에게 A임야 계약금 80백만원 지급
- 2006.01.29. 乙, 甲에게 중도금 598백만원(은행 차입) 지급
- 2006.02.01. 丙, 乙에게 잔금(74백만원) 및 묘지이장비(26백만원)를 지급하였으나, 외환위기로 인하여 금융권의 대출원금 및 이자 폭등으로 근저당권 해결을 하지 못해 A임야 중 6,611.6㎡에 대해 乙은 丙에게 소유권이전을 해주지 못함
- 2006.06.30. 丁, 丙에게 A임야 중도금 400백만원 지급
- 2006.07.13. 乙, 甲에게 은행 엔화 차입금으로 중도금 및 잔금 청산 후 甲으로부터 A임야 54,942㎡ 소유권이전 받음
- 2007.06.30. 丁, 丙에게 A임야 잔금 340백만원을 청산하여야하나 丙이 특약사항을 위반하여 지급하지 않음
- 2009.06.05. 丁, 丙을 상대로 매매대금반환소 제기 및 甲의 A임야에 대한 가압류 등기
- 2010.10.07. ○○법원, 丙과 丁의 A임야 매매계약 파기 및 조정합의 결정(丙은 丁에 대한 매매대금 원금 480백만원, 4년간의 연체이자 288백만원 및 지체상금 16백만원(총784백만원)을 2011.8.31.까지 4회 분할로 丙의 A임야 지분 및 乙의 지분 일부를 양도하여 丁에게 지급하도록 결정)
- 2011.09.00. 乙, A임야 본인지분 일부 및 丙의 A임야 지분 6,611.6㎡를 戊에게 800백만원에 양도하고, 양도대금을 사전합의하여 변호사에게 위임한 乙의 통장으로 입금받아 丁에게 입금 완료 ⇒ 丙은 A임야 중 본인지분 6,611.6㎡에 대한 양도 차액을 지급받지 못해 乙을 상대로 가처분해지 소장 제출

○ 질의내용
① 乙이 戊에게 양도한 丙의 A임야 지분 6,611.6㎡ 양도에 따른 양도소득세 납세의무자는 누구인지
② 위 ①에서 양도소득세 납세의무자가 丙이라면 묘지이장비(26백만원)를 포함한 가액이 乙의 양도가액인지
③ 위 ①에서 양도소득세 납세의무자가 甲이라면 丙에게 지급한 원금 및 연체이자 등을 필요경비로 계상할 수 있는지

2. 질의내용에 대한 자료
○ 소득세법 제88조 【양도의 정의】

① 제4조 제1항 제3호 및 이 장에서 "양도"란 자산에 대한 등기 또는 등록과 관계없이 매도, 교환, 법인에 대한 현물출자 등으로 인하여 그 자산이 유상으로 사실상 이전되는 것을 말한다. 이 경우 부담부증여(負擔附贈與)(「상속세 및 증여세법」 제47조 제3항 본문에 해당하는 경우는 제외한다)에 있어서 증여자의 채무를 수증자(受贈者)가 인수하는 경우에는 증여가액 중 그 채무액에 상당하는 부분은 그 자산이 유상으로 사실상 이전되는 것으로 본다. (2009. 12. 31. 개정)

② 「도시개발법」이나 그 밖의 법률에 따른 환지처분으로 지목 또는 지번이 변경되거나 체비지(替費地)로 충당되는 경우에는 제1항에서 규정하는 양도로 보지 아니한다. (2009. 12. 31. 개정)

○ 소득세법 제94조 【양도소득의 범위】
① 양도소득은 해당 과세기간에 발생한 다음 각 호의 소득으로 한다. (2009. 12. 31. 개정)

1. 토지[「측량·수로조사 및 지적에 관한 법률」에 따라 지적공부(地籍公簿)에 등록하여야 할 지목에 해당하는 것을 말한다] 또는 건물(건물에 부속된 시설물과 구축물을 포함한다)의 양도로 발생하는 소득 (2010. 12. 27. 개정)
2. 다음 각 목의 어느 하나에 해당하는 부동산에 관한 권리의 양도로 발생하는 소득 (2009. 12. 31. 개정)
    가. 부동산을 취득할 수 있는 권리(건물이 완성되는 때에 그 건물과 이에 딸린 토지를 취득할 수 있는 권리를 포함한다) (2009. 12. 31. 개정)
    나. 지상권 (2009. 12. 31. 개정)
    다. 전세권과 등기된 부동산임차권 (2009. 12. 31. 개정)

(이하 생략)

○ 소득세법 제98조 【양도 또는 취득의 시기】
자산의 양도차익을 계산할 때 그 취득시기 및 양도시기는 대금을 청산한 날이 분명하지 아니한 경우 등 대통령령으로 정하는 경우를 제외하고는 해당 자산의 대금을 청산한 날로 한다. 이 경우 자산의 대금에는 해당 자산의 양도에 대한 양도소득세 및 양도소득세의 부가세액을 양수자가 부담하기로 약정한 경우에는 해당 양도소득세 및 양도소득세의 부가세액은 제외한다. (2010. 12. 27. 개정)

○ 소득세법 제104조 【양도소득세의 세율】
① 거주자의 양도소득세는 해당 과세기간의 양도소득과세표준에 다음 각 호의 세율을 적용하여 계산한 금액(이하 "양도소득 산출세액"이라 한다)을 그 세액으로 한다. 이 경우 하나의 자산이 다음 각 호에 따른 세율 중 둘 이상의 세율에 해당할 때에는 그 중 가장 높은 것을 적용한다. (2009. 12. 31. 개정)

1. 제94조 제1항 제1호·제2호 및 제4호에 따른 자산 (2009. 12. 31. 개정)
    제55조 제1항에 따른 세율
2.~9. 생략

10. 미등기양도자산 (2009. 12. 31. 개정)
    양도소득 과세표준의 100분의 70
11. 생략
② 생략
③ 제1항 제10호에서 "미등기양도자산"이란 제94조 제1항 제1호 및 제2호에서 규정하는 자산을 취득한 자가 그 자산 취득에 관한 등기를 하지 아니하고 양도하는 것을 말한다. 다만, 대통령령으로 정하는 자산은 제외한다. (2009. 12. 31. 개정)
(이하 생략)

○ 소득세법 시행령 제162조 【양도 또는 취득의 시기】
① 법 제98조 전단에서 "대금을 청산한 날이 분명하지 아니한 경우 등 대통령령으로 정하는 경우"란 다음 각 호의 경우를 말한다. (2010. 12. 30. 개정)
1. 대금을 청산한 날이 분명하지 아니한 경우에는 등기부·등록부 또는 명부 등에 기재된 등기·등록접수일 또는 명의개서일 (2001. 12. 31. 개정)
2. 대금을 청산하기 전에 소유권이전등기(등록 및 명의의 개서를 포함한다)를 한 경우에는 등기부·등록부 또는 명부 등에 기재된 등기접수일
(이하 생략)

○ 소득세법 시행령 제168조 【미등기양도제외 자산의 범위 등】
① 법 제104조 제3항 단서에서 "대통령령으로 정하는 자산"이란 다음 각 호의 것을 말한다. (2010. 2. 18. 개정)
1. 장기할부조건으로 취득한 자산으로서 그 계약조건에 의하여 양도당시 그 자산의 취득에 관한 등기가 불가능한 자산
2. 법률의 규정 또는 법원의 결정에 의하여 양도당시 그 자산의 취득에 관한 등기가 불가능한 자산
3. 법 제89조 제1항 제2호, 「조세특례제한법」 제69조 제1항 및 제70조 제1항에 규정하는 토지 (2006. 2. 9. 개정)
4. 법 제89조 제1항 제3호에 규정하는 1세대 1주택으로서 「건축법」에 의한 건축허가를 받지 아니하여 등기가 불가능한 자산 (2005. 12. 31. 개정)
5. 상속에 의한 소유권이전등기를 하지 아니한 자산으로서 「공익사업을 위한 토지 등의 취득 및 보상에 관한 법률」 제18조의 규정에 의하여 사업시행자에게 양도하는 것 (2005. 2. 19. 개정)
6. 「도시개발법」에 따른 도시개발사업이 종료되지 아니하여 토지 취득등기를 하지 아니하고 양도하는 토지 (2010. 2. 18. 신설)
7. 건설업자가 「도시개발법」에 따라 공사용역 대가로 취득한 체비지를 토지구획환지처분공고 전에 양도하는 토지 (2010. 2. 18. 신설)
② 생략

○ 재일46014-1843, 1997.07.26.

[사실관계]
(1) 임○○는 ○○시 ○○구 ○○동 ○○번지 대지 387㎡를 1993.04.17일 박○○로부터 351백만원에 취득하기로 계약하고 동일자에 계약금 7천만원, 1995,12월 중도금 211만원을 지급하고 잔금 140백만원은 현재까지 지급하지 못하고 있음.
(2) 상기 토지매매계약서 임대, 매매 또는 은행대출금으로 잔금지급한 후 등기이전 하기로 쌍방이 합의약정 되어 있으며(매매계약서에 명시됨) 박○○명의로 건물을 신축(준공일 1995.08.28)하여 토지소유자 박○○명의로 보존등기(1995.11.06)한 후 1995.12월 은행대출 9억원을 받았고 제 3자에게 임대하여 오다가 최○○에게 토지, 건물을 1996.11.16일(등기접수일) 1,650백만원에 양도하였음(잔금수령 : 1997.05월)

[질의내용]
(갑설) 부동산을 취득할 수 있는 권리의 양도로 보아 과세한다.
(을설) 미등기 양도자산으로 보아 과세한다.

[회신내용]
1. 소득세법 제104조 제3항의 규정에 의한 "미등기양도자산"이라함은 동법 제94조 제1호 및 제2호에 규정하는 자산을 취득한 자가 그 자산의 취득에 관한 등기를 하지 아니하고 양도하는 것을 말하는 것임.
2. 귀 질의의 경우 계약조건이 성취되어 동법시행령 제162조의 규정에 의한 취득시기가 도래한 부동산을 취득에 관한 소유권이전등기를 하지 아니하고 타인에게 양도하는 경우에는 미등기양도자산에 해당하는 것임.

○ 서면인터넷방문상담4팀-2492, 2005.12.12.
묘지가 있는 임야를 양도하는 때에 묘지를 이장하는 조건으로 매매계약을 한 경우에는 그 매매가액 전체를 양도소득의 총수입금액으로 하는 것이며, 임야의 양도가액과는 별도로 묘지의 이장에 따른 사례금을 지급받는 경우에는 그 사례금 등을 소득세법 제21조 제1항 제17호의 규정에 의하여 기타소득의 총수입금액으로 하는 것입니다. 이 경우 "묘지의 이장에 따른 사례금" 인지의 여부는 사실을 확인하여 판단할 사항입니다. 토지의 이용편의를 위하여 지출한 묘지이장비용은 양도 자산의 필요경비로 산입하는 것 입니다.

○ 서면인터넷방문상담5팀-1180, 2008.06.02.
자산의 양도가액은 당해 자산의 양도당시의 양도자와 양수자간에 실제로 거래한 가액을 뜻하는 것으로 실제로 받았거나 받기로 한 가액을 말하는 것입니다. 귀 질의의 경우, 매도자의 귀책사유에 따라 매수자에게 지급한 지체상금은 양도가액에서 차감하지 아니하는 것입니다.

○ 재산세과-729, 2009.03.03.
자산의 양도가액은 당해 자산의 양도당시의 양도자와 양수자간에 실제로 거래한 가액이며, 실제로 거래한 가액에 해당하는지 여부는 그 명목 여하에 관계없이 경제적 실질이 당해 자산의 양도와 대가관계에 있는지의 여부에 의하여 판단하는 것입니다. 또한, 양도가액에서 공제할 필요경비라 함은 「소득세법」제97조 제1항의 규정에 의한 취득가액, 설비비와 개량비, 자본적 지출액, 양도비를 말하는 것으로서 양도자산을 취득한 후 쟁송이 있는 경우에 그 소유권을 확보하기 위하여 직접 소요된 소송비용·화해비용 등의 금액으로서 그 지출한 연도의 각 소득금액의 계산에 있어서 필요 경비에 산입된 것을 제외한 금액은 자본적 지출에 해당하나 귀 질의가 이에 해당하는지 여부는 사실관계를 확인하여 판단할 사항입니다.

○ 서면4팀-1169, 2005.07.08.

[사실관계]
- 충청남도 종합건설사업소에서 공개경쟁입찰공고에 의하여 매각한 천안신부지구 공영개발용지를 본인이 취득함에 다음과 같이 위약금을 지급한 경우 필요경비 공제여부에 대하여 질의함
- 당해 토지는 충청남도에서 입찰공고를 한 토지로 제2차 입찰에서 중부새마을금고에서 입찰에 참가하여 충청남도와 매매계약을 체결하고 계약금 115.8백만원을 납부하였으나 중부새마을금고 이사회에서 매매계약이 승인되지 않아 해약위기에 처함
- 본인이 이 사실을 알고 충청남도와 새마을금고와 3자 협의하여 새마을금고의 당초 계약금을 대신 지급하는 조건으로 새마을금고와의 계약내용대로 충청남도와 당해 토지의 매매계약을 체결하여 취득하였습니다.

[질의내용]
위의 경우 실지거래가액으로 양도소득세를 계산함에 있어 본인이 부담한 중부새마을 금고의 해약금115.8백만원을 대신 납부한 경우 당해 대납금액을 본인 토지의 취득가액에 포함하여 양도가액에서 공제받을 수 있는지 여부

[회신]
실지거래가액에 의하여 양도소득세를 산정함에 있어 양도가액에서 공제하는 필요경비는 소득세법 제97조 및 같은법시행령 제163조에 열거된 항목에 한하는 것으로써, 자산의 취득시 법적인 지급 의무 없이 대신 지급한 비용에 대하여는 양도가액에서 공제하는 필요경비에 해당하지 아니하는 것입니다.

질의 회답 준공된 재건축아파트를 이전고시 전에 양도하는 경우 미등기양도자산 해당여부

[요 지]
"미등기양도자산"이라 함은 부동산 등을 취득한 자가 그 자산의 취득에 관한 등기를 하지 아니하고 양도하는 것을 말하는 것이나, 법률의 규정 또는 법원의 결

정에 의하여 양도당시 그 자산의 취득에 관한 등기가 불가능한 자산의 경우에는 미등기양도자산으로 보지 않는 것임.

[회　신]
「소득세법」 제104조제3항에 따른 "미등기양도자산"이라 함은 같은 법 제94조제1항제1호 및 제2호에 규정하는 자산을 취득한 자가 그 자산의 취득에 관한 등기를 하지 아니하고 양도하는 것을 말하는 것이나, 법률의 규정 또는 법원의 결정에 의하여 양도당시 그 자산의 취득에 관한 등기가 불가능한 자산의 경우에는 미등기양도자산으로 보지 않는 것입니다.

[관련법령]
소득세법 제91조 【양도소득세 비과세의 배제】
소득세법 시행령 제168조 【미등기양도제외 자산의 범위 등】

1. 질의내용 요약
   ○ 사실관계
   - 2001.　　　　경기 광명소재 A아파트 취득
   - 2002. 9.　　경기 광명소재 B아파트 취득
   - 2005.12.　　A, B아파트 재건축 관리처분계획인가
   - 2009.11.27. A재건축아파트 준공
   - 2009.12. 3. A재건축아파트 양도 잔금 청산
   - 2010. 1.　　B재건축아파트 준공 예정
   ○ 질의내용
   - 재건축아파트의 경우 준공 후 이전고시 후에 등기가 가능한 바, A재건축아파트의 조합원 명의를 매수자로 변경하여 추후 매수인 명의로 보존등기하는 경우 1세대1주택 비과세를 판단함에 있어 미등기전매에 해당하는지 여부
2. 질의내용에 대한 자료
   가. 관련 조세법령(법률, 시행령, 시행규칙, 기본통칙)
      ○ 소득세법 제89조 【비과세양도소득】
         ① 다음 각호의 소득에 대하여는 양도소득에 대한 소득세(이하 "양도소득세"라 한다)를 과세하지 아니한다. <개정 2005.12.31>
         1.~2. 생략
         3. 대통령령이 정하는 일세대 일주택(가액이 대통령령이 정하는 기준을 초과하는 고가주택을 제외한다)과 이에 부수되는 토지로서 건물이 정착된 면적에 지역별로 대통령령이 정하는 배율을 곱하여 산정한 면적 이내의 토지(이하 이 조에서

"주택부수토지"라 한다)의 양도로 인하여 발생하는 소득
(이하 생략)

○ 소득세법 시행령 제154조 【1세대1주택의 범위】
① 법 제89조제1항제3호에서 "대통령령이 정하는 1세대 1주택"이라 함은 거주자 및 그 배우자가 그들과 동일한 주소 또는 거소에서 생계를 같이 하는 가족과 함께 구성하는 1세대(이하 "1세대"라 한다)가 양도일 현재 국내에 1주택을 보유하고 있는 경우로서 당해 주택의 보유기간이 3년 이상인 것(서울특별시, 과천시 및 「택지개발촉진법」 제3조의 규정에 의하여 택지개발예정지구로 지정·고시된 분당·일산·평촌·산본·중동 신도시지역에 소재하는 주택의 경우에는 당해 주택의 보유기간이 3년 이상이고 그 보유기간중 거주기간이 2년 이상인 것)을 말한다. 다만, 1세대가 양도일 현재 국내에 1주택을 보유하고 있는 경우로서 다음 각 호의 어느 하나에 해당하는 경우에는 그 보유기간 및 거주기간의 제한을 받지 아니한다. <개정 2008.2.29>
(이하 생략)

○ 소득세법 제91조 【양도소득세 비과세의 배제】
제104조제3항에서 규정하는 미등기양도자산에 대해서는 이 법 또는 이 법 외의 법률 중 양도소득에 대한 소득세의 비과세에 관한 규정을 적용하지 아니한다.

○ 소득세법 제104조 【양도소득세의 세율】
①~② 생략
③ 제1항제10호에서 "미등기양도자산"이란 제94조제1항제1호 및 제2호에서 규정하는 자산을 취득한 자가 그 자산 취득에 관한 등기를 하지 아니하고 양도하는 것을 말한다. 다만, 대통령령으로 정하는 자산은 제외한다.
(이하 생략)

○ 소득세법 시행령 제168조 【미등기양도제외 자산의 범위 등】
① 법 제104조제3항 단서에서 "대통령령이 정하는 자산"이라 함은 다음 각호의 것을 말한다. <개정 2006.2.9>
1. 생략
2. 법률의 규정 또는 법원의 결정에 의하여 양도 당시 그 자산의 취득에 관한 등기가 불가능한 자산
(이하 생략)

○ 도시 및 주거환경정비법 제52조 【정비사업의 준공인가】
①~② 생략
③ 시장·군수는 제2항 전단 또는 후단의 규정에 의한 준공검사의 실시결과 정비사업이 인가받은 사업시행계획대로 완료되었다고 인정하는 때에는 준공인가를 하고 공사의 완료를 당해 지방자치단체의 공보에 고시하여야 한다.
(이하 생략)

○ 도시 및 주거환경정비법 제54조 【이전고시 등】
① 사업시행자는 제52조제3항 및 제4항의 규정에 의한 고시가 있은 때에는 지체없이 대지확정측량을 하고 토지의 분할절차를 거쳐 관리처분계획에 정한 사항을 분양을 받을 자에게 통지하고 대지 또는 건축물의 소유권을 이전하여야 한다. 다만, 정비사업의 효율적인 추진을 위하여 필요한 경우에는 당해 정비사업에 관한 공사가 전부 완료되기 전에 완공된 부분에 대하여 준공인가를 받아 대지 또는 건축물별로 이를 분양받을 자에게 그 소유권을 이전할 수 있다.
② 사업시행자는 제1항의 규정에 의하여 대지 및 건축물의 소유권을 이전하고자 하는 때에는 그 내용을 당해 지방자치단체의 공보에 고시한 후 이를 시장·군수에게 보고하여야 한다. 이 경우 대지 또는 건축물을 분양받을 자는 고시가 있은 날의 다음 날에 그 대지 또는 건축물에 대한 소유권을 취득한다. <개정 2009.2.6 부칙>
○ 도시 및 주거환경정비법 제56조 【등기절차 및 권리변동의 제한】
① 사업시행자는 제54조제2항의 규정에 의한 이전의 고시가 있은 때에는 지체없이 대지 및 건축물에 관한 등기를 지방법원지원 또는 등기소에 촉탁 또는 신청하여야 한다.
(이하 생략)

나. 관련 예규(예규, 해석사례, 심사, 심판, 판례)
○ 서면인터넷방문상담4팀-1501, 2006.05.30.
「소득세법」 제104조 제3항의 규정에 의한 "미등기양도자산"이라 함은 동법 제94조 제1항 제1호 및 제2호에 규정하는 자산을 취득한 자가 그 자산의 취득에 관한 등기를 하지 아니하고 양도하는 것을 말하는 것이나, 법률의 규정 또는 법원의 결정에 의하여 양도당시 그 자산의 취득에 관한 등기가 불가능한 자산의 경우에는 미등기양도자산으로 보지 않는 것입니다..

질의 회답 준공된 재건축아파트를 이전고시 전에 양도시 미등기양도자산 해당여부

[요   지]
법률의 규정 또는 법원의 결정에 의하여 양도당시 그 자산의 취득에 관한 등기가 불가능한 자산의 경우에는 미등기양도자산으로 보지 않음

[회   신]
소득세법」 제104조제3항에 따른 "미등기양도자산"이라 함은 같은 법 제94조제1항제1호 및 제2호에 규정하는 자산을 취득한 자가 그 자산의 취득에 관한 등기를 하지 아니하고 양도하는 것을 말하는 것이나, 법률의 규정 또는 법원의 결정

에 의하여 양도당시 그 자산의 취득에 관한 등기가 불가능한 자산의 경우에는 미등기양도자산으로 보지 않는 것입니다.

[관련법령]
소득세법 제104조 【양도소득세의 세율】
도시 및 주거환경정비법 제54조 【이전고시 등】

1. 질의내용 요약
   ○ 사실관계
      - '09.1.1부터 재건축아파트는 종전과 달리(종전은 준공후 보존등기 가능) 준공후 도시및주거환경법 제54조의 규정에 의하여 이전고시하여야 조합원이 보존등기 가능
         · 따라서, 준공후 이전고시 전에 재건축아파트를 양도한 경우 기존의 토지만 이전등기가 가능하고
         · 그에 따른 조합원의 지위가 승계되어 건축물관리대장 및 보존등기는 최종 소유자인 매수자가 최초소유자로 등록됨
   ○ 질의내용
      - 준공후 이전고시 사이에 양도한 재건축아파트가 미등기양도자산에 해당하는지
2. 질의내용에 대한 자료
   가. 관련 조세법령(법률, 시행령, 시행규칙, 기본통칙)
   ○ 소득세법 제104조 【양도소득세의 세율】
      ①~② 생략
      ③ 제1항제10호에서 "미등기양도자산"이란 제94조제1항제1호 및 제2호에서 규정하는 자산을 취득한 자가 그 자산 취득에 관한 등기를 하지 아니하고 양도하는 것을 말한다. 다만, 대통령령으로 정하는 자산은 제외한다.
      (이하 생략)
   ○ 소득세법 시행령 제168조 【미등기양도제외 자산의 범위 등】
      ① 법 제104조제3항 단서에서 "대통령령이 정하는 자산"이라 함은 다음 각호의 것을 말한다. <개정 2006.2.9>
         1. 생략
         2. 법률의 규정 또는 법원의 결정에 의하여 양도 당시 그 자산의 취득에 관한 등기가 불가능한 자산
      (이하 생략)
   ○ 도시 및 주거환경정비법 제52조 【정비사업의 준공인가】
      ①~② 생략
      ③ 시장·군수는 제2항 전단 또는 후단의 규정에 의한 준공검사의 실시결과 정비

사업이 인가받은 사업시행계획대로 완료되었다고 인정하는 때에는 준공인가를 하고 공사의 완료를 당해 지방자치단체의 공보에 고시하여야 한다.
(이하 생략)

○ 도시 및 주거환경정비법 제54조 【이전고시 등】
① 사업시행자는 제52조제3항 및 제4항의 규정에 의한 고시가 있은 때에는 지체없이 대지확정측량을 하고 토지의 분할절차를 거쳐 관리처분계획에 정한 사항을 분양을 받을 자에게 통지하고 대지 또는 건축물의 소유권을 이전하여야 한다. 다만, 정비사업의 효율적인 추진을 위하여 필요한 경우에는 당해 정비사업에 관한 공사가 전부 완료되기 전에 완공된 부분에 대하여 준공인가를 받아 대지 또는 건축물별로 이를 분양받을 자에게 그 소유권을 이전할 수 있다.
② 사업시행자는 제1항의 규정에 의하여 대지 및 건축물의 소유권을 이전하고자 하는 때에는 그 내용을 당해 지방자치단체의 공보에 고시한 후 이를 시장·군수에게 보고하여야 한다. 이 경우 대지 또는 건축물을 분양받을 자는 고시가 있은 날의 다음 날에 그 대지 또는 건축물에 대한 소유권을 취득한다. <개정 2009.2.6 부칙>

○ 도시 및 주거환경정비법 제56조 【등기절차 및 권리변동의 제한】
① 사업시행자는 제54조제2항의 규정에 의한 이전의 고시가 있은 때에는 지체없이 대지 및 건축물에 관한 등기를 지방법원지원 또는 등기소에 촉탁 또는 신청하여야 한다.
(이하 생략)

나. 관련 예규(예규, 해석사례, 심사, 심판, 판례)
○ 서면인터넷방문상담4팀-1501, 2006.05.30.
「소득세법」 제104조 제3항의 규정에 의한 "미등기양도자산"이라 함은 동법 제94조 제1항 제1호 및 제2호에 규정하는 자산을 취득한 자가 그 자산의 취득에 관한 등기를 하지 아니하고 양도하는 것을 말하는 것이나, 법률의 규정 또는 법원의 결정에 의하여 양도당시 그 자산의 취득에 관한 등기가 불가능한 자산의 경우에는 미등기양도자산으로 보지 않는 것입니다..

질의 회답 준공된 재건축아파트를 이전고시 전에 양도하는 경우 미등기양도자산 해당여부

[요　지]
법률의 규정 또는 법원의 결정에 의하여 양도당시 그 자산의 취득에 관한 등기가 불가능한 자산의 경우에는 미등기양도자산으로 보지 않음

[회　신]

「소득세법」 제104조제3항에 따른 "미등기양도자산"이라 함은 같은 법 제94조 제1항제1호 및 제2호에 규정하는 자산을 취득한 자가 그 자산의 취득에 관한 등기를 하지 아니하고 양도하는 것을 말하는 것이나, 법률의 규정 또는 법원의 결정에 의하여 양도당시 그 자산의 취득에 관한 등기가 불가능한 자산의 경우에는 미등기양도자산으로 보지 않는 것입니다.

[관련법령]
소득세법 시행령 제168조 【미등기양도제외 자산의 범위 등】

1. 질의내용 요약
   ○ 사실관계
      - 2004년 A주택(의왕시 소재) 취득
      - 2005.5.16. A주택 재건축 사업시행인가
      - 2006.12.28. A주택 재건축 관리처분계획인가
      - 2009.1월. 재건축 완료(준공인가(사용승인))
      - 2010년 1월 현재 이전고시(도시 및 주거환경정비법 제54조)가 되지 아니하여 소유권보존등기하지 못함
   ○ 질의내용
      - 이전고시가 되지 아니하여 등기를 하지 않은 상태에서 A주택을 양도하는 경우 미등기양도자산 해당 여부
2. 질의내용에 대한 자료
   ○ 소득세법 제104조 【양도소득세의 세율】
      ① ~ ② 생략
      ③ 제1항제10호에서 "미등기양도자산"이란 제94조제1항제1호 및 제2호에서 규정하는 자산을 취득한 자가 그 자산 취득에 관한 등기를 하지 아니하고 양도하는 것을 말한다. 다만, 대통령령으로 정하는 자산은 제외한다.
      ④ 이하 생략
   ○ 소득세법 시행령 제162조 【양도 또는 취득의 시기】
      ① 법 제98조의 규정에 의한 취득시기 및 양도시기는 다음 각호의 경우를 제외하고는 당해 자산의 대금(당해 자산의 양도에 대한 양도소득세 및 양도소득세의 부가세액을 양수자가 부담하기로 약정한 경우에는 당해 양도소득세 및 양도소득세의 부가세액을 제외한다)을 청산한 날로 한다.
      1 ~ 3. 생략
      4. 자기가 건설한 건축물에 있어서는 사용검사필증교부일. 다만, 사용검사전에 사실상 사용하거나 사용승인을 얻은 경우에는 그 사실상의 사용일 또는 사용승

인일로 하고 건축허가를 받지 아니하고 건축하는 건축물에 있어서는 그 사실상의 사용일로 한다.
    5. 이하 생략
  ② 이하 생략
○ 소득세법 시행령 제168조 【미등기양도제외 자산의 범위 등】
  ① 법 제104조제3항 단서에서 "대통령령이 정하는 자산"이라 함은 다음 각호의 것을 말한다.
    1. 생략
    2. 법률의 규정 또는 법원의 결정에 의하여 양도 당시 그 자산의 취득에 관한 등기가 불가능한 자산
    3. 이하 생략
  ② 생략
○ 도시 및 주거환경정비법 제54조 【이전고시 등】
  ① 사업시행자는 제52조 제3항 및 제4항의 규정에 의한 고시가 있은 때에는 지체없이 대지확정측량을 하고 토지의 분할절차를 거쳐 관리처분계획에 정한 사항을 분양을 받을 자에게 통지하고 대지 또는 건축물의 소유권을 이전하여야 한다. 다만, 정비사업의 효율적인 추진을 위하여 필요한 경우에는 당해 정비사업에 관한 공사가 전부 완료되기 전에 완공된 부분에 대하여 준공인가를 받아 대지 또는 건축물별로 이를 분양받을 자에게 그 소유권을 이전할 수 있다.
  ② 사업시행자는 제1항의 규정에 의하여 대지 및 건축물의 소유권을 이전하고자 하는 때에는 그 내용을 당해 지방자치단체의 공보에 고시한 후 이를 시장·군수에게 보고하여야 한다. 이 경우 대지 또는 건축물을 분양받을 자는 고시가 있은 날의 다음 날에 그 대지 또는 건축물에 대한 소유권을 취득한다.
○ 부동산거래관리과-3(2010.1.7), 서면4팀-1501(2006.05.30)
  「소득세법」 제104조 제3항의 규정에 의한 "미등기양도자산"이라 함은 동법 제94조 제1항 제1호 및 제2호에 규정하는 자산을 취득한 자가 그 자산의 취득에 관한 등기를 하지 아니하고 양도하는 것을 말하는 것이나, 법률의 규정 또는 법원의 결정에 의하여 양도당시 그 자산의 취득에 관한 등기가 불가능한 자산의 경우에는 미등기양도자산으로 보지 않는 것임
○ 재일46014-1482,1998.08.07.
  1. 주택건설촉진법의 규정에 의한 재건축아파트를 분양받아 양도하는 경우에 주무관청으로부터 가사용승인을 받아 사용하고 있으나 건축법의 규정에 의한 준공검사를 받지 못하여 취득에 관한 등기를 못한 상태로 양도하는 경우에는 미등기양도자산에 해당하지 아니하는 것임
  2. 생략

제4장 관련 질의회신   341

질의 회답 1주택과 미등기 공동상속주택 소수지분을 소유한 상태에서 조합원입주권을 취득한 경우

[요　지]
1세대1주택 비과세 여부를 판정함에 있어 공동상속주택 소수지분은 당해 거주자의 주택으로 보지 아니하는 것임

[회　신]
1. 국내에 1주택을 소유한 1세대가 그 주택을 양도하기 전에 「도시 및 주거환경 정비법」 제48조에 따른 관리처분계획인가를 받은 조합원입주권을 2006.01.01. 이후에 취득함으로써 일시적으로 1주택과 1조합원입주권을 소유하게 된 경우 조합원입주권을 취득한 날부터 2년 이내에 종전의 주택을 양도하는 경우에는 「소득세법 시행령」 제156조의2제3항에 따라 이를 1세대 1주택으로 보아 같은 법 시행령 제154조제1항을 적용하는 것이며, 조합원입주권을 취득한 날부터 2년이 지나 종전의 주택을 양도하는 경우에는 같은 법 시행령 제156조의2제4항 각 호의 요건을 모두 갖춘 때에는 이를 1세대 1주택으로 보아 같은 법 시행령 제154조제1항을 적용하는 것입니다.
2. 또한, 위 '1'을 적용함에 있어 공동상속주택(상속으로 여러 사람이 공동으로 소유하는 1주택을 말하며, 미등기이나 건축물관리대장 등에 의해 피상속인의 소유 및 거주 사실이 확인되는 주택 포함)을 소유한 경우 당해 공동상속 주택은 「소득세법 시행령」 제155조제3항에 따라 당해 거주자의 주택으로 보지 아니하는 것이나, 상속지분이 가장 큰 상속인의 경우는 그러하지 아니하며 이 경우 상속지분이 가장 큰 상속인이 2인 이상인 때에는 그 2인 이상의 자 중 같은 항 각 호의 순서에 따라 당해 각호에 해당하는 자가 당해 공동상속주택을 소유한 것으로 보는 것입니다.

[관련법령]
소득세법 시행령 제155조 【1세대1주택의 특례】
소득세법 시행령 제156조의2 【주택과 조합원입주권을 소유한 경우 1세대1주택의 특례】

1. 질의내용 요약
   ○ 사실관계
      - 1994. 2.25. 경기 안양 평촌신도시 소재 1주택 취득

- 1992. 5. 8. 부친 사망으로 경기 평택시 소재 미등기주택을 모친과 1/2씩 공동 상속받음(대지만 상속 등기)
- 2009.11. 5. 서울 신당동 소재 재개발조합원입주권 취득(20011.12. 입주예정)

○ 질의내용
- 공동으로 소유하는 상속주택도 소유주택에 포함하는지
- 공동으로 소유하는 상속주택을 등기하는 경우 소유주택에 포함하는지
- 상속주택을 소유주택이 아닌 것으로 판정하는 경우, 종전 주택을 언제까지 어떻게 팔아야 양도소득세가 비과세되는지

2. 질의내용에 대한 자료
  가. 관련 조세법령(법률, 시행령, 시행규칙, 기본통칙)
  ○ 소득세법 제89조 【비과세양도소득】
    ① 다음 각호의 소득에 대하여는 양도소득에 대한 소득세(이하 "양도소득세"라 한다)를 과세하지 아니한다. <개정 2005.12.31>
    1.~2. 생략
    3. 대통령령이 정하는 1세대 1주택(가액이 대통령령이 정하는 기준을 초과하는 고가주택을 제외한다)과 이에 부수되는 토지로서 건물이 정착된 면적에 지역별로 대통령령이 정하는 배율을 곱하여 산정한 면적 이내의 토지(이하 이 조에서 "주택부수토지"라 한다)의 양도로 인하여 발생하는 소득 <개정 2005.12.31>
    (이하 생략)
  ○ 소득세법 시행령 제154조 【1세대 1주택의 범위】
    ① 법 제89조 제1항 제3호에서 "대통령령이 정하는 1세대 1주택"이라 함은 거주자 및 그 배우자가 그들과 동일한 주소 또는 거소에서 생계를 같이하는 가족과 함께 구성하는 1세대(이하 "1세대"라 한다)가 양도일 현재 국내에 1주택을 보유하고 있는 경우로서 당해 주택의 보유기간이 3년 이상인 것(서울특별시, 과천시 및 「택지개발촉진법」 제3조의 규정에 의하여 택지개발예정지구로 지정·고시된 분당·일산·평촌·산본·중동 신도시지역에 소재하는 주택의 경우에는 당해 주택의 보유기간이 3년 이상이고 그 보유기간 중 거주기간이 2년 이상인 것)을 말한다. 다만, (이하생략)
  ○ 소득세법 시행령 제155조 【1세대1주택의 특례】
    ①~② 생략
    ③ 제154조제1항의 규정을 적용함에 있어서 공동상속주택(상속으로 여러 사람이 공동으로 소유하는 1주택을 말한다)외의 다른 주택을 양도하는 때에는 당해 공동상속주택은 당해 거주자의 주택으로 보지 아니한다. 다만, 상속지분이 가장 큰 상속인의 경우는 그러하지 아니하며 이 경우 상속지분이 가장 큰 상속인이 2인 이상인 때에는 그 2인이상의 자중 다음 각호의 순서에 따라 당해 각호에 해당하는 자가 당해 공동상속주택을 소유한 것으로 본다. <개정 1995.12.30>

1. 당해 주택에 거주하는 자
2. 삭제 <2008.2.22 부칙>
3. 최연장자
(이하 생략)

○ 소득세법 시행령 제156조의2 【주택과 조합원입주권을 소유한 경우 1세대1주택의 특례】

① ~ ② 생략

③ 국내에 1주택을 소유한 1세대가 그 주택을 양도하기 전에 조합원입주권을 취득함으로써 일시적으로 1주택과 1조합원입주권을 소유하게 된 경우 조합원입주권을 취득한 날부터 2년 이내에 종전의 주택을 양도하는 경우(2년 이내에 양도하지 못하는 경우로서 기획재정부령이 정하는 사유에 해당하는 경우를 포함한다)에는 이를 1세대1주택으로 보아 제154조제1항을 적용한다. <개정 2008.11.28>

④ 국내에 1주택을 소유한 1세대가 그 주택을 양도하기 전에 조합원입주권을 취득함으로써 일시적으로 1주택과 1조합원입주권을 소유하게 된 경우 조합원입주권을 취득한 날부터 2년이 지나 종전의 주택을 양도하는 경우로서 다음 각 호의 요건을 모두 갖춘 때에는 이를 1세대1주택으로 보아 제154조제1항을 적용한다. <개정 2008.11.28>

1. 「도시 및 주거환경정비법」에 따른 주택재개발사업(이하 "주택재개발사업"이라 한다) 또는 동법에 따른 주택재건축사업(이하 "주택재건축사업"이라 한다)의 관리처분계획에 따라 취득하는 주택이 완성된 후 2년 이내에 그 주택으로 세대전원이 이사(기획재정부령이 정하는 취학, 근무상의 형편, 질병의 요양 그 밖의 부득이한 사유로 세대의 구성원 중 일부가 이사하지 못하는 경우를 포함한다)하여 1년 이상 거주할 것
2. 주택재개발사업 또는 주택재건축사업의 관리처분계획에 따라 취득하는 주택이 완성되기 전 또는 완성된 후 2년 이내에 종전의 주택을 양도할 것
(이하 생략)

나. 관련 예규(예규, 해석사례, 심사, 심판, 판례)

○ 서면인터넷방문상담4팀-201, 2008.01.23.

1. 국내에 1주택을 소유한 1세대가 그 주택을 양도하기 전에 「도시 및 주거환경정비법」 제48조의 규정에 따른 관리처분계획인가를 받은 조합원입주권을 2006.01.01. 이후에 취득함으로써 일시적으로 1주택과 1조합원입주권을 소유하게 된 경우 조합원입주권을 취득한 날부터 1년 이내에 종전의 주택을 양도하는 경우에는 「소득세법 시행령」 제156조의 2 제3항 규정에 의하여 이를 1세대 1주택으로 보아 같은법 시행령 제154조 제1항의 규정을 적용하는 것입니다.(실지 양도가액이 6억원을 초과하는 고가주택의 경우에는 과세됨)
2. 위 1.의 조합원입주권을 취득한 날부터 1년이 경과하여 종전의 주택을 양도하는

경우로서 「소득세법 시행령」 제156조의 2 제4항 규정의 아래 요건(①, ②)을 모두 갖춘 때에는 이를 1세대 1주택으로 보아 같은법 시행령 제154조 제1항의 규정을 적용하는 것입니다.
① 「도시 및 주거환경정비법」에 따른 주택재개발사업(이하 '주택재개발사업'이라 한다) 또는 동법에 따른 주택재건축사업(이하 '주택재건축사업'이라 한다)의 관리처분계획에 따라 취득하는 주택이 완성된 후 1년 이내에 그 주택으로 세대전원이 이사하여 1년 이상 거주할 것.
② 주택재개발사업 또는 주택재건축사업의 관리처분계획에 따라 취득하는 주택이 완성되기 전 또는 완성된 후 1년 이내에 종전의 주택을 양도할 것.

○ 재산세과-3926, 2008.11.21.
「소득세법 시행령」 제155조 제2항에 의거 상속받은 주택과 그 밖의 주택(이하 이 항에서 "일반주택"이라 한다)을 국내에 각각 1개씩 소유하고 있는 1세대가 일반주택을 양도하는 경우에는 국내에 1개의 주택을 소유하고 있는 것으로 보아 같은법 시행령 제154조 제1항의 규정을 적용하여 1세대1주택 비과세 여부를 판정하는 것이며, 이 때 상속주택이 무허가주택 등으로 건축물관리대장 등에 의하여 피상속인의 소유 및 거주한 사실이 확인되는 경우 등기여부에 불구하고 상속주택에 포함하는 것입니다.

○ 서면인터넷방문상담4팀-846, 2007.03.12.
「소득세법 시행령」 제154조 제1항의 규정을 적용함에 있어서 공동상속주택(상속으로 여러 사람이 공동으로 소유하는 1주택을 말함) 외의 다른 주택을 양도하는 때에는 공동상속주택은 당해 거주자의 주택으로 보지 아니하는 것입니다. 다만, 상속지분이 가장 큰 상속인의 경우에는 그러하지 아니하는 것입니다.

[질의 회답] 미등기양도자산 해당 여부

[요 지]
2005년에 신축한 주택에 대해 2010.2.26. 소유권보존등기를 한 경우 당해 주택은 「소득세법」 제104조제3항에서 규정하는 미등기양도자산에 해당하지 아니함

[회 신]
귀 질의와 같이 2005년에 신축한 주택에 대해 2010.2.26. 소유권보존등기를 한 경우 당해 주택은 「소득세법」 제104조제3항에서 규정하는 미등기양도자산에 해당하지 아니합니다.

[관련법령]
소득세법 제104조 【양도소득세의 세율】

1. 질의내용 요약
   ○ 사실관계
      - 2005.2.28. 강원도 홍천군 북방면에 A주택 신축(건축물대장상 사용승인)하여 거주 중임
         * A주택은 조세특례제한법 제99조의4에 따른 농어촌주택 요건을 모두 충족(소재지, 면적, 가액 등)하는 것으로 가정
      - 2010.2.26. A주택 소유권보존등기
      - 농어촌주택 취득(완공) 전부터 보유하던 B주택을 양도할 예정임
   ○ 질의내용
      - 위 농어촌주택이 미등기양도자산에 해당하여 농어촌주택 과세특례가 배제되는지 여부
2. 질의내용에 대한 자료
   ○ 소득세법 제91조 【양도소득세 비과세의 배제】
      제104조제3항에서 규정하는 미등기양도자산에 대해서는 이 법 또는 이 법 외의 법률 중 양도소득에 대한 소득세의 비과세에 관한 규정을 적용하지 아니한다.
   ○ 소득세법 제104조 【양도소득세의 세율】
      ① ~ ② 생략
      ③ 제1항제10호에서 "미등기양도자산"이란 제94조제1항제1호 및 제2호에서 규정하는 자산을 취득한 자가 그 자산 취득에 관한 등기를 하지 아니하고 양도하는 것을 말한다. 다만, 대통령령으로 정하는 자산은 제외한다.
      ④ 이하 생략
   ○ 조세특례제한법 제99조의4 【농어촌주택등 취득자에 대한 양도소득세 과세특례】
      ① 거주자 및 그 배우자가 구성하는 대통령령으로 정하는 1세대(이하 이 조에서 "1세대"라 한다)가 2003년 8월 1일(고향주택은 2009년 1월 1일)부터 2011년 12월 31일까지의 기간(이하 이 조에서 "농어촌주택등취득기간"이라 한다) 중에 다음 각 호의 어느 하나에 해당하는 1채의 주택(이하 이 조에서 "농어촌주택등"이라 한다)을 취득(자기가 건설하여 취득한 경우를 포함한다)하여 3년 이상 보유하고 그 농어촌주택등 취득 전에 보유하던 다른 주택(이하 이 조에서 "일반주택"이라 한다)을 양도하는 경우에는 그 농어촌주택등을 해당 1세대의 소유주택이 아닌 것으로 보아 「소득세법」 제89조제1항제3호를 적용한다.
      1. 다음 각 목의 요건을 모두 갖춘 주택(이 조에서 "농어촌주택"이라 한다)
         가. 취득 당시 다음의 어느 하나에 해당하는 지역을 제외한 지역으로서 「지방자치법」 제3조제3항 및 제4항에 따른 읍 또는 면에 소재할 것

1) 수도권지역. 다만, 「접경지역지원법」 제2조에 따른 접경지역 중 부동산 가격동향 등을 고려하여 대통령령으로 정하는 지역은 제외한다.
2) 「국토의 계획 및 이용에 관한 법률」 제6조 및 같은 법 제117조에 따른 도시지역 및 허가구역
3) 「소득세법」 제104조의2제1항에 따른 지정지역
4) 그 밖에 관광단지 등 부동산가격안정이 필요하다고 인정되어 대통령령으로 정하는 지역

나. 대지면적이 660제곱미터 이내이고, 주택의 면적이 대통령령으로 정하는 기준 이내일 것
다. 주택 및 이에 딸린 토지의 가액(「소득세법」 제99조에 따른 기준시가를 말한다)의 합계액이 해당 주택의 취득 당시 2억원을 초과하지 아니할 것

2. 생략
② 이하 생략

○ 조세특례제한법 제129조 【양도소득세의 감면 배제】
「소득세법」 제104조제3항에 따른 미등기양도자산에 대해서는 양도소득세의 비과세 및 감면에 관한 규정을 적용하지 아니한다.

 사실상 준공된 신축주택을 미등기양도하는 경우 양도소득세 과세특례 적용여부

[요 지]
신축주택을 양도함에 있어 그 자산의 취득에 관한 등기를 하지 아니한 경우에는 양도소득세의 감면에 관한 규정을 적용하지 아니하는 것임

[회 신]
「조세특례제한법」 제99조의3의 규정에 해당하는 신축주택을 양도함에 있어 그 자산의 취득에 관한 등기를 하지 아니한 경우(다만, 「소득세법 시행령」 제168조의 규정에 의하여 미등기양도제외자산인 경우에는 제외)에는 같은 법 제129조의 규정에 의하여 양도소득세의 감면에 관한 규정을 적용하지 아니하는 것입니다.

[관련법령]
조세특례제한법 제99조의 3 【신축주택의 취득자에 대한 양도소득세의 과세특례】
조세특례제한법 제129조 【양도소득세의 감면배제】

1. 질의내용 요약
   ○ 사실 관계
      - 2002.06.23. 갑은 을이 완공하여 주는 조건으로 시공중인 건물(부수토지 포함)의 매매계약 체결
      - 2002.08.09. 을은 건축주의 명의를 을로 변경하고 건물의 사용승인을 받음
      - 2002.10.07. 갑은 잔금을 수령하고 을에게 토지의 소유권이전등기함
      - 2002.12.   . 갑은 토지의 양도차익에 대해서만 양도소득세 예정신고
      - 2009.07.   . 과세관청이 시공중인 시설물을 사실상 준공된 건물(건축허가서상 사용용도 및 실제 용도가 다가구 주택)의 양도로 보아 갑에게 신축주택에 대하여 양도소득세 과세
   ○ 질의 내용
      - 이 경우 갑이 최초 완공된 신축주택을 취득하여 양도한 것으로 보아 조세특례제한법 제99조의 3의 규정을 적용할 수 있는지
2. 질의내용에 대한 자료
   가. 관련 조세 법령 (법률, 시행령, 시행규칙, 기본통칙)
      ○ 조세특례제한법 (2001.12.29. 법률6538) 제99조의 3 【신축주택의 취득자에 대한 양도소득세의 과세특례】
         ① 거주자(주택건설사업자를 제외한다)가 다음 각호의 1에 해당하는 신축주택(동 주택에 부수되는 토지로서 당해 건물의 연면적의 2배 이내의 것을 포함한다. 이하 이 조에서 같다)을 취득하여 그 취득일부터 5년 이내에 양도함으로써 발생하는 소득에 대하여는 양도소득세의 100분의 100에 상당하는 세액을 감면하고, 당해 신축주택의 취득일부터 5년이 경과된 후에 양도하는 경우에는 당해 신축주택의 취득일부터 5년간 발생한 양도소득금액을 양도소득세과세대상소득금액에서 차감한다. 다만, 당해 신축주택이 소득세법 제89조 제3호의 규정에 의하여 양도소득세의 비과세대상에서 제외되는 고급주택에 해당하는 경우에는 그러하지 아니하다. (2001. 8. 14. 개정)
         1. 생략
         2. 자기가 건설한 신축주택(주택건설촉진법에 의한 주택조합 또는 도시재개발법에 의한 재개발조합을 통하여 대통령령이 정하는 조합원이 취득하는 주택을 포함한다)의 경우 (2001. 12. 29. 개정)
            신축주택취득기간 내에 사용승인 또는 사용검사(임시사용승인을 포함한다)를 받은 신축주택
         ② 소득세법 제89조 제3호의 규정을 적용함에 있어서 제1항의 규정을 적용받는 신축주택은 이를 당해 거주자의 소유주택으로 보지 아니한다. (2000. 12. 29. 신설)
         ③ 제1항의 규정을 적용받고자 하는 자는 대통령령이 정하는 바에 따라 감면신청

을 하여야 한다. (2000. 12. 29. 신설)
④ 제1항의 규정을 적용함에 있어서 신축주택의 취득일부터 5년간 발생한 양도소득금액의 계산 기타 필요한 사항은 대통령령으로 정한다. (2000. 12. 29. 신설)

○ 조세특례제한법 (2001.12.29. 법률6538) 제129조 【양도소득세의 감면배제】 (2001. 12. 29. 제목개정)
소득세법 제104조 제3항의 규정에 의한 미등기양도자산에 대하여는 양도소득세의 비과세 및 감면에 관한 규정을 적용하지 아니한다. (2001. 12. 29. 개정)

○ 소득세법 (2001.12.31. 법률6557) 제104조 【양도소득세의 세율】
① 거주자의 양도소득세는 당해 연도의 양도소득과세표준에 다음 각호의 세율을 적용하여 계산한 금액(이하 "양도소득산출세액"이라 한다)을 그 세액으로 한다. (1999. 12. 28. 개정)
   1. 2. 생략
   3. 미등기양도자산 (2001. 12. 31. 개정)
      양도소득과세표준의 100분의 60
   4. 5. 생략
② 생략
③ 제1항 제3호에서 "미등기양도자산"이라 함은 제94조 제1항 제1호 및 제2호에 규정하는 자산을 취득한 자가 그 자산의 취득에 관한 등기를 하지 아니하고 양도하는 것을 말한다. 다만 대통령령이 정하는 자산은 제외한다. (2000. 12. 29. 개정)
(이하 생략)

○ 소득세법 시행령 (2000.12.29. 대통령령17032) 제168조 【미등기양도제외 자산의 범위 등】 (2000. 12. 29. 제목개정)
① 법 제104조 제3항 단서에서 "대통령령이 정하는 자산"이라 함은 다음 각호의 것을 말한다. (2000. 12. 29. 개정)
   1. 장기할부조건으로 취득한 자산으로서 그 계약조건에 의하여 양도당시 그 자산의 취득에 관한 등기가 불가능한 자산
   2. 법률의 규정 또는 법원의 결정에 의하여 양도당시 그 자산의 취득에 관한 등기가 불가능한 자산
   3. 법 제89조 제2호·제4호 및 조세특례제한법 제69조 제1항에 규정하는 토지 (1998. 12. 31. 개정)
   4. 법 제89조 제3호에 규정하는 1세대 1주택으로서 건축법에 의한 건축허가를 받지 아니하여 등기가 불가능한 자산
   5. 상속에 의한 소유권이전등기를 하지 아니한 자산으로서 공공용지의 취득 및 손실보상에 관한 특례법 제5조의 규정에 의하여 사업시행자에게 양도하는 것 (1999. 12. 31. 신설)
② 생략

나. 관련사례 (예규, 해석사례, 심사례, 심판례, 판례)
○ 서면4팀-1449, 2005.08.18
주택건설사업자가 아닌 거주자로부터 건축 중인 신축주택(부수토지를 포함)을 매수하고, 미완공된 신축주택의 건축주를 매수자 명의로 변경한 후 당해 주택을 완공하여 조세특례제한법 제99조의 3에서 규정하는 신축주택 취득기간 내에 사용승인을 받은 경우(주택법에 의한 주택조합과 도시 및 주거환경정비법에 의한 정비사업조합의 조합원이 취득하는 주택 제외) "신축주택의 취득자에 대한 양도소득세의 과세특례" 규정이 적용되는 것임.
○ 서면인터넷방문상담4팀-624, 2006.03.20
조세특례제한법 제99조의3의 규정에 해당하는 신축주택을 양도함에 있어 그 자산의 취득에 관한 등기를 하지 아니한 경우에는 양도소득세 감면혜택을 받을 수 없습니다. 다만, 법률의 규정 또는 법원의 결정에 의하여 양도당시 그 자산의 취득에 관한 등기가 불가능한 경우에는 그러하지 아니하는 것입니다.

질의 회답 미등기양도자산 해당여부

[요 지]
법률의 규정 또는 법원의 결정에 의하여 양도당시 그 자산의 취득에 관한 등기가 불가능한 자산의 경우에는 미등기양도자산으로 보지 아니함

[회 신]
귀 질의의 경우 아래 기존해석사례를 참고하시기 바랍니다.
○ 부동산거래관리과-3, 2010.1.7.
「소득세법」 제104조제3항의 규정에 의한 "미등기양도자산"이라 함은 동법 제94조 제1항제1호 및 제2호에 규정하는 자산을 취득한 자가 그 자산의 취득에 관한 등기를 하지 아니하고 양도하는 것을 말하는 것이나, 법률의 규정 또는 법원의 결정에 의하여 양도당시 그 자산의 취득에 관한 등기가 불가능한 자산의 경우에는 미등기양도자산으로 보지 않는 것임

[관련법령]
소득세법 시행령 제168조 【미등기양도제외 자산의 범위 등】

1. 질의내용 요약
   ○ 사실관계

- 2001.9.3. A주택(의왕시 소재) 취득
- 2005.5.16. A주택 재건축 사업시행인가
- 2006.12.28. A주택 재건축 관리처분계획인가
- 2009.11.23. 재건축 완료(사용승인)
- 2009.12.23. 신축건물에 대한 취득세 납부
- 2010.1.14. 매매(잔금수령)
- 토지지분은 매수인에게 소유권이전 등기하였으나 건물은 이전고시(도시 및 주거환경정비법 제54조)가 되지 아니하여 등기하지 못함

○ 질의내용
- 이전고시가 되지 아니하여 등기를 하지 않은 상태에서 A주택을 양도하는 경우 미등기양도자산 해당 여부

2. 질의내용에 대한 자료
○ 소득세법 제104조 【양도소득세의 세율】
① ~ ② 생략
③ 제1항제10호에서 "미등기양도자산"이란 제94조제1항제1호 및 제2호에서 규정하는 자산을 취득한 자가 그 자산 취득에 관한 등기를 하지 아니하고 양도하는 것을 말한다. 다만, 대통령령으로 정하는 자산은 제외한다.
④ 이하 생략

○ 소득세법 시행령 제168조 【미등기양도제외 자산의 범위 등】
① 법 제104조제3항 단서에서 "대통령령이 정하는 자산"이라 함은 다음 각호의 것을 말한다.
 1. 생략
 2. 법률의 규정 또는 법원의 결정에 의하여 양도 당시 그 자산의 취득에 관한 등기가 불가능한 자산
 3. 이하 생략
② 생략

○ 도시 및 주거환경정비법 제54조 【이전고시 등】
① 사업시행자는 제52조 제3항 및 제4항의 규정에 의한 고시가 있은 때에는 지체없이 대지확정측량을 하고 토지의 분할절차를 거쳐 관리처분계획에 정한 사항을 분양을 받을 자에게 통지하고 대지 또는 건축물의 소유권을 이전하여야 한다. 다만, 정비사업의 효율적인 추진을 위하여 필요한 경우에는 당해 정비사업에 관한 공사가 전부 완료되기 전에 완공된 부분에 대하여 준공인가를 받아 대지 또는 건축물별로 이를 분양받을 자에게 그 소유권을 이전할 수 있다.
② 사업시행자는 제1항의 규정에 의하여 대지 및 건축물의 소유권을 이전하고자 하는 때에는 그 내용을 당해 지방자치단체의 공보에 고시한 후 이를 시장·군수에게 보고하여야 한다. 이 경우 대지 또는 건축물을 분양받을 자는 고시가 있은

날의 다음 날에 그 대지 또는 건축물에 대한 소유권을 취득한다.
○ 부동산거래관리과-3(2010.1.7), 부동산거래관리과-18(2010.1.8), 서면4팀-1501(2006.05.30)

「소득세법」 제104조 제3항의 규정에 의한 "미등기양도자산"이라 함은 동법 제94조 제1항 제1호 및 제2호에 규정하는 자산을 취득한 자가 그 자산의 취득에 관한 등기를 하지 아니하고 양도하는 것을 말하는 것이나, 법률의 규정 또는 법원의 결정에 의하여 양도당시 그 자산의 취득에 관한 등기가 불가능한 자산의 경우에는 미등기양도자산으로 보지 않는 것임

○ 재일46014-1482,1998.08.07.
  1. 주택건설촉진법의 규정에 의한 재건축아파트를 분양받아 양도하는 경우에 주무관청으로부터 가사용승인을 받아 사용하고 있으나 건축법의 규정에 의한 준공검사를 받지 못하여 취득에 관한 등기를 못한 상태로 양도하는 경우에는 미등기양도자산에 해당하지 아니하는 것임
  2. 생략

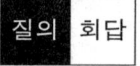 사용승인된 재건축아파트를 이전고시 전에 양도하는 경우 미등기양도자산 해당여부

[요 지]
법률의 규정 또는 법원의 결정에 의하여 양도 당시 그 자산의 취득에 관한 등기가 불가능한 자산의 경우에는 미등기양도자산으로 보지 않는 것임

[회 신]
「소득세법」제104조제3항에 따른 "미등기양도자산"이란 같은 법제94조 제1항제1호 및 제2호에 규정하는 자산을 취득한 자가 그 자산의 취득에 관한 등기를 하지 아니하고 양도하는 것을 말하는 것이나, 같은 법시행령제168조제1항제2호에 따라 법률의 규정 또는 법원의 결정에 의하여 양도 당시 그 자산의 취득에 관한 등기가 불가능한 자산의 경우에는 미등기양도자산으로 보지 않는 것입니다.

[관련법령]
소득세법 시행령 제168조 【미등기양도제외 자산의 범위 등】

1. 질의내용 요약
   ○사실 관계

- 2005.01.07. A아파트 관리처분계획인가
- 2006. . . 갑이 A아파트 조합원입주권 취득
- 2007.08.17. A아파트 사용승인되어 갑이 입주
- 2009.09.23. A아파트 관리처분계획 무효판결* 및 상가조합원 등과의 소송 등으로 이전고시가 이루어지지 않아 등기를 할 수 없음
    * ○○행정법원(피고의 항소로 □□고등법원 소송 계속 중)은 관리처분계획수립 총회 소집통지에 흠결(일부 조합원들에 대한 소집통지 없이 개최)이 있어 관리처분계획 총회결의는 무효라고 판단

○ 질의 내용
- 2010.11월 3년 보유 2년 거주요건 충족한 A아파트 양도 시 미등기 아파트의 양도에 해당하는지

2. 질의내용에 대한 자료
  가. 관련 조세 법령 (법률, 시행령, 시행규칙, 기본통칙)
  ○ 소득세법 제104조 【양도소득세의 세율】
    ①~② 생략
    ③ 제1항 제10호에서 "미등기양도자산"이란 제94조제1항제1호 및 제2호에서 규정하는 자산을 취득한 자가 그 자산 취득에 관한 등기를 하지 아니하고 양도하는 것을 말한다. 다만, 대통령령으로 정하는 자산은 제외한다.
    (이하 생략)
  ○ 소득세법 시행령 제168조 【미등기양도제외 자산의 범위 등】
    ① 법 제104조제3항 단서에서 "대통령령이 정하는 자산"이라 함은 다음 각호의 것을 말한다. <개정 2006.2.9>
      1. 생략
      2. 법률의 규정 또는 법원의 결정에 의하여 양도 당시 그 자산의 취득에 관한 등기가 불가능한 자산
    (이하 생략)
  ○ 도시 및 주거환경정비법 제52조 【정비사업의 준공인가】
    ①~② 생략
    ③ 시장·군수는 제2항 전단 또는 후단의 규정에 의한 준공검사의 실시결과 정비사업이 인가받은 사업시행계획대로 완료되었다고 인정하는 때에는 준공인가를 하고 공사의 완료를 당해 지방자치단체의 공보에 고시하여야 한다.
    (이하 생략)
  ○ 도시 및 주거환경정비법 제54조 【이전고시 등】
    ① 사업시행자는 제52조제3항 및 제4항의 규정에 의한 고시가 있은 때에는 지체없이 대지확정측량을 하고 토지의 분할절차를 거쳐 관리처분계획에 정한 사항을 분양을 받을 자에게 통지하고 대지 또는 건축물의 소유권을 이전하여야 한다. 다

만, 정비사업의 효율적인 추진을 위하여 필요한 경우에는 당해 정비사업에 관한 공사가 전부 완료되기 전에 완공된 부분에 대하여 준공인가를 받아 대지 또는 건축물별로 이를 분양받을 자에게 그 소유권을 이전할 수 있다.

② 사업시행자는 제1항의 규정에 의하여 대지 및 건축물의 소유권을 이전하고자 하는 때에는 그 내용을 당해 지방자치단체의 공보에 고시한 후 이를 시장·군수에게 보고하여야 한다. 이 경우 대지 또는 건축물을 분양받을 자는 고시가 있은 날의 다음 날에 그 대지 또는 건축물에 대한 소유권을 취득한다. <개정 2009.2.6 부칙>

○ 도시 및 주거환경정비법 제56조 【등기절차 및 권리변동의 제한】
① 사업시행자는 제54조제2항의 규정에 의한 이전의 고시가 있은 때에는 지체없이 대지 및 건축물에 관한 등기를 지방법원지원 또는 등기소에 촉탁 또는 신청하여야 한다.
(이하 생략)

나. 관련사례 (예규, 해석사례, 심사례, 심판례, 판례)
○ 부동산거래관리과-10, 2010.01.05
「소득세법」 제104조제3항에 따른 "미등기양도자산"이라 함은 같은 법제94조제1항제1호 및 제2호에 규정하는 자산을 취득한 자가 그 자산의 취득에 관한 등기를 하지 아니하고 양도하는 것을 말하는 것이나, 법률의 규정 또는 법원의 결정에 의하여 양도당시 그 자산의 취득에 관한 등기가 불가능한 자산의 경우에는 미등기양도자산으로 보지 않는 것입니다.

질의 회답 | 미등기양도자산 해당 여부

[요 지]

법률의 규정 또는 법원의 결정에 의하여 양도당시 그 자산의 취득에 관한 등기가 불가능한 자산의 경우에는 미등기양도자산으로 보지 않는 것이며, 이에 해당하는지 여부는 사실판단할 사항임

[회 신]

1. 「소득세법」 제104조제3항에서 규정하는 미등기양도자산에 대해서는 1세대 1주택 비과세 규정을 적용하지 아니하는 것입니다.
2. 위 '1'을 적용함에 있어 "미등기양도자산"이라 함은 같은 법 제94조제1항제1호 및 제2호에 규정하는 자산을 취득한 자가 그 자산의 취득에 관한 등기를 하지 아니하고 양도하는 것을 말하는 것이나, 법률의 규정 또는 법원의 결정에 의

하여 양도당시 그 자산의 취득에 관한 등기가 불가능한 자산의 경우에는 미등기양도자산으로 보지 않는 것입니다. 귀 질의의 경우 이에 해당하는지 여부는 사실판단할 사항입니다.

[관련법령]
소득세법 시행령 제168조 【미등기양도제외 자산의 범위 등】

1. 질의내용 요약
   ○ 사실관계
      - 1996년 11월 A주택 취득
      - 1996년 12월 B주택 취득
      - 2005년 12월 B주택 재건축 관리처분계획인가, 2006년 10월 철거
      - 2007년 11월 A주택 양도
      - 2009년 11월 B주택 준공검사 및 입주시작
      - B아파트 보존등기는 2010년 9월 ~ 10월경 가능하다고 함
         (다른 소유주택 없음)
   ○ 질의내용
      - 재건축 아파트를 소유권보존등기 전에 양도하는 경우 1세대 1주택 비과세 여부 (미등기양도자산 해당 여부)
2. 질의내용에 대한 자료
   ○ 소득세법 제91조 【양도소득세 비과세의 배제】
      제104조제3항에서 규정하는 미등기양도자산에 대해서는 이 법 또는 이 법 외의 법률 중 양도소득에 대한 소득세의 비과세에 관한 규정을 적용하지 아니한다.
   ○ 소득세법 제104조 【양도소득세의 세율】
      ① ~ ② 생략
      ③ 제1항제10호에서 "미등기양도자산"이란 제94조제1항제1호 및 제2호에서 규정하는 자산을 취득한 자가 그 자산 취득에 관한 등기를 하지 아니하고 양도하는 것을 말한다. 다만, 대통령령으로 정하는 자산은 제외한다.
      ④ 이하 생략
   ○ 소득세법 시행령 제168조 【미등기양도제외 자산의 범위 등】
      ① 법 제104조제3항 단서에서 "대통령령으로 정하는 자산"이란 다음 각 호의 것을 말한다.
         1. 장기할부조건으로 취득한 자산으로서 그 계약조건에 의하여 양도 당시 그 자산의 취득에 관한 등기가 불가능한 자산
         2. 법률의 규정 또는 법원의 결정에 의하여 양도 당시 그 자산의 취득에 관한 등기가 불가능한 자산

3. 법 제89조제1항제2호, 「조세특례제한법」 제69조제1항 및 제70조제1항에 규정하는 토지
4. 법 제89조제1항제3호에 규정하는 1세대1주택으로서 「건축법」에 의한 건축허가를 받지 아니하여 등기가 불가능한 자산
5. 상속에 의한 소유권이전등기를 하지 아니한 자산으로서 「공익사업을 위한 토지 등의 취득 및 보상에 관한 법률」 제18조의 규정에 의하여 사업시행자에게 양도하는 것
6. 「도시개발법」에 따른 도시개발사업이 종료되지 아니하여 토지 취득등기를 하지 아니하고 양도하는 토지
7. 건설업자가 「도시개발법」에 따라 공사용역 대가로 취득한 체비지를 토지구획환지처분공고 전에 양도하는 토지

② 생략

○ 도시 및 주거환경정비법 제52조 【정비사업의 준공인가】
① 시장·군수가 아닌 사업시행자는 정비사업에 관한 공사를 완료한 때에는 대통령령이 정하는 방법 및 절차에 의하여 시장·군수의 준공인가를 받아야 한다.
② 제1항의 규정에 의하여 준공인가신청을 받은 시장·군수는 지체없이 준공검사를 실시하여야 한다. 이 경우 시장·군수는 효율적인 준공검사를 위하여 필요한 때에는 관계행정기관·정부투자기관·연구기관 그 밖의 전문기관 또는 단체에 준공검사의 실시를 의뢰할 수 있다.
③ 시장·군수는 제2항 전단 또는 후단의 규정에 의한 준공검사의 실시결과 정비사업이 인가받은 사업시행계획대로 완료되었다고 인정하는 때에는 준공인가를 하고 공사의 완료를 당해 지방자치단체의 공보에 고시하여야 한다.
④ 시장·군수는 직접 시행하는 정비사업에 관한 공사가 완료된 때에는 그 공사의 완료를 당해 지방자치단체의 공보에 고시하여야 한다.
⑤ 시장·군수는 제1항의 규정에 의한 준공인가를 하기 전이라도 완공된 건축물이 사용에 지장이 없는 등 대통령령이 정하는 기준에 적합한 경우에는 입주예정자가 완공된 건축물을 사용할 것을 사업시행자에 대하여 허가할 수 있다. 다만, 자신이 사업시행자인 경우에는 허가를 받지 아니하고 입주예정자가 완공된 건축물을 사용하게 할 수 있다.
⑥ 제3항 및 제4항의 규정에 의한 공사완료의 고시절차 및 방법 그 밖에 필요한 사항은 대통령령으로 정한다.

○ 도시 및 주거환경정비법 제54조 【이전고시 등】
① 사업시행자는 제52조제3항 및 제4항의 규정에 의한 고시가 있은 때에는 지체없이 대지확정측량을 하고 토지의 분할절차를 거쳐 관리처분계획에 정한 사항을 분양을 받을 자에게 통지하고 대지 또는 건축물의 소유권을 이전하여야 한다. 다만, 정비사업의 효율적인 추진을 위하여 필요한 경우에는 당해 정비사업에 관한

공사가 전부 완료되기 전에 완공된 부분에 대하여 준공인가를 받아 대지 또는 건축물별로 이를 분양받을 자에게 그 소유권을 이전할 수 있다.
② 사업시행자는 제1항의 규정에 의하여 대지 및 건축물의 소유권을 이전하고자 하는 때에는 그 내용을 당해 지방자치단체의 공보에 고시한 후 이를 시장·군수에게 보고하여야 한다. 이 경우 대지 또는 건축물을 분양받을 자는 고시가 있은 날의 다음 날에 그 대지 또는 건축물에 대한 소유권을 취득한다.

○ 도시 및 주거환경정비법 제56조 【등기절차 및 권리변동의 제한】
① 사업시행자는 제54조제2항의 규정에 의한 이전의 고시가 있은 때에는 지체없이 대지 및 건축물에 관한 등기를 지방법원지원 또는 등기소에 촉탁 또는 신청하여야 한다.
② 제1항의 등기에 관하여 필요한 사항은 대법원규칙으로 정한다.
③ 정비사업에 관하여 제54조제2항의 규정에 의한 이전의 고시가 있는 날부터 제1항의 규정에 의한 등기가 있을 때까지는 저당권 등의 다른 등기를 하지 못한다.

○ 부동산거래관리과-3, 2010.01.07. 등
소득세법 제104조제3항에 따른 "미등기양도자산"이라 함은 같은 법 제94조제1항제1호 및 제2호에 규정하는 자산을 취득한 자가 그 자산의 취득에 관한 등기를 하지 아니하고 양도하는 것을 말하는 것이나, 법률의 규정 또는 법원의 결정에 의하여 양도당시 그 자산의 취득에 관한 등기가 불가능한 자산의 경우에는 미등기양도자산으로 보지 않는 것임

질의 회답 미등기양도 해당여부

[요 지]
토지거래허가구역 내에 있는 토지를 토지거래허가를 받지 않고 취득한 토지를 양도하는 경우로서 당해 토지의 취득등기를 하지 않고 양도하는 경우에는 미등기양도자산에 해당하는 것임

[회 신]
귀 질의의 경우, 붙임 기 질의회신사례 서면인터넷방문상담4팀-1227호 (2005.7.18)를 참고하시기 바랍니다.

[관련법령]
소득세법 제104조 【양도소득세의 세율】
소득세법 시행령 제168조 【미등기양도제외 자산의 범위 등】

1. 질의내용 요약
    ○ 사실관계
        - 주택사업을 목적으로 직장주택조합을 구성하였으나 인허가 및 사업승인신청 전임
        - 사업부지를 대부분 매입하였으나 일부 조합원이 탈퇴하여 일부를 매각할 예정
        - 잔금청산한 사업부지는 토지거래허가구역으로서 허가가 되지 않아 신탁등기(매도인은 위탁자, 주택조합은 채무자겸 수익자, 자금대여 금융기관은 제1우선수익자, 시공회사는 제2우선수익자로 하는 담보신탁 및 처분신탁) 중임
    ○ 질의내용
        - 사업부지를 시공사 또는 제3자에게 매각하여 신탁의 수익자를 시공사 또는 제3자로 변경한 후 토지거래허가를 득하면 당초 매도인에게서 시공사 및 제3자로 등기하는 경우 미등기양도에 해당하는지
2. 질의내용에 대한 자료
    가. 관련 조세법령(법률, 시행령, 시행규칙, 기본통칙)
        ○ 소득세법 제104조 【양도소득세의 세율】
            ① 거주자의 양도소득세는 해당 과세기간의 양도소득과세표준에 다음 각 호의 세율을 적용하여 계산한 금액(이하 "양도소득 산출세액"이라 한다)을 그 세액으로 한다. 이 경우 하나의 자산이 다음 각 호에 따른 세율 중 둘 이상의 세율에 해당할 때에는 그 중 가장 높은 것을 적용한다.
            1.~9. 생략
            10. 미등기양도자산
                양도소득 과세표준의 100분의 70
            11. 생략
            ② 생략
            ③ 제1항제10호에서 "미등기양도자산"이란 제94조제1항제1호 및 제2호에서 규정하는 자산을 취득한 자가 그 자산 취득에 관한 등기를 하지 아니하고 양도하는 것을 말한다. 다만, 대통령령으로 정하는 자산은 제외한다.
            (이하 생략)
        ○ 소득세법 시행령 제168조 【미등기양도제외 자산의 범위 등】
            ① 법 제104조제3항 단서에서 "대통령령으로 정하는 자산"이란 다음 각 호의 것을 말한다. <개정 2010.2.18>
                1. 장기할부조건으로 취득한 자산으로서 그 계약조건에 의하여 양도 당시 그 자산의 취득에 관한 등기가 불가능한 자산
                2. 법률의 규정 또는 법원의 결정에 의하여 양도 당시 그 자산의 취득에 관한 등기가 불가능한 자산
                3. 법 제89조제1항제2호, 「조세특례제한법」 제69조제1항 및 제70조제1항에

규정하는 토지
4. 법 제89조제1항제3호에 규정하는 1세대1주택으로서 「건축법」에 의한 건축허가를 받지 아니하여 등기가 불가능한 자산
5. 상속에 의한 소유권이전등기를 하지 아니한 자산으로서 「공익사업을 위한 토지 등의 취득 및 보상에 관한 법률」 제18조의 규정에 의하여 사업시행자에게 양도하는 것
6. 「도시개발법」에 따른 도시개발사업이 종료되지 아니하여 토지 취득등기를 하지 아니하고 양도하는 토지
7. 건설업자가 「도시개발법」에 따라 공사용역 대가로 취득한 체비지를 토지구획환지처분공고 전에 양도하는 토지
② 생략

나. 관련 예규(예규, 해석사례, 심사, 심판, 판례)
○ 서면인터넷방문상담4팀-1227, 2005.07.18.
국토의 계획 및 이용에 관한 법률 제117조의 규정에 의한 토지거래허가구역 내에 있는 토지를 같은법 제118조 및 제119조에 의한 토지거래허가를 받지 않고 취득한 토지를 양도하는 경우로서 당해 토지의 취득등기를 하지 않고 양도하는 경우에는 소득세법 제104조 제3항에서 규정하는 미등기양도자산에 해당하는 것이며 붙임과 같이 관련 조세법령과 기 질의 회신문을 보내 드리니 참고하시기 바랍니다.

질의 회답 미등기양도자산 해당 여부

[요 지]

「소득세법」 제104조제3항에 따른 "미등기양도자산"이란 같은 법 제94조제1항제1호 및 제2호에 규정하는 자산을 취득한 자가 그 자산의 취득에 관한 등기를 하지 아니하고 양도하는 것을 말하는 것이나, 같은 법 시행령 제168조제1항제2호에 따라 법률의 규정 또는 법원의 결정에 의하여 양도 당시 그 자산의 취득에 관한 등기가 불가능한 자산의 경우에는 미등기양도자산으로 보지 않는 것임

[회 신]

「소득세법」 제104조제3항에 따른 "미등기양도자산"이란 같은 법 제94조제1항제1호 및 제2호에 규정하는 자산을 취득한 자가 그 자산의 취득에 관한 등기를 하지 아니하고 양도하는 것을 말하는 것이나, 같은 법 시행령 제168조제1항제2호에 따라 법률의 규정 또는 법원의 결정에 의하여 양도 당시 그 자산의 취득에 관한 등기가 불가능한 자산의 경우에는 미등기양도자산으로 보지 않는 것입니다.

[관련법령]
소득세법 시행령 제168조 【미등기양도제외 자산의 범위 등】

1. 질의내용 요약
   ○ 사실관계
     - 2004.11.19. A아파트(경기도 ○○시 소재) 취득
     - 2005.5.16. A아파트 재건축 사업시행인가
     - 2005.12.22. 관리총회 통과
     - 2009.11.27. 준공 및 입주개시
     - 현재 상가와 재건축조합간에 소송(관리총회 무효 등) 진행 중(대법원 상고)이며, 이전고시 및 등기 일정은 미정상태임
     - A아파트 양도 예정
   ○ 질의내용
     - A아파트 양도시 미등기양도자산에 해당하는지 여부
2. 질의내용에 대한 자료
   ○ 소득세법 제104조 【양도소득세의 세율】
     ① ~ ② 생략
     ③ 제1항제10호에서 "미등기양도자산"이란 제94조제1항제1호 및 제2호에서 규정하는 자산을 취득한 자가 그 자산 취득에 관한 등기를 하지 아니하고 양도하는 것을 말한다. 다만, 대통령령으로 정하는 자산은 제외한다.
     ④ 이하 생략
   ○ 소득세법 시행령 제168조 【미등기양도제외 자산의 범위 등】
     ① 법 제104조제3항 단서에서 "대통령령으로 정하는 자산"이란 다음 각 호의 것을 말한다.
       1. 장기할부조건으로 취득한 자산으로서 그 계약조건에 의하여 양도 당시 그 자산의 취득에 관한 등기가 불가능한 자산
       2. 법률의 규정 또는 법원의 결정에 의하여 양도 당시 그 자산의 취득에 관한 등기가 불가능한 자산
       3. 법 제89조제1항제2호, 「조세특례제한법」 제69조제1항 및 제70조제1항에 규정하는 토지
       4. 법 제89조제1항제3호에 규정하는 1세대1주택으로서 「건축법」에 의한 건축허가를 받지 아니하여 등기가 불가능한 자산
       5. 상속에 의한 소유권이전등기를 하지 아니한 자산으로서 「공익사업을 위한 토지 등의 취득 및 보상에 관한 법률」 제18조의 규정에 의하여 사업시행자에게 양도하는 것

6. 「도시개발법」에 따른 도시개발사업이 종료되지 아니하여 토지 취득등기를 하지 아니하고 양도하는 토지
7. 건설업자가 「도시개발법」에 따라 공사용역 대가로 취득한 체비지를 토지구획환지처분공고 전에 양도하는 토지
② 생략

○ 도시 및 주거환경정비법 제54조 【이전고시 등】
① 사업시행자는 제52조 제3항 및 제4항의 규정에 의한 고시가 있은 때에는 지체없이 대지확정측량을 하고 토지의 분할절차를 거쳐 관리처분계획에 정한 사항을 분양을 받을 자에게 통지하고 대지 또는 건축물의 소유권을 이전하여야 한다. 다만, 정비사업의 효율적인 추진을 위하여 필요한 경우에는 당해 정비사업에 관한 공사가 전부 완료되기 전에 완공된 부분에 대하여 준공인가를 받아 대지 또는 건축물별로 이를 분양받을 자에게 그 소유권을 이전할 수 있다.
② 사업시행자는 제1항의 규정에 의하여 대지 및 건축물의 소유권을 이전하고자 하는 때에는 그 내용을 당해 지방자치단체의 공보에 고시한 후 이를 시장·군수에게 보고하여야 한다. 이 경우 대지 또는 건축물을 분양받을 자는 고시가 있은 날의 다음 날에 그 대지 또는 건축물에 대한 소유권을 취득한다.

○ 부동산거래관리과-3(2010.1.7), 서면4팀-1501(2006.05.30)
「소득세법」 제104조 제3항의 규정에 의한 "미등기양도자산"이라 함은 동법 제94조 제1항 제1호 및 제2호에 규정하는 자산을 취득한 자가 그 자산의 취득에 관한 등기를 하지 아니하고 양도하는 것을 말하는 것이나, 법률의 규정 또는 법원의 결정에 의하여 양도당시 그 자산의 취득에 관한 등기가 불가능한 자산의 경우에는 미등기양도자산으로 보지 않는 것임

○ 재일46014-1482, 1998.08.07.
1. 주택건설촉진법의 규정에 의한 재건축아파트를 분양받아 양도하는 경우에 주무관청으로부터 가사용승인을 받아 사용하고 있으나 건축법의 규정에 의한 준공검사를 받지 못하여 취득에 관한 등기를 못한 상태로 양도하는 경우에는 미등기양도자산에 해당하지 아니하는 것임
2. 생략

○ 부동산거래관리과-544, 2010.04.13. 등
「소득세법」 제104조제3항에 따른 "미등기양도자산"이란 같은 법제94조 제1항제1호 및 제2호에 규정하는 자산을 취득한 자가 그 자산의 취득에 관한 등기를 하지 아니하고 양도하는 것을 말하는 것이나, 같은 법 시행령제168조제1항제2호에 따라 법률의 규정 또는 법원의 결정에 의하여 양도 당시 그 자산의 취득에 관한 등기가 불가능한 자산의 경우에는 미등기양도자산으로 보지 않는 것임

질의 회답 1필지의 대지에 있는 2동의 주택을 보유 중 수용된 경우 1세대 1주택 비과세 여부

[요 지]
소득세법 제89조 제3호의 1세대 1주택 비과세의 규정을 적용함에 있어 "미등기 양도자산"에 대해서는 양도소득에 대한 비과세규정을 적용하지 아니하는 것임. 소득세법의 1세대 1주택 비과세라 함은 거주자 및 배우자가 그들과 생계를 같이하는 동거가족과 함께 구성하는 1세대가 국내의 1주택을 3년 이상 보유하다 양도하는 경우의 당해 주택을 말하는 것이므로 1필지의 토지를 부수토지로 하고 있는 2동의 주택을 분할하여 양도한 경우에는 먼저 양도한 부분의 주택 및 부수토지는 1세대 1주택으로 보지 아니하여 양도소득세가 과세되는 것임

[회 신]
귀 질의의 경우, 기존 해석사례(재산46014-1090, 2000.09.06; 재일46014-520, 1997.03.07)를 참조하시기 바랍니다.

[관련법령]
○ 소득세법 시행령 제154조 【1세대 1주택의 범위】

1. 질의내용 요약
   [질의요지]
   ○ 1필지의 대지 위에 있는 2동의 주택이 수용된 경우 1세대 1주택 비과세 여부

   [사실관계]
   ○ 1994.11.19 갑이 용인시 기흥구 서천동 소재(대지 926㎡)에서 스레트집에서 살다가 낡고 헐어 멸실하고 새로운 A주택을 신축하여 거주하여 왔음
   ○ 1996.07.11. 위 거주하고 있는 A주택 마당 빈자리에 원룸형 B다가구주택 1동(임대)을 추가로 신축하여 2동의 주택을 1필지내에 보유하며 지금까지 살아 왔음
   ○ 2010.08.30. 2009.05.21. 용인시 고시 제2009-202호 및 국토의 계획및 이용에 관한 법률에 따라 2010.7.6.을 보상예정일로 하고 수용되면서 ○○한국토지공사에 소유권이전등기 됨
   ○ 2010.08.30. 위 수용에 따른 보상금을 수령함
      * A, B주택 모두 미등기 주택임
2. 질의내용에 대한 자료
   가. 관련 조세 법령 (법률, 시행령, 시행규칙, 기본통칙)

○ 소득세법 시행령 제154조 【1세대 1주택의 범위】
① 법 제89조 제1항 제3호에서 "대통령령으로 정하는 1세대 1주택"이란 거주자 및 그 배우자가 그들과 동일한 주소 또는 거소에서 생계를 같이 하는 가족과 함께 구성하는 1세대(이하 "1세대"라 한다)가 양도일 현재 국내에 1주택을 보유하고 있는 경우로서 해당 주택의 보유기간이 3년 이상인 것(서울특별시, 과천시 및 「택지개발촉진법」 제3조에 따라 택지개발예정지구로 지정·고시된 분당·일산·평촌·산본·중동 신도시지역에 소재하는 주택의 경우에는 해당 주택의 보유기간이 3년 이상이고 그 보유기간 중 거주기간이 2년 이상인 것)을 말한다. 다만, 1세대가 양도일 현재 국내에 1주택을 보유하고 있는 경우로서 다음 각 호의 어느 하나에 해당하는 경우에는 그 보유기간 및 거주기간의 제한을 받지 아니한다. (2010. 2. 18. 개정)
  1. ~ 3. 생략
② ~ ⑥ 생략
⑦ 법 제89조 제1항 제3호에서 "지역별로 대통령령으로 정하는 배율"이란 다음의 배율을 말한다. (2010. 2. 18. 개정)
  1. 도시지역안의 토지 5배 (2003. 12. 30. 개정)
  2. 도시지역밖의 토지 10배 (2003. 12. 30. 개정)
⑧ 생략
⑨ 법 제89조 제1항 제3호의 규정을 적용함에 있어서 2개 이상의 주택을 같은 날에 양도하는 경우에는 당해 거주자가 선택하는 순서에 따라 주택을 양도한 것으로 본다. (2005. 12. 31. 개정)

○ 소득세법 제91조 【양도소득세 비과세의 배제】
제104조 제3항에서 규정하는 미등기양도자산에 대해서는 이 법 또는 이 법 외의 법률 중 양도소득에 대한 소득세의 비과세에 관한 규정을 적용하지 아니한다. (2009. 12. 31. 개정)

○ 소득세법 제104조 【양도소득세의 세율】
① 거주자의 양도소득세는 해당 과세기간의 양도소득과세표준에 다음 각 호의 세율을 적용하여 계산한 금액(이하 "양도소득 산출세액"이라 한다)을 그 세액으로 한다. 이 경우 하나의 자산이 다음 각 호에 따른 세율 중 둘 이상의 세율에 해당할 때에는 그 중 가장 높은 것을 적용한다. (2009. 12. 31. 개정)
  1. ~ 9.
  10. 미등기양도자산 (2009. 12. 31. 개정)
    양도소득 과세표준의 100분의 70
  11. 생략
② 생략
③ 제1항 제10호에서 "미등기양도자산"이란 제94조 제1항 제1호 및 제2호에서 규

정하는 자산을 취득한 자가 그 자산 취득에 관한 등기를 하지 아니하고 양도하는 것을 말한다. 다만, 대통령령으로 정하는 자산은 제외한다. (2009. 12. 31. 개정)
(이하 생략)

○ 소득세법 시행령 제168조 【미등기양도제외 자산의 범위 등】 (2000. 12. 29. 제목개정)

① 법 제104조 제3항 단서에서 "대통령령으로 정하는 자산"이란 다음 각 호의 것을 말한다. (2010. 2. 18. 개정)

1. 장기할부조건으로 취득한 자산으로서 그 계약조건에 의하여 양도당시 그 자산의 취득에 관한 등기가 불가능한 자산
2. 법률의 규정 또는 법원의 결정에 의하여 양도당시 그 자산의 취득에 관한 등기가 불가능한 자산
3. 법 제89조 제1항 제2호, 「조세특례제한법」 제69조 제1항 및 제70조 제1항에 규정하는 토지 (2006. 2. 9. 개정)
4. 법 제89조 제1항 제3호에 규정하는 1세대 1주택으로서 「건축법」에 의한 건축허가를 받지 아니하여 등기가 불가능한 자산 (2005. 12. 31. 개정)
5. 상속에 의한 소유권이전등기를 하지 아니한 자산으로서 「공익사업을 위한 토지 등의 취득 및 보상에 관한 법률」 제18조의 규정에 의하여 사업시행자에게 양도하는 것 (2005. 2. 19. 개정)
6. 「도시개발법」에 따른 도시개발사업이 종료되지 아니하여 토지 취득등기를 하지 아니하고 양도하는 토지 (2010. 2. 18. 신설)
7. 건설업자가 「도시개발법」에 따라 공사용역 대가로 취득한 체비지를 토지구획환지처분공고 전에 양도하는 토지 (2010. 2. 18. 신설)

(이하 생략)

나. 관련사례 (예규, 해석사례, 심사례, 심판례, 판례)

○ 재산 46014-1090, 2000. 9. 6
소득세법 제89조 제3호의 1세대 1주택 비과세의 규정을 적용함에 있어 "미등기양도자산"에 대해서는 양도소득에 대한 비과세규정을 적용하지 아니하는 것임

○ 재일46014-520, 1997.03.07
1. 소득세법 규정에 의하여 양도소득세가 비과세 되는 1세대 1주택이라 함은 거주자 및 배우자가 그들과 생계를 같이하는 동거가족과 함께 구성하는 1세대가 국내의 1주택을 3년 이상 보유하다 양도하는 경우의 당해 주택을 말하는 것이므로
2. 귀 문의 경우처럼 1필지의 토지를 부수토지로 하고 있는 2동의 주택을 분할하여 양도한 경우에는 먼저 양도한 부분의 주택 및 부수 토지는 1세대 1주택으로 보지 아니하여 양도소득세가 과세되는 것임

[질의 / 회답] 미등기양도자가 전소유자 명의로 신고납부한 세액의 환급여부

[요 지]
미등기양도자가 본인의 양도소득을 전소유자 명의로 수정신고하고 납부하였음이 확인되어 「국세기본법」 제14조에 따라 미등기양도자에게 양도소득세를 과세함에 있어, 전 소유자의 양도소득세를 경정함에 따라 발생되는 환급세액은 전 소유자에게 환급하지 아니하고 미등기양도자의 기납부세액으로 공제하는 것임.

[회 신]
미등기양도자가 본인의 양도소득을 전소유자 명의로 수정신고하고 납부하였음이 확인되어 「국세기본법」 제14조에 따라 미등기양도자에게 양도소득세를 과세함에 있어, 전 소유자의 양도소득세를 경정함에 따라 발생되는 환급세액은 전 소유자에게 환급하지 아니하고 미등기양도자의 기납부세액으로 공제하는 것입니다.

[관련법령]
국세기본법 제14조 【실질과세】
국세기본법 제51조 【국세환급금의 충당과 환급】

1. 질의내용 요약
    ○ 사실관계
      - 2005. 1.19. 甲과 乙이 허가를 받지 않고 토지거래허가구역내 토지 매매 계약
      - 2005. 3.28. 토지에 대한 잔금 청산(거래금액 1,110백만원)
      - 2005.12.22. 乙과 丙이 토지를 1,746백만원에 매매 계약(甲과 丙이 1,110백만원에 거래하는 것으로 토지거래허가 득함)
      - 2005.12.30. 토지에 대한 잔금 청산 및 등기 접수
      - 甲은 丙에게 1,110백만원에 양도한 것으로 양도소득세 신고 납부
      - 乙은 丙의 취득가액 문제로 甲의 양도가액을 1,746백만원으로 하여 수정신고하고 甲 명의로 양도소득세 납부
      - 甲의 관할세무서는 乙의 양도차익 636백만원을 甲의 양도차익에서 차감하여 경정하면서 甲 명의로 납부한 세액은 환급하지 않음
      - 甲의 관할세무서는 乙의 양도차익 636백만원을 관할 세무서로 통보
    ○ 질의내용
      - 乙이 甲의 명의로 납부한 양도소득세 환급 방법
2. 질의내용에 대한 자료
    가. 관련 조세법령(법률, 시행령, 시행규칙, 기본통칙)

○ 국세기본법 제14조 【실질과세】
   ① 과세의 대상이 되는 소득, 수익, 재산, 행위 또는 거래의 귀속이 명의(명의)일 뿐이고 사실상 귀속되는 자가 따로 있을 때에는 사실상 귀속되는 자를 납세의무자로 하여 세법을 적용한다.
   (이하 생략)
○ 국세기본법 제51조 【국세환급금의 충당과 환급】
   ① 세무서장은 납세의무자가 국세·가산금 또는 체납처분비로서 납부한 금액 중 잘못 납부하거나 초과하여 납부한 금액이 있거나 세법에 따라 환급하여야 할 환급세액(세법에 따라 환급세액에서 공제하여야 할 세액이 있을 때에는 공제한 후에 남은 금액을 말한다)이 있을 때에는 즉시 그 잘못 납부한 금액, 초과하여 납부한 금액 또는 환급세액을 국세환급금으로 결정하여야 한다. 이 경우 착오납부·이중납부로 인한 환급청구는 대통령령으로 정하는 바에 따른다.
   (이하 생략)
○ 국세기본법 기본통칙 51-0…1 【 국세환급금의 환급대상자 】
   ① 생략
   ② 명의위장임이 확인되어 국세기본법 제14조의 규정에 의하여 실질소득자에게 과세함에 있어 당초 신고한 명의자의 소득금액을 결정취소함에 따라 발생하는 환급세액은 실질소득자의 기납부세액으로 공제하고 잔여 환급액이 있는 경우 국세기본법 제51조 및 같은법 제52조의 규정에 의하여 실질소득자에게 환급한다.(2004.02.19 신설)
나. 관련 예규(예규, 해석사례, 심사, 심판, 판례)
○ 서면인터넷방문상담1팀-792, 2005.07.06.
   명의신탁한 부동산임이 확인되어 국세기본법 제14조의 규정에 의하여 실소득자(명의신탁자)에게 양도소득세를 과세함에 있어, 명의수탁자의 양도소득세를 결정취소함에 따라 발생되는 환급세액은 명의수탁자에게 환급하지 아니하고 실소득자(명의신탁자)의 기납부세액으로 공제하는 것입니다.
○ 조심2008서3962, 2009.10.21.
   명의수탁자가 자진 납부한 세액에 대하여는 국세환급금의 환급에 관한 국세기본법의 규정에 의한 납세의무자가 아니므로 이를 환급하기는 어려운 것으로 실질과세원칙에 따라 명의신탁자가 납부할 세액에서 기납부세액으로 공제한 이 건처분은 정당한 것으로 판단됨.

질의 회답 미등기양도자산 해당 여부 등

[요 지]
명의신탁 해당 여부 및 양도소득세 납세의무자는 해당 부동산의 매매계약에 따른 거래의 실질내용 등 사실관계를 확인하여 판단할 사항임

[회 신]
명의신탁 부동산을 소유권환원등기없이 양도하는 경우 미등기양도자산에 해당하지 아니하는 것이며, 양도소득세 납세의무자는 사실상 그 소득을 얻은 명의신탁자(당해 자산을 위탁한 자)가 되는 것임. 귀 질의의 경우 명의신탁 해당 여부 및 양도소득세 납세의무자는 해당 부동산의 매매계약에 따른 거래의 실질내용 등 사실관계를 확인하여 판단할 사항임

[관련법령]
소득세법 시행령 제168조【미등기양도제외 자산의 범위 등】

1. 질의내용 요약
   ○ 사실관계
      - 1998년 甲과 乙은 공동으로 임야를 취득하여 甲 단독명의로 등기한 후 12필지로 분할하여 2000년 5월경 7필지를 양도함
      - 2002년 7월경 나머지 5필지를 丙에게 5천만원에 양도하기로 계약함
      - 매매대금 중 3천만원을 수령하고 2천만원을 미수령한 상태에서 2004년 12월 丁에게 양도함
      - 현재 乙은 횡령혐의로 1심 및 2심에서 징역 10월형을 선고받고 대법원에 상고한 상태임
   ○ 질의내용
      - 위 양도한 토지가 미등기양도자산에 해당되는지 여부
      - 乙이 甲에게 명의신탁한 것으로 보는 경우 양도소득세 납세의무자는 누구인지
2. 질의내용에 대한 자료
   ○ 소득세법 제104조 【양도소득세의 세율】
      ① ~ ② 생략
      ③ 제1항 제3호에서 "미등기양도자산"이라 함은 제94조 제1항 제1호 및 제2호에 규정하는 자산을 취득한 자가 그 자산의 취득에 관한 등기를 하지 아니하고 양도하는 것을 말한다. 다만, 대통령령이 정하는 자산은 제외한다. (2000. 12. 29. 개정)

④ 이하 생략
○ 소득세법 시행령 제168조【미등기양도제외 자산의 범위 등】(2000. 12. 29. 제목 개정)
① 법 제104조 제3항 단서에서 "대통령령이 정하는 자산"이라 함은 다음 각호의 것을 말한다. (2000. 12. 29. 개정)
1. 장기할부조건으로 취득한 자산으로서 그 계약조건에 의하여 양도당시 그 자산의 취득에 관한 등기가 불가능한 자산
2. 법률의 규정 또는 법원의 결정에 의하여 양도당시 그 자산의 취득에 관한 등기가 불가능한 자산
3. 법 제89조 제1항 제2호, 「조세특례제한법」 제69조 제1항 및 제70조 제1항에 규정하는 토지 (2006. 2. 9. 개정)
4. 법 제89조 제1항 제3호에 규정하는 1세대 1주택으로서 「건축법」에 의한 건축허가를 받지 아니하여 등기가 불가능한 자산 (2005. 12. 31. 개정)
5. 상속에 의한 소유권이전등기를 하지 아니한 자산으로서 「공익사업을 위한 토지 등의 취득 및 보상에 관한 법률」 제18조의 규정에 의하여 사업시행자에게 양도하는 것 (2005. 2. 19. 개정)
② 생략
○ 국세기본법 제14조 【실질과세】
① 과세의 대상이 되는 소득·수익·재산·행위 또는 거래의 귀속이 명의일 뿐이고 사실상 귀속되는 자가 따로 있는 때에는 사실상 귀속되는 자를 납세의무자로 하여 세법을 적용한다.
② 이하 생략
○ 국세기본법 기본통칙 14-0…6【명의신탁자에 대한 과세】
명의신탁부동산을 매각처분한 경우에는 양도의 주체 및 납세의무자는 명의수탁자가 아니고 명의신탁자이다.
○ 서면4팀-663 (2005.04.29)
부동산의 양도로 인하여 발생하는 소득·수익·재산·행위 또는 거래의 귀속이 명의일 뿐이고 사실상 귀속되는 자가 따로 있는 때에는 「국세기본법」 제14조의 규정에 의하여 사실상 귀속되는 자를 납세의무자로 하여 양도소득세를 과세하는 것으로서, 명의신탁 부동산을 양도하는 경우 양도소득세 납세의무자는 사실상 그 소득을 얻은 명의신탁자(당해 자산을 위탁한 자)임.
귀 질의의 경우 당해 부동산 양도에 따른 양도소득세 납세의무자는 해당 부동산의 취득당시 매매계약에 따른 거래의 실질내용 및 법원 판결문의 내용 등 사실관계를 종합하여 판단할 사항임
명의신탁자산을 소유권환원등기없이 양도한 경우 미등기양도자산에 해당하지 아니함

질의 회답 | 미등기양도 자산 해당여부

[요 지]
"미등기양도 자산"이라 함은 부동산 등을 취득한 자가 그 자산의 취득에 관한 등기를 하지 아니하고 양도하는 것을 말하는 것이나, 법률의 규정 또는 법원의 결정에 의하여 양도당시 그 자산의 취득에 관한 등기가 불가능한 자산의 경우에는 미등기양도 자산으로 보지 않음

[회 신]
「소득세법」 제104조 제3항의 규정에 의한 "미등기양도 자산"이라 함은 같은 법 제94조 제1항 제1호 및 제2호에 규정하는 자산을 취득한 자가 그 자산의 취득에 관한 등기를 하지 아니하고 양도하는 것을 말하는 것이나, 법률의 규정 또는 법원의 결정에 의하여 양도당시 그 자산의 취득에 관한 등기가 불가능한 자산의 경우에는 미등기양도 자산으로 보지 않는 것임

[관련법령]
소득세법 제104조 【양도소득세의 세율】
소득세법 시행령 제168조 【미등기양도제외 자산의 범위 등】

1. 질의내용 요약
   - 사실관계
     - 2006년 12월 질의자는 동작구 사당동소재 무허가 주택 19㎡ 양도
     - 당해 주택은 서울시 소유 토지위에 지은 건물로 건축허가가 불가능하며 등기 대상 자산이 아님
     - 세율 적용시 2주택자지만 소형주택에 해당되어 일반세율이 적용된다고 판단됨
     - 소득세법 제104조 제3항 및 같은법 시행령 제168조 제1항 제4호에 의하면 '1세대1주택으로서 건축허가를 받지 아니하여 등기가 불가능한 자산'이라고 되어 있음
   - 질의내용
     - 상기 무허가 주택의 미등기양도 자산 해당여부
2. 질의내용에 대한 자료
   가. 관련 조세 법령 (법률, 시행령, 시행규칙, 기본통칙)
     - 소득세법 제104조 【양도소득세의 세율】
       ③ 제1항제3호에서 "미등기양도자산"이라 함은 제94조제1항제1호 및 제2호에 규정하는 자산을 취득한 자가 그 자산의 취득에 관한 등기를 하지 아니하고 양도하는 것을 말한다. 다만, 대통령령이 정하는 자산은 제외한다. <개정 2000.12.29>

○ 소득세법 시행령 제168조 【미등기양도제외 자산의 범위 등 <개정 2000.12.29>】
① 법 제104조제3항 단서에서 "대통령령이 정하는 자산"이라 함은 다음 각호의 것을 말한다. <개정 1998.12.31, 1999.12.31, 2002.12.30, 2005.2.19, 2005.12.31, 2006.2.9>
1. 장기할부조건으로 취득한 자산으로서 그 계약조건에 의하여 양도 당시 그 자산의 취득에 관한 등기가 불가능한 자산
2. 법률의 규정 또는 법원의 결정에 의하여 양도 당시 그 자산의 취득에 관한 등기가 불가능한 자산
3. 법 제89조제1항제2호, 「조세특례제한법」 제69조제1항 및 제70조제1항에 규정하는 토지
4. 법 제89조제1항제3호에 규정하는 1세대1주택으로서 「건축법」에 의한 건축허가를 받지 아니하여 등기가 불가능한 자산
5. 상속에 의한 소유권이전등기를 하지 아니한 자산으로서 「공익사업을 위한 토지 등의 취득 및 보상에 관한 법률」 제18조의 규정에 의하여 사업시행자에게 양도하는 것
② 법 제104조제1항제1호의 규정을 적용함에 있어서 제158조제1항제1호의 규정에 의한 주식등의 양도소득산출세액에 대주주로서 납부하였거나 납부할 세액이 포함되어 있는 경우에는 이를 차감하여 계산한 금액을 양도소득산출세액으로 한다. <신설 2000.12.29>

질의 회답 | 미등기양도자산의 양도소득세 적용세율 등

[요 지]
토지 또는 건물 등을 취득한 자가 그 자산의 취득에 관한 등기를 하지 아니하고 양도하는 경우 양도소득세 적용세율은 70%가 되는 것임

[회 신]
1. 토지 또는 건물 등을 취득한 자가 그 자산의 취득에 관한 등기를 하지 아니하고 양도하는 경우 양도소득세 적용세율은 70%가 되는 것입니다.
2. 「소득세법 시행령」 제168조 의6 규정의 비사업용 토지의 기간기준을 적용함에 있어 건축물 부속토지로서 「지방세법」 제182조 제1항 제2호의 규정에 의한 재산세 별도합산과세대상이 되는 토지의 사용기간은 사업에 사용된 토지의 보유기간으로 보는 것이나, 재산세 종합합산과세대상이 되는 토지의 경우에는 그러하지 아니하는 것입니다.

[관련법령]
소득세법 제104조

질의 회답 미등기 주택의 1세대1주택 비과세 여부

[요 지]
미등기 양도제외자산의 범위에는 특정 건물(무허가 주택 등)의 양성화 조치에 따라 등기가 가능한 경우에도 등기를 하지 않고 양도한 경우는 해당하지 않음.

[회 신]
1세대 1주택으로「소득세법 시행령」제154조 제1항의 비과세 요건을 충족한 경우에도 당해 주택이「소득세법 시행령」제168조에 규정하는 미등기 양도제외 자산에 해당하는 무허가 건물인 경우에는 1세대 1주택으로 비과세되는 것이나, 특정 건물(무허가 주택 등)의 양성화 조치에 따라 등기가 가능한 경우에도 등기를 하지 않고 양도한 경우에는 양도소득세가 비과세 되지 않는 것입니다.

[관련법령]
소득세법 제89조【비과세양도소득】
소득세법 기본통칙 91-2 【미등기 건물의 1세대 1주택 비과세여부】

1. 질의내용 요약
   ○ 내 용
      - 1950년도에 건축된 주택으로 1962년 건축법이 시행되면서 시행 전 건축물은 허가를 받지 않아도 건물대장의 등재가 가능하여 건축물 관리대장에만 등재된 1주택을 보유하고 있습니다.
   ○ 질 의
      - 위의 보유하는 주택(부수토지 포함)이 1세대1주택 비과세요건을 충족한 경우 양도소득세의 비과세 여부에 대하여 질의합니다.
2. 질의내용에 대한 자료
  가. 관련 조세 법령 (법률, 시행령, 시행규칙, 기본통칙)
   ○ 소득세법 제89조 【비과세양도소득】
      ① 다음 각호의 소득에 대하여는 양도소득에 대한 소득세(이하 "양도소득세"라 한다)를 과세하지 아니한다. (2005. 12. 31. 개정)

1. - 2. 생략
3. 대통령령이 정하는 1세대 1주택(가액이 대통령령이 정하는 기준을 초과하는 고가주택을 제외한다)과 이에 부수되는 토지로서 건물이 정착된 면적에 지역별로 대통령령이 정하는 배율을 곱하여 산정한 면적 이내의 토지(이하 이 조에서 "주택부수토지"라 한다)의 양도로 인하여 발생하는 소득 (2005. 12. 31. 개정)
4. 삭 제 (2005.12.31)

② 제1항의 규정에 불구하고 동항 제3호의 규정은 대통령령이 정하는 1세대가 주택(주택부수토지를 포함한다. 이하 이 조에서 같다)과 「도시 및 주거환경정비법」 제48조의 규정에 따른 관리처분계획의 인가로 인하여 취득한 입주자로 선정된 지위[동법에 따른 주택재건축사업 또는 주택재개발사업을 시행하는 정비사업조합의 조합원으로서 취득한 것(그 조합원으로부터 취득한 것을 포함한다)에 한하며, 이에 부수되는 토지를 포함한다. 이하 "조합원입주권"이라 한다]를 보유하다가 그 주택을 양도하는 경우에는 이를 적용하지 아니한다. 다만, 「도시 및 주거환경정비법」에 따른 주택재건축사업 또는 주택재개발사업의 시행기간 중 거주를 위하여 주택을 취득하는 경우 그 밖의 부득이한 사유로서 대통령령이 정하는 경우에는 그러하지 아니하다. (2005. 12. 31. 신설)

○ 소득세법 시행령 제154조 【1세대 1주택의 범위】
① 법 제89조 제1항 제3호에서 "대통령령이 정하는 1세대 1주택"이라 함은 거주자 및 그 배우자가 그들과 동일한 주소 또는 거소에서 생계를 같이하는 가족과 함께 구성하는 1세대(이하 "1세대"라 한다)가 양도일 현재 국내에 1주택을 보유하고 있는 경우로서 당해 주택의 보유기간이 3년 이상인 것(서울특별시, 과천시 및 「택지개발촉진법」 제3조의규정에 의하여 택지개발예정지구로 지정·고시된 분당·일산·평촌·산본·중동 신도시지역에 소재하는 주택의 경우에는 당해 주택의 보유기간이 3년 이상이고 그 보유기간 중 거주기간이 2년 이상인 것)을 말한다. 다만, 1세대가 양도일 현재 국내에 1주택을 보유하고 있는 경우로서 다음 각호의 1에 해당하는 경우에는 그 보유기간 및 거주기간의 제한을 받지 아니한다. (2005. 12. 31. 개정)
1. - 3. 생략

② 다음 각호의 1에 해당하는 경우에는 배우자가 없는 때에도 이를 제1항의 규정에 의한 1세대로 본다.
1. 당해 거주자의 연령이 30세 이상인 경우 (2005. 12. 31. 개정)
2. 배우자가 사망하거나 이혼한 경우
3. 법 제4조의 규정에 따른 소득이 「국민기초생활 보장법」 제2조 제6호의 규정에 따른 최저생계비 수준 이상으로서 소유하고 있는 주택 또는 토지를 관리·유지하면서 독립된 생계를 유지할 수 있는 경우. 다만, 미성년자의 경우를 제외하되, 미성년자의 결혼, 가족의 사망 그 밖에 재정경제부령이 정하는 사유로

1세대의 구성이 불가피한 경우에는 그러하지 아니하다. (2005. 12. 31. 개정)

③ - ④ 생략

⑤ 제1항의 규정에 의한 보유기간의 계산은 법 제95조 제4항의 규정에 의하고, 동 항의 규정에 의한 거주기간은 주민등록표상의 전입일자부터 전출일까지의 기간에 의한다. (1995. 12. 30. 개정)

⑥ 제1항에서 "가족"이라 함은 거주자와 그 배우자의 직계존비속(그 배우자를 포함한다) 및 형제자매를 말하며, 취학·질병의 요양, 근무상 또는 사업상의 형편으로 본래의 주소 또는 거소를 일시퇴거한 자를 포함한다. (1998. 12. 31. 개정)

⑦ 이하 생략

○ 소득세법 기본통칙 91-2 【미등기 건물의 1세대 1주택 비과세여부】

1세대 1주택으로 3년 이상 보유하였을 경우에도 미등기 상태로 양도한 경우에는 양도소득에 대한 소득세가 과세되며, 이 경우 영 제168조에 규정하는 미등기 양도제외자산에 해당하는 무허가건물등은 1세대 1주택으로 비과세된다.

나. 유사사례 (판례, 심판례, 심사례, 예규)

○ 재일46014-3220, 1994.12.17

【제목】

3년 이상 거주한 무허가 주택을 미등기 상태로 양도한 경우에도 등기가 불가능한 자산인 경우에는 비과세되는 것이나 특정건물(무허가 주택등) 양성화 조치(1985. 6. 28)에 따라 등기가 가능함에도 등기를 하지 아니하고 양도한 경우에는 과세됨

【질의】

저는 서울시 동작구에 주택1동과 주택의 부속토지(주택바닥면적의 4배임)를 1978. 8. 22취득하여 14년간 본인이 거주한 1세대 1주택에 해당하는 주택과 토지를 1993. 12. 31양도 하였음. 그러나 본인의 무지로 인하여 본인이 거주하던 주택에 대한 등기를 하지 않은채 양도하게 되었음.

당초 주택은 무허가 이었으며 1985. 3. 20일자로 특정건축물 양성화조치에 의거 건축물 대장에 등재하여 재산세는 납부하였으나 등기를 하지 않은 상태에서 양도하게 되었으나 본인은 10년 이상 거주한 주택이므로 1세대 1주택 비과세에 해당하는 것으로 생각되어 비과세로 신고만 하였음.

그러나 세무서에서 주택이 미등기이므로 1세대 1주택에 해당되지 않으므로 양도소득세가 과세된다고 하므로 다음과 같이 질의함.

1. 주택의 미등기로 1세대 1주택에 해당되지 않으므로 토지의 주택전부가 과세되는지.
2. 주택과 토지를 구분하여 주택은 미등기로 1세대 1주택요건을 갖추지 못하였으므로 과세가 되지만 토지는 1세대 1주택의 요건을 갖추었으므로 비과세에 해당되는지.

【회신】

1세대 1주택으로 3년 이상 거주한 무허가 주택을 미등기 상태로 양도한 경우에도 해당 주택이 건축법에 의한 건축허가를 받지 아니하여 등기가 불가능한 자산인 경우에는 1세대 1주택으로 비과세 되는 것이나 특정 건물(무허가 주택 등) 양성화 조치(1985. 6. 28)에 따라 등기가 가능함에도 등기를 하지 아니하고 양도한 경우에는 양도소득세가 과세됨.

○ 재일46015-1862, 1995.07.21

【질의】

취득 등기원인일은 1967년 4월 17일 이며 등기접수일은 1989년 5월 16일 이고 매도일은 1990년임.

1980년 7월 29일에 통보된 "국유재산 대부신청통보"에 의한 국유지로 되어 있었으며 1985년 4월 22일에 통보된 "특정 건축물 양성화에 따른 보완통지문"에 의한 무허가 건물로 되어 있었을 경우 1세대 1주택에 해당하는지.

【회신】

현행 소득세법상 양도소득세가 비과세 되는 "1세대 1주택"이라 함은 양도일 현재 1세대가 1개의 주택만을 소유하고 그 주택에서 취득일 이후 3년 이상 거주한 사실이 있는 당해 주택과 이에 부수되는 토지로서 건물이 정착된 면적에 지역별로 같은 법시행령 제15조 제9항에서 정하는 배율을 곱하여 산정하는 면적이내의 토지를 말하며, 이때의 주택에는 무허가 주택도 포함하는 것임.

따라서 귀 문의 경우 소관세무서장의 조사에 의하여 당해 무허가주택 및 그 부수토지의 사실상 취득일이 1967.4.17 이고 그 취득일 부터 양도일 까지 당해 무허가주택에서 1세대가 3년 이상 거주한 사실이 확인되는 경우에는 소득세법 제5조 제6호(자)의 규정에 의하여 1세대 1주택으로 비과세 받을 수 있는 것임.

○ 서면4팀-1579, 2006.06.05

【질의】

- 본인은 2002.12.3. 취득한 투기지역이 아닌 광역시 일반주거지역으로 주택 재개발지구로 지정되어 사업승인이 난 지역에 대지 35평 무허가 주택13평을 소유하고 있으며 현재 만3년이상 보유한 1세대 1주택임.
- 본인은 당해 주택에서 거주는 하지 않았으며 임대를 주었음.
- 위 토지 및 무허가 주택을 양도할 경우 1세대 1주택 비과세 되는지 여부에 대하여 질의함.

【회신】

1세대 1주택으로 3년 이상 보유하였을 경우에도 미등기 상태로 양도한 경우에는 양도소득에 대한 소득세가 과세되는 것이나 소득세법 시행령 제168조에 규정하는 미등기 양도제외자산에 해당하는 무허가건물들은 1세대 1주택으로 비과세되는 것으로 귀사례가 이에 해당하는지 여부는 사실을 확인하여 판단할 사항임.

질의 회답 | 미등기 1세대1주택의 비과세 여부

[요 지]
1세대1주택으로 3년 이상 보유하였을 경우에도 미등기 상태로 양도한 경우에는 양도소득세가 과세되는 것이나 미등기 양도제외자산에 해당하는 무허가건물 등은 1세대1주택으로 비과세됨

[회 신]
1세대1주택으로 3년 이상 보유하였을 경우에도 미등기 상태로 양도한 경우에는 양도소득에 대한 소득세가 과세되는 것이나 소득세법시행령 제168조에 규정하는 미등기 양도제외자산에 해당하는 무허가건물 등은 1세대1주택으로 비과세되는 것으로 귀사례가 이에 해당하는지 여부는 사실을 확인하여 판단할 사항입니다.

[관련법령]
소득세법 제94조 【양도소득의 범위】
소득세법 제89조 【비과세양도소득】

1. 질의내용 요약
   【상황】
   - 본인은 2002.12. 3일 취득한 투기지역이 아닌 광역시 일반주거지역으로 주택 재개발지구로 지정되어 사업승인이 난 지역에 대지 35평 무허가 주택13평을 소유하고 있으며 현재 만3년 이상 보유한 1세대1주택입니다.
   - 본인은 당해 주택에서 거주는 하지 않았으며 임대를 주었습니다.
   【질의】
   위 토지 및 무허가 주택을 양도할 경우 1세대1주택 비과세 되는지 여부에 대하여 질의합니다.
2. 질의내용에 대한 자료
   가. 관련 조세 법령 (법률, 시행령, 시행규칙, 기본통칙)
   ○ 소득세법 제94조 【양도소득의 범위】
   ① 양도소득은 당해연도에 발생한 다음 각호의 소득으로 한다. (2000.12.29. 개정)
   1. 토지(지적법에 의하여 지적공부에 등록하여야 할 지목에 해당하는 것을 말한다) 또는 건물(건물에 부속된 시설물과 구축물을 포함한다)의 양도로 인하여 발생하는 소득 (2000.12.29. 개정)
   ○ 소득세법 제89조 【비과세양도소득】
   ① 다음 각호의 소득에 대하여는 양도소득에 대한 소득세(이하 "양도소득세"라 한

다)를 과세하지 아니한다. (2005.12.31. 개정)
3. 대통령령이 정하는 1세대 1주택(가액이 대통령령이 정하는 기준을 초과하는 고가주택을 제외한다)과 이에 부수되는 토지로서 건물이 정착된 면적에 지역별로 대통령령이 정하는 배율을 곱하여 산정한 면적 이내의 토지(이하 이 조에서 "주택부수토지"라 한다)의 양도로 인하여 발생하는 소득 (2005.12.31. 개정)
   가. 관련 조세 법령 (법률, 시행령, 시행규칙, 기본통칙)
○ 소득세법시행령 제154조 【1세대 1주택의 범위】
  ① 법 제89조 제1항 제3호에서 "대통령령이 정하는 1세대 1주택"이라 함은 거주자 및 그 배우자가 그들과 동일한 주소 또는 거소에서 생계를 같이하는 가족과 함께 구성하는 1세대(이하 "1세대"라 한다)가 양도일 현재 국내에 1주택을 보유하고 있는 경우로서 당해 주택의 보유기간이 3년 이상인 것(서울특별시, 과천시 및 「택지개발촉진법」 제3조의 규정에 의하여 택지개발예정지구로 지정·고시된 분당·일산·평촌·산본·중동 신도시지역에 소재하는 주택의 경우에는 당해 주택의 보유기간이 3년 이상이고 그 보유기간 중 거주기간이 2년 이상인 것)을 말한다.
  다만, 1세대가 양도일 현재 국내에 1주택을 보유하고 있는 경우로서 다음 각호의 1에 해당하는 경우에는 그 보유기간 및 거주기간의 제한을 받지 아니한다. (2005.12.31. 개정)
○ 소득세법 시행령 제168조 【미등기양도제외 자산의 범위 등】 (2000.12.29. 제목개정)
  ① 법 제104조 제3항 단서에서 "대통령령이 정하는 자산"이라 함은 다음 각호의 것을 말한다. (2000.12.29. 개정)
    1. 장기할부조건으로 취득한 자산으로서 그 계약조건에 의하여 양도당시 그 자산의 취득에 관한 등기가 불가능한 자산
    2. 법률의 규정 또는 법원의 결정에 의하여 양도당시 그 자산의 취득에 관한 등기가 불가능한 자산
    3. 법 제89조 제1항 제2호, 「조세특례제한법」 제69조 제1항 및 제70조 제1항에 규정하는 토지 (2006. 2. 9. 개정)
    4. 법 제89조 제1항 제3호에 규정하는 1세대 1주택으로서 「건축법」에 의한 건축허가를 받지 아니하여 등기가 불가능한 자산 (2005.12.31. 개정)
    5. 상속에 의한 소유권이전등기를 하지 아니한 자산으로서 「공익사업을 위한 토지 등의 취득 및 보상에 관한 법률」 제18조의 규정에 의하여 사업시행자에게 양도하는 것 (2005. 2.19. 개정)
    가. 관련 조세 법령 (법률, 시행령, 시행규칙, 기본통칙)
  ② 법 제104조 제1항 제1호의 규정을 적용함에 있어서 제158조 제1항 제1호의 규정에 의한 주식 등의 양도소득산출세액에 대주주로서 납부하였거나 납부할 세액

이 포함되어 있는 경우에는 이를 차감하여 계산한 금액을 양도소득산출세액으로 한다. (2000.12.29. 신설)

○ 소득세법 기본통칙 91-2 【미등기 건물의 1세대 1주택 비과세여부】
1세대 1주택으로 3년 이상 보유하였을 경우에도 미등기 상태로 양도한 경우에는 양도소득에 대한 소득세가 과세되며, 이 경우 영 제168조에 규정하는 미등기 양도 제외자산에 해당하는 무허가건물등은 1세대 1주택으로 비과세된다.

나. 유사사례 (판례, 심판례, 심사례, 예규)
○ 재일46014-3156, 1995.12.08.
【제목】
소득세법 시행령 규정에 의한 미등기 양도제외자산 이외에는 미등기상태로 양도한 경우 1세대 1주택 비과세가 배제됨
【질의】
1978년 ○○시 ○○동 ○○번지 소재 대지 387M(117평) 부동산을 두번째 구입하여 주거하던 중 1990년 ○○시 주거환경 개선사업에 121M(36.6평) 정도는 도로에 편입되어 일부 건물이 철거 후에도 잔존건물 토조스래트 주택 약 20평 농기구창고 약 12평이 토지양도 시 까지 존재 하였으며 당시 세대원 전원이 거주하였으나 1995년 3월 토지와 건물을 매매하였음.
그러나 동번지의 건축물은 1960년 이전에 건축한 미등기 건물인바 양도소득세는 어떻게 되는지 질의함.
【회신】
소득세법 제6조의 2 규정에 따라 1세대 1주택으로 그 주택에서 3년 이상 거주하였을 경우라도 미등기 상태로 양도한 경우에는 양도소득세가 과세되는 것임.
다만 같은법 시행령 제121조에 규정하는 미등기양도 제외자산에 해당하는 무허가 건물 등은 1세대 1주택으로 비과세 되는 것이나, 귀 문의 경우가 이에 해당하는지 여부는 소관세무서장이 사실을 조사하여 판단할 사항임.

○ 서면4팀-2187, (2005.11.15.)
【회신】
양도소득세 관련 질의에 대하여 다음과 같이 회신함.
가. 무허가주택도 주택으로 보는지 여부 : 현행 소득세법 제5조 제6호 자목에 따른 "1세대 1주택 비과세" 규정을 적용함에 있어서, 건축허가를 받지 아니하여 등기가 불가능한 무허가주택도 실제로 주거에 사용하고 있는 경우에는 주택으로 봄 〈참고 법령: 같은법시행령 제121조의 2 제4호〉
나. 이하생략.

○ 재일46014-679, 1996.03.14.
【제목】
건축허가를 받지 아니하여 등기가 불가능한 상태에서 양도한 무허가 주택은 미등기

양도자산이 아님
【질의】
1977년도 세멘브럭 세멘기와 99.50㎡(국민주택) 대지 121.4m인 단독주택을 전 소유자가 신축하여 등기를 하지 않고 무허가 건물로 양도하여 본인도 이 주택이 무허가 건물을 양성화시킨 건물로 알고 계속해서 재산세를 납부하였고, 1995.12. 양도시에도 계약서상에 무허가 건물로 명시하고 양도하였음.
갑) 건축물대장이 있기 때문에 본인이 등기를 하지 않고 양도하였기 때문에 1세대 1주택으로 보지 아니하고 미등기 전매로 양도소득세를 내야 함.
을) 본인은 무허가 건물로 알고 취득하였고 양도당시도 무허가 건물로 양도하였고 건물은 등기 안하였지만 5년 이상 보유하였으므로 1세대 1주택 요건을 갖추었으므로 비과세임.
병) 1세대 1주택이라도 건물은 미등기 전매행위가 되므로 대지는 비과세하고 건물에 대하여는 양도소득세가 과세됨.
【회신】
소득세법(1994.12.22. 전면 개정되기 전의 것) 제5조 제6호 (자)의 규정에 의한 1세대 1주택 비과세를 적용하는 경우 건축허가를 받지 아니하여 등기가 불가능한 상태에서 양도한 무허가 주택은 미등기 양도자산에 해당하지 아니하여 동 규정에 의한 1세대 1주택 비과세가 적용됨.

○ 서면4팀-2187, 2005.11.15.
【제목】
1세대 1주택 판정 시 주택의 범위에는 무허가주택을 포함하여 판정하는 것임
【질의】
1. 본인은 1977년(1976년 신축)초에 ○○도 ○○시 ○○동 소재 대지 및 무허가 주택을 구입하여 살고 있으며 취득 후 십 수년간 재산세(가옥세)를 납부하다가 십 수년 전부터 재산세가 부과되지 않고 있음.
2. 최근 우리 지역이 부동산투기지역으로 지정되면서 매매 시 발생하는 양도소득세에 대해서 몇 가지 문의하고자 함.
   1) 본인의 경우 장기간 보유하면서 실제로 거주하고 있어도 무허가 주택이라 양도소득세 면제대상에서 제외되는지 여부
   2) 양도소득세를 면제받을 수 없다면 장기간 보유를 하고 거주를 하였기 때문에 구제 받을 수 있는 방법은.
【회신】
1. 현행 소득세법 제89조 제3호 같은법 시행령 제154조의 규정에서 양도소득세가 비과세되는 1세대 1주택의 "주택"에는 무허가 주택이 포함되는 것이며, 귀 질의의 경우 당해 무허가 주택을 포함하여 소득세법 시행령 제154조 제1항에 규정하는 "1세대 1주택"해당 여부를 판정하는 것임.

2. 1주택을 소유한 1세대가 그 주택을 양도하기 전에 다른 주택을 취득함으로써 일시적으로 2주택이 된 경우 다른 주택을 취득한 날부터 1년 이내에 종전의 주택을 양도하고 양도일 현재 동 주택을 3년 이상 보유 등 소득세법 시행령 제154조의 규정에 의한 비과세요건을 갖춘 경우 비과세를 적용하는 것이나, 그렇지 않는 경우 먼저 양도하는 주택(무허가 주택 포함)과 그 부수토지는 보유 및 거주기간에 불구하고 양도소득세가 과세되는 것임.

○ 서면4팀-396, 2005.03.17.
   【제목】
   무허가건물도 실제 주거에 사용하고 있는 경우 공부상 용도구분에 관계없이 주택으로 봄
   【회신】
   1세대 1주택 양도소득세 비과세규정(소득세법 제89조 제3호)을 적용함에 있어서 "주택"이라 함은 공부상 용도구분에 관계없이 사실상 상시 주거용으로 사용하는 건물을 말하는 것으로서, 귀 질의의 경우 건축허가를 받지 아니하여 등기가 불가능한 무허가건물도 실제로 주거에 사용하고 있는 경우에는 등기부상 등기 또는 건축물관리대장상 등재여부에 불구하고 주택으로 봄.

질의 회답 | 미등기 국외자산의 장기보유특별공제 여부

[요　지]
국외에 있는 토지 또는 건물을 양도하는 경우로서 그 자산의 보유기간이 3년 이상이면 양도 자산의 미등기 양도에 관계없이 장기보유특별공제를 적용하는 것임

[회　신]
국외에 있는 토지 또는 건물의 양도에 대한 양도소득세 과세시 그 자산의 보유기간이 3년 이상이면 양도자산의 미등기 양도에 관계없이 소득세법 제95조의 규정을 준용하여 장기보유특별공제를 적용하는 것입니다.

[관련법령]
소득세법 제95조 【양도소득금액】

1. 질의내용 요약
   거주자(국내에 주소를 5년이상 둠)가 외국에서 미등기 토지를 3년이상 보유한 후 양도한 경우, 양도소득세를 계산함에 있어 국내양도자산의 규정을 준용하도록 하고 있으며

또한 국내 미등기 양도자산에 대하여는 장기보유특별공제를 배제하고 있으므로 국외에 소재하는 미등기 양도자산의 경우에도 장기보유특별공제를 배제해야 하는 지 여부에 대하여 질의함

질의 회답 미등기 양도자산이 신축주택 감면규정을 적용받을 수 있는지 여부

[요 지]
감면대상 신축주택에는 건축법의 규정에 의한 사용검사를 받지 못하여 취득에 관한 등기를 하지 못한 주택을 포함하는 것임

[회 신]
조세특례제한법 제99조 제1항의 규정을 적용받는 신축주택은 소득세법 제89조 제3호(1세대1주택 비과세)의 규정을 적용함에 있어서 이를 당해 거주자의 소유주택으로 보지 않는 것이며, 이 경우 신축주택에는 주무관청으로부터 임시사용승인을 받아 사용하고 있으나 건축법의 규정에 의한 사용검사를 받지 못하여 취득에 관한 등기를 하지 못한 주택의 경우를 포함하는 것입니다.

조세특례제한법 제99조의 규정에 의하여 신축주택취득기간 내에 주택건설업자와 최초로 매매계약을 체결하고 계약금을 납부한 자가 취득한 신축주택을 그 취득일부터 5년이 경과된 후에 양도하는 경우에는 당해 신축 주택의 취득일부터 5년간 발생하는 양도소득금액(동법시행령 제40조 제1항의 산식에 의하여 계산한 금액)을 양도소득세 과세대상소득금액에서 차감(소득금액의 감면)하는 것이며, 이 경우 차감하는 소득금액에 대한 산출세액에 대하여는 농어촌특별세가 과세되는 것입니다.

[관련법령]
조세특례제한법 제99조 【신축주택의 취득자에 대한 양도소득세의 감면】

1. 질의내용 요약

    본인(이하 "갑"이라고 한다)은 성남시에 "A"주택을 소유하고 3년 이상 거주하고 있는 세대주로서 서울시 강남구에 있는 조세특례제한법 제99조 제1항 제2호에 해당하는 "B"주택 조합의 국민주택(즉, 주택신축업자와 신축주택 취득기간인 98.5.22~99.12.31. 사이에 최초로 매매계약을 체결하고 계약금을 납부한 자가 취득한 주택조합 주택)을 2000.12월에 잔금을 납부, 취득하여 2005년 말이 만 5년이 됩니다.

그러나 건설업자와의 조합원들 사이에 문제가 생겨 현재까지 준공검사를 받지 못하여 등기를 하지 못하였으며, "임시사용승인"상태에서 2001년부터 입주하여 살고 있습니다.
1) 강남구에 있는 "B"주택조합 주택은 현재 미등기인 관계로 원매자가 없어 금면 중 양도하기가 어려울 것 같습니다. 그럴 경우 2006년 이후 "갑"이 성남시에 있는 "A"주택을 먼저 양도하여도 성남시의 "A"주택은 1세대 1주택으로 비과세 받을 수 있는 것으로 사료되는 바 국세청의 견해는 어떠하신지요
2) 강남구에 있는 "B"주택조합 주택을 미등기 상태로 2005년 중 또는 2006년 이후에 양도할 경우
 가. 미등기 양도자산에 해당되어 고율의 세금을 물어야 하는지(소득세법 제104조 제1항 제3호) 또는 다른 과세방법이 있는지
 나. 5년간 감면은 되는지, 즉 5년간은 전액감면, 그 이후 분은 과세
2. 질의내용에 대한 자료
 가. 관련 조세 법령 (법률, 시행령, 시행규칙, 기본통칙)
  ○ 조세특례제한법 제99조 【신축주택의 취득자에 대한 양도소득세의 감면】
   ① 거주자(주택건설사업자를 제외한다)가 다음 각호의 1에 해당하는 신축주택(이에 부수되는 당해 건물의 연면적의 2배 이내의 토지를 포함한다. 이하 이 조에서 같다)을 취득하여 그 취득한 날부터 5년 이내에 양도함으로써 발생하는 소득에 대하여는 양도소득세의 100분의 100에 상당하는 세액을 감면하며, 당해 신축주택을 취득한 날부터 5년이 경과한 후에 양도하는 경우에는 당해 신축주택을 취득한 날부터 5년간 발생한 양도소득금액을 양도소득세 과세대상소득금액에서 차감한다. 다만, 신축주택이 소득세법 제89조 제3호의 규정에 의하여 양도소득세의 비과세대상에서 제외되는 고가주택에 해당하는 경우에는 그러하지 아니하다. (2002. 12. 11 단서개정)
   2. 주택건설사업자로부터 취득하는 주택으로서 신축주택취득기간내에 주택건설업자와 최초로 매매계약을 체결하고 계약금을 납부한 자가 취득하는 주택(주택법에 의한 주택조합 또는 도시 및 주거환경정비법에 의한 정비사업조합을 통하여 취득하는 주택으로서 대통령령이 정하는 주택을 포함한다). 다만, 매매계약일 현재 다른 자가 입주한 사실이 있거나 신축주택취득기간 중 대통령령이 정하는 사유에 해당하는 사실이 있는 주택을 제외한다. (2003. 5. 29 개정 ; 주택건설촉진법 부칙)
   ② 소득세법 제89조 제3호의 규정을 적용함에 있어서 제1항의 규정을 적용받는 신축주택은 이를 당해 거주자의 소유주택으로 보지 아니한다. (1998. 12. 28 개정)
  ○ 조세특례제한법 제129조 【양도소득세의 감면배제】 (2001. 12. 29 제목개정)
   소득세법 제104조 제3항의 규정에 의한 미등기양도자산에 대하여는 양도소득세의 비과세 및 감면에 관한 규정을 적용하지 아니한다. (2001. 12. 29 개정)
  ○ 소득세법 제104조 【양도소득세의 세율】

③ 제1항 제3호에서 "미등기양도자산"이라 함은 제94조 제1항 제1호 및 제2호에 규정하는 자산을 취득한 자가 그 자산의 취득에 관한 등기를 하지 아니하고 양도하는 것을 말한다. 다만 대통령령이 정하는 자산은 제외한다. (2000. 12. 29 개정)

○ 소득세법시행령 제168조 【미등기양도제외 자산의 범위 등】 (2000. 12. 29 제목개정)

① 법 제104조 제3항 단서에서 "대통령령이 정하는 자산"이라 함은 다음 각호의 것을 말한다. (2000. 12. 29 개정)

1. 장기할부조건으로 취득한 자산으로서 그 계약조건에 의하여 양도당시 그 자산의 취득에 관한 등기가 불가능한 자산
2. 법률의 규정 또는 법원의 결정에 의하여 양도당시 그 자산의 취득에 관한 등기가 불가능한 자산
3. 법 제89조 제2호제4호 및 「조세특례제한법」 제69조 제1항에 규정하는 토지 (2005. 2. 19. 개정)
4. 법 제89조 제3호에 규정하는 1세대 1주택으로서 「건축법」에 의한 건축허가를 받지 아니하여 등기가 불가능한 자산 (2005. 2. 19. 개정)
5. 상속에 의한 소유권이전등기를 하지 아니한 자산으로서 「공익사업을 위한 토지 등의 취득 및 보상에 관한 법률」 제18조의 규정에 의하여 사업시행자에게 양도하는 것 (2005. 2. 19. 개정)

나. 유사사례 (판례, 심판례, 심사례, 예규)

○ 재산46014-1384 (2000.11.21)

조세특례제한법 제99조 제1항의 규정을 적용받는 신축주택은 소득세법 제89조 제3호(1세대1주택 비과세)의 규정을 적용함에 있어서 이를 당해 거주자의 소유주택으로 보지 않는 것임

○ 서면4팀-1522(2004.09.24)

조세특례제한법 제99조의 3에서 규정하는 신축주택을 양도하는 경우 거주여부 및 다른 주택의 보유여부에 관계없이 양도소득세가 감면되는 것이며, 이 경우 신축주택에는 주무관청으로부터 가사용승인을 받아 사용하고 있으나 건축법의 규정에 의한 사용검사를 받지 못하여 취득에 관한 등기를 하지 못한 상태로 양도하는 경우를 포함하는 것임

○ 서면4팀-2040(2004.12.14)

조세특례제한법 제99조의 규정에 의하여 신축주택취득기간 내에 주택건설업자와 최초로 매매계약을 체결하고 계약금을 납부한 자가 취득한 신축주택을 그 취득일부터 5년이 경과된 후에 양도하는 경우에는 당해 신축 주택의 취득일부터 5년간 발생하는 양도소득금액(동법시행령 제40조 제1항의 산식에 의하여 계산한 금액)을 양도소득세 과세대상소득금액에서 차감(소득금액의 감면)하는 것이며, 이 경우 차감하는 소득금액에 대한 산출세액에 대하여는 농어촌특별세가 과세되는 것임

| 질의 회답 | 미등기 양도자산 해당 여부

[요 지]

매매대금을 청산하여 부동산을 취득한 자가 등기절차를 이행하지 아니하고 당해 부동산을 양도함에 있어서 매매계약서를 작성하는 형식을 취하였다 하더라도 미등기양도자산에 해당하는 것임

[회 신]

주택을 신축하여 판매하는 사업은 소득세법 제19조 제1항 제6호의 규정에 의하여 건설업에 해당하며, 주택의 신축 양도에 대한 사업성 여부는 그 거래의 목적이나 거래의 횟수, 규모, 태양 등에 비추어 사업활동으로 볼 수 있을 정도의 계속성과 반복성이 있는지를 종합적으로 고려하여 사실 판단할 사항입니다.

부동산의 양도로 인하여 발생하는 소득·수익·재산행위 또는 거래의 귀속이 명의일 뿐이고 사실상 귀속되는 자가 따로 있는 때에는 국세기본법 제14조의 규정에 의하여 사실상 귀속되는 자를 납세의무자로 하여 소득세 또는 양도소득세를 과세하는 것입니다.

매매대금을 청산하여 부동산을 취득한 자가 등기절차를 이행하지 아니하고 당해 부동산을 양도함에 있어서 종전 매도자와 새로운 매수자간에 별도의 매매계약서를 작성하는 형식을 취하였다 하더라도 소득세법 제104조 제1항 제3호에서 규정하는 미등기양도자산에 해당하는 것이나, 귀 질의가 구체적으로 이에 해당하는지에 대해서는 사실판단 사항입니다.

그리고 미등기양도자산에 대한 사업소득 또는 양도소득의 계산은 실거래가액으로 하는 것입니다.

[관련법령]

소득세법 제104조 【양도소득세의 세율】

1. 질의내용 요약
    1. A라는 사람이 B라는 사람 소유의 토지를 매입하여 그 토지 위에 건축(빌라/다세대)을 하여 C 등에게 매도하였는 데, A는 소유권이전등기를 하지 않고 B의 명의로 전매하여 소유권을 이전하려고 하는데 불법행위가 아닌지
    2. 정당하다면 각종 세금 등은 어떻게 되는 것인지
    3. 불법이라면 어떤 불이익이 오는지
    4. 본 부동산의 거래지역은 경기도 광주시/남양주시 입니다.(토지거래지역인지 잘 모름)

5. A라는 사람은 상습적으로 수 십년간(약20년간)이런 수법으로 전매를 하였다면 고시가격으로, 아니면 실거래가액으로 각종 세금을 납부하여야 하는가요
6. B라는 사람이 A라는 사람을 고의 또는 모사하여 소유권 이전을 하였다면 B라는 사람은 책임이 없는가요
7. A라는 사람이 현금이 아닌 물물교환을 하여 부동산 분양가격으로 처분하였다면 실거래가격으로, 아니면 고시가역으로 소유권이전등기하여야 하는지

2. 질의내용에 대한 자료
    가. 관련 조세 법령 (법률, 시행령, 시행규칙, 기본통칙)
    ○ 소득세법 제19조【사업소득】
        ① 사업소득은 당해연도에 발생한 다음 각호의 소득으로 한다. (1994.12.22 개정)
            6. 건설업(대통령령이 정하는 주택신축판매업을 포함한다. 이하 같다)에서 발생하는 소득
        ② 사업소득금액은 당해연도의 총수입금액에서 이에 소요된 필요경비를 공제한 금액으로 한다. (1994. 12. 22 개정)
        ③ 사업소득의 범위에 관하여 필요한 사항은 대통령령으로 정한다.(1994.12.22개정)
    ○ 소득세법시행령 제32조 【주택신축판매업의 범위】
        ① 법 제19조 제1항 제6호에서 "대통령령이 정하는 주택신축판매업"이라 함은 다음 각호의 것을 말한다.
            1. 주택을 건설하여 판매하는 사업
        ② 제1항의 규정을 적용함에 있어서 그 주택에는 이에 부수되는 토지로서 건물이 정착된 면적에 제154조 제7항의 규정에 의한 배율을 곱하여 산정한 면적이내의 토지를 포함하는 것으로 한다.
    ○ 국세기본법 제14조 【실질과세】
        ① 과세의 대상이 되는 소득수익재산행위 또는 거래의 귀속이 명의일 뿐이고 사실상 귀속되는 자가 따로 있는 때에는 사실상 귀속되는 자를 납세의무자로 하여 세법을 적용한다.
        ② 세법 중 과세표준의 계산에 관한 규정은 소득수익재산행위 또는 거래의 명칭이나 형식에 불구하고 그 실질내용에 따라 적용한다.
    ○ 소득세법 제104조【양도소득세의 세율】
        ① 거주자의 양도소득세는 당해 연도의 양도소득과세표준에 다음 각호의 세율을 적용하여 계산한 금액(이하 "양도소득산출세액"이라 한다)을 그 세액으로 한다. 이 경우 하나의 자산이 다음 각호의 규정에 의한 세율 중 2 이상의 세율에 해당하는 때에는 그 중 가장 높은 것을 적용한다. (2003. 12. 30. 후단신설)
            3. 미등기양도자산 (2003. 12. 30. 개정)
                양도소득과세표준의 100분의 70
        ② 제1항 제2호제2호의 2 및 제4호 가목의 보유기간은 당해 자산의 취득일부터 양

도일까지로 한다. 다만, 다음 각호의 1에 해당하는 경우에는 각각 그 정한 날을 당해 자산의 취득일로 본다. (2003. 12. 30. 개정)
③ 제1항 제3호에서 "미등기양도자산"이라 함은 제94조 제1항 제1호 및 제2호에 규정하는 자산을 취득한 자가 그 자산의 취득에 관한 등기를 하지 아니하고 양도하는 것을 말한다. 다만 대통령령이 정하는 자산은 제외한다. (2000. 12. 29 개정)

○ 소득세법시행령 제168조 【미등기양도제외 자산의 범위 등】
① 법 제104조 제3항 단서에서 "대통령령이 정하는 자산"이라 함은 다음 각호의 것을 말한다. (2000. 12. 29 개정)
1. 장기할부조건으로 취득한 자산으로서 그 계약조건에 의하여 양도당시 그 자산의 취득에 관한 등기가 불가능한 자산
2. 법률의 규정 또는 법원의 결정에 의하여 양도당시 그 자산의 취득에 관한 등기가 불가능한 자산
3. 법 제89조 제2호제4호 및 조세특례제한법 제69조 제1항에 규정하는 토지 (1998. 12. 31 개정)
4. 법 제89조 제3호에 규정하는 1세대 1주택으로서 건축법에 의한 건축허가를 받지 아니하여 등기가 불가능한 자산
5. 상속에 의한 소유권이전등기를 하지 아니한 자산으로서 공익사업을 위한 토지 등의 취득 및 보상에 관한 법률 제18조의 규정에 의하여 사업시행자에게 양도하는 것 (2002. 12. 30 개정)

나. 유사사례(판례, 심판례, 심사례, 예규)
○ 서면인터넷방문상담1팀-1403,2004.10.12
주택을 신축하여 판매하는 사업은 소득세법 제19조 제1항 제6호의 규정에 의하여 건설업에 해당하며, 판매용으로 신축한 주택을 사업자가 거주목적으로 사용하는 주택은 당해 사업자의 소득금액 계산시 총수입금액에 산입하지 아니하는 것이나, 주택의 신축양도에 대한 사업성 여부는 그 거래의 목적이나 거래의 횟수, 규모, 태양 등에 비추어 사업활동으로 볼 수 있을 정도의 계속성과 반복성이 있는지를 종합적으로 고려하여 사실 판단할 사항임.
○ 서면인터넷방문상담4팀-1985,2004.12.07
【질의】
매매 등이 금지된 가처분된 부동산의 가처분권자가 소유권이전등기 청구소송 결과 당해 부동산의 1/2지분에 대해 명의신탁해지를 원인으로 소유권이 있음을 확정판결받았으나 그 소송결과에 따른 소유권이전등기를 하지 않은 상태에서 당해 부동산의 명의자가 제3자에 양도한다면 당해 부동산 양도에 따른 양도소득에 대한 양도소득세 납세의무자는 어떻게 되는것인지 여부
【회신】

부동산의 양도로 인하여 발생하는 소득·수익·재산행위 또는 거래의 귀속이 명의일 뿐이고 사실상 귀속되는 자가 따로 있는 때에는 국세기본법 제14조의 규정에 의하여 사실상 귀속되는 자를 납세의무자로 하여 양도소득세를 과세하는 것임

따라서 귀 질의 경우 당해 부동산 양도에 따른 양도소득세 납세의무자는 해당 부동산의 매매계약에 따른 거래의 실질내용에 따라 사실판단할 사항임

○ 재산 46014-678, 2000.06.27

【질의】

본인은 1990년 12월 시흥에 있는 임야를 매입하였음. 소유권을 이전하려고 하였으나 '국토이용관리법'에 의하여 현지에 일정기간 이상 거주하지 아니하였으므로 소유권 이전등기가 불가능함

그 상태로 지나다 보니까 1991년에 이 땅에 대하여 타인의 가처분과 압류가 계속 들어 왔음. -이에 불안을 느껴 소유권이전등기를 요구하는 민사소송을 제기하여 1992년 12월에 "전 소유자는 1990년 양도를 원인으로 한 소유권이전등기절차를 이행하라"는 판결을 받았음

그러나 여전히 '국토이용관리법'에 의하여 소유권이전등기를 할 수 없어서 1993년 3월에 위 판결에 기한 "일체의 처분행위를 금지하는 가처분"을 하였음

그러다가 1998년 3월 한국수자원공사에서 이 땅을 수용을 하여 소유권이 전 소유자(본인에게 토지를 판) 명의에서 한국수자원공사로 이전되었음

물론 토지 보상금은 본인이 수령하였음

이와 같은 경우 소득세법시행령 제168조 제2호의 "법률의 규정 또는 법원의 결정에 의하여 양도당시 그 자산의 취득에 관한 등기가 불가능한 자산"에 해당되어 미등기자산에서 제외되는지 질의함

【회신】

국토이용관리법 제21조의 2의 규정에 의한 토지거래허가 구역내에 있는 토지를 같은법 제21조의 3에서 규정하는 토지거래허가를 받지 않고 취득한 토지를 양도하는 경우로서 당해 토지의 취득등기를 하지 않고 양도하는 경우에는 소득세법 제104조 제3항에서 규정하는 미등기양도자산에 해당하는 것임

(☞ 위 줄친 부분의 법령과 조항은 현행법상 『국토의 계획 및 이용에 관한 법률』 제117조와 제118조임)

| 질의 | 회답 | 미등기양도자산의 1세대 1주택 해당 여부 |

[요   지]

미등기양도자산인 경우에는 1세대 1주택 비과세 적용을 배제하는 것임

[회신]
양도소득세가 비과세되는 1세대 1주택이라 함은 거주자 및 그 배우자가 그들과 동일한 주소 또는 거소에서 생계를 같이하는 가족과 함께 구성하는 1세대가 양도일 현재 국내에 1주택을 보유하고 있는 경우로서 당해 주택의 보유기간이 3년 이상인 것(서울특별시, 과천시 및 「택지개발촉진법」제3조의 규정에 의하여 택지개발예정지구로 지정·고시된 분당·일산·평촌·산본·중동 신도시 지역에 소재하는 주택의 경우에는 당해 주택의 보유기간이 3년 이상이고 그 보유기간 중 거주기간이 2년 이상인 것)을 말하는 것이나,
그 자산이 미등기양도자산인 경우에는 비과세 적용을 배제하는 것입니다.

[관련법령]
소득세법 제89조 【비과세양도소득】

1. 질의내용 요약
   (사실관계)
   - 포항시 소재 1주택(미등기)을 양도하고자 하며 본인이 소유한 토지는 토지구획정리사업에 의하여 편입된 토지로서 환지처분이 되어 있으며, 지장물(주택-미등기)에 대한 보상은 구획정리조합에서 감정평가법인의 감정가액으로 책정되어 있음
   - 매수자의 자금사정으로 토지의 대금 중 67% 정도는 계약시 지불하며 잔금은 소유권이전을 함과 동시에 받기로 하였으나, 지장물에 대하여는 매수자의 명의로 변경하고 난 후 매수자에게 지급될 것으로 보아 매매계약서 상의 양도와 함께 건물대금을 본인이 직접 수령하고자 함
   (질의사항)
   매매계약서에 토지 및 건물의 양도금액을 명시하여 양도하고 지장물의 보상금은 구획정리조합에서 직접 수령할 경우 토지 및 건물을 일괄 양도한 것으로 보아 1세대 1주택으로 비과세를 받을 수 있는지 여부
2. 질의내용에 대한 자료
   가. 관련 조세 법령 (법률, 시행령, 시행규칙, 기본통칙)
      ○ 소득세법 제89조 【비과세양도소득】
         다음 각호의 소득에 대하여는 양도소득에 대한 소득세(이하 "양도소득세"라 한다)를 과세하지 아니한다. (1999. 12. 28 개정)
            3. 대통령령이 정하는 1세대 1주택(가액이 대통령령이 정하는 기준을 초과하는 고가주택을 제외한다)과 이에 부수되는 토지로서 건물이 정착된 면적에 지역별로 대통령령이 정하는 배율을 곱하여 산정한 면적 이내의 토지의 양도로 인하여 발생하는 소득 (2002. 12. 18 개정)

○ 소득세법 제91조 【양도소득세 비과세의 배제】 (1998. 12. 28 제목개정)
제104조 제3항에 규정하는 미등기양도자산에 대하여는 이 법 또는 이 법외의 법률 중 양도소득에 대한 소득세의 비과세에 관한 규정을 적용하지 아니한다. (1998. 12. 28 개정)

○ 소득세법 시행령 제154조 【1세대 1주택의 범위】
① 법 제89조 제3호에서 "대통령령이 정하는 1세대 1주택"이라 함은 거주자 및 그 배우자가 그들과 동일한 주소 또는 거소에서 생계를 같이하는 가족과 함께 구성하는 1세대(이하 "1세대"라 한다)가 양도일 현재 국내에 1주택을 보유하고 있는 경우로서 당해 주택의 보유기간이 3년 이상인 것(서울특별시, 과천시 및 「택지개발촉진법」 제3조의 규정에 의하여 택지개발예정지구로 지정·고시된 분당·일산·평촌·산본·중동 신도시지역에 소재하는 주택의 경우에는 당해 주택의 보유기간이 3년 이상이고 그 보유기간 중 거주기간이 2년 이상인 것)을 말한다.

나. 유사사례 (판례, 심판례, 심사례, 예규)

○ 서일46014-11458, 2002.11.01
양도소득세가 비과세되는 "1세대 1주택"이라 함은 거주자 및 그 배우자가 그들과 동일한 주소 또는 거소에서 생계를 같이하는 가족과 함께 구성하는 1세대가 양도일 현재 국내에 1주택을 보유하고 있는 경우로서 당해 주택의 보유기간이 3년 이상인 것(서울특별시, 과천시 및 택지개발촉진법 제3조의 규정에 의하여 택지개발예정지구로 지정·고시된 분당·일산·평촌·산본·중동 신도시 지역에 소재하는 주택의 경우에는 당해 주택의 보유기간이 3년 이상이고 그 보유기간 중 거주기간이 1년(현행 2년) 이상인 것)을 말하는 것임

다만, 2002. 10. 1부터 1년이 되는 날(2003. 9. 30)까지 당해 주택을 양도하는 경우에는 거주기간의 제한을 받지 아니하는 것임

○ 재일46014-1331, 1999.07.08
소득세법 제89조 및 같은법 시행령 제154조 제1항의 1세대 1주택 비과세 규정을 판정함에 있어 그 자산이 미등기양도자산인 경우에는 양도소득세의 비과세 적용을 배제하는 것임

| 질의 | 회답 | 미등기 여부 |

[요 지]

토지거래허가구역 내에 있는 토지를 토지거래허가를 받지 않고 취득한 토지를 취득등기를 하지 않고 양도하는 경우에는 미등기양도자산에 해당하는 것임

388   미등기 부동산 경매관련 선례·질의회신

[회　신]
국토의 계획 및 이용에 관한 법률 제117조의 규정에 의한 토지거래허가구역 내에 있는 토지를 같은법 제118조 및 제119조에 의한 토지거래허가를 받지 않고 취득한 토지를 양도하는 경우로서 당해 토지의 취득등기를 하지 않고 양도하는 경우에는
소득세법 제104조 제3항에서 규정하는 미등기양도자산에 해당하는 것이며 붙임과 같이 관련 조세법령과 기 질의 회신문을 보내 드리니 참고하시기 바랍니다.

[관련법령]
소득세법   제104조 【양도소득세의 세율】

1. 질의내용 요약
   (사실관계)
   변호사가 농민이 의뢰한 사건의 수임료로써 농지를 받았으나 비농민은 농지를 취득할 수 없어 소유권 이전등기를 이행하지 못하고 부득이 소유권이전 가처분을 한 상태에서 3년이 경과한 후 미등기상태로 농지가 국가의공공용지로 수용됨
   (질의)
   위의 경우 소득세법시행령 제168조 제1항 제2호의 규정에 의한 미등기 양도제외 자산에 해당하는지 여부
2. 질의내용에 대한 자료
   가. 관련 조세 법령 (법률, 시행령, 시행규칙, 기본통칙)
    ○ 소득세법   제104조 【양도소득세의 세율】
        ① 거주자의 양도소득세는 당해 연도의 양도소득과세표준에 다음 각호의 세율을 적용하여 계산한 금액(이하 "양도소득산출세액"이라 한다)을 그 세액으로 한다. 이 경우 하나의 자산이 다음 각호의 규정에 의한 세율 중 2 이상의 세율에 해당하는 때에는 그 중 가장 높은 것을 적용한다. (2003. 12. 30. 후단신설)
        3. 미등기양도자산 (2003. 12. 30. 개정)
           양도소득과세표준의 100분의 70
        ③ 제1항 제3호에서 "미등기양도자산"이라 함은 제94조 제1항 제1호 및 제2호에 규정하는 자산을 취득한 자가 그 자산의 취득에 관한 등기를 하지 아니하고 양도하는 것을 말한다. 다만 대통령령이 정하는 자산은 제외한다. (2000. 12. 29 개정)
    ○ 소득세법 시행령 제168조 【미등기양도제외 자산의 범위 등】 (2000. 12. 29 제목개정)
        ① 법 제104조 제3항 단서에서 "대통령령이 정하는 자산"이라 함은 다음 각호의

것을 말한다. (2000. 12. 29 개정)
1. 장기할부조건으로 취득한 자산으로서 그 계약조건에 의하여 양도당시 그 자산의 취득에 관한 등기가 불가능한 자산
2. 법률의 규정 또는 법원의 결정에 의하여 양도당시 그 자산의 취득에 관한 등기가 불가능한 자산.
3. 법 제89조 제2호제4호 및 「조세특례제한법」 제69조 제1항에 규정하는 토지 (2005. 2. 19. 개정)
4. 법 제89조 제3호에 규정하는 1세대 1주택으로서 「건축법」에 의한 건축허가를 받지 아니하여 등기가 불가능한 자산 (2005. 2. 19. 개정)
5. 상속에 의한 소유권이전등기를 하지 아니한 자산으로서 「공익사업을 위한 토지 등의 취득 및 보상에 관한 법률」 제18조의 규정에 의하여 사업시행자에게 양도하는 것 (2005. 2. 19. 개정)

② 법 제104조 제1항 제1호의 규정을 적용함에 있어서 제158조 제1항 제1호의 규정에 의한 주식 등의 양도소득산출세액에 대주주로서 납부하였거나 납부할 세액이 포함되어 있는 경우에는 이를 차감하여 계산한 금액을 양도소득산출세액으로 한다. (2000. 12. 29 신설)

○ 소득세법 기본통칙 91-1 【미등기 양도제외자산의 범위】
다음 각호에 게기하는 토지등은 영 제168조에 규정하는 미등기 양도제외자산에 해당하는 것으로 한다.
1. 토지구획정리사업이 종료되지 아니함으로써 토지취득등기를 하지 못하고 양도한 토지
2. 건설업자가 토지구획정리사업조합으로부터 공사용역대가로 취득한 체비지로서 토지구획정리사업법 제62조에 규정하는 토지구획환지처분공고 이전에 양도한 토지

○ 국토의 계획 및 이용에 관한 법률 제117조 【허가구역의 지정】
① 건설교통부장관은 국토의 이용 및 관리에 관한 계획의 원활한 수립 및 집행, 합리적 토지이용 등을 위하여 토지의 투기적인 거래가 성행하거나 지가가 급격히 상승하는 지역과 그러한 우려가 있는 지역으로서 대통령령이 정하는 지역에 대하여는 5년 이내의 기간을 정하여 제118조 제1항의 규정에 의한 토지거래계약에 관한 허가구역(이하 "허가구역"이라 한다)으로 지정할 수 있다. (2002. 2. 4 제정)
② 건설교통부장관이 제1항의 규정에 의하여 허가구역으로 지정하고자 하는 때에는 중앙도시계획위원회의 심의를 거쳐야 한다. 다만, 지정기간이 만료되는 허가구역을 계속하여 다시 허가구역으로 지정하고자 하는 때에는 중앙도시계획위원회의 심의전에 미리 시·도지사 및 시장·군수 또는 구청장의 의견을 들어야 한다. (2002. 2. 4 제정)

③ 건설교통부장관이 제1항의 규정에 의하여 허가구역으로 지정한 때에는 지체없이 대통령령이 정하는 사항을 공고하고, 그 공고내용을 시도지사에게 통지하여야 한다. (2002. 2. 4 제정)
④ 제3항의 규정에 의하여 통지를 받은 시·도지사는 지체없이 그 공고내용을 그 허가구역을 관할하는 등기소의 장과 시장·군수 또는 구청장에게 통지하여야 하며, 그 통지를 받은 시장·군수 또는 구청장은 지체없이 이를 7일 이상 공고하고, 그 공고내용을 15일간 일반이 열람할 수 있도록 하여야 한다. (2002. 2. 4 제정)
⑤ 허가구역의 지정은 제3항의 규정에 의하여 허가구역의 지정을 공고한 날부터 5일후에 그 효력이 발생한다. (2002. 2. 4 제정)
⑥ 건설교통부장관은 허가구역의 지정사유가 없어졌다고 인정되거나 관계 시도지사, 시장군수 또는 구청장으로부터의 허가구역의 지정해제 또는 축소 요청이 이유있다고 인정되는 때에는 지체없이 허가구역의 지정을 해제하거나 지정된 허가구역의 일부를 축소하여야 한다. (2002. 2. 4 제정)
⑦ 제2항 본문, 제3항 및 제4항의 규정은 제6항의 규정에 의한 해제 또는 축소의 경우에 이를 준용한다. (2002. 2. 4 제정)
○ 국토의 계획 및 이용에 관한 법률 제118조 【토지거래계약에 관한 허가】
① 허가구역안에 있는 토지에 관한 소유권·지상권(소유권·지상권의 취득을 목적으로 하는 권리를 포함한다)을 이전 또는 설정(대가를 받고 이전 또는 설정하는 경우에 한한다)하는 계약(예약을 포함한다. 이하 "토지거래계약"이라 한다)을 체결하고자 하는 당사자는 공동으로 대통령령이 정하는 바에 따라 시장군수 또는 구청장의 허가를 받아야 한다. 허가받은 사항을 변경하고자 하는 때에도 또한 같다. (2002. 2. 4 제정)
② 경제 및 지가의 동향과 거래단위면적 등을 종합적으로 고려하여 대통령령이 정하는 용도별 면적 이하의 토지에 대한 토지거래계약에 관하여는 제1항의 규정에 의한 허가를 요하지 아니한다. (2002. 2. 4 제정)
⑥ 제1항의 규정에 의한 허가를 받지 아니하고 체결한 토지거래계약은 그 효력을 발생하지 아니한다. (2002. 2. 4 제정)
○ 국토의 계획 및 이용에 관한 법률 제119조 【허가기준】
시장·군수 또는 구청장은 제118조의 규정에 의한 허가신청이 다음 각호의 1에 해당하는 경우에는 허가를 하여서는 아니된다. (2002. 2. 4 제정)
1. 토지거래계약을 체결하고자 하는 자의 토지이용목적이 다음 각목의 1에 해당되지 아니하는 경우 (2002. 2. 4 제정)
　가. 자기의 거주용 주택용지로 이용하고자 하는 것인 경우 (2002. 2. 4 제정)
　나. 허가구역을 포함한 지역의 주민을 위한 복지시설 또는 편익시설로서 관할 시장군수 또는 구청장이 확인한 시설의 설치에 이용하고자 하는 것인 경우

(2002. 2. 4 제정)
다. 허가구역안에 거주하는 농업·임업인·어업인 또는 대통령령이 정하는 자가 당해 허가구역안에서 농업·축산업·임업 또는 어업을 영위하기 위하여 필요한 것인 경우 (2002. 2. 4 제정)
라. 공익사업을 위한 토지등의 취득 및 보상에 관한 법률 그 밖의 법률에 의하여 토지를 수용 또는 사용할 수 있는 사업을 시행하는 자가 그 사업을 시행하기 위하여 필요한 것인 경우 (2002. 2. 4 제정)
마. 허가구역을 포함한 지역의 건전한 발전을 위하여 필요하고 관계 법률의 규정에 의하여 지정된 지역·지구구역 등의 지정목적에 적합하다고 인정되는 사업을 시행하는 자 또는 시행하고자 하는 자가 그 사업에 이용하고자 하는 것인 경우 (2002. 2. 4 제정)
바. 허가구역의 지정당시 당해 구역안에서 사업을 시행하고 있는 자가 그 사업에 이용하고자 하는 것인 경우 또는 그 자의 사업과 밀접한 관련이 있는 사업을 행하는 자가 그 사업에 이용하고자 하는 것인 경우 (2002. 2. 4 제정)
사. 허가구역안에 거주하고 있는 자의 일상생활 및 통상적인 경제활동에 필요한 것 등으로서 대통령령이 정하는 용도에 이용하고자 하는 것인 경우 (2002. 2. 4 제정)
2. 토지거래계약을 체결하고자 하는 자의 토지이용목적이 다음 각목의 1에 해당되는 경우 (2002. 2. 4 제정)
가. 도시계획 그 밖에 토지의 이용 및 관리에 관한 계획에 적합하지 아니한 경우 (2002. 2. 4 제정)
나. 생태계 보전 및 주민의 건전한 생활환경 보호에 중대한 위해를 초래할 우려가 있는 경우 (2002. 2. 4 제정)
3. 그 면적이 그 토지의 이용목적으로 보아 적합하지 아니하다고 인정되는 경우 (2002. 2. 4 제정)

나. 유사 사례 (판례, 심판례, 심사례, 예규)
○ 재산46014-678, 2000.06.27
【질의】
(상황)
- 본인은 1990. 12. 시흥에 있는 임야를 매입하였음
- 소유권을 이전하려고 하였으나 '국토이용관리법'에 의하여 현지에 일정기간 이상 거주하지 아니하였으므로 소유권이전등기가 불가능하였음
- 그 상태로 지나다 보니까 1991년에 이 땅에 대하여 타인의 가처분과 압류가 계속 들어 왔음
- 이에 불안을 느껴 소유권이전등기를 요구하는 민사소송을 제기하여 1992. 12.에 "전 소유자는 1990년 양도를 원인으로 한 소유권이전등기절차를 이행하라"는

판결을 받았음
- 그러나 여전히 '국토이용관리법'에 의하여 소유권이전등기를 할 수 없어서 1993. 3.에 위 판결에 기한 "일체의 처분행위를 금지하는 가처분"을 하였음
- 그러다가 1998. 3. 한국수자원공사에서 이 땅을 수용하여 소유권이 전 소유자 (본인에게 토지를 판) 명의에서 한국수자원공사로 이전되었음. 물론 토지보상금은 본인이 수령하였음

(질의)

이와 같은 경우 소득세법시행령 제168조 제2호의 "법률의 규정 또는 법원의 결정에 의하여 양도당시 그 자산의 취득에 관한 등기가 불가능한 자산"에 해당되어 미등기자산에서 제외되는지

【회신】

국토이용관리법 제21조의 2의 규정에 의한 토지거래허가구역내에 있는 토지를 같은법 제21조의 3에서 규정하는 토지거래허가를 받지 않고 취득한 토지를 양도하는 경우로서 당해 토지의 취득등기를 하지 않고 양도하는 경우에는 소득세법 제104조 제3항에서 규정하는 미등기양도자산에 해당하는 것임

○ 대법94누8020,1995.04.11

미등기양도자산에 대하여 양도소득세를 중과한다고 한 취지는 자산을 취득한 자가 양도 당시 그 취득에 관한 등기를 하지 아니하고 이를 양도함으로써, 양도소득세, 취득세 등의 각종 조세를 포탈하거나 양도차익만을 노려 잔대금 등의 지급 없이 전전매매하는 따위의 부동산투기 등을 억제, 방지하려는 데 있으므로, 애당초 그 자산의 취득에 있어서 양도자에게 자산의 미등기양도를 통한 조세회피목적이나 전매이득취득 등 투기목적이 없다고 인정되고, 양도 당시 그 자산의 취득에 관한 등기를 하지 아니한 책임을 양도자에게 추궁하는 것이 가혹하다고 판단되는 경우,

즉 부득이한 사정이 인정되는 경우에는 소득세법 제70조 제7항 단서, 같은법시행령 제121조의 2의 각호의 경우에 준하여 양도소득세가 중과되는 미등기양도자산에서 제외된다.

소득세법 제70조 제7항 단서, 같은법시행령 제121조의 2 제2호가 미등기양도자산에서 제외되는 것 중 하나로 들고 있는 "법률의 규정에 의하여 양도 당시 그 자산의 취득에 관한 등기가 불가능한 자산"이라 함은 그 자산의 취득자에 대하여 법률상 일반적으로 그 취득에 관한 등기를 제한 또는 금지함으로 인하여 그 등기절차의 이행이 불가능한 경우를 가리키는 것이며, 농지 소재지에 거주하지 아니하는 비농민에 대한 농지 취득의 제한 등과 같은 상대적 불능의 경우에는 이에 해당하지 아니한다.

질의 회답 | 미등기양도자산 해당여부

[요 지]

미등기양도자산이라 함은 자산을 취득한 자가 그 자산의 취득에 관한 등기를 하지 아니하고 양도하는 것을 말하는 것임

[회 신]

「소득세법」 제104조(양도소득세 세율) 제3항의 규정에 의한 "미등기양도자산"이라 함은 동법 제94조 제1호 및 제2호에 규정하는 자산을 취득한 자가 그 자산의 취득에 관한 등기를 하지 아니하고 양도하는 것을 말하는 것입니다. 귀 질의의 경우, 취득계약조건이 성취되어 동법 시행령 제162조의 규정에 의한 취득시기가 도래한 부동산을 취득에 관한 소유권이전등기를 하지 아니하고 타인에게 양도하는 경우에는 미등기양도자산에 해당하는 것이나, 이에 해당하는지에 대해서는 관련사실을 확인하여 판단할 사항입니다.

[관련법령]

소득세법 제104조 【양도소득세의 세율】
소득세법시행령 제168조 【미등기양도제외 자산의 범위 등】

1. 질의내용 요약

   본인은 토지를 분양하는 법인으로부터 펜션부지를 아래와 같은 조건으로 취득, 계약하였음.
   - 토지 잔금을 완납하였다 하더라도 토지와 관련한 인허가 사항 및 모든 부대공사가 완료된 후, 토지를 분필하여 소유권 이전 등기를 이전한다. (행정절차상의 어려움 때문에 일단 분양법인 단독명의로 펜션부지에 대한 인허가 및 모든 공사를 완료 후 펜션을 즉시 건축할 수 있는 상태에서 수분양자에게 이전하기 위함임)

   [질의]
   현재 본인은 잔금을 수개월 전에 이미 토지 분양회사에 완납하였는데, 경제적인 사정으로 위 펜션부지를 매도하려고 하는 바, 이 경우 미등기양도자산에 해당하는지 여부 (자산의 구분에 따라 36%세율, 또는 70%세율이 적용됨)

2. 질의내용에 대한 자료

   가. 관련 조세 법령 (법률, 시행령, 시행규칙, 기본통칙)

   ○ 소득세법 제104조 【양도소득세의 세율】

   ① 거주자의 양도소득세는 당해 연도의 양도소득과세표준에 다음 각 호의 세율을

적용하여 계산한 금액(이하 "양도소득산출세액"이라 한다)을 그 세액으로 한다. 이 경우 하나의 자산이 다음 각 호의 규정에 의한 세율 중 2 이상의 세율에 해당하는 때에는 그 중 가장 높은 것을 적용한다. (2003.12.30. 후단신설)
1. ~ 2. 생략
2의 2. 제94조 제1항 제1호 및 제2호의 규정에 의한 자산으로서 그 보유기간이 1년 미만인 것 (2003.12.30. 신설)
양도소득과세표준의 100분의 50
2의 3. 대통령령이 정하는 1세대 3주택 이상에 해당하는 주택(이에 부수되는 토지를 포함한다. 이하 이 조에서 같다) (2003.12.30. 신설)
양도소득과세표준의 100분의 60
3. 미등기양도자산 (2003.12.30. 개정)
② 제1항 제2호·제2호의 2 및 제4호 가목의 보유기간은 당해 자산의 취득일부터 양도일까지로 한다.
③ 제1항 제3호에서 "미등기양도자산"이라 함은 제94조 제1항 제1호 및 제2호에 규정하는 자산을 취득한 자가 그 자산의 취득에 관한 등기를 하지 아니하고 양도하는 것을 말한다. 다만 대통령령이 정하는 자산은 제외한다. (2000. 12.29. 개정)

○ 소득세법 제168조 【미등기양도제외 자산의 범위 등】 (2000.12.29. 제목개정)
① 법 제104조 제3항 단서에서 "대통령령이 정하는 자산"이라 함은 다음 각 호의 것을 말한다. (2000.12.29. 개정)
1. 장기할부조건으로 취득한 자산으로서 그 계약조건에 의하여 양도당시 그 자산의 취득에 관한 등기가 불가능한 자산
2. 법률의 규정 또는 법원의 결정에 의하여 양도당시 그 자산의 취득에 관한 등기가 불가능한 자산
3~5 생략

○ 소득세법시행령 제162조 【양도 또는 취득의 시기】
① 법 제98조의 규정에 의한 취득시기 및 양도시기는 다음 각 호의 경우를 제외하고는 당해 자산의 대금(당해 자산의 양도에 대한 양도소득세 및 양도소득세의 부가세액을 양수자가 부담하기로 약정한 경우에는 당해 양도소득세 및 양도소득세의 부가세액을 제외한다)을 청산한 날로 한다. (1998.12.31. 개정)
1. 대금을 청산한 날이 분명하지 아니한 경우에는 등기부·등록부 또는 명부 등에 기재된 등기·등록접수일 또는 명의개서일 (2001.12.31. 개정)
2. 대금을 청산하기 전에 소유권이전등기(등록 및 명의의 개서를 포함한다)를 한 경우에는 등기부·등록부 또는 명부 등에 기재된 등기접수일

○ 소득세법 제94조 【양도소득의 범위】
① 양도소득은 당해연도에 발생한 다음 각 호의 소득으로 한다. (2000.12.29. 개정)

1. 토지(지적법에 의하여 지적공부에 등록하여야 할 지목에 해당하는 것을 말한다) 또는 건물(건물에 부속된 시설물과 구축물을 포함한다)의 양도로 인하여 발생하는 소득 (2000.12.29. 개정)
2. 다음 각목의 1에 해당하는 부동산에 관한 권리의 양도로 인하여 발생하는 소득 (2000.12.29. 개정)
   가. 부동산을 취득할 수 있는 권리(건물이 완성되는 때에 그 건물과 이에 부수되는 토지를 취득할 수 있는 권리를 포함한다) (2000.12.29. 개정)

○ 소득세법기본통칙 94-1 【부동산을 취득할 수 있는 권리의 예시】
영 제157조 제3항에서 "부동산을 취득할 수 있는 권리"라 함은 법 제98조에서 규정하는 취득시기가 도래하기 전에 당해 부동산을 취득할 수 있는 권리를 말하는 것으로 그 예시는 다음과 같다.
1. 건물이 완성되는 때에 그 건물과 이에 부수되는 토지를 취득할 수 있는 권리(아파트당첨권 등)
2. 지방자치단체·한국토지공사가 발행하는 토지상환채권
3. 대한주택공사가 발행하는 주택상환채권
4. 부동산매매계약을 체결한 자가 계약금만 지급한 상태에서 양도하는 권리

나. 유사사례 (판례, 심판례, 심사례, 예규)
2. 귀 질의의 경우 계약조건이 성취되어 동법시행령 제162조의 규정에 의한 취득시기가 도래한 부동산을 취득에 관한 소유권이전등기를 하지 아니하고 타인에게 양도하는 경우에는 미등기양도자산에 해당하는 것임.

○ 재일46014-1886, 1999.10.27.

【회신】
1. "양도"라 함은 자산에 대한 등기 또는 등록에 관계없이 매도, 교환, 법인에 대한 현물출자 등으로 인하여 소득세법 제94조 각호의 자산이 사실상 이전되는 것을 말하는 것임.
2. 또한, 같은법 제94조 제2호에 해당하는 부동산에 관한 권리를 취득하고 동 권리가 부동산으로 전환된 후 등기를 하지 아니하고 양도하는 경우에는 같은법 제104조 제3항의 규정에 의한 미등기양도자산에 해당하는 것임.

○ 대법2004두5058, 2005.06.24.
【제목】 토지거래허가구역 내에 있는 토지의 권리이전에 대하여 토지거래계약허가를 받도록 하는 제한은 그 취득에 관한 등기절차의 이행이 법률상 일반적으로 불가능한 경우에 해당하지 않아 미등기 양도에 해당함.

○ 감심99-286, 1999.08.31.
【제목】 도시계획사업시행과 부동산 소유권이전등기 행위는 별개사항으로서 미등기양도 제외 사유에 해당 안 되며, 전세보증금 반환금은 취득가액에 포함된 것이므로 추가로 양도가액에서 공제 안 됨.

○ 서면4팀-1227, 2005.07.18.
　【회신】국토의 계획 및 이용에 관한 법률 제117조의 규정에 의한 토지거래 허가구역 내에 있는 토지를 같은법 제118조 및 제119조에 의한 토지거래허가를 받지 않고 취득한 토지를 양도하는 경우로서 당해 토지의 취득등기를 하지 않고 양도하는 경우에는 소득세법 제104조 제3항에서 규정하는 미등기양도자산에 해당하는 것임.

○ 재일46014-1368, 1995.06.08.
　【회신】조건부로 부동산을 취득하는 경우에는 조건성취일이 취득시기가 되는 것으로서, 조건부 매매계약이 체결된 후 그 조건이 성취되기 전까지는 소득세법시행령 제44조 제4항 제2호의 규정(현 동법 시행령 제94조 제1항 제2호 가목)에 따른 "부동산을 취득할 수 있는 권리"에 해당하는 것임.

[질의 회답] 미등기전매에 해당되는 지 여부

[요 지]
주택이 완성된 후 건축법상 사용검사를 받지 못하여 그 취득에 관한 등기가 불가능한 상태에서 당해 주택을 양도하는 경우에는 미등기 양도자산에 해당하지 아니하나 준공허가를 받은 주택인 경우 미등기 양도자산에 해당하는 지는 사실 판단할 사항임

[회 신]
관련 조세법령과 기 질의회신문(재일46014-1886, 1999.10.27., 재일46014-1428, 1998.7.29.)을 보내드리오니 참고하시기 바랍니다.
주택이 완성된 후 건축법상 사용검사(준공검사)를 받지 못하여 그 취득에 관한 등기가 불가능한 상태에서 당해 주택을 양도하는 경우에는 미등기 양도자산에 해당하지 아니하나, 준공허가(2004. 5.11.)를 받은 귀 질의의 경우 미등기 양도자산에 해당하는 지에 대해서는 소관세무서장이 사실 판단할 사항입니다.

[관련법령]
소득세법 제98조 【양도 또는 취득의 시기】

1. 질의내용 요약
　1. 2003.12.31. 이전부터 1세대3주택이며, 2004.12.31 이전까지 1주택을 처분할 예정이나 현재 미등기상태임

2. 미등기 사유 : 1997년 분양받은 아파트로서 2000.8월 취득세를 납부하고 입주도 정상적으로 이루어졌으나, 조합원간의 이권다툼으로 준공허가(2004.5.11)가 늦어졌으며, 등기허가가 내년이 지나야 가능할 수도 있음

【질문】
1. 분양받은 아파트가 준공이 나지 않아 등기하지 못하고 매도한 경우 미등기전매에 해당하는 지 여부(혹은 분양권전매)
2. 위 아파트를 등기허가가 떨어지지 전에 처분하게 될 경우, 고의에 의한 미등기가 아니므로 양도소득세 계산은 일반세율을 적용해도 되는지 여부

2. 질의내용에 대한 자료
 가. 관련 조세 법령 (법률, 시행령, 시행규칙, 기본통칙)
  ○ 소득세법시행령 제162조 【양도 또는 취득의 시기】
   ① 법 제98조의 규정에 의한 취득시기 및 양도시기는 다음 각호의 경우를 제외하고는 당해 자산의 대금(당해 자산의 양도에 대한 양도소득세 및 양도소득세의 부가세액을 양수자가 부담하기로 약정한 경우에는 당해 양도소득세 및 양도소득세의 부가세액을 제외한다)을 청산한 날로 한다. (1998. 12. 31 개정)
   4. 자기가 건설한 건축물에 있어서는 사용검사필증교부일. 다만, 사용검사전에 사실상 사용하거나 사용승인을 얻은 경우에는 그 사실상의 사용일 또는 사용승인일로 하고 건축 허가를 받지 아니하고 건축하는 건축물에 있어서는 그 사실상의 사용일로 한다.
   ② 완성 또는 확정되지 아니한 자산을 양도 또는 취득한 경우로서 당해 자산의 대금을 청산한 날까지 그 목적물이 완성 또는 확정되지 아니한 경우에는 그 목적물이 완성 또는 확정된 날을 그 양도일 또는 취득일로 본다.
  ○ 소득세법기본통칙 98-2【신축건물의 취득시기】
   ① 건설중인 아파트의 분양계약에 따라 잔금청산일까지 당해 아파트가 완공되지 않은 경우에는 건물이 완성된 날을 취득의 시기로 본다.
   ② 제1항에서 규정하는 "건물이 완성된 날"이라 함은 당해 건물에 대한 사용승인일을 말한다. 다만, 사용승인전에 사실상 사용하거나 임시사용승인을 얻은 경우에는 그 사실상의 사용일 또는 임시사용승인일 중 빠른 날로 하고 건축허가를 받지 아니하고 건축하는 건축물에 있어서는 그 사실상의 사용일로 한다.
  ○ 소득세법 제104조【양도소득세의 세율】
   ① 거주자의 양도소득세는 당해 연도의 양도소득과세표준에 다음 각호의 세율을 적용하여 계산한 금액(이하 "양도소득산출세액"이라 한다)을 그 세액으로 한다. 이 경우 하나의 자산이 다음 각호의 규정에 의한 세율 중 2 이상의 세율에 해당하는 때에는 그 중 가장 높은 것을 적용한다. (2003. 12. 30. 후단신설)
   1. 제94조 제1항 제1호제2호 및 제4호의 규정에 의한 자산 (2003. 12. 30. 개정)

제55조 제1항의 규정에 의한 세율
2. 제94조 제1항 제1호 및 제2호에 규정하는 자산으로서 그 보유기간이 1년 이상 2년 미만인 것 (2003. 12. 30. 개정)
양도소득과세표준의 100분의 40
2의 2. 제94조 제1항 제1호 및 제2호의 규정에 의한 자산으로서 그 보유기간이 1년 미만인 것 (2003. 12. 30. 신설)
양도소득과세표준의 100분의 50
2의 3. 대통령령이 정하는 1세대 3주택 이상에 해당하는 주택(이에 부수되는 토지를 포함한다. 이하 이 조에서 같다) (2003. 12. 30. 신설)
양도소득과세표준의 100분의 60
3. 미등기양도자산 (2003. 12. 30. 개정)
양도소득과세표준의 100분의 70
② 제1항 제2호제2호의 2 및 제4호 가목의 보유기간은 당해 자산의 취득일부터 양도일까지로 한다. 다만, 다음 각호의 1에 해당하는 경우에는 각각 그 정한 날을 당해 자산의 취득일로 본다. (2003. 12. 30. 개정)
③ 제1항 제3호에서 "미등기양도자산"이라 함은 제94조 제1항 제1호 및 제2호에 규정하는 자산을 취득한 자가 그 자산의 취득에 관한 등기를 하지 아니하고 양도하는 것을 말한다. 다만 대통령령이 정하는 자산은 제외한다. (2000. 12. 29 개정)

○ 소득세법시행령 제168조 【미등기양도제외 자산의 범위 등】
① 법 제104조 제3항 단서에서 "대통령령이 정하는 자산"이라 함은 다음 각호의 것을 말한다. (2000. 12. 29 개정)
1. 장기할부조건으로 취득한 자산으로서 그 계약조건에 의하여 양도당시 그 자산의 취득에 관한 등기가 불가능한 자산
2. 법률의 규정 또는 법원의 결정에 의하여 양도당시 그 자산의 취득에 관한 등기가 불가능한 자산
3. 법 제89조 제2호제4호 및 조세특례제한법 제69조 제1항에 규정하는 토지 (1998. 12. 31 개정)
4. 법 제89조 제3호에 규정하는 1세대 1주택으로서 건축법에 의한 건축허가를 받지 아니하여 등기가 불가능한 자산
5. 상속에 의한 소유권이전등기를 하지 아니한 자산으로서 공익사업을 위한 토지 등의 취득 및 보상에 관한 법률 제18조의 규정에 의하여 사업시행자에게 양도하는 것 (2002. 12. 30 개정)

○ 소득세법기본통칙 94-1 【부동산을 취득할 수 있는 권리의 예시】
영 제157조 제3항에서 "부동산을 취득할 수 있는 권리"라 함은 법 제98조에서 규정하는 취득시기가 도래하기 전에 당해 부동산을 취득할 수 있는 권리를 말하는

것으로 그 예시는 다음과 같다.
1. 건물이 완성되는 때에 그 건물과 이에 부수되는 토지를 취득할 수 있는 권리 (아파트당첨권 등)
2. 지방자치단체·한국토지공사가 발행하는 토지상환채권
3. 대한주택공사가 발행하는 주택상환채권
4. 부동산매매계약을 체결한 자가 계약금만 지급한 상태에서 양도하는 권리

나. 유사사례(판례, 심판례, 심사례, 예규)
○ 재일46014-1886(1999.10.27)
【질의】
채권자 "갑"은 "을" 법인에게 1994. 7.부터 1995. 3.까지 수차에 걸쳐 원금 13억3천만원을 대여하고 "을"법인이 갖고 있던 아파트 상가시설부지 및 준공건물 일체에 관한 소유권이전등기청구권을 1995. 3. 담보로 확보하였으나 "을"법인은 1995. 6.경 부도로 현재까지 원금 및 이자에 대한 채무변제를 받지 못하였으며, 당초 "을"법인은 1995. 3. 아파트상가시설 사업시행권을 "병"법인에게 양도하였으나 사업시행약정서에 의거 가지고 있던 상가 및 상가부대시설의 분양권을 채무변제능력이 없어 1999. 1. 채권자 "갑"에게 양도한 바 채권자 "갑"은 13억3천만원에 대한 대물변제로 취득한 소유권이전등기청구권을 "병"법인에 양도하고 9억6천만원을 받았을 때 상가 및 상가부대시설 소유권이전등기청구권의 양도가 소득세법 제94조에 의한 양도소득의 범위에 포함되는지 질의함

【회신】
1. "양도"라 함은 자산에 대한 등기 또는 등록에 관계없이 매도, 교환, 법인에 대한 현물출자 등으로 인하여 소득세법 제94조 각호의 자산이 사실상 이전되는 것을 말하는 것임
2. 또한, 같은법 제94조 제2호에 해당하는 부동산에 관한 권리를 취득하고 동 권리가 부동산으로 전환된 후 등기를 하지 아니하고 양도하는 경우에는 같은법 제104조 제3항의 규정에 의한 미등기양도자산에 해당하는 것임

○ 재일46014-1428,1998.07.29
【질의】
1. 본인은 서울 양천구 ○동 929 ○○○○아파트 ×××동 1103호를 전○진으로부터 매수한 사실이 있음
2. 위 아파트는 ○○직장주택조합에서 신축한 아파트로 1993. 12. 14 가사용 승인을 받아 그 시경부터 입주하여 사용하고 있으나, 준공이 지연되어 현재까지 등기가 경료되지 않은 아파트임
3. 본인은 1993. 11. 2 조합원인 전○진과 1993. 11. 5부터 40개월 이내에 본인이 불입한 금 133,020,498원과 제세공과금 등을 변제하지 못할 때는 위 아파트로 대물변제받기로 예약을 한 바 있는데, 전○진이 40개월째인 1997. 3. 5이 지

나도록 위 약정을 이행하지 못하고 있어 본인은 이를 1998년경에 매매를 완결한 바 있음. 이러한 경우 매도인이 1세대에 1주택밖에 없는 경우 양도소득세가 부과되는지의 여부에 관하여 질의함 (참고 : 가사용 승인일로부터 보유기간인 3년이 지났으므로 양도소득세가 부과되지 않는 것이 타당하다고 사료됨)

【회신】
1. 주택건설촉진법의 규정에 의한 조합아파트를 분양받아 양도하는 경우에 주무관청으로부터 가사용승인을 받아 사용하고 있으나 건축법의 규정에 의한 준공검사를 받지 못하여 취득에 관한 등기를 못한 상태로 양도하는 경우에는 미등기양도자산에 해당하지 아니하는 것임
2. 조합아파트를 분양받은 1세대가 가사용승인일부터 3년이상 보유하다 양도하는 경우에는 소득세법시행령 제154조 제1항 규정에 의하여 양도소득세를 비과세 받을 수 있는 것임

○ 재일46014-2763, 1995.10.24

【질의】
본인은 서울시 구로구 ○○동 ○○호에 거주하는 사람으로 1975년도에 동소에 주택 건축허가를 받아 주택을 신축하였는데 건축당시 동 주택이 소재하는 곳은 낮은 지대로 상습 침수지역으로서 배수시설이 부족하여 지하실을 파지 못하였으며, 따라서 건축허가서와 다르게 시공되었다 하여 준공을 받지 못하였고 건물에 대한 등기를 하지 못하고 살고 있음

건물분 재산세는 매년 납부하고 있으며, 이 일대 주택의 상당수가 본인과 비슷한 처지에 있음

본인과 같은 경우 주택은 미등기되었으나 부득이한 일이고, 토지는 취득시부터 등기되었을 경우 동 주택이 1세대 1주택이면 미등기 건물부분은 비과세가 안되더라도 토지부분을 1세대 1주택의 부속토지로서 비과세될 수 있는지

【회신】
주택이 완성된 후 건축법상 사용검사(준공검사)를 받지 못하여 그 취득에 관한 등기가 불가능한 상태에서 당해 주택을 양도하는 경우에는 미등기 양도자산에 해당하지 아니함

질의 회답 미등기 양도자산 여부

[요 지]
재개발조합 아파트의 준공검사가 완료되고 당해 사업인가기관의 촉탁등기 미이행으로 취득등기가 안된 경우는 미등기 제외자산으로 보는 것임

[회 신]

재개발조합 아파트의 준공검사가 완료되고 당해 사업인가기관의 촉탁등기 미이행으로 취득등기가 안된 경우는 미등기 제외자산으로 보는 것이며, 자기가 건설한 신축주택(주택법에 의한 주택조합 또는 도시및주거환경정비법에 의한 정비사업조합을 통하여 대통령령이 정하는 조합원이 취득하는 주택을 포함)으로서 신축주택취득기간(2001. 5.23.부터 2003. 6.30.까지)중에 당해 신축주택의 사용승인 또는 사용검사(임시 사용승인을 포함)를 받지 못한 경우에는 조세특례제한법 제99조의 3의 규정에 의한 신축주택의 취득자에 대한 양도소득세 과세특례 규정을 적용 받을 수 없는 것입니다.

[관련법령]
소득세법 제104조 【양도소득세의 세율】

1. 질의내용 요약

저는 2000.2월 도시재개발법에 의거 주택재개발사업을 추진중이던 ○○구 ○○지구내 토지를 매입하여 ○○구역 주택재재발조합의 조합원이 되었으며, 2001.10.19 ○○구청장의 관리처분계획인가에 따라 2001.11.13 ○○물산이 분양하는 ○○아파트(40평형)를 조합원자격으로 분양받아 계약하고, 2001.11.27 계약금을 납부하였습니다

금년 4월 위의 아파트가 완공되어(준공인가일 2004.4.13), 2004.6.3 아파트 분양잔금을 납부하였으며, 소유권보존등기를 하기 위하여 2004.6.4 취득세와 등록세를 납부하고, 2004.6.7 소유권보존등기에 필요한 서류를 조합이 지정한 법무사에게 맡겼습니다

그러나 그 후 등기가 진행되지 않아 법무사와 조합 및 동대문구청에 알아보니, 위의 아파트 건립으로 주변 일반주택이 텔레비젼 난청지구가 되었다는 일반주택 거주 주민들의 집단민원이 ○○구청에 접수되어 그 민원이 해결되기 전에는 소유권보존등기가 어렵게 되었다는 설명을 들었습니다

저는 지금 이 아파트를 가능한 빠른 시일 내에 팔아야 할 형편이며, 이 아파트의 경우 저가 확실히 알지는 못하지만 소유권등기를 하고 매각하는 경우 조세특례제한법 제99조의3의 규정에 따라 양도소득세가 감면되는 것으로 알고, 그 간 여러번의 매각기회를 버리고 소유권등기가 끝나기만을 기다려 왔는데, 현재 ○○구청에 접수된 민원사안의 내용과 조합 측, ○○구청의 설명으로 보아서는 가까운 시일 내에 해결되는 것은 거의 불가능한 상황으로 판단됩니다

1. 위와 같이 이미 아파트 잔금납부, 취득세 및 등로세 납부 등 소유권등기에 필요한 제반요건을 갖추어 소유권등기를 하려고 하여도 저의 의사와는 관계없이 소유권등기가 불가능한 상황에서 위의 아파트를 등기하지 않고 매각하는 경우에도 양도소득세법에서 정한 미등기전매에 해당되는지요. 따라서 양도소득세 감면을 받을 수 없

고 미등기 전매에 대한 고율의 양도소득세율이 적용되는지
2. 아울러 위 아파트가 저의 현재의 주택보유 숫자에 관계없이 조세특례제한법에 의한 양도소득세 감면대상이 되는 것으로 저는 믿어 왔는데, 이번 기회에 이에 대하여도 확실히 알고 싶으니, 첨부자료를 검토하시어 감면대상인지 여부도 함께 알려주시면 감사하겠습니다.
참고로 현재 이 아파트의 시세는 4억에서 4억5천만원 정도이며, 조합원분을 제외한 아파트 잔여분에 대하여는 조합원아파트 분양이 끝난 후 일반분양한 바 있습니다.
2. 질의내용에 대한 자료
 가. 관련 조세 법령 (법률, 시행령, 시행규칙, 기본통칙)
  ○ 조세특례제한법 제99조의 3 【신축주택의 취득자에 대한 양도소득세의 과세특례】
   ① 거주자(주택건설사업자를 제외한다)가 전국소비자물가상승률 및 전국주택매매가격상승률을 감안하여 부동산가격이 급등하거나 급등할 우려가 있는 지역으로서 대통령령이 정하는 지역외의 지역에 소재하는 다음 각호의 1에 해당하는 신축주택(동 주택에 부수되는 토지로서 당해 건물의 연면적의 2배 이내의 것을 포함한다. 이하 이 조에서 같다)을 취득하여 그 취득일부터 5년 이내에 양도함으로써 발생하는 소득에 대하여는 양도소득세의 100분의 100에 상당하는 세액을 감면하고, 당해 신축주택의 취득일부터 5년이 경과된 후에 양도하는 경우에는 당해 신축주택의 취득일부터 5년간 발생한 양도소득금액을 양도소득세 과세대상소득금액에서 차감한다. 다만, 당해 신축주택이 소득세법 제89조 제3호의 규정에 의하여 양도소득세의 비과세대상에서 제외되는 고가주택에 해당하는 경우에는 그러하지 아니하다. (2002. 12. 11 개정)
   1. 주택건설사업자로부터 취득한 신축주택의 경우 (2003. 5. 29 개정 ; 주택건설촉진법 부칙)
    2001년 5월 23일부터 2003년 6월 30일까지의 기간(이하 이 조에서 "신축주택취득기간"이라 한다) 중에 주택건설업자와 최초로 매매계약을 체결하고 계약금을 납부한 자가 취득한 신축주택(주택법에 의한 주택조합 또는 도시 및 주거환경정비법에 의한 정비사업조합을 통하여 취득하는 주택으로서 대통령령이 정하는 주택을 포함한다). 다만, 매매계약일 현재 입주한 사실이 있거나 신축주택취득기간 중 대통령령이 정하는 사유에 해당하는 사실이 있는 주택을 제외한다.
   2. 자기가 건설한 신축주택(주택법에 의한 주택조합 또는 도시 및 주거환경정비법에 의한 정비사업조합을 통하여 대통령령이 정하는 조합원이 취득하는 주택을 포함한다)의 경우 (2003. 5. 29 개정 ; 주택건설촉진법 부칙)
    신축주택취득기간내에 사용승인 또는 사용검사(임시사용승인을 포함한다)를 받은 신축주택

○ 소득세법 제104조 【양도소득세의 세율】
　③ 제1항 제3호에서 "미등기양도자산"이라 함은 제94조 제1항 제1호 및 제2호에 규정하는 자산을 취득한 자가 그 자산의 취득에 관한 등기를 하지 아니하고 양도하는 것을 말한다. 다만 대통령령이 정하는 자산은 제외한다. (2000. 12. 29 개정)

○ 소득세법시행령 제168조 【미등기양도제외 자산의 범위 등】
　(2000. 12. 29 제목개정)
　① 법 제104조 제3항 단서에서 "대통령령이 정하는 자산"이라 함은 다음 각호의 것을 말한다. (2000. 12. 29 개정)
　　1. 장기할부조건으로 취득한 자산으로서 그 계약조건에 의하여 양도당시 그 자산의 취득에 관한 등기가 불가능한 자산
　　2. 법률의 규정 또는 법원의 결정에 의하여 양도당시 그 자산의 취득에 관한 등기가 불가능한 자산
　　3. 법 제89조 제2호제4호 및 조세특례제한법 제69조 제1항에 규정하는 토지 (1998. 12. 31 개정)
　　4. 법 제89조 제3호에 규정하는 1세대 1주택으로서 건축법에 의한 건축허가를 받지 아니하여 등기가 불가능한 자산
　　5. 상속에 의한 소유권이전등기를 하지 아니한 자산으로서 공익사업을 위한 토지 등의 취득 및 보상에 관한 법률 제18조의 규정에 의하여 사업시행자에게 양도하는 것 (2002. 12. 30 개정)

나. 유사사례 (판례, 심판례, 심사례, 예규)
○ 재재산-190(2004.02.12)
　【질의】
　• 사업지의 위치 : 경기도 용인시 ◇◇동
　• 건립평형 : 33평형(전용면적 : 25.75평형) 단일 평형
　• 총건립세대 : 1,988세대 (조합 : 1,288세대, 일반분양 : 710세대)
　• 조합원모집 : 1997년 8월~2000년 12월 (계약금 - 토지대납부)
　• 조합설립인가신청 : 1997년 12월~2001년 2월
　• 조합설립인가 완료 : 1998년 2월-2001년 4년
　• 사업계획승인 : 2001.7.26. (건축비 납부)
　• 일반분양공고 : 2001.11.19.
　• 일반분양계약체결 : 2001.12.10.(계약금납부)
　• 입주예정일 : 2004년 6월
　• 당 조합은 경기도 용인시에서 지역조택조합아파트를 건립중인 △△3차 ◎◎◎◎ 주택조합임. 조세특례제한법 제99조의 3 제1항 및 동법시행령 제99조의 3 제3항 제2호의 적용을 받을 수 있는지 여부에 대하여 국세청에 질의하였으나

1. 국세청은 조세특례제한법 제99조의 3 제1항 제2호에 해당되지 않기 때문에 당 조합은 감면대상이 아니하고 통보하였고, 당 조합의 조합원이 국세청 인터넷 질의를 하였을 때는 감면대상이 된다고 회신하여 당 조합 업무처리에 혼선이 있음
2. 조세특례제한법시행령 제99조의 3 제3항 제2호의 규정을 볼 때 당 조합도 감면대상이 된다고 판단되는 바, 귀 부에 명확한 법령 유권해석을 주기 바람

상기 사업추진 일정을 고려할 때 조세특례제한법시행령 제99조의 3 제3항 제2호가 당 조합에 해당되어 당 조합이 양도소득세 감면혜택을 받을 수 있는 지 여부

【회신】
조세특례제한법 제99조의 3의 규정에 의한 신축주택의 취득자에 대한 양도소득세 과세특례 규정을 적용함에 있어서 자기가 건설한 신축주택(주택법에 의한 주택조합 또는 도시및주거환경정비법에 의한 정비사업조합을 통하여 대통령령이 정하는 조합원이 취득하는 주택을 포함)의 경우 당해 거주자가 신축주택취득기간(2001.5.23.부터2003.6.30.까지)중에 당해 신축주택의 사용승인 또는 사용검사(임시 사용승인을 포함)를 받은 경우에 동조의 규정에 의한 양도소득세 과세특례 적용를 받을 수 있음

○ 재일46014-503(1995.3.4)

소득세법시행령 제121조의2에 규정한 미등기 제외 자산에는 같은법 제5조 제6호(자)의 1세대 1주택으로서 건축법에 의한 건축허가를 받지 아니하여 등기가 불가능한 자산 및 법률의 규정에 의하여 양도당시 그 자산의 취득에 관한 등기가 불가능한 자산을 포함하는 것으로 재개발조합 아파트의 준공검사가 완료되고 당해 사업인가기관의 촉탁등기 미이행으로 취득등기가 안된 경우는 미등기 제외자산으로 보는 것임

|질의 회답| 미등기 양도자산에 해당되는지 여부

[요　지]
잔금을 청산하여 토지를 취득한 자가 등기절차를 이행하지 아니하고 당해 토지를 양도함에 있어서 당초 매매계약을 해지하고 종전 매도자와 새로운 매수자간에 별도의 매매계약서를 작성하는 형식을 취하였다 하더라도 미등기양도자산에 해당됨

[회　신]
매매대금을 청산하여 토지를 취득한 자가 등기절차를 이행하지 아니하고 당해 토지를 양도함에 있어서 당초 매매계약을 해지하고 종전 매도자와 새로운 매수자간에 별도의 매매계약서를 작성하는 형식을 취하였다 하더라도 소득세법 제

104조 제1항 제3호에서 규정하는 미등기양도자산에 해당하는 것이나, 귀 질의가 구체적으로 이에 해당하는 지에 대해서는 사실판단 사항입니다.

[관련법령]
소득세법 제98조 【양도 또는 취득의 시기】

1. 질의내용 요약
   부동산(임야) 매매계약 : 2003.11.8(평당 10만원, 토지거래허가구역)
   잔금정산 : 2004.1.28
   2차 매매계약
   - 평당 4만원을 더 주는 자가 있다고 매수자가 전매의 협조요청에 의해 조건부해약서를 작성한 후 동 계약서를 작성
   - 당초 매수자는 1차 매매대금과 시세차익금 8천만원을 수령함
   - 조건부 해약서 내용 : 2003.11.8 ××산업(주)외 1인 과 평당 10만원에 매매키로 계약한 바 있으나 상호간의 사정상 협의에 따라 본 계약을 다음조건에 의거 해약키로 함
     본 계약의 위약금은 평당 1만원으로 한다
     단, 대금정산은 매도자의 추후 매매계약 성립요건에 따른다
       (매매계약이 성립되지 않을 시 본 계약은 무효로 한다)
   위 경우 미등기양도자산에 해당되는 지 여부
2. 질의내용에 대한 자료
  가. 관련 조세 법령 (법률, 시행령, 시행규칙, 기본통칙)
   ○ 소득세법시행령 제162조 【양도 또는 취득의 시기】
     ① 법 제98조의 규정에 의한 취득시기 및 양도시기는 다음 각호의 경우를 제외하고는 당해 자산의 대금(당해 자산의 양도에 대한 양도소득세 및 양도소득세의 부가세액을 양수자가 부담하기로 약정한 경우에는 당해 양도소득세 및 양도소득세의 부가세액을 제외한다)을 청산한 날로 한다. [개정 98·4·1, 98·12·31 대령 15969, 99·12·31]
       1. 대금을 청산한 날이 분명하지 아니한 경우에는 등기부·등록부 또는 명부 등에 기재된 등기·등록접수일 또는 명의개서일(2001.12.31. 개정)
       2. 대금을 청산하기 전에 소유권이전등기(등록 및 명의 개서를 포함한다)를 한 경우에는 등기부·등록부 또는 명부등에 기재된 등기접수일
   ○ 소득세법 제104조【양도소득세의 세율】
     ① 거주자의 양도소득세는 당해 연도의 양도소득과세표준에 다음 각호의 세율을 적용하여 계산한 금액(이하 "양도소득산출세액"이라 한다)을 그 세액으로 한다. 이 경우 하나의 자산이 다음 각호의 규정에 의한 세율 중 2 이상의 세율에 해당

하는 때에는 그 중 가장 높은 것을 적용한다. (2003. 12. 30. 후단신설)
1. 제94조 제1항 제1호제2호 및 제4호의 규정에 의한 자산 (2003. 12. 30. 개정)
   제55조 제1항의 규정에 의한 세율
3. 미등기양도자산 (2003. 12. 30. 개정)
   양도소득과세표준의 100분의 70
② 제1항 제2호제2호의 2 및 제4호 가목의 보유기간은 당해 자산의 취득일부터 양도일까지로 한다. 다만, 다음 각호의 1에 해당하는 경우에는 각각 그 정한 날을 당해 자산의 취득일로 본다. (2003. 12. 30. 개정)
③ 제1항 제3호에서 "미등기양도자산"이라 함은 제94조 제1항 제1호 및 제2호에 규정하는 자산을 취득한 자가 그 자산의 취득에 관한 등기를 하지 아니하고 양도하는 것을 말한다. 다만 대통령령이 정하는 자산은 제외한다. (2000. 12. 29 개정)

○ 소득세법시행령 제168조 【미등기양도제외 자산의 범위 등】
① 법 제104조 제3항 단서에서 "대통령령이 정하는 자산"이라 함은 다음 각호의 것을 말한다. (2000. 12. 29 개정)
1. 장기할부조건으로 취득한 자산으로서 그 계약조건에 의하여 양도당시 그 자산의 취득에 관한 등기가 불가능한 자산
2. 법률의 규정 또는 법원의 결정에 의하여 양도당시 그 자산의 취득에 관한 등기가 불가능한 자산
3. 법 제89조 제2호제4호 및 조세특례제한법 제69조 제1항에 규정하는 토지 (1998. 12. 31 개정)
4. 법 제89조 제3호에 규정하는 1세대 1주택으로서 건축법에 의한 건축허가를 받지 아니하여 등기가 불가능한 자산
5. 상속에 의한 소유권이전등기를 하지 아니한 자산으로서 공익사업을 위한 토지 등의 취득 및 보상에 관한 법률 제18조의 규정에 의하여 사업시행자에게 양도하는 것 (2002. 12. 30 개정)

나. 유사사례(판례, 심판례, 심사례, 예규)
 ○ 재산 46014-678, 2000.06.27
   【질의】
   본인은 1990년 12월 시흥에 있는 임야를 매입하였음. 소유권을 이전하려고 하였으나 '국토이용관리법'에 의하여 현지에 일정기간 이상 거주하지 아니하였으므로 소유권 이전등기가 불가능함
   - 그 상태로 지나다 보니까 1991년에 이 땅에 대하여 타인의 가처분과 압류가 계속 들어 왔음
   - 이에 불안을 느껴 소유권이전등기를 요구하는 민사소송을 제기하여 1992년 12

월에 "전 소유자는 1990년 양도를 원인으로 한 소유권이전등기절차를 이행하라"는 판결을 받았음
- 그러나 여전히 '국토이용관리법'에 의하여 소유권이전등기를 할 수 없어서 1993년 3월에 위 판결에 기한 "일체의 처분행위를 금지하는 가처분"을 하였음
- 그러다가 1998년 3월 한국수자원공사에서 이 땅을 수용을 하여 소유권이 전 소유자(본인에게 토지를 판) 명의에서 한국수자원공사로 이전되었음
  물론 토지 보상금은 본인이 수령하였음
- 이와 같은 경우 소득세법시행령 제168조 제2호의 "법률의 규정 또는 법원의 결정에 의하여 양도당시 그 자산의 취득에 관한 등기가 불가능한 자산"에 해당되어 미등기자산에서 제외되는지 질의함

【회신】
국토이용관리법 제21조의 2의 규정에 의한 토지거래허가 구역내에 있는 토지를 같은법 제21조의 3에서 규정하는 토지거래허가를 받지 않고 취득한 토지를 양도하는 경우로서 당해 토지의 취득등기를 하지 않고 양도하는 경우에는 소득세법 제104조 제3항에서 규정하는 미등기양도자산에 해당하는 것임
(☞ 위 줄친 부분의 법령과 조항은 현행법상『국토의 계획 및 이용에 관한 법률』제117조와 제118조임)

○ 심사양도98-4753, 1998.12.04
다. 사실관계 및 판단
이 건 사실관계를 보면,
부산지방검찰청 ○○지청에서 청구인과 청구외 이○○에 대한 부동산등기 특별조치법위반 등 피의사건을 조사 중 임야 25,676㎡를 공동으로 취득(청구인지분은 1/2지분임) 미등기전매하여 388,000천원(양도금액 : 890,000천원, 취득가액 : 502,000천원) 소득이 발생하였음에도 탈루한 사실이 발견되어 이 건 과세자료를 ○○세무서로 통보하였다.
처분청에서는 이 건 과세자료내용에 대하여 현지 확인한 조사서에 의하면, 청구인과 청구외 이○○이 공동으로 토지를 취득하여 미등기전매한 사실을 확인하였고, 실지거래가액이 과세자료내용과 일치하여 청구인의 지분(1/2지분)을 실지거래가액으로 양도소득세를 과세하였음을 알 수 있으며, 청구인과 처분청은 쟁점토지의 실지거래가액과 미등기전매한 사실에 대하여는 서로 다툼이 없다.
한편, 청구인은 "토지거래허가구역내 토지인" 쟁점토지를 양도하고 국토이용관리법 제21조 3 규정에 의거 매수자가 물건지 관할 군수의 허가를 받지 않아 토지거래 계약자체가 효력이 발생하지 아니하는 무효의 처분이라고 주장하나,
(1) 자산의 양도라 함은 자산에 관한 등기 또는 등록에 관계없이 매도·교환·법인에 대한 현물출자 등으로 인하여 그 자산이 사실상 유상으로 이전되는 것을 말하는 것이므로(소득세법 제88조 제1항), 청구인은 청구외 이○○과 공동으로 유상 취

득하여 청구외 김○○외 8인에게 유상으로 토지를 양도하였음이 확인되므로 소득세법상 양도소득세 과세요건이 충족되었으며,
(2) 쟁점토지는 농림지역으로서 토지허가구역임이 토지이용계획확인원 및 토지거래규제구역 지정현황에 의거 확인이 되는데도, 청구인은 쟁점토지를 청구외 김○○으로부터 취득하고 토지거래허가 신청시 계약내용과 그 토지의 이용계획 등을 기재하여 군수에게 제출하여 토지거래허가를 득한 후 소유권이전등기를 하여야 함에도 토지거래허가 신청조차 하지 아니하였을 뿐만 아니라 허가를 득하지 못할 특별한 사유가 없음에도 조세를 포탈하기 위하여 미등기전매하였는 바, 이는 단순히 국토이용관리법에 규정한 토지거래허가를 받지 아니하고 체결한 토지거래계약은 토지거래 계약자체가 효력이 발생하지 아니하는 무효처분이라는 청구주장은 설득력이 없는 것으로 판단된다.

이와 같이 심리한 바, 청구인의 주장은 이유가 없으므로 국세기본법 제65조 제1항 제2호의 규정에 의하여 주문과 같이 결정한다.

질의 회답 미등기 전세금채권의 저당권등 설정재산 평가 특례에 해당하는 채권 해당여부

[요　지]
저당권 등이 설정된 재산의 평가의 특례를 적용함에 있어서 당해 재산이 담보하는 채권액 등에는 등기되지 아니한 전세금채권을 포함하는 것임.

[회　신]
상속세 및 증여세법 제66조의 규정을 적용함에 있어서 당해 재산이 담보하는 채권액 등에는 등기되지 아니한 전세금채권을 포함함.

[관련법령]
상속세및증여세법 제66조 【저당권등이 설정된 재산의 평가의 특례】
상속세및증여세법 시행령 제63조 【저당권등이 설정된 재산의 평가】

1. 질의내용 요약
   상속세 및 증여세법 제66조를 적용함에 있어서 다음과 같이 질의함.
   (질의일 현재 현황)
   - 근저당 설정 채무액 : 3억원
   - 전세권 등기된 전세금 : 2억원
   - 전세권 등기안된 전세금 : 1억원

(질의내용)
1. 국세청 회신에 의하면 전세권을 등기하지 않고 임대한 경우에도 '상속세 및 증여세법 제66조의 규정에 의하여 평가기준일 현재 당해재산이 담보하는 채권액(등기되지 않은 전세금채권을 포함한다)의 합계액과 같은법 제60조의 규정에 의하여 평가한 가액 중 큰 금액으로 평가한다'고 회신하여 등기안된 전세금도 포함하여 총액 6억으로 증여재산을 평가하도록 해석하였음.
2. 그러나, 본법 제66조는 '전세권등이 설정된 재산의 평가특례'로서 본문에 '당해재산이 담보하는 채권액 등을 기준'으로 한다고 되어 있고,
3. 동조 3호 및 동법 시행령 제6조 제1항 제5호에도 '전세권이 등기된 재산의 가액은 등기된 전세금(임대보증금을 받고 임대한 경우에는 임대보증금)'이라고 규정되어 있으며,
4. 동 시행령 2항 하단에 '그 재산이 담보하는 채권액의 합계로 한다'고 되어 있음.
5. 또한, 통칙 66-0…1 2항에는 '설정되어 있는 채권액 등에 한하여 적용한다'고 평가기준일 현재 설정되어 있는 채무액으로 한정하여 적용하도록 하였음.
6. 근저당권이 설정된 상속재산 평가시 미등기된 전세보증금의 합산은 부당하다는 판례도 있음(국심88부1133, 1988.11.26.)
7. 즉, 본 특례규정은 당해 재산이 담보(설정된)하고 있는 채무액(5억원)에 한정하여 적용하는 것이 타당하다고 생각됨. 등기되지 아니한 전세금은 수증자가 인수하는 채무액이지 당해 재산이 담보하는 채권액이 아님. 저당권등이 설정되어 있지 않으면 당해재산이 담보하는 채권액이 아니기 때문임.
8. 그러나 국세청은 전세금에 대해서 전세권설정과 관계없이 평가액에 포함하는 것으로 해석하였음.
9. 본인 생각은 등기되지 않은 전세금은 법 제61조에서 평가할 사항이며, 본법 제66조에 의해 평가할 경우 전세권은 등기된 전세금만 포함되어야 할 것으로 생각됨.

질의 회답 부동산을 미등기 양도한 경우 양도소득세 세액 계산 방법

[요 지]
미등기 전매는 세법상 각종 감면·비과세 규정이 적용되지 아니하며 투기 목적으로 미등기 전매를 한 경우에는 실지거래가액으로 양도차익을 결정하는 것임.

[회 신]
귀 질의의 경우 관련 조세법령과 우리청 기 질의회신문【재일46014-3445(1994.12.28)】내용을 참고하시기 바랍니다.
※ 재일46014-3445, 1994.12.28

미등기 전매는 세법상 각종 감면·비과세 규정이 적용되지 아니하며 투기 목적으로 미등기 전매를 한 경우에는 실지거래가액으로 양도차익을 결정하여 무거운 세금을 부담하게 됨.

[관련법령]
소득세법 제91조 【양도소득세 비과세의 배제】

1. 질의내용 요약
    ○ 부동산을 미등기 양도한 경우 양도소득세 세액 계산 방법
2. 질의내용에 대한 자료
   가. 관련 조세 법령 (법률, 시행령, 시행규칙, 기본통칙)
    ○ 소득세법 제91조 【양도소득세 비과세의 배제】 (1998. 12. 28 제목개정)
      제104조 제3항에 규정하는 미등기양도자산에 대하여는 이 법 또는 이 법외의 법률 중 양도소득에 대한 소득세의 비과세에 관한 규정을 적용하지 아니한다. (1998. 12. 28 개정)
    ○ 소득세법기본통칙 91-2 【미등기 건물의 1세대 1주택 비과세여부】
      1세대 1주택으로 3년 이상 보유하였을 경우에도 미등기 상태로 양도한 경우에는 양도소득에 대한 소득세가 과세되며, 이 경우 영 제168조에 규정하는 미등기 양도 제외자산에 해당하는 무허가건물등은 1세대 1주택으로 비과세된다.
    ○ 소득세법 제96조 【양도가액】
      ① 제94조 제1항 제1호 및 제2호의 규정에 의한 자산의 양도가액은 당해 자산의 양도당시의 기준시가에 의한다. 다만, 당해 자산이 다음 각호의 1에 해당하는 경우에는 양도자와 양수자간에 실제로 거래한 가액(이하 "실지거래가액"이라 한다)에 의한다. (2002. 12. 18 개정)
        3. 제104조 제3항의 규정에 의한 미등기양도자산인 경우 (1999. 12. 28 개정)
    ○ 소득세법 제97조 【양도소득의 필요경비계산】
      ① 거주자의 양도차익의 계산에 있어서 양도가액에서 공제할 필요경비는 다음 각호에 규정하는 것으로 한다.
        1. 취득가액
          가. 제94조 제1항 제1호 및 제2호의 규정에 의한 자산의 경우에는 당해 자산의 취득당시의 기준시가. 다만, 당해 자산이 제96조 제1항 각호의 1에 해당하는 경우에는 그 자산의 취득에 소요된 실지거래가액에 의한다. (2000. 12. 29 개정)
      ③ 제1항 및 제2항의 규정에 의한 양도소득의 필요경비의 계산은 다음 각호에 의한다. (1999. 12. 28 개정)
        1. 취득가액을 제1항 제1호 가목 단서 또는 동호 나목의 규정에 의하는 경우의

필요경비는 제1항 제1호 가목 단서 또는 동호 나목의 금액(제2항의 규정에 해당하는 때에는 제2항의 규정에 의한 금액)에 동항 제2호 내지 제4호의 금액을 가산한 금액 (1999. 12. 28 개정)
2. 제1호외의 경우의 필요경비는 제1항 제1호 가목 본문, 동호 다목, 제7항 또는 제114조 제5항의 금액에 자산별로 대통령령이 정하는 금액을 가산한 금액 (1999. 12. 28 개정)

○ 소득세법시행령 제163조 【양도자산의 필요경비】
⑥ 법 제97조 제3항 제2호에서 "대통령령이 정하는 금액"이라 함은 다음 각호의 금액을 말한다. (1997. 12. 31 개정)
1. 토 지 (1997. 12. 31 개정)
취득당시의 법 제99조 제1항 제1호 가목의 규정에 의한 개별공시지가 × 3/100(법 제104조 제3항에 규정된 미등기양도자산의 경우에는 3/1000)
2. 건 물 (1997. 12. 31 개정)
가. 법 제99조 제1항 제1호 다목에 규정된 건물(그 부수토지를 포함한다) (1999. 12. 31 개정) 취득당시의 법 제99조 제1항 제1호 다목의 가액 × 3/100(법 제104조 제3항에 규정된 미등기양도자산의 경우에는 3/1000)

○ 소득세법 제95조 【양도소득금액】
① 양도소득금액은 제94조의 규정에 의한 양도소득의 총수입금액(이하 "양도가액"이라 한다)에서 제97조의 규정에 의한 필요경비를 공제하고, 그 금액(이하 "양도차익"이라 한다)에서 장기보유특별공제액을 공제한 금액으로 한다. (1994. 12. 22 개정)
② 제1항에서 "장기보유특별공제액"이라 함은 제94조 제1항 제1호에 규정하는 자산(제104조 제3항에 규정하는 미등기양도자산을 제외한다)으로서 그 자산의 보유기간이 3년 이상인 것에 대하여 다음 각호의 구분에 따라 계산한 금액을 말한다. (2000. 12. 29 개정)

○ 소득세법 제103조 【양도소득기본공제】
① 양도소득이 있는 거주자에 대하여는 다음 각호의 소득별로 당해연도의 양도소득금액에서 각각 연 250만원을 공제한다. (2000. 12. 29 개정)
1. 제94조 제1항 제1호·제2호 및 제4호의 규정에 의한 소득. 다만, 제104조 제3항의 규정에 의한 미등기양도자산의 양도소득금액에 대하여는 그러하지 아니하다. (2000. 12. 29 개정)

○ 소득세법 제104조 【양도소득세의 세율】
① 거주자의 양도소득세는 당해 연도의 양도소득과세표준에 다음 각호의 세율을 적용하여 계산한 금액(이하 "양도소득산출세액"이라 한다)을 그 세액으로 한다. (1999. 12. 28 개정)
1. 제94조 제1항 제1호·제2호 및 제4호의 규정에 의한 자산 중 다음 제2호 및

제3호에 규정된 것을 제외한 자산 (2001. 12. 31 개정)
제55조 제1항의 규정에 의한 세율
2. 제94조 제1항 제1호 및 제2호에 규정하는 자산으로서 그 보유기간이 1년 미만인 것 (2001. 12. 31 개정)
양도소득과세표준의 100분의 36
3. 미등기양도자산 (2001. 12. 31 개정)
양도소득과세표준의 100분의 60

나. 유사 사례 (판례, 심판례, 심사례, 예규)
○ 재일46014-3445(1994.12.28)
미등기 전매는 세법상 각종 감면·비과세 규정이 적용되지 아니하며 투기 목적으로 미등기 전매를 한 경우에는 실지거래가액으로 양도차익을 결정하여 무거운 세금을 부담하게 됨.

[질의 회답] 미등기 양도자산에 해당하는지 여부

[요 지]
재건축아파트를 분양받아 양도하는 경우에 주무관청으로부터 가사용승인을 받아 사용하고 있으나 건축법의 규정에 의한 준공검사를 받지 못하여 취득에 관한 등기를 못한 상태로 양도하는 경우에는 미등기 양도자산에 해당하지 아니하는 것임.

[회 신]
귀 질의의 경우 붙임 우리청의 기 질의회신문(재일46014-1482,1998.08.07)을 참고하시기 바랍니다.
※ 재일46014-1482, 1998.08.07
1. 주택건설촉진법의 규정에 의한 재건축아파트를 분양받아 양도하는 경우에 주무관청으로부터 가사용승인을 받아 사용하고 있으나 건축법의 규정에 의한 준공검사를 받지 못하여 취득에 관한 등기를 못한 상태로 양도하는 경우에는 미등기양도자산에 해당하지 아니하는 것임.
2. 생략
※ 위의 재건축아파트는 도시재개발법에 의한 재개발주택의 경우도 포함하는 것임.

[관련법령]
소득세법 제104조 【양도소득세의 세율】

1. 질의내용 요약
   - ○○시 ○○동 소재 재개발아파트를 1999.7월 분양권을 구입하여 취득한 후 2001.12.10.부터 현재까지 입주하여 거주중이나, 조합원간의 다툼으로 인하여 준공 및 등기가 이루어 지지 않고 사용허가 승인만 난 상태이고 등기가 이루어지기 까지는 앞으로 1, 2년이 소요될 것으로 예상됨..
   - 위의 재개발아파트를 양도하는 경우 미등기전매에 해당하는지 여부
2. 질의내용에 대한 자료
   가. 관련 조세 법령 (법률, 시행령, 시행규칙, 기본통칙)
      ○ 소득세법 제104조 【양도소득세의 세율】
         ① 거주자의 양도소득세는 당해 연도의 양도소득과세표준에 다음 각호의 세율을 적용하여 계산한 금액(이하 "양도소득세산출세액"이라 한다)을 그 세액으로 한다. (1999. 12. 28 개정)
         1. ~ 2. 생략
         3. 미등기양도자산 (2001. 12. 31 개정)
            양도소득과세표준의 100분의 60
         ③ 제1항 제3호에서 "미등기양도자산"이라 함은 제94조 제1항 제1호 및 제2호에 규정하는 자산을 취득한 자가 그 자산의 취득에 관한 등기를 하지 아니하고 양도하는 것을 말한다. 다만, 대통령령이 정하는 자산은 제외한다. (2000. 12. 29 개정)
      ○ 소득세법 제94조 【양도소득의 범위】
         ① 양도소득은 당해연도에 발생한 다음 각호의 소득으로 한다. (2000. 12. 29 개정)
         1. 토지(지적법에 의하여 지적공부에 등록하여야 할 지목에 해당하는 것을 말한다) 또는 건물(건물에 부속된 시설물과 구축물을 포함한다)의 양도로 인하여 발생하는 소득 (2000. 12. 29 개정)
         이하 생략
      ○ 소득세법 시행령 제168조 【미등기양도제외 자산의 범위 등】
         ① 법 제104조 제3항 단서에서 "대통령령이 정하는 자산"이라 함은 다음 각호의 것을 말한다. (2000. 12. 29 개정)
         1. 장기할부조건으로 취득한 자산으로서 그 계약조건에 의하여 양도당시 그 자산의 취득에 관한 등기가 불가능한 자산
         2. 법률의 규정 또는 법원의 결정에 의하여 양도당시 그 자산의 취득에 관한 등기가 불가능한 자산
         3. 법 제89조 제2호·제4호 및 조세특례제한법 제69조 제1항에 규정하는 토지 (1998. 12. 31 개정)
         4. 법 제89조 제3호에 규정하는 1세대 1주택으로서 건축법에 의한 건축허가를 받지 아니하여 등기가 불가능한 자산
   나. 유사사례 (판례, 심판례, 심사례, 예규)

○ 재일46014-1482,1998.08.07
1. 주택건설촉진법의 규정에 의한 재건축아파트를 분양받아 양도하는 경우에 주무관청으로부터 가사용승인을 받아 사용하고 있으나 건축법의 규정에 의한 준공검사를 받지 못하여 취득에 관한 등기를 못한 상태로 양도하는 경우에는 미등기양도자산에 해당하지 아니하는 것임.
2. 생략
※ 위의 재건축아파트는 도시재개발법에 의한 재개발주택의 경우도 포함하는 것임.

[질의 회답] 소유권이전청구권가등기만 한 부동산의 양도가 미등기양도자산인지 여부

[요 지]
계약조건이 성취되어 취득시기가 도래한 부동산을 취득에 관한 소유권이전등기를 하지 아니하고 타인에게 양도하는 경우에는 미등기양도자산에 해당하는 것임.

[회 신]
귀 질의의 경우 붙임 우리청의 기 질의회신문(재일46014-1843,1997.07.26)을 참고하시기 바랍니다.
※ 재일46014-1843, 1997.07.26
1. 소득세법 제104조 제3항의 규정에 의한 "미등기양도자산"이라 함은 동법 제94조 제1호 및 제2호에 규정하는 자산을 취득한 자가 그 자산의 취득에 관한 등기를 하지 아니하고 양도하는 것을 말하는 것임.
2. 귀 질의의 경우 계약조건이 성취되어 동법시행령 제162조의 규정에 의한 취득시기가 도래한 부동산을 취득에 관한 소유권이전등기를 하지 아니하고 타인에게 양도하는 경우에는 미등기양도자산에 해당하는 것임.

[관련법령]
소득세법 제104조 【양도소득세의 세율】

1. 질의내용 요약
 - 2000.9월 A가 B에게 부동산을 매매할 목적으로 B가 A에게 실 금액을 지불하였으나 B는 소유권이전을 하지 아니하고 '소유권이전청구권가등기'만을 하였음.
 - 2개월 후인 2000.11월 B는 C에게 재매매할 목적으로 계약을 하고 다음해 1월 잔금을 수령하였으나 매매계약은 B의 요구에 의하여 A와 C간에 체결되었고 소유권이전

등기도 A에서 C로 하였음.
(질의사항)
위와 같은 경우 B의 양도가 미등기양도에 해당하는지 여부
2. 질의내용에 대한 자료
  가. 관련 조세 법령 (법률, 시행령, 시행규칙, 기본통칙)
   ○ 소득세법 제104조 【양도소득세의 세율】
     ① 거주자의 양도소득세는 당해 연도의 양도소득과세표준에 다음 각호의 세율을 적용하여 계산한 금액(이하 "양도소득산출세액" 이라 한다)을 그 세액으로 한다. (1999.12.28 개정)
     1. ~ 2. 생략
     3. 미등기양도자산 (2001. 12. 31 개정)
        양도소득과세표준의 100분의 60
     ② 생략
     ③ 제1항 제3호에서 "미등기양도자산" 이라 함은 제94조 제1항 제1호 및 제2호에 규정하는 자산을 취득한 자가 그 자산의 취득에 관한 등기를 하지 아니하고 양도하는 것을 말한다. 다만 대통령령이 정하는 자산을 제외한다. (2000. 12. 29 개정)
   ○ 소득세법 제94조 【양도소득의 범위】
     ① 양도소득은 당해연도에 발생한 다음 각호의 소득으로 한다. (2000. 12. 29 개정)
     1. 토지(지적법에 의하여 지적공부에 등록하여야 할 지목에 해당하는 것을 말한다) 또는 건물(건물에 부속된 시설물과 구축물을 포함한다)의 양도로 인하여 발생하는 소득 (2000. 12. 29 개정)
   ○ 소득세법 시행령 제162조 【양도 또는 취득의 시기】
     ① 법 제98조의 규정에 의한 취득시기 및 양도시기는 다음 각호의 경우를 제외하고는 당해 자산의 대금(당해 자산의 양도에 대한 양도소득세 및 양도소득세의 부가세액을 양수자가 부담하기로 약정한 경우에는 당해 양도소득세 및 양도소득세의 부가세액을 제외한다)을 청산한 날로 한다. (1998. 12. 31 개정)
     이하 생략
  나. 유사사례 (판례, 심판례, 심사례, 예규)
   ○ 재일46014-1843,1997.07.26
     1. 소득세법 제104조 제3항의 규정에 의한 "미등기양도자산" 이라 함은 동법 제94조 제1호 및 제2호에 규정하는 자산을 취득한 자가 그 자산의 취득에 관한 등기를 하지 아니하고 양도하는 것을 말하는 것임.
     2. 귀 질의의 경우 계약조건이 성취되어 동법시행령 제162조의 규정에 의한 취득시기가 도래한 부동산을 취득에 관한 소유권이전등기를 하지 아니하고 타인에게

양도하는 경우에는 미등기양도자산에 해당하는 것임.

질의회답 | 환원등기를 생략한 채 법인에게 양도한 것이 미등기양도에 해당되는지 여부

[요 지]
미등기 양도자산이라 함은 토지·건물 또는 부동산에 관한 권리를 취득한 자가 그 자산의 취득에 관한 등기를 하지 아니하고 양도하는 것을 말하는 것임

[회 신]
귀 질의의 경우 붙임 기 질의회신문(재일46014-1159, 1999.06.12 및 재산 01254-372, 1989.02.01)을 참고하시기 바라며, 미등기양도자산에 해당하는지 여부는 관련사실을 조사하여 판단할 사항입니다.
 붙임: 관련 참고자료.

[관련법령]
소득세법 시행령 제121조의2 【 미등기양도제외자산 】

1. 질의내용 요약
    당초 시장상가를 분양받아 건물 및 부수토지의 이전등기를 완료하였으나 등기결과 그 부수토지의 지분이 권리면적보다 30%정도 과소계상되어 시장(주)에 항의하여 정정등기를 하여주기로 하였음. 당해 건축물이 불법건축물이라는 사유로 위의 지분정정 등기가 지여되어 오다가 당해 건축물을 철거하고 주상복합아파트를 신축하게 되었으며, 이 과정에서 그 상가를 시장(주)에 다시 매도하게 되었음. 위와 같은 사유로 등기부상 정리가 되지 아니한 상태에서 당초의 권리면적 전체에 대하여 양도소득세를 신고하는 경우, 과소계상된 30%에 해당하는 면적이 미등기양도자산에 해당하는지 여부.
2. 관련 조세 법령 (법률, 시행령, 시행규칙, 기본통칙)
    ○ 소득세법 제104조 【양도소득세의 세율】
    ○ 소득세법 시행령 제168조 【미등기양도제외 자산의 범위 등】

제4장 관련 질의회신

질의 회답 미등기토지가 장부상에 계상되어 있다 제3자에게 매매시 법인의 회계처리

[요　지]
공부상의 등기가 법인의 명의로 되어 있지 아니하더라도 사실상 당해 법인이 취득하였음이 확인되는 경우에는 법인세법을 적용함에 있어서 이를 법인의 자산으로 보는 것이며, 이 경우 사실상 법인이 취득하였는지 여부는 사실판단할 사항임.

[회　신]
귀 질의의 경우에는 우리센터의 기 질의회신 서이46012-10697(2001.12.08)을 붙임과 같이 보내드리니 이를 참고하시기 바랍니다.
※ 서이46012-10697, 2001.12.08
공부상의 등기가 법인의 명의로 되어 있지 아니하더라도 사실상 당해 법인이 취득하였음이 확인되는 경우에는 법인세법을 적용함에 있어서 이를 법인의 자산으로 보는 것이며, 이 경우 사실상 법인이 취득하였는지 여부는 사실판단할 사항임

[관련법령]
국세기본법 제14조 【실질과세】
국세기본법 제3조 【세법 등과의 관계】

1. 질의내용 요약
   본인이 근무하는 회사에 미등기토지(법인명의의 등기가 불가능한 농지를 원소유자명의로 등기됨)가 장부상에 계상되어 있다가 최근에 제3자에게 매매되는 경우 우리회사에서 이 부동산에 대한 회계처리 및 신고를 어떻게 해야 하는지
2. 질의내용에 대한 자료
   가. 관련 조세 법령 (법률, 시행령, 시행규칙, 기본통칙)
      ○ 법인세법기본통칙 4-0…7 【법인명의로 등기되지 아니한 자산의 취급】
         공부상의 등기가 법인의 명의로 되어있지 아니하더라도 사실상 당해 법인이 취득하였음이 확인되는 경우에는 이를 법인의 자산으로 본다.
      ○ 국세기본법 제14조 【실질과세】
         ① 과세의 대상이 되는 소득·수익·재산·행위 또는 거래의 귀속이 명의일 뿐이고 사실상 귀속되는 자가 따로 있는 때에는 사실상 귀속되는 자를 납세의무자로 하여 세법을 적용한다.
         ② 세법 중 과세표준의 계산에 관한 규정은 소득·수익·재산·행위 또는 거래의 명칭이나 형식에 불구하고 그 실질내용에 따라 적용한다.
      ○ 국세기본법기본통칙 2-1-5…14 거래의 실질내용 판단기준

거래의 실질내용은 형식상의 기록내용이나 거래명의에 불구하고 상거래관례, 구체적인 증빙, 거래당시의 정황 및 사회통념 등을 고려하여 판단한다.
○ 국세기본법 제3조 【세법 등과의 관계】
① 이 법은 세법에 우선하여 적용한다. 다만, 세법이 이 법 제2장 제1절, 제3장 제2절·제3절 및 제5절, 제5장 제1절·제2절 제45조의 2, 제6장 제51조(조세특례제한법에 의한 환급에 한한다)와 제8장에 대한 특례규정을 두고 있는 경우에는 그 세법이 정하는 바에 의한다.

나. 유사사례 (판례, 심판례, 심사례, 예규)
○ 서이46012-10697(2001.12.08)
공부상의 등기가 법인의 명의로 되어 있지 아니하더라도 사실상 당해 법인이 취득하였음이 확인되는 경우에는 법인세법을 적용함에 있어서 이를 법인의 자산으로 보는 것이며, 이 경우 사실상 법인이 취득하였는지 여부는 사실판단할 사항임

[질의 회답] 미등기양도자산인 경우 1세대 1주택 비과세 규정 적용여부

[요 지]
소득세법 제89조 및 같은법 시행령 제154조 제1항의 1세대 1주택 비과세 규정을 판정함에 있어 그 자산이 미등기양도자산인 경우에는 양도소득세의 비과세 적용을 배제하는 것임.

[회 신]
귀 질의의 경우 붙임 조세법령과 우리청 기 질의회신문【재일46014-1331(1999.7.8), 재일46014-546(1999.3.17) 및 재일46014-2608 (1997.11.5)】내용을 참고하시기 바랍니다.

※ 재일46014-1331, 1999.07.08
소득세법 제89조 및 같은법 시행령 제154조 제1항의 1세대 1주택 비과세 규정을 판정함에 있어 그 자산이 미등기양도자산인 경우에는 양도소득세의 비과세 적용을 배제하는 것이며, 본 질의의 경우 양도소득세의 구체적인 세액계산은 가까운 세무서에 문의바람.

[관련법령]
소득세법 제91조 【양도소득세 비과세의 배제】

1. 질의내용 요약
   ○ 미등기 양도자산의 1세대1주택 비과세 여부 및 납부할 양도소득세액
2. 질의내용에 대한 자료
   가. 관련 조세 법령 (법률, 시행령, 시행규칙, 기본통칙)
   ○ 소득세법 제91조 【양도소득세 비과세의 배제】 (1998. 12. 28 제목개정)
      제104조 제3항에 규정하는 미등기양도자산에 대하여는 이 법 또는 이 법외의 법률 중 양도소득에 대한 소득세의 비과세에 관한 규정을 적용하지 아니한다. (1998. 12. 28 개정)
   ○ 소득세법 제96조 【양도가액】
      ① 제94조 제1항 제1호 및 제2호의 규정에 의한 자산의 양도가액은 당해 자산의 양도당시의 기준시가에 의한다. 다만, 당해 자산이 다음 각호의 1에 해당하는 경우에는 실지거래가액에 의한다. (2000. 12. 29 개정)
      3. 제104조 제3항의 규정에 의한 미등기양도자산인 경우 (1999. 12. 28 개정)
   ○ 소득세법시행령 제163조 【양도자산의 필요경비】
      ⑥ 법 제97조 제3항 제2호에서 "대통령령이 정하는 금액"이라 함은 다음 각호의 금액을 발한다. (1997. 12. 31 개정)
      1. 토 지 (1997. 12. 31 개정)
         취득당시의 법 제99조 제1항 제1호 가목의 규정에 의한 재별공시지가 × 3/100(법 제104조 제3항에 규정된 미등기양도자산의 경우에는 3/1000)
      2. 건 물 (1997. 12. 31 개정)
         가. 법 제99조 제1항 제1호 다목에 규정된 건물(그 부수토지를 포함한다)
            취득당시의 법 제99조 제1항 제1호 다목의 가액 × 3/100(법 제104조 제3항에 규정된 미등기양도자산의 경우에는 3/1000)
         나. 가목외의 건물 (1999. 12. 31 개정)
            취득당시의 법 제99조 제1항 제1호 나목의 가액 × 3/100(법 제104조 제3항에 규정된 미등기양도자산의 경우에는 3/1000)
   ○ 소득세법 제95조 【양도소득금액】
      ② 제1항에서 "장기보유특별공제액"이라 함은 제94조 제1항 제1호에 규정하는 자산(제104조 제3항에 규정하는 미등기양도자산을 제외한다)으로서 그 자산의 보유기간이 3년 이상인 것에 대하여 다음 각호의 구분에 따라 계산한 금액을 말한다.
   ○ 소득세법 제104조 【양도소득세의 세율】
      ① 거주자의 양도소득세는 당해 연도의 양도소득과세표준에 다음 각호의 세율을 적용하여 계산한 금액(이하 "양도소득산출세액"이라 한다)을 그 세액으로 한다. (1999. 12. 28 개정)
      3. 미등기양도자산 (2001. 12. 31 개정)
         양도소득과세표준의 100분의 60

③ 제1항 제3호에서 "미등기양도자산" 이라 함은 제94조 제1항 제1호 및 제2호에 규정하는 자산을 취득한 자가 그 자산의 취득에 관한 등기를 하지 아니하고 양도하는 것을 말한다.

나. 유사사례 (판례, 심판례, 심사례, 예규)
○ 재일46014-546 (1999.3.17)
미등기양도자산이라 함은 토지·건물 또는 부동산에 관한 권리를 취득한 자가 그 자산에 대한 등기를 하지 아니하고 양도하는 것을 말하는 것임.
○ 재일46014-2608 (1997.11.5)
소득세법 제103조의 규정에 의한 "양도소득기본공제" 라 함은 양도소득이 있는 거주자에 대하여 당해연도의 양도소득금액에서 연 250만원을 공제하는 것을 말하는 것이며, 다만, 동법 제104조 제3항에 규정한 미등기양도자산의 경우에는 공제하지 아니하는 것임.
○ 재일46014-1331 (1999.7.8)
소득세법 제89조 및 같은법 시행령 제154조 제1항의 1세대 1주택 비과세 규정을 판정함에 있어 그 자산이 미등기양도자산인 경우에는 양도소득세의 비과세 적용을 배제하는 것이며, 본 질의의 경우 양도소득세의 구체적인 세액계산은 가까운 세무서에 문의바람.

질의 회답 미등기상태로 전매한 양도소득세의 부과제척기간

[요 지]
양도소득세의 부과제척기간은 국세기본법 제26조의 2 제1항에 의거 무신고시 당해 국세를 부과할 수 있는 날로부터 7년간임.

[회 신]
귀 질의의 경우에는 붙임의 관련법령 및 기 질의회신문(징세46101-2271<1998.08.24>)의 답변 사항을 참고하시기 바랍니다.
※ 징세46101-2271, 1998.08.24
양도소득세의 부과제척기간은 국세기본법 제26조의 2 제1항에 의거 무신고시 당해 국세를 부과할 수 있는 날로부터 7년간이며, 부과제척기간 경과후 과세관청이 행한 처분이 행정쟁송의 결정·판결 등의 취지를 수용하는 것이라면 동 처분은 결정·판결 등에 따른 처분이라 할 수 있어 국세기본법 제26조의 2 제2항의 규정에 적합한 처분임.

[관련법령]
국세기본법 제26조의 2 【국세부과의 제척기간】

1. 질의내용 요약

    【사실관계】

    1994.01.06 잔금을 받고 부동산을 양도하였으나 미등기상태로 전매함

    상기 양도소득세 예정 및 확정신고를 이행하지 아니하였음

    【질의요지】

    이 경우 국세의 부과제척기간은?

2. 질의내용에 대한 자료

    가. 관련 조세 법령 (법률, 시행령, 시행규칙, 기본통칙)

    ○ 국세기본법 제26조의 2 【국세부과의 제척기간】

    ① 국세는 다음 각호에 규정하는 기간이 만료된 날 후에는 부과할 수 없다. 다만, 조세의 이중과세방지를 위하여 체결한 조약(이하 "조세조약"이라 한다)의 규정에 의하여 상호합의절차가 진행중인 경우에는 국제조세조정에 관한 법률 제25조에서 정하는 바에 따른다. (1996. 12. 30 단서신설)

    1. 납세자가 사기 기타 부정한 행위로써 국세를 포탈하거나 환급·공제받는 경우에는 당해 국세를 부과할 수 있는 날부터 10년간 (1994. 12. 22 개정)

    2. 납세자가 법정신고기한내에 과세표준신고서를 제출하지 아니한 경우에는 당해 국세를 부과할 수 있는 날부터 7년간 (1994. 12. 22 개정)

    3. 제1호 및 제2호에 해당하지 아니하는 경우에는 당해 국세를 부과할 수 있는 날부터 5년간 (1994. 12. 22 개정)

    ○ 국세기본법 제12조의 3 【국세부과 제척기간의 기산일】

    ① 법 제26조의 2 제3항의 규정에 의한 국세를 부과할 수 있는 날은 다음 각호의 날로 한다. (1990. 12. 31 개정)

    1. 과세표준과 세액을 신고하는 국세에 있어서는 당해 국세의 과세표준과 세액에 대한 신고기한 또는 신고서 제출기한(이하 "과세표준 신고기한"이라 한다)의 다음 날. 이 경우 중간예납·예정신고 및 수정신고기한은 과세표준 신고기한에 포함되지 아니한다. (1998. 12. 31 개정)

    ○ 국세기본법 부 칙 (1994. 12. 22 법률 제4810호)

    제3조 【국세부과제척기간에 관한 적용례】

    제26조의 2 제1항의 개정규정은 이 법 시행후 최초로 당해 국세를 부과할 수 있는 날이 개시되는 분부터 적용한다.

    나. 유사사례 (판례, 심판례, 심사례, 예규)

    ○ 징세46101-2271(1998.08.24)

        【질의】

1. 경위
   가. 본인의 부친이 1989. 8. 25자 ○○도로부터 ○○시 ○○구 ○○동 ○○번지 답 988㎡를 불하받을 수 있는 불하권을 타인에게 양도하였으나 본건 토지는 조건부 불하로 5년간 명의 이전 또는 양도가 금지되어 있어 불하대금을 매수인이 납부하고 등기는 부친명의로 되어 있다가 부친이 1992. 5. 28 사망하였음.
   나. 본건 토지는 본인등 8명이 상속등기를 하게되고 이전등기가 가능하게 되어 매수인에게 이전하여 주었음.
   다. 이에 부친의 불하권 양도에 대하여 ○○세무서로부터 본인에게 양도세 전액을 1995. 5. 1자로 고지하였음.
   라. 고지서를 받은후 이의신청을 거쳐 1998. 5. 9자로 법원판결을 받았는데 본인에게 고지된 양도세는 상속인 전원에게 상속 비율별로 안분과세하는 것이 정당하므로 본인에 해당되는 세액을 공제한 세금을 취소한다는 판결임.
2. 질의내용
   전기 취소된 양도세를 나머지 상속인에게 과세될 수 있는지 여부로
   가. 권리양도일이 1989. 5.로서 국세기본법 제26조의 2 제1항 제2호에 의거 1997. 5. 31이 경과하였으므로 과세할 수 없는 것인지.
   나. 국세기본법 제26조의 2 제2항 제1호에 의거 법원판결일로부터 1년 내에는 과세할 수 있으므로 과세되지 않은 상속인에게 과세할 수 있는 것인지.

【회신】
양도소득세의 부과제척기간은 국세기본법 제26조의 2 제1항에 의거 무신고시 당해 국세를 부과할 수 있는 날로부터 7년간이며, 부과제척기간 경과후 과세관청이 행한 처분이 행정쟁송의 결정·판결 등의 취지를 수용하는 것이라면 동 처분은 결정·판결 등에 따른 처분이라 할 수 있어 국세기본법 제26조의 2 제2항의 규정에 적합한 처분임.

질의 회답 미등기 상속주택이 소득세법시행령 제155조 제2항의 상속주택에 해당하는지 여부

[요 지]
상속받은 주택에 해당하는지 여부에 대하여는 소관세무서장이 사실조사하여 판정하는 것이며, 상속받은 주택으로 판정된 경우로서 상속등기를 하지 아니하고 양도하는 경우에는 소득세법시행령 제155조 제2항의 규정을 적용받을 수 없는 것임.

[회 신]

귀 질의의 경우 상속받은 주택에 해당하는지 여부에 대하여는 소관세무서장이 사실조사하여 판정하는 것이며, 상속받은 주택으로 판정된 경우로서 상속등기를 하지 아니하고 양도하는 경우에는 소득세법시행령 제155조 제2항의 규정을 적용받을 수 없는 것입니다.

[관련법령]
소득세법 제91조 【양도소득세 비과세의 배제】

1. 질의내용 요약
   ○ 【현 황】
   - 1972.12.30일 부친 사망
   - 1973.7.16일 부동산특별조치법에 의하여 부친 소유의 등기된 주택 부속토지에 대하여는 본인 소유로 이전하였으나, 주택에 대하여는 미등기로 인하여 본인소유로 등기 이전하지 못하였음.
   건축물관리대장상에는 본인이 1939년 출생자임에도 불구하고 1925년 본인이 취득한 것으로 등재되어 있음. (본인은 상속주택의 소재지에서 출생하였음)
   【질 의】
   상기와 같이 미등기된 상속주택을 소유하고 있는 경우 소득세법시행령 제155조 제2항의 상속주택으로 볼 수 있는지 여부
2. 질의내용에 대한 자료
   가. 관련 조세 법령 (법률, 시행령, 시행규칙, 기본통칙)
   ○ 소득세법 제91조 【양도소득세 비과세의 배제】 (1998. 12. 28 제목개정)
   제104조 제3항에 규정하는 미등기양도자산에 대하여는 이 법 또는 이 법외의 법률 중 양도소득에 대한 소득세의 비과세에 관한 규정을 적용하지 아니한다.
   ○ 소득세법 제89조 【비과세양도소득】
   다음 각호의 소득에 대하여는 양도소득에 대한 소득세(이하 "양도소득세"라 한다)를 과세하지 아니한다. (1999. 12. 28 개정)
      3. 대통령령이 정하는 1세대 1주택(거주용건물의 연면적·가액 및 시설 등이 대통령령이 정하는 기준을 초과하는 고급주택을 제외한다)과 이에 부수되는 토지로서 건물이 정착된 면적에 지역별로 대통령령이 정하는 배율을 곱하여 산정한 면적 이내의 토지의 양도로 인하여 발생하는 소득 (1998. 12. 28 개정)
   ○ 소득세법시행령 제155조 【1세대 1주택의 특례】
      ② 1주택을 소유한 1세대(상속개시일 현재 무주택세대를 포함한다)가 상속에 의하여 피상속인이 상속개시당시 소유한 1주택(피상속인이 상속개시당시 2 이상의 주택을 소유한 경우에는 다음 각호의 순위에 따른 1주택을 말한다)을 취득한 경

우 당해 상속받은 주택은 보유기간의 제한없이 1세대 1주택으로 보아 제154조 제1항의 규정을 적용한다. (1997. 12. 31 개정)
1. 피상속인이 소유한 기간이 가장 긴 1주택 (1997. 12. 31 개정)
2. 피상속인이 소유한 기간이 같은 주택이 2 이상일 경우에는 피상속인이 거주한 기간이 가장 긴 1주택 (1997. 12. 31 개정)
3. 피상속인이 소유한 기간 및 거주한 기간이 모두 같은 주택이 2 이상일 경우에는 피상속인이 상속개시당시 거주한 1주택 (1997. 12. 31 개정)
4. 피상속인이 거주한 사실이 없는 주택으로서 소유한 기간이 같은 주택이 2 이상일 경우에는 기준시가가 가장 높은 1주택(기준시가가 같은 경우에는 상속인이 선택하는 1주택) (1997. 12. 31 개정)

나. 유사 사례 (판례, 심판례, 심사례, 예규)
○ 재산 46014 - 1090 (2000.9.6)
소득세법 제89조 제3호이 1세대1주택 비과세의 규정을 적용함에 있어 "미등기양도자산"에 대하여는 양도소득에 대한 비과세규정을 적용하지 아니하는 것임.
○ 재일 46014 - 2115 (1997. 9. 5)
실질적으로 상속받은 주택을 상속개시일이후 부동산등기 특별조치법등에 의하여 그 원인일을 피상속인의 사망일 이전으로 하여 상속인 명의로 소유권이전등기를 한 경우에도 당해 주택은 상속이 개시된 자산에 해당하는 것이므로 상속받은 주택으로 보아 소득세법 제89조 제3호의 1세대 1주택 비과세 규정을 적용하는 것임.
○ 재일46014-4450, (1993.12.14)
건축물관리대장에 등재되어 있으나 등기부에 등재되지 않은 경우에는 미등기자산에 해당함.
○ 심사94-639 (1994.6.17)
부동산을 상속받은 후 상속등기를 하지 아니하고 양도하였다면 미등기 양도자산에 해당함.

질의 회답 미등기양도자산에 해당하는지 여부

[요 지]
계약조건이 성취되어 취득시기가 도래한 부동산을 취득에 관한 소유권이전등기를 하지 아니하고 타인에게 양도하는 경우에는 미등기양도자산에 해당하는 것임.

[회 신]
귀 질의와 관련된 조세법령과 우리청 기질의회신문 재일46014-1159(1999.06.12)호 및 재일46014-1843(1997.07.26)호를 보내드리니 참고하시기 바라며, 귀 질의 양도

자산의 취득시기는 소관세무서장이 관련사실을 조사하여 그 거래의 실질내용에 따라 상거래 관례, 구체적인 증빙, 거래당시의 정황 및 사회통념 등을 고려하여 판단할 사항임을 알려드립니다.

※ 재일46014-1159, 1999.06.12

소득세법 제104조 제1항 제3호에서 "미등기 양도자산"이라 함은 자산을 취득한 자가 그 자산의 취득에 관한 등기를 하지 아니하고 양도하는 것을 말하는 것임.

[관련법령]
소득세법시행령 제162조 【양도 또는 취득의 시기】

1. 질의내용 요약
    1. ○○공사와 다음과 같이 대지 200평 취득 계약
        매매대금 : 5억
        계약금 : 5천만원(2001.1.20),   1차중도금 : 1억원(2001.2.20)
        2차중도금 : 1억원(2001.6.20)   잔금 : 2억 5천만원(2001.8.20)
    2. 계약금과 지급기일에 납부했고 잔금일부를 2002.6.20에 1억9천8백만원 납부
        2001.8.20 5천만원 납부하고 2백만원 미납상태로 본인통장원금 3백만원 통장을 ○○공사가 보관
        2001.8.27 ○○공사로부터 사용승낙서를 받았고 2001.10.29 건축허가를 받음.
    【질 의】
    1. 현재 잔금2백만원을 지불하지 않고 제3자에게 양도한 경우 부동산 권리의 양도인지 미등기부동산 전매인지 여부
    2. 2002.9.30 ○○공사에 잔금 2백만원 지불하고 본인명의로 소유권 이전등기를 한 후 2,3개월 중에 제3자에게 양도하는 경우 취득시기는
2. 질의내용에 대한 자료
  가. 관련 조세 법령 (법률, 시행령, 시행규칙, 기본통칙)
    ○ 소득세법시행령 제162조 【양도 또는 취득의 시기】
        ① 법 제98조의 규정에 의한 취득시기 및 양도시기는 다음 각호의 경우를 제외하고는 당해 자산의 대금(당해 자산의 양도에 대한 양도소득세 및 양도소득세의 부가세액을 양수자가 부담하기로 약정한 경우에는 당해 양도소득세 및 양도소득세의 부가세액을 제외한다)을 청산한 날로 한다. (1998. 12. 31 개정)
        1. 대금을 청산한 날이 분명하지 아니한 경우에는 등기부·등록부 또는 명부 등에 기재된 등기·등록접수일 또는 명의개서일 (2001. 12. 31 개정)
        2. 대금을 청산하기 전에 소유권이전등기(등록 및 명의 개서를 포함한다)를 한

경우에는 등기부·등록부 또는 명부 등에 기재된 등기접수일
　　　이하생략
○ 국세기본법 제14조 【실질과세】
　① 과세의 대상이 되는 소득·수익·재산·행위 또는 거래의 귀속이 명의일 뿐이고 사실상 귀속되는 자가 따로 있는 때에는 사실상 귀속되는 자를 납세의무자로 하여 세법을 적용한다. <☞ (주) 1>
　② 세법 중 과세표준의 계산에 관한 규정은 소득·수익·재산·행위 또는 거래의 명칭이나 형식에 불구하고 그 실질내용에 따라 적용한다.
○ 국세기본법 기본통칙 2-1-5…14 【거래의 실질내용 판단기준】
　거래의 실질내용은 형식상의 기록내용이나 거래명의에 불구하고 상거래관례, 구체적인 증빙, 거래당시의 정황 및 사회통념 등을 고려하여 판단한다.
○ 소득세법 기본통칙 98-1 【잔금청산일이 매매계약서에 기재된 잔금지급약정일과 다른 경우 양도 또는 취득의 시기】
　① 매매계약서등에 기재된 잔금지급약정일보다 앞당겨 잔금을 받거나 늦게 받는 경우에는 실지로 받은 날이 잔금청산일이 된다.
　② 제1항의 규정을 적용함에 있어서 잔금을 소비대차로 변경한 경우는 소비대차로의 변경일을 잔금청산일로 한다.
○ 소득세법 제104조 【양도소득세의 세율】
　① 거주자의 양도소득세는 당해 연도의 양도소득세과세표준에 다음 각호의 세율을 적용하여 계산한 금액(이하 "양도소득산출세액" 이라 한다)을 그 세액으로 한다.
　　3. 미등기양도자산 (2001. 12. 31 개정)
　　　양도소득과세표준의 100분의 60
나. 유사사례 (판례, 심판례, 심사례, 예규)
○ 재일46014-1159,1999.06.12
　소득세법 제104조 제1항 제3호에서 "미등기 양도자산" 이라 함은 자산을 취득한 자가 그 자산의 취득에 관한 등기를 하지 아니하고 양도하는 것을 말하는 것임.
○ 재일46014-1843,1997.07.26
　1. 소득세법 제104조 제3항의 규정에 의한 "미등기양도자산" 이라 함은 동법 제94조 제1호 및 제2호에 규정하는 자산을 취득한 자가 그 자산의 취득에 관한 등기를 하지 아니하고 양도하는 것을 말하는 것임.
　2. 귀 질의의 경우 계약조건이 성취되어 동법시행령 제162조의 규정에 의한 취득시기가 도래한 부동산을 취득에 관한 소유권이전등기를 하지 아니하고 타인에게 양도하는 경우에는 미등기양도자산에 해당하는 것임.

질의 회답 조세특례제한법상 미등기 양도자산의 판단기준

[요　지]
미등기양도자산에 해당되는지의 여부는 소득세법 규정을 적용하여 판단

[회　신]
조세특례제한법 제99조의2 제6항에서 규정하는 미등기양도자산에 해당되는지의 여부는 소득세법 제104조 제3항 및 같은법시행령 제168조의 규정을 적용하여 판단한다.

[관련법령]
조세특례제한법 제99조의2 【신축주택 취득을 위한 주택양도에 대한 양도소득세의 특례】

[질　의]
　신축주택특례적용기간내에 신축주택을 취득하고 1년 이상 소유한 기존주택을 양도함에 있어 양도소득 특례세율을 적용받은 거주자임
　당해 신축주택을 양도함에 있어 신축주택에 대하여 가사용승인은 났으나 건축법에 규정에 의한 준공검사를 받지 못하여 취득등기를 못한 상태에서 양도하는 경우 미등기양도자산의 양도로 보아 감면받은 세액을 추징하는 지 아니면 소득세법시행령 제168조 미등기양도 제외 자산으로 보아 감면받은 세액을 추징하지 아니하는지에 대한 질의임

질의 회답 미등기된 주택부분에 부수되는 등기된 토지의 비과세 해당여부

[요　지]
토지는 주택의 미등기 여부와 관계없이 주택의 부수토지로서 3년 이상 보유하였다면 건물이 정착된 면적에 지역별로 대통령령이 정하는 배율을 곱하여 산정한 면적 이내의 토지는 양도소득세가 비과세되는 것임.

[회　신]
귀 질의 경우 붙임 관련참고자료 재산46014-1090(2000. 9. 6)호를 참고하시기 바랍니다.
※ 재산46014-1090, 2000.9.6

소득세법 제89조 제3호의 1세대 1주택 비과세의 규정을 적용함에 있어 "미등기양도자산"에 대해서는 양도소득에 대한 비과세규정을 적용하지 아니하는 것이며, 다만, 토지의 경우는 주택의 미등기 여부와 관계없이 주택의 부수토지로서 3년 이상 보유하였다면 건물이 정착된 면적에 지역별로 대통령령이 정하는 배율을 곱하여 산정한 면적 이내의 토지는 양도소득세가 비과세되는 것임. (같은 뜻 : 심사양도 2000-2069, 2000.11.10)

[관련법령]
소득세법 제89조 【비과세양도소득】

1. 질의내용 요약
   【상 황】
   1985. 4. 13 대지를 매입하여 등기를 한 후 그 지상에 겸용주택을 신축하고 1994.1.6자로 준공검사를 받은 후 건물에 대하여 등기를 하지 않은 상태에서 토지, 건물을 양도
   【이 경우】
   그 미등기된 주택부분(양도일 현재 소득세법시행령 제154조 제1항에 규정하는 1세대1주택임)에 부수되는 등기된 토지의 비과세 해당여부 질의)

2. 질의내용에 대한 자료
   가. 관련 조세 법령 (법률, 시행령, 시행규칙, 기본통칙)
   ○ 소득세법 제89조 【비과세양도소득】
   다음 각호의 소득에 대하여는 양도소득에 대한 소득세(이하 "양도소득세"라 한다)를 과세하지 아니한다. (1999. 12. 28 개정)
      1 2 생략
      3. 대통령령이 정하는 1세대 1주택(거주용건물의 연면적·가액 및 시설 등이 대통령령이 정하는 기준을 초과하는 고급주택을 제외한다)과 이에 부수되는 토지로서 건물이 정착된 면적에 지역별로 대통령령이 정하는 배율을 곱하여 산정한 면적 이내의 토지의 양도로 인하여 발생하는 소득 (1998. 12. 28 개정)
      4. 생략
   ○ 소득세법시행령 제154조 【1세대 1주택의 범위】
      ① 법 제89조 제3호에서 "1세대 1주택"이라 함은 거주자 및 그 배우자가 그들과 동일한 주소 또는 거소에서 생계를 같이하는 가족과 함께 구성하는 1세대가 양도일 현재 국내에 1주택을 보유하고 있는 경우로서 당해 주택의 보유기간이 3년 이상인 것을 말한다. 다만, 다음 각호의 1에 해당하는 경우에는 그 보유기간의 제한을 받지 아니한다. (1995. 12. 30 개정)

② 생략
③ 법 제89조 제3호의 규정을 적용함에 있어서 하나의 건물이 주택과 주택 외의 부분으로 복합되어 있는 경우와 주택에 부수되는 토지에 주택 외의 건물이 있는 경우에는 그 전부를 주택으로 본다. 다만, 주택의 면적이 주택 외의 면적보다 적거나 같을 때에는 주택 외의 부분은 주택으로 보지 아니한다. (94.12.31. 개정)
④ 제3항 단서의 경우에 주택에 부수되는 토지는 전체 토지면적에 주택부분의 면적이 건물면적에서 차지하는 비율을 곱하여 계산한다. (94.12.31. 개정)
⑤ ~ ⑥ 생략
⑦ 법 제89조 제3호에서 "지역별로 대통령령이 정하는 배율"이라 함은 다음의 배율을 말한다.
  1. 도시계획구역안의 토지 5배
  2. 도시계획구역밖의 토지 10배
⑧ 생략

○ 소득세법 제91조 【양도소득세 비과세의 배제】 (1988. 12. 28 제목개정)
제104조 제3항에 규정하는 미등기양도자산에 대하여는 이 법 또는 이 법외의 법률 중 양도소득에 대한 소득세의 비과세에 관한 규정을 적용하지 아니한다. (1998. 12. 28 개정)

나. 유사사례 (판례, 심판례, 심사례, 예규)
○ 재산 46014-1090, 2000. 9. 6
소득세법 제89조 제3호의 1세대 1주택 비과세의 규정을 적용함에 있어 "미등기양도자산"에 대해서는 양도소득에 대한 비과세규정을 적용하지 아니하는 것이며, 다만, 토지의 경우는 주택의 미등기 여부와 관계없이 주택의 부수토지로서 3년 이상 보유하였다면 건물이 정착된 면적에 지역별로 대통령령이 정하는 배율을 곱하여 산정한 면적 이내의 토지는 양도소득세가 비과세되는 것임.
(같은 뜻 : 심사양도 2000-2069, 2000.11.10)

[질의 회답] 미등기양도자산에 대한 1세대 1주택 양도소득세 비과세 적용여부

[요 지]
1세대1주택 비과세 규정을 적용함에 있어 양도하고자 하는 자산의 아파트 준공검사가 이미 완료되었고 거주자가 입주한 아파트를 미등기상태에서 양도하는 경우에는 양도소득세 비과세를 적용할 수 없는 것임.

[회 신]
소득세법 시행령 제154조의 1세대1주택 비과세 규정을 적용함에 있어 소득세법

제104조 제3항에 해당하는 미등기양도자산에 대해서는 양도소득세가 비과세 되지 아니하는 것입니다.

귀 질의 경우, 양도하고자 하는 자산의 아파트 준공검사가 이미 완료되었고 거주자가 입주한 아파트를 미등기상태에서 양도하는 것이므로 양도소득세 비과세를 적용할 수 없는 것이나, 같은 법 시행령 제168조의 미등기양도 제외자산에 해당하는지 여부는 소관세무서장이 재개발아파트의 제반 사실내용을 조사하여 판단할 사항입니다.

[관련법령]
소득세법시행령 제154조
소득세법 제104조

질의 회답 미등기지점 등의 사업자등록 여부

[요 지]
과세사업을 영위하는 법인이 지점 또는 직매장에 대한 사업자등록신청을 하는 경우에는 당해 지점의 등기여부와는 관계없이 사업자등록신청서에 당해 법인의 법인등기부 등본을 첨부하여 등록할 수 있음.

[회 신]
귀 질의의 경우에는 붙임의 유사한 부가가치세법기본통칙을 참고하시기 바랍니다.

[관련법령]
부가가치세법기본통칙 5-7-1 【미등기지점 등의 사업자등록】

1. 질의내용 요약
   (사실관계)
   - 부가가치세법시행령 제7조 제2항 제1호에는 "법인의 경우에는 법인등기부등본"을 신청서에 첨부하도록 규정함.
   (질의사항)
   - 비영리법인인 학교법인이 수익사업용 임대빌딩을 취득하고 사업자등록을 신청할 때 학교법인의 지점(임대사업장) 등기부등본을 첨부하여야 되는지 여부
   (갑설) 학교법인(주사업장)의 등기부등본을 첨부하면 된다.

(을설) 지점등기부등본이 없으면 사업자등록을 할 수 없다.
2. 질의내용에 대한 자료
   가. 관련법령
      ○ 5-7-1 [미등기지점 등의 사업자등록]
      과세사업을 영위하는 법인이 지점 또는 직매장에 대한 사업자등록신청을 하는 경우에는 당해 지점의 등기여부와는 관계없이 사업자등록신청서에 당해 법인의 법인등기부 등본을 첨부하여 등록할 수 있다.

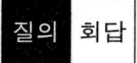 가등기 상태에서 부동산을 양도하는 경우 미등기 양도자산에 해당되는지 여부

[요 지]
미등기 양도자산이라 함은 자산을 취득한 자가 그 자산의 취득에 관한 등기를 하지 아니하고 양도하는 것을 말하는 것임.

[회 신]
소득세법 제104조 제1항 제3호에서 "미등기양도자산"이라 함은 자산을 취득한 자가 그 자산의 취득에 관한 등기를 하지 아니하고 양도하는 것을 말하는 것으로, 부동산을 취득하여 제3자 명의로 취득등기를 하여 양도하는 경우에는 미등기양도자산의 양도에 해당되지 아니하는 것입니다.
귀 질의와 같이 부동산을 취득하여 등기는 제3자 명의로 하고 실소유자는 가등기를 한 상태로 보유하던 중 그 실소유자의 사망으로 상속이 개시된 경우로서 등기상 명의는 제3자 명의로 그대로 둔 채 피상속인 명의의 가등기는 해제하고 상속인 명의로 다시 가등기를 한 상태로 양도하는 경우에도 미등기양도자산의 양도에 해당하지 아니하는 것입니다.

[관련법령]
소득세법 제104조

1. 질의내용 요약
   [질의 요지]
   가등기 상태에서 부동산을 양도하는 경우 "미등기 양도자산"에 해당되는지 여부
   [질의 내용]
   (1) 갑(명의신탁자)은 1959.6.29. 당초 부동산을 취득하면서 처남인 을(명의수탁자) 명

의로 취득등기를 하고 동 부동산에 1981.4.26. 재산 보전 목적에서 가등기를 하여 보유하고 있던 중 1983.1.19. 명의신탁자인 갑이 사망하였음.
(2) 갑이 1983.1.19. 사망하였으나 명의신탁 관계는 계속되었고 소유권보전의 필요를 느낀 상속인 병이 1983.2.17. 기존 갑 명의의 가등기를 말소하고 같은 날에 병 명의로 이전하였고 이후 가등기 상태로 1995.9.30. 양도하여 제3자 명의로 직접 소유권 등기가 이전 되었음.
(3) 이 경우 소득세법 제104조 3항 및 같은 법 시행령 제168조에 의한 "미등기 양도자산"에 해당되는지 여부의 판단을 구하고저 질의하오니 회신하여 주시기 바랍니다.

질의 회답 미등기양도자산 해당여부

[요 지]
부동산에 관한 권리를 취득하고 동 권리가 부동산으로 전환된 후 등기를 하지 아니하고 양도하는 경우 미등기양도자산에 해당함

[회 신]
소득세법 제94조 제2호에 해당하는 부동산에 관한 권리를 취득하고 동 권리가 부동산으로 전환된 후 등기를 하지 아니하고 양도하는 경우에는 같은법 제104조 제3항의 규정에 의한 미등기양도자산에 해당 한다

[관련법령]
소득세법 제91조 【양도소득세 비과세의 배제】

[질 의]
채권자 "갑"은 "을" 법인에게 1994. 7.부터 1995. 3.까지 수차에 걸쳐 원금 13억3천만원을 대여하고 "을"법인이 갖고 있던 아파트 상가시설부지 및 준공건물 일체에 관한 소유권이전등기청구권을 1995. 3. 담보로 확보하였으나 "을" 법인은 1995. 6.경 부도로 현재까지 원금 및 이자에 대한 채무변제를 받지 못하였으며,
당초 "을" 법인은 1995. 3. 아파트상가시설 사업시행권을 "병" 법인에게 양도하였으나 사업시행약정서에 의거 가지고 있던 상가 및 상가부대시설의 분양권을 채무변제능력이 없어 1999. 1. 채권자 "갑"에게 양도한 바,
채권자 "갑"은 13억3천만원에 대한 대물변제로 취득한 소유권이전등기청구권을 "병" 법인에 양도하고 9억6천만원을 받았을 때 상가 및 상가부대시설 소유권이전등기청구권의 양도가 소득세법 제94조에 의한 양도소득의 범위에 포함되는지 질의함

[질의 회답] 미등기양도자산에 대하여 양도소득세 비과세를 적용할 수 있는지 여부

[요 지]

미등기양도자산이라 함은, 자산을 취득한 자가 그 자산의 취득에 관한 등기를 하지 아니하고 양도하는 것으로, 미등기양도자산에 대하여는 양도소득세 비과세 규정을 적용할 수 없는 것임.

[회 신]

소득세법상 "미등기양도자산"이라 함은 자산 (법률의 규정에 의하여 양도당시 그 자산의 취득에 관한 등기가 불가능한 자산은 제외)을 취득한 자가 그 자산의 취득에 관한 등기를 하지 아니하고 양도하는 것을 말하는 것입니다.

또한, "미등기양도자산"은 소득세법 제91조의 규정에 의하여 양도소득세 비과세 규정을 적용 받을 수 없으며, 같은법 제104조 제1항의 규정에 의하여 100분의 65의 세율을 적용받는 것입니다.

[관련법령]

소득세법 제91조
소득세법 제104조

1. 질의내용에 대한자료
  가. 유사사례
    ○ 재일46014-2551, 1995.9.27
      【질의】
      1. 1995. 3. 28 곽××는 ○○시 ○○구 필지를 소유자 구○○에게 금 198억5천만원에 부동산 매매계약서를 작성하고 계약금 1억8천5백만원을 지불함.
      2. 매수자 곽××는 중도금, 잔금지불능력이 없어 △△개발(건설회사)에 중도금 및 잔금을 지불토록하여 완불하였음.
      3. 매도자 구○○가 △△개발에 소유권을 이전했을 경우에 당초계약자인 곽××는 미등기전매가 해당되는지의 여부
      4. 곽××는 전매차익이 전혀 없이 원계약체결금대로 창천개발에 넘겼음.
      5. 이 경우 구○○는 미등기 전매가 해당되는지 여부.
      【회신】
      부동산매매계약을 체결한 자가 계약금만을 지급한 상태에서 양도하는 것은 부동산을 취득할 수 있는 권리의 양도에 해당하는 것임.

귀 질의 3)의 경우 현행소득세법상 "미등기 양도자산"이라 함은 자산을 취득한 자가 그 자산의 취득에 관한 등기를 하지 아니하고 양도하는 것을 말하는 것이나, 이때에도 법률의 규정 또는 법원의 결정에 의하여 양도당시 그 자산의 취득에 관한 등기가 불가능한 자산등에 대하여는 소득세법시행령 제121조의 2 규정에 의하여 미등기 양도자산으로 보지 아니하는 것임.

질의 회답 미등기 양도자산의 정의와 양도차익 계산 및 세율 적용 여부

[요 지]
"미등기양도자산"이라함은 자산을 취득하는 자가 그 자산의 취득에 관한 등기를 하지 아니하고 양도하는 것으로 미등기양도의 경우 그 양도차익을 실지거래가액으로 산정하는 것이며 양도소득과세표준에 75%의 세율을 적용하는 것임

[회 신]
1. 소득세법 제104조 제3항의 규정에 의한 "미등기양도자산"이라함은 동법 제94조 제1호 및 제2호에 규정하는 자산을 취득한 자가 그 자산의 취득에 관한 등기를 하지 아니하고 양도하는 것.
2. 미등기양도의 경우 그 양도차익을 실지거래가액으로 산정하는 것이며, 양도소득과세표준에 75%의 세율이 적용.

[관련법령]
소득세법 제104조 【 양도소득세의 세율 】

1. 질의내용 요약
  가. 아파트 분양권자가 미등기 상태에서(을) 타인에게 매도하고 매수자(을)는 미등기 상에서 매매차액을 노리고 실수요자(병)에게 매도한 상태에서 전매자(을)는 등기처리 상태에서 완전히 빠지고 분양권자(갑)와 실수요자(병)가 등기하는 현실이 있다면
    1) 미등기 전매자(을)는 매매차익에 대한 세금 부담의 법적인 문제는 어떻게 되는지
    2) 미등기 전매행위를 알선한 중개업자의 법적인 문제는 어떻게 되는지
    3) 이 문제가 법적으로 비화 된다면 실 수요자(병)는 어떤 불이익이 오는지.
    4) 전매권자는 불법인 사실을 알고 확실히 처리하기 위해 매매 계약서상 등기비, 취득세, 양도소득세, 주민세등 제반 공과금을 실수요자(병)가 부담하도록 작성하고 이사실 확실히 처리하기 위해 공증사무서에서 공증까지 시행 했을시 공증 내

용과 같이 실 수요자는 지급해야 하는지
5) 위 사실이 불법이라면 실수요자(병)의 위치에서 어떻게 처리하는 것이 현명한지
2. 관련 조세 법령 (법률, 시행령, 시행규칙, 기본통칙)
○ 소득세법 제104조 제3항

질의 회답 미등기 양도 토지 등의 정의

[요 지]
"미등기양도 토지 등"이라 함은 양도당시 취득에 관한 등기가 불가능한 자산 등을 제외하고 토지 등을 취득한 내국법인이 그 토지 등의 취득에 관한 등기를 하지 아니하고 양도하는 것을 말함.

[회 신]
1. 질의1의 경우 법인세법 제59조의4 제4항에서 규정한 "미등기양도 토지 등"이라 함은 법인세법시행령 제124조의 9에서 규정하고 있는 것을 제외하고 토지 등을 취득한 내국법인이 그 토지 등의 취득에 관한 등기를 하지 아니하고 양도하는 것을 말하며
2. 2,3의 경우 질의내용이 불분명하여 정확한 답변을 드릴 수 없으니 구체적인 내용을 적시하여 재질의 하시기 바람.

[관련법령]
법인세법 제59조의4 【세율】
법인세법 시행령 제124조의9 【미등기양도제외자산】

1. 질의내용 요약
○ 상가 빌딩을 아래 내용과 같이 전매하였을 경우
- 미등기 전매 해당여부
- 부동산중개업 저촉여부 및 소득에 관한 국세징수 한계여부 등
2. 관련 조세 법령 (법률, 시행령, 시행규칙, 기본통칙)
○ 법인세법 제59조의4 【세율】
○ 법인세법 시행령 제124조의9 【미등기양도제외자산】
○ 법인세법 기본통칙 7-2-11…59의4 【미등기양도토지 등의 범위】

질의회답 | 토지공개념의 실시로 양도하는 주택등이 미등기 양도자산에 해당하는 지 여부

[요 지]

미등기 양도자산이라 함은 관련 규정에 규정한 자산을 제외한 자산으로서 규정하는 자산을 취득한 자가 그 자산의 취득에 관한 등기를 하지 아니하고 양도하는 것을 말하는 것임

[회 신]

귀 질의의 경우 우리청에서 이미 회신한 바 있는 내용과 비슷하니 붙임 질의 회신문(재일01254-208, 1991.01.24)내용을 참조.
붙임 : ※ 재일01254-208, 1991.01.24

[관련법령]

소득세법 제23조 【 양도소득 】
소득세법 시행령 제121조의2 【 미등기양도제외자산 】

1. 질의내용 요약
   가. 소득세법시행령 제15조의 규정에 의하여 아래와 같이 국내에 무허가주택 1채를 소유하고 있던중 양도하였을 경우 1세대 1주택 비과세 적용을 받을수 있는지 여부.
   나. 무허가주택(부수토지포함)보유기간 : 5년이상
      무허가주택 건물면적   : 80평
      무허가주택 부수토지면적   : 95평
   다. 위 무허가주택은 관할구청의 대장에 등재되어 지방세법의 규정에 의한 건물분 재산세가 계속하여 과세되어 왔으며 양도당시 5가구에 임대를 하고 있었음 (1칸은 주인이 가족과 함께 3년이상거주 했음)
2. 관련 조세 법령 (법률, 시행령, 시행규칙, 기본통칙)
   ○ 소득세법 시행령 제121조의 2
   ○ 소득세법 제23조 제1항
   ○ 소득세법 제6조의 2

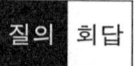 | 보존등기가 되지 않은 조합아파트를 양도한 경우 부동산에 대한 권리의 양도로 보는지

[요 지]

제4장 관련 질의회신 437

미등기 제외자산에는 1세대 1주택으로서 건축법에 의한 건축허가를 받지 아니하여 등기가 불가능한 자산 및 법률의 규정에 의하여 양도 당시 그 자산의 취득에 관한 등기가 불가능한 자산을 포함하는 것으로, 귀 질의의 경우와 같이 재개발조합 아파트의 준공검사가 완료되고 당해 사업인가 기관의 촉탁등기 미이행으로 취득등기가 안된 경우는 위의 미등기 제외자산으로 보는 것이며, 1세대 1주택 비과세요건 판정시 주택으로 보는 것임

[회　신]
1. 소득세법시행령 제121조의 2에 규정한 미등기 제외 자산에는 같은법 제5조 제6호 (자)의 1세대1주택으로서 건축법에 의한 건축허가를 받지 아니하여 등기가 불가능한 자산 및 법률의 규정에 의하여 양도당시 그 자산의 취득에 관한 등기가 불가능한 자산을 포함하는 것으로
2. 귀 질의의 경우와 같이 재개발조합 아파트의 준공검사가 완료되고 당해 사업인가기관의 촉탁등기 미이행으로 취득등기가 안된 경우는 위 1)의 미등기 제외 자산으로 보는 것이며, 1세대1주택 비과세 요건 판정시 주택으로 보는 것입니다.

1. 질의내용 요약
    ○ 1989년 11월경 사용승락이 허용되고, 1990년도 01월에 전세입주를 시킨 조합아파트가 1995년 02월 현재까지 보존등기가 나지않는 이 아파트를, 지금 양도시 이를 부동산에 대한 권리의 양도로 보는지 또는 보유기간이 5년이상이므로 타소유 주택이 없으면 1세대 1주택이 되는지 여부.
2. 관련 조세 법령 (법률, 시행령, 시행규칙, 기본통칙)
    ○ 소득세법 시행령 제121조의 2
    ○ 소득세법 제5조 제6호 (자)목

질의 회답 미등기양도자산의 의미와 그 실질 해당 여부

[요　지]
미등기양도자산이라 함은 자산을 취득한자가 그 자산의 취득에 관한 등기를 하지 아니하고 양도하는 것을 말함

[회　신]

1. 현행소득세법상 "미등기 양도자산"이라 함은 같은법시행령 제121조의2에 규정한 자산을 제외한 자산으로서 소득세법 제23조 제1항 제1호 및 제2호에 규정하는 자산을 취득한자가 그 자산의 취득에 관한 등기를 하지 아니하고 양도하는 것을 말하며, 이러한 미등기 양도자산에 대하여는 소득세법 제6조의2의 규정에 따라서 양도소득세의 비과세 및 감면이 배제되는 것입니다.
2. 귀 질의의 경우 1세대1주택의 실제보유기간 및 미등기 양도주택의 해당여부에 대하여 소관세무서장이 사실을 조사하여 그 실질내용에 따라 비과세 여부를 판단하는 것입니다.

[관련법령]
소득세법 제6조의2

1. 질의내용 요약
   ○ 1977.11 ○○구 재개발지구내 주택 1 채 구입 등기 필함.(재개발조합원 가입)
   ○ 1990.03 - 1993.08 재개발 아파트 공사 완료
   ○ 1993.08 재개발 조합으로부터 조합원자격으로 아파트 1 채 분양받음
   ○ 1995.02 아파트 매도예정
      * 매도당시 총보유기간 : 7년 03개월
      - 상기 기간중 계속하여 1가구 1주택자임
      - 단, 매도시 까지도 준공미필로 등기가 안된 상태이며 미등기 상태는 개인적이유로 미등기한것이 아니고 아파트 전체가 미등기상태임.
   (질의)
   상기와 같이 아파트를 매도한 경우 양도소득세 부과대상이 되는지 아니면 면제대상이 되는지 여부와 세금과 관련된 참고사항 여부.
2. 관련 조세 법령 (법률, 시행령, 시행규칙, 기본통칙)
   ○ 소득세법 시행령 제121조의 2
   ○ 소득세법 제23조 제1항 제1호
   ○ 소득세법 제6조의 2

질의 회답 미등기 양도자산이더라도 미등기양도제외자산에 해당하는 경우 과세여부

[요 지]
미등기 양도자산이더라도 미등기양도제외자산에 해당하면 양도소득세에 대한 비과세 규정을 적용하는 것임

[회　신]
1. 주택건설촉진법에 따른 주택조합의 조합원으로서 토지를 취득하여 아파트를 신축한 경우에도 토지의 취득시기는 소득세법시행령 제53조 제1항 제1호와 제2호에 따르는 것이고, 아파트(건물)의 취득시기는 같은항 제4호의 규정에 따르는 것임.
2. 미등기 양도자산이더라도 같은령 제121조의 2의 규정에 따른 자산인 경우에는 미등기양도 제외자산에 해당하므로 양도소득세에 대한 비과세 규정을 적용하는 것이나, 이에 해당하는지 여부는 소관세무서장이 사실을 조사하여 판단하는 것임.
3. 또한, 거주이전을 위한 일시적 2주택자인 경우에도 그 내용을 확인할 수 있는 관계서류를 소관세무서에 제출하여야 하며, 양도소득세에 대한 구체적인 계산사례는 인근세무서 민원봉사실을 이용하시기 바람.

[관련법령]
소득세법 시행령 제53조

1. 질의내용 요약
   [예시]
   가. 분양금 잔금 완납일 : 1991.05.30
   나. 가사용승인일 : 1991.06.01
   다. 조합지정 입주기간(입주가능일) : 1991.06.01~06.10
   라. 입주일 : 1991.06.09(전세입자의 입주일, 조합원 본인은 지방근무 관계로 미입주)
   마. 전세입자 주민등록 전입일 : 1991.08.20(조합원 본인은 주민등록 이전 안함)
   바. 기준시가 최초고시일 : 1994.07.01
   사. 사용검사 및 소유권 보존등기 : 입주일로부터 4년이 지난 현재까지 소수의 부자격 조합원 문제로 사용검사 및 소유권 보존등기 미필 상태임.
   [질의내용]
   가. 양도소득세 산출시 적용되는 취득일 여부
   나. 주거이전을 목적으로 다른 아파트를 새로 취득하고 예시 아파트를 새로 취득한 아파트의 취득일로부터 1년이내, 예시 아파트의 취득일로부터 5년이후에 양도할 경우, 양도일 당시까지 예시.사.의 사유로 사용검사 및 소유권 보존등기 미필상태라면 1가구 2주택기간이 1년이내임을 입증하고 양도소득세 비과세 적용을 받기 위한 절차 여부.

다. 보유기간이 5년이 경과하기 전에 예시 사.의 사유로 등기미필 상태에서 예시 아파트를 양도하고 기준시가를 적용하여 양도차익 예정신고를 할 경우 다음 사항 여부.
1) 취득당시 기준시가 산출시 소득세법 시행령 제115조 제5항의 산식(최초고시기준시가×취득당시 과세시가표준액/최초기준시가 고시당시의 과세시가 표준액) 적용여부.
2) 미등기 양도 제외자산 인정여부.
2. 관련 조세 법령 (법률, 시행령, 시행규칙, 기본통칙)
○ 소득세법 시행령 제53조 제1항 제1호
○ 소득세법 시행령 제53조 제1항 제4호
○ 소득세법 시행령 제121조의 2

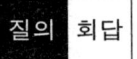 **미등기 양도자산은 대통령령이 정하는 경우를 제외하고 양도소득세의 비과세 및 감면이 배제됨**

[요 지]
취득에 관한 등기를 하지 아니하고 양도하는 자산은 대통령령이 정하는 경우를 제외하고는 양도소득세의 비과세 및 감면이 배제됨

[회 신]
소득세법시행령 제121조의 2에 규정한 자산을 제외한 자산으로서 소득세법 제23조 제1항 제1호 및 제2호에 규정한 자산을 취득한 자가 그 자산의 취득에 관한 등기를 하지 아니하고 양도하는 자산에 대하여는 같은 법 제6조의 2 규정에 의하여 양도소득세의 비과세 및 감면이 배제되는 것임.

[관련법령]
소득세법 제23조【양도소득】

1. 질의내용 요약
○ 1가구 1주택 판정에 관한 다음과 같은 문의사항이 있어 질의함.
○ 내용
  - 건물(95평, 주택)
    · 건축물관리대장상 : 홍 ○○ 소유
    · 건물등기부등본상 : 홍 ○○ 소유(47.5평)

・ 미등기상태 (47.5평)
- 부속토지(110평) : 홍 ○○ 소유
○ 상기 내용과 같이 부속토지 전체와 건물의 50%는 홍길동 소유로 등재되어 있으나 건물의 나머지 50%는 현재 미등기상태에 있음.
○ 현 상태에서 건물(95평)과 부속토지를 매각할 경우 거주기간이 3년이 경과하였다면 1가구 1주택에 해당되는지 여부.
○ 또한 건물미등기부분을 등기한 후에 건물(95평)과 부속토지를 매각할 경우 1가구 1주택에 해당되는지 여부.
2. 관련 조세 법령 (법률, 시행령, 시행규칙, 기본통칙)
○ 소득세법 시행령 제121조의2
○ 소득세법 제23조 제1항
○ 소득세법 제6조의2

질의 회답 미등기 양도자산의 장기보유특별공제 여부

[요 지]
건축법상에 의한 건물로서 "미등기 양도자산"에 해당하면 장기보유특별공제가 배제됨

[회 신]
건축법상에 의한 건물로서 소득세법 제70조 제9항에 규정된 "미등기양도 자산"에 해당하면 소득세법 규정에 의한 장기보유특별공제가 배제되는 것임.

1. 질의내용 요약
○ 주택을 양도할 경우 대지는 등기돼어 있으나, 건축물은 건축법상의 적법절차를 받아 준공검사를 필한후, 미등기상태(13년간 보유)로 양도하였을 경우 소득세법 관계 규정에 의한 장기보유특별공제 가능 유.무를 질의합니다.
2. 관련 조세 법령 (법률, 시행령, 시행규칙, 기본통칙)
○ 소득세법 제70조 제9항

질의 회답 미등기건물이 상속재산에 해당여부

[요 지]

상속세는 상속개시 당시 피상속인의 소유재산을 과세대상으로 하는 것이나, 피상속인의 토지위에 신축된 미등기건물이 피상속인의 소유재산에 해당하는지의 여부는 소관 세무관서장이 구체적인 사실을 조사하여 판단할 사안임

[회 신]
상속세는 상속개시당시 피상속인의 소유재산을 과세대상으로 하는 것이나, 귀 질의의 경우 피상속인의 토지위에 신축된 미등기 건물이 피상속인의 소유재산에 해당하는지의 여부는 소관 세무관서장이 구체적인 사실을 조사하여 판단할 사안입니다.

1. 질의내용 요약
    ○ 피상속인의 명의의 토지위에 1980년 상속인 명의로 신규로 건축허가를 득하여 준공하고 상속인 명의로 건축물 관리대장에 등재되어 있고 관련제세를 납부하여 온 미등기건물에 대하여 등기절차 준비중 토지에 대한 상속이 개시되었을 경우 다음과 같은 양론이 있어 질의합니다.
    (갑론)
    - 건물의 신축허가, 준공, 건축물관리대장등재, 관련제세 납부등을 상속인 명의로 하여 왔으며 등기절차만 이행하면 소유권을 상속인의 것이므로 건물 부분은 상속 재산에 산입 할 수 없다.
    (을솔)
    - 토지가 피상속인 소유이고 건물은 미등기이므로 상속재산에 포함한다.
2. 관련 조세 법령 (법률, 시행령, 시행규칙, 기본통칙)

[질의 회답] 미등기 양도 토지 중 미등기세율을 적용하지 아니하는 토지의 범위

[요 지]
법인이 취득에 관한 등기를 아니하고 양도하는 토지 중 미등기세율을 적용하지 아니하는 미등기양도 제외토지 등 이라함은 법인세법시행령 제124조의9 및 통칙 7-2-11...59의4에 게기한 것을 말하는 것임.

[회 신]
법인이 취득에 관한 등기를 아니하고 양도하는 토지 중 법인세법 제59조의4 제1항 제1호의 세율을 적용하지 아니하는 미등기양도 제외토지 등 이라함은 같은법

시행령 제124조의9 및 통칙 7-2-11…59의4에 게기한 것을 말하는 것임.

[관련법령]
법인세법 제59조의4 【세율】
법인세법 시행령 제124조의9 【미등기양도제외자산】

1. 질의내용 요약
    ○ ○○협동조합이 협업화단지 조성을 위해 조합원의 뜻을 모아
      - 1987년 조합명의로 대지를 구입하였으나 명의이전이 곤란하여 출자조합원에게 매매예약에 의한 가등기를 한 후
      - 명의이전 청구소송에 승소하여 1983.08월 조합명의로 등기하였음
      - 이 경우 조합원이 자기 지분을 다른 조합원에게 양도하는 경우 미등기양도에 해당하는지 여부.
2. 관련 조세 법령 (법률, 시행령, 시행규칙, 기본통칙)
    ○ 법인세법 제59조의4 【세율】
    ○ 법인세법 시행령 제124조의9 【미등기양도제외자산】
    ○ 법인세법 제59조의3 【비과세 및 면제】

질의 회답 미등기토지의 일부만을 재평가할 수 있는지 여부

[요 지]
1983.12.31 이전에 취득한 토지로서 1983.12.31 현재와 재평가일 현재 비업무용부동산에 해당되지 아니하고 취득일을 기준으로 도매물가지수가 100분의 25이상 증가한 경우에는 1984.01.01이후 1회에 한하여 재평가할 수 있는 것이나 토지의 일부만을 재평가할 수 없는 것임

[회 신]
법인이 1983.12.31 이전에 취득한 토지로서 1983.12.31 현재와 재평가일 현재 비업무용부동산에 해당되지 아니하고 취득일(재평가를 한 자산은 직전재평가일)을 기준으로 도매물가지수가 100분의 25이상 증가한 경우에는 1984.01.01이후 1회에 한하여 재평가할 수 있는 것이나, 토지의 일부만을 재평가할 수 없는 것이며, 귀 질의의 경우 미등기토지가 법인의 사업용 자산인지의 여부는 실질내용에 따라 사실판단할 사항입니다.

[관련법령]
자산재평가법 제5조 【재평가의 주체】
자산재평가법시행령 제1조 【재평가자산의 범위】

1. 질의내용 요약
   <자산재평가 대상 여부>
   ○ 사례

   - ① 1975년 법인명의 취득 (1982.01.01 재평가 실시)
   - ②, ③ 1977년 대표자 개인명의로 취득
   - 대표자로부터 법인이 ②, ③을 취득 (등기미이전)
   * ①은 지하1층, 지상10층 건물이며, ②, ③은 회사 주차장으로 사용중임.
   [질의1]
      ①은 1995.01.01에 자산재평가를 실시하고, 개인명의 ②와 ③을 1996.01.01에 별도로 재평가 가능한지 여부
      * 도매물가상승율이 25% 상회한다고 가정
   [질의2]
      실질적인 법인재산이므로 1996.01.01에 ①②③ 모두를 재평가 할 수 있는지 여부
      * 도매물가상승율이 25% 상회한다고 가정
2. 질의내용에 대한 자료
   가. 관련 조세 법령 (법률, 시행령, 시행규칙, 기본통칙)
      ○ 법 제5조 【재평가의 주체】
      ○ 시행령 제1조 【재평가자산의 범위】

 미등기 전매가 세법상 위법인지 여부 및 어떤 불이익이 있는지 여부

[요   지]
미등기 전매는 세법상 각종 감면. 비과세 규정이 적용되지 아니하며 투기 목적으

로 미등기 전매를 한 경우에는 실지거래가액으로 양도차익을 결정하여 무거운 세금을 부담하게 되는 것임

[회　신]
미등기 전매는 세법상 각종 감면.비과세 규정이 적용되지 아니하며 투기 목적으로 미등기 전매를 한 경우에는 실지거래가액으로 양도차익을 결정하여 무거운 세금을 부담하게 되며, 토지거래허가에 관하여는 국토이용관리법에 규정된 사항으로 건설교통부로 문의.

1. 질의내용 요약
　　○ 종중이 약간의 선조위토(농지, 임야)를 보유하고 있아온대 토지거래에 대한 애매한 세법상의 지식을 알고저 아래와 같이 질의합니다.

　　아　래
　　○ 도시계획 주거지역내의 농지를 주택건설 업자가 토지거래 허가없이 농지주로부터 매수 계약을 체결하여 계약금만 지불한 상태에서 도상분할하여 제3자에게 분양계약을 하였을 경우
　　　가. 토지거래 허가를 받지 않은 세법상 책임유무 여부.
　　　나. 미등기전매가 세법상 위법인지 여부. 세법상 위법이라면 근거 법조문 및 벌칙규정. 위와 관련하여 참고되는 사항.

| 질의 회답 | 미등기 양도자산에 대한 과세방법 |

[요　지]
미등기 양도자산은 비과세 및 감면이 배제되며 투기성 있는 거래로 봄

[회　신]
1. 현행 소득세법상 "미등기 양도자산"이라 함은 같은법 시행령 제121조의2에 규정한 자산을 제외한 자산으로서 소득세법 제23조 제1항 제1호 및 제2호에 규정하는 자산을 취득한자가 그 자산의 취득에 관한 등기를 하지 아니하고, 양도하는 것을 말하는 것이며
2. 미등기 양도자산에 대하여는 소득세법 제6조의2 규정에 의하여 양도소득세의 비과세 및 감면이 배제되며 양도소득세율도 과세표준의 100분의 75를 적용하

는 것임.
3. 그리고 미등기 양도자산에 대하여는 소득세법 제170조 제4항 제2호 나목에 따라 투기성이 있는 거래로 봄.

[관련법령]
소득세법 제23조 【양도소득】

1. 질의내용 요약
   ○ 본인은 동일한 사업을 목적으로 주택을 신축하여 분양하고자 수도권 지역인 토지거래 허가지역에서 5인이 택지를 매입하여 당해 군청에 건축허가서를 출원하였으나 1992년도에 수도권 지역의 주택건축의 규제 조치로 말미암아 건축허가가 지연됨으로써 1993년 01월 중에 허가를 득하여 토지거래허가를 얻어 소유권 이전을 하려는 바 (5인중 본인을 매수인으로 하여 매도인과 계약을 체결하고 매도인은 양도소득세 자진납부신고를 하여 1992년도에 이미 양도소득세를 납부하였음)
   [질의사항]
   가. 미등기 전매를 하면 실질적으로 구체적으로 어떠한 불이익이 있게 되는지 여부.
   나. 미등기 전매를 하였다 하더라도 양도차익이 발생하지 않았을 때에 양도소득세 부과여부. 세무당국에서 보는 양도차익 발생의 진위여부와 적용세율을 질의함.
   다. 미등기 전매를 하였다 하더라도 양도차익이 발생하지 않으면 미등기 전매로 보지 않는지 여부.
   라. 과연 투기꾼이란 어떠한 행위를 하는 자이며 미등기 전매자도 투기꾼의 부류에 속하는지 여부.
   이 경우 어떠한 제제가 가해지며 불이익을 받게 되는지 여부. 들리는 바에 의하면 국세청에서는 리스트를 작성, 전산 입력하여 철저히 관리하고 자금출처 및 일신상의 불명예스러움과 경제행위에 많은 제약이 뒤따른다고 하는데 사실인지 여부.
   마. 매수인이 아니더라도 동업을 같이하는 사람이면 (계약서상에는 등재되지 아니 하고 실질적으로는 동업을 하는 사람) 소유권 이전을 하여도 미등기 전매로 보지 않는지 여부.
   바. 매수인이 소유권 이전을 하지 아니한 상태에서(매도인이 양도소득세 자진납부 신고를 하여 이미 양도소득세를 납부한 경우우) 다른 사람 명의로 (동업자) 소유권 이전을 하여도 미등기 전매가 되지 않는다고 하는데 사실인지 여부.
   사. 미등기 전매를 하였다 하더라도 양도차익만 발생하지 않으면 전혀 문제가 되지 않는지 여부.
   아. 매도인과 매수인이 매매계약을 체결하고 매수인이 매도인에게 매매대금을 완 불하였으나 당시의 사정으로 소유권 이전을 할 수 없어 거의 1년이 된 요즘에 소유권 이전을 하려고 하는데 (매도인이 양도소득세를 세무서에 이미 납부) 전자의 계약을

파기하고 타인과 새로이 계약을 체결하여 소유권 이전을 하려고 하는데 이러한 경우에도 미등기 전매에 해당되는지 여부.
자. 매수인은 아니지만 실제 동업을 하는 사람으로서 본 매수인과 더불어 토지거래허가를 얻어 동업자의 명의로 소유권 이전을 하는 경우에도 미등기 전매로 보는지, 아니면 적법한 거래로 인정이 되는지 여부.
(사실상 매도인은 본 매수인과의 매매행위로 인하여 양도소득세 자진납부 신고를 하여 양도소득세를 납부한 상태임)
2. 관련 조세 법령 (법률, 시행령, 시행규칙, 기본통칙)
○ 소득세법 시행령 제121조의2
○ 소득세법 제23조 제1항
○ 소득세법 제6조의2

질의 회답 신축주택에 대한 양도소득세 과세특례를 적용받을 수 있는지 여부

[요 지]
미등기 양도 자산 및 국세청장이 정하는 특정지역내의 주택에 대하여는 신축주택에 대한 양도소득세 과세특례의 적용이 배제되는 것임

[회 신]
1. "신축주택에 대한 양도소득세 과세특례"의 적용도 조세감면규제법제67조의2및 같은법시행령 제55조의2의 요건을 갖춘 주택을 양도하는 경우에 한하는 것이므로
2. 같은법같은조 제1항 본문단서규정에 의거 소득세법 제5조 제6호 (자)의 규정에 의해 양도소득의 비과세 대상에서 제외되는 고급주택과 같은법제70조 제7항의 미등기양도자산및 국세청장이 정하는 특정지역내의 주택에 대하여는 동 특례규정의 적용이 배제됨.

[관련법령]
조세감면규제법 제67조의2 【신축주택에 대한 양도소득세 과세특례】

1. 질의내용 요약
○ 1983.06.02 주택건설업자로부터 아파트를 분양받아 취득(신축주택취득)한 1가구 1주택 소유자입니다. 그런데 1989.08.01 조세감면규제법의 개정으로 전용면적기준 165m² 이상은 고급주택으로 되게되어 1가구 1주택임에도 불구하고 분양시와 달리

양도시 양도소득세를 부과받게 되고 말았습니다.
- ○ 그런데 조세감면규제법을 보면 제67조의2(신축주택에 처한 양도 소득세 과세특례) 1항1호에 의거 5/100의 세금만 납부하면 되는 것으로 알고있습니다(1983.6.2 신축주택취득임으로)
- ○ 또 동법 동조 제3항 제2호를 보면 신축건설업자로부터 최초취득자는 1항 1호 즉 5/100만 납부하면 되는 것으로 해석이됩니다. 그리고 법 제5호제6호 "자 목(고급주택의 범위)의 개정은 1989.08.01이므로 법 정신상 소급적용하여 고급주택으로 보는것은 불가하다고 알고 있기 때문에 본인의 경우 1982.12.21 현재시행된 조세감면규제법에서는 고급주택에 해당하지 않으므로 본아파트를 양도했을 경우 세율 5/100만 납부하게 되는것인지 질의합니다.

2. 관련 조세 법령 (법률, 시행령, 시행규칙, 기본통칙)
   - ○ 소득세법 제5조 제6호 자목
   - ○ 조세감면규제법 시행령 제55조의2 【신축주택에 대한 양도소득세 과세특례】
   - ○ 조세감면규제법 제67조의2【신축주택에 대한 양도소득세 과세특례】

 1년 이상 보유한 토지 또는 건물을 양도하는 경우 양도차익의 계산에 대한 당부

[요 지]
소득세법 제89조 및 같은법시행령 제154조 제1항의 1세대1주택 비과세 규정을 판정함에 있어 그 자산이 미등기양도자산인 경우에는 양도소득세의 비과세 적용을 배제하는 것임.

[회 신]
소득세법 제89조 및 같은법시행령 제154조 제1항의 1세대1주택 비과세 규정을 판정함에 있어 그 자산이 미등기양도자산인 경우에는 양도소득세의 비과세 적용를 배제하는 것입니다.
1년 이상 보유한 토지 또는 건물을 양도하는 경우 양도차익의 계산은 기준시가에 의하여 산정하는 것이 원칙이며, 귀 질의의 경우 양도소득세의 구체적인 세액계산은 가까운 세무서에 문의하시기 바랍니다.

[관련법령]
소득세법 제89조
소득세법시행령 제154조

질의회답 소유권이전등기를 하지 아니하고 양도한 경우 미등기 양도에 해당하는지 여부

[요 지]

미등기 양도자산이라 함은 자산의 취득에 관한 등기를 하지 아니하고 양도하는 것을 말하는 것이며, 또한 미등기 양도자산에 대하여는 양도소득 과세표준에 100분의 75의 세율을 적용하는 것임

[회 신]

귀 질의의 경우 당청에서 기히 회신한 바 있는 내용과 유사하니 별첨 질의회신문(재삼01254-2920, 1989.08.02 및 재산01254-855, 1989.03.08) 내용을 참조하시기 바랍니다.

붙임 : ※ 재삼01254-2920, 1989.08.02
　　　※ 재산01254-855, 1989.03.08

[관련법령]

소득세법 제23조 【양도의 정의】

1. 질의내용 요약
   가. 장사 18년만에 본인이 임차하여 장사를 하여오던 점포를 점포주(임대인)가 부득이한 사정으로 매도를 하게되어 임차인(본인)이 보험회사에서 임대인이 기대출한금액을 인수승계받기로 하고 스렛트점포51t평을 매수하였습니다.
   나. 그런데 매도인 명의로 받는 대출금이 승계가 불가능하다고 하여 등기를 팔지 못했습니다. 대출금및 적금불입 상환해야 재대출을 해준다고 하는데 대출금 및 적금을 상환할 능력이 없는처지에 있습니다.
   다. 그리하여 매도인 명의로 이자 및 적금을 불입하고 있는데 매도인께서는 1990년09월부터는 등급 변동에 따라 많은 양도세부담이 따르게 된다면서 매수인(본인이) 부담할 것은 물론 빨리 등기르 해가라고 촉구하는데 본인으로서는 지금은 해약할수도 없고 상환능력이 현재 없어 불가합니다.
   라. 본인의 경우 매도 매부절차는 종결되었습니다.(1990.06.30일자로)
   마. 매수인(본인)으로서는 도저히 등기를 필할 수가 없습니다.
   바. 약1년(10개월)동안에 대출금을 상환하고 등기를 필할수는 없는지 여부.
   사. 현재 매매 계약한 검인 계약서로 어떻게 해야 사실을 인정 받을 수 있는지 여부.
2. 관련 조세 법령 (법률, 시행령, 시행규칙, 기본통칙)
   ○ 부동산 등기법 제40조

○ 소득세법 시행규칙 제51조의2
○ 소득세법 시행령 제121조의2

질의 회답 미등기 양도자산에 대한 질의 및 양도자산의 양도 및 취득의 시기

[요 지]
미등기 양도자산이라 함은 자산을 제외한 자산으로서 자산을 취득한 자가 그 자산의 취득에 관한 등기를 하지 아니하고 양도하는 것을 말하며 양도 및 취득의 시기는 당해 자산의 대금을 청산한 날이 되는 것임

[회 신]
귀 질의의 경우 당청에서 기히 회신한 바 있는 내용과 유사하니 별첨 질의회신문 내용(재산01254-2845, 1988.10.05)을 참조.
붙임 : ※ 재산01254-2845, 1988.10.05

[관련법령]
소득세법 제23조 【양도소득】

1. 질의내용 요약
   ○ 저는 (주)○○건설 부산사업소에 근무하는 강○○입니다.
   ○ 금번 (주)○○건설에서 시공,분양한 신개금 ○○아파트는 가사용승인을 받아 입주하였는바, 입주후 명의변경에 관하여 아래와 같이 질의함.
   아 래
   가. 가사용승인(집단 민원에 의한 가압펌프장 미시설)으로 입주후 등기가 되지 않은 상태에서 명의변경할시 미등기 전매에 해당되는지 여부.
   나. 지방세(취득세) 관련 납부여부.
2. 관련 조세 법령 (법률, 시행령, 시행규칙, 기본통칙)
   ○ 소득세법 시행령 제121조의 2
   ○ 소득세법 제23조 제1항 제1호
   ○ 소득세법 제23조 제1항 제2호

제4장 관련 질의회신   451

질의 회답 1978년도에 분양이 완료 된 미등기상가의 등기이전 시 양도시기

[요 지]
미등기 분양된 상가의 실질적인 양도시기 및 양도가액 등은 사실 판단할 사항임.

[회 신]
귀 질의의 경우 질의내용이 불분명하여 정확한 회신을 할수 없으나 미등기 분양된 상가의 실질적인 양도시기 및 양도가액 등은 사실 판단할 사항이므로 구체적인 관련서류를 갖추어 관할세무서에 문의바람.

[관련법령]
법인세법 제9조 【각사업년도의 소득】

1. 질의내용 요약
   [사안]

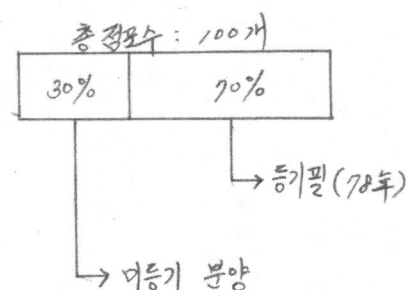

※ 1978년도 중 실질적으로 100%분양이 완료되었으나, 그중 70%만 등기이전
   [질의]
1978년도에 분양이 완료 된 미등기상가의 등기이전 시 양도시기 여부.

질의 회답 미등기 이사가 실제 이사 직무에 종사하게 되는 경우 임원에 해당하는지 여부

[요 지]
법인의 임원이라 함은 그 직책에 관계없이 법인의 회장·사장·부사장·이사 등의 직무에 종사하는지의 여부에 따라 판단할 사항인 것이며, 법인의 사용인이 당해 법인의 임원으로 취임한때에는 현실적인 퇴직에 포함되는 것임.

[회 신]
1. 법인의 임원이라 함은 법인세법 시행령 제31조 각호에 게기하는 직무에 종사하는 자를 말하는 것인바, 귀 질의 경우 임원에 해당되는지의 여부는 그 직책에 관계없이 동법 동령 제31조 각호에 게기하는 직무에 종사하는지의 여부에 따라 판단할 사항인 것이며,
2. 질의 나의 경우 법인의 사용인이 당해 법인의 임원으로 취임한때에는 법인세법 시행규칙 제13조 제4항 및 동법시행령 제34조 규정의 현실적인 퇴직에 포함되는 것임.

[관련법령]
법인세법 시행령 제31조 【임원의정의】
법인세법 시행령 제34조 【퇴직금의범위】

1. 질의내용 요약
   가. 미등기 이사가 실제 이사 직무에 종사하게 되는 경우
      - 임원에 해당여부.
   나. 상기 미등기 이사가 임원으로 취임한 날을 현실적인 퇴직일로 보아 퇴직금을 지급하라 수 있는지 여부.
2. 관련 조세 법령 (법률, 시행령, 시행규칙, 기본통칙)
   ○ 법인세법 시행령 제31조 【임원의정의】
   ○ 법인세법 시행규칙 제13조 제4항
   ○ 법인세법 시행령 제34조 【퇴직금의범위】

질의 회답 미등기 양도제외 자산의 범위

[요 지]
미등기 양도제외 자산에 해당하지 아니하는 것임

[회 신]
귀 질의의 경우는 법인세법 시행령 제124조의9 규정에 의한 미등기 양도제외 자산에 해당하지 아니함.

[관련법령]

법인세법 시행령 제124조의9

1. 질의내용 요약

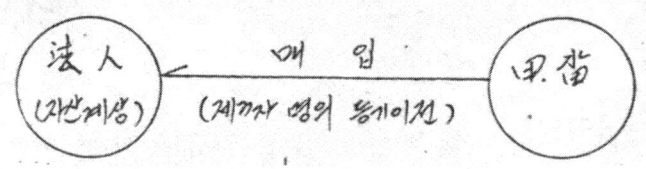

   ○ 상기의 경우 법인은 농지를 직접매입 할 수 없어 제3자의 명의로 소유권 이전등기 하고 법인의 자산에 계상한 경우 법인세법 제59조의4 규정에 의한 미등기 양도 제외자산에 해당하는지 여부
2. 관련 조세 법령 (법률, 시행령, 시행규칙, 기본통칙)
   ○ 법인세법 시행령 제124조의9

질의 회답 미등기 전매와 조세포탈

[요 지]
미등기양도자산의 경우 70% 세율이 적용되며 사기 기타 부정한 행위로서 조세를 포탈한 자는 조세범처벌법에 의하여 처벌될 수 있음

[회 신]
자산을 취득한 자가 그 자산의 취득에 관한 등기를 하지 아니하고 양도하는 '미등기양도자산'의 경우 소득세법 제104조 제1항 제3호의 세율인 100분의 70이 적용되는 것이며, 사기 기타 부정한 행위로서 조세를 포탈하거나 조세의 환급·공제를 받은 자는 조세범처벌법 제9조의 규정에 의하여 처벌될 수 있는 것임을 알려 드립니다.

[관련법령]
조세범처벌법 제9조

1. 질의내용 요약
   < 사실관계 >
   질의인은 농업에 종사하는 자로서 부동산 중개업소에 의뢰하여 농지를 매수하는 과정에서 부동산 중개업자의 미등기 전매 탈세한 사실을 알게 되었음

< 질의요지 >
상기와 같이 미등기전매를 할 경우
1. 처벌조항 등 관련 법령과 세금추징 여부의 법적 근거
2. 탈세제보 방법 등
2. 질의내용에 대한 자료
　가. 관련 조세 법령 (법률, 시행령, 시행규칙, 기본통칙)
　　○ 소득세법 제104조 【양도소득세의 세율】
　　① 거주자의 양도소득세는 당해 연도의 양도소득과세표준에 다음 각호의 세율을 적용하여 계산한 금액(이하 '양도소득산출세액'이라 한다)을 그 세액으로 한다. 이 경우 하나의 자산이 다음 각호의 규정에 의한 세율 중 2 이상의 세율에 해당하는 때에는 그 중 가장 높은 것을 적용한다. (2003. 12. 30. 후단신설)
　　　3. 미등기양도자산 (2003. 12. 30. 개정)
　　　양도소득과세표준의 100분의 70
　　○ 조세범처벌법 제9조
　　① 사기 기타 부정한 행위로서 조세를 포탈하거나 조세의 환급공제를 받은 자는 다음 각호에 의하여 처벌한다. 다만, 주세포탈의 미수범은 처벌한다. (1976. 12. 22 개정)
　　　1. 특별소비세주세 또는 교통세의 경우에는 3년이하의 징역 또는 포탈 세액, 환급공제받은 세액의 5배이하에 상당하는 벌금에 처한다. (1993. 12. 31 개정 ; 교통세법 부칙)
　　　2. 인지세의 경우에는 증서장부 1개마다 포탈세액의 5배이하에 상당 하는 벌금 또는 과료에 처한다.
　　　3. 제1호 및 제2호에 규정한 이외의 국세의 경우에는 3년이하의 징역 또는 포탈세액이나 환급공제받은 세액의 3배이하에 상당하는 벌금에 처한다.
　　② 전항의 경우에 있어서 포탈하거나 포탈하고자 한 세액 또는 환급공제를 받은 세액은 즉시 징수한다. (1976. 12. 22 개정)
　나. 유사사례(판례, 심판례, 심사례, 예규 등)
　　○ 재일46014-1159(1999.06.12)
　　　【회신】
　　　소득세법 제104조 제1항 제3호에서 '미등기 양도자산'이라 함은 자산을 취득한 자가 그 자산의 취득에 관한 등기를 하지 아니하고 양도하는 것을 말하는 것임
　　○ 서일46011-11269(2002.09.27)
　　　【회신내용 중 발췌】
　　　조세범처벌법 제9조 제1항의 규정에 의하여 사기 기타 부정한 행위로서 조세를 포탈하거나 조세의 환급·공제를 받은 자는 같은법 각호에 의하여 처벌하는 것이나, 귀 질의의 경우 이에 해당되는지 여부는 관할세무서장이 사실판단할 사항인

것이며, 국세부과의 제척기간은 국세기본법 제26조의 2 규정에 의하는 것임
○ 대법91도318(1991.06.25)
【미등기전매는 조세범칙행위 해당함】
【요약】
피고인이 토지의 미등기전매로 인한 이익(양도소득세 등 조세면탈의 이익을 포함하여)을 얻기 위하여 피고인에 대한 매도인과 피고인으로부터의 매수인 간에 직접 매매계약을 체결한 양 매매계약서를 작성하고, 매도인의 대리인 으로 하여금 그와 같은 허위의 토지거래신고를 하게 함과 아울러 소유권이전등기도 피고인을 거침이 없이 매도인으로 부터 매수인 앞으로 직접 경료되게 하고 위 토지거래에 관련하여 아무런 양도소득의 신고도 하지 아니한 것은 조세의 부과징수를 불능 또는 현저히 곤란케 하는 사기 기타 부정한 적극적인 행위로서 조세범처벌법 제9조 제1항에 해당한다. (1991. 6. 25 제2부 판결 91도 318 특정범죄가중처벌 등에 관한 법률위반)

질의 회답 │ 미등기 전매계약서

[요 지]
체비지전매계약서는 부동산 소유권이전에 관한 증서로 과세됨

[회 신]
체비지전매계약서는 부동산 소유권이전에 관한 증서로 과세된다.

[관련법령]
인지세법 제3조 【과세문서 및 세액】 제1항 제1호, 시행규칙 제3조

질의 회답 │ 소유권이전 미등기로 사용할 수 없는 토지의 유휴토지 등에 제외여부 등

[요 지]
소유권 이전등기를 하지 못하여 토지를 사용할 수 없는 경우 법령규정에 의하여 사용이 금지되거나 제한된 경우에 해당되지 않고, 국가 또는 지방자치단체가 소유하는 토지로부터 발생한 토지초과이득에 대해 토지초과이득세를 부과하지 않음

[회 신]

1. 귀 질의의 경우와 같이 소유권 이전등기를 하지 못하여 토지를 사용할 수 없는 경우, 토지초과이득세법 시행령 제23조 제1호의 규정에 의한 법령의 규정에 의하여 사용이 금지되거나 제한된 경우에 해당되지 아니합니다.
2. 또한 국가 또는 지방자치단체가 소유하는 토지로부터 발생한 토지초과이득에 대하여는 토지초과이득세를 부과하지 아니합니다. 따라서 귀 질의의 경우 ○○시가 소유하고 있는 기간까지(잔금청산일인 1990.07.18)는 토지초과이득세를 부과하지 아니하는 것입니다.
3. 참고로 귀 질의대상 토지가 토지구획정리사업법의 규정에 의하여 토지구획정리사업기간중에 매입한 체비지로서 토지구획정리사업이 완료되지 아니하여 토지를 사용하지 못하는 경우에는 구획정리사업의 공사완료 공고일에 당해 토지를 취득한 것으로 보아 토지초과이득세법 제8조 제3항 및 동법 시행령 제23조 제3호의 규정을 적용합니다.

[관련법령]
토지초과이득세법 제8조【개인소유토지 중 유휴토지 등의 범위】
토지초과이득세법 시행령 제23조【유휴토지 등으로 보지 아니하는 토지】

[회 신]
    4. 이때 구획정리사업의 공사완료 공고일(환지예정지를 지정하지 아니한 경우는 환지처분 공고일)전에 부지조성공사 및 도로, 상하수도 등 도시기반 시설이 완료되어 사업시행자로부터 사용승낙을 받아 신축할 수 있는 경우에는 그 건축이 가능하게 된날입니다.

1. 질의내용 요약
   [사실내용]
   가. 사건의 경위
      (1) 1990.05.19 ○○○가 ○○시로부터 구획정리지구내의 체비지 매수계약
      (2) 1990.07.18 위(1) 계약에 따른 대금 전부지급
      (3) 1990.05.30 위(1)의 ○○○가 ○○○외 2인에게 매도
      (4) 이후 위 ○○○가 소유권이전등기 미이행
      (5) 1992.03.23 가처분신청(공부상소유자 ○○시장 상대)
          1992.03.23 소유권이전청구소송   원고 : ○○○외 2인
        피고 : ○○시장, ○○○
      (6) 1992.08.28 원고승소판결

판결내용: 1990.05.19일 원인일로 ○○시는 ○○○에게 1990.05.30일 원인일로 ○○○는 ○○○외 2인에게 이전등기를 이행하라는 요지임.
나. 상기 사건경위와 같이 ○○○외2인은 토지를 취득하였지만 이전등기를 받지 못하여 토지를 사용할 수 없어 막대한 재산상의 피해를 보았으며
다. 토지를 이용하려해도 이용할 수 없는 상태임.
라. 위 경우가 토지초과이득세법 시행령 제23조 제1호에 해당하는지와 해당되지 않는 다면 비과세 해당기간 (○○시소유기간)이 1990.07.18일까지인지 1992.08.28일인지 여부.
2. 관련 조세 법령 (법률, 시행령, 시행규칙, 기본통칙)
○ 토지초과이득세법 시행령 제23조 제1호
○ 토지초과이득세법 제8조 제3항
○ 토지초과이득세법 시행령 제23조 제3호

질의 회답 **외국법인 국내지점의 국세환급금 수령방법**

[요 지]
법인 미등기로 인감증명서를 발급받을 수 없는 외국법인 국내지점은 납세관리인을 정하여 관할세무서에 신고하고 세무서장이 발행한 납세관리인 증명서와 납세관리인의 인감증명서를 첨부하여 국세환급금을 지급받을 수 있음

[회 신]
국세환급급이 100만원이상인 경우에 지급을 받고자하는 자는 인감증명서를 국세환급금송금통지서와 함께 제출하여야 하나, 인감증명서를 발급받을 수 없는 경우에는 국세기본법 제82조의 규정에 의한 납세관리인을 정하여 세무서에 신고하고 소관세무서장이 발행한 납세관리인증명서와 납세관리인의 인감증명서를 첨부하여 국세환급금을 지급받을 수 있습니다.

[관련법령]
국세기본법 제82조

1. 질의내용 요약
[사안]
○ 미등기 외국(일본)법인의 국내사업장(연락사무소)
○ 국세환급금 발생 (1,095,010원)

○ 관할세무서로부터 환급금송금통지서 수취
○ 은행에 송금통지서 제시하고 지급요구하였으나 인감증명서 미첨부로 지급거절
○ 당법인은 법인미등기로 인감증명서 발급 불가능
[질의]
국세환급금을 수령할 수 있는 방법 여부
2. 관련 조세 법령 (법률, 시행령, 시행규칙, 기본통칙)
   ○ 국세기본법 제82조

질의 회답 주무관청의 허가없이 설립된 미등기 종교단체의 법인으로 보는 단체 해당여부

[요 지]
법인으로 보는 법인격이 없는 사단, 재단 기타단체에 해당하지 아니하며 공익사업에 부동산을 출연하는 경우 그 출연받은 재산을 본래의 목적에 사용하는 한 그 재산에 대하여 증여세를 과세하지 아니함

[회 신]
1. 귀 질의 2은 "○○회"가 주무관청의 허가없이 설립된 미등기 종교단체일 경우, 국세기본법 제13조의 규정에 의한 법인으로 보는 법인격이 없는 사단, 재단 기타단체에 해당하지 않는 것이며,
2. 질의 2는 상속세법 시행령 제3조의2 제2항에서 규정하는 공익사업에 부동산을 출연하는 경우, 그 출연받은 재산을 본래의 목적에 사용하는 한 그 재산에 대하여 증여세를 과세하지 아니하는 것입니다.

[관련법령]
국세기본법 제13조
상속세법 시행령 제3조의2 제2항

1. 질의내용 요약
   ○ 내용
      - 명칭 : ○○회
      - 목적 : ○○사 건립 및 포교활동
      - 주무관청의 허가여부 : 허가 없음
      - 법인등기 여부 : 미등기

질의1) 본회가 국세기본법 제13조 동법 시행령 제8조의 규정에 의한 법인으로 보는 단체에 해당되는지 여부
질의2) 본회가 신도들로부터 부동산을 증여받았을 때 증여세의 납세의무를 지게 되는지의 여부(재산세과에 질의협조)
2. 관련 조세 법령 (법률, 시행령, 시행규칙, 기본통칙)
   ○ 국세기본법 제13조
   ○ 상속세법 시행령 제3조의2 제2항

질의 회답 1992.7.21 발생한 미등기 전매소득에 대하여 양도소득세 과세여부

[요 지]
1992년도 양도소득세 부과 제척기간은 구 국세기본법 제26조의 2 『국세부과의 제척기간』규정에서 정한바와 같이 과세표준확정신고서 제출기한의 다음 날로부터 5년 간인 것임.

[회 신]
귀 질의의 경우 1992년도 양도소득세 부과 제척기간은 구 국세기본법 제26조의 2 『국세부과의 제척기간』규정에서 정한바와 같이 과세표준확정신고서 제출기한의 다음 날로부터 5년 간인 것입니다.

[관련법령]
국세기본법 제26조 【납부의무의 소멸】

1. 질의내용요약
   ○ 1992.7.21 발생한 미등기 전매소득에 대하여 양도소득세를 과세할 수 있는지.
2. 질의내용에 대한 자료
   가. 관련 조세 법령 (법률, 시행령, 시행규칙, 기본통칙)
      ○ 국세기본법 제26조 【납부의무의 소멸】 구법:1990.01.01, 현재
      국세·가산금 또는 체납처분비를 납부할 의무는 다음 각호의 1에 해당하는 때에는 소멸한다.
      2. 제26조의 2의 규정에 의하여 국세를 부과할 수 있는 기간내에 국세가 부과되지 아니하고 그 기간이 만료된 때 (1984. 8. 7 신설)
      ○ 국세기본법 제26조의 2 【국세부과의 제척기간】 구법:1990.12.31 법률개정
      ① 국세는 다음 각호에 규정하는 기간이 만료된 날 후에는 부과할 수 없다.

1. 소득세·법인세·토지초과이득세·상속세·증여세·재평가세·부당이득세·부가가치세 및 교육세(교육세법 제5조 제1항 제1호 및 제4호 내지 제9호의 규정에 의한 과세표준이 적용되는 것에 한한다)는 이를 부과할 수 있는 날부터 5년간. 다만, 다음 각목의 1에 해당하는 경우의 상속세 및 증여세는 이를 부과할 수 있는 날부터 10년간으로 한다. (1990. 12. 31 개정)

③ 제1항 각호의 규정에 의한 국세를 부과할 수 있는 날은 대통령령으로 정한다. (1990. 12. 31 신설)

○ 국세기본법 시행령 제12조의3【국세부과제척기간의 기산일】의 구법 : 1990.12.31 개정

① 법 제26조의 2 제3항의 규정에 의한 국세를 부과할 수 있는 날은 다음 각호의 날로 한다. (1990. 12. 31 개정)

1. 과세표준과 세액을 신고하는 국세에 있어서는 당해 국세의 과세표준과 세액에 대한 신고기한 또는 신고서 제출기한(이하 "과세표준 신고기한"이라 한다)의 다음 날. 이 경우 중간예납·예정신고·예정결정기간에 대한 신고 및 수정신고기한은 과세표준 신고기한에 포함되지 아니한다.

질의 회답 미등기부동산의 경우 금융산업구조개선에 따른 특별부가세 감면규정 적용여부

[요 지]

금융산업구조개선에 따른 부동산양도에 대한 특별부가세 감면규정의 경우에도 같은법 제129조 제2항의 규정에 따라 미등기양도토지에 대하여는 당해 특별부가세의 감면에 관한 규정을 적용하지 아니하는 것임.

[회 신]

조세특례제한법 제51조제2항 규정의 금융산업구조개선에 따른 부동산양도에 대한 특별부가세 감면규정의 경우에도 같은법 제129조제2항의 규정에 따라 미등기양도토지에 대하여는 당해 특별부가세의 감면에 관한 규정을 적용하지 아니하는 것이며 법인세법시행령 제52조의 규정에 따라 계산하는 건설자금이자는 사업용 고정자산의 매입·제작 또는 건설에 소요되는 차입금에 대한 지급이자를 말하는 것으로 귀 질의와 같이 금융산업의 구조개선에 관한 법률 제2조제1호의 규정에 의한 인수금융기관이 계약이전결정에 따라 부실금융기관으로부터 부동산을 취득하여 업무용으로 사용하지 아니하고 매각하는 부동산의 경우에는 동 법인세법 규정에 의한 건설자금이자의 계산대상이 되지 아니하는 것입니다.

[관련법령]
조세특례제한법 제51조 【금융산업구조개선에 따른 특별부가세 감면】
조세특례제한법 제129조 【특별부가세 감면 등의 배제】

1. 질의내용 요약

    조세특례제한법 제51조제2항 규정의 인수금융기관이 계약이전명령에 따라 부실금융기관이 분양대금을 납부중인(인수당시 잔금 미지급상태) 토지를 인수받아 분양계약서상 명의를 인수금융기관으로 변경하였는 바
    - 인수금융기관의 입장에서 동 부동산의 사용처가 없으므로 미취득상태에서 미등기전매로 양도할 경우 조세특례제한법 제129조의 규정에 의한 특별부가세감면 등의 배제 규정에 불구하고 특별부가세를 감면받을 수 있는 지(질의 1)
    - 또한 동 부동산을 취득한 경우라도 사업용으로 사용하지 아니하고 바로 매각할 예정인 바 건설자금이자를 계산하여야 하는 지(질의 2)

2. 질의내용에 대한 자료

    가. 관련 조세 법령 (법률, 시행령, 시행규칙, 기본통칙)

    ○ 조세특례제한법 제51조제2항 「금융산업구조개선에 따른 특별부가세 감면」
    예금보험공사, 정리금융기관 및 금융산업의 구조개선에 관한 법률 제2조 제1호의 규정에 의한 금융기관(이하 제52조에서 "인수금융기관"이라 한다)이 적기시정조치 또는 계약이전결정에 따라 부실금융기관으로부터 부동산을 취득하여 당해 부동산을 취득한 날부터 5년(대통령령이 정하는 경우에는 1회에 한하여 6월의 범위안에서 이를 연장할 수 있다)이내에 양도함으로써 발생하는 양도차익에 대하여는 특별부가세의 100분의 50에 상당하는 세액을 감면한다. (1999. 12. 28 개정)

    ○ 조세특례제한법 제129조제2항 「특별부가세 감면 등의 배제」
    소득세법 제104조 제3항의 규정에 의한 미등기양도자산 또는 법인세법 제101조제3항의 규정에 의한 미등기양도토지등에 대하여는 양도소득세 또는 특별부가세의 비과세 및 감면에 관한 규정을 적용하지 아니한다. (1998.12.28개정)

    ○ 법인세법시행령 제52조제항 「건설자금에 충당한 차입금의 이자」
    법 제28조 제1항 제3호에서 "대통령령이 정하는 건설자금에 충당한 차입금의 이자"라 함은 그 명목여하에 불구하고 사업용 고정자산의 매입·제작 또는 건설(이하 이 조에서 "건설 등"이라 한다)에 소요되는 차입금(고정자산의 건설 등에 소요된지의 여부가 분명하지 아니한 차입금을 제외한다)에 대한 지급이자 또는 이와 유사한 성질의 지출금을 말한다. (1998. 12. 31 개정)

질의 회답 미등기 양도시 토지 등 양도소득에 대한 과세특례 적용여부 등

[요 지]

내국법인이「소득세법」제104조의2제2항에 따른 지정지역 이외의 비사업용 토지(미등기 토지 포함)를 2009년3월16일부터 2010년12월31일까지 양도하는 경우「법인세법」제55조의2 제1항제3호를 적용하지 않는 것임

[회 신]

1. 내국법인이「소득세법」제104조의2제2항에 따른 지정지역 이외의 비사업용 토지(미등기 토지 포함)를 2009년3월16일부터 2010년12월31일까지 양도하는 경우「법인세법」제55조의2 제1항제3호를 적용하지 않는 것임
2. 「사립학교법」에 의한 학교법인이 처분일 현재 고유목적사업에 3년 이상 사용하지 않은 고정자산을 처분함으로 인하여 생기는 수입은 수익사업에서 생기는 소득에 해당하는 것임
3. 「사립학교법」에 의한 학교법인은 2009년12월31일 이전에 끝나는 사업연도까지 수익사업에서 발생한 소득을 고유목적사업준비금으로 손금에 산입할 수 있으며, 동 준비금을 고유목적사업회계로 전출한 시점에 준비금을 고유목적사업에 사용한 것으로 보는 것임
4. 비영리내국법인이 별도 사업장에서 수익사업인 주택임대사업을 영위하면서 그 사업장에 사업자등록을 하지 않고 당해 주택임대 용역에 대하여 비영리법인의 고유번호로 계산서를 교부하는 경우「법인세법」제76조제9항에 의한 가산세가 적용되는 것임

[관련법령]

법인세법 제55조의2 【토지등양도소득에 대한 과세특례】

1. 질의내용 요약
    ○ 사실관계
        - 학교법인 A가 농지를 취득하였으나, 농지취득자격증명이 발급되지 않아 취득농지에 대하여 등기를 하지 못하고 있는 상태에서 '09.5월 농지가 ○○시에 수용되어 보상금을 수령함
        - A는 ○○구 ○○동에 APT를 보유하고 있으며, 동 주택은 임대용으로 사용하고 있음
    ○ 질의요지

(질의1) 미등기 상태에서 농지가 수용된 경우 비사업용 토지 등에 대한 과세특례가 적용되는지
(질의2) 토지보상금 수익이 수익사업에 해당하는지
(질의3) 수익사업소득금액을 학교회계로 전출하는 방법은
(질의4) 주택임대 수입에 대하여 계산서를 학교로 교부된 고유번호로 발행한 경우 가산세 대상인지

2. 질의내용에 대한 자료
　가. 관련 조세법령(법, 시행령, 시행규칙)
　○ 법인세법 제55조의2 【토지등양도소득에 대한 과세특례】
　　① 내국법인이 다음 각호의 1에 해당하는 토지 및 건물(건물에 부속된 시설물과 구축물을 포함하며, 이하 이 조 및 제95조의2에서 토지등 이라 한다)을 양도한 경우에는 당해 각호에 의하여 계산한 세액을 토지등 양도소득에 대한 법인세로 하여 제13조의 규정에 의한 과세표준에 제55조의 규정에 의한 세율을 적용하여 계산한 법인세액에 추가하여 납부하여야 한다. 이 경우 하나의 자산이 다음 각 호의 규정 중 2 이상에 해당하는 때에는 그 중 가장 높은 세액을 적용한다.
　　　1. 다음 각 목의 어느 하나에 해당하는 부동산을 2010년 12월 31일까지 양도한 경우에는 그 양도소득에 100분의 10을 곱하여 산출한 세액
　　　　가. 「소득세법」 제104조의2제2항에 따른 지정지역 안의 부동산으로서 제2호에 따른 주택(이에 부수되는 토지를 포함한다. 이하 이 항에서 같다)
　　　　나. 「소득세법」 제104조의2제2항에 따른 지정지역 안의 부동산으로서 제3호에 따른 비사업용 토지
　　　　다. 그 밖에 부동산가격이 급등하거나 급등할 우려가 있어 부동산가격의 안정을 위하여 필요한 경우에 대통령령으로 정하는 부동산
　　　2. 대통령령이 정하는 주택(그 부수토지를 포함한다)을 양도한 경우에는 토지등의 양도소득에 100분의 30(미등기토지등의 양도소득에 대하여는 100분의 40)을 곱하여 산출한 세액
　　　3. 비사업용 토지를 양도한 경우에는 토지등의 양도소득에 100분의 30(미등기토지등의 양도소득에 대하여는 100분의 40)을 곱하여 산출한 세액
　　⑧ 토지등을 2010년 12월 31일까지 양도함으로써 발생하는 소득에 대하여는 제1항제2호 및 제3호를 적용하지 아니한다. <신설 2009.5.21 부칙>
　○ 법인세법 부 칙 (2009. 5. 21. 법률 제9673호)
　　제1조 【시행일】 이 법은 공포한 날부터 시행한다.
　　제2조 【토지등 양도소득에 대한 과세특례에 관한 적용례】 제55조의 2의 개정규정은 2009년 3월 16일 이후 최초로 양도하는 분부터 적용한다.
　　제3조 【외국법인의 국채등 이자·양도소득에 대한 과세특례에 관한 적용례】 제93조의 2의 개정규정은 이 법 시행 후 최초로 지급 또는 양도하는 분부터 적용

한다.

제4조 【토지등 양도소득에 대한 과세특례에 관한 특례】 2009년 3월 16일부터 2010년 12월 31일까지 취득한 자산을 양도함으로써 발생하는 소득에 대하여는 제55조의 2 제1항 제2호 및 제3호를 적용하지 아니한다.

○ 법인세법 제3조 【과세소득의 범위】

① 법인세는 다음 각 호의 소득에 대하여 이를 부과한다. 다만, 비영리내국법인과 외국법인에 대하여는 제1호 및 제3호의 소득에 대하여만 이를 부과한다. (2008. 12. 26. 개정)

1. 각 사업연도의 소득 (1998. 12. 28. 개정)
2. 청산소득 (1998. 12. 28. 개정)
3. 제55조의 2 및 제95조의 2에 따른 토지등 양도소득 (2008. 12. 26. 신설)

③ 비영리내국법인의 각 사업연도의 소득은 다음 각 호의 사업 또는 수입(이하 "수익사업"이라 한다)에서 생기는 소득으로 한다. (2008. 12. 26. 개정)

1. 제조업, 건설업, 도·소매 및 소비자용품수리업, 부동산·임대 및 사업서비스업 등 수익이 발생하는 사업으로서 대통령령이 정하는 것 (1998. 12. 28. 개정)
2. 「소득세법」 제16조 제1항에 따른 이자소득 (2008. 12. 26. 개정)
3. 「소득세법」 제17조 제1항에 따른 배당소득 (2008. 12. 26. 개정)
4. 주식·신주인수권 또는 출자지분의 양도로 인하여 생기는 수입 (1998. 12. 28. 개정)
5. 고정자산(고유목적사업에 직접 사용하는 고정자산으로서 대통령령이 정하는 것을 제외한다)의 처분으로 인하여 생기는 수입 (1998. 12. 28. 개정)

○ 법인세법 제76조 【가산세】

⑨ 납세지 관할세무서장은 법인(대통령령이 정하는 법인을 제외한다)이 다음 각 호의 어느 하나에 해당하는 경우에는 그 공급가액의 100분의 1에 상당하는 금액을 가산한 금액을 법인세로서 징수하여야 한다. 이 경우 산출세액이 없는 때에도 가산세는 징수하고, 제2호의 규정이 적용되는 부분에 대하여는 제1호의 규정을 적용하지 아니하며, 「부가가치세법」 제22조제2항부터 제5항까지의 규정에 따라 가산세가 부과되는 부분을 제외한다. <개정 2001.12.31 부칙, 2005.12.31 부칙, 2006.12.30 부칙, 2008.12.26 부칙>

1. 제121조제1항 또는 제2항의 규정에 의하여 계산서를 교부하지 아니한 경우 또는 교부한 분에 대한 계산서에 대통령령이 정하는 기재하여야 할 사항의 전부 또는 일부가 기재되지 아니하거나 사실과 다르게 기재된 경우
2. 제121조제5항의 규정에 의하여 매출·매입처별계산서합계표를 동조에 규정된 기한내에 제출하지 아니하거나 제출한 경우로서 그 합계표에 대통령령이 정하는 기재하여야 할 사항의 전부 또는 일부가 기재되지 아니하거나 사실과 다르

게 기재된 경우
3. 제120조의3제1항의 규정에 따라 매입처별세금계산서합계표를 동조에 따른 기한 이내에 제출하지 아니하거나 제출한 경우로서 그 매입처별 세금계산서합계표에 대통령령이 정하는 적어야 할 사항의 전부 또는 일부를 적지 아니하거나 사실과 다르게 적은 경우

○ 법인세법 시행령 제2조 【수익사업의 범위】

② 법 제3조 제3항 제5호에서 "대통령령이 정하는 것"이란 해당 고정자산의 처분일 현재 3년 이상 계속하여 법령 또는 정관에 규정된 고유목적사업(제1항에 따른 수익사업은 제외한다)에 직접 사용한 것을 말한다. 이 경우 해당 고정자산의 유지·관리 등을 위한 관람료·입장료수입 등 부수수익이 있는 경우에도 이를 고유목적사업에 직접 사용한 고정자산으로 본다. (2009. 2. 4. 개정)

○ 법인세법 시행령 제154조 【사업자등록】

① 법 제111조 제1항의 규정에 의하여 등록을 하고자 하는 법인은 사업장마다 당해 사업의 개시일부터 20일내에 사업자등록신청서를 납세지 관할세무서장에게 제출하여야 한다. (1998. 12. 31. 개정)

② 「부가가치세법 시행령」 제7조 내지 제13조의 규정은 제1항의 등록에 관하여 이를 준용한다. (2005. 2. 19. 개정)

③ 국세청장은 사업자등록번호를 교부하지 아니하는 법인에 대하여는 고유번호를 부여하여야 한다. (1998. 12. 31. 개정)

○ 법인세법 시행규칙 제76조 【비영리법인의 구분경리】

④ 비영리법인이 수익사업에 속하는 자산을 기타의 사업에 지출한 경우 그 자산가액 중 수익사업의 소득금액(잉여금을 포함한다)을 초과하는 금액은 자본원입액의 반환으로 한다. 이 경우 「조세특례제한법」 제74조 제1항 제1호의 규정을 적용받는 법인이 수익사업회계에 속하는 자산을 비영리사업회계에 전입한 경우에는 이를 비영리사업에 지출한 것으로 한다. (2005. 2. 28. 후단개정)

○ 조세특례제한법법 제74조 【고유목적사업준비금의 손금산입특례】

① 다음 각 호의 어느 하나에 해당하는 법인에 대하여는 2009년 12월 31일 이전에 끝나는 사업연도까지 「법인세법」 제29조를 적용하는 경우 같은 조 제1항 제4호에도 불구하고 해당 법인의 수익사업(이 항 제4호 및 제5호의 경우에는 해당 사업과 해당 사업 시설에서 그 시설을 이용하는 자를 대상으로 영위하는 수익사업만 해당한다)에서 발생한 소득을 고유목적사업준비금으로 손금에 산입할 수 있다. (2008. 12. 26. 개정)

1. 「사립학교법」에 따른 학교법인, 「산업교육진흥 및 산학협력촉진에 관한 법률」에 따른 산학협력단 및 「평생교육법」에 따른 원격대학 형태의 평생교육시설을 운영하는 「민법」 제32조에 따른 비영리법인 (2008. 12. 26. 개정)

○ 국세기본법 시행령 제8조 【법인으로 보는 단체의 신청·승인 등】

③ 제2항의 규정에 의하여 승인을 얻은 법인격이 없는 단체에 대하여는 승인과 동시에 「부가가치세법 시행령」 제8조 제2항에 규정된 고유번호를 부여하여야 한다. 다만, 당해 단체가 수익사업을 영위하고자 하는 경우로서 「법인세법」 제111조의 규정에 의하여 사업자등록을 하여야 하는 경우에는 그러하지 아니하다. (2005. 5. 31. 개정)

나. 관련사례(예규, 해석사례, 심사, 심판 등)

○ 법인-411, 2009.04.08
비영리내국법인이 고정자산의 처분일 현재 3년 이상 계속하여 법령 또는 정관에 규정된 고유목적사업(「법인세법 시행령」 제2조 제1항의 규정에 해당하는 수익사업은 제외)에 직접 사용한 고정자산을 양도한 경우에는 「법인세법」 제3조 제3항 제5호 및 같은 법 시행령 제2조 제2항의 규정에 따라 법인세를 과세하지 아니하는 것이며, 공부상 등기가 법인의 명의로 되어 있지 아니하더라도 사실상 당해 법인이 취득하였음이 확인되는 경우에는 이를 법인의 자산으로 보는 것이나, 귀 질의가 이에 해당하는지 여부는 사실 판단할 사항임.

○ 법인22631-3, 1992.01.09
법인이 토지수용법 제51조의 규정에 의하여 지급받는 보상금의 귀속시기는 동 보상금의 지급이 확정된 날이 속하는 사업연도임.

○ 서면4팀-1900, 2004.11.24
귀 (질의 1)의 경우 토지수용법 기타 법률의 규정에 의하여 사업시행자에게 양도되는 토지의 양도시기는 보상금에 대한 협의가 성립되어 보상금을 수령하였거나 재결보상금 및 공탁금을 이의없이 수령한 경우에는 보상금수령일 또는 공탁일이 되는 것임

○ 서면2팀-1370, 2006.07.20
사립학교법에 의하여 설립된 학교법인이 수익사업에 대한 각 사업연도 소득금액계산시 「법인세법」 제29조의 규정에 의하여 손금으로 계상한 고유목적사업준비금을 비영리사업회계에 전출하는 경우에는 전출시점에서 고유목적사업에 사용한 것으로 보는 것임.

○ 서이46012-10031, 2001.08.28
비영리법인이 수익사업을 개시하는 때에는 법인세법 제110조의 규정에 따라 수익사업개시신고를 하여야 하는 것이고, 재화 또는 용역을 공급하는 때에는 법인세법 제121조의 규정에 따라 계산서를 교부하여야 하는 것임.

질의 회답 사업용자산인 미등기 건물(가사용승인상태) 및 토지의 재평가 여부

[요 지]
법인은 자산재평가법 제5조 제1항의 규정에 의하여 재평가일 현재 그 기업에 소속된 자산으로서 국내에 소재하는 감가상각이 가능한 고정자산과 1997.12.31. 이전에 취득한 토지를 재평가 할 수 있음.

[회 신]
법인은 자산재평가법 제5조 제1항의 규정에 의하여 재평가일 현재 그 기업에 소속된 자산으로서 국내에 소재하는 감가상각이 가능한 고정자산과 1997년 12월 31일 이전에 취득한 토지를 재평가 할 수 있으며 이 경우 당해자산의 양도 또는 취득시기는 소득세법시행령 제162조의 규정을 적용합니다.

[관련법령]
자산재평가법 제5조 【재평가자산의 범위】

1. 질의내용
   법인이 사업용자산인 등기되지 아니한 건물(가사용승인상태) 및 토지를 재평가함에 있어 토지 일부분의 잔금청산전인 경우 재평가 대상 자산의 범위에 대한 질의?
2. 질의내용에 대한 자료
   가. 관련 조세 법령 (법률, 시행령, 시행규칙, 기본통칙)
   ○ 자산재평가법 제5조【재평가자산의 범위】
      ① 법인 및 소득세법 제28조의 규정에 의한 사업자는 재평가일 현재 그 기업에 소속된 자산으로서 국내에 소재하는 다음 각호의 자산에 대하여 이 법이 정하는 바에 의하여 재평가를 할 수 있다. 다만, 매매목적으로 소유하는 자산등으로서 대통령령이 정하는 자산은 예외로 한다.
      1. 법인세법에 의하여 감가상각이 가능한 고정자산
      2. 1997년 12월 31일 이전에 취득한 토지
      ② 제1항의 규정에 의한 자산이 신탁자산인 경우에는 수익자가 이를 재평가하되, 수익자가 지정되어 있지 아니하거나 소재가 분명하지 아니한 때에는 위탁자 또는 수익자의 상속인이 재평가를 할 수 있다.
   ○ 자산재평가법 기본통칙 5-1…3【재평가자산의 취득시기】
      ① 토지등 부동산의 취득시기에 대하여는 소득세법시행령 제162조 (양도 또는 취득시기)의 규정을 적용한다.
      ② 합병으로 인하여 취득한 자산의 취득시기는 그 합병으로 인하여 소멸한 법인이

처음으로 취득한 날(재평가를 한 자산은 직전 재평가일)로 한다.
③ 조세감면규제법 제35조의 규정에 의한 합리화대상기업이 합리화기준에 따라 양수한 자산의 취득시기는 그 자산을 양도한 법인 또는 개인이 처음으로 취득한 날로 한다.

○ 소득세법시행령 제162조 【양도 또는 취득의 시기】
① 법 제98조의 규정에 의한 취득시기 및 양도시기는 다음 각호의 경우를 제외하고는 당해 자산의 대금(당해 자산의 양도에 대한 양도소득세 및 양도소득세의 부가세액을 양수자가 부담하기로 약정한 경우에는 당해 양도소득세 및 양도소득세의 부가세액을 제외한다)을 청산한 날로 한다.
1. ~ 2. 생략
3. 재정경제부령이 정하는 장기할부조건의 경우에는 소유권이전등기(등록 및 명의개서를 포함한다) 접수일·인도일 또는 사용수익일중 빠른 날
4. 자기가 건설한 건축물에 있어서는 사용검사필증교부일. 다만, 사용검사전에 사실상 사용하거나 사용승인을 얻은 경우에는 그 사실상의 사용일 또는 사용승인일로 하고 건축 허가를 받지 아니하고 건축하는 건축물에 있어서는 그 사실상의 사용일로 한다.
② 완성 또는 확정되지 아니한 자산을 양도 또는 취득한 경우로서 당해 자산의 대금을 청산한 날까지 그 목적물이 완성 또는 확정되지 아니한 경우에는 그 목적물이 완성 또는 확정된 날을 그 양도일 또는 취득일로 본다.

질의 회답 취득에 관한 미등기 상태로 토지를 양도하는 경우 미등기 양도 해당 여부

[요 지]
토지 등을 취득한 법인이 그 토지 등의 취득에 관한 등기를 하지 아니하고 양도하는 것은 미등기양도로 보아 미등기 세율을 적용하는 것임.

[회 신]
귀 질의의 경우 토지 등을 취득한 법인이 그 토지 등의 취득에 관한 등기를 하지 아니하고 양도하는 것은 미등기양도로 보아 법인세법 제59조의4 제1항 제1호(미등기 세율)를 적용하는 것이며
또한 ○○은행의 회관으로 사용할 수 없는 농지를 취득하여 업무에 사용하지 아니하고 양도하는 경우 당해 토지는 법인세법시행령 제33조 제1항의 규정에 의한 건설자금이자 계산 대상이 되는 사업용 고정자산에 해당되지 아니하는 것입니다.

[관련법령]
법인세법시행령 제124조의 2 【특별부가세의 과세표준계산】

1. 질의요지
   ○ 법인의 사무실을 신축하기 위하여 취득한 토지(답)를 농지법에 의하여 소유권이 이전되지 아니한 상태에서 양도하는 경우
   질의1) 소유권 이전 미등기 상태에서 토지를 양도시 20% 세율 적용여부
   질의2,3) 양도토지의 차입금에 대한 건설자금이자도 토지의 양도가액에서 제외 여부
2. 질의내용에 대한 자료
   가. 유사사례
      ○ 법인 46012-3127, 97.12. 4외
         법인명의로 등기되지 아니한 상태에서 양도하는 경우 특별부가세 세율은 법인세법 제59조의4제1항제1호의 규정을 적용하는 것임.
      ○ 법인 46012-2130, 1996. 7. 27
         법인이 1990년도중에 사업용건물 신축부지를 취득하기 위하여 자금을 차입하고 지급하는 이자는 그 대금을 완불한 날(대금을 완불하기 전에 당해 토지를 사업에 직접 사용한 경우에는 그 날)까지 당해토지에 대한 자본적지출로 처리하는 것임

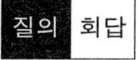 미등기상태의 부동산을 양도한 경우 직접 양도한 것으로 처리 가능한지 여부

[요 지]
법인이 양도한 부동산에 대한 소유권 이전등기를 아니한 상태에서 양수자의 요구에 의하여 양수자로부터 동 부동산을 매수하는 자에게 직접 양도한 것으로 처리할 수는 없음.

[회 신]
법인이 양도한 부동산에 대한 소유권 이전등기를 아니한 상태에서 양수자의 요구에 의하여 양수자로부터 동 부동산을 매수하는 자에게 직접 양도한 것으로 처리할 수는 없는 것임.

1. 질의내용 요약
   ○ 법인이 소유하고 있던 토지4필지를 취득자(김○○)에게 매각하였으나 농지취득 거리제한 때문에 그중 일부필지에 대해 소유권이전등기를 못한상태에서 당초 취득자가 사망하고 또다시 상속인들이 소유권을 이전하지 않은 상태에서 ○○○에게 매도

를 하였는 바
○ 민원 요지는 법인이 김○○에게 양도하면서 특별부가세를 이미 신고·납부하였지만 소유권이전등기를 미필한 일부 필지에 대하여 김○○의 상속인들이 미등기상태로 직접 ○○○에게 이전시켜 달라는 내용임.

질의 회답 법인지분에 해당하는 토지 및 건축물의 미등기전매에 해당여부

[요 지]
개인이 토지를, 법인은 건설비상당액을 출자하여 지상에 주상복합건물을 신축하여 토지소유자 명의로 등기한 상태에서 분양한 경우, 법인출자지분에 해당하는 토지와 건축물의 양도 및 취득가액을 익금과 손금으로 각각 계상한 경우에는 미등기양도에 해당하지 아니함

[회 신]
개인은 소유하고 있던 토지를 감정한 가액으로, 법인은 건설비상당액을 각각 출자하여 공동사업계약을 체결하고 동 지상에 주상복합건물을 신축분양하면서 토지 및 건물을 토지소유자인 개인명의로 등기한 상태에서 분양한 경우에도 법인출자지분에 해당하는 토지와 건축물의 양도 및 취득가액을 익금과 손금으로 각각 계상한 경우에는 미등기양도에 해당하지 아니하는 것입니다.

[관련법령]
법인세법 제59조의2 【과세표준】
법인세법 시행령 제124조의9 【미등기 양도제외 자산】

1. 질의내용 요약
    ○ 법인의 지분에 해당하는 토지및 건축풍이 미등기전매에 해당하는지 여부
2. 질의내용에 대한 자료
    가. 관련 조세 법령 (법률, 시행령, 시행규칙, 기본통칙)
        ○ 법인세법 제59조의 4
        ○ 법인세법 시행령 제124조의9
        ○ 법인세법 기본통칙 7-2-11

| 질의 회답 | 외국인 합작회사가 토지를 미등기하고 가등기 및 근저당권을 설정후 매각시 처리

[요 지]

토지등 양도차익의 계산에 있어 취득가액은 토지등의 취득에 실제로 소요된 금액으로 하는 것이고, 부동산의 취득시기는 당해법인이 실제로 취득한 날로 하는 것이며, 토지등을 취득한 내국법인이 그 토지등의 취득에 관한 등기를 하지 아니하고 양도하는 것은 미등기 양도토지등에 해당하는 것임.

[회 신]

1. 질의1)의 경우 토지등 양도차익의 계산에 있어 취득가액은 토지등의 취득에 실제로 소요된 금액으로 하는 것이고, 부동산의 취득시기는 당해법인이 실제로 취득한 날로 하는 것이며, 토지등을 취득한 내국법인이 그 토지등의 취득에 관한 등기를 하지 아니하고 양도하는 것은 "미등기 양도토지등"에 해당하는 것입니다.

2. 질의2)의 경우 상속세법시행령 제4조 제1항 제6호의 규정에 의하여 증여세를 부과하지 아니하는 "사내근로복지기금에 증여한 금품"이라 함은 사내근로복지기금법 제13조의 규정에 의하여 사업주가 출연한 금품을 말하는 것이고, 동법 제29조의2 규정에 의하여 재산을 취득한 자(영리법인을 제외함)는 증여세를 납부할 의무가 있는 것이며, 수증자가 법인격이 없는 사단·재단 기타단체인 경우에는 그 사단·재단 기타단체를 비영리법인으로 보고 증여세를 과세하는 것으로 설립목적에 따라 증여세 부과기준을 다르게 적용하는 것은 아니하는 것입니다.

[관련법령]

법인세법 제1조 【정의】

1. 질의내용 요약

　【질의 1】 외국인 합작회사가 1988년경 토지를 취득하였으나 등기를 하지 않고(외국인토지관리법상 권리취득허가를 득하지 못함) 가등기 및 근저당권을 설정한채 보유하고 있다가 매각할 경우
　　　① 당해 부동산의 취득시기
　　　② 취득가액을 실제거래가격(장부가액)으로 하는지 공시지가로 하는지 여부
　　　③ 미등기전매에 해당하는지 여부
　　　④ 미등기전매로 볼 때의 과세대상자(납세의무자)

⑤ 자진납부시 10% 공제대상인지 여부
【질의 2】 부동산 증여시
① 증여를 할 경우 실제 등기부등본상에 있는 전소유주 명의로하여 실소유주인 회사의 동의를 얻어서 하는 것인지 여부
② 증여세의 비과세 여부
③ 수여받는 기관이 공익법인, 사단법인, 개인법인등의 설립목적에 따라서의 증여세 부과기준
④ 증여세 과세대상일 경우 증여세와 양도소득세와의 상호관계

2. 질의내용에 대한 자료
　가. 관련 조세 법령 (법률, 시행령, 시행규칙, 기본통칙)
　　○ 법인세법 제1조 제5항
　　○ 법인세법시행령 제124조의2 제13항
　　○ 소득세법시행령 제162조 【양도 또는 취득의 시기】 제1항
　　○ 법인세법 제59조의2 제3항
　　○ 법인세법시행령 제124조의2 제2항
　　○ 법인세법 제59조의4 제4항

 임원퇴직금 계산시 미등기 임원의 포함 여부 및 임원퇴직금 지급규정 해당여부등

[요 지]
임원에는 미등기 임원도 포함되며 사용인이 임원으로 취임시 주주총회 임원 선임일을 현실적인 퇴직일로 보고, 정관의 위임에 따라 주주총회에서 정한 퇴직금 지급규정에 의하여 지급한 임원 퇴직금은 전액 손금산입하지만 이사회에서 정한 퇴직금 지급규정에 의해 지급한 퇴직금은 법정 한도액 범위내에서 손금산입함

[회 신]
귀 질의 1.3의 경우는 유사회신문 법인22601-3525(1985.11.25)을 참고하시고 질의 2의 경우는 유사회신문 법인22601-2805(1985.09.17)을 참고.
붙임 : ※ 법인22601-3525, 1985.11.25
1. 질의 1의 경우 법인세법 시행령 제31조 규정에 의한 임원에는 등기되지않은 임원도 포함되며
2. 질의 2의 경우는 예규(법인 22601-2805, 1985. 9. 17)를 참조하시기 바라며
3. 질의 3의 경우 법인세법 시행규칙 제13조 제4항 제1호의 규정에 의하여 법인

의 사용인이 임원으로 취임하는 경우에는 주주총회에서 임원으로 선임된 날을 현실적으로 퇴직한 날로 보는 것임.
※ 법인22601-2805, 1985.09.17

임원이 퇴직함으로 인하여 퇴직금을 지급함에 있어 정관의 위임에 따라 주주총회에서 정한 퇴직금지급규정에 의하여 지급한 퇴직금은 법인세법 시행령 제34조 제2항 제1호의 규정에 의한 정관에 정하여진 금액으로 보아 손금산입하는 것이나, 정관의 위임에 따라 이사회에서 정한 퇴직금지급규정에 의하여 지급한 퇴직금은 법인세법 시행령 제34조 제2항 제2호의 규정에 의하여 계산한 한도액 범위 내에서 손금산입하는 것임.

[관련법령]
법인세법 시행령 제31조 【임원의 정의】
법인세법 시행규칙 제13조 【퇴직금의 계산】

1. 질의내용 요약
    [질의1]
        법인세법 시행령 31조의 "임원"의 해당여부
        주주총회에서 선임되어 법인 등기부의 등기 등의 법적 절차를 필한 실질적인 이사는 아니지만, 기업내에서의 이사의 직무에 준하는 업무를 행하는(예: 이사부장, 이사대우, 상무, 전무)가 법인세법 시행령 31조에 해당하는 임원에 해당하는지의 여부.
    [질의2]
        상기 1의 질의에서 임원에 해당된다면 법인의 사용인으로 재직하다가 이사의 직무에 준하는 업무를 집행하는(이사대우, 이사부장, 상무, 전무 등)자로 되었을 때, 법인세법 시행규칙 제13조 4항 1호에 해당하는지의 여부
    [질의3]
        임원퇴직금 지급 규정의 해당여부
        임원퇴직금에 관한 정관의 규정이 "별도로 정하는 임원퇴직금 지급규정에 의한다"라고 되어 있고 동퇴직금의 지급규정을 이사회의 결의로써 정하여 주주총회에 승인을 받고 동규정에 의하여 퇴직금을 지급하여 오던 중 이사회 결의로써만 동퇴직금 지급규정의 일부를(지급대상자, 지급기준, 지급월수 등)변경하였을 때 변경된 임원퇴직금 지급규정도 법인세법 시행규칙 제13조 3항에 해당되는지의 여부
2. 관련 조세 법령 (법률, 시행령, 시행규칙, 기본통칙)
    ○ 법인세법 시행령 제31조
    ○ 법인세법 시행규칙 제13조 제4항 제1호
    ○ 법인세법 시행령 제34조 제2항 제1호

질의회답 미등기 양도제외자산에 해당하는 주택의 부수토지 일부가 수용되는 경우

[요 지]
1세대 1주택 비과세요건을 갖춘 주택 및 부수토지의 일부를 공공사업용으로 당해 공공사업의 시행자에게 양도하거나 수용되는 경우에는 양도소득세를 비과세 받을 수 있는 것이며, 이 경우 당해 주택이 미등기 양도 제외자산에 해당하여 소유권보존 등기가 안된 경우의 그 주택의 부수 토지 일부가 수용되는 경우에도 양도소득세를 비과세 받을 수 있는 것임.

[회 신]
1. 세대 1주택 비과세요건을 갖춘 주택 및 부수토지의 일부를 공공용지의취득 및 손실보상에관한특례법이 적용되는 공공사업용으로 당해 공공사업의 시행자에게 양도하거나 토지수용법 기타 법률에 의하여 수용되는 경우 소득세법시행규칙 제72조 제2항의 규정에 의하여 양도소득세를 비과세 받을 수 있음.
2. 이 경우 당해 주택이 동법시행령 제168조의 규정에 의한 미등기양도자산에 해당하여 소유권보존 등기가 않된 경우의 그 주택의 부수토지 일부가 수용되는 경우에도 양도소득세를 비과세 받을 수 있음.

1. 질의내용 요약
    ○ 소득세법 제89조 제3호 및 동시행령 제154조에 규정한 1세대 1주택의 요건을 갖춘 1세대 1주택 중 주택의 부수토지의 일부만이 국가에 수용이 되었고 양도일 현재에 토지는 등기가 되었으나 주택은 등기가 되지 않았을 때 수용된 토지의 양도에 대하여 소득세법 제91조 미등기 양도자산의 비과세·감면의 배제 규정에 불구하고 소득세법 시행규칙 제72조 제2항 단서의 규정에 의하여 비과세가 되는지 여부 질의
2. 관련 조세 법령 (법률, 시행령, 시행규칙, 기본통칙)
    ○ 소득세법 시행규칙 제72조 제2항
    ○ 소득세법 시행령 제168조

질의회답 법률의 규정에 의하여 취득에 관한 등기가 불가능한 경우 미등기제외자산에 포함여부

[요 지]
법률의 규정 또는 법원의 결정에 의하여 양도 당시 그 자산의 취득에 관한 등기가 불가능한 자산 등에 대하여는 미등기 양도자산으로 보지 아니함

[회신]
1. 소득세법 시행규칙 제6조 제4항의 부득이한 사유로 국내에 1주택을 가진 세대가 3년 이상 거주하직 못한 경우에도 부득이한 사유가 계속되는 중에 양도하는 당해 주택은 1세대 1주택 비과세 규정이 적용되는 것입니다.
2. 미등기 자산의 해당여부에 대하여는 우리 청에서 기 회신한 유사회신문(재일 01254-1466, 1992.06.12)을 참조하시기 바랍니다.
   붙임 : ※ 재일01254-1466, 1992.06.12

[관련법령]
소득세법 시행규칙 제6조
소득세법 시행령 제121조의2

1. 질의내용 요약
   ○ 저의 경우 양도소득세의 과세 여부를 질의코자 합니다.
   ○ 저는 무주택자로서 어렵게 회사의 주택조합에 가입하여 1991년 12월 신축한 APT에 입주하였습니다. 그러나 대지의 지분 문제로 조합 측과 건설회사간 분쟁이 발생하여 구청 측에서 분쟁 종결 시까지 준공검사를 보류하고 가 사용 승인을 하였으므로 입주는 하였으나 당시 등기는 나오지 아니하였습니다.
   ○ 입주 후 1년 정도가 지난 1993년 03월 저는 부산지사로 발령이 나서 저를 포함한 전 가족이 저의 직장을 따라 부산으로 이주하였습니다. 부산지사로 발령받아 이주할 때, 서울의 APT를 매각하여 하였으나 원매자가 없어 우선 전세를 중 후 그 대금으로 저도 부산에 전세 입주하였으며 서울의 APT는 부동산 중개업자에게 매물로 의뢰하였습니다.
   ○ 부동산 중개인에게 매매를 의뢰한 지 1년이나 지난 1994년 03월에야 매매가 체결되어 APT를 타인에게 양도하였습니다. 물론 그때 까지도 등기가 나오지 않아서 등기이전이 불가능 하였으므로 차후 준공검사 완료 후 등기이전 절차를 이행해 주는 조건으로 양도하였습니다.
   ○ 그 후 조건이 더 나은 회사가 있어 1994년 07월 다니던 회사를 퇴직하고 서울에 소재한 현재의 회사에 입사하여 서울로 다시 이사를 했었습니다.
   ○ 제가 양도한 APT가 머지않아 준공 검사라 나올 것이라 합니다. 준공검사가 나오면 바로 저의 명의로 등기를 했다가 현 소유주에게 등기 이전을 해주어야 합니다. 저와 같은 경우에는 거주기간에 관계없이 1세대 1주택으로 비과세 된다 하는데 정말로 양도소득세 비과세 혜택을 받을 수 있는지 질의합니다.
2. 관련 조세 법령 (법률, 시행령, 시행규칙, 기본통칙)
   ○ 소득세법 시행규칙 제6조 제4항

○ 소득세법 시행령 제121조의2

질의 회답 [미등기토지 주소등록] 등록사항정정(성명, 명칭 등 주소등록)에 관한 질의

[요 지]

지적법 제24조제4항의 규정에 의거 미등기 토지로서 신청한 정정사항이 토지소유자의 성명 또는 명칭, 주민등록번호, 주소 등에 관한 사항으로서 명백히 잘못 기재된 경우에 대한 법령해석에 다음과 같이 양론이 있어 질의(충청남도지사)

(갑설)

미등기 토지로서 토지대장 소유자란에 변동원인이 사정으로 등록되어 있는 경우 주소란은 공란, 동·리만 기재, 주소가 등재되었으나 착오등재된 경우 등 주소에 관한 모든 사항을 등록하거나 등록사항정정하여야 한다는 설

(을설)

미등기 토지로서 소유자란에 변동원인이 사정으로 등록되어 있는 경우라도 주소가 번지까지 기재되어 있는 경우에만 착오기재된 부분을 등록사항정정하여야 한다는 설

[회 신]

귀 견"갑설"과 같이 처리하시기 바람.(지적13507-1329, 2002.11.19)

[출처] 행정심판전문 김철봉 행정사 블로그 자료 참조

질의 회답 등기부등본을 근거로 건축물대장 작성 여부

[요 지]

등기부등본을 근거로 건축물대장을 신규로 작성할 수 있는 지

[회 신]

가. 건설교통부령(건축물대장의 기재 및 관리 등에 관한 규칙) 부칙 제507호(1992.6.1) 제4조의 규정에 의하여 이 규칙 시행 당시의 건축물로서 기존건축물공부가 작성되어 있지 아니한 건축물의 소유자는 시장 등에게 이 규칙에 의한 건축물대장을 작성하여 줄 것을 신청할 수 있다. 이 경우 시장 등은 당

해 건축물이 건축(용도변경을 포함한다. 이하 같다)당시 허가(허가에 갈음하는 신고를 포함한다. 이하 같다)를 받아야 하는 건축물로서 허가를 받지 아니하고 건축하였거나 허가된 내용과 다르게 건축한 경우를 제외하고는 건축물 대장을 작성하여야 함.
나. 부동산등기법 제131조의 규정에 의하여 미등기건물의 소유권보존등기는 ①건축물대장등본에 의하여 자기 또는 피상속인이 건축물대장에 소유자로 등록되어 있는 것을 증명하는 자, ②판결 또는 기타 시, 군, 읍 면의 장의 서면에 의하여 자기의 소유권을 증명하는 자, ③수용으로 인하여 소유권을 취득하였음을 증명하는 자가 이를 신청할 수 있음.
다. 따라서 등기부 등본이 있다는 사유가 당해 건축물대장이 존재하였다는 사실을 증명할 수 있는 사항이 아니므로 건축물대장은 건설교통부령의 절차에 따라 작성되어야 할 것임.

(건축기획팀-2022, 2006.03.31.)

[출처] 행정심판전문 김철봉 행정사 블로그 자료 참조

질의 회답 [미등기토지 주소등록] 판결에 의하여 원고가 주소등록신청 대위자격 질의

[요 지]

경북 포항시 북구 흥해읍 양백리 산54번지는 1929. 2. 28. 채면락이 국가로부터 매수하였으나, 토지대장에 주소가 누락되어 있는 주소등록대상 토지임.
현재 주소등록 신청을 하려고 하는바 신청인의 자격이 소유자가 아닌 소유권이전 판결을 받은 원고가 대위자격으로 신청할 수 있는지를 알려주시기 바람

[회 신]

가. 토지대장에 소유자는 등록되어 있으나 주소가 누락되어 있는 주소등록 대상 토지인 경우, 지적법 제24조의 규정에 의하여 토지소유자(상속자)가 주소등록 신청을 하여야 하며, 같은 법 제28조의 규정에 의한 대위신청권한이 있는 경우에는 신청이 가능함.
나. 질의내용과 같이 미등기토지에 대하여 소유권이전등기절차이행청구의 소에 의하여 "소유권이전등기절차를 이행하라."는 판결로 주소등록이나 소유권확인에 관한 사항이 포함된 것이 아니므로 원고를 대위신청권자로 볼 수 없음.

(지리정보과-1674, 2008.10.6)

[출처] 행정심판전문 김철봉 행정사 블로그 자료 참조

질의 회답 [미등기토지 주소등록] 주소등록 대상지가 다툼이 있는 경우 주소등록 질의

[요 지]
○○○도 ○○시 ○○읍 ○○리 242(묘지 1,157㎡)번지가 1912.8.30. 사정되었으며 상속자가 주소등록을 신청하여, 현지 조사결과 위 번지에 다른 사람의 묘지가 있는 등 소유권 다툼이 있는 경우에 주소등록을 할 수 있는지 여부

[회 신]
지적법 제24조제4항 단서의 규정에 의하여 등록사항을 정정하는 경우에 토지소유자의 최초 주소임을 증빙할 수 있는 서류가 일치(토지대장상 명의(李鍾和)와 재적부상 명의(李鍾和)가 같은 경우를 말함)할 경우에는 사정토지 소유자의 주소를 등록 할 수 있음.(지적팀-1809, 2005.07.13.)

[출처] 행정심판전문 김철봉 행정사 블로그 자료 참조

질의 회답 [등록사항정정] 등록사항정정(주소등록) 신청인 자격에 대한질의회신

[요 지]
미등기인 토지대장상 소유자(○○○)의 호주상속인 ○○○이 1958. 3. 28. 사망하였으나 그의 자인 ○○○가 호주상속절차를 취하지 아니하고 사망(1960. 1. 3)하였을 경우, 망 ○○○의 자(○○○)가 등록사항정정(주소등록)을 신청할 수 있는 지

[회 신]
1. 지적법 제24조 제1항에 "토지소유자는 지적공부의 등록사항에 잘못이 있음을 발견한 때에는 소관청에 그 정정을 신청할 수 있다."라고 규정하고 있음.
2. 토지대장상 소유자의 장손자인 ○○○가 1960년 1월 1일 이전까지 상속을 개시하지 아니하였으므로, 민법 제1000조에 의하여 ○○○의 직계비속인 6남4녀가 상속권을 보유하며, ○○○의 장남인 ○○○가 사망하였기에 민법 제1001조(대습상속)에 의하여 장녀 ○○○는 상속권을 보유하므로 등록사항정정 신청이 가능. (지적팀-93, 2007.12.12.)

[출처] 행정심판전문 김철봉 행정사 블로그 자료 참조

| 질의 회답 | [미등기토지 주소등록] 최초의 소유자가 사정이후 주소변경 되었다면 주소등록 가능여부 질의 |

[요 지]
토지대장에 사정으로 등록된 이후 주소변경으로 기재되어 있는 미등기 토지에 대하여 주소등록을 할 수 있는지 여부.

[회 신]
미등기 토지 ○○군 ○○면 ○○리 507번지가 지적공부상 최초의 소유자(○○○)가 소유권변동이 없이 주소만 변경되었다면 사정당시 소유자와 동일인으로 보아 지적법제24조제4항의 규정에 의하여 주소등록을 할 수 있음. (지적과-721, 2005.02.21.)

[출처] 행정심판전문 김철봉 행정사 블로그 자료 참조

| 질의 회답 | [미등기토지 주소등록] 불교단체 등록증에 의한 등록여부 및 주소란이 공란인 경우의 질의 |

[요 지]
불교단체 등록증에 의거 주소등록 가능여부 및 주소란이 공란인 경우의 주소등록 질의(민원인)

[회 신]
1. 불교단체등록증을 토지소유자의 주소등록사무처리지침 제4조제2항의 규정에 의한 소유자의 호적등본으로 갈음하여 주소등록을 할 수 있으나, 주소등록신청시에는 같은지침 제5조제1항제2호 및 제2항의 규정에 의한 보증서, 보증인의 인감증명, 신원증명을 첨부하여야 하고,
2. 사정소유자의 주소란이 공란인 경우에는 사정소유자가 당해 토지소재 리·동에 거주한 자로 보고 주소를 조사등록(지적01254-2500, '88. 3. 9)

[출처] 행정심판전문 김철봉 행정사 블로그 자료 참조

[부동산특별조치법] 부동산특조법 질의회신 일괄

(행정자치부 2006.2.20)

질의 또는 건의사항	회신내용	관련부처
○ 적용대상	- '95.6.30 이전에 매매, 증여, 교환, 공유물분할 등 법률행위로 인하여 사실상 양수받은 부동산 및 상속(사망일자 기준. 위 날짜 이후에 협의분할이 이루어진 경우 특조법 적용 가능)받은 부동산과 소유권보존등기가 되어 있지 아니한 부동산에 대하여 특조법에 의한 등기신청이 가능하다. 단, 명의신탁해지의 경우에는 그러하지 아니하다.	대법원 등기예규 제1117호
○ 농지로 사용하다가 불법 형질변경된 토지를 종중 및 문중으로 소유권이전 가능여부	- 농지법에 의한 농지로 사용하다가 불법 형질변경 하였다면 특조법 대상으로 볼 수 없음	행정자치부
○ 소유자미복구 부동산, 일본인 명의 재산의 처리	- 【별첨 1】 참조 - 행정자치부 교육교재 ·재경부 소관 수정보완 사항【별첨 2】	법무부 법무심의관실 -670('06.2.2)
○ 토지거래·분할허가 및 신고제도의 적용여부 ※ 법무부와 건교부의 의견이 서로 달라 법무부 및 건교부에 재질의 하여 그 결과를 송부할 계획임	- 동법상 예외규정이 없는 공법상의 제한은 그대로 적용되는 것이 타당 할 것으로 판단됨 - 따라서, 토지거래허가에 대하여는 동법상 예외가 없으므로 동법에 의한 소유권이전이 토지거래허가 적용 대상이면 그 허가를 받아야 등기가 가능할 것으로 판단됨	법무부 법무심의관실 -670('06.2.2)
	- 국토의 계획 및 이용에 관한 법률 제118조의 규정에 의한 토지거래허가처분의 객체는 사인간의 법률행위로서 "계약"을 의미함 - 따라서, 법률행위로서의 계약이 아닌 경우로서 법률의 규정에 따라 진정한 소유권을 확인하여 소유권보존등기를 하고자 하는 경우이거나, 발효중인 허가구역이 지정되기 전에 체결된 계약을 원인으로 소유권이전등기를 하고자 하는 경우에는 허가제의 적용을 받지 아니함	건설교통부 토지정책팀 -587('06.2.8)
○ '95.6.30 이후 토지이동된 경우 이 법 적용이 가능한지	- 지적법 제26조 및 제28조에 의한 대위신청 또는 소관청이 직권으로 공부정리한 경우를 제외하고 토지소유자(대장상 소유자)가 신청하여 공부정리된 경우 이 법 적용 불가	행정자치부
○ 확인서 발급 신청시 구비서류에 없는 상속포기서 첨부여부	- 이 법에 의하여 특정인에게 상속을 원인으로 소유권이전을 할 경우, 특정인 외 상속권을 가진자의 상속포기서를 첨부하여야 함 - 이 경우 상속포기자의 인감증명서도 같이 첨부되어야 하며, 미성년자의 경우 친권자 동의서를 첨부하여야 함	법무부 법무심의관실 유선질의

○ 보증인이 상속포기서를 요구할 수 있는지	- 보증인도 허위보증에 대한 벌칙이 강화된 점으로 보아 상속된 사실을 보증하기 위해 상속포기서를 징구할 수 있다고 판단됨 - 아울러, 보증인이 상속포기서를 징구하지 않은 경우 확인서발급신청서에 첨부하여야 할 서류이므로 공무원이 징구할 수 있음	행정자치부 법무부
○ 소유권 이외의 등기설정이 있는 경우 이법 적용이 가능한지	- 토지소유자의 의사와 관계없이 타의에 의하여 등기가 이루어질 수 있는 가압류, 가처분, 강제경매, 조세채권확보를 위한 압류 등의 등기는 등기설정 년도에 상관없이 이 법 적용이 가능함 - 토지소유자의 의사에 따라 설정할 수 있는 가등기, 임차권, 저당권, 근저당권, 지상권, 지역권 등의 설정과 주소변경, 농지개량사업으로 인하여 등기가 이루어진 경우 1) '95.6.30 이전에 설정이 말소되었거나 주소변경, 농지개량사업으로 인한 등기가 이루어진 경우 이 법 적용이 가능함 2) '95.6.30 이전에 설정등기가 되어 '95.6.30 이후 해제된 경우 이 법 적용 불가 3) '95.6.30 이후 설정등기 되거나 주소변경 등의 등기가 이루어진 경우 이 법 적용 불가	행정자치부
○ 1995.6.30 이전에 사망하신 분의 토지를 상속을 원인으로 이전하려는데 '95.6.30 이후 주소등록을 한 경우 이 법 적용 가능여부	- 주소등록 행위가 있었다 하더라도 이 법 적용이 가능함	행정자치부
○ 종중, 법인, 외국인 등 농지취득 제한여부	- 원칙적으로 종중 등의 경우에도 동 법에 의한 소유권이전등기나 보존등기를 할 수 있음. 다만, 농지의 경우 헌법 및 농지법의 제한 때문에 종중 등의 명의로 등기하는 것이 곤란함. - 참고로, 과거 농지개혁법에 의하여 종중소유 농지중 일정부분(분묘 1위당 600평이내의 농지)에 대한 등기가 가능한 경우가 있었지만, 1994년 농지개혁법이 폐지되어 현재는 농지를 종중 명의로 등기하는 것은 곤란함. - 외국인의 경우도 외국인 토지법 등 소유권취득에 대하여 관련 법령의 제한만 없으면 동법에 의한 등기가 가능할 것으로 판단됨	법무부 법무심의관실 -670('06.2.2)
○ 시지역에서 개별공시지가 60,500원 이하인 대지 위의 건축물은 해당되는지	- 시지역에서 건축물은 이법 적용이 불가함	법무부

○ 개별지가가 산정되지 아니한 토지의 적용여부	- 개별지가가 산정되지 아니한 토지에 대하여는 인근 유사토지의 개별지가를 참작하는 등의 방법에 의하여 평가한 금액을 표준으로 동법의 적용여부를 판단함	법 무 부 법무심의관실 -670('06.2.2)
○ 명의신탁된 재산에 대하여 명의신탁자에게 회복하는 사항이 이법 적용 가능여부	- 명의신탁된 재산을 명의신탁자 앞으로 회복하는 경우에는 이법 적용이 불가함	법 무 부 질의회신
○ '95.6.30 이전에 경지정리된 농지를 일부매수한 경우 농지법에 제21조제2항제3호의 규정에 의하여 2,000㎡미만으로 분할이 불가하더라도 특조법에 의한 이전이 가능한지	- 이 법에 예외규정이 없는 공법상의 제한은 그대로 적용되는 것이 타당하므로 농지법 제21조 제2항제3호 규정은 유효하며, 지분이전은 가능하나, 2,000㎡미만으로 분할은 불가	행정자치부
○ 위임자가 확인서발급신청을 할 수 있는지	- 인감증명서가 첨부된 위임장을 소지한 자가 위임받은 사항에 대한 행위를 할 수 있음	행정자치부
○ 종중등록번호가 '95.6.30 이후 부여된 경우 이법 적용 가능여부	- 종중이나 기타단체 등의 등록번호는 부동산등기용 등록번호이므로 토지의 취득당시 등록번호 부여가 안된 경우가 있음 - 따라서, 1995.6.30 이전에 종중이나 단체가 토지를 취득한 사실을 보증인이 보증한 경우 확인서발급신청이 가능함	행정자치부

【별첨 1】
소유자미복구 부동산, 일본인명의 재산의 처리지침
(부동산 소유권이전 등기에 관한 특별조치법 시행령 제17조 관련)
Ⅰ. 조회·검토 기관(재산관리청)
  1. 소유자 미복구부동산(무주부동산) : 시·군·구 재경부소관 국유재산 담당과
  2. 일본인(법인)명의 재산 : 한국자산관리공사
Ⅱ. 국유화 유보(제외) 기준
  1. 소유자미복구부동산
    가. 적용대상
      ◦ 1955년 이전 토지·임야대장 등 지적공부가 소실된 이후 소유자미복구부동산으로서 부동산소유권이전등기등에관한특별조치법(이하「특조법」이라 함)의 적용대상 재산
    나. 국유화유보 기준
      ◦ 특조법상의 요건에 해당하는 경우 보증인의 보증서에 의한 소유권의 입증을 인정
    다. 처리방향

◦ 특조법상의 보증서에 의거 소유권을 인정한 재산에 대하여는 대장소관청의 확인서발급에 동의
◦ 특조법의 시행기간('06 ~ '07)중에 국가로 기 등기된 재산도 동 기간 내 특조법상 대장소관청의 확인서 발급에 동의

2. 일본인(법인·기관)명의 재산
<호적(제적)부 소실지역>
가. 적용대상
  ○ 창씨개명한 한국인의 소유로 추정* 되는 특조법의 적용대상 재산
    * "국유재산 권리보전조치 업무실무"(04.1 재경부) 책자 92page 참조
    ※ 제3차 권리보전 조치 대상에 포함된 일본인명의 재산은 제외 하되 실태조사 결과 국유화 제외로 분류된 재산은 적용
나. 국유화유보 기준
  ○ 특조법상의 요건에 해당하는 경우 보증인의 보증서에 의한 소유권의 입증을 인정
다. 조치계획
  ◦ 특조법상의 보증서에 의거 소유권을 인정한 재산에 대하여는 대장소관청의 확인서 발급에 동의
  - 특조법의 시행기간('06 ~ '07)중 국가로 기 등기된 재산도 특조법상 요건에 해당되는 경우 확인서 발급에 동의
    * 제3차 권리보전 대상에 포함된 일본인명의 재산중 국유화 제외대상이 아닌 한 권리보전 조치는 계속 추진

<호적(제적)부 미 소실지역>
가. 적용대상
  ○ 호적(제적)부상 창씨개명한 사실이 명확하지 않으나, 기재내용에 근사성 있는 창씨개명한 한국인의 소유로 추정*되는 특조법의 적용대상 재산
    * "국유재산 권리보전조치 업무실무"(04.1 재경부) 책자 92page 참조
나. 국유화유보 기준
  ○ 등기부 또는 토지대장상 명의자와 호적부 또는 제적부상 명의자의 주소·이름은 동일하나 창씨가 다른 경우
    - 등기부 : 金海吉童 → 호적부 : 金本吉童
    - 등기부 : 중앙동1 → 호적부 : 중앙동1
  ○ 등기부 또는 토지대장상 명의자와 호적부 또는 제적부상 명의자의 성명이 동일하나 주소가 다른 경우
    - 등기부 : 金海吉童 → 호적부 : 金海吉童
    - 등기부 : 중앙동1 → 호적부 : 중앙동2
  ○ 등기부 또는 토지대장과 호적부 또는 제적부상 창씨·한글 이름· 주소가 동일하

나 이름의 한자표기가 다른 경우
  - 등기부 : 金海吉童 → 호적부 : 김해佶童
  - 등기부 : 중앙동1 → 호적부 : 중앙동1
○ 등기부 또는 토지대장상 명의자가 호주의 배우자, 모, 자부, 형수, 제수 등으로 등기부 또는 토지대장상 이름은 본인의 명의로 되어 있으나 창씨는 호주의 창씨로 되어 있으며 주소가 같은 경우
  - 등기부 : 金海忠子 → 호적부 : 李忠子
  - 등기부 : 중앙동1 → 호적부 : 중앙동1
○ 등기부 또는 토지대장상 명의자와 호적부 또는 제적부상 명의자의 한글·한자 이름표기는 같으나 창씨 및 주소가 다른 경우
  - 등기부 : 金海吉童 → 호적부 : 金本吉童
  - 등기부 : 중앙동1 → 호적부 : 중앙동2
○ 등기부 또는 토지대장상 명의자와 호적부 또는 제적부상 명의자의 창씨 및 주소는 같으나 이름이 다른 경우
  - 등기부 : 金海長生 → 호적부 : 金海吉童
  - 등기부 : 중앙동1 → 호적부 : 중앙동1
○ 등기부 또는 토지대장상 명의자와 호적부 또는 제적부상 명의자의 한글이름 표기는 같으나 창씨와 한자이름표기 및 주소가 다른 경우
  - 등기부 : 金海吉童 → 호적부 : 金本佶童
  - 등기부 : 중앙동1 → 호적부 : 중앙동2
○ 위에서 열거한 이외의 재산으로서 창씨개명의 근사성이 인정 되는 경우는 질의 회신에 의한 지침에 의하여 처리
다. 조치계획
  ○ <호적(제적)부 소실지역> 창씨개명한 한국인소유로 추정되는 일본인명의재산에 대한 조치계획(전항 "다.")과 동일하게 처리
<일본인 소유로 추정되는 재산>
가. 적용대상
  ○ 호적(제적)부의 소실여부와 관계없이 순수 일본인명의로 되어 있는 재산
  ○ 토지(임야)대장, 등기부상 창씨개명 시행 이전인 1940. 02. 11 이전 일본인명의로 등록·등기된 재산
  ○ 일본인(법인)명의 제3차 권리보전 추진 대상재산
나. 국유화유보 기준
  ○ 국유재산이거나, 국유재산일 가능성이 높으므로 국가로 등기하는 것을 원칙으로 하되
  ○ 제3차 권리보전 추진 대상재산 중 실태조사를 통하여 국유화제외 대상으로 확인된 토지에 한하여

- 특조법상의 요건에 해당하는 경우 보증인의 보증서에 의한 소유권의 입증을 인정
다. 조치방향
- ㅇ 당초 "3차 국유재산 권리보전 조치"의 지침대로 국유화를 추진
- ㅇ 특조법의 시행기간('06~'07)동안 기 국유화한 재산 중 창씨개명 한 한국인의 재산임이 <호적(제적)부 미 소실지역> "나."의 기준에 의해 입증되면 특조법상 보증인의 보증서에 의한 확인서 발급에 동의

Ⅲ. 미등기 부동산, 국유재산에 대한 처리(관리청, 시·군·구)
1. 유의사항
   - ㅇ 국유재산 소관 관리청 및 위임·위탁 기관은 "특조법상의 공고" 재산에 대해 수시로 NAFIS의 자산관리대장·제3차 권리보전조치 대상 재산과 대조하여 공고재산의 국유재산(가능성) 여부를 점검
2. 적용대상
   - ㅇ 특조법에 의해 공고(2개월)한 재산 명세 중 현재 국유재산 자산관리대장에 등재되어 있거나, 제3차 권리보전 조치대상 재산 중 미등기재산으로 특조법의 적용대상 재산
3. 처리 기준
   가. 국가가 기 매각한 재산
   - ㅇ 특조법상 소유권을 인정한 재산에 대하여 특조법에 의한 매각사실증명서 발급
   나. 국가가 기 매각한 재산을 제외한 나머지
   - ㅇ NAFIS에 국유재산으로 등재된 재산, 토지(임야)대장에 국가로 등록되어 있으나 미등기된 재산 등은 권리보전 추진 대상으로 국유재산이므로 특조법상 공고기간(2개월) 내에 이의제기
4. 조치계획
   - ㅇ 위 3번의 "나."에 해당하는 경우 국유재산 여부를 면밀히 검토하여
     - 국유재산일 경우 국가 등기 추진
     - 국유재산이 아닐 경우 국유화 제외하고 특조법상 공고에 대해 이의제기 취소

【별첨 2】
사무처리지침 "5-5. 확인서발급"(11page) 항목 수정(안)
(부동산 소유권이전 등기에 관한 특별조치법 시행령 제17조 관련)
ㅇ .....발급, "다만 소유자미복구부동산 및 미등기 부동산중 일본인·일본기관(조선총독부)·일본법인.......명의로 등록되어 있는 경우에는 당해 부동산이 무주부동산에 해당되는 지를 재정경제 소관 잡종재산의 관리사무를 위임받은 시장·군수·구청장에게 조회후 별지 제12호 서식에 의거 확인서 발급"을 특조법 시행령 제17조 문안에 맞춰 ⇒ ......발급, "다만 소유자미복구부동산 및 대장 또는 등기부에 일본인·일본기관(조선총독부)·일

본법인.......명의로 등록 또는 등기되어 있는 경우에는 당해 부동산이 무주부동산 혹은 귀속재산 등 국유재산에 해당되는지를 관리사무를 위임받은 시장·군수·구청장(무주부동산 등) 혹은 한국자산관리공사(귀속재산)에게 조회후 별지 제12호 서식에 의거 확인서 발급" 으로 수정

[출처] 행정심판전문 김철봉 행정사 블로그 자료 참조

 **[미등기토지 주소등록] 주소가 없고 이름만 등재된 등록사항정정(주소등록)에 관한 질의**

[요 지]

토지대장상 소유자란에 주소가 등재되어 있지 않고 이름만 등재되어 있는 미등기 토지에 대하여 지적법 제24조제4항의 규정에 의한 토지소유자의 주소등록이 명백히 잘못 기재된 경우로 보아 주소등록 신청을 할 수 있는 지 여부

[회 신]

가. 지적공부가 분·소실된 지역중 관계증빙 자료에 의거 복구절차를 이행한 후 토지표시 사항과 소유권표시 사항을 복구 등록한 토지에 대한 주소등록 여부는 지적법 제24조제2항의 규정에 의한 등록사항정정대상토지로 보아 주소등록 할 수 있음.

나. 또한 미등기 토지에 대하여 개인간의 소유권이전등기청구의 소에 의하여 "소유권이전등기 절차를 이행하라"는 확정판결을 받은 경우에는 동 규정에 의한 주소등록 대상임. (지적과-4413, 2004.11.01.)

[출처] 행정심판전문 김철봉 행정사 블로그 자료 참조

 **[미등기토지 주소등록] 등기소의 통지가 없어도 토지소유자 명의변경 절차규정 문의에 대한 질의**

[요 지]

1965년도 이전에 미등기토지에 대한 소유자 명의변경은 매매계약서, 인우증명서 또는 농지상환증서 등으로 매매사실이 입증되면 토지대장 또는 임야대장상의 소유자를 변경할 수 있었던 것으로 기억되는데 이에 대한 사실이 확실치 않아 문의함

[회 신]
가. 1951. 4. 1. 대통령령 제497호로 제정된 지적법시행령 제3조에 '토지의 소유권·질권 또는 지상권의 득실변경에 관한 사항은 등기소의 통지가 없이는 토지대장 또는 임야대장에 이를 등록하지 못한다. 단, 좌의 경우에는 예외로 한다.'라고 규정하고 있음.
나. 따라서, 아래 단서조항(좌의 경우)의 경우
   1. 새로히 토지대장 또는 임야대장에 등록하여야 할 토지가 생하였을 때,
   2. 미등기의 토지가 수용 되었을 때,
   3. 미등기의 토지가 국유가 되었을 때,
   4. 국유의 토지가 매각 교환 또는 양여되었을 때에는 등기소의 소유권변경 통지가 없어도 소유권 등에 대한 득실변경을 토지대장 또는 임야대장에 등록할 수 있음.(지리정보과-1569, 2008.9.23)

[출처] 행정심판전문 김철봉 행정사 블로그 자료 참조

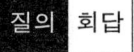 [미등기토지 주소등록] 소유자복구 미등기토지 주소등록 및 비법인 주사무소 주소등록 질의

[요 지]
소유자복구토지'(56.4.15)인 경우 미등기 토지의 소유자정정토지의 대상이 되는지 여부 및 대상이 된다면 소유자가 비법인단체인 경우 법인아닌사단·재단및외국인의부동산등기용등록번호부여절차에관한규정제8조에 의거 발급한 등록번호등록증명서'(01.3. 15 등록)의 주사무소를 최초주소로 보아 주소등록이 가능한지 여부.

[회 신]
가. 지적공부가 분·소실된 지역중 관계증빙 자료에 의거 복구절차를 이행한 후 토지표시 사항과 소유권표시 사항을 복구 등록한 토지에 대한 주소등록 여부는 지적법 제24조제2항의 규정에 의한 등록사항정정대상토지로 보아 주소등록 할 수 있음.
나. 법인아닌사단·재단및외국인의부동산등기용등록번호부여절차에관한규정 제8조 규정에 의거 발급한 등록번호등록증명서는 단체의 실체를 증명하는 서류가 아니라 단체의 부동산등기용등록번호를 증명하는 서면이므로 소유자의 최초주소를 증명할 수 있는 서류로 볼수 없음. (지적과-5204, 2004.12.23.)

[출처] 행정심판전문 김철봉 행정사 블로그 자료 참조

[질의 회답] [등록사항정정] 미등기 토지의 토지대장상 소유자주소정정

[요 지]
미등기 국유지를 매각 등에 의하여 취득한 경우로서 토지대장에 등록된 토지소유자의 주소가 착오등록되어 있는 경우 정정방법은(민원인).

[회 신]
구지적법시행령(대통령령 제497호 1951. 4. 1제정)제3조제4호의 규정에 의하여 국유지를 매각·교환 또는 양여에 의하여 취득한 미등기 토지의 소유자 주소가 착오 등록된 경우에는 토지소유자주소등록신청서에 토지소재지와 같은 동·리에 10년이상 계속 거주하고 있는 50세이상인 보증인 2인이상이 보증한 보증서를 첨부하여 당해 시장·군수·구청장에 정정신청을 하여야 함(지적13507-700, '96. 8. 20).

[출처] 행정심판전문 김철봉 행정사 블로그 자료 참조

[질의 회답] 등록사항이 말소된 미등기 토지의 신규등록시 소유자등록

[요 지]
도로지성으로 지적공부의 등록사항이 삭제된 토지의 등록업무를 지적22680-10856('86. 9. 6)호 및 지적22680-2175('87. 2. 25)호의 질의조복을 근거로 추진하고 있으나, 사실상 도로로 사용되지 않고 있는 미등기 토지의 경우 조사등록 할 것인지 또는 다른 입증자료가 없는한 말소된 사정토지 소유자로 등록 할 것인지 여부(경상남도지사).

[회 신]
토지조사사업 당시에 등록된 토지중 지세사무취급수속 제7조의2 및 시가지세사무취급수속 제3조의 규정에 의거 도로·하천·구거 등으로 변환되어 삭제된 토지를 새로이 지적공부에 등록하고자 하는 경우의 토지소유자는 지적법 제36조제1항 단서규정에 의거 조사하여 등록하고, 등기명의인의 말소신청이 있거나 국가가 등기명의인을 상대로하여 그 등기말소를 명하는 판결을 받아 말소한 때에는 소유자를 "국"으로 등록할 수 있음(지적01254-85, '92. 3. 5).

≪관계법령≫
● 지세사무취급수속

제7조의2 토지대장에 등록한 토지의 지목을 도로, 하천, 구거, 제방, 성첩, 철도선로 또는 수도선로로 변환(變換)한 때에는 토지대장에서 이를 삭제(削除)할 것.
● 시가지세사무취급수속
제3조 토지대장에 등록한 토지의 지목을 도로, 하천, 구거, 제방, 성첩, 철도선로 또는 수도선로로 변환(變換)한 때에는 토지대장으로부터 이를 삭제(削除)할 것.
● 지적법
제36조(소유권등의 득실변경에 관한 등기와 지적공부의 정리절차) ①토지의 소유권의 득실변경에 관한 등록사항은 관할등기소에서 등기한 것을 증명하는 등기필증 등본 또는 등기부등본에 의하여 지적공부를 정리하여야 한다. 다만, 지적공부에 신규등록하는 토지의 소유자는 소관청이 이를 조사하여 등록한다.
② 제1항의 경우에 있어 등기부에 기재된 토지의 표시가 지적공부와 부합하지 아니할 때에는 이를 정리할 수 없다. 이 경우에는 그 뜻을 관할등기소에 통지하여야 한다.
③ 소관청은 필요하다고 인정할 때에는 지적공부와 부동산등기부의 부합 여부를 관할등기소 등기부열람에 의하여 조사·확인하여야 하며, 부합되지 아니하는 사항을 발견한 때에는 토지소유자 기타 이해관계인에게 그 부합에 필요한 신청등 행위를 요구할 수 있다. 이 경우 소관청 소속 공무원의 등기부열람 수수료는 무료로 한다.

[출처] 행정심판전문 김철봉 행정사 블로그 자료 참조

질의 회답 [미등기토지 주소등록] 주소난이 착오등재 된 경우 정정방법

[요 지]
지적법 제24조제43항의 규정에 의거 미등기 토지로서 신청한 정정사항이 토지소유자의 성명 또는 명칭, 주민등록번호, 주소 등에 관한 사항으로서 명백히 잘못 기재된 경우에 대한 법령해석에 다음과 같이 양론이 있어 질의?

《갑 론》
미등기 토지로서 토지대장 소유자란에 변동원인이 사정으로 등록되어 있는 경우 주소란은 공란, 동, 리만 기재, 주소가 등재되었으나 착오 등재된 경우 등 주소에 관한 모든 사항을 등록하거나 등록사항정정하여야 한다는 설

《을 론》
미등기 토지로서 소유자란에 변동원인이 사정으로 등록되어 있는 경우라도 주소가 번지까지 기재되어 있는 경우에만 착오 기재된 부분을 등록사항정정하여야 한다는 설

[회신] (행정자치부 2002.11.19)

"갑론"과 같이 처리하시기 바랍니다.

[출처] 행정심판전문 김철봉 행정사 블로그 자료 참조

질의 회답 등록사항이 말소된 미등기 토지의 신규등록시 소유자등록

[요 지]
지세사무취급수속 제7조의2 및 시가지세사무취급수속 제3조에 의거 지적공부등록사항이 삭제된 토지를 새로이 지적공부에 등록하고자 할 경우에 대상토지가 미등기 토지인 경우에도 지적22680-10856('86. 9. 6)호를 인용할 것인지 아니면, 국유재산법 제8조 및 같은법시행령 제4조 규정에 의한 소정의 절차를 거친후 소유자를 국으로 등록할 것인지의 여부(경상남도지사).

[회 신]
지적공부의 등록사항이 말소된 토지의 처리에 대하여는 신규등록으로 처리하고, 소유자의 결정은 지적법 제36조 또는 부칙 제5조의 규정에 의하여 처리하기 바람(지적22680-2175, '87. 2. 25).

≪관계법령≫
● 지세사무취급수속
제7조의2 토지대장에 등록한 토지의 지목을 도로, 하천, 구거, 제방, 성첩, 철도선로 또는 수도선로로 변환(變換)한 때에는 토지대장에서 이를 삭제(削除)할 것.
● 시가지세사무취급수속
제3조 토지대장에 등록한 토지의 지목을 도로, 하천, 구거, 제방, 성첩, 철도선로 또는 수도선로로 변환(變換)한 때에는 토지대장으로부터 이를 삭제(削除)할 것.
● 지적법
제36조(소유권등의 득실변경에 관한 등기와 지적공부의 정리절차) ①토지의 소유권의 득실변경에 관한 등록사항은 관할등기소에서 등기한 것을 증명하는 등기필증 등본 또는 등기부등본에 의하여 지적공부를 정리하여야 한다. 다만, 지적공부에 신규등록하는 토지의 소유자는 소관청이 이를 조사하여 등록한다.
② 제1항의 경우에 있어 등기부에 기재된 토지의 표시가 지적공부와 부합하지 아니할 때에는 이를 정리할 수 없다. 이 경우에는 그 뜻을 관할등기소에 통지하여야 한다.
③ 소관청은 필요하다고 인정할 때에는 지적공부와 부동산등기부의 부합 여부를 관할등기소 등기부열람에 의하여 조사·확인하여야 하며, 부합되지 아니하는 사항을 발견한 때에는 토지소유자 기타 이해관계인에게 그 부합에 필요한 신청등 행위를 요구할 수

있다. 이 경우 소관청 소속 공무원의 등기부열람 수수료는 무료로 한다.

부 칙

제5조(도시계획구역내의 미등록토지등에 대한 신규등록의 특례) 이 법 시행당시 도시계획구역내의 토지로서 토지대장 또는 임야대장에 등록되지 아니한 토지에 대하여는 관할 지방자치단체의 장이 재무부장관과의 협의를 거쳐 당해 지방자치단체의 명의로 이를 신규등록할 수 있다.

[출처] 행정심판전문 김철봉 행정사 블로그 자료 참조

질의 회답 [등록사항정정] 미등기 토지의 토지대장상 소유자주소정정

[요 지]

안동군 풍천면 신성리 370, 371번지가 1933. 1. 18 소유권이전 등기를 필하여 토지대장상의 소유자 주소를 문경군 가은읍 산천리 208번지로 등록되었으나, 6. 25 사변으로 등기부가 소실되어 미등기 토지로서 현행 행정구역상 문경군 가은읍 관내에『산천리』는 없고『작천리』가 있으며, 토지소유자의 제적등본과 개인별 주민등록표를 확인한 결과 동명만 다르고 번지와 소유자 성명이 동일하여 주소 정정신청이 있는 경우 다음과 같은 양설이 질의(경상북도지사).

(갑설)

지적법 제38조제4항 규정에 의거 토지소유자에 관한 정정은 등기필증등본 또는 등기부등본에 의하여 정정토록 되어 있으나, 당해 토지는 회복등기를 하지 않아 미등기 토지이므로, 제적등본 및 개인별주민등록표 등본 등에 의거 착오등록된 것이 입증되므로 소유자로부터 등록사항정정신청을 받아 소관청이 조사후 정정이 가능하다는 의견.

(을설)

토지소유자에 관한 정정은 지적법 제38조제4항 규정에 의거 등기필증등본 또는 등기부등본이 없으면 정정이 불가하다는 의견.

<경상북도지사 의견>

"갑설"이 타당하다고 사료됨.

[회 신]

귀견 "갑설"과 같이 처리하기 바람(지적22680-9362, '88. 8. 25).

[출처] 행정심판전문 김철봉 행정사 블로그 자료 참조

질의 회답 [미등기토지 주소등록] 공유토지의 일부공유자 주소등록

[요 지]

이갑돌외 17인 명의로 된 토지가 토지대장에 주소가 등재되어있지 않아, 공유자 전부의 주소등록 신청을 하기 위하여 공유자를 찾았으나 원취득자는 전부 사망하고 그 재산 상속인중 1인을 제외한 17인에 대한 주소가 확인된 경우 공유자의 주소등록 가능여부(민원인).

[회 신]

공유자 개별적으로 주소등록신청이 가능(지적01254-4240, '90. 12. 10).

[출처] 행정심판전문 김철봉 행정사 블로그 자료 참조

질의 회답 토지대장상에 소유권이전으로 등록되어 있지만 사실상 미등기 토지의 확인서 발급신청

[요 지]

미등기부동산의 소유명의인 변경등록을 위한 확인서발급신청에 다음과 같은 양설이 있어 질의(농지개량조합연합회장).

(갑설)

토지대장상의 소유권란에 소유권 변동일자가 기재되고 변동원인이 소유권이전일지라도 등기가 없다면 부동산특조법의 취지를 감안하여 미등기로 인정 하여야 할 것임. 따라서 등기소장이 증명하는 미등기 사실증명을 첨부하여 소유명의인 변경등록을 위한 확인서발급신청을 할 수 있다는 의견.

(을설)

토지대장상의 소유권란에 소유권 변동일자가 기재되고 변동원인이 소유권이전이라면 이는 이전등기가 있었다는 사실이 인정되므로 등기가 없다면 등기회복신청을 하여야지 등기소장이 증명하는 미등기 사실증명만으로는 소유명의인 변경등록을 위한 확인서발급신청을 할 수 없다는 의견.

[회 신]

부동산특조법에 의하여 소유권을 이전하고자 하는 토지가 미등기로 확인된 경우 부동산특조법에 의하여 확인서발급신청을 할 수 있음(지적13500-591, '94. 10. 25).

[출처] 행정심판전문 김철봉 행정사 블로그 자료 참조

[질의 회답] [등록사항정정] 미등기토지의 사정당시 등재된 주소를 현주소로 정정여부

[요 지]
지적법 제24조의 규정에 따라 미등기토지의 사정당시 등재된 주소를 현재 행정구역상 주소로 정정할 수 있는지 여부

[회 신]
지적법 제24조제4항의 규정은 토지소유자에 관하여 잘못이 있음이 발견된 경우 등록사항정정은 등기필증, 등기부 등·초본에 의하며 미등기토지인 경우에는 호적·제적·주민등록등본 등에 의하도록 규정한 것으로 행정구역변경에 의한 주소변경은 등록사항정정대상이 아님을 알려드립니다.(지적팀-4875, 2007.09.11.)

[출처] 행정심판전문 김철봉 행정사 블로그 자료 참조

[질의 회답] [미등기토지 주소등록] 토지소유자 주소등록 신청시 증빙서류

[요 지]
민원인의 조부인 이용현 명의로 되어 있는 토지가 토지대장상 주소란에 번지가 등록되어 있지 아니하여 주소등록을 신청하고자 하나, 조부님을 호주로 한 제적부는 면사무소에 보존되어 있지 않고 부친인 이중완을 호주로 하는 제적등본상 부친의 부모란에 조부모님의 함자가 기재되어 있는 제적부만 보존되어 있는 경우 토지소유자의 주소등록신청에 다음과 같은 양설이 있어 질의(민원인).

(갑설)
민원인의 부친 이중완을 호주로 한 제적등본을 첨부하고 보증인의 보증을 얻어 토지소유자의 주소등록을 신청할 수 있다는 의견.

(을설)
법원의 판결에 의하여 주소를 기재할 수 있다는 의견.

[회 신]
귀견 "갑설"에 의거 토지소유자의 주소등록신청이 가능함(지적01254-13344, '88. 12. 9).

[출처] 행정심판전문 김철봉 행정사 블로그 자료 참조

[질의 회답] [미등기토지 주소등록] 종교단체(향교)소유 토지의 소유자 주소등록

[요 지]
전주향교에서 관리하고 있는 재산중 사정당시 "전주군 향교재단"명의로 등록되어 있는 미등기 토지에 대한 토지소유자의 주소등록은 전주 향교지 연혁 및 전라북도 문화재 지정서 등을 근거(전주군 향교재단의 주소 : 전주시 교동 26번지)로 토지소유자의 주소등록지침 제4조제2항의 규정에 의한 소유자의 최초주소임을 증빙할 수 있는 서류로 인정하여 주소를 등록할 수 있다고 사료 되는 바, 귀견 여하(전라북도지사).

[회 신]
귀견과 같이 처리하기 바람(지적22680-7960, '88. 7. 22).

[출처] 행정심판전문 김철봉 행정사 블로그 자료 참조

[질의 회답] [미등기토지 주소등록] 리·동(里·洞)명의 사정토지의 소유자 주소등록

[요 지]
1914. 5. 10 리(里)·동(洞)명의로 사정된 토지에 대하여 " 리" 또는 " 동" 으로 소유권보존등기를 할 수 있는 방법은(민원인).

[회 신]
토지(임야)대장에 주소등록을 함으로써 소유권보존등기가 가능할 것으로 판단되니 토지소재 시·군·구지적과에 자세한 절차를 문의하시기 바람(지적13507-161, '95. 4. 17).
※ 소관청은 다음 요령에 의거 주소등록을 하여야 함
적용대상토지 : 주민의 공동편익·복지를 위한 총유재산에 한할 것.
최초주소를 증명하는 서류 : 리(里)·동(洞)의 마을규약 또는 리·동계(里·洞契)상의 주소(마을회관 등).
보증서 : 토지소유자의주소등록사무처리지침 제6조의 규정에 의거 같은리·동에 10년이상 계속 거주하고 있는 50세이상인 자 2명의 보증(인감증명 1부 첨부).

≪관계법령≫

● 토지소유자의주소등록사무처리지침

제5조(주소등록신청) ① 제3조의 규정에 의한 적용대상토지의 소유자 또는 이해관계인이 주소등록신청을 하고자 하는 때에는 별지 제1호서식의 토지소유자 주소등록신청에 다음 각호의 서류를 첨부하여 토지소재지의 소관청에 신청 하여야 한다.
  1. 제4조제2항의 규정에 의한 소유자의 최초주소를 증빙할 수 있는 서류
  2. 제6조의 규정에 적합한 2인이상의 보증인이 보증한 보증서
  3. 이해관계인이 상속자가 아닌 사실상의 권리자인 경우에는 이를 증빙할 수 있는 서류
② 제1항제2호의 규정에 의한 보증서에는 보증인의 인감증명·신원증명을 첨부하여야 하며, 보증서는 별지 제2호서식으로 한다.

제6조(보증인의 자격) 보증인은 토지소재지와 같은 리·동에 10년이상 계속 거주하고 있는 50세이상인 자로서 다음 각호의 1에 해당하지 아니하는 자로 한다.
  1. 금치산자 또는 한정치산자
  2. 파산자로 복권되지 아니한 자
  3. 금고이상의 형의 신고를 받고, 그 집행이 종료되거나 집행을 받지 아니하기로 확정된 후 3년이 경과되지 아니한 자
  4. 금고이상의 형의 집행유예선고를 받고, 그 유예기간이 만료되지 아니한 자
  5. 금고이상의 형의 선고유예 기간중에 있는 자

[출처] 행정심판전문 김철봉 행정사 블로그 자료 참조

 [미등기토지 주소등록] 사정당시 ㅇㅇ리 의 주소를 증빙할 서류가 없는 경우

[요 지]
미등기토지의 주소등록과 관련하여 해당 토지는 'ㅇㅇ리' 명의로 1914.10.12일 사정된 미등기 토지로, 최초 주소를 증명하는 서류가 리, 동의 마을규약 또는 리동계상의 주소(마을회관)라고 하는데 이제껏 마을규약이 존재하지 않았고, 2005.06월 마을재산 관리를 위해 마을규약을 만들었습니다. 사정당시의 'ㅇㅇ리'의 주소를 증빙할 서우가 없으며 무엇을 근거로 하여 주소등록을 해야 합니까?

[회 신] (행정자치부 2005.07.26)
리, 동의 명의로 된 미등기토지의 주소등록은 주민의 공동편의를 위한 총유재산인지를 확인하여야 하며, 리·동의 마을규약 또는 리.동계상의 주소 등을 증명할 수 있는 최초의 서류에 의하여 정리할 수 있습니다. 아울러 '05. 6월에 만들어진

규약은 최초의 주소를 증명할 수 있는 서류로 볼 수 없습니다.
[출처] 행정심판전문 김철봉 행정사 블로그 자료 참조

질의 회답 [미등기토지 주소등록] 호적부상 주소가 변경된 경우의 토지소유자 주소등록

[요 지]
미등기토지 소유자의 최초 호적부 본적란에 주소가 통·호로 정리되었다가, 행정구역변경등으로 호적부의 주소가 변경정리된 경우 변경된 주소를 토지소유자 주소로 등록할 수 있는지 여부(민원인).

[회 신]
행정구역변경 등으로 변경된 주소는 토지소유자의주소등록사무처리지침 제4조제2항의 규정에 의한 소유자의 최초주소임을 증빙할 수 있는 서류로 보고 소유자의 주소를 조사하여 등록할 수 있음(지적01254-218, '89. 1. 24).

≪관계법령≫
● 토지소유자의주소등록사무처리지침
　제4조 (주소설정의 기준등) ①소유자의 주소는 사정·재결 또는 국유지등 취득 당시의 최초주소를 조사하여 등록한다.
　② 제1항의 규정에 의한 소유자의 최초주소임을 증빙할 수 있는 서류는 소유자의 호적등본(소유자의 사망·분가등의 사유로 호적이 제적된 경우에는 제적등본)을 말한다.
[출처] 행정심판전문 김철봉 행정사 블로그 자료 참조

질의 회답 [미등기토지 주소등록] 토지구획정리사업으로 폐쇄된 토지의 소유자 주소등록

[요 지]
'89. 7. 26 구획정리완료로 인하여 폐쇄된 인천시 주안동 990-2번지외 2필지의 토지소유자 주소등록에 대하여 다음과 같은 양설이 있어 질의(인천직할시장).
(갑설)
구획정리사업이 완료되어 이미 폐쇄된 토지이므로 토지이동에 관한 사항뿐만 아니라 소유권 관계도 폐쇄되어, 주소등록사무처리지침 제3조에 의한 적용대상 토지가 아니므로 소유권확인 청구소송의 확정판결에 의해서만 정리가 가능하다는

의견.
(을설)
구획정리사업이 완료되었다 하더라도 소유권은 민법 제245조(점유로 인한 부동산 소유권의 취득기간)에 의하지 아니한 영속성이 있다 할 것이므로, 비록 구획정리사업 완료로 인하여 지적공부 및 해당 토지가 폐쇄되었다 하더라도 주소등록사무처리지침에 의한 적용대상 토지로 보아 처리하여야 한다는 의견.
<인천직할시장 의견>
"갑설"이 타당하다고 사료됨.

[회 신]
귀견 "을설"과 같이 처리하기 바람(지적22680-5325, '91. 6. 4).
[출처] 행정심판전문 김철봉 행정사 블로그 자료 참조

질의 회답 [부동산특별조치법] 미등기 확인이 착오된 토지의 부동산특조법 적용가능 여부

[요 지]
등기부 열람의 잘못으로 인하여 확인서를 발급받은 후 부동산특조법 제6조의 규정에 의하여 지적공부를 정리한 다음 소유권보존등기를 신청하였으나 공부상 전 소유자의 명의로 된 등기부가 있는 것으로 확인된 경우 부동산특조법 적용대상 여부(민원인).

[회 신]
미등기확인이 착오된 토지에 대하여 기발급된 확인서를 첨부하여 소관청에 소유명의인 변경을 신청하였다면 그 확인서는 신청인에게 환부할 수 없으나, 미등기로 착오확인된 토지를 부동산특조법에 의하여 소유권이전등기를 하고자 하는 경우 당해 소관청에서 확인서를 재발급 받을 수 있음(지적13507-199, '95. 5. 17)
[출처] 행정심판전문 김철봉 행정사 블로그 자료 참조

질의 회답 **[미등기토지 주소등록] 지적법 제24조(주소 정정등록을 신청할 수 있는 토지소유자의 범위)**

[요 지]

토지대장 또는 임야대장상 주소의 기재가 없거나 불완전한 미등기 토지에 대하여 "소유권이전등기 절차를 이행하라"는 승소확정판결을 받은 양수인이 「지적법」 제24조에 따라 토지대장 또는 임야대장에 토지소유자의 주소 정정등록을 신청할 수 있는지?

[회 신]

미등기 토지에 대하여 "소유권이전등기 절차를 이행하라"는 승소확정판결을 받은 양수인은 「지적법」 제24조에 따라 토지대장 또는 임야대장에 토지소유자의 주소 정정등록을 신청할 수 없습니다.

[이 유]

○ 「부동산등기법」 제130조에 따르면 미등기 토지의 소유권보존등기는 1. 토지대장등본이나 임야대장등본에 의하여 자기 또는 피상속인이 토지대장 또는 임야대장에 소유자로서 등록되어 있는 것을 증명하는 자, 2. 판결에 의하여 자기의 소유권을 증명하는 자 등이 신청할 수 있는데, 「대장등본에 의하여 자기명의로 소유권보존등기를 신청할 수 있는 자의 범위 등에 관한 예규」(등기예규 제899호) 제4조에 따르면 대장상 소유자의 성명, 주소 등의 일부 누락 또는 착오가 있어 소유자를 특정할 수 없는 경우에는 소유자는 대장상의 소유자표시를 경정등록한 후 그 등본을 첨부하여 소유권보존등기를 신청하여야 한다고 규정하고 있습니다.

○ 「지적법」 제9조제1항제5호에 따르면 토지대장 및 임야대장(이하 "대장"이라 함)에는 소유자의 성명 또는 명칭, 주소 및 주민등록번호를 등록하도록 하고 있고, 같은 법 제24조제1항에 따르면 토지소유자는 지적공부의 등록사항에 잘못이 있음을 발견한 때에는 소관청에 그 정정을 신청할 수 있다고 하고 있으며, 같은 법 제24조제4항 단서에 따르면 미등기 토지로서 제1항에 의하여 신청한 정정사항이 토지소유자의 성명 또는 명칭, 주민등록번호, 주소 등에 관한 사항으로서 명백히 잘못 기재된 경우에는 가족관계기록사항에 관한 증명서·주민등록등본 등 관계 서류에 의한다고 규정하고 있습니다.

○ 그리고 「지적사무 처리 규정」(국토해양부 예규 제15호) 제28조의2제1항에 따르면 "「지적법」 제24조제4항 단서에 의한 적용 대상 토지는 미등기 토지로서 소유자의 정정에 관한 사항과 토지조사 당시에 사정 또는 재결 등에 의하여 대장에 소유자는 등록하였으나, 소유자의 주소가 등록되어 있지 아니한 토지와 종전 「지적법 시행령」(대통령령 제497호로 1951. 4. 1. 제정된 것을 말함) 제3조제4호에 의하여 국유지를 매각·교환 또는 양여에 의하여 취득한 토지(이하 "국유지의 취득"이라 함)의 소유자 주소가

대장에 등록되어 있지 아니한 미등기 토지로 한다. 다만, 소유권확인청구의 소에 의한 확정판결이 있었거나, 이에 관한 소송이 법원에 진행 중인 토지를 제외한다"고 규정하고 있습니다.
○ 등기선례에서도 토지대장상 소유자의 주소란이 누락되어 공란으로 되어 있는 토지대장 등본만으로는 소유자를 특정할 수 없으므로(등기선례 1-257, 2-212 등), 대장 소관청의 조사결정 등에 의하여 소유자의 주소를 등록할 수 없는 경우라면 미등기 토지의 양수인은 토지대장상 소유자의 상속인을 대위하여 먼저 국가를 상대로 해당 토지가 위 토지대장상 소유자의 소유임을 확인하는 판결과 위 토지대장상 소유자의 상속인을 상대로 소유권이전등기절차의 이행을 명하는 판결을 받아 토지대장상 소유자 명의의 소유권보존등기를 대위신청해야 한다고 하고 있습니다(등기선례 5-228).
○ 따라서 「지적법」 제24조제1항 및 제4항에 따라 신청에 의하여 대장상에 미등기 토지의 주소 정정등록을 하기 위해서는 토지소유자가 가족관계기록에 관한 증명서 등 관계서류에 의하여 대장상의 토지소유자로 기재된 자와 동일인임을 입증하는 경우이거나, 국가를 상대로 소유권확인청구의 소에 의하여 해당 토지가 대장상 소유자로 기재된 자의 소유임을 확인하는 판결을 받은 자가 주소 정정등록을 할 수 있습니다.
○ 그런데 부동산소유권 이전등기절차의 이행청구에 관한 확정판결은 이전등기청구권의 존부에 관한 효력만 있을 뿐 그 목적 부동산의 소유권 자체의 존부에까지 미치는 것이 아니므로 부동산소유권 이전등기절차의 이행청구의 소에서 승소확정판결을 받은 양수인은 승소한 채권자일 뿐 「지적법」 제24조에 따른 토지소유자라고 할 수 없으며, 이전등기절차를 명하는 확정판결은 해당 이행청구의 소의 채무자가 진정한 소유자임을 확인하는 소유권확인청구의 소라고도 볼 수 없어 양수인이 양도인을 대위하여 토지대장상에 누락된 주소의 정정등록 신청도 할 수 없습니다.
○ 그러므로 미등기 토지에 대하여 "소유권이전등기 절차를 이행하라"는 승소확정판결을 받은 양수인은 「지적법」 제24조에 따라 대장에 토지소유자의 주소 정정등록을 신청할 수는 없습니다.

관련문서 : 국토해양부 국토정보제도과-1553(2008. 9. 17.)
법제처 법령해석총괄과-749 (2008.11.19.)

[출처] 행정심판전문 김철봉 행정사 블로그 자료 참조

 [미등기토지 주소등록] 불교단체등록증에 의거 주소등록여부 및 주소란이 공란인 경우의 주소등록

[요 지]
불교단체 등록증에 의거 주소등록 가능여부 및 주소란이 공란인 경우의 주소등록 질의(민원인)

[회 신]
1. 불교단체등록증을 토지소유자의 주소등록사무처리지침 제4조제2항의 규정에 의한 소유자의 호적등본으로 갈음하여 주소등록을 할 수 있으나, 주소등록신청시에는 같은지침 제5조제1항제2호 및 제2항의 규정에 의한 보증서, 보증인의 인감증명, 신원증명을 첨부하여야 하고,
2. 사정소유자의 주소란이 공란인 경우에는 사정소유자가 당해 토지소재 리·동에 거주한 자로 보고 주소를 조사등록(지적01254-2500, '88. 3. 9)

[출처] 행정심판전문 김철봉 행정사 블로그 자료 참조

 [지적공부정리] 토지대장상 소유자와 호적(제적)부의 성명이 다른 미등기토지의 소유자정정

[요 지]
미등기토지로서 토지대장상 소유자(○○完)와 호적(제적)부상 성명(○○元)이 서로 다른 경우 지적법제24조제4항 단서 및 지적사무처리규정 제28조의2의 규정에 의하여 미등기토지의 소유자정정 및 주소등록이 가능한지 여부와 정정할 수 없는 경우 보존등기를 할 수 있는 방법은

[회 신]
동일인이 토지대장상의 소유자와 호적(제적)부상의 성명이 서로 다르게 등재되어 있는 것이 족보 등 객관적인 자료에 의하여 입증된다면 증빙서류의 진위 여부 등을 검토한 후 현지조사를 실시하여 신청인이 당해 토지에 대한 소유권행사(사용·수익·처분 등)를 하고 있음이 명확하다고 판단되는 경우에 호적(제적)부와 동일하게 토지대장상 소유자를 정정할 수 있음. (지적과-3219, 2004.08.13.)

[출처] 행정심판전문 김철봉 행정사 블로그 자료 참조

 [미등기토지 주소등록] 토지대장상 소유자 명의가 호적부(제적부)와 다른 경우의 소유자 주소등록

[요 지]
미등기토지가 임야대장상의 소유자 성명과 호적부상 성명이 서로 다른 경우 토지소유자의 주소등록방법은(민원인).

[회 신]
동일인이 호적부(제적부)와 임야대장상 명의가 서로 상이하게 등재되어 있는 것이 족보 등 객관적인 자료에 의거 입증되는 경우에는 증빙서류의 진위여부를 검토한 후 현지조사를 실시하여 신청인이 당해 토지에 대한 소유권 행사(사용·수익·처분 등)를 하고 있음이 명확하다고 판단될 경우에 한하여 호적부(제적부)의 명의와 동일하게 임야대장상 명의를 변경하여 주소등록을 할 수 있음(지적 13507-615, '93. 9. 6).

[출처] 행정심판전문 김철봉 행정사 블로그 자료 참조

질의 회답 [등록사항정정] 등록사항정정(주소등록)에 관한 질의

[요 지]
지적법 제24조제4항의 규정에 의거 미등기 토지로서 신청한 정정사항이 토지소유자의 성명 또는 명칭, 주민등록번호, 주소 등에 관한 사항으로서 명백히 잘못 기재된 경우에 대한 법령해석에 다음과 같이 양론이 있어 질의(충청남도지사)

(갑설)
미등기 토지로서 토지대장 소유자란에 변동원인이 사정으로 등록되어 있는 경우 주소란은 공란, 동·리만 기재, 주소가 등재되었으나 착오등재된 경우 등 주소에 관한 모든 사항을 등록하거나 등록사항정정하여야 한다는 설

(을설)
미등기 토지로서 소유자란에 변동원인이 사정으로 등록되어 있는 경우라도 주소가 번지까지 기재되어 있는 경우에만 착오기재된 부분을 등록사항정정하여야 한다는 설

[회 신]
귀 견"갑설"과 같이 처리하시기 바람.(지적13507-1329, 2002.11.19)

[출처] 행정심판전문 김철봉 행정사 블로그 자료 참조

질의 회답 [미등기토지 주소등록] 토지대장상 소유자 명의가 호적부(제적부)와 다른 경우의 소유자 주소등록

[요 지]

토지대장상 명의(梁季鳳)와 제적부상 명의(梁啓鳳)가 다르게 등재되어 있는 북제주군 한림읍 옹포리 659번지의 토지소유자 주소설정 기준에 대하여 다음과 같은 양설이 있어 질의(제주도지사).

(갑설)
1913. 8. 15 사정당시 토지대장상 명의와 제적부상 명의는 서로 다르나 제적부상 양계봉(梁啓鳳)의 처 묘소가 상기 토지에 매장되어 현재 관리하고 있으며 또한 양학인(양계봉의 장녀)이 1940년도경에 양계봉(친정부친)으로부터 상기 토지를 증여 받아 지금까지 사실소유확인서와 같이 경작 이용한 사실로 보아 대장상 소유자와 제적부상 소유자가 동일인으로 사료되어 제적부상의 명의와 동일하게 토지대장상 명의를 명칭경정(梁季鳳→梁啓鳳)하여 주소등록신청을 받아 정리하여야 한다는 의견.

(을설)
토지대장상 명의와 제적부상 명의가 상이하여 인정할 수 없으므로 법원 확정 판결에 의하여 주소등록을 하여야 한다는 의견.

<제주도지사 의견>
사실소유확인서와 같이 사실소유가 인정되며 대장소유자와 제적부상소유자가 동일인으로 판단되므로 "갑설"이 타당하다고 사료됨.

[회 신]
귀견 "갑설"과 같이 처리하기 바람(지적22680-10627, '89. 12. 4).

[출처] 행정심판전문 김철봉 행정사 블로그 자료 참조

 **[미등기토지 주소등록] 토지대장상 소유자 명의가 호적부(제적부)와 다른 경우의 소유자 주소등록**

[요 지]
토지대장상 소유자의 명의가 호적부(제적부)의 명의(김갑돌)가 아닌 족보상 명의(김을돌)로 등재되어 있는 토지의 주소설정 기준에 대하여 다음과 같은 양설이 있어 질의(광주직할시장).

(갑설)
1917. 3. 10 사정당시 토지대장의 명의를 호적상 명의(김갑돌)가 아닌 족보상 명의(김을돌)로 등재하였을 뿐 아니라, 신청인인 호적상 김갑돌의 손 김갑자와 주민등록부상인 김갑자의 명의 및 생년월일이 일치되고 대대로 경작한 사실이 인정

되므로 김갑돌과 김을돌을 동일인으로 간주하여 주소등록을 하여야 한다는 의견.
(을설)
소유자의 최초 주소임을 증빙할 수 있는 서류는 호적상 명의와 토지대장상 명의가 일치될 때만이 주소등록업무가 가능하고 족보상 명의는 인정할 수 없으므로 법원의 판결에 의해서 등록하여야 한다는 의견.
<광주직할시장 의견>
재산권분쟁과 관련되므로 "을설"이 타당하다고 사료됨.

[회 신]
귀견 "갑설"과 같이 처리하기 바람(지적01254-857, '89. 1. 30).
[출처] 행정심판전문 김철봉 행정사 블로그 자료 참조

질의 회답 [지적공부정리] 등기부가 소실된 후 회복등기가 않된 미등기 토지를 구 등기필증에 의한 소유권정리 가능여부

[요 지]
토지의 소유자가 '50. 6. 20 소유권이전 등기를 필하였으나, 6.25사변으로 인하여 등기부가 소실되고 당시 소유권 회복등기 기간중 등기를 하지 아니하여 토지대장에는 전 소유자 명의로 등재되어 있고 등기부상 현재 미등기 상태로 되어 있는 토지를 구등기필증을 첨부하여 지적사무처리지침 제139조의 규정에 의한 토지소유권 표시변경 신청이 있을 경우 토지대장을 정리할 수 있는지 여부(경상남도지사).

[회 신]
지적법 제36조제1항에서 토지소유자의 득실변경에 관한 등록사항은 관할등기소에서 등기한 것을 증명하는 등기필증등본 또는 등기부등본이라 함은 사실상 등기되어 있는 토지를 말하므로 등기부가 6.25사변시 소실되고 법원의 회복등기를 필하지 않는 미등기 토지는 구 등기필증으로 지적공부를 정리할 수 없음(지적 1269.1-12728, '82. 10. 4).

≪관계법령≫
● 지적법
제36조 (소유권등의 득실변경에 관한 등기와 지적공부의 정리절차) ①토지의 소유권의 득

실변경에 관한 등록사항은 관할등기소에서 등기한 것을 증명하는 등기필증등본 또는 등기부등본에 의하여 지적공부를 정리하여야 한다. 다만, 지적공부에 신규등록하는 토지의 소유자는 소관청이 이를 조사하여 등록한다.
② 제1항의 경우에 있어 등기부에 기재된 토지의 표시가 지적공부와 부합하지 아니할 때에는 이를 정리할 수 없다. 이 경우에는 그 뜻을 관할등기소에 통지하여야 한다.
③ 소관청은 년1회이상 지적공부와 부동산등기부의 부합여부를 관할등기소 등기부열람에 의하여 조사·확인하여야 하며, 부합되지 아니하는 사항을 발견한 때에는 토지소유자 기타 이해관계인에게 그 부합에 필요한 신청등 행위를 요구할 수 있다.

[출처] 행정심판전문 김철봉 행정사 블로그 자료 참조

질의 회답 [지적공부정리] 미등기 토지에 대한 소유권정리 방법 질의회신

[요 지]
현황 "○○도 ○○시 ○○면 ○○리 124-1번지"가 부책식토지대장에서 '78.08.20 카드식대장으로 이기 작성된 후 미등기 상태에서 정리근거 불분명하게 '48.04.17일자 소유권이전을 원인으로 ○○○으로 기재되었고, ○○○의 자(子) ○○○이 '81.08.05 취득일자로 종합토지세 납부와 1995년 경지정리가 시행되어 전체 면적 중 일부가 편입됨에 따라 환지청산금을 지급받은 사실이 있음.

[요 지]
부동산 소유권이전 등기 등에 관한 특별조치법(법률 제7500호)에 의해 상속을 원인으로 토지소재지 보증인 3인으로부터 보증을 받아 확인서발급신청서를 접수함에 따라 토지대장에 정리되는 소유권에 대하여 다음과 같이 양론이 있어 질의함.

[갑론]
미등기이면서 현 토지대장에 기재된 '48.04.17 소유권이전 ○○○을 대장상 소유자로 그대로 인정하여야 한다.

[을론]
토지대장에 '48.04.17소유권이전 ○○○으로 기재되어 있더라도 미등기이므로 토지조사령에 의거 대장상 사정된 ○○○을 소유자로 인정하여 대장상소유자 ○○○을 말소하여야 한다.

[○○시 의견] 을론이 타당하다고 사료됨
미등기토지로서 토지대장에 『소유권이전』등기사유를 정리한 원인을 규명 할 수 없음에 따라 '48.04.17소유권이전을 원인으로 기재된 ○○○은 토지대장에 사정된

○○○의 증손 ○○○가 법원 등기관서의 "미등기확인서"를 근거로 말소 신청한 경우 대장을 관리하는 소관청에서는 당연히 말소 정리하여야 할 것입니다.

[회 신]
지적법 제29조제1항의 규정에 의하면 지적공부에 등록된 토지소유자의 변경사항은 등기관서에서 등기한 것을 증명하는 등기필통지서, 등기필증, 등기부등·초본 또는 등기관서에서 제공하는 등기전산정보자료에 의하여 정리하여야 한다. 라고 규정되어 있으므로 귀견【을론】에 의하여 처리하시기 바랍니다.(지적팀-4040, 2006.08.21.)

[출처] 행정심판전문 김철봉 행정사 블로그 자료 참조

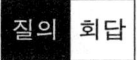 [지적공부정리] 사정된 미등기 토지로서 부책 및 카드식 임야대장 소유자정리 방법에 대한 질의 회신

[요 지]
○○시 ○○구 ○○동 산95번지는 1917년(大正6년) 9월 28일 사정된 미등기 토지로서 부책 및 카드식 대장의 소유자란에 "○○○외 4인(종중재산)"이라고 등록되어 있으나 현재의 대장(전산식)에는 "○○○ 외 4인"으로 등록되어 있어 종중으로부터 현재 소유자 성명을 부책 및 카드식 대장상의 소유자 성명의 표기방법과 동일하게 정정하여 달라는 요청에 따라 그 정리하는 방법에 여러 의견이 있어 질의하오니 회신하여 주시기 바랍니다.

[갑론] 정정이 불가하다는 의견
부책 및 카드식 대장의 소유자란에 "○○○ 외 4인(종중재산)"이라고 등록된 근거는 종종재산임을 명백히 하기 위하여 표기된 것으로 보여지나 지적법 제9조제1항제5호의 대장의 등록사항은 "소유자의 성명 또는 명칭"이라고 규정하고 있는 바, 소유자란에 표기된 "○○○ 외 4인(종중재산)"은 "소유자의 성명 또는 명칭"으로 볼 수 없으므로 정정이 불가하다는 의견

[을론] 정정이 가능하다는 의견
1917년(大正6년) 9월 28일 사정 당시 소유자를 "○○○ 외 4인(종중재산)"으로 등록한 것은 종중재산임을 명확히 하기 위한 것으로 당시 임야정리조사내규(1917년) 제38조 규정에 1필지의 측량에는 "소유자 또는 연고자 씨명(연고자 씨명에는 괄호를 친다)"을 기입토록 하여 임야조사령(1918년)에 의한 임야조사부에 "○○○ 외 4인(종중재산)"으로 사정 조사된 내용이 부책대장에 그대로 이기되어 카드

대장에도 이기되었으나 토지기록전산 작업시 제외된 사항으로 지적법의 3대 기본이념에서 볼 수 있듯이 구청장이 비치하고 있는 공적장부인 지적공부(부책 및 카드식 대장)에 등록·공시하여야만 공식적인 효력이 인정(미등기 사정토지임)되며 이미 지적공부(부책 및 카드식 대장)에 등록된 사항이 토지소유자나 이해관계인 등에 공개되어 향후 종중과 토지대장상 소유자(상속인)간 소송 등 소유권분쟁을 야기할 수 있어, 이는 소유권의 보호에 이바지함을 목적으로 하는 지적법 입법목적에도 위배되어 지적공부의 신뢰성을 떨어뜨리는 등 공신력에 저하가 우려되므로 현재의 전산대장도 부책 및 카드식 대장상의 소유자 표기방법과 동일하게 정정 하여야 한다는 의견

[회 신]
귀견 "을론"에 의하여 처리하시기 바랍니다.(지적팀-1417, 2007.03.14.)

[출처] 행정심판전문 김철봉 행정사 블로그 자료 참조

질의 회답 **[미등기토지 주소등록] 주소등록 신청 반려에 대한 질의**

[요 지]
경북 울릉군 서면 남양리 산31번지 미등기 토지에 대한 주소등록신청을 하였으나 울릉군에서 반려 통보하였는 바 소유자주소등록을 할 수 있도록 시정권고 요청

[회 신]
가. 위 민원은 울릉군이 '현지 조사결과 해당토지에 대한 점유자가 있었고 인근 주민들에게 의견을 청취한 결과, 공부상 소유자인 ○○○의 소유로 인정하기 어렵다는 이유로 반려 처분'한 것으로 확인됨.
나. 미등기 토지에 대한 주소등록은 명확히 토지소유자로 입증되는 경우에 한하여 처리하는 것이므로 위 반려처분은 정당함.
다. 따라서, 위 반려처분에 대해 이의가 있는 경우 행정심판법에 의한 행정심판을 청구(처분이 있음을 안 날부터 90일 이내)하거나, 소유권확인 소송을 하여야 함.(지리정보과-907, 2008.7.17)

[출처] 행정심판전문 김철봉 행정사 블로그 자료 참조

| 질의 | 회답 | [미등기토지 주소등록] 토지소유자 주소 정정등록 신청권자에 관한 질의 회신

[토지소유자 주소 정정등록 신청권자에 관한 질의 회신]

1. 건축지적과-15455(2011. 07. 20.)호로 질의하신 "토지소유자 주소 정정등록 신청권자"에 대하여 회신합니다.

2. 질의요지
   - 미등기토지로서 토지조사 당시에 사정 또는 재결에 의해 토지소유자를 등록하였으나, 주소가 등록되지 않은 토지의 소유자 주소를 「측량·수로조사 및 지적에 관한 법률」 제84조제4항 단서 규정에 의거 토지(임야)대장의 주소정정 신청시 대장상 소유자가 사망한 경우 주소정정 신청권자에 대하여 아래와 같은 양설이 있어 질의.

[갑설]
- 「측량·수로조사 및 지적에 관한 법률」 제84조제4항 단서 규정에 의한 토지소유자 주소정정 신청은 토지소유자가 하도록 규정하고 있으므로 대장상 소유자가 사망한 경우에는 민법 시행 전에는 호주(장자) 상속자(1959.12.31. 사망까지)가 단독으로 신청하고, 민법(시행 1960. 1. 1. 법률 제471호, 1958. 2. 22. 제정) 시행 이후에는 민법 규정에 따른 상속(1960. 1. 1. 사망부터)자 전원(위임 등)이 신청하여야 한다는 의견.

[을설]
- 「측량·수로조사 및 지적에 관한 법률」 제84조제4항 단서 규정에 의한 토지소유자 주소정정 신청은 국민의 토지소유권 행사에 따른 불편을 해소하고 재산권을 보호할 목적으로 지적공부에 등록된 미등기 토지의 토지소유자에 대한 누락된 주소를 조사하여 등록함으로서 소유권보존등기가 가능하도록 해주는 제도로서, 주소정정(등록) 후 소유권보존 등기신청시에는 대장상 소유자의 상속권자 전원에 대하여 동의를 받아 소유권보존등기를 하게 되므로 주소정정 신청은 상속권자 중 한 명의 신청으로 가능하다는 의견.

[경상북도 의견] "갑" 설이 타당하다고 사료됨.

3. 회신내용
   - [을설]에 의거 처리하시기 바랍니다.
   - 「지적공부에 토지소유자 주소등록신청은 미등기 토지에 대하여 소유권 보존등기를 할 수 있도록 주소만 등록한 사항임으로 토지소유자 상속권자중 일부 소유자가 신청하는 경우에도 가능하다고 판단됨. 끝.

국토해양부장관 시행 지적기획과-1454 (2011. 07. 27.) 접수

[출처] 행정심판전문 김철봉 행정사 블로그 자료 참조

질의 회답 [등록사항정정] 등록사항정정 대위신청에 관한 질의회신

[요 지]
○○도 ○○시 ○○읍 ○○리 166-1, 산11번지에 대한 분할측량을 실시한 결과 지적공부의 등록사항에 잘못(면적 감)이 있음을 발견하였으나 토지소유자가 그 정정을 신청하지 않거나, 미등기로 인하여 소유자를 확인할 수 없는 때에 사업시행자가 등록사항정정을 대위신청 할 수 있는지 여부 등.

[회 신]

가. 지적공부의 등록사항중 경계 또는 면적 등 지적측량을 수반하는 토지의 표시에 잘못이 있는 경우, 소관청은 지적법시행령제31조제3항에 의하여 그 정정이 완료되는 때까지 지적측량을 정지시킬수 있으며, 잘못 등록된 사항의 정정을 위한 지적측량은 할 수 있도록 규정하고 있습니다.

나. 따라서, 잘못 등록된 사항의 정정을 위한 분할측량성과도는 소관청이 조건을 부여하여 발급할 수도 있으나, 등록사항정정 신청을 토지소유자를 대위하여 신청 할 수는 없음을 알려드립니다.(지적과-257, 2005.01.18.)

[출처] 행정심판전문 김철봉 행정사 블로그 자료 참조

┌─────┐
│版 權│
│   │
│所 有│
└─────┘

2020년 최신판
미등기 부동산 경매관련 선례·질의회신

2020年 3月 16日 初版 發行

編　著 : 법률연구회
發行處 : 법률정보센터

136-052 서울 성북구 동선동2가 62번지
전화　(02) 953-2112
등록　1993.7.26. NO.1-1554
www.lawbookcenter.co.kr

* 本書의 無斷 複製를 禁합니다.
ISBN 978-89-6376-422-1　　　　　　定價 : 30,000원